Die

Deutsche Wechsel-Ordnung.

Erläutert

durch

L. Volkmar,
Justiz-Rath und Rechts-Anwalt am K. Ob.-Tribunal,

und

S. Loewy,
Gerichts-Assessor.

Berlin, 1862.
Verlag von J. Guttentag.

Vorwort.

In den letzten Jahren ist das Handelsrecht fast mit größerem Eifer als das Privatrecht behandelt worden.

Man klagt schon, es werde von den Juristen Abgötterei mit dem Wechsel getrieben; er sei nichts Besonderes; er gewähre dem Studium nicht dasjenige Interesse, welches das römische und vollends das canonische Recht darbiete.

Diese Klagen scheinen uns nicht gerechtfertigt. Der Wechsel bildet eine Welt für sich. Wie durch den Blutumlauf der menschliche Körper, so wird durch den Wechsel der Weltverkehr belebt. Cambia illud sunt in commerciis, quod circulatio sanguinis in corpore humano. Sicuti corpus per circulationem sustinetur et ea interrupta languet atque corrumpitur, ita nec commercia, si circulationem cambiorum demas, florere poterunt (Leyser Medit ad Pandect Spec. 531. Med. 2.). Wie das Blut ein ganz besonderer Saft ist, so ist der Wechsel, erwachsen im steten Kampf gegen die Kirche, gegen Vorurtheile jeder Art, gegen die Ansichten der Romanisten, eine so eigenthümlich geartete Schöpfung, daß es sich wohl der Mühe verlohnt, den Geist dieses vielgliedrigen, mit dem Paß des Blanco-Giro ausgerüsteten, Cosmopoliten zu begreifen; diese Welt der Formen zu erfassen, welche bestimmt sind, die idealste Größe, den Credit, zu schaffen, zu erhalten.

Die Schwierigkeiten der Aufgabe sind überaus erheblich. In den engen Kreis des Privatrechts tritt das internationale Recht aller Völker des Erdkreises. Bei jeder einzelnen Frage ist zu prüfen, ob aus dem Landrecht, dem Handelsrecht oder dem Wechselrecht die Entscheidung zu entnehmen ist. Bei jeder einzelnen Frage ist die wirthschaftliche Funktion des Wechsels vom Richter zu erfassen und zu würdigen. Freilich, auch der Lohn der Arbeit ist nicht gering. An die Stelle des von der Wissenschaft und Praxis einst so ausgebildeten Lehnrechts ist dermalen das Handels- und Wechselrecht getreten. Es ist sein Beruf, die Bestimmungen des Landrechts zu vereinfachen, die römischen und canonischen Adern des Civilrechts, so weit sie sich in das deutsche Rechtsbewußtsein nicht gefügt, zu unterbinden und das historische Recht mit neuen belebenden Momenten zu durchziehen. Man giebt schon heut zu, daß die künftige deutsche Prozeß-Ordnung dem Wechsel-Prozeß die Energie, die Simplicität des Verfahrens, das persönliche Erscheinen der Zeugen, zu entnehmen haben wird. Man wird einst zugestehen müssen, daß der alleinige Rechtsgrund der Obligation der freie Wille des Schuldners ist und daß der dem Wechsel vorgeworfene Mangel der specialisirten causa debendi, des Valutenbekenntnisses, ein Vorzug dieses Rechts ist. Sätze, wie die des Artikel 1131. des Code civil:

> L'obligation sans cause ou sur une fausse cause, ou sur une cause illicite, ne peut avoir aucun effet

sind eine reiche Quelle der Prozesse, aber sie wurzeln nicht mehr im Rechtsbewußtsein des Volkes und sie sind durch die dem Civilrecht voranschreitende deutsche Wechsel-Ordnung bereits zu einem großen Theile überwunden worden. Der nächste und zureichende Rechtsgrund jeder Obligation ist der freie Wille; er ist — zumal bei den Formalakten — identisch mit der sogenannten causa obligationis, welche er in sich selbst hat. Wie dem jedoch sei, die Construirung eines neuen Rechts liegt uns fern. Als Praktiker haben wir, gestützt auf die zahlreichen Entwürfe, uns bemüht, das bestehende Recht zu ergründen, eine lebendige Anschauung der Rechtsverhältnisse aus zahlreichen Acten, aus dem Verkehr mit den Begründern des Wechselrechts, den Kaufleuten, zu gewinnen. Haben wir uns nicht scheuen dürfen, diejenigen Ansichten und Urtheile zu bekämpfen, welche wir für richtig nicht erachten konnten, so wird kaum ausbleiben, daß in neuen Prozessen die angeregten Fragen von Advokaten und Richtern wiederholt erörtert und daß durch den Kampf der Meinungen das Richtige gewonnen werde.

Wir wissen sehr wohl, daß eine vierjährige, fast ununterbrochene Arbeit das mit Liebe und Mühe unternommene Werk vor vielfachen Mängeln nicht bewahrt hat. Wagen wir daher auch nicht das Buch mit den berühmten Worten des Martial (11., 108.) zu begleiten, so wird doch der Wunsch erlaubt sein, daß eine eingehende Kritik uns befähigen möchte, einst in einer zweiten Auflage des Werkes dem juristischen und kaufmännischen Publikum Deutschlands Besseres darbieten zu können.

Daß wenigstens in dieser Materie bereits eine gemeinsame deutsche Ordnung gewonnen worden, ist ein unschätzbares Gut für Recht und Volk.

Berlin, im Juli 1862.

Die Verfasser.

Einleitung.

Einert, Thöl und Liebe stimmen in den beiden Sätzen überein: Der Wechsel ist die Quelle des daraus entspringenden Rechts. Außerhalb des Wechsels bedarf es keines Vertrages, dem der Wechsel Existenz und Rechtskraft schuldet.

In der Analyse desjenigen Begriffs, der das Wesen des Wechsels ausmacht, gehen sie dagegen weit auseinander.

Einert's Anschauung (Wechselrecht nach den Bedürfnissen des neunzehnten Jahrhunderts) ruht im Wesentlichen auf folgenden Sätzen: Der Wechsel ist das kaufmännische Papiergeld. Seine Function ist die Function eines Zahlungsmittels. Er erlangt diese Function dadurch, daß der Aussteller sich nicht nur dem Nehmer, sondern Allen gegenüber zu zahlen verpflichtet. (S. 30). Daraus werden drei Consequenzen abgeleitet:

1) Der Wechsel κατ᾽ ἐξοχήν, gleichsam das Ideal des Wechsels, ist der Wechsel au porteur.

2) Das Indossament hat nur die Function einer Bürgschaft. Es ist zur Uebertragung des Wechselrechts nicht nothwendig.

3) Das Accept (S. 137, 150, 180, 183, 201, 222) hat nur die Function einer Bürgschaft.

Diese Theorie entbehrt eines festen Fundaments. Sie ist von der Deutschen Wechselordnung nicht angenommen worden. Nach diesem Gesetz ist der Acceptant so wenig Bürge des Ausstellers, daß er ihm als Selbstschuldner haftet. (Art. 23). Die Bürgschaft setzt ein Schuldverhältniß voraus. Ist der Wechsel falsch, dann könnte für die nicht bestehende Verpflichtung des Ausstellers auch eine Bürgschaft nicht bestehen, während der Acceptant des falschen Wechsels recht eigentlich aus seinem Accept (Art. 75, 76) haftet. Schon hieraus folgt, daß auch das Indossament keine Bürgschaft ist. (Thöl, Wechselrecht S. 131, 285). Ladenburg (Arch. f. DWR. Bd. 3. S. 113) und Günther (Bd. 4. S. 129 ebendas.).

Wie das Gesetz, so steht auch die Natur des Wechsels, das Wesen des Papiergeldes jener immerhin geistvollen Idee entgegen. Die Aehnlichkeit beider beschränkt sich auf die leichte Begebbarkeit und die Unzulässigkeit mancher Einreden. In allen sonstigen Stücken bilden Wechsel und Papiergeld geradezu Gegensätze. (Arch. f. DWR. Bd. 1. S. 173.) Der Wechsel ist an eine bestimmte Form gebunden; das Papiergeld nicht. Der Wechsel enthält ein Einlösungsversprechen; das Papiergeld ist ein Werthmesser, ist Geld, nicht Zahlungsversprechen. Dort beabsichtigt der Aussteller, sich selbst Geld zu verschaffen, die Circulation ist ihm weder Hauptabsicht, noch Hauptinteresse; hier ist gerade die Circulation einzig und allein beabsichtigt. Dort ist Einlösung durch Klage erzwingbar; hier geschieht sie aus Finanzrücksichten und ist durch Klage nicht zu erzwingen. Dort ist die bestimmte Einlösungsfrist conditio sine qua non; hier fehlt sie in der Regel ganz. Dort besteht eine gefährliche Connexität zwischen den verschiedenen Besitzern des Wechsels, hier besteht so wenig Connexität, als zwischen den sich folgenden Besitzern desselben Geldstücks (cfr. Savigny Obl. R. Bd. 1. S. 413 ff., 497 ff.; Bd. 2. S. 104 ff.; Seuffert's Arch. Bd. 10 S. 117, 118; Thöl a. a. O. §. 249 Note 1; Liebe Entwurf S. 33 ff.; dessen Erläuterungen S. 22 ff.; Siebenhaar im Arch. f. DWR. Bd. 1. S. 172 ff.; Ladenburg ibid. Bd. 3. S. 113 ff.; Günther ibid. Bd. 4. S. 129 ff.; Hoffmann ebendſ. Bd. 5. S. 257).

Wir können nicht finden, daß die von Brauer (Wechselrecht S. 12; Archiv 3. S. 297) zur Vertheidigung der Einert'schen Theorie geltend gemachten Gründe diese Erwägungen beseitigen. Er charakterisirt das Papiergeld als ein schriftlich gegebenes, abstractes Summenversprechen, welches durch die gesicherte, keinen Weiterungen und Einreden unterworfene Einlösbarkeit geeignet ist, statt des baaren Geldes als Zahlungsmittel zu dienen. Dem Papiergelde wird sonach die Eigenschaft einer Obligation beigelegt. Dies ist ein Irrthum und ein folgenreicher Irrthum. Die Einlösbarkeit des Papiergeldes ist ebensowenig erzwingbar, als die des vom Staat ausgegebenen schlechten Geldes. (cfr. Savigny a. a. O. und Bd. 2. S. 116). Das Papiergeld ist keine Obligation, sondern eine Sache, in welcher sich das Vermögensrecht des darin bezeichneten Werthes verkörpert, wie beim baaren Gelde, nur daß dieses einen dem äußeren Werthzeichen mehr entsprechenden inneren Werth hat. Es ist ebenso unrichtig, wenn Brauer den Wechsel mit den Banknoten, den Inhaberpapieren, den Zinscoupons identificirt. Die Banknoten müssen von der Bank zu jeder Zeit als Zahlung angenommen werden. Der Wechsel kann selbst dem Aussteller als Zahlung nicht obtrudirt werden. Deshalb ist denn auch der Wechsel nicht, wie Brakenhöft meint (Arch. f. DWR. Bd. 1. S. 243), ein autonomisches Geld für die in den Wechselverband eingetretenen Personen.

Die Ansicht Thöl's ist diese: „Jedes Wechselversprechen beruht auf einem Wechsel und einem Wechselvertrage" (a. a. O. 2. S. 117). Die Wechselverbindlichkeit erfordert also zu ihrer Existenz und Wirksamkeit zunächst das Vorhandensein eines Wechsels. Dieser wird charakterisirt als ein Summenversprechen ohne causa debendi, ohne Gegenversprechen und ohne Gegenleistung; als ein Versprechen, welches ausnahmsweise, ähnlich der stipulatio der Römer, von Folgen sein kann. Die Folge wird herbeigeführt durch den Wechselvertrag (S. 31 und 120 ff. a. a. O.). Mit diesem, aus der älteren Theorie herübergenommenen, Namen wird die formlose Handlung des Gebens und Nehmens des Wechsels bezeichnet. Der Wechselvertrag ist somit eine Nothwendigkeit, nicht für die Entstehung des Wechsels, sondern für die Begründung der Wechselverbindlichkeit. Er geht nicht dem Wechsel voraus; er folgt ihm nach. (§. 180. 181. a. a. O.) In dem Geben und Nehmen liegt aber nach Thöl nur die Vermuthung für die beabsichtigte Eingehung einer Wechselverbindlichkeit. Der Gegenbeweis, daß in der That solche Absicht nicht vorhanden gewesen, ist also nicht ausgeschlossen. (S. 119 a. a. O.) Der Wechselvertrag, — das Geben und Nehmen — darf bei keinem Wechselversprechen fehlen. Zu diesem Versprechen wird auch Accept und Indossament gezählt. (S. 35, 115 ff., 120 ff., 171 ff., 297.) Diese Theorie leidet an einem dreifachen Gebrechen. Sie bietet wenig für das Verständniß des Wechselinstituts, wie sie denn Kheil (WR. S. 13, S. 46 ff.) vom kaufmännischen Standpunkt aus einen schönen Pallast ohne Treppe nennt. Sie ist auf das Deutsche Wechselrecht nicht anzuwenden. Sie trägt den Widerspruch in sich. Mit dem Fundamentalsatze: der Wechsel ist ein Summenversprechen, ist sein Wesen nicht charakterisirt. (Brauer DWR. S. 16 ff.; Arch. f. DWR. 3. S. 297 und 301; Liebe Erläuterungen S. 32.) Jener Satz kann schon um deswillen kein Fundamentalsatz sein, weil ihm keine Consequenz abzugewinnen ist, denn die Thatsache, daß der Wechsel ohne causa debendi wirkt, schreibt Thöl selbst nur der Form zu: „Das Recht aus dem Wechsel ist ein Recht aus der Form." (S. 129, 130 a. a. O.) Zu diesem Recht aus der Form zählt er auch das Geben und Nehmen und die Vorzeigung. Er betrachtet ferner die leichte Begebbarkeit des Wechsels, die Verpflichtung des Acceptanten, des Ausstellers und der Indossanten, die Unzulässigkeit der Einreden, nicht als einen Ausfluß des absoluten Summenversprechens, sondern als Folge der Clausel: „An Ordre" (§§. 239. 241. a. a. O.). So wenig nun aber die Clausel „an Ordre" nach der Deutschen Wechselordnung von rechtlichen Folgen ist, Art. 9., so wenig kennt dieses Gesetz die s. g. Vertragstheorie. Nach Thöl wird der Acceptant erst verpflichtet, wenn er den acceptirten Wechsel aushändigt. Streicht er das Accept vorher aus, dann fehlt das Geben und Nehmen. Es liegt dann ganz consequent keine Wechselverbindlichkeit vor. Das Gegentheil bestimmt Art. 21. der DWO. (S. 113). Nach Thöl (S. 119, 174 ff., 352 ff.) kann der Schuldner excipiren: „Mit dem Wechselinhaber sei ein Wechselvertrag nicht abgeschlossen; die Tratte sei falsch, verfälscht, nicht begeben, sondern, — zur Begebung ausgestellt, vor der Begebung gestohlen, verloren.“ Anders die DWO. Art. 21. 36. 73. ff. 75. ff. 82.

Die Voraussetzung eines Vertrages führt zu einer geschlossenen Kette zwischen dem Aussteller und dem letzten Inhaber. Die Rechte des Inhabers sind dann eben abgeleitet aus dem Rechte des Ausstellers. Daraus folgt, daß dem letzten Inhaber alle Einreden entgegengesetzt werden können, welche der Schuldner gegen Vormänner und Aussteller geltend machen darf. Wer von der Vertragstheorie ausgeht, kann diese Folge schlechterdings nicht abweisen. Er darf das eigene Recht des Inhabers nicht anerkennen. Die Clausel „an Ordre“ kann so gewichtige und selbstständige Rechte nicht einräumen. Nicht durch diese Clausel, sondern durch das Geben und Nehmen wird ja nach Thöl der Aussteller verpflichtet. Er wird somit nur demjenigen verpflichtet, dem er den Wechsel giebt. Daraus aber folgt, daß der Nehmer die ursprüngliche Natur der Obligation nicht verändern kann, und daß er nicht im Stande ist, dem Indossatar größere Rechte einzuräumen, als die eigenen. Die Annahme:

> Der Verpflichtete habe von Anfang an sich jedem Inhaber gegenüber verbindlich gemacht, den Wechsel zu zahlen,

verstößt gegen das Grundprincip des Systems. Sie ist nicht geeignet, die Widersprüche zu lösen. Thöl verlangt, daß der Zahlung begehrende Inhaber seine Legitimation führen soll. Dies ist nicht folgerichtig. Hat sich nach jener Annahme der Schuldner gegen jeden Dritten verpflichtet, so handelt er, wenn er noch trotz des Besitzes des Wechsels den Nachweis der Legitimation verlangt, gegen diese seine Verpflichtung. Noch weniger vermag die Thöl'sche Theorie in das Verhältniß des Nehmers zu seinen Nachfolgern Licht zu bringen. Ist der erste Nehmer nur Repräsentant der unbekannten Personen, dann kann er selbst doch keine Rechte aus dem Wechsel herleiten. Ist er selbst aber Berechtigter geworden, dann sind nach der Vertragstheorie seine Nachfolger doch nur Nachfolger seines Rechts, so daß ihnen alle Einreden ex persona indossantis entgegenstehen müßten. Ist endlich das Versprechen an eine incerta persona geschehen, dann hört die Unbestimmtheit mit dem Augenblicke auf, wo der Wechsel in die Hand einer bestimmten Person gelangt. Daraus aber folgt, daß auf diese Person der Satz anwendbar sein muß:

Nemo plus juris in alium transferre potest quam ipse habet.

Sie kann eben kein selbstständiges, sondern nur ein abgeleitetes Recht geltend machen. Sie kann sich durch keinen Rechtsgrund von der Person ihres Auctors, von den ihn treffenden Einreden loslösen. Dieser Stein des Anstoßes ist nun einmal nicht aus dem Wege zu räumen.

Mittermaier (Arch. f. WR. Bd. 2. S. 168; Arch. f. Civil-Praxis Bd. 25. S. 29 ff.) nimmt um deswillen einen Vertrag außerhalb des Wechsels an, in welchem der Schuldner jedem Inhaber zu zahlen verspricht. Jolly (im Arch. f. DWR. Bd. 4. S. 386 ff.) betrachtete um deswillen das Versprechen des Schuldners an den ersten Nehmer gleichsam als gegeben an ein Rechtssubject in abstracto. Wir können jedoch nicht finden, daß durch diesen Vertrag oder die Fiction eines Rechtssubjectes in abstracto das Mindeste gewonnen ist. Ein Rechtssubject in abstracto ist eben ein Unding und existirt rechtlich so wenig, als der mit Niemand außerhalb des Wechsels geschlossene Vertrag Wie dem jedoch sei, die Schwierigkeiten und Widersprüche häufen sich. Thöl sagt S. 117 Note 1: „Durch das Geben und Nehmen des Wechsels entsteht der Wechselvertrag." Die Folge des Vertrages ist, daß das Rechtsverhältniß nach diesem Vertrage beurtheilt werden muß. Sind also in diesem Vertrage Bedingungen stipulirt, von denen der Wechsel nichts enthält, so müßten sie nothwendig dem Wechsel gegenüber maßgebend sein Wenn es nun aber trotz dessen auf diese Verabredungen nicht ankommen soll, wenn nach Thöl nur der Inhalt des Wechsels entscheiden darf, so ist dies ex diametro im Widerspruch mit seinem System von der Vertragstheorie. Das Geben und Nehmen ist denn in der That kein Vertrag. Es kann eben nur unter Umständen die Erfüllung des Vertrages darstellen. Die Annahme läßt sich aber durch Nichts rechtfertigen, daß just beim Wechsel das bloße Geben und Nehmen den Vertrag ausmacht. Der Wechselverkehr, das Leben des Instituts berechtigt zu einer solchen Annahme nicht. Aus der Natur und dem Wesen des Wechsels folgt eine so auffallende Singularität nicht.

Auf derselben Theorie fußt Bluntschli. Ohne Geben und Nehmen kann nach ihm keine Verbindlichkeit entstehen. Er folgert daraus: Der Wechsel selbst ist ein Formal-Contract, ähnlich dem Literalvertrage der Römer. Dieser Literalvertrag ist jedoch nach allen Seiten von dem Wechsel verschieden. Der Literalvertrag der Römer entstand durch das vom Schuldner genehmigte Eintragen der Schuld in den Codex expensi des Gläubigers (Expensilatio). War die Eintragung in Folge eines dem Schuldner wirklich gegebenen Darlehns geschehen, dann hatte sie, wenn sie sich zugleich in dem Codex accepti des Schuldners vorfand, die Natur eines Schuldscheins.

Man nahm dann eine re contrahirte Obligation an. Existirte dagegen bereits ein anderes, nicht aus einem Darlehn herrührendes Schuldverhältniß, wurde dieses durch gegenseitige Uebereinkunft der Parteien in den Codex expensi eingetragen, dann fingirte man nach echt römischer Methode in dieser obligatio ein Darlehnsverhältniß mittelst litteris (Gaj. III. §. 128. ff. Inst. 3. 21. (22). Man sieht also sofort, daß dieser römische, noch sehr controverse Literalvertrag eher das Gegentheil, als das Vorbild des Wechsels ist. (Savigny System Bd. 5. S. 529—531.) Der Literalvertrag ist vor Allem ein Vertrag. Erst mit Genehmigung des Schuldners kann das Schuldverhältniß eingetragen werden. Die Eintragung giebt Zeugniß von der Willensübereinkunft des Gläubigers und Schuldners. Anders der Wechsel. Er entsteht oft ohne Gläubiger. Seine Entstehung läßt also auf einen Vertrag nicht schließen, noch weniger seine Form. Er geht nicht als Product der Willensübereinstimmung hervor. Im Gegentheil; da das Geben und Nehmen dem Wechsel erst seine Wirksamkeit geben soll, so muß er jedem Vertrage just vorangehen. Von diesem Act des Gebens und Nehmens enthält nun aber der Wechsel Nichts. Die Haupteigenschaft des Vertrages, die Willensübereinstimmung, liegt also außerhalb des Wechsels. Es erscheint somit irrig, den Wechsel als Formalvertrag aufzufassen und noch dazu als einen Vertrag, der in Voraussetzungen, Folgen, Wirkungen nicht das Mindeste mit allen anderen Verträgen gemein hat.

Liebe sieht daher mit vollem Recht den Wechsel nicht als einen Formalcontract, sondern als einen einseitigen Formalact an, der zu seiner Gültigkeit keiner causa debendi bedarf. Versuchen wir die Resultate dieser Auffassung zu ziehen.

Wir stellen folgende Sätze auf:

1) Der noch nicht begebene Wechsel ist schon in der Hand des Ausstellers ein Nomen, ein Vermögensstück.

In dem Act des Gebens und Nehmens liegt nichts Schöpferisches. Hierdurch kann mithin ein früher werthloser Gegenstand nicht mit einem Male und Schlage in einen werthvollen sich umwandeln.

Der Satz: non entis nulla qualitas, leidet keine Ausnahme. Wo die Qualität von vornherein fehlt, kann sie nicht durch das Geben und Nehmen erzeugt werden. Der Schluß scheint uns daher unabweislich: Der Wechsel ist schon vor dem Geben und Nehmen etwas Reelles, Werthhabendes. Der Aussteller schafft in originärer Weise ein Nomen, ein Vermögensstück, und überträgt es einem Andern, damit dieser von dem so geschaffenen Nomen Gebrauch machen kann. (Liebe Erläuterungen S. 28; Kuntze Excurse S. 293 ff.) Der Aussteller ist der erste Indossant; der

Remittent der erste Indossatar. Es folgt, daß der Wechsel weder mit der Stipulation, noch mit dem Literalcontract der Römer zu vergleichen ist. Diese Rechtsinstitute setzen zwei Personen voraus. Auf die berechtigte Person soll nicht ein fertiges Nomen übertragen werden. Die Aufgabe beider Personen ist vielmehr, in Gemeinschaft ein Nomen zu schaffen. Anders der Wechsel. Er ist ein in der Hand des Ausstellers einseitig creirtes Nomen; er wechselt, wie jede andere Sache, durch das Ausgeben nur den Inhaber.

Aus diesem Satz folgt der zweite:

2) Das Geben und Nehmen ist nicht die nothwendige Bedingung für die Entstehung der Wechselschuld.

Das Geben und Nehmen eines Wechsels giebt immer nur eine Präsumtion für die Absicht; auf der einen Seite eine Verpflichtung zu übernehmen, auf der andern Seite ein Recht zu erwerben. Verliert also der Aussteller den Wechsel, bevor er ihn dem Remittenten gegeben, so kann von jener Präsumtion dem Drittbesitzer gegenüber nicht ferner die Rede sein. Nun sind zwei Fälle möglich. Der Drittbesitzer erwirbt entweder keine Rechte, weil das Geben durch den Aussteller niemals stattgefunden. Oder er erwirbt Rechte, obgleich das Geben nicht stattgefunden. Da das Letztere in der That der Fall ist, so folgt:

Der Wechsel ist sofort in der Hand des Ausstellers ein so erhebliches Vermögensstück, daß es nicht Zweck des Gebens und Nehmens sein kann, die Wechselforderung allererst zur Existenz zu bringen.

Wir leiten aus diesen Sätzen das dritte Princip ab:

3) Die Wechselschuld wird nicht einem bestimmten Dritten gegenüber übernommen.

Die Wechselordnung macht mannigfache Anwendungen von diesem Satze, wenngleich sie aus politischen Gründen die auf den Inhaber gestellten Wechsel verbietet. Art. 4. Nr. 3., Art. 96. Nr. 3. Wir verweisen auf das blanco Giro und auf das revocirte Accept eines gefälschten oder verlorenen Wechsels. Dem Fälscher oder Dieb gegenüber ist das Accept null und nichtig; in der Hand des redlichen Besitzers wird es dagegen sofort gültig, mag es immerhin inzwischen revocirt sein.

Aus den bisheran aufgestellten Sätzen ergiebt sich der Folgesatz:

4) Die Existenz der Wechselschuld ist von der stetigen Existenz eines den Begriffen des Civilrechts entsprechenden Gläubigers nicht abhängig.

Der Wechsel ist häufig ohne Gläubiger. Der Fälscher ist nicht Gläubiger des Wechsels. Der Acceptant, der durch Giro in den Besitz des Wechsels gelangt, ist nicht Gläubiger des Wechsels. Es würde sonst die Schuld durch Confusion sofort erlöschen. Dies ist nach Art. 10. nicht der Fall. Es ist also klar: Das Nomen ist in der Hand des Ausstellers ein vollgültiger Wechsel. Nicht abhängig von der Person des Gläubigers, treten mit dem Augenblick der selbst nicht beabsichtigten Circulation seine Wirkungen sofort hervor. Darum ist denn auch für den Verfalltag, die Verjährung, die Präsentation bei Sichtwechseln nicht der Tag der Begebung, sondern das Datum der Ausstellung entscheidend.

Dies führt zu dem letzten überaus folgenreichen Grundsatz.

5) Das Forderungsrecht wurzelt lediglich im Wechsel. Er ist der eigentliche Gläubiger, während der Inhaber nur der Repräsentant, der Vertreter des Wechsels ist.

Wir heben, bevor wir zur Begründung dieses Satzes übergehen, noch zwei Erscheinungen hervor:

1) Berechtigt erscheint nur derjenige, der den Wechsel wechselrechtlich besitzt (Art. 36.).

2) Das Eigenthum am Wechsel begründet an sich keine Forderung an den Schuldner. Wer den Wechsel nicht mala fide besitzt, hat ein besseres Recht, als der Eigenthümer; ja, der eigentliche Eigenthümer muß unter Umständen den ihm doch eigenthümlich gehörenden Wechsel bezahlen. Dies ist der Fall, wenn dem Schuldner der bereits bezahlte Wechsel, dem Eigenthümer der von ihm in blanco girirte Wechsel verloren geht und in die Hände eines redlichen Besitzers gelangt.

Man überzeugt sich: Der Wechsel ist Hauptsache, der Inhaber hat nur die Rolle eines Vertreters. Der Wechsel entsteht ohne Gläubiger, besteht ohne Gläubiger, geht durch Confusion nicht unter. Nur Schuldner und Schuld sind bestimmt. Der Aussteller des Wechsels ist nicht nur der erste Inhaber (cfr. Delbrück: Die Uebernahme fremder Schulden S. 10, 15), sondern der Eigenthümer. Er hat den Wechsel eben geschaffen. Trotz dessen überträgt er nicht Eigenthum, sondern nur Besitz. Der Art. 36. steht dem nicht entgegen. Die Worte:

„als Eigenthümer legitimirt",

sollen die Eigenthumsfrage nicht entscheiden. Sie besagen eben nur, daß der Inhaber insoweit legitimirt ist, daß der Zahlende die Aechtheit der Indossamente nicht weiter zu prüfen hat. Es kann nicht wohl anders sein. Sollte mit jenen Worten die praesumtio juris et de jure ausgesprochen werden, daß Derjenige Eigenthümer sei, welcher auf die im Art. 36. angegebene Weise legitimirt ist, so würde dem entgegentreten, daß eine solche Präsumtion eine ganz vereinzelte Ausnahme von allen sonst bekannten Regeln über das Eigenthum darstellen würde. Es wäre auch nicht erfindlich, warum diese praesumtio juris et de jure nicht auch bei dem malae fidei possessor stattfinden sollte. Sein dolus hindert den Uebergang des Eigenthums nicht. (Lex. 10. Cod. de rescind. vendit. (IV. 44.) Savigny Obligationen Recht II. S. 142). Auch der Art. 74. zeigt, daß das Giro keineswegs das Eigenthum am Wechsel überträgt. In der That, das Eigenthum am Wechsel ist zur Geltendmachung der Forderung nicht nöthig. Es wäre sonst nicht zu erklären, daß gegen alle sonstigen Rechtsregeln grade bei dem Wechsel der Eigenthümer gegen den bonae fidei possessor zurücktreten muß. Da nun aber hier der Besitzer dem Eigenthümer im Falle der Concurrenz stets vorgeht; da sogar die mala fides superveniens ohne gefährliche Folgen ist, so leuchtet ein, daß das Recht nicht von dem Eigenthum, sondern nur von dem Besitz des Wechsels abhängig ist. Käme es dem Art. 36. nicht lediglich auf die Legitimation, sondern auf die Entscheidung der Eigenthumsfrage an, dann müßte das Gesetz doch auch den Schuldner zu dem Beweis verstatten, daß der Inhaber in der That nicht Eigenthümer sei. Es müßte dann dem Schuldner der Nachweis zustehen, das Indossament sei unächt (falsch), es sei simulirt, und nur zur Procura bestimmt u. s. w. Die Doctrin, wie die Praxis schneidet jedoch dem Schuldner diesen Einwand mit Recht ab. Gelpcke, Zeitschrift für Handelsrecht Hft. I. S. 138; Koch, WR. S. 312; Bluntschli, Wechselrecht S. 126; Arch. f. DWR. Bd. I. S. 209, Bd. 2. S. 257, S. 204, 403 und 405; Entscheidungen Bd. 20. S. 545; Bd. 29. S. 182; Strieth. Arch. Bd. 21. S. 159; Oesterreichische Ger.-Zeitung pro 1857 Nr. 24. Nur der einzige Einwand ist nach dieser Richtung hin zulässig, daß der Inhaber sich in dolo befindet. Grade dieser Einwand beweist aber, daß wie die bona fides bei dem Erwerb, so der Besitz allein maßgebend ist. Darf sonach der Schuldner die materielle Legitimation des Inhabers nicht prüfen, wird er durch Aushändigung des Wechsels selbst dann frei, wenn der Inhaber nicht Eigenthümer gewesen, so können wir nicht diesen, sondern nur den Wechsel als eigentlichen Gläubiger betrachten. Hängt das Eigenthum des Wechsels mit dem Eigenthümer so lose zusammen, daß der Verlust des Eigenthums schon mit dem rechtmäßigen Besitz eines Anderen herbeigeführt werden kann, so ist dargethan, daß zur Geltendmachung der Forderung der Besitz des Wechsels genügt.

Die aufgestellten Sätze:

Der Wechsel ist Gläubiger. Der Aussteller ist der erste Inhaber. Er schafft vermöge seines Willens ein Nomen. Dieses Nomen ist an das Papier in der Art geknüpft, daß der Wechsel der Träger eines subjectiv dinglichen Rechtes, eines activen Realrechts wird.

Der Aussteller macht sich somit zum Schuldner seines Papiers.

Diese Sätze sind weder so neu, noch stehen sie so ganz ohne Analogie da. Die Möglichkeit, dem Papiere eine selbstständige Stellung einzuräumen, ist bereits wiederholt gedacht worden. So bezeichnet Savigny, Obligationenrecht II. S. 99, die Inhaberpapiere, zu denen er auch den Wechsel zählt, als verkörperte Obligationen: Gerber (Deutsches Privat-Recht. 5. Auflage §. 160.) sieht in ihnen die Träger des verpflichteten Willens; Unger (Inhaberpapiere S. 110) dachte daran, sie als Träger der Forderung zu betrachten. (Vergl. namentlich Bekker in seinen und Muther's Jahrbüchern des gemeinen Deutschen Rechts Bd. I. S. 266). Das Preuß. Ob.-Trib. hat in einem Erkenntnisse vom 28. Januar 1857 (Entschd. Bd. 35. S. 20) den Wechsel als selbstständigen Träger des Rechtsverhältnisses bezeichnet. Eines Nachweises, daß leblose Gegenstände häufig genug die alleinigen Träger des Rechts sind, bedarf es nicht. Wir verweisen auf die Realrechte des Deutschen, auf die subjectiv dinglichen Rechte des Preußischen Rechts. Auch hier übt das Fortfallen der augenblicklich das Recht ausübenden Person keinen Einfluß aus auf die Existenz des Realrechts selbst (cfr. ALR. I. 16. §. 484. und Anh. §. 52. I. 22. §. 52—54).

Noch weniger ist die Erscheinung auffallend, daß der Wille der Person allein genügt, um eine Forderung, die freilich der Regel nach nur mit Hülfe eines Dritten entsteht, ins Leben zu rufen. Wir verweisen auf die Hypothek des Eigenthümers. Was diese in ihrem Bestehen aufrecht erhält, sei es, daß sie dem Schuldner cedirt worden; sei es, daß der Gläubiger das Grundstück erwirbt und zugleich Rechtsnachfolger des Schuldners wird, ist nicht der Umstand, daß das Grundstück selbst Schuldner ist. Es ist lediglich der Wille des Verpflichteten, der die Schuld aufrecht erhält, trotzdem kein Gläubiger da ist (cfr. Delbrück a. a. O. S. 63 ff.). Kann aber der Wille ein Schuldverhältniß trotz der Confusion aufrecht erhalten, so ist so befremdend nicht, wenn dieser Wille ein solches Verhältniß von vornherein schafft. Wir erinnern an einen analogen Fall. Der Besitzer zweier Grundstücke benutzt mittelst einer Anlage das eine Grundstück zum Besten des andern. Er veräußert das berechtigte Grundstück. Die Servitut bleibt bestehen. Hier hat der ursprüngliche Constituent mit Niemand contrahirt, er hat kraft eigenen Rechts das eine der beiden Grundstücke zum Träger des Rechts über das andere gemacht. Art. 692. 693. 694. Code civil. Wie hier der Wille allein entscheidend ist, so ist es eben nur derselbe Wille, welcher auch dem Papiere Kraft giebt. Ist aber jene Erscheinung bei anderen Rechtsinstituten erklärlich, so ist sie bei dem Wechsel geradezu nothwendig. Causa debendi und Wechsel sind dem Begriff nach Gegensätze. Um der materiellen und specialisirten Causa debendi willen bedarf es bei den anderen Obligationen der Thätigkeit eines Dritten. Dadurch wird als Niederschlag der Obligation die Forderung geschaffen. Ist nun aber die sog. Causa debendi als Causa efficiens bei dem Wechsel ausgeschlossen, so bedarf es des Dritten zur Entstehung des Wechsels nicht (Kuntze, Deutsches Wechselrecht III. Exkurs §. 38. und 39.). Es werden schon in den decisiones Rotae Genuae (Decisio XXXII. u. L.) Wechsel erwähnt, in denen der Bezogene angewiesen wird, an sich selbst zu zahlen (Biener Wechselr. Abhandl. §. 32. 98.). In Hamburg sind eigne Wechsel an eigne Ordre stets anerkannt worden, Archiv für WR. Bd. 3. S. 89 und Trummer ibid. S. 91 ff. Nach englischem Recht ist die Rechtsgültigkeit der Wechsel mit nur einer Person niemals bestritten worden, Wechsel, welche der Aussteller auf sich an seine eigne Ordre zieht. Biener S. 196.

Freilich, so lange das Papier sich in den Händen seines Schöpfers, des Ausstellers, befindet, kann es sich nicht wirksam zeigen. Das Recht ruht, so lange der Wechsel sich in den Händen des Ausstellers befindet, wie die Hypothek des Eigenthümers in den Händen des Schuldners; kommt dagegen der Wechsel in eine andere Hand, dann kehrt er sofort seine Kraft gegen seinen eigenen Schöpfer. Man wolle nicht glauben, daß die aufgestellten Sätze ohne praktische Tragweite sind.

Wir haben sie wahrlich nicht aufgestellt, um leichtfertig die Grundlagen einer Wissenschaft anzutasten, an deren Festsetzungen nicht nur seit Jahrhunderten, sondern seit Jahrtausenden denkende Männer mit Ernst und unermüdlichem Fleiß gearbeitet haben (Ladenburg, Begriff und Charakter des Wechsels, Arch. f. WR. Bd. 9. S. 340 f.). Wir haben vielmehr geglaubt, daß wir auf den bestehenden Grundlagen fortbauen, wenn wir aus dem lebendigen Wechselverkehr heraus eine Theorie ableiten, welche geeignet ist, alle angeblichen Anomalien und Ausnahmen nicht als solche, sondern als nothwendige und regelrechte Consequenzen aufzufassen und zu behandeln. Nicht Laune und Willkür hat uns bestimmt, die Einheit des Rechtssystems zu stören, im Gegentheil, die Nothwendigkeit, die nun einmal nicht abwendbaren Erscheinungen zu begreifen; die Bedürfnisse der modernen Rechtsbildung haben uns zu jenem Systeme geführt. Die Erscheinungen, aus denen wir jene Sätze erst abstrahirt, sind aber im Wesentlichen diese:

1) der Ausschluß der Confusion (S. 71);
2) der Ausschluß der lex Anastasiana (S. 64);
3) die Unzulässigkeit der Einreden ex persona indossantis (S. 292);
4) die Verpflichtung des Schuldners, gegen den Wechsel zu zahlen (S. 298);
5) die Befreiung des Schuldners durch bloße Auslieferung des Wechsels selbst dann, wenn auch an einen nicht Berechtigten gezahlt werden (S. 268);
6) das Fortbestehen der Schuld, so lange der Wechsel als solcher existirt, und nicht selbst ein Merkmal seines Aufhörens an sich trägt (S. 298 ff.);
7) das Fortbestehen der Schuld ohne Gläubiger. Der Wechsel selbst ist eben der Träger der Forderung. Von ihm allein leitet ein Jeder sein Recht ab. Er ist das berechtigte Subject. Hierdurch erklärt sich auch
8) die Erscheinung bei der Tratte, daß der Angewiesene, obwohl nur zur Zahlung beauftragt, acceptiren kann. Indem der Trassant den Trassaten anweist, gegen den Wechsel zu zahlen, ertheilt er zugleich den Auftrag, den Wechsel als Gläubiger anzuerkennen. Deshalb ist denn auch
9) der Acceptant jedem späteren Inhaber des Wechsels aus dem Accept verpflichtet. Die Person, der gegenüber das Accept gegeben war, ist eben gleichgültig. Nur der Wechsel ist der Gläubiger. Auch das Phänomen wird dadurch begriffen, daß
10) der Acceptant schon durch das Niederschreiben seines Accepts, ohne Aushändigung verpflichtet wird, und daß
11) das Durchstreichen des Accepts ohne Erfolg ist. Der Acceptant hat dem Wechsel das Accept einmal und dadurch unwiderruflich gegeben (S. 113). Wir finden
12) eine feste Basis für die in Wechselsachen doppelt schwierige Lehre von den Einreden (Art. 82.) und namentlich von der Res judicata (S. 307).

Jene Principien werfen schließlich einen Reflex auf die Erscheinung, daß

13) in Wechselsachen lediglich der Besitz des Wechsels entscheidet und daß die dem Obligationen-Recht fremde Regel:

En fait de meubles, la possession vaut titre (Art. 2279. Code civil). Hand muß Hand wahren,

hier volle Anwendung findet.

Mehr als des bona fide erworbenen Besitzes des Wechsels bedarf es für den legitimirten Besitzer zur Ausübung des Wechselrechts nicht. Die DWO. bedient sich daher fast überall, wo der Preuß. Entwurf von dem Eigenthümer des Wechsels spricht, des Wortes „Inhaber". Man vergleiche Art. 10. 13—15.; 18—20.; 26. 38. 45. 48. 49. 50. 62. 63. 69. 72. 74. 78. 81. 83. mit den correspondirenden Stellen des Pr. Entwurfs §§. 11. 13—15. 18. 20. 38. 39. 43. 44. 48. 49. 55. 65. 75. Diese Aenderung ist nach Ausweis der Protocolle nicht eine zufällige, sondern sie ist mit ausgesprochener Absicht beliebt worden. Conferenz-Protokolle S. 24 ad §. 11; S. 36 ad §. 18. des Pr. Entwurfes (Sitz. 22. S. 143 und Sitz. 31. S. 229). Der Art. 74. ist nachträglich eingeschoben, um jeden Zweifel darüber zu lösen, daß das Forderungsrecht sich nicht an das dominium, sondern an den Besitz knüpft. Weil nun aber Jeder nur des Besitzes bedarf, um das Wechselrecht auszuüben, so folgt, daß er die rei vindicatio, welche ein Ausfluß des Eigenthums ist, nicht geltend machen darf.

Kuntze bemerkt in seinem Wechselrecht S. 18 und 19:

Durch die schriftliche Bezeichnung des Werthes und die hinzukommende Unterschrift des Ausstellers wird der Papierkörper beseelt und individualisirt; der Aussteller, als Urheber des Wechsels, prägt demselben durch seine Unterschrift gleichsam sein eigenes persönliches Wesen auf, verstrickt durch seine Handschrift seine Hand, durch seine Hand seine Person; der in den Verkehr entlassene Wechsel repräsentirt daher die Persönlichkeit des Ausstellers, dessen Geschöpf er ist. Einmal in den Verkehr eintretend bewegt sich der Wechsel aber mit einer Art Unabhängigkeit, wie mit eigenem Leben begabt, und die Phasen seines Umlaufs gleichen wohl dem Lebenslauf eines Individuums. Je entschiedener wir diesen Vergleich festhalten, um so mehr nähern wir uns dem Prinzip der lebendigen kaufmännischen Anschauung. Der Wechsel ist gleichsam ein beseelter Körper, welchem Selbstbewegung beigelegt wird, denn er läuft vor- und rückwärts, rasch oder langsam, hat einen kurzen oder langen Lauf, und kann selbst zum Reiter werden (Wechsel-Reiterei). Der Wechsel hat eine organische Gestalt: Angesicht und Rücken (Vorder- und Hinterseite, oder Schau- und Kehrseite, oder Innen- und Außenseite), Kopf und Fuß. Raphael de Turri nennt den Context corpus, die Spitze der Innenseite caput, die Außenseite cornua; Bode nennt die Innenseite facies. Der Wechsel ist kurz- oder langsichtig; er leidet Noth, kommt zu Fall („im Fall bei"), er hat seine Ehre (onore di lettera), für deren Wahrung oft künstlich gesorgt wird, und er hat sein Domicil, welches vom Domicil des Wechselschuldners verschieden sein kann.

In seinen durchweg anregenden Excursen S. 276 stellt er als die fünf Hauptdogmen auf:

1) Der Wechsel enthält eine abstracte Obligation.

2) Der Wechsel ist eine Scriptural-Obligation.

3) Die wechselmäßigen Begründungakte sind einseitige Rechtsgeschäfte oder Creationsakte.

4) Die Circulation des Wechsels wirkt regelmäßig novationsartige Fortpflanzung, und

5) Solidarische Verzweigung des wechselmäßigen Nomen. Trotz dessen verwirft er die von uns aufgestellte Theorie. Er bemerkt S. 290: „In der That liegt denn auch, wie ich nicht verkenne, einiges Wahre in jenen Aufstellungen, nämlich daß das Papier nicht bloß zu dem Einrichtungsakt, sondern zu dem obligatorischen Rechtsband in Beziehung steht und folglich für das Nomen eine dauernde Bedeutung und Funktion hat, sowie, daß mittelst dieses Zusammenhangs das an sich ideelle nomen oder debitum gewissermaßen in die sinnliche Welt hinausragt, und, indem es am Papier seinen organischen Ausdruck oder Körper besitzt, ganz den Eindruck einer leiblich consolidirten, sinnlich organisirten Individualität macht. Jedes Rechtsverhältniß ist eine individuelle Existenz, eine Realität („res“) im Reiche des Rechts, keineswegs, wie heutzutage mit Recht betont wird, bloß etwas Gedachtes; denn das Recht ist eine Welt geistiger Realitäten, die Rechtsverhältnisse sind die individuellen Wesen oder Kreaturen, welche diese Welt beleben, bevölkern, und dem deutschen Naturalismus ist es gelungen, einen Theil dieser geistigen Welt in dem Spiegel der Werthpapiere gewissermaßen aufzufangen. Allein man geht nun zu weit, wenn man diese augenfälligen oder körperhaften Rechtsverhältnisse zu „Personen“ erhebt und so die Kreatur auf eine Linie mit dem Kreator stellt. Diese Personifications-Theorie erscheint daher als ein Auswuchs der Idee der Scripturobligation.“

Es sei uns gestattet, mit den Worten Bekkers (Goldschmidt Zeitschrift für das gesammte Handelsrecht Bd. 4. S. 562 f.) zu erwidern. Dort wird ausgeführt: Die Theorie der Geldpapiere hat vor allem eine Frage zu entscheiden, ob die Schulbegriffe des Römischen Rechts für die Beurtheilung derselben ausreichen oder nicht? Ich habe (Jahrbücher des gemeinen deutschen Rechts Bd. 1. S. 235 f. und 361 f.) meine Ueberzeugung ausgesprochen, daß hier eine wesentlich neue Schöpfung vorliegt, die von der romanisirenden Doctrin nicht in die überkommenen Fächer gestellt werden darf, und zweifle nicht an dem endlichen Siege dieser Auffassung. . . . Ich habe gesagt, bei dem Geldpapier hafte eine Forderung an dem Papier; und da diese Forderung besteht, so lange das Papier selbst da ist, ohne Rücksicht, in welchem Verhältniß Menschen zu dem Papier und durch dasselbe weiter zu der Forderung stehen, so habe ich hinzugefügt, das Papier sei loco creditoris, Träger der Forderung, oder, wenn man wolle, auch geradezu Rechtssubject, Gläubiger. Entsprechend, der Inhaber sei nicht Gläubiger, nur gleichsam Vertreter des Gläubigers, procurator in rem suam. Ich will zugeben, daß diese Ausdrücke ein scharf und hart gezeichnetes Bild geben . . .

Warum das Papier nicht Rechtssubject in dem bezeichneten Sinne sein könne, ist noch von keiner Seite gesagt. Giebt man zu, daß das Dasein der Obligation an das Dasein des Papiers geknüpft, und daß überdies das Papier das einzige Medium ist, durch das man Herrschaft über die Obligation erlangen könne, leugnet aber die von mir behauptete Rechtssubjectivität des Papiers, so ist das der leere Wortstreit, da dieser Ausdruck bei mir eben nur jene Verhältnisse bezeichnen soll. Findet sich eine bessere Bezeichnung, so werde ich sie mir gerne aneignen, aber bis jetzt sehe ich noch nichts dergleichen. „Das Papier ist die Forderung", da wäre auch wohl das Grundstück, das dominans praedium ist, die Realservitut; „das Papier ist der verkörperte Wille des Schuldners", ist eine Phrase, die zu keinem präcisen Begriff hinführt; „Repräsentant der Obligation" will auch nicht passen, weil die repräsentirte Obligation keine Existenz getrennt von ihrem Repräsentanten haben würde; „Symbol der Obligation" ist um nichts besser, „Organ der Obligation" schlimmer, weil es auf Handlungsfähigkeit der Forderung schließen ließe.

Uns hat nicht gelingen wollen, die mit den Lehren des Civilrechts in vollem Widerspruch stehenden Erscheinungen des Wechselrechts und Wechselverkehrs anders zu erklären, als durch die von uns aufgestellte Theorie. Man gehe nur ohne civilistische Befangenheit an die Prüfung der einzelnen Materien. Man wird gestehen müssen, daß die Theorie berechtigt ist, wenn sie sich dort bewährt und die civilistischen Räthsel als die Regeln und nothwendigen Principien des Wechselrechts erkennen läßt.

Inhalts-Verzeichniß.

III. Das Indossament.

IV. Präsentation zur Annahme.

V. Annahme.

VIII. Regreß Mangels Zahlung.

IX. Intervention.

Ehrenzahlung.

X. Vervielfältigung eines Wechsels.

Wechsel-Copien.

XI. Abhanden gekommene Wechsel.

XII Falsche Wechsel.

XIII. Wechsel-Verjährung.

XIV. Klagerecht des Wechselgläubigers.

XV. Ausländische Gesetzgebung.

XVI. Protest.

XVII. Ort und Zeit für die Präsentation und andere im Wechselverkehr vorkommende Handlungen.

XVIII. Mangelhafte Unterschriften.

Dritter Abschnitt. Von eigenen Wechseln.

§. 1.

Die Geschichte der allgemeinen deutschen Wechselordnung.

Es ist die Aufgabe der Weltgeschichte, das Leben des menschlichen Geschlechts vorzuführen. Zu ihren Disciplinen gehört die Rechtsgeschichte. Ihr Vorwurf ist die genetische Entwickelung der bestehenden Rechtsinstitute. Eine durchaus praktische Wissenschaft, ganz dazu geeignet, die organische Kraft des Rechts zu bewähren und darzuthun, daß der Standpunkt des sich forterbenden Rechts, als einer ewigen Krankheit, wo nicht schon überwunden, doch bereits zurückgedrängt ist!

Nirgend zeigt sich der Kampf zwischen dem sogenannten historischen Recht und dem Rechtsbewußtsein der Nation heftiger, als im Wechselrecht; nirgend ist der Sieg der Rechtseinheit entschiedener.

Das Wechselrecht trägt zwei Elemente in sich; das Streben zur Simplicität und Gleichheit der Rechtsnormen, zum Universalismus aller Nationen —; die Strenge der Form, die Nothwendigkeit einer strikten Anwendung des positiven und formellen Gesetzes.

Im Anfang überwiegt das erste Element. So lange das Wechselrecht auf dem Gewohnheitsrecht beruht, ist die Ausbildung eine gleichmäßige. Mit dem 17. Jahrhundert und seinen romanisirenden Tendenzen tritt das andere Element in den Vordergrund. Es ist kaum zu leugnen, daß der Formalismus des Wechselrechts dazu geeignet war, die Thätigkeit der Legislation anzuregen. Gewiß ist, daß der Partikularismus nirgends fruchtbareren Boden gefunden, als auf demjenigen Gebiete des Rechtes, welches ihm mehr als jedes Andere entzogen sein sollte. Im Jahre 1609 wurde die Hamburger Wechselordnung erlassen. Im Jahre 1844 sind die Deutschen die glücklichen Besitzer von vierundneunzig Wechselordnungen. Vierundzwanzig fallen auf das siebenzehnte; neunzehn auf das neunzehnte; ein und fünfzig auf das in der Legislatur überfruchtete achtzehnte Jahrhundert. Deutschland zählte mehr Wechselordnungen als deutsche Staaten. Der einzelne deutsche Staat konnte sich nicht an einem Partikulargesetz genügen lassen, die Zerklüftung des zerrissenen Rechtes mußte durch mehrere Wechselordnungen in die Erscheinung treten. In den deutsch-österreichischen Staaten galten neun, in Preußen drei verschiedene Wechselordnungen.

Nur zu bald wurde die Noth des Reichthums tief gefühlt. Schon im

Jahre 1669 richtete der sächsische Handelsstand die Bitte an die Regierung, beim Reichstage auf ein gleichmäßiges Wechselrecht für ganz Deutschland anzutragen. Die Bitte wurde damals als unpraktikabel abgelehnt. Sie blieb unpraktikabel bis zum Jahre 1848.

Daß Deutschland zu einer einheitlichen Wechsel-Gesetzgebung gelangt, ist der glücklichen Constellation vieler zusammenwirkender Ereignisse zu danken.

Die ungestüme Presserin, die Noth, drückte just auf den Handelsstand, einen Stand, dessen politisches Gewicht seit den dreißiger Jahren sich auch in Deutschland geltend machte. In der Presse, in den deutschen Ständeversammlungen vertreten, waren die gewichtigsten Autoritäten (Mittermaier, Arch. für civ. Praxis Bd. 25. S. 137; Christ, über deutsche National-Gesetzgebung S. 110; Dedekind, Vergangenheit und Gegenwart S. 190) auf seiner Seite.

Zum Glück für Alle waren die bestehenden Wechselgesetzgebungen in der That unpraktikabel geworden. Sie strotzten von römischen Abnormitäten, deutschen Zöpfen und überwundenen religiösen und politischen Standpunkten. Dasjenige Recht, weches die rascheste Prozeßführung fordert, war durch die interessantesten cambialen Controversen und die Schmarotzerpflanzen des Civilrechts der reichste Fundort für die juristische Spekulation geworden. Der Instanzenzug, das Beschreiten der dritten Instanz, war geradezu aus der Ausnahme zur Regel erhoben und zumal da geboten, wo eine Collision der verschiedenen Wechselgesetze das letzte Resultat der Rechtsfindung zu einer inkommensurabelen Größe machte.

Man mußte darauf bedacht sein, solche Mißstände zu beseitigen und man war in der That darauf bedacht. Die Theorie untersuchte das Wesen des Wechsels (Einert, das Wechselrecht nach dem Bedürfnisse des Wechselgeschäfts des neunzehnten Jahrhunderts; Liebe, in den Motiven des braunschweiger Entwurfes; später Thoel, das Wechselrecht). Die Partikular-Gesetzgebungen waren mit neuen Entwürfen beschäftigt. Es ist wichtig, die preußischen Entwürfe speziell vorzuführen. Aus ihnen ist zumeist das Material für die Wechselordnung gewonnen worden.

In Preußen bestand seit dem Jahre 1817 eine Gesetz-Revisions-Kommission. Sie legte im Jahre 1836 einen Entwurf mit Motiven vor. Der Titel lautet:

„Gesetz-Revision. Pensum VIII. Entwurf. Allgemeines Landrecht. Th. II. Tit. 8. Abschn. 8. Von Wechseln. Th. II. Tit. 8. Abschn. 9. Von den Handelsbillets und Assignaten. Allgem. Gerichtsordnung. Th. I. Tit. 27. Vom Wechselprozeß."

Der Entwurf umfaßt 223 Paragraphen. Die Motive (222 Quartseiten) sind geradezu unentbehrlich für das Verständniß der Wechsel-Ordnung. Die Verfasser: Skalley, Esser, Westphal, Krausnick, Marchand; von den Kaufleuten Benecke von Groeditzberg, Joseph Mendelssohn — stehen auf der Höhe der damaligen Wissenschaft des Wechselrechts. Von der Idee einer gemeinsamen Wechselordnung entfernt, hatte man ihnen nur die Revision bestimmter Titel des Landrechts und der Gerichtsordnung zur Aufgabe gestellt.

Inzwischen hatte sich im Zollvereine die Aufmerksamkeit auf die Erstrebung eines gemeinsamen Wechselrechts gerichtet. Schon auf den Zollconferenzen vom Jahre 1836 und 1838 wurde diese Frage auf Anlaß der würtembergischen Regierung in Erwägung gezogen.

Die Aufgabe der preußischen Gesetz-Revisoren mußte sich erweitern. Es schien namentlich nothwendig, daß wenigstens für alle Provinzen des preußischen Staates ein einziges Wechselrecht Geltung gewinne. Die Gutachten der Handelsgerichte und der Handelskammern in der Rheinprovinz wurden daher erfordert und demnächst im Jahre 1838 der von dem Stadtgerichtsrath Grein redigirte Entwurf als „Revidirter Entwurf“ vorgelegt.

Dieser Entwurf enthält 260 Paragraphen. Es sind beigefügt:

1) Zusammenstellung der von den rheinischen Handelsgerichten gegen den ersten Entwurf aufgestellten Monita (71 Seiten). Berlin 1838.
2) Zusammenstellung der materiellen Abweichungen des revidirten Entwurfes von dem Allgemeinen Landrecht (18 Seiten).
3) Abänderungen einiger Bestimmungen des revidirten Entwurfes, welche in der am 26. November 1838 abgehaltenen Conferenz für nöthig erachtet worden sind. An dieser Conferenz haben Theil genommen: von Kamptz, Skalley, von und zur Mühlen, Esser, Krausnick, von Moeller, Boswinkel, Bischoff, Mendelssohn, Grein.

Der revidirte Entwurf ist sodann im Staats-Ministerium im Jahre 1839 berathen worden. Das Staats-Ministerium hat am 30. Mai 1840 an den König Friedrich Wilhelm III. Bericht erstattet und vorgelegt:

1) seine Protokolle und Vorschläge;
2) den Entwurf des Wechselrechts nach den Berathungen des Staats-Ministeriums.

Dieser von dem Referenten Grein verfaßte Entwurf zählt 263 Paragraphen. Die Cabinets-Ordre des Königs Friedrich Wilhelm IV. vom 2. Juli 1840 ordnete die Berathung dieses Entwurfes durch eine Kommission des Staatsrathes an.

Es ist demnächst im Jahre 1845 ein

Entwurf einer Wechselordnung nach den Berathungen der Kommission des Königlichen Staatsraths

erschienen. Er enthält 300 Paragraphen.

Beigegeben sind ihm „Erläuterungen“ (65 Seiten Quart). In ihnen wird gesagt:

> „Vor allem aber kam es darauf an, den Wechsel nach seiner eigenthümlichen Natur und Bestimmung, mit Abweisung fremdartiger Elemente, aber mit sorgfältiger Beachtung der wahren Bedürfnisse und der heutigen Gebräuche des Handels, dieser lebendigen Quelle alles Handelsrechts, zu entwickeln. Dieses ist der sicherste Weg, den Anschluß anderer Gesetzgebungen vorzubereiten“ (Seite 4).

Dieser Entwurf ist auf Antrag des Staatsraths von den einberufenen

Sachverständigen berathen worden. Die Protokolle sind abgedruckt unter dem Titel: „Protokolle, den Entwurf einer Wechselordnung betreffend. Berlin 1845" (160 Seiten).

Der „Kommissions-Bericht betreffend die Vernehmung der Sachverständigen über den Entwurf einer Wechselordnung. Berlin 1846" (122 Seiten) bemerkt, daß als Sachverständige Gräff, Grodbeck, van Gülpen, von der Heydt, Hölterhoff, Jobst, Magnus, Mendelssohn; als Rechtsverständige Gelpcke, Esser, Witt einberufen worden. Der Bericht ist von dem Präsidenten und dem Referenten der Commission v. Patow und Bischoff gearbeitet und S. 6 bemerkt:

> Nach dem Protokolle vom 30. Juni glauben wir annehmen zu dürfen, daß der Entwurf so ausgearbeitet werden solle, daß er den anderen Staaten zur gleichmäßigen Annahme oder als Grundlage zum Versuche einer Verständigung zu übereinstimmenden Wechselgesetzen proponirt werden könne.

Auf der Zoll-Conferenz von 1846 hatte man sich inzwischen für den Versuch der Abfassung einer gemeinsamen Wechselordnung ausgesprochen. Es sollte ein Entwurf der Berathung zum Grunde gelegt werden. Der demnächst ausgearbeitete preußische Entwurf führt den Titel: „Entwurf einer Wechselordnung nach den Ergebnissen der Berathung mit den einberufenen kaufmännischen Sachverständigen. Berlin 1846." Er enthält 100 Paragraphen.

Die Berathung dieses Entwurfes erfolgte wiederum durch eine Kommission des Staatsrathes. Aus dieser Berathung, die in gedruckten Verhandlungen (70 Seiten) niedergelegt ist, ging ein Entwurf von 1847 mit 104 Artikeln hervor. Dieser Entwurf ward nochmals revidirt und dann im Jahre 1847 unter dem Titel: „Entwurf einer Wechselordnung für die preußischen Staaten nach den Beschlüssen der Kommission des Staatsraths" mit Motiven veröffentlicht.

Zugleich mit dem Entwurf am 31. August 1847 erließ die preußische Regierung eine Denkschrift, die Berathungen über ein allgemeines deutsches Wechselrecht betreffend.

Die Denkschrift ist wichtig für das Verständniß der Conferenz-Protokolle und noch heut von Bedeutung, wo nicht das Ziel — die einheitliche Gesetzgebung — sondern nur noch der Weg — der Bundestag — die Regierungen trennt und scheidet.

Die Denkschrift lautet:

„In dem zum Zollverein verbundenen Staaten wird überall schon seit längerer Zeit das Bedürfniß empfunden, das den Verhältnissen der jetzigen Zeit nicht mehr entsprechende Wechselrecht einer Revision und Umarbeitung zu unterwerfen. Je allgemeiner dieses Bedürfniß sich geltend machte, desto mehr mußte der Wunsch laut werden, sich nicht darauf zu beschränken, in jedem einzelnen Staate etwas Besseres, als das Bestehende promulgirt zu sehen, sondern den Versuch zu machen, ob sich nicht durch Vereinigung der bis jetzt isolirten Bestrebungen und durch gegenseitigen Austausch der verschiedenartigen Ansichten und Erfahrungen jedenfalls etwas an sich Vollkommeneres erreichen, vielleicht aber auch eine Gemeinschaftlichkeit und Gleichförmigkeit des Wechselrechts herbeiführen lasse. Die in dieser Beziehung von mehreren Seiten gemachten Vorschläge haben bei den Regierungen der Zollvereinsstaaten allgemeinen Anklang gefunden. Es leuchtet indeß ein, daß die Theilnahme an einem gemeinsamen Wechselrechte durchaus nicht durch die Theilnahme an dem Zollverein bedingt wird, daß vielmehr das gemeinsame Werk seine wohlthätigen Folgen für den gesammten Handel und Verkehr noch in weit höherem Grade entwickeln muß, wenn es auch andere als die zum Zollverein gehörigen Staaten und wo möglich das gesammte Deutschland umfaßt.

„Die Regierungen der Zollvereinsstaaten haben daher beschlossen, die Regierungen sämmtlicher Deutscher Bundesstaaten zur Theilnahme an den bereits im Jahre 1846 auf der achten General-Konferenz in Zollvereins-Angelegenheiten verabredeten Berathungen über ein allgemeines Wechsel-Recht einzuladen und für diese Berathungen folgende Vorschläge zu machen.

1.

„Am 20. Oktober d. J. wird eine Conferenz zu Berathungen über ein allgemeines Wechselrecht in Leipzig abgehalten werden.

2.

„Die Regierungen sämmtlicher Deutscher Bundesstaaten werden eingeladen, diese Conferenz durch Abgeordnete zu beschicken. Tritt der Fall ein, daß Beschlüsse gefaßt werden müssen, so werden von den zum Zollverein verbundenen Regierungen, um sich an vertragsmäßig bestehende Normen anzuschließen, nur diejenigen eilf Stimmen geführt werden, durch welche die Beschlüsse bei den regelmäßigen General-Conferenzen in Zollvereins-Angelegenheiten gefaßt werden (Preußen, Bayern, Sachsen, Württemberg, Baden, Kurhessen. Großherzogthum Hessen, Thüringischer Verein, Braunschweig, Nassau und Frankfurt). Diesen eilf Stimmen werden die Stimmen von Oesterreich, Hannover, Holstein, Mecklenburg (beide Großherzogthümer mit einer Stimme), Oldenburg, Lübeck, Bremen und Hamburg hinzutreten, in soweit die Regierungen dieser Staaten an den Berathungen Theil zu nehmen geneigt sind. Die Regierungen der übrigen Bundesstaaten werden (wie dies in Betreff der dem Zollverein angehörigen für Zollvereinssachen vereinbart ist) durch die Regierungen, mit welchen sie durch Gemeinsamkeit der Gesetzgebung oder der Zollverwaltung u. s. w. eng verbunden sind, bei den Abstimmungen vertreten werden, aber durch Abgeordnete mit einem consultativen Votum an den Berathungen Theil nehmen können.

3.

„Da mehrfache Erfahrungen gezeigt haben, daß Berathungen über ein Wechselrecht nur dann zu befriedigenden Resultaten führen, wenn Sachverständige daran Theil nehmen, die mit der gesammten Technik des Wechselverkehrs genau vertraut sind, so muß es nicht allein für zulässig, sondern sogar für wünschenswerth geachtet werden, daß die die Conferenz beschickenden Regierungen oder wenigstens diejenigen, in deren Staaten ein lebhafter Wechselverkehr vorkommt, nicht blos durch Beamte, sondern neben diesen auch durch kaufmännische Sachverständige vertreten werden.

„Wenn ein Staat oder ein Verein, der eine Stimme abzugeben hat, mehrere Abgeordnete sendet, so würde es lediglich seine Sache sein, zu bestimmen, welcher derselben die Stimme abgeben und wie etwa darüber zwischen den mehreren Abgeordneten eine Verständigung stattfinden soll.

4.

„Den Regierungen derjenigen Staaten, in welchen neuerdings entweder Wechsel-Ordnungen publizirt oder legislative Vorarbeiten bis zur Beendigung eines vollständigen Entwurfs zu einem solchen Gesetze vorgeschritten sind, wird anheimgestellt, diese Verordnungen oder Entwürfe vor dem 1. Oktober d. Js. den übrigen die Conferenz beschickenden Regierungen mitzutheilen.

5.

„Die Conferenz wird bei ihrem Zusammentreten beschließen, welches der ihr mitgetheilten Wechselrechte oder Projecte sie ihren Berathungen zu Grunde legen will, sie ist aber verpflichtet, neben dieser Grundlage auch die übrigen ihr mitgetheilten Gesetze oder Entwürfe fortwährend zu vergleichen und in Erwägung zu ziehen.

6.

„Nachdem die Conferenz alle bei der Berathung vorkommenden Fragen erörtert und nöthigenfalls durch Abstimmung erledigt hat, liegt ihr die Verpflichtung ob, nach Maßgabe der erzielten Resultate den vollständigen Entwurf einer zur sofortigen Publikation geeigneten Wechselordnung auszuarbeiten und festzustellen.

7.

„Aus der Theilnahme an der Conferenz darf für keine Regierung eine Verpflichtung zur Publikation des vereinbarten Entwurfs gefolgert werden. Es bleibt vielmehr jeder Regierung überlassen, diesen Entwurf zu prüfen und danach zu ermessen, ob sie ihn für geeignet hält, publizirt respektive den verfassungsmäßig für dergleichen legislative Arbeiten bestehenden Stadien unterworfen zu werden. Es darf aber das Vertrauen ausgesprochen werden, daß die einzelnen Regierungen, ebenso wie deren Ständeversammlungen etwaige Einwendungen gegen den vereinbarten Entwurf, wenn diese von keiner großen Erheblichkeit sind, dem großen Zwecke, eine Gleichförmigkeit des Wechselrechts zu erlangen, bereitwillig zum Opfer bringen, und sich daher nur dann von dem gemeinsamen Werke ausschließen werden, wenn wider Erwarten wichtige Bedenken dies als unabweisbar erscheinen lassen sollten.

8.

„Die in mehreren Staaten obwaltende Nothwendigkeit, die Publikation eines neuen Wechselrechts thunlichst zu beschleunigen und die Unmöglichkeit, die Theilnehmer einer solchen Conferenz, wie sie für diese Berathungen gewünscht wird, längere Zeit ihren gewohnten Geschäften zu entziehen, machen es wünschenswerth, die Conferenz auf einen kurzen Zeitraum zu beschränken.

„Dies kann aber nur geschehen, wenn die Mitglieder derselben unter keinerlei Umständen Instruktionen einzuholen genöthigt sind. Auch wird das Resultat der Berathungen unstreitig ein viel befriedigenderes sein, wenn es lediglich aus den durch die vielseitigen Besprechungen gebildeten Ansichten und den in der Versammlung gefaßten Beschlüssen hervorgeht, als wenn außerhalb der Versammlung gefaßte Beschlüsse darauf einwirken. Da, wie bereits erwähnt, für keine Regierung eine Verpflichtung besteht, der aus der Conferenz hervorgehenden Wechsel-Ordnung ihre Zustimmung zu ertheilen, so wird es auch in formeller Beziehung unbedenklich sein, auf alle und jede Instructions-Einholung während der Berathung zu verzichten. Die Abgeordneten der eine Stimme führenden Regierungen werden daher zu ermächtigen und anzuweisen sein, über alle bei der Berathung vorkommenden Fragen ihr Votum jederzeit nach bestem Wissen und Gewissen abzugeben, ohne durch Rückfragen eine Verzögerung herbeiführen zu dürfen.

„Berlin den 31. August 1847."

Die Conferenz wurde durch den Königlichen Sächsischen Staatsminister von Könneritz am 9. Oktbr. 1847 eröffnet. Die Abgeordneten waren 1) für Oesterreich (zugleich für Lichtenstein): Dr. Heisler, Hofrath und Mitglied der Gesetz-Kommission; 2) für Preußen: wirkl. Geh. Legationsrath von Patow, Geh. Justizrath Bischoff, Banquier Magnus, zu denen später noch der Präsident der Handelskammer zu Cöln, Camphausen, hinzutrat; 3) für Bayern: Oberappellationsgerichtsrath D. Kleinschrod und Banquier Assessor Schmid; 4) für das Königreich Sachsen: Einert, Vicepräsident des Opper-Appellations-Gerichts, Kramermeister Poppe, Kaufmann Georgi; 5) für Hannover: Schatzrath Lehzen, Banquier Hostmann; 6) für Württemberg (zugleich für Hohenzollern-Hechingen): Obertribunalsrath D. von Hofacker; 7) für Baden: Ministerialrath Brauer, Banquier Hohenemser; 8) für das Großherzogthum Hessen: Ministerialrath D. Breidenbach; 9) für Dänemark wegen Holstein und Lauenburg: Etatsrath Behn, Bürgermeister zu Altona; 10) für das Großherzogthum Sachsen, die Herzogthümer Sachsen-Meiningen, Sachsen-Altenburg, Sachsen-Coburg und Gotha, für Schwarzburg-Rudolstadt und die Reußischen Fürstenthümer: Geheimer Regierungsrath Thon von Weimar; 11) für Braunschweig: Hofrath Liebe, Kaufmann Haase; 12) für Nassau: Geheimerath Vollpracht; 13) für Mecklenburg-Schwerin:

Professor Thöl zu Rostock; 14) für Lübeck: Syndikus D. Elder; 15) für Frankfurt: Syndikus D. Harnier; 16) für Bremen: Senator D. Albers, Aeltermann Lürman; 17) für Hamburg: Senator Lutteroth-Legat, D. Halle, Präses des Handelsgerichts. In der zweiten Sitzung fand sich noch für Kurhessen Ober-Gerichts-Rath Fuchs ein. In der achten Sitzung wurde die Vertretung Oldenburgs durch den Bremischen Abgeordneten Albers, und Hohenzollern-Sigmaringens durch Württemberg angezeigt. — Den Vorsitz der Conferenz führten abwechselnd v. Könneritz und v. Patow. Die Protokollführung wurde dem Stadtgerichts-Rath D. Hänsel zu Leipzig übertragen.

Das Protokoll der ersten Sitzung bemerkt, daß außer dem Königl. Sächsischen Entwurf schon vor längerer Zeit von Seiten Württembergs und Braunschweigs Entwürfe zu Gesetzen über das Wechselrecht, und neuerlich von Seiten Hannovers und des Großherzogthums Sachsen die daselbst promulgirten Wechselordnungen, endlich die Entwürfe für Holstein und Lauenburg, sowie für Mecklenburg-Schwerin mitgetheilt worden wären. In der 17. Sitzung kam noch der Entwurf einer Wechselordnung für die Deutschen und Italienischen Länder des Oesterreichischen Kaiserstaates vom Jahr 1843 zur Vertheilung. Man hatte aber schon in der ersten Sitzung einstimmig beschlossen, den von der Königl. Preußischen Regierung ausgegangenen Entwurf, der besonders mit Hinblick auf eine mögliche Vereinbarung mit anderen Regierungen bearbeitet und eben deshalb in einer angemessenen Kürze redigirt worden sei, als Grundlage der Berathung anzunehmen. Bischoff übernahm den Vortrag über den Preußischen Entwurf, der in der 2. bis zur 25. Sitzung discutirt wurde. Es knüpften sich daran in der 26. bis 31. Sitzung Erörterungen über reservirte Punkte. In der 9. Sitzung wurde aus den Herren Bischoff, Liebe, Breidenbach, v. Hoffacker, Albers eine Kommission zu anderweiter Redaktion des Entwurfs gewählt. Sie legte den aus 102 Paragraphen bestehenden Entwurf der Fassungs-Kommission vor, der in der 32., 33. und 34. Sitzung berathen wurde. Aus diesem Entwurf entstand der 100 Artikel enthaltende definitive Entwurf einer allgemeinen Deutschen Wechselordnung, der in der letzten und 35. Sitzung nochmals durchgegangen, allseitig als den Beschlüssen der Versammlung entsprechend anerkannt und unterzeichnet wurde.

Am 9. December 1847 wurde die Conferenz geschlossen. Der Entwurf, von der National-Versammlung angenommen, am 24. November 1848 als Reichswechselordnung aufgestellt und mit dem Einführungsgesetz vom 26. November verkündigt, ist in fast allen deutschen Staaten durch besondere Einführungsgesetze publicirt worden. Luxemburg, Limburg und Schaumburg-Lippe haben das Gesetz nicht verkündigt. In Schleswig hat die dänische Regierung im Jahre 1851 die auch dort eingeführte deutsche Wechselordnung beseitigt.

Mit dem deutschen Parlament und der Centralgewalt vermißt die Nation noch immer den gemeinsamen obersten Gerichtshof. Es ist dadurch der Praxis der einzelnen Länder möglich geworden, die Einheit des Wechselrechts wo nicht zu lösen, doch zu gefährden. Man hat sich bemüht, ein trauriges Surrogat zu suchen. Auf Antrag Württembergs ist durch Bundesbeschluß vom 19. Februar 1857 die zur Berathung des deutschen Handelsgesetzbuches in Nürnberg versammelte Conferenz beauftragt worden, die Controversen zu prüfen. Die erwählte Wechsel-Kommission hat in den Sitzungen vom 1. und 2. März 1858 den vorgelegten Kommissionsbericht berathen (Verhandlungen der Kommission zur Berathung eines allgemeinen deutschen Handelsgesetz-Buches, mehrere zur allgemeinen deutschen Wechselordnung in Anregung gekommene Fragen betreffend. Nürnberg 1858, Seite 1 bis 44).

Der Bundesbeschluß vom 15. April 1858 ersuchte die Regierungen, ihre Erinnerungen gegen die Nürnberger Conferenz-Vorschläge zu machen. Der Bundesbeschluß vom 20. December 1860 forderte demnächst von der Nürnberger Conferenz die Abgabe eines neuen Gutachtens. Der zweite Bericht der Kommission, in den Sitzungen vom 1. und 9. März 1861 berathen, ist als Anhang unter der Ueberschrift „Zweiter Kommissionsbericht, mehrere zur allgemeinen deutschen Wechselordnung in Anregung gekommene Fragen betreffend" (Seite 85 bis 101) gedruckt worden.

Erster Abschnitt.

Von der Wechselfähigkeit.

Artikel 1.

Wechselfähig ist Jeder, welcher sich durch Verträge verpflichten kann.

§. 2. Die Wechselfähigkeit.

Bis zur deutschen Wechsel-Ordnung haben die meisten deutschen Gesetzgebungen die Wechselfähigkeit als ein Privilegium odiosum gewisser Klassen und Personen aufgefaßt. Das A.L.R. ist davon ausgegangen, daß Wechselstrenge und Wechselhaft recht eigentlich das Wesen des Wechsels bilde, daß dem Wechsel nothwendig ein Darlehn zu Grunde liegen müsse. Aus diesen Prinzipien zog man drei Consequenzen:

1) Nur physische Personen sind wechselfähig. II. 8. §. 713. A.L.R.
2) Nur solche physische Personen sind wechselfähig, gegen welche Personalhaft zulässig ist.
3) Nur solche physische Personen sind wechselfähig, welche darlehnsfähig sind. §§. 715. 716. l. c.

In neuerer Zeit hat man erkannt, daß die Wechselstrenge so wenig das Wesen des Wechsels ausmacht, als das Darlehn seine Basis ist. Gelpcke, Zeitschrift Heft 2. S. 80; Arch. Bd. 1. S. 176; Bd. 2. S. 13.

Man hat daher jenes Prinzip mit seinen Consequenzen aufgegeben und die Wechselfähigkeit zur Regel erhoben. Ist in einzelnen Fällen Personalhaft nicht zulässig, so wird durch eine solche Ausnahme nur die Regel bestätigt und anerkannt, daß Wechselfähigkeit und Wechselhaft getrennte, nicht zusammengehörige Begriffe sind.

Es ist beklagt worden, daß das Gesetz die allgemeine Wechselfähigkeit zur Geltung gebracht hat. Bluntschli erzählt, daß man in der Schweiz Bauern bewogen, Wechsel nach Sicht zu unterzeichnen, weil sie Nachsicht gewährten. Kämpfen selbst Götter vergebens gegen die Dummheit, so werden auch die Gesetzgeber nicht vermögen, die Dummheit der in Geldsachen im Allgemeinen sehr vorsichtigen Bauern ausreichend vor dem Betrug zu schützen. —

Just die historischen Forschungen —wir verweisen auf die Genueser Statuten, die W.O. von Bologna — führen zur allgemeinen Wechselfähigkeit. Aufgabe des Handelsrechts ist, in Gemeinschaft mit dem römischen Recht der modernen Rechtsbildung Form und Inhalt zu geben und

Exemtionen zu beseitigen, welche ihren Inhalt verloren haben. Die Praxis hat bewiesen, daß der Art. 1. weder den Staat noch die Einzelnen gefährdet.

a. Die active Wechselfähigkeit.

Der Art. 1. spricht nur von der passiven Wechselfähigkeit. Die active Wechselfähigkeit, die Fähigkeit, einen Wechsel zu erwerben, wird somit durch den Art. 1. nicht getroffen. Der Wechsel ist ein Formalakt, ein streng einseitiges Versprechen. Ein solches kann auch einem Unfähigen gegenüber rechtsverbindlich abgegeben werden. §. 21. Tit. 4. Thl. I., §. 11. Tit. 5. Thl. I. A.L.R. — Ist von dem Unfähigen für den Wechsel etwas gegeben oder versprochen, so ist diese Gegenleistung freilich für den Vertragsunfähigen keine gültige. Die Kraft des Wechsels wird jedoch hierdurch nicht berührt, sie ist von der Gegenleistung unabhängig. (Koch, W.R. S. 88 ff.; Thoel, Wechselrecht §. 154.; Renaud, Lehrbuch des deutschen W.R. §. 22.; Brauer, W.R. S. 30 ff.; Erkenntniß des oberst. Gerichtshofes in Wien v. 28. December 1855 (Allg. Oester. Ger.-Zeitung pro 1856 Nr. 56).

b. Die Vertragsfähigkeit.

Die alleinige und einzige Bedingung für die Wechselfähigkeit ist die Vertragsfähigkeit. Wer sich durch andere Verträge selbstständig verpflichten kann, der kann sich auch durch Wechsel verpflichten. Hieraus folgt:

1) Die Frage nach der Vertragsfähigkeit wird der Regel nach durch das statutum personale gelöst. Art. 84. ff. Dieses, nicht der Ort der Ausstellung, des Accepts, des Giro, ist somit maßgebend. Arch. Bd. 4. S. 180. Die entgegengesetzte Entscheidung des Ober-Trib. (Entsch. Bd. 6. S. 288) beruht auf den durch die Wechsel-Ordnung aufgehobenen §§. 936. bis 939. Thl. II. Tit. 8. A.L.R.
2) Fiscalische Stationen, Corporationen, juristische Personen sind wechselfähig, wenn ihnen durch ihre Statuten die Vertragsfähigkeit nicht abgesprochen ist. A.L.R. Thl. I. Tit. 5. §§. 26—28.
3) Die Gesandten sind wechselfähig, obwohl gegen sie weder eine Klage im Inlande angebracht, noch der Personalarrest verhängt werden kann. §. 36. Einl. z. A.L.R., §. 62. Thl. I. Tit. 2. A.G.O., Erk. des Ober-Trib. v. 22. Oktober 1850 (Arch. Bd. 1. S. 328).
4) Nur die Vertragsfähigkeit, nicht die Darlehnsfähigkeit ist entscheidend. Fallen beide nicht zusammen, so ist nur jene maßgebend.

Hieraus folgt:

a. der großjährige Haussohn kann sich dermalen gemeinrechtlich auch dann nicht auf das S. C. Macedonianum berufen, wenn ein Darlehn dem Wechsel zu Grunde liegt. (L. 39. Dig. de obl. et act. XXXXIV. 7. vergl. Borchardt, die Allgem. Deutsche W.O. 2. Aufl. Seite 5.)
b. Dem Kridar ist die Wechselfähigkeit nicht entzogen. (Tauchnitz, Zeitschrift Bd. 16. S. 282.; Striethorst Bd. 34. S. 328.; Erk. des Ober-Appell.-Ger. zu Dresden v. 24. Juli 1852, Arch. Bd. 3. S. 105.)
c. Personen, welche bei den königlichen Theatern oder der Hofkapelle angestellt sind, sind in Preußen wechselfähig, weil ver-

tragsfähig. (Thl. I. Tit. 11. §. 704. 709.; Erk. des Ob.-Trib. v. 6. Februar 1851 in Sachen Gans wider Goldberg; Striethorst Bd. 1. S. 214; Erk. des Kammerger., Arch. Bd. 2. S. 326 ff.)

d. Dasselbe gilt von Personen des Soldatenstandes. (§§. 678. 700. 862. Thl. I. Tit. 11. A.L.R.; Urtheil des Ob.-Tr. in Sachen Dettmann wider Broszeit, d. d. 18. Mai 1858; Striethorst Bd. 33. S. 219.)

Der §. 684. Thl. I. Tit. 11. A.L.R. verordnet, daß unter Umständen der mit Personen des Soldatenstandes geschlossene Darlehnsvertrag null und nichtig ist:

Der Gläubiger hat niemals die geringste Wiederbezahlung zu hoffen, und das wirklich Gegebene fällt zur Strafe der Invaliden-Kasse unwiderruflich anheim.

Eine ähnliche Bestimmung findet sich in den §§. 172. 173. Thl. I. Tit. 16. Zahlungen aus einem Geschäft, welches gegen ein ausdrückliches Verbotsgesetz läuft, kann zwar der Zahlende nicht zurückfordern, der Fiscus aber hat das Recht, dem Empfänger den verbotenen Gewinn zu entreißen. §§. 205. 206.

Da nur die Vertragsfähigkeit entscheidet und die causa debendi bei dem Wechsel nicht in Betracht kömmt, so folgt:

1) Der Fiscus kann einen Wechsel um deswillen nicht condiciren, weil er von einem Offizier ohne Consens des Chefs ausgestellt ist. Das Gegentheil hat das Ostpr. Tribunal in Sachen Fiscus wider Behrend durch Urtheil vom 2. September 1853 angenommen.
2) Der Fiscus kann einen Wechsel um deswillen nicht condiciren, weil seine causa remota ein unerlaubtes Geschäft bildet.
3) Es ändert hierin Nichts, daß diese causa im Wechsel angegeben ist.
4) Der Fiscus ist dagegen berechtigt, das eigentliche Geschäft offen zu legen und auf diesem Wege dem Gläubiger den verbotenen Gewinn &c. zu entreißen.

e. Die Unfähigkeit.

Nicht wechselfähig sind:

1) Die Bevormundeten, die Unmündigen, die Minderjährigen und die gerichtlich erklärten Verschwender. Thl. I. Tit. 5. §§. 14. 16. des A.L.R.

Es leuchtet ein, daß der §. 16. auch auf die Accepte dieser Personen anwendbar ist. (Urtheil d. Ob.-Tr. in S. Rohrbacher wider Rudelius v. 25. April 1857.)

Die genannten Personen sind als solche nicht vertragsfähig. Die Einwilligung des Vormundes und Kurators ertheilt ihnen keine Vertrags- und somit keine Wechselfähigkeit. (Brauer, Erläuterungen S. 26; Koch, W.O. S. 95; Leipz. Prot. S. 8.)

Da die Emanzipation dem Minderjährigen volle Vertragsfähigkeit verleiht, so erwirbt er durch sie auch die Wechselfähigkeit, während hierzu bei

Pflegebefohlenen die Aufhebung der Vormundschaft nothwendig ist. (Thl. I. Tit. 5. §§. 20. 21; Thl. II. Tit. 2. §§. 218. 224.; Thl. II. Tit. 8. §. 477.)

Es frägt sich, ob Wechselunfähige eine Erbschaft mit Wechselschulden pure antreten und ob sie mit Ausschluß der Wechselhaft wechselmäßig haften?

Die Fragen sind zu bejahen. Dies folgt aus dem §. 896. Thl. II. Tit. 8. A.L.R. und Art. 2. Nr. 1.

Es ist ein Anderes, Wechselverpflichtungen einzugehen, und ein Anderes, dieselben durch Erbgang zu erwerben. Vergl. den preuß. Komm.-Bericht zum Entwurf von 1845 S. 17.

2) Rasende, Wahnsinnige, Blödsinnige, vergl. §§. 23. bis 27. Thl. I. Tit. 4. A.L.R.

Personen, welche durch Trunk oder durch Gewalt ihrer Dispositionsfähigkeit beraubt worden, dürfen sich dagegen, einem Dritten gegenüber, auf diesen Mangel nicht berufen. Ihr Einwand ist nicht aus dem Wechselrecht entnommen. Sie behaupten nicht, sie seien wechselunfähig, weil sie sich überhaupt durch Verträge nicht verpflichten könnten; sie behaupten nur, sie seien zur Zeit der Ausstellung des Wechsels nicht dispositionsfähig gewesen. Urtheil des Ob.-Tr. in Sachen Berliner wider Brodowski v. 7. Septbr. 1851.

Der vom Ob.-Appell.-Ger. zu Lübeck im Erkenntnisse vom 29. Januar 1852 (Arch. Bd. 3. S. 225) angenommene Grundsatz, es sei selbst dem Dritten gegenüber der Einwand durchgreifend, der Wechsel sei in Geistesverwirrung ausgestellt, erscheint daher nicht gerechtfertigt.

3) Blinde, Taube, Stumme, jedoch nur, wenn sie unter Vormundschaft stehen. (§. 25. I. 5.) Ist dies nicht der Fall, so sind sie vertragsfähig. (§. 24. l. c.)

Das Ober-Tribunal ist jedoch auf Grund des §. 171. l. c. und des §. 4. ff. Thl. II. Tit. 3. A.G.O. der Ansicht, daß auch nicht bevormundete Taubstumme sich nur gerichtlich verpflichten können (Strieth. Bd. 20 S. 269), während in dem Urtheil v. 4. Juli 1861 (Strieth. Bd. 41. S. 366) angenommen ist, daß Blinde, welche mit geführter Hand unterzeichnen, in keiner Weise verpflichtet werden. Wir können dem nicht beitreten. In dem Erkenntniß vom 6. Februar 1851, Entscheidungen Bd. 20. S. 354, Strieth. Bd. 1. S. 217, wird ausgesprochen:

> Die Grundsätze des A.L.R. Thl. I. Tit. 5. §. 172. ff. über die Form der Verträge und die Wirkung einer unvollkommenen Schreibens- und Lesens-Kunde finden auf Wechselerklärungen, deren Gültigkeit lediglich nach den Bestimmungen der für ganz Deutschland ergangenen A.W.O. zu beurtheilen ist, keine Anwendung. Der Einwand würde vom Verklagten auch seinem unmittelbaren Wechselnehmer nicht entgegengesetzt werden können. Die Einrede ist zur Entkräftung einer Wechselerklärung im Wechselprozeß überhaupt nicht zulässig. (Vergl. Strieth. Bd. 22. S. 253; Bd. 34. S. 322.)

Diese Gründe dürften in der That unwiderleglich sein.

§. 3. Zeit und Beweis der Fähigkeit.

Zeit der Fähigkeit.

Für die Beurtheilung der Wechselfähigkeit ist nur die Zeit der eingegangenen Verpflichtung entscheidend. §§. 3. I. 4, §. 37. I. 5, §. 11. I. 12, §§. 619. 620. 933. II. 1, §§. 136. 137. II. 2. A.L.R.

Hieraus folgt:

1) Eine von einem nach dem früheren Recht Wechselunfähigen eingegangene Verbindlichkeit erlangt auch dann nicht Gültigkeit, wenn ihm das neue Recht Wechselfähigkeit beilegt. Gräff, Einfl. der A.D.W.O. auf die Rechtsverhältnisse der vor dem 1. Februar 1849 ausgestellten Wechsel. Erk. des Ob.-Trib. vom 17. August 1849 (Entsch. Bd. 19. S. 254).

2) Ein nicht Wechselfähiger wird aus einer während seiner Unfähigkeit eingegangenen Wechselverbindlichkeit auch nach erlangter Wechselfähigkeit nicht wechselmäßig verpflichtet.

3) Das nach erlangter Wechselfähigkeit abgegebene Anerkenntniß des früher Unfähigen verleiht dem Papier die Wechselkraft nicht.

Die Beweisfrage.

In Betreff der Beweisfrage hat im Allgemeinen der Kläger zu beweisen, daß der Verklagte zur Zeit der Wechselerklärung bereits wechselfähig gewesen. §. 28. I. 13. A.G.O., Erkenntniß des Obertribunals vom 12. Dezember 1854, 4. Februar und 17. April 1858 (Borch. 2. Aufl. Zus. 5). Im Einzelnen sind folgende Grundsätze maßgebend:

1) Handelt es sich um die Frage, ob der Verklagte bereits zur Zeit der eingegangenen Verpflichtung wechselfähig gewesen, so ist zu unterscheiden, ob ein Datum dieser Erklärung beigefügt ist oder nicht. Crelinger und Gräff, W.R. Seite 11. und 12. Ist ein Datum beigefügt, so ist dies bis auf Weiteres maßgebend. Der Aussteller wird jedoch selbst dem Dritten gegenüber einwenden dürfen, das Datum sei unrichtig, er habe antedatirt; er habe, obgleich minderjährig, die Erklärung von dem Tage der erlangten Großjährigkeit datirt zc. (Thl. I. Tit. 5. §§. 36. 37; Thl. II. Tit. 2. §. 135. ALR.)

2) Fehlt dem Accept, dem Indossament das Datum, so ist anzunehmen, daß es erst nach Ausstellung des Wechsels resp. des vorangehenden Giro gegeben ist.

3) Führt diese Präsumption nicht zur Ermittelung der Zeit, so ist zu unterscheiden:

Wird von einem früher wechselfähig Gewesenen die Behauptung aufgestellt, er habe zu einer Zeit kontrahirt, wo er nicht mehr wechselfähig gewesen, so liegt ihm ob, darzuthun, zu welcher Zeit er die Erklärung abgegeben.

Behauptet ein jetzt Wechselfähiger seine frühere Unfähigkeit, so liegt ihm der Beweis ob, wann die Erklärung abgegeben worden.

Wird von einem Großjährigen behauptet, daß er noch unter väterlicher Gewalt stehe, so hat der Kläger die Emanzipation darzuthun. Nach der Ansicht des Ober-Tribunals spricht jedoch in einem solchen Fall die Vermuthung nicht für die Fortdauer der Unselbstständigkeit (Striethorst Bd. 27. S. 54. Urth. d. Ob.-Tr. vom 22. September 1857.)

§. 4. Die Wechselfähigkeit der Haussöhne und Ehefrauen nach preußischem Recht.

Es konnte nicht die Aufgabe der vorstehenden Paragraphen sein, die Lehre von der Vertragsfähigkeit erschöpfend zu behandeln. Vergl. Mützel, die Wechselfähigkeit nach preußischem Recht, Gerichtszeitung von Hiersemenzel Jahrgang III. Nr. 21. und 22.

Es muß genügen, diejenigen Punkte hervorzuheben, welche in der Praxis zu Controversen Anlaß gegeben haben.

Zu ihnen gehört ganz besonders die Lehre von der Wechselfähigkeit der Haussöhne und der Ehefrauen.

Die Haussöhne.

Das Ober-Tribunal nimmt an, daß die Wechselfähigkeit dem Haussohne nicht beizulegen ist (l. 5 §. 11—13. Thl. II. 2. §. 125. A.L.R.). Es hat daher den ganz allgemeinen Satz ausgesprochen:

> Ein großjähriger der väterlichen Gewalt noch unterworfener Sohn ist nicht wechselfähig. (Entscheidungen Bd. 22. S. 101. Vorch. Zus. 4.)

Dieser Satz kann für richtig nicht anerkannt werden. Das Vermögen der Hauskinder zerfällt in freies und unfreies Vermögen. Sie haben über das freie Vermögen durchaus freie Disposition. §§. 158. 163. 165. 166. II. 2.

Ist dies aber der Fall, so folgt mit Nothwendigkeit:

1) Alle großjährigen Hauskinder sind dispositionsfähig und somit wechselfähig;
2) sie können, falls sie freies Vermögen besitzen, sich selbstständig wechselmäßig verpflichten (Archiv Bd. 6. S. 318);
3) falls sie kein freies Vermögen besitzen, dürfen sie dagegen nach den positiven Bestimmungen der §§. 168. u. 201. l. c. den fehlenden Consens des Vaters vorschützen.

Es leuchtet ein, daß diese Principien de lege ferenda nicht zu billigen sind. Man wird, wie dies von Bluntschli auf dem zweiten deutschen Juristentag treffend ausgeführt worden, zu dem deutschen Grundsatz zurückkehren und anerkennen müssen, daß mit der Großjährigkeit auch die väterliche Gewalt über die Haussöhne ihr Ende nimmt.

Jeder Praktiker wird bezeugen, daß die jetzige Lehre nur den Betrug der Haussöhne und ihrer Väter begünstigt.

Es ist schwer zu begreifen, daß ein Mann von 50 Jahren noch durch die patria potestas gedeckt sein muß. Die Lehre hat denn auch eine Unzahl von Controversen zusammengeführt. Erst vor Kurzem hat das Ober-Tribunal durch Urtheil vom 24. Oktober 1861 in Sachen Hering wider Stahlschmidt im Widerspruch mit dem Kammergericht die schwierige Controverse, ob ein großjähriger Assessor ohne Stimme und Gehalt trotz dessen emanzipirt wird, zu Gunsten der Emanzipation entschieden. Mag man über die Kraft des Gewohnheitsrechts denken, wie man wolle. Das wird man zugeben müssen, daß die antiquirten und rechtsfeindlichen Elemente sehr scharf herausgefühlt werden und daß die negirende Observanz auf allen Wegen bemüht ist, sie zu beseitigen. In der civilisirten Gesellschaft ist nun einmal die Rechtspflege der Schornstein, durch welchen aller Rauch, der im Hause circulirt und Jedermanns Auge belästigt, seinen Ausgang nimmt. Es ist zu wünschen, daß die Circulation, zumal im Wechselprozeß, eine schleunige ist und daß der Schornstein nicht um der väterlichen Gewalt willen durch zu viel Rauch und Ruß in Brand geräth.

Die Ehefrau.

Die Frauen stehen hinsichtlich ihrer Vertragsfähigkeit nach Landrecht den Männern im Allgemeinen gleich. Unverheirathete Frauen sind wechselfähig — I. 1. §. 24. — Durch die Ehe erwirbt der Ehemann die maritalische Gewalt über Person und Vermögen der Ehefrau (II. 1. §. 184. 188. 189. 196. 205.) Man hat daraus geschlossen, daß die Ehefrauen nicht vertragsfähig und somit nicht wechselfähig seien.

Dem ist nicht beizutreten. Wären die Ehefrauen nicht an und für sich vertrags- oder wechselfähig, so würde der Consens des Ehemannes sie nicht wechselfähig machen können. Eben weil die Ehefrauen wechselfähig sind, ist nothwendig, den Ehemann gegen die Folgen ihrer Wechselverpflichtungen zu sichern.

Es folgt:

1) Die Ehefrauen sind an sich wechselfähig;

2) In den Fällen, in welchen ihre Verträge der Einwilligung des Ehemanns bedürfen, können sie den Mangel des Consenses auch den Wechsel-Verpflichtungen gegenüber vorschützen. Plenarbeschluß des Ober-Tribunals vom 21. Februar 1853. Entschd. Bd. 24. S. 260.

Die praktische Frage ist also die Frage nach diesen Fällen. Es ist zu unterscheiden:

1) Die Eheleute leben unter dem gemeinrechtlichen Dotalsystem. Die Fähigkeit der Ehefrau, selbstständig Schulden zu contrahiren, wird durch die Ehe nicht berührt; sie ist wechselfähig und sie kann den fehlenden Consens des Ehemannes nicht vorschützen.

2) Die Eheleute leben nach dem landrechtlichen System der getrennten Güter.

Ehefrauen, welche vorbehaltenes Vermögen besitzen, sind wechselfähig, ohne daß es des Consenses des Ehemannes bedarf. Ehefrauen, welche Vermögen dieser Art nicht besitzen, dürfen den fehlenden Consens des Ehemannes vorschützen. II. 1. §. 206. bis 208.

3) Die Eheleute leben in landrechtlicher Gütergemeinschaft. Besitzt die Ehefrau Vermögen, welches von der Gemeinschaft nicht berührt wird, und über welches ihr wie über das vorbehaltene Vermögen die freie Verwaltung zusteht, so ist sie wechselfähig, ohne daß es des Consenses des Ehemannes bedarf. Besitzt sie solches Vermögen nicht, so darf sie den

fehlenden Consens des Ehemannes vorschützen II. 1. §. 377. 380. 389. 396. 407. 408. A.L.R. Ohne diesen Consens wird durch die Wechsel-Verpflichtungen der Haussöhne und Ehefrauen das dem Nießbrauch oder der Verwaltung des Vaters oder Ehemannes unterworfene Vermögen nicht verpflichtet.

Man hat angenommen, daß der Consens aus dem Wechsel hervorgehen müsse und auf diesen Satz eine sehr complicirte Lehre gegründet. Ein von beiden Eheleuten in der Mehrzahl ausgestellter Wechsel, das Accept „wir acceptiren auf uns selbst", soll den Consens nicht ersetzen. Strieth. Bd. 9. S. 77, Bd. 10. S. 182. Borch. Zus. 16.

Wir halten den Grundsatz nicht für richtig. Die Artikel 4. und 96. geben die Contenta des Wechsels. Sie verlangen für den Wechsel der Ehefrauen und Haussöhne keine besonderen Requisite. Es ist daher nicht richtig, daß der Consens aus dem Wechsel hervorgehen muß. Richtig ist, daß die Wechselverpflichtung ihr ganzes Fundament nur in dem Wechsel hat. Daraus folgt aber nur, daß der Consens eben so wohl auf als außerhalb des Wechsels ertheilt werden darf. Es ist kein Erforderniß des Wechsels, daß er nun auch diejenigen Contenta enthält, welche zur Beseitigung etwaniger Einreden dienen könnten. So wenig aus dem Wechsel einer verheiratheten Handelsfrau diese ihre Eigenschaft erhellen muß, um sie zu verpflichten, so wenig gehört der Consens des Ehemanns mit Nothwendigkeit in den Wechsel.

Mit Rücksicht auf Art. 317. ff. des H.G.B. ist zu erwarten, daß die Praxis zu richtigeren und einfacheren Prinzipien zurückkehren wird.

Artikel 2.

Der Wechselschuldner haftet für die Erfüllung der übernommenen Wechselverbindlichkeit mit seiner Person und seinem Vermögen.

Nov. 1. Dem Wechselgläubiger ist gestattet, neben der Exekution gegen die Person seines Schuldners gleichzeitig die Exekution in dessen Vermögen zu suchen.*)

Jedoch ist der Wechselarrest nicht zulässig:

1) gegen die Erben eines Wechselschuldners;
2) aus Wechselerklärungen, welche für Corporationen oder andere juristische Personen, für Aktiengesellschaften oder in Angelegenheiten solcher Personen, welche zu eigener Vermögensverwaltung unfähig sind, von den Vertretern derselben ausgestellt werden;
3) gegen Frauen, wenn sie nicht Handel oder ein anderes Gewerbe treiben.

Nov. 2. Den Landesgesetzen bleibt vorbehalten, die Vollstreckung des Wechselarrestes auch noch auszuschliessen:

a) gegen die Mitglieder der Ständeversammlungen während der Dauer der letzteren;
b) gegen Offiziere und Soldaten, Auditeure, Militärärzte und sonstige Militärbeamte, so lange sie sich im aktiven Dienste befinden;
c) gegen Civilstaatsdiener im aktiven Dienste;
d) gegen ordinirte Geistliche;
e) gegen den Schiffer, die Schiffsmannschaft, sowie alle übrigen auf dem Schiffe angestellten Personen, wenn das Seeschiff zum Abgehen fertig (segelfertig) ist;

*) Die von der Nürnberger Conferenz beantragten Zusätze sind als Novellen dem Text der W.-O. beigefügt worden.

f) wenn über das Vermögen des Schuldners der Konkurs eröffnet, oder der Schuldner zur Güterabtretung zugelassen worden ist, wegen der früher entstandenen Forderungen, und

g) wenn der Schuldarrest wenigstens ein Jahr hindurch vollstreckt worden ist, wegen der früheren Forderungen desjenigen Gläubigers, welcher den Arrest beantragt hat, sofern derselbe nicht nachweist, dass dem Schuldner Befriedigungsmittel zu Gebote stehen.

[Inwiefern aus Gründen des öffentlichen Rechts die Vollstreckung des Wechselarrestes gegen andere als die vorgenannten Personen Beschränkungen erleidet, ist in besonderen Gesetzen bestimmt.]

§. 5. Cumulation der Execution.

Die Wechselform macht den Wechselprozeß erst möglich. Die Wechselhaft ist eine wesentliche Erleichterung des Wechselverkehrs. Man hat daher von Anfang an für das Verfahren in Wechselsachen die gemeinrechtlichen Executionsgrade verlassen und eine prompte Execution, bald cumulativ gegen Person und Vermögen des Schuldners, bald electiv gestattet. Vergl. J.R.A. §. 107. und die Bekanntmachungen des Rathes zu Lübeck vom Jahre 1662 und 1669. Siegel, corp. jur. camb. S. 364; Extr. d. Brandenburg-Culmbacher Landes-Constitution vom Jahre 1717, die Wechselbriefe betreffend. Tit. I. §. 6. (Siegel l. c. S. 200).

Die A.G.O. kennt nur die elective Exekution. §§. 45—47. Thl. I. Tit. 27. — Das Gesetz vom 11. Mai 1839 verordnet jedoch im §. 3:

> Dem Wechselgläubiger ist gestattet, neben der Execution gegen die Person seines Schuldners gleichzeitig die Execution in dessen Vermögen zu suchen.

Fraglich ist, ob die §§. 46. ff. Thl. I. Tit. 20. A.L.R. und der §. 188. des Anh. z. A.G.O.:

> Hat der Wechselgläubiger auch ein Pfand in Händen, so kann in Ermangelung einer entgegenstehenden ausdrücklichen Verabredung der Personalarrest nicht anders verhängt werden, als wenn das Pfand herausgegeben worden,

noch zu Recht bestehen.

Wir würden die Frage verneinen. Für die Verneinung spricht:

1) der §. 4. des Gesetzes vom 11. Mai 1839;
2) der Art. 2. der D.W.O.;
3) die Art. 28. 29. l. c.

Aus ihnen geht hervor, daß der Inhaber die Sicherheit zurückbehalten und zugleich Personalhaft beantragen darf.

4) Der §. 91. des preuß. Entw. und die Leipz. Prot. S. 167.

In den Verfügungen vom 11. April 1854, in Sachen Krinke wider Winkler, und 17. Februar 1857, in Sachen Fränkel wider Frei, hat jedoch das Ober-Tribunal angenommen:

1) Gleichzeitige Vollstreckung der Wechsel-Execution gegen die Person des Schuldners und in das für die Wechsel-Forderung als Conventional-Hypothek bestellte Grundstück ist nicht zulässig.

2) Die Cumulation der Immobiliar- und Personal-Execution ist dagegen dann statthaft, wenn das Immobile nicht zur Conventional-Hypothek für die Wechsel-Forderung bestellt war.

§. 6. Bedingungen und Dauer der Exekution.

1) Die Wechselexekution setzt im Allgemeinen ein Erkenntniß voraus. (§. 45. Thl. I. Tit. 27. A.G.O.) Die Vollstreckung der Exekution aus einem Wechsel-Erkenntnisse muß jedoch auf den Antrag des Klägers im Publikations-Termine auch dann erfolgen, wenn dem Verklagten die Ausfertigung des Urtheils noch nicht insinuirt worden ist (Thl. I. Tit. 27. §§. 30. 45.; Thl. I. Tit. 13. §. 48. A.G.O.; Verordnung vom 3. Mai 1838 §. 3. lit. C.; Erkenntniß des Ober-Tribunals vom 15. Dezember 1853; Striethorst Bd. 11. S. 122).

2) Der §. 1. der Verordnung vom 4. März 1834 (Gesetz-Sammlung S. 31) verordnet:

> Die Exekution aus gerichtlichen Vergleichen über rechtshängige Gegenstände findet statt, auch wenn diese Vergleiche vor einem andern als dem Prozeßrichter, jedoch im Inlande geschlossen worden sind. Wird ein solcher Vergleich über Wechselverpflichtungen geschlossen, so ist die Wechsel-Exekution zulässig.

Dieser Paragraph, strict zu interpretiren, setzt das Vorhandensein eines Wechsels voraus und ist nicht anwendbar auf Vergleiche, welche vor Schiedsrichtern oder Schiedsmännern geschlossen sind.

3) Die Appellation hemmt die Exekution nicht (§§. 9. 14. 33. 51. Thl. I. Tit. 27. A.G.O.).

Der noch zu Recht bestehende §. 186. des Anh. verordnet sogar:

> Ist der Beklagte in erster Instanz verurtheilt, in zweiter aber losgesprochen und von dem Kläger dagegen revidirt worden, so hat die Vollziehung des ersten Erkenntnisses nichtsdestoweniger so lange ihren Fortgang, bis das zweite Urtel rechtskräftig geworden ist.

Diese Ausnahmebestimmung ist auf die Nichtigkeits-Beschwerde nicht anwendbar.

4) Die Wechsel-Exekution ist nicht durch den Wechsel-Prozeß bedingt. Sie ist auch dann zulässig, wenn das Erkenntniß im ordinären Prozeß ergangen ist. (§. 10. Thl. I. Tit. 27. A.G.O. cfr. dagegen Höpfner, Beiträge zur civilgerichtlichen Praxis Bd. II. S. 199 ff.) Das Ober-Tribunal hat sogar angenommen: „Der Inhaber eines zur Verfallzeit nicht bezahlten Wechsels kann seinen Wechsel-Regreß gegen die Aussteller sowohl im ordentlichen als im Wechsel-Prozeß geltend machen.“ (Thl. II. Tit. 8. §§. 818. 914. 974. 1062. 1078. A.L.R.; §§. 10. 52. 55. Thl. I. Tit. 27. A.G.O.; Erk. vom 11. März 1852; Striethorst Bd. 5. S. 70). Die Richtigkeit dieses Rechtsatzes scheint uns, bemerkt jedoch der Arretist, sehr fraglich zu sein.

Dauer des Rechts.

1) Der Wechsel-Personalarrest kann in Preußen fünf Jahre dauern (Gesetz vom 11. Mai 1839 §. 1.). Eine Verlängerung desselben ist nur dann

statthaft, wenn nachgewiesen wird, entweder daß Wahrscheinlichkeit vorhanden sei, dem Gläubiger durch den fortdauernden Arrest ein Mittel zur Befriedigung zu gewähren oder daß der Schuldner durch unmoralischen Lebenswandel den Zahlungsverfall herbeigeführt hat (Cabinets-Ordre vom 5. Juli 1832. G.S. S. 176).

2) Es ist streitig, ob, wenn die rechtzeitig nachgesuchte Exekution wegen Mangels eines Objectes oder wegen Latitirens des Schuldners vergeblich gewesen, die innerhalb Jahresfrist nachgesuchte Exekution auch dann noch zulässig ist, wenn seit der Rechtskraft des Judicats bereits ein fünfjähriger Zeitraum verflossen ist?

Der Justiz-Minister hat durch Rescript vom 4. November 1840 die Frage mit Rücksicht auf den §. 195. des Anh. verneint (J.M.Bl. S. 368). Wir würden sie mit Rücksicht auf §. 148. des Anh. bejahen (Meier in der Arnsberger jur. Monatsschrift 1855. S. 531 ff.; Koch, Prozeß-Ordn. S. 543, Anm. 10.; Geyert in der Pr. Ger. Zeitung für 1859 Nr. 59). Das Ober-Tribunal hat jedoch in einer Verfügung vom 29. März 1855 auf die Beschwerde des Kaufmann Guttmann angenommen, daß die Wechsel-Exekution aus einem vor länger als fünf Jahren erlassenen Erkenntnisse nicht zulässig, wenn auch inzwischen die Exekution nachgesucht worden.

§. 7. Ausschluß der Wechselhaft.

Die Wechselhaft ist nur ein naturale negotii. Sie kann daher contraktlich ausgeschlossen werden. Die in einem trockenen Wechsel enthaltene Erklärung: „ich leiste Zahlung, ohne jedoch nach W.R. abstringirt zu sein," schließt die Wechselhaft aus. Erk. des Ober-Tribunals vom 6. Juli 1852 in Sachen Rosenthal wider Eichholz. Ebenso verhält es sich bei gezogenen Wechseln. Der Indossatar kann sich jedoch auf diese Klausel des Wechsels nicht berufen.

Das Gesetz läßt die Wechselhaft nicht zu:

1) gegen die Erben eines Wechselschuldners. Hierdurch ist eine gemein- und landrechtliche Kontroverse entschieden (Treitschke ad voc. Erben. Crelinger und Gräff S. 128). Die Wechselhaft trifft nur die Person; sie darf daher auf die Erben nicht übergehen. Die Annahme des Gegentheils könnte dahin führen, daß Vertragsunfähige — Kinder ꝛc. — der Haft zu unterwerfen sind.

Das Wort „Wechselarrest" beweist übrigens, daß es nicht in der Absicht des Gesetzes liegt, den Personalarrest gegen die Erben überhaupt auszuschließen. Es liegt kein Grund vor, die Erben in Betreff der von ihrem Erblasser eingegangenen Wechselverpflichtungen günstiger zu stellen als in Betreff aller anderen Verpflichtuungen. Motive zum Pr. Entw. S. 10.

Da die Frage, ob gegen Erben die wechselmäßige Realexekution ꝛc. auch während der Deliberationsfrist zulässig ist, in der A.D.W.O. nicht entschieden ist, so bewendet es bei den Vorschriften der Partikular-Gesetze (vergl. §§. 386. ff. Thl. I. Tit. 9. A.L.R.).

Unzweifelhaft ist nach Pr. Recht Exekution dann zulässig, wenn die

Erben sich bereits als Erben gerirt haben (§. 420. Thl. I. Tit. 9. A.L.R., Erk. des O.-T. v. 3. Okt. 1850 in Sachen Ostraßewsky wider Leonhardt).

Auch die Frage, inwiefern die Erben pro rata oder in solidum haften, ist nach den Partikular-Gesetzen zu lösen (Urtheil des Ober-Tribunals in Sachen Tapper'sche Eheleute wider Kauffmann vom 14. Mai 1857. Entsch. Bd. 3. S. 302; Strieth. Bd. 23. S. 176).

Der Wechselarrest ist ausgeschlossen:

2) gegen Personen, welche nur durch Vertreter Wechselverbindlichkeiten eingehen können. Die Vertreter haben sich persönlich nicht verpflichtet. Die Freiheit der Vertretenen, kein Vermögensobject, ist der Willkür der Vertreter nicht anheim gegeben (vergl. Art. 95).

3) gegen Frauen, insofern sie nicht Handel oder Gewerbe treiben (vergl. Nov. 134. Cap. 9. Art. 113. Code de commerce).

Das Ober-Tribunal hat in einer Verfügung vom 11. November 1852 angenommen: „Aus einem im Wechsel-Prozeß ergangenen Erkenntniß ist der Personal-Arrest gegen eine Frau, die nicht Handel oder ein anderes Gewerbe treibt, auch nach fruchtlos vollstreckter Exekution in das Vermögen derselben, nicht zulässig. (Entsch. Bd. 24. S. 162.)

Diese Verfügung erscheint uns nicht begründet (vgl. Gelpcke, Ztschr. Hft. 3. S. 139 ff., Motive zum Pr. Entw. S. 7 und 8). Der Art. 2. schließt gegen die Erben und die Frauen nicht Personalhaft überhaupt, sondern nur den Wechselarrest als solchen aus. Auch die Verfügung des Ober-Tribunals vom 11. März 1856 in Sachen Götze wider Engel: „Aus einem Contumacial-Erkenntniß, welches eine Frau zu einer Zahlung bei Vermeidung der Wechsel-Exekution verurtheilt, folgt noch nicht die Zulässigkeit des Wechsel-Personal-Arrestes; vielmehr muß darüber, ob die Frau zur Zeit der Ausstellung des Wechsels eine Gewerbetreibende war, besonders erkannt werden," — giebt mit Rücksicht auf die Natur der Contumacia und den §. 17. Thl. I. Tit. 27. A.G.O. zu erheblichen Bedenken Anlaß.

Fraglich ist, ob handeltreibende Frauen in dem Falle, wenn sie einen Disponenten bestellt haben, von dem Wechsel-Arreste befreit sind? — Wir würden die Frage verneinen (vergl. §§. 492. 788. 796. Thl. II. Tit. 8. A.L.R.). Die Frau hat durch Bestellung des Disponenten nicht aufgehört, Handel zu treiben; sie bedient sich eben nur eines Mittels, um diesen Zweck zu erreichen. Der Art. 6. des H.G.B. stimmt hiermit überein.

Fraglich ist, ob die Frau excipiren darf, sie habe den Wechsel nicht zum Betrieb ihres Gewerbes ausgestellt? Wir würden die Frage mit Rücksicht auf die Fassung des Art. 2. Nro. 3. verneinen (vergl. §§. 488 bis 491. Thl. II. Tit. 8. A.L.R., Erkenntniß des Ober-Appell.-Ger. zu Dresden vom 9. Januar 1856, Wochenbl. für merkw. Rechtsfälle im Königreich Sachsen pro 1856 S. 438).

Zur Begründung der Wechselhaft hat übrigens der Kläger zu beweisen, daß die Frau Handel oder Gewerbe treibt.

Fraglich ist, ob Wechselhaft auch gegen diejenige Handelsfrau zulässig ist, welche zur Zeit der Klage kein Gewerbe mehr betreibt?

Wir sind mit Liebe (die allg. D.W.O. S. 40) der Ansicht, daß in Betreff der Frauen über die Statthaftigkeit des Wechsel-Arrestes, die Zeit der Exekution, nicht der Zeitpunkt der eingegangenen Wechsel-Verbindlichkeit entscheidet. Schon die Fassung des Artikels dürfte diese Ansicht unterstützen (vergl. jedoch: Zeitschrift f. Bayern Bd. 2. S. 485; Arch. Bd. 6. S. 318, Conf.-Prot. Sitz. 3 und 32).

Fraglich ist, ob eine nicht handeltreibende Frau sich dem Wechsel-Personal-Arrest unterwerfen darf? Wir würden die Frage verneinen. Es handelt sich um ein Prohibitiv-Gesetz.

4) Aus Gründen des öffentlichen Rechts sind von der Wechselhaft frei:

a. Personen, die dem Soldatenstande angehören, so lange sie dem Dienststande angehören (§. 5. des Pr. Einführ.-Gesetzes vom 15. Februar 1850);

b. Kammermitglieder während der Sitzungsperioden (Art. 83. der Verfass.-Urkunde vom 31. Januar 1850);

c. Gesandschaftsmitglieder.

Auch hier entscheidet der Zeitpunkt der Exekution (Brauer S. 30).

Artikel 3.

Finden sich auf einem Wechsel Unterschriften von Personen, welche eine Wechselverbindlichkeit überhaupt nicht, oder nicht mit vollem Erfolge eingehen können, so hat dies auf die Verbindlichkeit der übrigen Wechselverpflichteten keinen Einfluß.

§. 8. Erklärung des Gesetzes.

Jede Wechselerklärung hat ihr individuelles Leben; ihre selbstständige Gültigkeit. Als Consequenz dieses Satzes ergiebt sich der Art. 3 (vergl. Thl. II. Tit. 8. §§. 796. 833.; Code de commerce, Art. 113. 114.

Die Wechselunfähigkeit hat daher auf den Wechsel selbst und die Haft der Fähigen keinen Einfluß. Nur der Unfähige scheidet aus; seine Verpflichtung ist nach den Grundsätzen des Civilrechts zu bemessen (Thl. I. Tit. 27. §. 55. A.G.O.; Seuffert, Arch. Bd. 11. S. 160; Treitschke, Bd. 2. S. 738; Thoel §. 152).

Eben weil aber die Unfähigkeit der Einzelnen keinen Einfluß ausüben darf auf die Verbindlichkeit der Fähigen, sind die zur Sicherung des Regresses, zur Verhütung des Präjudices nothwendigen Maßnahmen auch gegen den Unfähigen zu ergreifen. Der Wechsel ist präjudicirt, falls nicht bei dem u n f ä h i g e n Acceptanten Mangels Zahlung Protest levirt worden. Daß der Acceptant zur Verfallzeit des Wechsels in Concurs gerathen, ändert hierin Nichts (Entsch. Bd. 41. S. 290; Strieth. 33. S. 348).

Der Regreß auf Sicherstellung ist trotz der Unfähigkeit des Bezogenen von den Normen der Art. 25. ff. 29. abhängig (vergl. dagegen §. 113. des Anh. z. A.L.R.).

Die Fassung des Artikels ist dem Pr. Entw. entnommen. In diesem sollte mit den Worten: „oder nicht mit vollem Erfolge eingehen können," der Fall bezeichnet werden, in welchem ein Darlehns-Unfähiger eine Wechselverbindlichkeit eingegangen (Motive zum Pr. Entw. S. 12 ff.). Gegenwärtig sind diese, wohl entbehrlichen, Worte auf den Ausschluß der Wechselhaft zu beziehen (Art. 2.).

Zweiter Abschnitt.

Von gezogenen Wechseln.

§. 9. Die Tratte und der eigene Wechsel. Distancia loci.

Der gezogene Wechsel (Tratte, trassirter, eigentlicher, ordentlicher, regulairer, förmlicher, fremder Wechsel) und der Eigenwechsel sind die Hauptarten des Wechsels. Sie haben mit einander gemein, was auf der Natur ihres Genus, des Wechsels, beruht. Beide sind Formalakte. Bei Beiden ist die Form die causa debendi selbst. Beide setzen daher eine bestimmte Form voraus und sind dann Träger, Gläubiger der Forderung selbst. Die Berechtigung des Inhabers, die Verpflichtung des Schuldners sind bei beiden an die Existenz des Papiers geknüpft.

Suchen wir nach den unterscheidenden Merkmalen.

Man hat Gewicht gelegt auf den Umstand, daß bei dem Eigenwechsel der Aussteller und Acceptant in einer Person zusammentreffen. Mit Unrecht. Auch bei dem trassirt-eigenen Wechsel, einer Art des gezogenen Wechsels, treffen Aussteller und Acceptant in einer Person zusammen. Man hat behauptet, das Versprechen des Ausstellers sei bei dem eigenen Wechsel ein direktes und prinzipales, bei der Tratte ein eventuelles und indirektes. Auch dies ist nicht richtig. Der domicilirt-eigene Wechsel mit benanntem Domiciliaten ist ein eigener Wechsel. Art. 99. Er enthält, wie die Tratte, eine Anweisung an eine dritte Person, welche zahlen soll. Das Zahlungsversprechen des Ausstellers ist auch hier nur ein eventuelles (vgl. Einert, das W.R. S. 66 ff. cfr. Protokolle Sitz. 16. S. 83 ff.).

Wir heben folgende Unterschiede zwischen den beiden Species hervor:

1) Damit der Dritte nicht als Assignat, Beauftragter oder Vertreter des Ausstellers, sondern als Selbstverpflichteter zahlen soll, ist die Beobachtung der für die **Tratte** vorgeschriebenen **Form** nöthig. (Art. 4. Nr. 3. 7. 8 und 96).
2) Gegen den Aussteller und Mitunterzeichner eines eigenen Wechsels bedarf es des Protestes selbst dann nicht, wenn der eigene Wechsel ein domicilirter ohne benannten Domiciliaten ist. (Vergl. Protokolle Sitz. 26. S. 86 und Sitz. 33. S. 237.) Zur Erhaltung des Regreßanspruches gegen den Aussteller einer Tratte ist Protestation nothwendig (Art. 41 und 44).

3) Bei jedem eigenen Wechsel bedarf es der Notifikation des Protestes dem Aussteller gegenüber nicht (Art. 98. Nr. 6. Art. 99). Bei der Tratte zieht die unterlassene Notifikation den Verlust der Zinsen nach sich; sie berechtigt den Aussteller und die Indossanten zum Schadenersatz. Art. 45; cfr. Fick, der trassirt eigene W. S. 40.
4) Gegen den Aussteller eines jeden eigenen Wechsels verjährt der wechselmäßige Anspruch in drei Jahren vom Verfalltage des Wechsels an gerechnet (Art. 77. 98. Nr. 10. 100). Gegen den Aussteller eines gezogenen Wechsels greifen dagegen die Art. 78. und 79. durch (Fick, a. a. O. S. 71, 72).

Ein charakteristisches Merkmal der Tratte ist:

5) Die Acceptabilität, d. h. das Recht des Wechselinhabers, zu verlangen, daß der Wechsel acceptirt werde. Sie kann nicht ausgeschlossen werden, Art. 8. Die Tratte würde sonst einer kaufmännischen Anweisung gleichen. Eine solche ist nicht anerkannt worden (Sitzung 31. S. 220). Die Klausel: „der Wechsel darf zur Annahme nicht präsentirt werden", ist daher als nicht geschrieben zu erachten. Daraus folgt:
6) Daß auch die Möglichkeit des Ehrenaccepts nur bei der Tratte und nicht bei dem eigenen Wechsel denkbar ist (Art. 8. 14. 98. W.O.).
7) Das Recht auf Duplikate können nur Indossatare einer Tratte, nicht eines eigenen Wechsels geltend machen. Art. 66. verglichen mit Art. 98. Der Art. 98. nimmt auf den Art. 66. nicht Bezug (Fick S. 46 ff.).

Distancia loci.

Der Wechsel und namentlich der gezogene verdankt seine Entstehung der distancia loci, der Verschiedenheit des Domizils des Zahlenden und Empfangenden. Die katholische Kirche nahm diese distancia in den Begriff des Wechsels auf. Diesem Beispiele folgt das französische Recht: La lettre de change est tirée d'un lieu sur un autre. Art. 110. Code de commerce. Ebenso die frühere österreichische Wechsel-Ordnung, Art. 2. und 52., in welcher solche Wechsel im Gegensatz zu den Platztratten förmliche Wechsel genannt werden. Die deutsche Wechselordnung kennt einen Unterschied zwischen Distanz- und Platztratten nicht. Die Ausdehnung der Städte und ihrer Vorstädte; die Absicht, den Begriff der Tratte von allen unwesentlichen nur historischen Zuthaten zu entkleiden, rechtfertigt dies (vergl. Biener, Abhandl. aus dem Gebiete der Rechtsgeschichte, S. 67 ff.; Thoel §§. 163. und 277.; Leipziger Conferenz Sitz. 4. S. 12). Nur im trassirt-eignen Wechsel hat sich ein Ueberbleibsel der distancia loci erhalten.

§. 10. Die Personen der Tratte.

Commissionstratte. Tratte an eigne Ordre. Trassirt-eigner Wechsel.

Die Tratte schließt sich in der Form der Assignation an. Sie verlangt daher wie diese drei Personen: 1) den Trassanten, d. h. denjenigen, welcher den Wechsel ausstellt, zieht; 2) den Trassaten, denjenigen, auf welchen gezogen wird und welcher zahlen soll; 3) den Remittenten, an welchen gezahlt werden soll. Die Zahl dieser Personen kann sowohl vermehrt als vermindert werden. Sie wird vermehrt bei der

Kommissionstratte.

Diese lautet:

> Gegen diesen meinen Wechsel zahlen Sie an die Ordre von X. 100 Thlr. Werth in mir selbst und stellen ihn auf Rechnung des N. N. Schulze.

Es sind hier gleichsam zwei Trassanten: Schulze der Commissionair und N. N. der ungenannte und unbekannte Kommittent. Er tritt nicht als Zieher auf, sei es nun, daß der Remittent dem Schulze als Trassant mehr traut; sei es, daß N. N. nicht wünscht, direkt zu trassiren (Treitschke Bd. 2. S. 411, 480, 506; Thoel S. 147).

Die D.W.O. erwähnt der Kommissionstratte nicht. Die Conferenz erkannte sie indirekt an (Sitzung 28. S. 195), behielt jedoch das Weitere der Jurisprudenz vor (Sitzung 5. S. 17).

Die Stellung der einzelnen Personen ist diese:

1) Der Trassant steht seinem Kommittenten als civilrechtlicher Mandatar gegenüber. Ist der Wechsel präjudicirt, so muß der Trassant dem Kommittenten die etwa erhaltene Deckung aushändigen.
2) Der Acceptant kann von dem Trassanten Deckung nicht verlangen; er hat nur Rechte gegen den Committenten; er ist eben angewiesen, für dessen Rechnung zu acceptiren. Er ist dem Trassanten im Uebrigen wie jedem anderen Zieher verpflichtet. Art. 23. Abs. 2.
3) Der Remittent und der Indossatar hat nur Wechselrecht gegen den Trassant, nicht gegen den Kommittent. Es ist just Absicht, ihnen gegenüber den Commissionair und nicht den Kommittenten zu verpflichten (Th. I. Tit. 13. §§. 153. 154; Th. II. Tit. 8. §§. 1076. 1077; A.L.R. Entsch. Bd. III. S. 156). Nur eine dem Art. 83. nachgebildete Civilklage wird unter Umständen dem Inhaber des präjudizirten Wechsels gegen den Kommittenten zustehen müssen (Conf.-Sitz. 28. S. 195).

Der durch das Gesetz v. 19. März 1817 modifizirte Art. 117. des Code de commerce:

> La provision doit être faite par le tireur ou par celui pour le compte de qui la lettre de change sera tirée, sans que le tireur pour compte d'autrui cesse d'être personnellement obligé envers les endosseurs et le porteur seulement,

dürfte die Verhältnisse ausreichend regeln (vergl. Gilbert ad Art. 117. des Code de commerce; Heyse und Cropp, Jur. Abh. Bd. 2. No. XIII. §§. 20. bis 23.; Thoel §. 195.).

Die Zahl der im Wechselverband stehenden Personen kann andrerseits vermindert werden.

Die Tratte an eigene Ordre.

Der Grundsatz: Unus homo plures sustinere potest personas, L. 9. Pr. D. II. 14. findet bei dem Wechsel die weiteste Ausdehnung. Er führt zu folgenden Erscheinungen:

1. Die Tratte an eigene Ordre.

Es ist dies derjenige gezogene Wechsel, in welchem der Aussteller sich als Remittent benennt: „Gegen diesen Wechsel zahlen Sie an meine Ordre."

Die drei Personen des gezogenen Wechsels sind hier auf zwei Personen reduzirt. Man hat um deswillen diesen Wechsel einen halben, unvollständigen genannt, und ihn vor der deutschen W.O. verschieden aufgefaßt. Thoel hält ihn, §. 276., vor Ertheilung des Indossaments für einen Eigenwechsel; Treitschke Bd. 2. S. 496 für einen gezogenen Wechsel, welcher, da in der Form unvollendet, erst durch das Indossament zur vollständigen Tratte wird. Dem Landrecht sind diese Wechsel unbekannt. Die Praxis erkannte sie unter Modifikationen an, welche ihre rechtliche Wirksamkeit beinah vernichteten (vergl. Entsch. Bd. 9. S. 80 und 347, Just.-Ministerial-Blatt pro 1844 S. 247; Entsch. Bd. 10. S. 52 und 402; Jurist. Wochenschrift pro 1845 S. 512; Plenarbeschluß des Kgl. Ober-Tribunals vom 1. Febr. 1847, Entsch. Bd. 14. S. 142).

Die deutsche W.O. hat die Fragen zur Lösung geführt.

Die Prinzipien

> Wechsel au porteur sind unzulässig. Der Name des Remittenten muß genannt sein. Der Aussteller hat Wechselrecht gegen den Acceptanten (Art. 6. 7. 4. 10. 23. Nr. 2),

bedingen die Anerkennung dieses Wechsels als einer sofort vollständigen Tratte.

Die Frage: „Kann der Aussteller den an eigene Ordre gezogenen Wechsel ohne Obligo giriren?" ist trotz dessen controvers verblieben. Nach Thoel l. c. geht erst durch das Indossament die Rolle des Ausstellers in die des Trassanten über. Ein Giro „ohne Obligo" Seitens des Ausstellers ist somit unzulässig. Einert sieht dagegen in diesem Indossament nur die Uebertragung eines eigenen Wechsels. Er folgert hieraus, daß die Garantie abgelehnt werden kann. Das Ober-Tribunal hat durch Präjudiz vom 13. Jan. 1851 (Entsch. Bd. 29. S. 400) den Grundsatz aufgestellt: „Die von dem Aussteller eines an eigene Ordre gezogenen Wechsels seinem ersten Indossamente beigefügte Erklärung „ohne Gewährleistung", „ohne Obligo" oder gleichbedeutende Vorbehalte, befreien den Aussteller nicht blos von der Verbindlichkeit aus diesem seinem ersten Indossament, sondern dem ersten Indossatar gegenüber auch von seiner Regreßpflicht aus dem an eigene Ordre gezogenen Wechsel selbst."

Wir halten dafür, daß die Clausel „ohne Obligo" jedem Indossatar gegenüber ohne Effekt ist.

Der Wechsel an eigene Ordre ist ein gezogener Wechsel. Darum ist es einflußlos, daß dieselbe Person zugleich Aussteller und zugleich Remittent ist. Eben weil dieselbe Person beide Qualitäten bekleidet, gilt sie statt zweier Personen. Daraus folgt, daß beide Personen völlig geschieden sind und daß der Remittent auf die Pflichten des Ausstellers nicht reagiren darf. So lange der Wechsel sich in der Hand des Ausstellers befindet, sind in diesem zwei Eigenschaften vereinigt. Er ist Schuldner und Inhaber des Wechsels. Aus dem Besitz des Wechsels folgt, daß die Gläubigerschaft des Wechsels gegen ihn nicht geltend gemacht werden kann. Begiebt er dagegen den Wechsel, so tritt seine Eigenschaft als Trassant ein. Es folgt, daß er als Trassant seine Haftungspflicht nicht ablehnen kann. Art. 8: vgl. mit Art. 14.

Für diese Ansicht sprechen die Art. 8. 81. und 83. und vor Allem der Umstand, daß das Gesetz ein besonderes Gewicht auf die Unterschrift des Ausstellers legt. Niemand wird verkennen, daß der Aussteller, an welchen der von ihm ausgestellte Wechsel girirt ist, durch das weitere Indossament ohne Obligo seine Pflichten als Aussteller nicht beseitigen darf. Wir können die Ratio disparitatis zwischen dem ersten und dem späteren Giro nicht auffinden.

2. Der trassirt-eigene Wechsel.

Der Trassant und Acceptant erscheinen in einer Person. Der Wechsel lautet:

Berlin . . . .

Gegen diesen meinen Wechsel zahlen Sie an den Herrn Müller 100 Thaler

Herrn August Schultze in Potsdam. August Schultze.

Seinem Wesen nach entspricht dieser Wechsel dem domicilirt-eigenen. Die deutsche W.O. hat ihn in die Reihe der gezogenen Wechsel gestellt (Art. 6. Abs. 2). Er unterscheidet sich somit von dem eigenen Wechsel in der Form, im Zweck, in den rechtlichen Folgen (Conf.-Prot. Sitzung 24. S. 158). Damit ein Wechsel als trassirt-eigener und nicht als domicilirt-eigener behandelt werden soll, ist erforderlich:

1) Die Form muß die der Tratte sein.
2) Diese Form muß die im Art. 4. aufgestellten Requisite enthalten.
3) Es muß eine Verschiedenheit des Ausstellungs- und Zahlungsorts stattfinden (vergl. Fick S. 23 und 25).

Da der trassirt-eigene Wechsel ein trassirter Wechsel ist, so erscheint die Entscheidung des Ober-Appell.-Gerichts zu Dresden vom 3. Mai 1853 (Sächs. Zeitschr. für Rechtspfl. und Verwalt. — Neue Folge Bd. 3. S. 181) nicht haltbar, wonach bei derartigen Wechseln es einer Protest-Erhebung zum Beleg der Präsentation nicht bedürfen soll. Conferenz-Prot. Sitzung 24. S. 160 sub Nr. 4).

Da der trassirt-eigene Wechsel ebenso den Gegensatz zum domizilirt-eigenen Wechsel bildet, als der trassirte Wechsel überhaupt, so sind sie auch in prozessualischer Beziehung zu unterscheiden. Beim trassirt-eigenen W. wird der Ort der Acceptation als wirklicher Wohnort des Acceptanten betrachtet (Art. 4. Nr. 8. Art. 97.). Es kann daher die Insinuation der Klage am Zahlungsort erfolgen. — Anders bei dem domizilirt-eigenen Wechsel. Die Klage muß an dem wirklichen Wohnort des Ausstellers zugestellt werden (Entsch. Bd. 22. S. 405).

Der Zweck, die Aufgabe des trassirt-eigenen Wechsels stellt sich somit klar heraus. Der Aussteller dieses Wechsels will sich nicht Geld schaffen; er will vielmehr Geld, welches ihm an einem dritten Orte aussteht, durch die Begebung des Wechsels sofort verwerthen.

Er will weder die Kosten noch die Gefahren des Domizilirens tragen. Er giebt aber dadurch, daß der Inhaber sowohl am Zahlungs- als am Ausstellungs-Orte zur Behändigung der Klage befugt ist, diesem eine erhebliche Erleichterung.

Diese Wechsel sind daher geradezu ein Bedürfniß für den Meßverkehr und den Verkehr zwischen den an den verschiedenen Orten bestehenden Commanditen eines Handlungshauses (vergl. Treitschke a. a. O. Band 2. S. 499; Kheil im Arch. Bd. 4. S. 421 u. 424; Fick S. 89 f.). Uebrigens ist der trassirt-eigene Wechsel keineswegs eine Errungenschaft der neueren Zeit. Er wird schon von Scaccia erwähnt. Renaud, Lehrbuch des gem. Deutschen W.R. §. 42. Note 1.

I. Erfordernisse eines gezogenen Wechsels.

Artikel 4.

Die wesentlichen Erfordernisse eines gezogenen Wechsels sind:

1) die in den Wechsel selbst aufzunehmende Bezeichnung als Wechsel, oder wenn der Wechsel in einer fremden Sprache ausgestellt ist, ein jener Bezeichnung entsprechender Ausdruck in der fremden Sprache;
2) die Angabe der zu zahlenden Geldsumme;
3) der Name der Person oder die Firma, an welche oder an deren Ordre gezahlt werden soll (des Remittenten);
4) die Angabe der Zeit, zu welcher gezahlt werden soll; die Zahlungszeit kann für die gesammte Geldsumme nur eine und dieselbe sein und nur festgesetzt werden
   auf einen bestimmten Tag,
   auf Sicht (Vorzeigung, a vista ꝛc.) oder auf eine bestimmte Zeit nach Sicht,
   auf eine bestimmte Zeit nach dem Tage der Ausstellung (nach dato),
   auf eine Messe oder einen Markt (Meß- oder Marktwechsel);
5) die Unterschrift des Ausstellers (Trassanten) mit seinem Namen oder seiner Firma;
6) die Angabe des Ortes, Monatstages und Jahres der Ausstellung;
7) der Name der Person oder die Firma, welche die Zahlung leisten soll (des Bezogenen oder Trassaten);
8) die Angabe des Ortes, wo die Zahlung geschehen soll; der bei dem Namen oder der Firma des Bezogenen angegebene Ort gilt für den Wechsel, insofern nicht ein eigner Zahlungsort angegeben ist, als Zahlungsort und zugleich als Wohnort des Bezogenen.

§. 11. Die Bezeichnung als Wechsel.

Art. 4 Nr. 1.

Da bei dem Wechsel die Form das Wesen in sich trägt, so ist die Bezeichnung des Papiers als eines Wechsels sacramentell. Dieses Wort ist gleichsam das Gepräge, wodurch dem Papier seine specifische Individualität gegeben und Jeder vor den Folgen der Unterschrift gewarnt wird (Treitschke Thl. 2. S. 666). Gleichgiltig ist jedoch, ob die Urkunde: Wechsel, Wechselbrief, Wechselurkunde, Wechselverschreibung genant wird (Prot. S. 233). Gleichgültig ist auch die Orthographie: „Wexl", „Wecksel" rc., wenn nur die Aussprache des geschriebenen Wortes das Wort Wechsel zu Tage fördert.

Ob der Ausdruck „Tratte" genügt, ist streitig. Liebe S. 45; Ortloff, deutsche W.-O. S. 27; Blaschke, W.-R. S. 66 halten ihn für ausreichend. Anders Kittka, Erläuterungen S. 253; Kheil, W.-R. S. 57; Brauer, deutsche W.-O. S. 33.

Die Worte des Artikels, welche ein anderes Wort nur bei einem in fremder Sprache ausgestellten Wechsel und dann nur das entsprechende Wort dieser Sprache zulassen, scheinen das Wort Tratte ebenso auszuschließen als andere fremde Ausdrücke.

Die rechtlichen Folgen entstehen eben aus der sich Wechsel nennenden Urkunde. Der Vermerk „zahlen Sie nach Wechselrecht oder Wechselstrenge" ist somit ungenügend (Protokolle. Sitzung 23. S. 156. Vergl. Erk. des Ober-Trib. v. 23. Juni 1853 in Sachen Bock wider Hillmann und vom 6. März 1856, Entsch. Bd. 32 S. 449, vom 10. April 1856 in Sachen Kronke wider Grotzki. — Erkenntniß des Appellationsgerichts zu Eisenach vom Jahre 1856. Blätt. für Rechtspfl. in Thüringen pro 1857 S. 223).

Damit der Schuldner nicht der Willkür seines Gläubigers unterworfen sein soll, welcher durch die Ueberschrift „Wechsel" über eine gewöhnliche Schuldurkunde diesen wechselmäßig in Anspruch nehmen könnte, verlangt der preuß. Entwurf §. 4., daß das Wort Wechsel im Context enthalten sein müsse. Die Leipz. Conf. setzte für diesen Ausdruck in Art. 4. und 96. „in den Wechsel selbst", während sie an anderen Orten, Art. 62. u. 66., den Ausdruck des preuß. Entwurfs beibehielt. Hieraus ist von Jolly (Arch. Bd. 3. S. 15) ohne Grund gefolgert, daß, um einer Urkunde Wechselkraft beizulegen, die Ueberschrift: „Wechsel" genüge (vergl. Arch. Bd. 5. S. 262 ff. und Erk. des Obersten Oesterreichischen Gerichtshofes vom April 1855 [Oestr. Ger.-Zeit. pro 1855 Nr. 71]).

Wenn der Wechsel in einer fremden Sprache im Inlande abgefaßt ist, muß ein dem Worte „Wechsel" entsprechender Ausdruck gebraucht werden.

Für die Uebersetzung hat der erkennende Richter ex officio zu sorgen. (A.G.O. I. 10. §. 114.; Erk. d. Ober-Trib. v. 23. Oktbr. 1855. Arch. Bd. 5. S. 413.)

§. 12. Die Geldsumme.

Art. 4 Nr. 2.

Die Nothwendigkeit der sofortigen Realisirung verlangt, daß der Wechsel auf Geld lautet. Ob dieses Geld gemünzt, geprägt, Gold, Silber, Kupfer, Papiergeld, ist ohne Einfluß, wenn es eben nur Geld ist.

Staatspapiere, Pfandbriefe, Eisenbahn-Aktien sind dagegen so wenig als andere fungibele Gegenstände wechselmäßig zu versprechen. Nicht überall anzutreffen, den Coursschwankungen unterworfen, widerstreitet ihre Verschreibung durch den Wechsel dem Wesen und der Geschichte des Instituts. (Urtheil des Ober-Appellations-Gerichts zu Dresden vom Oktober 1852. Arch. Bd. 3. S. 208. Erk. v. 24. Septbr. 1852 und 17. März 1857; Sächs. Wochenschr. für merkwürdige Rechtsfälle pro 1853 S. 193 und pro 1857 S. 493.)

Das dort (1856 S. 449) mitgetheilte Urtheil ist dagegen nicht begründet. Ein Gutsbesitzer hatte folgenden Wechsel ausgestellt:

> Gegen diesen meinen Sola-Wechsel zahle ich die Summe von 350 Thalern an F. für eine goldene Dose in 3 Tratten: den 15. April 150 Thlr., den 15. October 50 Thlr., den 15. November d. J. 150 Thlr. Valuta habe ich baar erhalten.

Diesen Wechsel sah das Ober-Appell.-Ger. zu Dresden durch Urtheil vom 18. März 1856 als gültig an, weil er auf Geld laute und nur eine im Voraus bestimmte datio in solutum „in drei Tratten" enthalte. Da jedoch drei Tratten eine zu zahlende Geldsumme nicht bilden können, so ist der formell ungültige Wechsel nicht aufrecht zu erhalten.

Die Summe kann in Buchstaben oder in Zahlen geschrieben werden. Der Vorschlag, die Gültigkeit des Wechsels von der Bezeichnung der Summe in Buchstaben abhängig zu machen, wurde von der Conferenz nicht beliebt (Protokolle S. 13).

Der Bezeichnung der Geldsorte und des Münzfußes bedarf es nicht. Es reicht aus, daß die Bezeichnung keinen Zweifel über den Betrag aufkommen läßt.

Die angegebene Münzsorte muß jedoch eine wirklich existirende sein, mag sie nun als geprägte oder als Rechenmünze (Mark Banco) existiren.

Wohin die Summe selbst zu schreiben, ob im Context, oder außerhalb desselben, darüber spricht sich die W.O. nicht aus. Es erscheint zulässig, wenn die Summe sich außerhalb des Contextes befindet; z. B. „Gegen diesen Wechsel zahlen Sie die oben oder unten gedachte Summe." Für diese Annahme spricht auch Art. 5. Anders Koch, W.O. S. 112.

§. 13. Der Remittent.

Art. 4 Nr. 3.

Rein positiv ist die Bestimmung, daß der Name des Remittenten benannt sein müsse. Die Wechsel au porteur, welche früher in Preußen für Kaufleute gestattet gewesen (§§. 761—763. §. 1190 Thl. II. Tit. 8 A.L.R.), sind somit ausgeschlossen. Man bestritt ihr praktisches Bedürfniß, fürchtete Mißbrauch, Concurrenz der Wechsel mit den Staatspapieren und glaubte durch Gestattung des Blanco-Giro dem Handelsverkehr ausreichend zu genügen (Prot. Sitzung 4. S. 11 ff. Sitzung 23. S. 154).

Lautet der Wechsel auf einen bestimmten Remittenten und dabei „oder dessen Inhaber", so ist dies gleichbedeutend mit „oder an dessen Ordre" (ibid. S. 12), eine Formel, die gemäß Art. 10. ohne besondern Erfolg und unwesentlich ist. Der Vorname des Remittenten braucht nicht genannt zu werden (Prot. Sitz. 23. S. 154).

Unrichtiger Name.

Setzen wir: daß ein nicht richtiger, ein dem Remittenten nicht zustehender Familienname genannt worden (Müller statt Scholz), so ist klar, daß das Wesen des Wechsels hierdurch nicht berührt wird; daß es dem Wechsel an einem wesentlichen Erforderniß nicht gebricht.

Der Art. 4. gebietet nicht und kann nicht gebieten, daß die von ihm verlangten wesentlichen Erfordernisse des Wechsels richtig angegeben sind. Eine solche Annahme würde den Zweck des Wechsels und des Wechselprozesses völlig beseitigen und Einwendungen begünstigen, welche an und für sich frivol, dem Wesen des Formal-Aktes widersprechen. Ob Ausstellungs- und Zahlort richtig angegeben sind, ist nicht erheblich. Von Gewicht ist nur, daß sie überhaupt angegeben sind und daß ihr Fehlen den Formal-Akt des Wechsels in seiner Existenz beseitigt. Nicht anders verhält es sich mit der Angabe des Remittenten, und der Unterschrift des Ausstellers. Klagt ein Indossatar gegen seinen Vormann; gegen den Acceptanten, so ist dieser mit der Einrede

der Name des wirklichen Remittenten, des wirklichen Ausstellers, entspreche nicht dem im Wechsel geschriebenen Namen

sicher nicht zu hören. Eine andere Frage aber ist:

Ist dem klagenden Remittenten gegenüber die Einrede von Gewicht? Kann der verkl. Aussteller excipiren: sein wirklicher Name finde sich nicht auf dem Wechsel?

Man wird diese Fragen bejahen müssen. Klagt der im Wechsel Ludwig Schneider genannte Remittent unter seinem wirklichen Namen Eduard Schneider gegen den Aussteller, so wird dieser mit Recht den Mangel der Legitimation geltend machen. Klagt der Remittent gegen den im Wechsel Müller genannten Aussteller, indem er ihm den richtigen Namen Scholz beilegt, so wird Scholz den Verkl. mit Recht darauf hinweisen, daß nicht er als Scholz, sondern als Müller den Wechsel ausgestellt habe.

Eine andere und weitere Frage ist aber:

Darf der klagende Remittent Schneider nachweisen, daß Eduard und Ludwig Schneider identisch sei,

daß in der That Scholz unter dem Namen Müller den Wechsel ausgestellt habe?

Hält man an dem Prinzip fest, daß der Wechsel der Träger des Rechts, so erscheint nicht angemessen, einen solchen mit dem Inhalt des Formal-Akts im Widerspruch stehenden Beweis nachzulassen. (Prot. Sitz. 22. S. 141.)

Dem Pr. O.-Trib. ist, so viel wir wissen, die Frage dreimal vorgeführt worden. In dem ersten, Str. Bd. 15. S. 286 abgedruckten, Falle war der Wechsel ausgestellt von L. Hirschbach. Joseph Hirschbach wurde als Aussteller verklagt. Die Vorderrichter verlangten, er solle diffitiren: daß der Name L. Hirschbach weder von ihm noch in seinem Auftrage geschrieben worden.

Das Ob.-Trib. hat das zweite Urtheil vernichtet. Die Entscheidung erscheint nicht bedenklich. Der Diffessionseid setzt sicher das Vorhandensein des dem Producenten wirklich zustehenden Vor- und Familiennamens voraus.

In einem anderen Falle lautete der wirkliche Name des gegen den Aussteller des eignen Wechsels klagenden Remittenten Eduard Schneider. Er klagte unter diesem Namen, obgleich er im Wechsel L. Schneider genannt worden, und bewies, daß er, der Kläger, mit dem Remittent identisch sei. Der zweite Richter hat um deswillen den Verkl. verurtheilt. Das O.-Trib. hat jedoch die Klage abgewiesen. Es wird erwogen:

> Denn wird dieser Beweis auch vollständig geführt, so wird dadurch der Mangel eines essentiellen Bestandtheiles des Wechsels nicht behoben, da in diesem nicht der Name des Wechselgläubigers, sondern ein anderer Name enthalten ist. Es liegt hiernach ein formell giltiger Wechsel nicht vor.

Diese Gründe treffen, wenngleich die Entscheidung richtig, nicht zu. Ein Essentiale fehlt dem Wechsel nicht. Der Name des Remittenten ist angegeben.

Der dritte Fall ist im Arch. für W.R. Bd. 7. S. 403 abgedruckt.

Statt des Namens kann die Firma des Ausstellers des Remittenten und Bezogenen gebraucht werden (Nr. 5. 7. dieses Artikels und Art. 12). Die hier eingreifenden bis heran überaus controversen Fragen haben durch die Art. 15. 27. des deutschen Handels-Gesetzbuches ihre Lösung gefunden.

§. 14. Die Zahlzeit.

Art. 4. Nr. 4.

Die Gültigkeit des Wechsels wird durch die Bestimmung der Zahlungszeit bedingt. Die beantragte Weglassung dieses Requisits (Prot. Sitz. 31. S. 231) wurde mit Recht verworfen.

Die Zeit muß eine in sich bestimmte sein, sie kann daher nur festgesetzt werden

I. auf einen bestimmten Tag (Tag- oder Präcise-Wechsel).

Der Tag kann mithin auch auf den Tag der Ausstellung lauten (Erk. des Ob.-Tribunals vom 9. März 1852, Entschd. Bd. 22. S. 404).

Die Bezeichnung „zum 24. Juni zahlen Sie" gilt für identisch mit „am 24. Juni" (Erk. des Ob.-Trib. vom 3. November 1857 in Sachen Kramer wider Müller).

Der Tag braucht nicht, wie ad Nr. 6., durch die Bezeichnung des Monatstages bestimmt zu werden. Es reicht aus, daß der Tag so unzweifelhaft bestimmt ist, daß es einer Berechnung nicht weiter bedarf, z. B. „Ende des Monats". (Erk. des Ober-Tribunals vom 15. Juli 1854. Strieth. Bd. 13. S. 273; Arch. Bd. 3. S. 332.)

Es genügt daher die Bezeichnung solcher Fest- und Kalendertage, welche nur aus einem Tage bestehen.

Genügend ist ferner die Bezeichnung „Ende März", „Ende des Jahres"

(Arch. Bd. 7. S. 326; Strieth. Bd. 29. S. 245. Anders das A.G. zu Celle Arch. Bd. 6. S. 206).

Die Bezeichnung „Anfangs März", „Anfangs Januar nächsthin" wird dagegen nicht genügen, weil ihr die Fixirung grade auf den ersten Tag fehlt (Str. Bd. 17. S. 361; Zeitschrift für Rechtspflege in Bayern Bd. 2. S. 487).

Unzulässige Bezeichnungen der Verfallzeit.

Unbedingt unzulässig sind Wechsel,

1) die auf Kündigung gestellt sind (Prot. Sitzung 24. S. 161 und Erk. des Ober-Trib. vom 13. November 1850 und 5. Juli 1851. Entsch. Bd. 20. S. 540 und Strieth. Bd. 2. S. 222).

2) W., welche auf Feier- und Gedächtnißtage lauten, die aus mehr als einem Tage bestehen (z. B. Ostern, Weihnachten, Antoni- oder Johannistermin). (Prot. Sitzung 4. S. 14, Erk. d. Ober-Tribunals vom 22. November 1856; Arch. Bd. 7. S. 75).

3) W., die auf eine Zeit gestellt sind, welche erst durch Berechnung nach civilrechtlichen Grundsätzen gefunden werden kann, z. B. vom August d. J. an in 6 Wochen (Arch. Bd. 3. S. 332).

4) W., deren Verfallzeit auf mehrere Tage zugleich oder alternativ oder endlich nur so angegeben ist, daß nur der Endtermin bestimmt worden, bis wann spätestens geleistet werden müsse, ohne daß dem Inhaber das Recht zustände, eine innerhalb dieser Zeit geschehene Zahlung zurückzuweisen, z. B. „bis zum 20. Juni zahlen Sie" (U. d. O.-T. v. 30. Oktober 1855; Entsch. Bd. 32. S. 435; Strieth. Bd. 17. S. 369).

Als eine alternative Zeit-Angabe gilt nicht, wenn zwei dem Aeußern nach verschiedene, dem Effekt nach identische Termine angegeben sind, wie dies bei den russischen Wechseln zu geschehen pflegt: „Am 1/12. Januar" (Arch. Bd. 7. S. 320; Strieth. Bd. 26. S. 185).

5) Die Zahlungszeit kann nicht auf einen nicht existirenden Tag, 31. Februar 1858 (U. d. O.-T. vom 6. Juli 1858 in Sachen Wolff wider Jakobssohn) oder auf einen nach Inhalt des Wechsels undenkbaren Zahlungstag bestimmt werden, z. B. „Berlin, 1. September 1858. Am 25. Januar 1858 zahlen Sie" 2c. (Strieth. Bd. 30. S. 97).

Controversen.

Folgende Fragen sind streitig:

1) Ist die Hinzufügung der Jahreszahl nothwendig?

Da der Art. 4. Nr. 4. der Jahreszahl nicht erwähnt, so erscheint sie überflüssig. Nothwendig ist jedoch, daß durch ihr Fehlen die Zahlungszeit nicht unbestimmt werde. Ob dies anzunehmen, ist in jedem einzelnen Fall zu bestimmen. De lege ferenda dürfte sich empfehlen, die Hinzufügung der Jahreszahl als gesetzliches Requisit zu verordnen. Das Ob.-österr. Gericht hält die Jahreszahl nicht für nothwendig (Arch. Bd. 3. S. 331). Eben so das O.A. zu Celle (Bd. 6. S. 206). Das Ob.-Trib. zu Berlin unterscheidet und beurtheilt die Frage nach der Lage des concreten Falles (Arch. Bd. 6. S. 428, Strieth. Bd. 22. S. 329, Bd. 16. S. 312). Das Ob.-Trib. zu Stuttgart hält die Jahreszahl für wesentlich (Seuffert Bd. 12. S. 84, 238. Borch. Zus. 61).

2) Sind die s. g. Ratenwechsel gültig?

Diese Wechsel haben eine doppelte Eigenthümlichkeit: Sie enthalten mehrere Zahlungsversprechen in einem Wechsel. Sie pflegen außerdem noch die kassatorische Klausel zu enthalten, daß bei nicht prompter Zahlung einer Rate die ganze rückständige Wechselsumme auf einmal fällig und zahlbar sein soll.

„Gegen diesen Wechsel zahle ich am 1. Januar 1000 Thlr., am 1. März 1000 Thlr. und am 1. Juli 500 Thlr. und zwar bei Verlust der Termine und Verfall der ganzen noch restirenden Wechselschuld."

Abgesehen von der Klausel läßt sich gegen den W. Nichts erinnern. Er enthält nicht einen in verschiedene Theile aufgelösten Wechsel (cfr. Arch. Bd. I. S. 199; Bd. 3. S. 59), sondern so viel einzelne Wechselforderungen, als Raten darin versprochen sind, nur daß zu allen diesen Forderungen ein Wechselformular benutzt worden. Die DWO. bestimmt nur, daß der Wechsel eine bestimmte Verfallzeit, nicht aber, daß er nur eine bestimmte Zahlungszeit enthalten muß (cfr. Arch. Bd. 3. S. 330). In Oesterreich sind diese Art Wechsel nach der Justiz-Ministerial-Verordnung v. 21. Okt. 1852 (Arch. Bd. 3. S. 240) ohne wechselrechtliche Wirkung. Dahin geht auch der Vorschlag der Nürnb. Conferenz. Richtig ist, daß die Cirkulations-Fähigkeit des Wechsels in Betreff der verschiedenen Raten gehemmt erscheint. Dies ist jedoch kein Grund, dem Wechsel die Gültigkeit abzusprechen (Art. 9).

Bedenklicher erscheint die zweite Eigenthümlichkeit, die clausula cassatoria. Ueber Einfluß und Wirkung dieser Clausel sind die Meinungen getheilt. Die Einen nehmen an, der ganze Wechsel sei mit der Clausel gültig. Erk. des Ober-Trib. vom 24. Juni 1852 in Sachen Heimann wider Hirschfeldt; ebenso das Wiener Handelsgericht und das niederösterreichische Ober-Landesgericht (Arch. Bd. 8. S. 338 und österreichische Gerichts-Zeit. pro 1852 Nr. 94). Als Grund wird angegeben, die Verfallzeit sei bei derartigen Wechseln immer bestimmt, sowohl für die einzelnen als alle Raten zusammen.

Die Anderen halten den ganzen Wechsel für ungültig.

Die Clausel enthalte eine Bedingung, der Wechsel werde als Ganzes durch diese Bedingung ungültig (Arch. Bd. 1. S. 199; Bd. 2. S. 196. Allg. Oesterr. Ger.-Zeit. pro 1851 Nr. 2; Gelpcke Zeitschrift für Handelsrecht Heft 3 S. 102. Erk. des Ob.-Appell.-Ger. in Dresden vom 18. Jan. 1853. Arch. Bd. 4. S. 101 ff.).

Die dritte Ansicht wird von den Anhängern der Papiergeld-Theorie aufgestellt. Hiernach ist der W. an sich gültig, die Clausel dagegen, weil nicht von der DWO. ausdrücklich anerkannt, als nicht beigefügt zu erachten (Arch. Bd. 3. S. 58 ff. u. 172. Koch Komment. z. A.L.R. Bd. 3. S. 953).

Wir können keiner dieser Ansichten beistimmen. Die Erste geht zu weit. Die Klausel stellt jedenfalls den Verfall der Raten mit Ausschluß der Ersten in die Willkür des Schuldners, während sie die Regreßpflichtigen der Willkür des Inhabers Preis giebt. Dies steht geradezu im Widerspruch mit Art. 19. 41. 42. 45. ff. d. D.W.O.

Die zweite Ansicht geht nach der entgegengesetzten Seite fehl. Die erste Rate hat doch unter allen Umständen nur einen einzigen Termin. Für sie liegen alle Bedingungen eines gültigen Wechsels vor. Sie hat selbstständige Existenz. Ihr Verfalltag ist bestimmt. Auf sie hat die Clausel keinen Einfluß. Für sie ist sie nicht geschrieben. Eben weil die Clausel nur auf die anderen Raten reagirt, muß die Verfallzeit der ersten Rate als eine feste erachtet werden.

Die dritte Ansicht übersieht die Art. 21. und 22. Wenn der Bezogene einen über 1000 Thaler gezogenen Wechsel dahin acceptirt:

angenommen für 1000 Thlr. zahlbar mit 100 Thlr. am 1. Jan. 2c.
sub clausula cassatoria,

so ist die Clausel als nicht geschrieben nicht zu erachten.

Ist dies zuzugeben, so ist doch auch für den Fall die Clausel nicht als nicht geschrieben aufzufassen, wenn der Trassant sie sofort in dem Wechsel aufführt.

Wir sind hiernach der Ansicht: Hinsichtlich der ersten Rate ist der Wechsel gültig und wirksam, für die anderen Raten fehlt es an der Verfallzeit.

Sichtwechsel.

Die Zahlungszeit kann gestellt werden: auf Sicht (a vista, a vue). Das Eigenthümliche dieser Wechsel besteht darin, daß Verfall- und Präsentationszeit zusammentreffen. Die Acceptabilität ist daher bei ihnen überflüssig und Regreß Mangels Annahme nicht denkbar. Welche Worte für die Sicht gebraucht werden, ist gleichgültig. Hierauf deutet das im Art. 4. hinter dem „a vista“ befindliche „2c.“ (Prot. Sitzung 4. S. 13).

Die Worte „auf“, „gegen“, „nach Sicht“ oder bei eigenen Wechseln „gegen Wiedersicht“ sind somit ausreichend (Erk. des O.-T. vom 21. Juni 1855 in Sachen Joseph wider Engelke. Strieth. Bd. 3. S. 185. Entschd. Bd. 31. S. 210. Arch. Bd. 5. S. 422. Urtheile des Ob.-Trib. in Sachen Ruppius wider Schmidt vom 20. Novbr., 22. Sept. und 20. Decbr. 1855).

Ob Wechsel „auf jedesmaligen Verlangen“, nach Belieben „a piacere“ erlaubt sind, ist streitig (cfr. Brauer W.R. S. 32 Anm. und Koch A.L.R. Bd. 3. S. 865 Anm. 28). In Oesterreich sind sie durch Einschaltung der Worte a piacere hinter a vista sub Nr. 4. ausdrücklich sanktionirt (Oesterr. Ger.-Zeit. von 1857 Nr. 94. Arch. Bd. 8. S. 182). Nach den Beschlüssen der Conferenz-Sitz. 6. S. 13 sind sie nicht gestattet. Ihre Gleichstellung mit den Sichtwechseln läßt sich nicht rechtfertigen (cfr. Treitschke Bd. 2. S. 53. Thoel §. 170). Die Wechsel a piacere stellen den Zahltag völlig in Ermessen und Willkür des Inhabers.

Da die Art. 19. und 31. dieser Wechsel nicht erwähnen, so folgt eben hieraus, daß sie keine Wechsel sind. Durch die Bezeichnung „gegen Sicht a piacere“ werden die Folgen der Worte „gegen Sicht“ beseitigt.

Der Verfalltag kann fixirt werden auf eine bestimmte Zeit nach Sicht. Hier beginnt die Verfallzeit vom Tage der Präsentation (Art. 32).

Unter dem Ausdruck „Acht Tage nach Sicht" oder a dato ist eine Frist von acht, nicht von sieben Tagen zu verstehen (U. d. Ob.-Tr. zu Stuttgart vom 23. Juni 1856. Nürnb. Commiss.-Ber. S. 48. Nr. 8).

Dato-Wechsel.

Der Verfalltag kann fixirt werden auf eine bestimmte Zeit nach dem Tage der Ausstellung (Dato-Wechsel).

Gleichgültig dabei ist, ob der Ausdruck: „nach" oder „auf" oder „de dato" oder blos „dato" allein gebraucht wird (cfr. Prot. Sitz. 4. S. 13 und U. d. Ob.-Tr. vom 15. März 1853 in Sachen Schulze wider Wedel; vom 4. Dezember 1855 in Sachen Douglas wider Schmeddig und vom 29. September 1857 in Sachen Rusche wieder Hirschberg. Erk. des Ob.-Ger. zu Nürnberg vom 23. November 1854, Zeitschr. f. Ges. u. Rechtspfl. in Bayern Bd. 3. S. 544).

Die Bezeichnung „dato nach Sicht" ist dagegen als eine sich widersprechende unzulässig (U. des Ob.-Tr. v. 17. Juli 1858; Strieth Bd. 29. S. 21, Arch. Bd. 8. S. 223).

Ebenso die Worte „nach einem Jahre", „nach einem Monat."

Es fehlt in beiden Fällen an der in sich bestimmten Zahlungszeit (Strieth. 27. S. 230, Entschd. Bd. 41. S. 288, Arch. Bd. 7. S. 342, Goldschmidt Zeitschr. Bd. 1. S. 603), wie denn überhaupt Zusätze, welche den an und für sich bestimmten Zahlungstag unbestimmt machen, die Ungültigkeit des Wechsels herbei führen (Strieth. Bd. 34. S. 46, Bayr. Zeitschrift Bd. 4. S. 441).

Meß- und Markt-Wechsel.

Der Verfalltag kann fixirt werden auf eine Messe oder einen Markt, cambia regularia, ferialia nundinarum, nundinalia.

Diese Wechsel weichen in folgenden Beziehungen von den gewöhnlichen Wechseln ab:

1) Ein bestimmter Verfalltag ist in ihnen nicht genannt, er wird vielmehr durch besondere Gesetze und Meßordnungen bestimmt.

Ein Wechsel dahin lautend: „Kommende Frankfurter Messe und zwar am 15. Juli" ist daher ein Tagwechsel (Prot. Sitz. 9. S. 36 ff., Sitz. 30. S. 206 ff., Erk. des Ob.-Tr. vom 22. Februar 1855, Entschd. Bd. 29. S. 470; Bd. 30. S. 176. Arch. Bd. 5. S. 418 u. Erk. d. Ob.-Tr. v. 18. März 1853 in Sachen Itzig wider Schroff).

2) Die Acceptabilität unterliegt Beschränkungen. Die Wechsel können nur in der in der Messe gesetzlich bestimmten Präsentationsfrist zur Annahme präsentirt werden (Art. 18.).

3) Sie müssen auf eine Messe oder einen Markte lauten. Prot. Sitzung 33. S. 235).

Ein Wechsel „Am Brünner Markttage 1852 zahlen Sie" — gezogen auf W. in Lemberg zahlbar in Wien ist daher kein Meßwechsel (Oesterr. Ger.-Zeitg. für 1855 Nr. 80, für 1856 Nr. 93, für 1857 Nr. 24).

Daraus folgt, daß Meß- und Marktwechsel nie domicilirt sein können. Das Domicil nimmt dem Meßwechsel diese seine Qualität. Mit ihr verliert er die Zahlzeit und somit die Wechselkraft, denn die Berechnung der Verfallzeit nach dem etwa am Meßorte üblichen Zahlungstage ist nicht zulässig. Die exceptionelle Stellung dieser Wechsel bedingt eben stricte Interpretation (vergl. Protokolle S. 206 ff.).

§. 15. Unterschrift. Vollmacht. Firma. Lettern.

Art. 4. Nr. 5.

Nur der Familien-, nicht der Vorname ist zu unterzeichnen. Die Praxis hält nicht für erforderlich, daß dieser Name bis auf den letzten Buchstaben ausgeschrieben wird (U. des O.-T. vom 8. September 1853, Strieth. Bd. 11. S. 4). Unwesentliche Abweichungen sollen ohne Einfluß sein; z. B. statt „Willkomm“ „Willkommen“, statt „Schulze“ „Schultze“, statt „Brodowski“ „Brodow“, statt „Kurpas“ „Kupas“ (Gelpcke Hft. 1. S. 91).

Eine laxe Praxis ist immer gefährlich. Das Prinzip, welches ihr zu Grunde gelegt wird, es müsse der Name so hinreichend bezeichnet sein, daß aus den gebrauchten Buchstaben die bestimmte Person mit Zuverlässigkeit erkannt werden könnte, ist im Hinblick auf die strenge Natur des Formal-Actes hinfällig. Die der Praxis entnommenen Beispiele, beweisen zur Genüge, daß die Praxis, sobald sie das Gesetz verläßt, leicht mit der Willkür identisch erscheint.

Der viel bestrittene Satz des Leyser

> Non est enim judex intra tam arctos cancellos includendus, ut veritati per hoc fraus fiat spec. 12 med. 2

ist jedenfalls kein wechselrechtlicher.

Das Gesetz verlangt die Unterschrift des Ausstellers. Im Artikel 84. 94. und 95. wird statt dessen „Unterzeichnung“ und „Vollziehen“ gebraucht. Hieraus ergiebt sich:

1) Die nur im Contexte befindliche Einzeichnung des Namens ist ungenügend; sie ersetzt die Unterschrift nicht (vergl. Erkenntniß des Appellations-Gerichts zu Aschaffenburg vom 1. Juli 1852 (Zeitschrift f. Rechtspflege in Bayern B. 2. S. 489).

2) Ein bereits gedruckter Namen; ein mit dem Namen des Ausstellers versehener Stempel genügt nicht (Artikel 94. u. 95., vergl. Archiv Bd. 5. S. 369). Das Obertribunal hat jedoch angenommen, es genüge zur Gültigkeit die unter der gedruckten Geschäftsfirma befindliche und von dem Geschäftsinhaber geschriebene Unterschrift desselben (Strieth. Bd. 34. S. 211).

3) Die Unterschrift muß eigenhändig sein. Die Einrede, der Name sei mit geführter Hand geschrieben, erscheint dagegen verwerflich. (U. d. Ob.-Tr. in Sachen Hirsch wider Wendt v. 27. Sept. 1853 und Harter wider Zittow v. 2. März 1854. Anders Strieth. Bd. 41. S. 366.

Vollmacht.

Die Unterschrift des gehörig Bevollmächtigten gilt jedoch für die eigenhändige des Prinzipals.

Das Obertribunal hat mit Recht angenommen: „Der Artikel 4. Nr. 5. und Artikel 8. setzen eine den Aussteller wirklich verpflichtende Unterschrift voraus.

Es begründet daher die mit Wissen und Willen des Ausstellers statt seiner durch einen Andern erfolgte Beifügung seiner Namensunterschrift und seines Giro's für sich allein noch nicht seine Verhaftung. — Dieselbe tritt vielmehr erst dann ein, wenn er vorher entweder dem Andern schriftliche Prokura ertheilt oder ihn schriftlich oder mündlich als seinen Prokuristen bezeichnet hat."

Hat dagegen der Aussteller Eduard Hammer selbst unterzeichnet „pp. Eduard Hammer. Ed. F. Einem", so kann er nicht vorschützen: Einem habe keine Prokura; er haftet, weil er selber „Eduard Hammer" unterzeichnet hat (Strieth. Bd. 25. S. 170. Vergl. Art. 41. 42. 47. H.G.B.)

Firma.

In Betreff der Firma sind folgende Fragen erheblich:

1) Haftet der Verkäufer oder Vermiether der Firma für die von dem Käufer oder Miether gezogenen Wechsel? Die Frage ist zu verneinen. Die Abtretung der Firma ist verschieden von dem verpflichtenden Auftrag zur Eingehung von Wechselverbindlichkeiten (Koch Landrecht Bd. 3. S. 914 Anm. 14, vergl. Art. 23. 26. H.G.B.).

2) Muß die Firma eine bekannt gemachte sein? Die Frage ist zu verneinen. Die Wechsel-Ordnung verlangt dieses dem Landrecht II., 8. §. 777. allerdings bekannte Requisit nicht. Der §. 28. des preuß. Entwurfes von 1845 und die dazu gegebene Erläuterung S. 16 spricht nur von der „angenommenen" Firma.

3) Haften die Socien auch dann, wenn sie bei der Annahme der Firma die gesetzlichen Vorschriften nicht erfüllt haben? Die Frage ist zu bejahen (vergl. Erkenntniß vom 25. November 1856, Strieth. Bd. 23. S. 79).

Für den Wechselprozeß ist ausreichend, daß eine angenommene Firma gebraucht ist und daß der einzelne Socius Mitinhaber dieser Firma ist.

Nach mannigfachen Schwankungen (cfr. Präjudiz Nr. 897. vom 1. August 1810, Ulrich Archiv Bd. 2. S. 674; Bd. 5. S. 287; Plenar-Beschluß Präjudiz 1248 vom 23. Januar 1843; Entscheidungen Bd. 8. S. 129) hat denn auch das Ober-Tribunal angenommen:

> „Aus der von einem einzelnen Mitgliede einer Handelsgesellschaft, welche ohne Beobachtung der gesetzlichen Förmlichkeiten in Ansehung der Errichtung und Bekanntmachnng, jedoch unter Annahme einer auf anderem Wege veröffentlichen Firma, zusammengetreten ist, für die letztere unter Firma übernommenen Wechsel-Verpflichtung haften die sämmtlichen wechselfähigen Gesellschafter solidarisch wechselmäßig" (Entscheid. Bd. 19. S. 247).

Das von Mehreren gemeinschaftlich erlassene Circular ꝛc.; der Gebrauch einer irgend wie öffentlich gewordenen Firma ist eben ausreichend Durch sie wird jeder Socius berechtigt, sich der Firma bei Wechselgeschäften.

zu bedienen und der Einwand der anderen Socien beseitigt, das Geschäft berühre die Societät nicht (Entschd. Bd. 24. S. 149; Urtheil in Sachen Seidel wider Eisner vom 26. Februar 1859, vergl. Art. 110. 112. H.G.B.).

Die Lettern.

Die gewählten Lettern sind gleichgültig. Eine hebräische Unterschrift ist, da sie einem bestimmten Alphabet angehört, genügend; eine stenographirte wird es dagegen nicht sein (Erk. d. Ob.-Trib. v. 21. Juni 1855 in Sachen Joseph wider Engelke; Jurisprudenz des O.A.G. zu Lübeck S. 429).

§. 16. Ort und Zeit der Ausstellung.

Art. 4. Nr. 6.

Von wesentlichem Einflusse auf die Beurtheilung der Gültigkeit eines Wechsels ist der Ort der Ausstellung (Artikel 85).

Die Angabe des Orts ist daher nothwendig. Die Richtigkeit der Orts-Angabe ist dagegen gleichgültig (Entsch. Bd. 2. S. 137). Die entgegengesetzte Ansicht des Appellations-Gerichts zu Naumburg (Archiv Bd. 2. S. 431) ist unrichtig.

Man bedenke, zu welchen Consequenzen diese durch den Artikel 4. nicht verordnete Richtigkeit der Angabe führt. Der Beklagte excipirt z. B.:

> „Der Wechsel ist an einem Orte ausgestellt, wo die deutsche Wechsel-Ordnung nicht gilt.“

Zeit und Ort stehen in Wechselwirkung. Das Datiren des Wechsels ist daher nothwendig; ja für Dato- und Sichtwechsel unentbehrlich.

In den Protokollen heißt es: (Sitz. 4. S. 14) „zu Nr. 6. ward die Frage aufgeworfen, ob es überall der Angabe eines Datums für den Wechsel bedürfe? Man ließ es aber bei der Bestimmung des Paragraphen bewenden, und hielt es nicht für erforderlich, anzudeuten, daß das Datum das wirkliche Datum der Ausstellung sein müsse.“

Es folgt:

1) Wechsel sind ungültig, bei denen das Datum fehlt. Das datirte Accept zu einem bestimmten Tage vermag weder das im Wechsel fehlende wesentliche Erforderniß der Zahlungszeit noch auch das der Ausstellungszeit zu decken (Strieth. Bd. 30. S. 97, vergl. Archiv Bd. 7. S. 337).

2) Wechsel sind ungültig, bei denen das Datum die Verfallzeit zur unmöglichen Zeit macht (Strieth. Bd. 30. S. 97). Der Wechsel war ausgestellt am 1. September 1858 und die Verfallzeit war auf den 25. Januar 1858 angegeben.

3) Wechsel sind ungültig, bei denen die Bezeichnung des Tages nicht nach dem Verhältnisse zum Monat, sondern nach Wochen-, Heiligen- und Markttagen geschehen ist. „Die Datirung des Wechsels Botzen den St. Bartolomäi Markt 1853 ersetzt nicht die Angabe des Monatstages der Ausstellung“ (Oesterr. Ger.-Ztg. pro 1855 Nr. 72).

4) Wechsel, bei deren Datum die Jahreszahl fehlt, sind ungültig. Auch ein Datum: 27. Februar 18 . . ist nicht ausreichend (U. d. Ob.-Trib. in Sachen Rother wider Schwilinski vom 29. Juni 1854).

§. 17. Der Trassat.

Artikel 4. Nr. 7.

Der Name des Bezogenen pflegte in der ältesten Zeit als Adresse auf der Kehrseite des Wechsels zu stehen (Martens Urspr. S. 65). Das Wort Nothadresse ist ein Ueberrest dieses Gebrauches. Fehlte diese Adresse, so konnte der Inhaber sich selbst als Trassaten benennen. Es entstand dann (Scaccia Tract. de comm. et camb. §. 2. Glosse 10 Nr. 8) ein Wechsel con la ricorsa. Jetzt ist üblich, den Namen des Adressaten links auf die Vorderseite des Wechsels zu stellen. Es ist kein wesentliches Erforderniß des Wechsels, daß der Name des Bezogenen in den Context des Wechsels geschrieben ist (Erk. des Ob.-Trib. vom 29. April und vom 8. Juli 1852 in Sachen Karzewski wider Sachs und Franz wider Jacobi).

§. 18. Zahlungsort.

Artikel 4. Nr. 8.

So nothwendig der Ort der Ausstellung, so nothwendig ist zur Gültigkeit des Wechsels der Ort der Zahlung. Dieser Ort kann eine dreifache Natur haben. Er ist entweder der wirkliche Wohnort des Bezogenen; er wird als solcher nur fingirt. In dem letzteren Falle gilt ja der beim Namen des Bezogenen angegebene Ort, weil als Wohnort, als Zahlungsort desselben. Der Zahlort ist von dem Wohnort des Bezogenen verschieden, z. B.

Herrn Schütz in Berlin
zahlbar in Leipzig.

Aus der Stellung der Nr. 8. ergeben sich in Verbindung mit Artikel 7. folgende Consequenzen:

1) Die mangelnde Ortsangabe beim Adressaten ist durch die beim Accept erfolgte Bezeichnung desselben nicht zu ersetzen (Erk. des Ob.-Trib. vom 10. Mai 1855 Strieth. Bd. 17. S. 188). Die Angabe des Zahlungsortes ist eben nicht Sache des Acceptanten, sondern des Ausstellers.
2) Ist der Zahlort ungenügend angegeben, so fehlt es überhaupt an der Angabe des Zahlortes. Ist z. B. nur der Name der Vorstadt ohne Beifügung des Namens der Stadt angegeben z. B. in der Leopoldstadt Nr. . . an der Donau, so ist der Wechsel selbst nicht gültig. Anders Archiv Bd. 3. S. 335.

Man hat dagegen einen dahin lautenden Wechsel:

Berlin, den 24. April 1860.
Gegen diesen meinen Wechsel zahlen Sie an Herrn Schütz 100 Thlr.
Herrn Moll hier. Schulze.

in Betreff des Zahlortes mit Recht für genügend erachtet.

3) **Nur der Ort der Zahlung, nicht der Wohnort des Schuldners ist anzugeben.** Die Adresse

Herrn Schütz
zahlbar bei Moll in Berlin

ist somit genügend (vergl. Entwurf von 1845; §. 26. und 27. Berl. Protokolle S. 19, 20; Commissionsbericht S. 28, Archiv Bd. 7. S. 71 und U. des O.-T. vom 1. Juni 1858 in Sachen Cohn wider Tars).

4) Sind mehrere Zahlorte angegeben; z. B.

Herrn X. in Berlin, Leipzig, Wien

so wird hierdurch die Gültigkeit des Wechsels nicht berührt. Es bleibt dem Inhaber überlassen, an welchem der genannten Orte er Zahlung begehren und klagen will (Präj. des Kammer-Gerichts vom 14. März 1855).

Der Artikel 4. erschöpft die Requisite des Wechsels.

Man sieht: der berühmte Wechsel des Don Quixote Thl. 1. Buch 3. Kap. 11.

Auf diesen meinen Sola-Wechsel auf Esel-Füllen wird meine liebe Nichte dem Sancho Pansa, meinem Stallmeister, drei von den fünfen, die im Hause geblieben, überliefern und bitte, sie in Rechnung zu stellen. Solche drei Füllen sollen ihm als Zahlung für gleichmäßige Valuta gereicht werden. Dies und seine Quittung hierüber werden Alles berichtigen.

Gegeben im Innern des schwarzen Gebirges am 22. August des jetzt laufenden Jahres,

ist im Sinne der deutschen Wechsel-Ordnung das Ideal eines Nichtwechsels.

Nicht erforderlich ist (Strieth. Bd. 2. S. 222. cfr. Conf.-Prot. Sitz. 4. S. 10 ff. Motive z. Pr. Entwurf S. 20 f. u. Einert Wechselrecht S. 97 ff.) a. die Erwähnung der Art der Deckung, b. das ausdrückliche Stellen an Ordre, c. das Bekenntniß der Valuta. (Prot. Sitz. 12. und Art. 9.)

§. 19. Valuta-Klauseln.

Ueber die üblichen Klauseln mag hier noch Folgendes bemerkt werden.

1) Die Klausel „Werth in Waaren" deutet in dem Wechsel an eigene Ordre darauf, daß die Tratte nur die Stelle des trockenen Wechsels vertreten soll. (U. des Ober-Appell.-Ger. zu Dresden vom 20. November 1851, Ackermann Rechtsf. aus Erk. d. O.-A.-G. zu Dresden. N.F.B. 2. S. 37. 3.)

2) Die bei Wechseln an eigene Ordre vorkommende Klausel „Werth in mir selbst" bedeutet, daß kein Wechselnehmer vorhanden sei, welcher die Valuta für den Wechsel bezahlt habe; nicht aber, daß dem Trassanten ein Guthaben bei dem Trassaten zustehe.

3) Die Worte im Wechsel „und stellen es auf Rechnung" haben nicht

die Verpflichtung des Trassaten zur Folge, bei seiner Klage eine weitere Rechnung vorzulegen.

4) Die Worte „laut Bericht" verpflichten den Trassaten nicht, einen weiteren Bericht zur Begründung seiner Klage beizubringen; doch steht dem Trassanten das Recht zu, auf Edition eines schriftlichen Berichts anzutragen, wenn dessen Vorhandensein erwiesen ist (Erk. d. O.-A.-G. zu Lübeck vom 31. December 1830, Lübeck. Wechs.-Jnr. S. 87).

5) Die Klausel „Werth in Rechnung" im Wechsel beweist bis zum Gegenbeweise, daß der Aussteller den Werth des Wechsels durch Aufrechnung einer dem Wechselnehmer wider ihn zustehenden Forderung erhalten hat (Erk. des A.-H. zu Köln vom 9. November 1858, Rhein. Arch. Bd. 54. l. S. 77. Vergl. Malß Gutachten d. Handelsk. zu Frankfurt a. M. S. 160, Thoel, ausgew. Entsch. S. 312 und 314. Vergl. Borchardt S. 46).

§. 20. Das Zinsversprechen.

Muß die Summe in Geld angegeben werden, so folgt, daß die Summe bestimmt, begrenzt, aus dem Wechsel sofort ersichtlich sein muß.

Die Bezeichnung: „Zahlen Sie bis zur Höhe von 100 Thlr."; „zahlen Sie zwischen 50 bis 100 Thlr." ist somit unzulässig. Controvers ist dagegen die Frage nach der Gültigkeit des Zinsversprechens. Vier Ansichten haben sich gebildet: die Einen sind der Ansicht, das Zinsversprechen hat volle Gültigkeit. Dies nimmt an der Rh. App.-G.-H. (Rh. Arch. Bd. 54 l. S. 95) und das A.-G. zu Freysing (Zeitschrift f. Bayern, Bd. 2. S. 500); Martens (Arch. Bd. 3. S. *62, Zeitschrift für Rechtspfl. im Herzogth. Braunschweig pro 1854 Nr. 2).

Das Haupt-Argument für diese Ansicht besteht darin, daß durch die deutsche W.-O. das Zinsversprechen nicht verboten und in der XXIV. Sitzung der Conf. nur die Aufnahme des §. 88. des pr. Entw. verworfen worden ist.

Wir halten diese Ansicht für verfehlt und machen gegen sie geltend:

1) Die Zinsen-Stipulation im Wechsel widerspricht der Natur der Zinsen. Sie sind ein Aequivalent für die Benutzung einer Quantität fungibler Sachen, deren Gebrauch dem Gläubiger entzogen, resp. dem Schuldner zur Benutzung überlassen worden (l. 3. §. 4.; l. 17. §. 8. D. 22. 1.; l. 23. Cod. 4. 32.; l. 8. Cod. 4. 2. §§. 803. 827. 855. 857. 858. Thl. I. Tit. 11. A.L.R.) Wo die causa debendi fortfällt, wo der Schuldner zahlt, weil er acceptirt hat, fehlt es an einem Zinsen erzeugenden Kapital.

2) Die Zinsstipulation im Wechsel widerspricht der Natur des Wechsels. Sie setzt statt einer festen eine täglich variirende Summe. Sie führt mit Rücksicht auf das Diskonto zu sehr verwickelten Rechnungen. Sie giebt dem Bezogenen Grund, das Accept zu weigern.

3) Aus dem Gange der Berathung (cfr. Sitzung 12. 16. 31. S. 58, 156, 230), aus den Artikeln 50. 51. und aus den Klauseln, welche die Wechsel-Ordnung selbst sanktionirt hat (cfr. Art. 9. 14. 15. 19

31. 21. 22. 42) geht zur Genüge hervor, daß die Zinsstipulation unzulässig ist, weil sie nicht ausdrücklich für zulässig erachtet worden ist (Arnold, das Zinsversprechen im eigenen Wechsel, S. 20, 22; Fick S. 97).

4) Kapital und Zinsen sind in der That zwei in ihren Voraussetzungen und Folgen verschiedene Forderungen. Das Kapital kann ohne die Zinsen, die Zinsen können nicht ohne das Kapital rechtlich bestehen. Deshalb können Zinsen, sobald das Kapital verjährt ist, nicht mehr gefordert werden, wenn auch die einzelnen Zieler selbst noch nicht verjährt sein möchten (l. 26 pr. Cod. 7, 32. §. 8. Thl. I. Tit. 16. A.L.R.). Deshalb gelten auch die vorbedungenen Zinsen für bezahlt, sobald über das Kapital ohne Vorbehalt quittirt worden. (Leyser Spec. 530. Nr. 13. und 16.; §§. 843. und 847. Thl. I. Tit. 11. A.L.R.). Deshalb bestimmt die lex 75. §. 9. Dig. 45. 1. qui sortem stipulatus et usuras quascunque, certum et incertum stipulatus videtur, et tot stipulationes sunt quot res sunt.

Setzen wir: A als Aussteller eines eigenen oder trassirten Wechsels verspricht dem B Zinsen zu zahlen. Angenommen, die Stipulation sei dem B gegenüber zulässig; er indossirt den Wechsel dem C; es treten vom Tage des Giro neue Zinsen hinzu; es fehlt für diese neue Wechselforderung an dem Erfordernisse des Art. 4. Nr. 3. und 96. Nr. 3. Es fehlt an einem Remittenten für diese neuen Zinsen. Der frühere Inhaber hatte kein Recht auf die neuen Zinsen, sie waren noch nicht existent. Durch das Indossament kann aber der fehlende Remittent nicht ersetzt werden, weil dieser vom Aussteller ernannt sein muß. Die Art. 50 und 51 können die Gegner mit Grund nicht geltend machen. Sie handeln nicht von vorbedungenen Zinsen und bestätigen als Ausnahme die Regel.

Nach einer zweiten Ansicht hat ein Wechsel mit Zinsversprechen keine Wechselkraft. Zum Gesetz ist diese Ansicht erhoben in Lübeck durch §. 4. des Einführ.-Gesetzes vom 28. April 1849. Sie wird vertheidigt von Gelpcke (Zeitschrift für Handels-R. Hft. 1. S. 127; Arch. Bd. 1. S. 34. und 197 ff. Bd. 2. S. 96 und 196); Dollmann (Gesetzgeb. d. Königr. Bayern Bd. 2. S. 137 ff.) und Arnold (a. a. O. §§. 26. ff.), wie sie denn in mehreren Urtheilen ausgesprochen ist (Arch. Bd. 2. S. 92, Bd. 3. S. 191 und 402, Bd. 4. S. 106, Bd. 5. S. 331 ff., Bd. 6. S. 215 ff.; Seuffert Arch. Bd. 3. S. 221, Bd. 7. Nr. 93., Bd. 10. S. 108; Arch. für die Praxis in Oldenburg Bd. 5. S. 250; Zeitschrift für Rechtspflege in Bayern Bd. 2. S. 499—507; sächsische Zeitschr. f. Rechtspfl. Bd. 16. S. 338). Ihre Hauptstützpunkte sind: Durch die Nichtannahme des §. 88. des Pr. Entw. — „In eigenen Wechseln können mit wechselmäßiger Wirkung auch Zinsen der vorgeschriebenen Summe versprochen werden" — sei die Ungültigkeit solcher Wechsel überhaupt ausgesprochen worden; es sei unzulässig, dieselbe Urkunde in Betreff der Hauptsumme als Wechsel, in Betreff der Zinsen als Schuldschein zu behandeln; es führe dies dahin, daß die Zinsen durch Cession, die Hauptsumme durch Giro zu übertragen wären.

Diese Gründe beweisen zuviel, wenn sie auch immerhin die Nürnberger Conferenz zu dem Vorschlag geführt, Wechsel dieser Art für ungültig zu erklären.

Aus den Conf.-Protokollen (Sitzung 24. S. 160 und 161) läßt sich für diese Ansicht Nichts entnehmen. Der Hauptgrund, welcher für die Nichtaufnahme des §. 88. sprach, war der, daß die bereits gezahlten Zinsen nochmals vom Indossatar gefordert werden könnten.

Von zwei verschiedenen Obligationen ist aber die Rede nicht. Es existirt eben nur eine Wechselsumme, keine Zinsobligation. Utile per inutile non vitiatur.

Der Wechsel ist gültig, wenn nur ein wesentliches Element nicht fehlt; mag ihm immerhin ein unwesentliches und unzulässiges Element hinzugefügt sein (Prot. S. 57, 156, 230; Arch. Bd. 3. S. 75; Art. 7).

Eine dritte Ansicht vermittelt und unterscheidet: W. mit bestimmtem Verfalltage sollen für Kapital und Zinsen gültig und klagbar sein; Sichtwechsel mit Zinsversprechen sollen dagegen überhaupt nicht gelten. (Arch. Bd. 5. S. 311 und 316 Nr. 4). Wir verweisen auf die oben vorgeführten Gründe.

Die vierte und richtige Ansicht faßt das Zinsversprechen als nicht geschrieben auf und läßt um deswillen dem Wechsel die Wechselkraft.

Dies haben wiederholt das Ob.-Trib. (Arch. Bd. 2. S. 428, Bd. 3. S. 191, Bd. 7. S. 192); Striethorst (Bd. 3. S. 170; Entsch. Bd. 23. S. 458); das Ober-Ger. zu Wolffenbüttel (Zeitschr. f. Rechtspfl. in Braunschweig pro 1856 S. 169); die Gerichtshöfe von Landau und Nürnberg (Zeitschr. f. Gesetz- und Rechtspfl. in Bayern Bd. 2. S. 499 Bd. 3.; S. 547); früher auch das Ober-Appell.-Ger. zu München (Bl. f. bayerische Rechtsanwendungen pro 1854 S. 126); das Handelsgericht in Wien (Haimerl, Magazin B. 11. S. 295) angenommen. Derselben Ansicht sind Brauer (Arch. Bd. 3. S. 173) und Hauff (ebend. Bd. 5. S. 320).

Artikel 5.

Ist die zu zahlende Geldsumme (Art. 4. Nr. 2.) in Buchstaben und in Ziffern ausgedrückt, so gilt bei Abweichungen die in Buchstaben ausgedrückte Summe.

Ist die Summe mehrmals mit Buchstaben oder mehrmals mit Ziffern geschrieben, so gilt bei Abweichungen die geringere Summe.

§. 21. Beispiele.

Der Artikel 5. ist klar. Wenige Beispiele werden genügen.

Die Summe ist doppelt bestimmt in Buchstaben Hundert Thaler; in Zahlen 90 Thlr. Hier ist die Zahl in Buchstaben entscheidend.

Die Summe ist zweimal in Buchstaben bestimmt mit Hundert und neunzig. Hier ist die kleinere Zahl entscheidend.

Die Summe ist zweimal in Buchstaben Hundert und neunzig — und zweimal in Zahlen 80 und 70 bestimmt. Hier ist die Zahl in Buchstaben und zwar die kleinere entscheidend.

Die Summe lautet einmal auf Hundert Friedrichsd'or und dann auf 100 Thlr. oder auf hundert Thaler.

Der Wechsel ist ungültig. Der Artikel 5. setzt voraus, daß über die Qualität der Münze ein Streit nicht obwaltet.

Artikel 6.

Der Aussteller kann sich selbst als Remittenten (Art. 4. Nr. 3.) bezeichnen (Wechsel an eigene Ordre).

Desgleichen kann der Aussteller sich selbst als Bezogenen (Art. 4. Nr. 7.) bezeichnen, sofern die Zahlung an einem anderen Orte, als dem der Ausstellung, geschehen soll (trassirt-eigene Wechsel).

§. 22. Wechsel an eigene Ordre. Trassirt-eigene Wechsel.

Wir fügen unseren Bemerkungen über den Wechsel an eigene Ordre Seite 25 Folgendes hinzu:

Da der Wechsel ein gezogener, so muß sich aus dem Wechsel klar ergeben: daß der Aussteller sich als Remittent bezeichnet hat.

Nicht genügend ist die Bezeichnung: „a Ordre" (Urth. des Ob.-T. in Sachen v. Goslinowski wider Löwinsohn d. d. 3. Mai 1853), oder: „an die Ordre von ... selbst" (Strieth. Bd. 12. S. 320. Arch. Bd. 4. S. 460).

Genügend ist die Bezeichnung: „an Ordre Eigne" (Urth. des Ob.-T. in Sachen Lewissohn wider Damm d. d. 19. October 1854), oder: „an die Ordre meines Giro" (Urth. des Ob.-T. in Sachen Messerschmidt wider Förster v. 15. Dec. 1859, vgl. Goldschmidt Zeitschr. Bd. 2. S. 449).

Controversen.

Es kommen hier folgende Controversen in Betracht.

I. Die Distancia.

Was ist unter der Distancia loci zu verstehen?

Die Einen nehmen schon dann Ortsverschiedenheit an, wenn nur überhaupt zwei räumlich von einander geschiedene Punkte als Zahlungs- und Ausstellungsort vorliegen (Archiv Bd. 2. S. 195); wenn also etwa der Ausstellungsort lautet

Berlin Lindenstraße 3. 2 Treppen

der Zahlungsort

Berlin Lindenstraße 3. 1 Treppe.

Die Andern verlangen Verschiedenheit der Gemeinden und stützen sich hierbei auf die schwankende französische Praxis (Gilbert ad Art. 110. des Code de commerce). Daß der letzteren Ansicht nicht beizupflichten, ergeben die Protokolle Sitzung 26. S. 175. Vergl. Promemoria ibid. S. 178 und 180.) Man hat für die Notifikationszeit des Protestes bei Berathung der §. 44. ff. des Preuß. Entwurfes ausdrücklich beschlossen, statt „Gemeinde" das Wort „Ort" zu setzen.

Die erste Ansicht geht nicht minder fehl. Man denke an den Fall des Artikels 56. Ist Zahlungsort: Berlin Leipziger Straße und Nothadresse: Berlin Lindenstraße, so wäre nach dieser Ansicht anzunehmen, daß die Nothadresse nicht auf den Zahlungsort lautet (Fick S. 29).

Unter Ort ist vielmehr, wie dies auch der Artikel 4. Nr. 8. und 24.

ergiebt, die einen besonderen Namen einer Stadt, eines Dorfes, Fleckens rc. tragende räumliche Einheit als solche zu verstehen (cfr. Erkenntniß des Ober-Tribunals vom 6. November 1856, Seuffert Archiv Bd. 11. S. 420). Gleichgültig ist also, ob die beiden Orte zu einer Gemeinde gehören oder nicht. Hat ein Weiler einen anderen Namen als das Dorf oder die Stadt, zu welchem jener gehört, so ist die distancia loci vorhanden.

II. Fälle echter und unechter gezogener Wechsel.

1) Ist ein also lautender Wechsel:

Berlin . . .
Gegen diesen Wechsel zahlen Sie an Ordre von Schütz 100 Thlr.
Herrn Moll & Comp. iu Berlin. Moll.

auch dann ein trassirter Wechsel, wenn nachgewiesen wird, daß Moll mit Moll u. Comp. identisch ist.

Die Frage ist zu bejahen. Die Identität muß äußerlich aus dem Wechsel erkennbar sein. Ein Beweis außerhalb und gegen den Inhalt des Wechsels ist nicht zulässig (Erk. d. Ob.-T. vom 18. April 1850. Entschd. Bd. 19. S. 199 ff. Arch. Bd. 2. S. 195).

2) Ist das also lautende Schriftstück:

Berlin . . .
Gegen diesen Wechsel zahlen Sie an Herrn Schütz 100 Thlr.
An mich selbst in Berlin. Gustav Moll.
Angenommen Gustav Moll.

en Wechsel?

Dies ist zu vereinen: Der Wechsel ist weder als trassirt-eigener noch als eigener Wechsel gültig; für die erstere Eigenschaft fehlt die Ortsverschiedenheit; dem eigenen Wechsel die Form (Art. 7. 97. und 98. vgl. Arch. Bd. 2. S. 190, 191 und 194).

Die Formen haben im Wechselrecht ihre volle und ganze Bedeutung. Nur in ihnen und durch sie ist der gewollte Zweck zu erreichen.

Auch das historische Material spricht dieser strengen Auffassung das Wort.

Wir verweisen auf §§. 23. 24. 25. des Pr. Entw. 1845; §. 90. 91. des Pr. Entw. von 1846, auf die 5. und 24. Sitzung der Leipziger Conferenz S. 17 und 158; sowie auf die eingehende Ausführung von Hoffmann (Ausführliche Erläuterung rc. S. 210—216). Anders Einert im Arch. für Wechselrecht Bd. 2. S. 376 ff., Thoel §. 275. Not. 2. und Fick a. a. O. S. 110; Plattner Arch. Bd. 4. S. 291.

3) Der Wechsel lautet

Berlin . . .
Gegen diesen Wechsel zahlen Sie an Herrn Schütz 100 Thlr.
Herrn Gustav Moll in Berlin. Gustav Moll.

Welche Folgen hat ein solcher Wechsel, wenn die Einheit der Personen trotz der Einheit der Namen nicht vorhanden ist. Thoel (§. 275.) will einen solchen Wechsel als Tratte behandelt wissen.

Dieser Ansicht ist beizustimmen. Eine Präsumtion für Personen-

Identität giebt es nicht. Aus der Identität der Namen folgt sie nicht (Sitzung 24. Vgl. Archiv Bd. 2. S. 195 ff.). Es ist dagegen nicht bedenklich, daß der Verklagte in einem solchen Falle auch im Wechselprozeß mit der Behauptung auftreten darf, es seien nicht nur die Namen, sondern auch die Personen identisch, denn die Identität der Namen ist geeignet, in dem Erwerber des Wechsels sofort Zweifel über die Gültigkeit des Wechsels zu erzeugen; sie ist daher in so weit erheblich, daß dem Verklagten der Beweis der Personen-Einheit nicht zu verschränken ist.

4) Fraglich ist, ob die Cumulation des Wechsels an eigene Ordre und des trassirt-eigenen Wechsels zulässig ist?

Ein solcher Wechsel lautet

Berlin . . .

Gegen diesen meinen Wechsel zahlen Sie an meine Ordre 100 Thlr.

An mich selbst in Breslau. Moll.

Man sagt, ein solcher Wechsel sei ungültig, Niemand könne mit sich selbst kontrahiren. Der Wechsel ist jedoch kein Contrakt, sondern ein Formalact. Wenn der trassirt-eigene Wechsel von dem Remittenten an Aussteller oder Acceptanten girirt wird; so erscheint nicht bedenklich, daß Dieser weiter giriren darf; mag in seiner Person immerhin Aussteller, Remittent Indossatar, Girant und Acceptant zusammentreffen. Muß man dies einräumen, so ist nicht erfindlich, warum durch einen Umweg zulässig ist, was von vornherein als ein Unmögliches sich darstellen soll.

Für unsere Auffassung spricht auch das historische Material. Wir verweisen auf die Ricorsa-Wechsel und darauf, daß in Hamburg eigene Wechsel der vorliegenden Art stets üblich gewesen sind (vergl. Trummer im Arch. Bd. 3. S. 89). Eben weil der Artikel 6. die distancia loci verordnet und mit dergleichen an die a lin. 1 anknüpft, erscheint die Cumulation des trassirt-eignen mit dem Wechsel an eigene Ordre gesetzlich gerechtfertigt. Dies ist auch jetzt die Ansicht des Ob.-T. (Strieth. Bd. 39. S. 1).

5) Ist ein eigener Wechsel dahin lautend:

Berlin . . .

Gegen diesen meinen Wechsel zahle ich an die Ordre von mir selbst 100 Thaler. Moll.

gültig? Wir würden die Frage im Hinblick auf die eben geltend gemachten Gründe bejahen.

Das Ob.-Trib. hat jedoch durch Urtheil vom 22. Oktober 1857 (Strieth. Bd. 26. S. 298) angenommen: Der an eigene Ordre des Ausstellers gestellte Eigenwechsel ist für einen wirklichen und wirksamen Wechsel nicht zu erachten (cfr. Fick a. a. O. §. 10—12. Heise und Cropp Arch. Bd. 2. S. 40).

6) Ist ein Wechsel dahin lautend:

Berlin . . .

Gegen diesen meinen Wechsel zahlen Sie an Herrn Schulz 100 Thlr.

An mich selbst in Breslau. Moll.

Zahlbar in Berlin bei Schmidt.

ein trassirt-eigener?

Die Frage ist zu verneinen. Zahlungsort ist Berlin. Art. 6. a lin. 2. Artikel 4. Nr. 8.

Die Fassung.

Die Fassung der Nr. 2. des Artikels 6. dürfte zu bemängeln sein. Ein Gesetz soll nicht mit Desgleichen beginnen. Das „sofern" bildet sprachlich keinen Gegensatz zu dem „kann."

Artikel 7.

Aus einer Schrift, welcher eines der wesentlichen Erfordernisse eines Wechsels (Art. 4) fehlt, oder in welcher ein Zinsversprechen enthalten ist*), entsteht keine wechselmäßige Verbindlichkeit. Auch haben die auf eine solche Schrift gesetzten Erklärungen (Indossament, Accept, Aval) keine Wechselkraft.

§. 23. Consequenzen. Unterschrift des nicht ausgefüllten Wechsels.

Aus dem Artikel 7 ergeben sich folgende nicht controversen Sätze:

1) Ein Wechsel, welchem ein wesentliches Requisit fehlt, braucht nicht protestirt zu werden. Präjudiz ist bei ihm weder denkbar noch abzuwenden. Der Protestirende kann somit die Kosten des Protestes nicht ersetzt verlangen. Erkenntniß des Ob.-Trib. vom 10. Mai 1855 (Archiv Bd. 5. S. 427; Striethorst 17. S. 188). Eben weil der Wechsel nur durch die Form besteht und ohne Form nicht Wechsel ist, können auf das formlose Papier die für den Wechsel gegebenen Vorschriften nicht Anwendung finden. Hieraus folgt

2) Dem richterlichen Ermessen sind bei der Interpretation der Wechsel die engsten Grenzen gezogen (Prot. Sitz. 20. S. 131; Strieth. Bd. 2. S. 222; Bd. 12. S. 320; Bd 17. S. 48; Archiv Bd. 5. S. 90). Der Zweck der Interpretation ist: Auslegung einer unklaren, zweifelhaften Erklärung. Das durch die Form gewahrte Wesen des Wechsels verlangt in so eminenter Weise Klarheit, Deutlichkeit, daß Zweifel, Doppelsinn 2c. den Wechsel sofort ungültig machen müssen (vergl. Strieth. Bd. 32. S. 344).

3) Die in den Entscheidungs-Gründen des Judicats im Wechselprozeß enthaltene strenge Auslegung des Wortsinnes des Wechsels ist für die Entscheidung in dem Separat-Prozesse nicht maßgebend (§. I. 27. 29. 55. A.G.O.; Strieth. Bd. 9. S. 124).

Die wichtigste Controverse ist hier aber: Ist der Einwand zulässig: daß Aussteller oder Acceptant ihre Unterschrift resp. ihr Accept auf ein Blankett gesetzt?

Die Einen halten diese Einrede im Munde eines jeden Indossanten und Jedem gegenüber für zulässig (Erk. des Cassationshofes in Wien vom 12. Febr. 1852. Archiv Bd. 2. S. 417); Brauer Wechsel-Recht S. 43 Nr. 1 und 3 und Fick S. 106, 107 Anm. 1.; Juristische Ztg. für das Königreich Hannover Jahrg. XXVII. S. 110 ff. Arch. Bd. 2. S. 330 ff.; Archiv Bd. 3. S. 230; Strieth. Bd. 2. S. 275 ff.; und die Ausführung des Appellationsgerichts zu Insterburg (Strieth. Bd. 25. S. 305).

---

*) Eventuell statt dieser Einschaltung folgender Zusatz zu Art. 7: „Das in einem Wechsel enthaltene Zinsversprechen gilt als nicht geschrieben."

Diese Ansicht ist verwerflich. Weder die Materialien (Sitzung 5. S. 18; Sitz. 32. S. 230; Arch. Bd. 3. S. 383), noch die Fassung des Artikels 7. stehen ihr zur Seite, während sie in der Praxis zu den äußersten Härten führt. Liegt einmal ein vollständiger Wechsel vor, so wird, abgesehen vom dolus, die Entstehungsgeschichte des Papiers durch dieses fait accompli für immer beseitigt. Der Wechsel ist kein Vertrag, sondern ein Formalact.

Die Anderen unterscheiden zwischen dem gutgläubigen Dritten, der das Papier ausgefüllt erhalten, und dem, der es selbst ausgefüllt. Nur dem Letztern gegenüber halten sie die Einrede für berechtigt. (Vgl. Haimerl Magazin Bd. 8. S. 98 und Archiv Bd. 4. S. 90 und 99). Diese Distinction hat keine juristische Berechtigung. Der gute Glaube ist nicht geeignet, den Gegenstand des Rechts zu schaffen.

Kann der Wechsel, wenn nachträglich ergänzt, nicht zum Wechsel werden, dann kann auch die bona fides nicht aus einem werthlosen Papier einen Wechsel creiren. Es ist inconsequent, auf der einen Seite den Wechsel als solchen nicht anzuerkennen, auf der andern Seite ihn durch den Wechsel der Personen zu schaffen.

Nur die Ansicht erscheint daher berechtigt, welche dem vollständigen Wechsel gegenüber Einreden dieser Art abschneidet. (Vgl. Rechtsspr. Bd. 1. S. 175; Entsch. Bd. 2. S. 137; Rechtsfälle Bd. 1. S. 27 und 203; Strieth. Bd. 1. S. 217; Bd. 2. S. 21 und 275; Bd. 13. S. 278; Archiv Bd. 3. S. 330 und 331; Bd. 5. S. 326; Gelpcke, Zeitschrift Heft 2. S. 168, Heft 3. S. 194).

Der Artikel 7. ist wörtlich aus dem Pr. Entw. (§. 8. das.) übernommen. Neben diesem hatte der §. 98. bestimmt:

„Ein Verklagter, gegen welchen die Richtigkeit seiner Unterschrift unter einer Wechsel-Erklärung feststeht, wird im Wechsel-Prozesse mit dem Einwande nicht gehört, daß die über der Unterschrift befindliche Erklärung ohne seine Genehmigung geschrieben worden."

Es ist richtig, daß diese Bestimmung in die Wechsel-Ordnung, weil zum Wechsel-Prozeß gehörig, ausdrücklich nicht aufgenommen ist.

Wenn nun aber der Art. 7. mit dem §. 98. des Pr. Entwurfs sehr wohl vereinbar ist; wenn in der Leipziger Conferenz Sitzung 25. S. 169 der §. 98. als nothwendig und zutreffend anerkannt worden, so erscheint die Verwerflichkeit der Einrede einem gegründeten Bedenken nicht zu unterliegen. Es folgt „der Zeitpunkt, bis zu welchem Ausfüllung und Ergänzung möglich ist, wird durch den Protest event. durch die Produktion des Wechsels bei Gericht fixirt."

Nicht nur, daß schon durch den Protest gleichsam lis contestirt worden, ist erheblich: daß die notarielle oder gerichtliche Feststellung des Wechsels allen Interessenten gegenüber Rechte und Pflichten schafft. — Erk. d. Ob.-Trib. zu Stuttgart (Seuffert Arch. Bd. 3. S. 220).

II. Verpflichtung des Ausstellers.

§. 24. Einleitung.

Aus der Form der Tratte folgt die im Artikel 8. ausgesprochene Verpflichtung des Ausstellers nicht. Die historische Entwickelung des Instituts, der Handelsverkehr, die immer weiter ausgedehnte Vis attractiva des Wechsels macht sie nothwendig. Talis conditio tacite videtur inesse ex natura contractus. (Decis. rotae Genuae 4. 7. Liebe Erläut. S. 60.)

Man hat die Natur dieser Verpflichtung bald als Eviction, bald als Garantie und Bürgschaft charakterisirt. Sie ist keines von Beiden. Die Eviction löst das bestehende Rechtsverhältniß auf. Jeder giebt dem Andern das Empfangene zurück. Aus der Lehre von der Eviction würde somit für den Wechsel der unrichtige Satz folgen, daß der Remittent nur dann Zahlung vom Aussteller verlangen könnte, wenn dieser Zahlung von ihm erhalten haben würde. Aus demselben Grunde läßt sich eine Bürgschaft nicht construiren. So wenig Jemand seine eigene Sache von sich selbst zu kaufen, zu miethen vermag; so wenig kann er für sich selbst sein eigener Bürge sein. Wenn aber beim domicilirt eigenen Wechsel dieselben Erfordernisse für den Regreß gegen den Aussteller nothwendig sind, als bei der Tratte (Artikel 99.), so leuchtet ein, daß die Verpflichtung des Ziehers weder als Eviction noch als Bürgschaft vom Gesetz behandelt wird. Die Haftung des Ausstellers läßt sich nur als eine prinzipale auffassen. (Vergl. Einert, das Wechsel-Recht S. 202.; Biener a. a. O. S. 155., Hamburger Wechsel-Ordnung vom Jahre 1603 Art. 1.; Leipziger Wechsel-Ordnung von 1682 §§. 4. 13.) Der Aussteller verspricht Zahlung zu leisten, jedoch soll seine Verbindlichkeit dann aufhören, wenn der Bezogene gezahlt hat. Die Verpflichtung des Ausstellers beginnt nicht erst mit dem Eintritt des Regresses. Umgekehrt, sie hört erst auf, wenn der Wechsel präjudicirt oder die Zahlung durch den Bezogenen erfolgt ist. (Strieth. Bd. 24. S. 288 und Archiv Bd. 7. S. 179.) Hierdurch unterscheidet sich der Aussteller vom Indossanten. Die Haftungspflicht des Indossanten beginnt erst, wenn keine Zahlung erfolgt ist. Aus diesem Wesen der Verpflichtung folgt mit Nothwendigkeit der sonst schwer zu begreifende Satz:

> Ein Trassant darf dem Remittenten gegenüber den Wechsel nicht contremandiren, selbst nicht vor dessen Annahme durch den Trassaten. Der Trassat hat die Contreordre nicht zu befolgen; Erkenntniß des OAG. zu Lübeck vom 3. Octbr. 1829; Lübeck. Wechsel-Jurisprud. S. 342.

Die Consequenzen ergeben sich sofort.

1) Für die Compensation im Concurse ist davon auszugehen, daß die Verpflichtung des Ausstellers und des Acceptanten sofort mit der Ausstellung resp. dem Accept beginnt; mag sie immerhin erst später fällig werden. Nach diesem Princip sind die §§. 11. 96. 97. der preußischen Concurs-Ordnung anzuwenden (Entsch. Bd. 35. S. 204 ff. Urtheil des Ob.-Trib. vom 12. Sept. 1861 in S. Spiegel contra Lehmann).

2) Der Concurs-Curator kann ein in der Masse befindliches, von einem Dritten mit Accept versehenes Wechsel-Blankett nicht durch seine, des Curators, Unterschrift zu einem Wechsel machen. Ohne Obligo des Ausstellers ist ein Wechselversprechen nicht möglich. Der Curator ist nun aber als Aussteller nicht verpflichtet. Der ursprüngliche Zieher kann sich als Cridar nicht verpflichten, weil er sich nicht obligiren kann (cfr. das dem Resultate nach hiermit übereinstimmende Erk. des Ob.-Trib. vom 31. März 1857; Strieth. Bd. 25. S. 35).

3) Dieselben Gründe gelten für den Testaments-Exekutor (Urtel vom 27. Juni 1857; Strieth. Bd. 25. S. 302.)

4) So wenig der Aussteller durch die Clausel im Giro „ohne Obligo" die wechselmäßigen Verpflichtungen des Trassanten beseitigen kann, so wenig ist eine Klausel, durch welche er die Acceptabilität des Papiers oder den Regreß wegen versagten Accepts ausschließt, gültig und bindend. Die Acceptabilität ist ein essentiale negotii und somit dem Willen der Partheien entzogen. Eine Klausel, wie die bei den Franzosen übliche: „Payez par cette seule de change non susceptible d'acceptation" steht im Widerspruch zum Wesen des Wechsels und gilt somit für nicht geschrieben.

Der Aussteller haftet nicht nur für die Zahlung, sondern auch für die Acceptation und er haftet dem Remittenten und jedem späteren Wechsel-Inhaber. (Pr. Entw. §. 9. Prot. Sitz. 6. S. 19.)

Artikel 8.

Der Aussteller eines Wechsels haftet für dessen Annahme und Zahlung wechselmäßig.

§. 25. Einreden.

Die Wechselverbindlichkeit wird durch die Unterschrift erzeugt. Wer den Context des Wechsels hergestellt, ist daher ohne Einfluß; II. 8. §. 782. ALR. und Art. 1. u. 4. Nr. 5. 12. 21. 75. 76. 94. Es folgt:

1) Ein Wechsel ohne Unterschrift, aber also lautend: „Gegen diesen meinen Wechsel zahle ich Friedrich Schulz 100 Thaler" ist kein Wechsel.

2) Die Einrede des Ausstellers, er habe ein Blankett unterschrieben, es habe dem von ihm unterschriebenen Wechsel Eines der im Art. 4. aufgestellten Erfordernisse gefehlt, ist, abgesehen vom dolus, unzulässig.

3) Die Einrede: der Aussteller könne nur seinen Namen schreiben, sonst Geschriebenes nicht lesen, ist hinfällig. (Erk. des Ob.-Trib. vom 6. Febr. 1851; Entsch. Bd. 20. S. 354; Strieth. Bd. 1. S. 217; Arch. Bd. 2. S. 100.)

4 Die Einrede des Ausstellers daß er der Sprache, in welcher die Wechsel-Erklärung abgefaßt ist, nicht kundig sei, ist hinfällig. (Einführungs-Gesetz von Lübeck §. 10. Nr. 3. Erkenntniß des Ober-Trib. vom 21. Oktober 1856. Strieth. Bd. 22. S. 253 u. Archiv Bd. 7. S. 71.)

5) Die Ausfertigung einer von einem Schreibensunfähigen zum notariellen Protokoll gegebenen Wechselerklärung hat nicht die Eigenschaft eines klagbaren Wechsels. Der Artikel 94 steht dem nicht entgegen. Er verlangt nicht die notarielle Ausstellung, sondern die notarielle Beglau-

digung. (Urth. d. Ob.-Trib. vom 21. Februar 1856. Entsch. Bd. 35. S. 132. Strieth. Bd. 23. S. 343.)

§. 26. Rechtsnachfolger des Ausstellers.

Es leuchtet ein, daß die Pflichten des Ausstellers auch denjenigen treffen müssen, aber auch nur denjenigen treffen können, mit dem er juristisch als eine Person zu betrachten ist.

Dies festgehalten und im Hinblick auf die Artikel 2. 4. Nr. 5. 81—83. 94. 95. 96. Nr. 5. 98. Nr. 5. würde der frühere Inhaber der Firma, welcher das Aufgeben derselben nicht gehörig bekannt gemacht hat, für die von dem Uebernehmer der Firma später ausgestellten Wechsel eben so wenig wechselmäßig haften als der Uebernehmer der Firma oder der in die bestehende Societät tretende Socius für die früher ausgestellten Wechsel (Vergl. v. Holzschuher Theorie und Casuistik Bd. 3. S. 826.). Das HGB. Art. 25. und 113. hat jedoch die Haft ausgesprochen. Vom Standpunkt des Wechselrechts erscheint dagegen noch jetzt das U. d. Ob.-Trib. vom 6. Decbr. 1856 (Strieth. Bd. 23. S. 118.) gerechtfertigt, welches ausspricht:

> „Die Rechte des Gläubigers aus einer von dem einen Ehegatten vor Eingehung der Ehe contrahirten Wechsel-Schuld können gegen den anderen Ehegatten, welcher den Wechsel nicht mitunterzeichnet hat, im Wechselprozesse nicht geltend gemacht werden."

Die wechselmäßige Verpflichtung, wird ausgeführt, treffe nach Artikel 81. Nr. 2. auch in Bezug auf das Vermögen nur diejenigen, welche die Wechselurkunde mitunterzeichnet haben oder die von ihnen rechtsgültig vertretenen Personen oder die Erben der Unterzeichner. Eine analoge Anwendung sei durch die singuläre Natur des Wechselrechts ausgeschlossen. (Vergl. Strieth. Bd. 17. S. 146.)

III. Indossament.

§. 27. Historisches.

Erst durch das Indossament hat sich der Wechsel von dem Schuldschein und dem Civilrecht emancipirt. Des Indossaments geschieht zuerst in einem neapolitanischen Gesetze vom 8. November 1607 Pragmat. III. Nr. 14 (Martens Anh. S. 77) Erwähnung. Dort wird von Wechseln gesprochen, welche al tale o chi ordinera zahlbar gestellt werden. Bei diesen Wechseln, heißt es, komme der Mißbrauch vor, daß derjenige, welcher dieselben durch Giro übertragen erhalten, sich herausnehme, sie an einen Andern zu giriren. Scaccia (1618) und Raphael di Turri (1639) wissen noch nichts vom Indossament. Die Rota Romana erkannte es zuerst im Jahre 1690 an. (Biener, Abhandl. 2c. S. 85.) Schon in der ersten Hälfte des 17. Jahrh. ziemlich verbreitet, hat es ein Jahrhundert gewährt, bis man sich mit diesem, mit allen civilrechtlichen Normen im Widerspruch stehenden Institut, mit diesem natürlichen Feind der Wuchergesetze ausgesöhnt hat. Die Frankfurter Verordnungen vom 4. April 1620 und 9. April 1635, die Botzener Markt-Ordnung von 1635 §. 8 verbieten noch girirte Wechsel und untersagen die Protestaufnahme darauf; die Nürnberger WO. von 1654, Art. 10. gestattet nur das einmalige Giriren. (Biener, Anm. 10.)

Der Keim zum Indossament lag in der Scontration der Kaufleute. Dieses, der Assignation, Cession und Delegation verwandte Geschäft Th. II. Tit. 8. §. 1264 A.L.R., war schon im 14. Jahrh. auf den Messen üblich gewesen (Martens Ursprung S. 70). Die Scontration reichte jedoch kaum für das Meßgeschäft aus, da die gegenseitige Berechnung selten eine vollständige Compensation herbeiführt. Nachdem das Wechselgeschäft immer größere Ausdehnung gewonnen, mußte man einen Schritt weiter gehen. Sollte ein Anderer als der Wechselkäufer das Geld erheben, so mußte entweder diese Person im Wechsel mit aufgeführt, oder es mußte das Instrument mittelst Cession übertragen werden. Für den Verkehr war Beides hemmend. Der Wechselkäufer suchte daher vom Aussteller die Erlaubniß zu erlangen, den Remittenten erst nachträglich namhaft zu machen. Man drückte diese Befugniß im Contexte bei dem Namen des Käufers durch die Worte: „o chi ordinera" aus. Machte der Wechsel-Inhaber von seinem vorbehaltenen Rechte mittelst Namhaftmachung einer dritten Person Gebrauch, so war nun diese der Remittent. Dieses Verfahren wurde Giro, Indossament oder Transport genannt. (Biener a. a. O. S. 87.) Aus dieser Auffassung des Verhältnisses erklärt es sich, daß man eine weitere Uebertragung, ein zweites und drittes Giro Anfangs nicht gestatten wollte. Es erklärt sich aber auch zugleich die Entstehung des Giro in blanco. Durch dieses umging man das Verbot des mehrmaligen Girirens; jeder Inhaber erschien als der erste Remittent. (Biener a. a. O. Martens a. a. O.)

In neuester Zeit hat Goetz im Bd. 68 der Allgemeinen Encyclopädie Seite 1 bis 136 voce Giro die Behauptung aufgestellt, daß das Giro aus dem Avall entstanden sei S. 25—27, 40, 129.

Man kann zugeben, daß das Wort Avallum im 17. Jahrhundert oft als gleichbedeutend mit Giro gebraucht worden ist. Es läßt sich jedoch hieraus weder die Identität beider folgern, noch die Behauptung ableiten, daß das Giro aus dem Avall entstanden sei. Das Giro hat zu seiner Hauptfunktion den Transport, die Circulation des dadurch zu einem Perpetuum mobile werdenden Wechsels. Das Avall, ein conservatives Element, hat zu seinem Vorwurf gerade umgekehrt die Erhöhung der bereits bestehenden Sicherheit; sei es nun die des Trassanten, Giranten oder Acceptanten (Raphael di Turri Disp. I. qu. 17).

Auf den Ort müssen wir blicken, sagt Goetz, S. 24, wo wir auf dem Wechsel das Giro finden und weil nun nach Goetz der Pragmatica Neapolitana zufolge das Giro unter dem Wechsel und nicht auf der Rückseite des Wechsels sich befinden soll; weil dort sich auch das Avall befindet, gelangt er zumeist zu seinem Schlusse, ohne sich die Bedenken desselben zu verhehlen.

Hält man jedoch fest, daß der Wechsel ursprünglich die Form des Briefes hatte, daß seine Rückseite daher lediglich als Adresse zu dienen vermochte, daß mithin der Ort über die Natur des Giro um so weniger entscheiden konnte, als das Avall sowohl für den Zieher als den Acceptanten gegeben wurde, so dürfte jene immerhin scharfsinnige und belehrende Abhandlung die Geburt des Giro nicht enthüllen.

Wie dem jedoch sei, von practischem Nutzen ist jene Hypothese nicht. Goetz selbst schließt mit den Worten S. 136:

> „Die Erinnerung des Wechsels mit den Avalli . . . ist vor dem Gedanken der Circulation verwelkt, wie das Blatt, das die Knospe deckte, welkt und abfällt, nachdem sich die Blüthe erschlossen hatte. . . .“

Das Indossament gewann denn in der That alsbald einen erheblichen Einfluß auf die Form und die intensive Kraft des Wechsels. Die Adresse an den Bezogenen war früher, wie auf Briefen, auf der Kehrseite des Wechsels befindlich. Sie mußte jetzt dem Indossament Platz machen und auf die Vorderseite treten. Langsichtige Wechsel waren früher wenig gekannt. Sie kamen jetzt zum Vorschein, da sie der Inhaber auch vor der Verfallzeit verwerthen konnte. Die Wechsel, in denen neben dem Namen des Käufers der Name des Empfängers genannt wurde, hörten auf Bedürfniß zu sein und verschwanden. Die Duplicate wurden dagegen ein Bedürfniß, um das eine Exemplar zum Accept, das Andere zum Giriren benutzen zu können. Je größer die Garantie der Einlösung, desto leichter konnte man den Wechsel durch Giro begeben. Man suchte daher das Accept so frühzeitig als möglich zu erlangen. Daraus entsprangen wiederum neue Rechtsbildungen. Der Aussteller wurde haftbar für die verweigerte Annahme; die Inhaber wurden zur Präsentation und Protestaufnahme verpflichtet. Auf der einen Seite steigerte sich die Regreßpflicht des Ausstellers wegen der vermehrten Retourspesen, während auf der anderen Seite die Wechsel-Garantie besonders dadurch an intensiver Kraft gewann, daß die sämmtlichen Indossanten für die Acceptation und Einlösung hafteten. Nur durch das Indossament ist der Wechsel an eigne Ordre ins Leben gerufen, bei welchem der Aussteller sich selbst die Nennung des Remittenten (Indossatars) vorbehält. Erst durch das Indossament ist die Möglichkeit herbeigeführt, den Wechsel zur Verfallzeit bequem zum Incasso zu bringen. (Biener, a. a. O. S. 87, 88.)

§. 28. Wesen des Indossaments.

1. Verschiedene Ansichten und deren Prüfung.

Die Ansichten über das Wesen des Indossaments gehen weit auseinander. Je nachdem man das Recht des Indossatars oder die Verpflichtung des Indossanten zumeist ins Auge faßte, ist die theoretische Auffassung eine andere gewesen.

Cessions-Theorie.

Die älteren deutschen Schriftsteller (Treitschke, Wechsellexicon Bd. 1. S. 448 ff.; Pöhls W.R. Bd. 2., S. 339 ff.) sehen das Indossament als eine Cession an.

Es liegt im Wesen der Cession, daß dem Cessionar nicht größere, nicht andere Rechte als die des Cedenten zu übertragen sind; daß alle Einreden ex persona cedentis gegen ihn durchgreifen; daß der Cessionar für die Bonität des Nomen der Regel nach nicht haftet.

Diese Erscheinungen beseitigen jede Analogie zwischen Cession und Indossament. Man suchte sich zu helfen und definirte das Indossament als eine Cession mit „eigenthümlicher Wirkung."

Wesen und Charakter eines Rechts-Instituts ist nur aus seinen Wirkungen zu erkennen. Stehen diese ex diametro im Widerspruch mit denen der Cession, so ist nur die eine Folgerung gerechtfertigt: Das Indossament ist keine Cession.

Bürgschafts-Theorie.

Einert.

Einert bezeichnet als das wesentlichste Moment des Giro nicht die Uebertragung des Rechts, sondern die Bürgschaftsleistung für den Trassanten und die übrigen Indossanten, die Verzichtleistung auf die Einreden. (Arch. Bd. 4. S. 137, 201, 222.) Die Bürgschaft setzt eine Schuld dessen voraus, für den die Bürgschaft geleistet wird. Sie ist juristisch nicht möglich, wo der Trassant, weil seine Unterschrift gefälscht und der Wechsel ein falscher, nicht verpflichtet ist. Die Bürgschaft setzt voraus, daß der Bürgschaftsnehmer bereits eine Forderung an den Trassanten hat. Der Indossatar wird erst durch das Indossament Gläubiger des Trassanten, aber er wird nicht nur Gläubiger des Trassanten, sondern zugleich Gläubiger seines angeblichen Bürgen, des Indossanten.

Das Indossament als neue Tratte.

Thoel.

Thoel (§. 231.) faßt das Indossament als eine an den bereits vorhandenen Wechsel sich anschließende neue Tratte auf. Der Indossant nimmt die Stellung des Trassanten, der Indossatar die des Remittenten ein. (§§. 232. 234.) Diese Auffassung ist geistvoll, aber sie erklärt so wenig die Erscheinungen, daß diese ihr zum Theil entgegentreten.

Es ist nicht erklärlich, mit welchem Rechte der neue Remittent (Indossatar) auf Grund dieser Tratte gegen die Vormänner seines Indossanten Regreßansprüche erheben kann. Diese haben ihn nicht zu ihrem Remittenten gemacht.

Es ist nicht erklärlich, mit welchem Rechte ein Indossant sich von seiner Haftungspflicht durch den Zusatz „ohne Obligo" befreien kann. (Art. 8.) (Vergl. Jolly Arch. Bd. 4. S. 376 ff.) Ist der Indossant nichts als ein Trassant, so kann er nicht größere Rechte haben als jener.

Wenn der Wechsel mit der Klausel: „nicht an Ordre" versehen ist, so erwirbt der spätere Indossatar kein Wechselrecht gegen den Indossanten. (Art. 10.) Vgl. Thoel §. 241. Ist der Indossant nichts als ein Trassant, so ist dies geradezu unerklärlich.

Ist der Indossant nichts als ein Trassant, so muß er dieselben Rechte haben, welche dem Trassanten zustehen. Er darf aber keine besondere Präsentationsfrist, keine neue Verfallzeit, keinen anderen Zahlungsort, keine

Frist zur Präsentation behufs der Annahme bei Domicilwechseln bestimmen. (Art. 24. Abs. 2.) Er hat eben nicht die Rechte des den Wechsel schaffenden Ausstellers. Ist der Indossant nichts als ein Trassant, so muß er dieselben Verpflichtungen überkommen als jener. Gegen den Trassanten ist die Bereicherungsklage zulässig; gegen den Indossanten ist sie ausgeschlossen. (Art. 83.)

Man sieht, die Theorie des sich unendlich fortzeugenden neuen Wechsels erklärt das Wesen des Indossaments nicht.

Theorie der Gläubigerschaft in abstracto und der künstlichen Individualität.

Jolly.

Jolly (Arch. Bd. 4. S. 381 ff.; Bd. 5. S. 37 ff.) sieht in dem Indossament das Mittel zur Individualisirung „der in dem Wechsel enthaltenen Versprechung" an die Gläubigerschaft in abstracto. Der jedesmalige Indossant ist sonach der Vetreter des eigentlich zu vertretenden Rechtssubjects in abstracto.

Es ist in der Einleitung gezeigt, daß eine Gläubigerschaft in abstracto nirgend, am Wenigsten bei dem Wechsel existirt. Sie bedarf daher keiner Vertretung und zumal keiner Vertretung, welche dem Indossanten, diesem bloßen Vertreter des Wechsels, eine eben so schwere als unerklärliche Haftungspflicht auferlegt.

Jolly ist denn auch selbst von dieser Ansicht zurückgetreten (Kritische Vierteljahrsschrift Bd. 2. S. 564.) Er bemerkt:

> „Der Aussteller eines Inhaber- oder Ordrepapiers giebt das Versprechen zwar dem ersten Nehmer, sieht aber dabei absichtlich von allen, selbst den die natürliche Individualität dieses Nehmers bedingenden Eigenschaften ab, sich an die einzige Eigenschaft dieses Nehmers haltend, daß er ein von dem Aussteller verschiedenes Rechtssubject ist und zugleich umkleidet er ihn, statt der ihm entzogenen natürlichen, mit einer künstlichen Individualität, indem er den Besitz des Papiers zum Kennzeichen der Individualität seines Gläubigers macht."

Uns will bedünken, daß diese Theorie der früheren überaus ähnlich ist. Es liegt ihr die widerlegte Anschauung zu Grunde, daß die Begebung ein Vertrag sei. Ist das Leben die eigentliche Quelle für die Theorie und zumal für die Theorie des Wechselrechts: wir fürchten, wir finden keinen Kaufmann, welcher, obwohl an eigne Ordre ziehend, von seiner und der natürlichen Individualität des Remittenten abzusehen vermag.

Die Theorie der Rechtsübertragung.

Die meisten Anhänger zählt die Theorie der Rechtsübertragung. Brauer, W.R. §. 9. Nr. 1a; Bluntschli, W.O. ad Art. 9. Nr. 1. und Art. 10. Nr. 1.; Renaud, Lehrb. d. gem. D.W.R. §. 50 Nr. 1.

Uns will nicht gelingen, zwischen diesem freilich deutschen Worte und der Cession einen erheblichen Unterschied zu finden. Die sogen. Rechtsübertragung erklärt nicht den Rechtssatz, daß Exceptiones ex persona indossantis im Munde des Schuldners unzulässig sind. Sie erklärt nicht die Thatsache, daß ein Unfähiger, daß der Dieb, Fälscher, Finder, obgleich selbst ohne Recht, Wechselrecht zu übertragen vermag.

Sie erklärt nicht die Thatsache, daß der Indossatar, auf den der Wechsel mit der Klausel „nicht an Ordre" girirt ist, Rechte gegen die Vormänner seines Indossanten zu übertragen vermag, Art. 15., obgleich ihm das Giriren ausdrücklich verboten worden.

Soll aber mit dem Ausdruck: Rechtsübertragung, die Singular-Succession gemeint sein, so bleibt es zuvörderst unerklärlich, wie dies mit dem röm. rechtlichen Grundsatze: non solet stipulatio semel cui acquisita, ad alium transire, nisi ad heredem, vel adrogatorem (Ulp. l. 25. §. 2. Dig. de usufructu 7, 1.) zu vereinigen ist. Selbst aber mit den laxern Grundsätzen der neueren Rechtsansicht, wonach auch bei Obligationen eine Singularsuccession angenommen wird (cfr. Code civil Art. 1689; Oesterr. GB. §§. 1392 ff.; ALR. I. 11. §§. 376 ff.), ist die Erscheinung beim Indossament nicht vereinbar, daß die bona fides des Indossatars allein genügen soll, um diesen als Gläubiger und noch dazu als solchen erscheinen zu lassen, gegen den die exceptiones ex persona indossantis nicht in Betracht kommen (cfr. Art. 9 ff. 36. 75 ff. 98 Nr. 2, 9 und 10 im Gegensatze zu ALR. l. c. §. 408 und Oesterr. GB. §. 1396).

Novations-Theorie.

a. Unger.

In neuerer Zeit ist von Unger (die Natur der Inhaberpapiere S. 109 ff.) die Ansicht aufgestellt, daß in der Uebertragung eines Wechsels „ein Doppeltes" liege. Es liege darin „die Erklärung der Einwilligung des Deleganten in die Delegation und zugleich der Abschluß des die Delegation perficirenden novirenden Vertrages durch den Deleganten im Namen des Delegaten." Diese Construktion beruht auf der Ansicht: „In der Ausstellung eines Ordrepapiers liegt ein Dreifaches:

1) ein abstractes Leistungsversprechen an den Nehmer des Papiers,
2) das sich fortpflanzende Versprechen, dem vom jeweiligen Gläubiger bezeichneten Delegaten zu promittiren; endlich
3) die Ertheilung einer sich fortpflanzenden Vollmacht, im Namen des Schuldners mit dem Dritten den novirenden Vertrag abzuschließen."

Wenn nun aber der Dieb, Fälscher, Finder sicher keine Vollmacht hat, so scheitert diese scharfsinnige Construktion schon an der einen Thatsache, daß auch der Dieb, der Fälscher, der Finder durch ihr Giro volles Recht übertragen.

b. Kuntze.

Kuntze, Lehre von den Inhaberpapieren S. 117, 295, 334 und deutsches Wechselrecht S. 56, 57 bemerkt:

> Die schöpferische Ursache dieser Bewegung liegt in dem Kreationswillen des Ausstellers. . . In dem circulirenden Wechsel wirkt der Rechtswille des Ausstellers. Das Giro ist ein einseitiges Rechtsgeschäft, welches ohne eigentlichen Vertrag sofort durch einseitige Nehmung des girirten Papiers Seitens des Giratars wirksam wird.

Das Indossament wirkt eine translatio obligationis „jure novationis“ oder „transfusio debiti“ cambialis.

Wir verweisen auf dasjenige, was von Jolly l. c. und Renaud (Goldschmidt Zeitschrift Bd. I. S. 471 ff.) zur Widerlegung dieser Theorie geltend gemacht worden und machen hiergegen noch außerdem geltend:

Die Novation ist ohne Vertrag nicht denkbar; die Wirkungen des novirenden Giros, zumal die accessorischen, lassen sich auf den Rechtswillen des Ausstellers, welcher durch die Begebung seine Rechte vollständig consumirt hat, nicht zurückführen.

Theorie der möglichen (pendenten) Gläubigerschaft.
Goldschmidt.

Goldschmidt in seiner Zeitschrift Bd. 3. S. 274 hebt bei Besprechung der Schrift von Fitting „die Natur der Correal-Obligationen“, den Satz des Werkes hervor:

> „Auch bei den Papieren auf den Inhaber haben wir einen Fall, in dem es dem Schuldner gegenüber zunächst noch ungewiß ist, wer zu fordern hat. Nur entscheidet sich hier die Ungewißheit nicht durch Wahl, sondern durch den Besitz des Papiers. Damit scheinen mir alle theoretischen und practischen Schwierigkeiten aufs Einfachste gehoben.“

Er erkenne, wird ausgeführt, die Fruchtbarkeit dieses Gesichtspunktes an, wenn auch nicht die angedeutete Art der Lösung. Bei der Correal-Obligation liege ein Vertrag mit bestimmten Gläubigern vor; bei dem Inhaberpapier handle es sich gerade um die Erklärung des Problems, daß mit unbestimmten Gläubigern contrahirt werden könne. Von den aufgestellten Theorieen verdienten zwei besondere Beachtung; die Savigny-Jolly'sche über die Verknüpfung des Forderungsrechts mit der incerta persona und die von Ihering angedeutete, nach welcher erst durch die Präsentation des Papiers eine Obligation entstehen, bis dahin nur eine Erwerbsmöglichkeit begründet sein solle. Auch diese Theorieen löften jedoch das Problem nicht.

Setze man nun aber an Stelle des Vertrages den einseitigen Verpflichtungsact, so lasse sich jene Erscheinung einfach erklären. Es heißt dann wörtlich:

> „Es ist hier nicht, wie bei der activen Correal-Obligation, eine bestimmte Zahl möglicher Gläubiger von vornherein gegeben, es steht auch nicht etwa der Besitzerwerb der Wahl bei jener gleich. Sondern: es liegt an sich eine durchaus unbestimmte Reihe möglicher Gläubiger vor. Durch den Besitzerwerb des Papiers (mit oder ohne Indossament) bestimmt sich, wer Gläubiger sein kann. Dieser Act macht die an sich unbestimmte Reihe zu einer bestimmten — aber immer noch von nur möglichen Gläubigern. Durch die wirkliche Ausübung der Obligation gegenüber dem Schuldner (Präsentation, Klage, Einkassirung) bestimmt sich, wer von diesen möglichen Gläubigern der wirkliche Gläubiger ist. Bis dahin ist die Gläubigerschaft in pendenti. Der Uebergang des

Papiers mittelst Besitzes oder Indossamentes erscheint also nicht als Uebertragung einer in dem Uebertragenden bereits existenten Forderung, nicht als Cession, Novation, Delegation ꝛc. sondern nur als derjenige Akt, welcher erforderlich ist, um dem bisherigen Kreise möglicher Gläubiger einen neuen möglichen Gläubiger anzureihen. Jeden dieser Gläubiger aber hat der Aussteller durch die beigefügte Ordre-Clausel gewollt. Jeder darf also, sofern er wirklich Gläubiger wird, ihm gegenüber als ursprünglicher Gläubiger auftreten, ohne irgend eine Einwendung von der Person seines Gläubigers zu befürchten. Damit erklärt sich zugleich die mit der Novationstheorie unvereinbare Fortdauer sämmtlicher Accessionen ungeachtet alles Wechsels der nur scheinbaren Gläubiger."

Wir halten auch diese Theorie nicht für gerechtfertigt und verweisen auf die Abhandlung von Becker in Goldschmidt's Zeitschrift Bd. 4. S. 563 fg.

Weil dem Schuldner gegenüber nicht feststeht, welcher Gläubiger sein Recht verfolgen wird, drückt jene Theorie die sämmtlichen Gläubiger bis auf diesen zu nur möglichen Gläubigern herab. Damit nicht genug: geht sie weiter und erklärt die sämmtlichen möglichen Gläubiger für nur scheinbare Gläubiger. Ein scheinbarer Gläubiger, ein Schatten, ist aber denn doch ein so wesenloses Phänomen, daß er nicht einmal zur Weiterbegebung des Papiers heranzuziehen ist.

Mit den Anforderungen des Wechselverkehrs läßt sich vollends diese Theorie nicht in Harmonie bringen.

Wenn die Geltendmachung des Rechts die Reihe der möglichen Gläubiger schließt und Alle bis auf jenen das Recht Uebenden zu scheinbaren Gläubigern herabdrückt, so dürfte der protestirende Gläubiger den Wechsel nicht weiter begeben. Anders der Art. 16. der deutschen Wechsel-Ordnung.

Wenn die Geltendmachung des Rechts erst den wirklichen Gläubiger dem Aussteller gegenüber legitimirt (vom Acceptant und Vormann ist nirgend die Rede) so ist nicht erfindlich, aus welchem Grunde derjenige, welcher Regreß Mangels Annahme oder Sicherheit genommen, den Wechsel noch begeben darf. (Jolly l. c. S. 559.)

Eins von Beiden ist nur denkbar. Entweder der Gläubiger existirt oder er existirt nicht. Existirt er nicht, so wird auch ein Schuldner nicht wohl zu construiren sein. Existirt er, so muß er in jedem Augenblick nicht zwischen Himmel und Erde schwebend, sondern ein wirklicher, ein nicht scheinbarer Gläubiger sein. Ob der eine oder der andere Girant zu irgend einer Zeit das Recht ausüben wird, hat keinen Einfluß auf die Gläubigerschaft als solche, sondern nur auf das Cedere und Venire des Dies. Geht man aber davon aus, daß bis zur Ausübung des Rechts alle persönlichen Gläubiger nur scheinbare sind, so muß man weiter gehen und anerkennen: Der Wechsel ist der eigentliche Gläubiger; die Besitzer sind nur seine Vertreter; sie sind weder mögliche, scheinbare noch wirkliche Gläubiger.

2. Unsere Ansicht.

§. 29. Das Indossament, ein Zeichen der Besitzentäußerung.

Versuchen wir nunmehr die eigene Ansicht zu entwickeln. Wir halten mit Einert (S. 85—87, 123—140) dafür, daß das Indossament als Rechtsübertragung nicht aufzufassen ist. Die Cession hat eine doppelte Funktion. Der Cedent beabsichtigt, sich seines Rechtes zu begeben; sich seines Besitzes zu entäußern. Er erreicht diesen seinen Zweck dadurch, daß er sein Recht auf einen Dritten überträgt. Aehnlich verhält es sich bei der Tradition, welche die Gesetzbücher mit Ausschluß des franz. Rechts (Art. 1583. Troplong, De la Vente Nr. 39, 40 ff.), gegen die Bedürfnisse des Verkehrs, bei den Kauf- und ähnlichen Verträgen noch für nothwendig erachten.

Wir werden nun zu beweisen suchen, daß bei dem Indossament das Element der Besitzentäußerung so entschieden vorwiegt und nach der Natur des Wechsels vorwiegen muß, daß die Rechtsübertragung prinzipiell als Zweck des Indossaments verschwindet.

Man wird zugeben müssen, daß die Rechtsübertragung ein vorhandenes, in der Person des Uebertragenden existirendes Recht voraussetzt. Können wir nachweisen, daß ein solches Recht häufig genug in der Person des Indossanten nicht existiren kann, so wird schon dieser Umstand gegen die Theorie von der Rechtsübertragung Mißtrauen erwecken müssen. An solchen Fällen fehlt es nun aber nicht. Der Dieb, Finder, Fälscher hat kein Recht. Er kann indossiren.

Der Aussteller eines an eigene Ordre lautenden, noch nicht acceptirten Wechsels hat kein Recht gegen einen Dritten. Er kann indossiren. Er **überträgt** daher nach jener Theorie eine Forderung gegen sich selbst. Dies ist aber denn doch ein juristisches Unding.

Der Inhaber eines präjudicirten, nicht acceptirten Wechsels kann indossiren; er kann „ohne Obligo" indossiren. Es ist nicht erfindlich, daß er hierdurch ein Recht überträgt. Der Aussteller eines nicht acceptirten Wechsels, resp. die Acceptanten können, wenn sie den Wechsel durch Giro erwerben, indossiren. In ihrer Person ist ein Recht nicht vorhanden.

Müssen solche Fälle erhebliche Bedenken erregen, so werden diese Bedenken durch den Umstand gar sehr verstärkt, daß das Indossament nicht das einzige Mittel ist, um eine dritte Person als Berechtigte zu legitimiren. Wäre der Zweck des Indossaments die Rechtsübertragung, so würde bei der streng formalen Natur des Wechsels der Satz sich mit Nothwendigkeit herausstellen: „Das Indossament ist das einzige Mittel der Rechtsübertragung."

Der Remittent, der Vormann, an welchen der Wechsel ohne Giro zurückgelangt, bedarf aber keines Indossaments. Er ist legitimirt, sobald er die betreffenden Giros ausstreicht, ja er ist nach der Ansicht des Ob.-Tr. zu Berlin legitimirt, wenn er nur Inhaber des rückläufigen Wechsels ist. (Strieth. Bd. 6. S. 315; Bd. 10. S. 335; Bd. 11. S. 37; Entschd. Bd. 26. S. 386). Es kommt hinzu, daß die Anhänger der Uebertragungstheorie noch neben dem Indossament die Cession des Wechsels anerkennen.

Wie dem jedoch sei, ist Zweck des Indossaments die Rechtsübertragung, so ist die Forderung unwiderleglich, daß das Mittel, das Giro, diesen Zweck nun auch vollständig deckt und erreicht. Die wirkliche Lage der Sache ist just die umgekehrte. Das Indossament genügt nicht, um die Rechte aus dem Wechsel zu beanspruchen. Entscheidend ist der Besitz des Wechsels und so entscheidend, daß der Schuldner nicht berechtigt ist, demjenigen Besitzer die Zahlung vorzuenthalten, von dem er weiß, daß nicht ihm, sondern einem Andern der Wechsel durch Blanco Giro übergeben worden. Ist nun aber der Besitz des Wechsels so entscheidend, hat namentlich das Blanco Giro — ein bloßer Name — gar keinen juristischen Inhalt und trotz des so formellen Wechselinstituts gar keine Form, so folgt mit Nothwendigkeit das Prinzip:

> Es ist nicht Zweck und Function des Indossaments, ein Recht zu übertragen und zu erzeugen. Das Indossament hat nur die negative Funktion, die Merkmale des früheren Besitzes zu zerstören oder zu beseitigen; die durch diese Merkmale sonst beeinträchtigte bona fides des Wechselbesitzers zu firiren.

Aus diesem Prinzip erklären sich befriedigend alle sonst auffallenden Erscheinungen. Das Blanko-Indossament hebt die Legitimation aller früheren Besitzer auf. Es muß daher genügen. Die Durchstreichung der Indossamente führt zu demselben Resultate. Sie muß daher ausreichen. Bei dem Inhaber eines im Regreßwege mit Protest zurückgekommenen Wechsels kann von mala fides die Rede nicht sein. Er bedarf daher keines Indossaments, keines Ausstreichens (Strieth. Bd. 19 S. 364; Entsch. Bd. 32. S. 427).

Falsche und simulirte Giro's beheben die Merkmale des früheren Besitzes. Sie sind daher wirksam.

Die vollen Wirkungen des Besitzes auf Seiten des Indossatars zeigen sich dem Acceptanten und, mit Ausschluß des unmittelbaren Indossanten, den Vormännern gegenüber. Gegen sie ist mithin der Besitz des Wechsels, welcher das Merkmal der beseitigten früheren Besitzverhältnisse an sich trägt, entscheidend. Sie dürfen daher diesen Besitz nicht bemängeln und keine Einreden aus den Personen der Vorbesitzer — für sie exceptiones de jure tertii — herleiten, es sei denn, daß sie den Beweis erbringen, der Inhaber sei bei dem Erwerb in mala fide et dolo gewesen.

Es ist folglich, abgesehen vom dolus, der Einwand ausgeschlossen, der Inhaber sei nur Prokurator des Indossanten (Erk. d. OAG. zu Rostock vom 27. Mai 1853. Arch. Bd. 3. S. 404), sowie der Einwand, er sei nur faktischer Besitzer (Entschd. Bd. 29. S. 186).

Anders verhält es sich dem unmittelbaren Indossanten gegenüber. Gegen ihn bewirkt sein Giro und der Besitz des Wechsels nur die praesumtio juris, daß er den Besitz aufgegeben. Sein Giro kömmt zwischen ihm und seinem Indossatar nur als Aufhebung des Merkmals seines Besitzes in Betracht. Es ist daher erheblich, ob er in der That den Besitz oder nur die Gewahrsam aufgegeben hat. Diese Frage ist aber unter den unmittelbaren Parteien um deswillen zu erörtern, weil unter ihnen die Regel: „Nemo sibi ipse causam possessionis mutare potest“ volle Anwendung findet.

Der Indossant kann daher gegen seinen unmittelbaren Indossatar allerdings die Einrede geltend machen, er habe auf jenen nicht den Besitz, sondern nur die Detentio übertragen. (Erk. d. Ober-Tribunals zu Stuttgart, Archiv Bd. 7. S. 327).

Wenn wir bisher von den Wirkungen des Besitzes gehandelt, so haben wir hierbei den juristischen Besitz, den animus sibi habendi, vorausgesetzt. Wo nur Detentio erweislich vorhanden, treten andere Folgen ein.

Dies ist der Fall bei dem Procura-Indossament. Während bei dem unbeschränkten Giro der Indossant seinem unmittelbaren Nachmann gegenüber den Beweis erbringen muß, er habe ihm gegenüber den Besitz nicht aufgegeben, wird er durch das Procura-Indossament von jenem Beweise liberirt, ja dem Indossatar der Beweis abgeschnitten, daß voller Besitz auf ihn übergehen sollte. Jener ist der Bevollmächtigte des Indossanten, so daß Beide nur eine Person bilden.

Dies ist ferner der Fall, wenn der Wechsel, mit dem Zeichen des Inhabers behaftet, ohne Giro in die Hände eines Andern gelangt. Ihm steht wegen dieses Merkmales eines fortdauernden Besitzes nach keiner Seite hin eine praesumtio juris zur Seite. Trotz dessen ist schon diese Detention von erheblichen Folgen. Der Detentor kann den Wechsel zur Annahme präsentiren, ihn protestiren lassen (Art. 18.) und Sicherheit begehren. Der Satz: daß der Besitz des Wechsels, ja das bloße Inhaben von rechtlichen Folgen, ist eben nothwendig und um deswillen überall in seinen Consequenzen anerkannt.

Es ist in der Einleitung gezeigt, daß das Indossament nicht Eigenthum überträgt, daß der Besitz des Wechsels entscheidend, und daß die Wirkung des Indossaments, mehr negativer Natur, eben nur Aufgebung des Besitzes Seitens des Indossanten darstellt.

Prüfen wir jetzt, ob die Bestimmungen der W.O. dem entgegen stehen. Ueber den Art. 36. ist schon in der Einleitung das Nöthige gesagt worden. Der Art. 10. verordnet: „Durch das Indossament gehen alle Rechte aus dem Wechsel auf den Indossatar über." Es leuchtet jedoch ein, daß trotz des Art. 9. der Wechsel auch ohne Giro zu übertragen ist und daß trotz des Art. 10. durch das Indossament allein kein Recht aus dem vom Indossatar nicht besessenen Wechsel auf diesen übergehen kann.

Der Art. 17. verordnet:

> „Ist dem Indossament die Bemerkung: „zur Einkassirung" in Procura oder eine andere, die Bevollmächtigung ausdrückende, Formel beigefügt worden, so überträgt das Indossament das Eigenthum an dem Wechsel nicht."

Man könnte nun e contrario schließen, daß dies also bei allen anderen Indossamenten der Fall sein müsse.

Dieser Schluß findet in dem Gesetz keine Berechtigung. Der Art. 17. will eben nur das Verhältniß des Bevollmächtigten zu dem Verklagten regeln, nicht aber auf das Eigenthum an dem Wechsel Gewicht legen; ein Wort, das, wie in der Einleitung gezeigt, absichtlich ausgemerzt, bei diesem Artikel nur zufällig aus dem Pr. Entwurf übergegangen ist.

§. 30. Die Haft des Indossanten.

Haben wir bisher das Wesen des Indossaments behandelt und gezeigt, daß es sein Zweck ist, die Wirkungen des Besitzes als eines gutgläubigen nicht zu hindern, sondern vorzubereiten, so ist jetzt die andere Seite dieses Rechtsinstituts zu erörtern, die Haftungspflicht des Indossanten. Man hat sie bald als Bürgschaft, bald als die Folge der Ausstellung einer neuen Tratte aufgefaßt. Sie hat einen anderen Ursprung, eine andere Natur.

Für das Wechselrecht ist überall der folgenreiche Grundsatz durchgeführt: Jeder ist wechselmäßig verpflichtet, dessen Namen sich auf dem Wechsel befindet und mit diesem in irgend einer Beziehung steht, mag der Name auf der Vorder- oder Rückseite stehen. Art. 81.

Von diesem Grundsatz wird nur dann eine Ausnahme anerkannt, wenn dem Namen die Erklärung, nicht zu haften, beigefügt ist. Art. 14.

Die Haftungspflicht des Indossanten steht sonach mit der aus der Mitunterschrift des Wechsels entstehenden Verpflichtung auf gleicher Linie.

Wer als Nichtindossant das Indossament mit unterzeichnet, haftet wie der Indossant. Wer dagegen ohne Obligo indossirt, ist, obgleich Indossant, nicht verhaftet. Art. 14. Man sieht, die Regreßverbindlichkeit des Indossanten ist keine nothwendige Folge des Indossaments. Ihre Causa efficiens ist gleichsam die vis attractiva des Wechsels, welche sofort jeden Zeichner verpflichtet, falls nicht der Wechsel selbst ergiebt, daß er sich dem Bereich dieser Attraction entzogen hat. Ob der Verpflichtete als Aussteller, Acceptant oder Indossant seinen Namen auf den Wechsel gesetzt, kömmt erst in zweiter Linie in Betracht. Für seine Haftbarkeit genügt, daß überhaupt sein Name auf dem Wechsel steht und daß sich nicht die Unmöglichkeit, ihn als Acceptant, Trassant, Girant, oder als Mitacceptant, Mittrassant, Mitgirant zu erachten, sofort aus dem Wechsel ergiebt. Ist diese Möglichkeit auch nur denkbar, so muß er ihre Folgen durch eine seinem Namen beigefügte Erklärung beseitigen oder gewärtigen, daß er regreßpflichtig gemacht werde. Daraus folgt, daß es keiner solchen Erklärung bedarf, wo die Unmöglichkeit der Haftungspflicht vorliegt; wo die vis attractiva einen Dritten, zum Wechsel in keiner Beziehung Stehenden, nicht zu ergreifen vermag.

Wer, obgleich nicht bezogen, den Wechsel allein acceptirt, haftet nicht. Wer einen Wechsel zuerst indossirt, obgleich er nicht Remittent, ist in keiner Weise verpflichtet. Der Grund seiner ausgeschlossenen Verpflichtung liegt aber darin, weil die Unmöglichkeit der Verpflichtung sofort sich so klar aus dem Wechsel ergiebt, daß es seiner ablehnenden Erklärung nicht bedarf. Mit dem Augenblick, wo sich der vis attractiva des Wechsels ein Verpflichteter darbietet, kehren sich die Verhältnisse sofort um. Setzt der Bezogene sein Accept neben den Namen des Nichtbezogenen; setzt der zum Indossiren Befugte seinen Namen neben den Namen desjenigen, der bis dahin nach keiner Richtung für verpflichtet zu erachten war, so haftet jener als Mitacceptant, dieser als Mitindossant.

Daß das Giro in der Regel auf der Rückseite des Wechsels, das Accept in der Regel auf der Vorderseite des Wechsels sich findet, ist rechtlich ohne Folgen. Auch wer auf der Rückseite acceptirt, haftet als Acceptant; sowie auch derjenige Indossant ist, der auf der Vorderseite girirt. Ueberhaupt erklärt sich die Benutzung der Rückseite nur aus praktischen Bedürfnissen; sie ist rechtlich nicht von Bedeutung und, wie die Allonge die Fortsetzung der Rückseite, nichts weiter als die Fortsetzung der Vorderseite. Eben weil aber diese Fortsetzung sich als solche herausstellen muß, ist nothwendig, daß der Remittent der erste Indossant ist. Eben weil jeder Name der Regel nach ohne Weiteres die Verpflichtung erzeugt, ist die Haftung aus dem blanco Giro nicht als die Ausnahme, sondern als die Regel aufzufassen.

Man kann zugeben, daß von Hause aus das Giro mehr oder weniger als Cession aufgefaßt worden und daß somit die Haft als Folge der Eviction construirt worden ist. Die Verhältnisse haben sich jedoch vollständig verändert. Die Causa debendi, die valuta cessionis ist ausgeschieden. Der Wechsel ist so wenig ein Schuldschein, als das Giro eine Cession, eine Rechtsübertragung darstellt. Die Haft des Indossanten läßt sich daher nur durch den Rechtsgrundsatz erklären:

> Wer in den Wechselverband getreten, wird durch diesen Verband ein für alle Mal gebunden.

Der Art. 36. der D.W.O., weit entfernt, diesem Satz entgegenzutreten, enthält nur seine Anwendung. Eine zusammenhängende Reihe von Indossamenten ist nichts als eine Kette. Eben weil der letzte Indossant durch sie legitimirt wird, sind die Vormänner durch sie so eng mit dem Wechsel verbunden, daß ihre Haft eine nothwendige, eine gesetzliche Folge des Wechsels und des Wechselverbandes ist.

§. 31. Cessio und Giro sind Gegensätze.

Als Ergebniß unserer Ausführung stellen wir folgende Sätze auf: Das Indossament hat zwei Funktionen. Die eine ist negativ. Sie bewirkt, daß eine dritte Person durch den Besitz des Wechsels um deswillen berechtigt wird, weil das Indossament als modus tollendae, nicht transferendae possessionis die Merkmale jedes früheren Besitzes beseitigt und die bona fides des Inhabers jedem Bedenken entrückt. Die andere Funktion ist positiv. Sie bewirkt, daß der Indossant als Wechsel-Verpflichteter erscheint. Diese Folge entspringt nicht aus dem Indossament als solchem, sondern aus der Namensunterschrift und der vis attractiva des Wechsels. Hält man an diesen Sätzen fest, so überzeugt man sich, daß Cession und Indossament in ihrem innersten Kern verschieden sind. Das Indossament setzt einen Wechsel voraus. In diesem Wechsel wurzelt das Forderungsrecht; er ist alleiniger Gläubiger. Der Wechsel bedarf keiner zweiten Person zur Entstehung des Schuldverhältnisses. Der erste Nehmer ist nicht erster Gläubiger, sondern er ist derjenige, durch den zuerst das Recht des Wechsels ausgeübt werden kann. Der Wechsel-Inhaber ist nicht Nachfolger des Gläubigers, des früheren Inhabers, er ist Inhaber des Gläubigers selbst. Anders die Cession. Sie setzt ein Forderungsrecht voraus. Das Forderungsrecht wurzelt in der Person des Gläubigers und des Schuldners. Ohne Gläubiger und Schuldner kann keine Forderung entstehen. So lange sie also besteht, trägt sie die Spuren ihrer Schöpfer. Durch das Indossament wird der Wechsel-Inhaber der Vertreter des Wechsels. Durch die Cession wird der Inhaber der Schuldurkunde Nachfolger des Gläubigers. Daraus erklärt sich die Nothwendigkeit aller jener sonst unbegreiflichen Erscheinungen. Es sind diese:

1) Der Wechselschuldner kann dem Besitzer nicht opponiren, daß er durch Blanco Giro nicht legitimirt werde. Den Cessionar dagegen legitimirt nur eine auf ihn gerichtete Cession. Bei jenem ist die Rechtsübertragung entscheidend; bei diesem ist der gutgläubige Besitz zur Vertretung des eigentlichen Gläubigers, des Wechsels ausreichend. Vergl Präj. vom 13. August 1836. (Entsch. Bd. 1. S. 161; Bd. 16. S. 142; Strieth. Bd. 2. S. 9; Koch's Comment. zum ALR. I. 11. § 395.)

2) Der Zweck des Indossaments ist die Beseitigung des früheren Besitzes. Die Echtheit des Indossaments ist daher so lange gleichgültig, bis dem Inhaber nachgewiesen wird, daß er bei dem Erwerb des Wechsels in dolo oder lata culpa versirt hat.

Der Zweck der Cession ist die Rechtsübertragung. Der Einwand der gefälschten Cession wird daher dem Cessionar, mag er immerhin in optima fide sein, von dem Schuldner mit Erfolg entgegengesetzt.

3) Wer trotz der gefälschten Cession zahlt, wird nicht liberirt. Der Einwand, das Indossament sei unecht, ist schon um deswillen unzulässig und unstatthaft, weil der Zahlende nur gegen Herausgabe des Wechsels zu zahlen hat; dann aber auch, von dem Fall des Art. 74. abgesehen, völlig liberirt wird.

4) Der debitor cessus legt durch das Bestreiten der Echtheit der Cessionsurkunde dem Kläger den Beweis seiner Legitimation auf. Der Wechselschuldner hat dagegen nur einen Gläubiger, den Wechsel. Da dessen Vertreter durch Wechsel und gutgläubigen Besitz als Vertreter genügend legitimirt wird, so kann von einer weiteren Legitimation, von Echtheit des Giro der Regel nach die Rede nicht sein.

5) Der Cessionar muß sich alle Einreden gefallen lassen, welche dem Schuldner gegen den ursprünglichen Gläubiger zustehen. Dem Schuldner gegenüber ist der Cessionar und der Cedent nur eine Person. Der Cessionar überkommt daher nicht nur die Rechte, sondern auch die Pflichten des Cedenten. Beim Wechsel giebt es keinen Gläubiger außer dem Wechsel selbst. Der Indossatar ist nicht in das Recht des Vormannes eingetreten; im Gegentheil, dieser ist nur ausgetreten und hat dem Dritten Platz gemacht, damit Jener den Gläubiger, den Wechsel vertrete.

Für die Cession gilt der Rechtsgrundsatz: Nemo in alium plus juris transferre potest quam ipse habet; für das Indossament muß der Rechtsgrundsatz gelten, daß Exceptiones ex persona indossantis als Exceptiones de jure tertii unzulässig sind.

6) Während durch die Cession die Lage des ursprünglichen Schuldners nicht erschwert werden darf, verändert und erschwert das Indossament der Regel nach die Stellung des Wechselschuldners, ja es wird zuweilen nur zu diesem Zwecke mißbraucht.

7) Aus demselben Grunde kann von der lex Anastasiana nur bei der Cession, nicht beim Indossament die Rede sein. Jenes Gesetz, welches, echt byzantinisch, eine eigenthümliche kaiserliche Moral erschaffen will, setzt

einen Wechsel in der Person des Gläubigers voraus. Beim Wechsel aber ändert sich der Gläubiger nie, er bleibt stets derselbe, mögen seine Vertreter immerhin wechseln.

8) Die Cession überträgt die Forderung, nicht die Urkunde; das Indossament behebt die Zeichen des Besitzes. Jene ist daher, getrennt von der Urkunde, an und für sich sehr wohl denkbar; dieses ist ohne den Wechsel nicht möglich.

9) Weil die Cession nur die Forderung überträgt, so ist nicht wesentlich, daß eine schriftliche Urkunde existirt. Weil das Indossament nur die Merkmale des früheren Besitzes beseitigt; so ist ein Indossament ohne den Wechsel oder nicht auf dem Wechsel ein Unding.

10) Bei der Cession ist der springende Regreß juristisch ausgeschlossen, denn ein Jeder leitet das Recht von seinem zur Eviction verpflichteten Auctor ab. Bei dem Indossament ist der springende Regreß juristisch nothwendig; denn der Inhaber klagt nicht aus einem abgeleiteten Recht, sondern als Vertreter des Gläubigers, des Wechsels.

§. 32. Form und Wirkung der Cession.

Die vorstehende Untersuchung führt zur Lösung der Frage: Ist die Cession des Wechsels in Wirkungen und Folgen dem Indossament gleich? Diese Frage ist entschieden zu verneinen. Gegen die Bejahung sprechen:

1) Prinzipielle Gründe. Indossament und Cession verhalten sich nicht wie minus und majus zu einander; sie sind qualitativ verschieden. Sie können somit nicht dieselben Folgen herbeiführen.

2) Die Materialien zur WO. Die Leipziger Conferenz ist der Anwendung der Cession durchweg entgegengetreten (Prot. Sitz. 6. S. 23 und Sitz. 7. S. 26). Ebenso der preußische Entwurf. Er motivirt hierdurch die Nichterwähnung der Cession als Uebertragungsmodus (Motive S. 24 ad §. 10—17). In den Protokollen Sitz. VI. S. 23. handelte es sich um die Folgen der Uebertragung eines „nicht an Ordre" gestellten Wechsels. Dort heißt es wörtlich: „demgemäß kann ein Wechsel, in welchem der Aussteller die Begebung ausdrücklich untersagt hat, durch Indossament, also mit wechselrechtlicher Wirkung überhaupt nicht übertragen werden." Die Conferenz machte also vom Indossament die wechselrechtliche Wirkung abhängig; sie sprach diese der Cession ab; während sie in Betreff aller anderen Folgen der Cession auf die Bestimmungen der Particular-Rechte verwies. Wenn nun z. B. nach §. 382. f. I. 11. A. L. R. die Cession für zulässig zu erachten ist, so ist jetzt die Form und Wirkung dieser Cession zu erörtern.

In Betreff der Form hat das Ober-Tribunal in Sachen Schrader wider Schulz durch Urtheil vom 17. April 1856 angenommen, daß die Cession auf einer besonderen Urkunde genüge. Dies ist richtig. Eben weil Cession und Indossament in Wesen, Wirkung, Form vollständig verschieden sind, ist es unzulässig, auf die Art. 9. und 36. Gewicht zu legen. Sie handeln nur vom Indossament, nicht entfernt von der Cession. Man wird dagegen dem Urth. des Rh. Appell.-Hofes in Sachen Menzel wider Hövel

v. 27. Febr. 1861 beitreten müssen, wenn es dem Cessionar, welchem nicht einmal der Wechsel übergeben worden, jedes Recht aus dem Wechsel abspricht. Das Recht aus dem Wechsel wird durch den Besitz des Wechsels bedingt.

In Betreff der Wirkungen wird nach der Praxis des Ober-Tribunals die Cession dem Indossament gleichgestellt. (Vergl. Entschd. Bd. 22. S. 409; Bd. 26. S. 376; Strieth. Bd. 11. S. 370; Bd. 2. S. 237; Archiv Bd. 4. S. 452 und Bd. 5. S. 427. Urtheile des Ober-Tribunals in Sachen Schenk wider Peschel vom 18. Dezember 1855 und Felarski wider Sultan vom 18. Juli 1857). Wo es sich, heißt es Entschd. Bd. 22. S. 410, zur Motivirung, lediglich um die Uebertragung des Wechselrechts des Cedenten auf den Cessionar handle, genüge die Cession (Art. 10. 14. 98. Nr. 2. Erk. des OAG. zu Dresden vom 19. Februar 1856, Sächs. Zeitschr. für Rechtspflege 2c. N. F. Bd. 15. S. 379).

Dies ist nicht zuzugeben. Zu den wechselrechtlichen Folgen gehört der Wechselprozeß und die Wechselhaft. Sie können daher nicht Consequenzen civilrechtlicher Handlungen sein. Wie der Aufhebungsmodus dem Errichtungsmodus entsprechen muß, similia, similibus, tolluntur, eben so muß der letztere den bezweckten Wirkungen adäquat sein. Eben weil der Cedent Wechselrechte und Wechselpflichten hat, darf er mit wechselrechtlichen Folgen den Wechsel nur durch Giro weiter begeben.

Nimmt man das Gegentheil an, so kommt man zu Widersprüchen und Inconsequenzen. Man müßte, wenn das frühere Recht des Cedenten allein entscheidend wäre, dem Cessionar den springenden Regreß gestatten. Man müßte dem Cessionar gegenüber alle diejenigen Einreden des Wechselschuldners abschneiden, welche gegen den Cedenten vor der Cession unzulässig waren. Wenn nun aber die Cession nur die Forderung überträgt, wenn eine civilrechtliche Handlung unmöglich wechselrechtliche Wirkungen hervorzubringen vermag, so sind folgende Sätze gerechtfertigt:

a. Dem Cessionar steht eine Wechselklage nicht zu. Sie ist eine rein wechselrechtliche Folge; sie tritt nicht ein, wo durch die Cession der Wechsel insofern seine Kraft verloren, als ihm die Gläubigerschaft genommen und vom Cedenten, dem jetzigen Mittelpunkt des Rechts, ursurpirt worden ist. (Vergl. Erk. des Niederösterr. OG. vom 21. October 1857; Gerichtshalle pro 1857 Nr. 40. und Archiv Bd. 6. S. 427).

b. Der Schuldner kann nur zahlen, wenn die Legitimation des Cessionars feststeht. Er ist daher eben so berechtigt wie verpflichtet, dieselbe zu prüfen.

c. Der Schuldner hat alle Einreden gegen den Cessionar, sie mögen dessen eigene oder die Person des Cedenten betreffen (Erk. des Ob.-G. zu Braunschweig vom 11. März 1857, Zeitschr. für Recht in Braunschweig Bd. 4. S. 138; Heise, Handelsrecht §. 82).

d. Der Cedent haftet gemeinrechtlich nur für Verität und event. nur für die Bonität zur Zeit der Cession (I. 11. §§. 420. 430. 376. ALR).

e. Die Cession in potentiorem personam ist nach gem. Recht ungültig. (Treitschke Bd. 1. S. 265, 448; Thoel §. 227.; Heise l. c.)

f. Der Cessionar ist nur berechtigt weiter zu cediren, nicht aber weiter zu indossiren. Dies folgt schon aus dem Art. 36. Dort wird die Legitimation durch eine zusammenhängende Reihe von Indossamenten gefordert. Ist die Reihe durch eine Cession unterbrochen, so kann sie als eine zusammenhängende nicht betrachtet werden. Anders Koch WR. S. 139.

g. Dem Cessionar steht der springende Regreß nicht zu.

§. 33. Theil-Indossamente.

Eine weitere Frage, welche sich an diese Untersuchung knüpft, ist die nach der Zulässigkeit der Theil-Indossamente. Für die Zulässigkeit sind: Treitschke Bd. 1. S. 501; Brauer ad Art. 10. Nr. 3.; Koch WR. ad Art. 9. Nr. 5.; Bluntschli ad Art. 10. Nr. 6.; Renaud WR. §. 51. Nr. 3.; Braunschw. Entw. S. 102. Gegen die Zulässigkeit sind: Bender Grundſ. §. 361.; Daniels Grundſ. des WR. S. 92; Pöhls Darstellung des WR. Bd. 2. §. 347. S. 344; Thoel §. 245.; Jolly Archiv Bd. 4. S. 399.

Wir treten der letzteren Ansicht bei. Der Wechsel-Aussteller hat das Forderungsrecht an das Papier geknüpft. Das Papier muß in derselben Beschaffenheit existiren und fortleben, in welcher es nach dem Willen des Ausstellers, als des Schöpfers des Wechsels, ins Leben getreten. Die Artikel 9. und 15. sind nur Anwendungen dieses Prinzips. Läßt man nun Theil-Indossamente zu, so räumt man dem Indossanten das Recht ein, die an das eine und untheilbare Papier geknüpfte Berechtigung auf ein anderes zu übertragen. Diese Befugniß darf ihm nicht zustehen, zumal er eben nur das Vertretungsrecht des Wechsels überkömmt.

Theil-Cessionen sind zulässig. Der Gläubiger mag, wenn nur sonst die Lage des Debitor nicht erschwert wird, die Forderung theilen. Theil-Indossamente sind dagegen unstatthaft: der Wechsel ist der Gläubiger und somit Niemand berechtigt oder im Stande, diese Einheit zu theilen.

Setzen wir, daß die Wechselsumme 1000 Thlr. beträgt und daß der Inhaber zehn Indossamente auf je 100 Thlr. ausstellt; so ist nicht ersichtlich, durch welche Mittel die einzelnen Indossatare zugleich in den Besitz des Wechsels gelangen oder ihn weiter begeben können. Gewiß ist, daß die Lage des Acceptanten, des Trassanten und der Vormänner, auf das Aeußerste erschwert werden möchte. Es tritt sofort ein Heer der schwierigsten Rechtsfragen auf. Solche Verhältnisse stehen nicht im Einklang mit dem, dem Prinzip nach einfachen Wechselrecht und Wechselprozeß. Die Art. 9. 10. 11. 12. sehen in dem Wechsel eine Einheit und verbieten somit die Theil-Indossamente.

Art. 9.

Der Remittent kann den Wechsel an einen Anderen durch Indossament (Giro) übertragen.

Hat jedoch der Aussteller die Uebertragung im Wechsel durch die Worte „nicht an Ordre" oder durch einen gleichbedeutenden Ausdruck untersagt, so hat das Indossament keine wechselrechtliche Wirkung.

§. 34. Das Giro.

1) Das Indossament setzt den formell gültigen Wechsel voraus. Die fehlenden Stücke im Wechsel sind mithin durch das Indossament nicht zu ergänzen. (Erk. des Ob.-Trib. vom 22. October 1857; Archiv Bd. 7. S. 323 ff.)

2) Nur die Rechte aus dem Wechsel gehen auf den Indossatar über. Die civilrechtlichen Befugnisse, welche sonst dem Trassanten gegen den Bezogenen zustehen mögen (Klage auf Annahme, Entschädigungsklage wegen verweigerter Zahlung ꝛc.) liegen außerhalb des Wechsels. Sie gehen daher auf den Indossatar nicht über: „die Indossirung eines Wechsels enthält keine Uebertragung der Rechte, welche dem Trassanten auf Annahme und Zahlung des Wechsels zustehen." Erk. des OAG. in Dresden (Ztschr. für Sächs. Rechtspfl. und Verw. N. F. Bd. 11. S. 269; des OAG. zu Lübeck; Römers Samml. Bd. 3. S. 313; Frankf. Rechtssachen Bd. 3. S. 35; Heise, Handelsrecht §. 88.)

3) Aus der Natur des Wechsels folgt die Begebbarkeit des Wechsels. Es ist nicht einer bestimmten Person, sondern dem Wechsel selbst das Versprechen gegeben. Die Begebbarkeit ist daher nicht von dem Zusatz: „an Ordre" abhängig. Das Indossiren ist ein Recht, keine Pflicht. Die Clausel „nur an Ordre" hat somit keine Bedeutung.

§. 35. Der Recta-Wechsel. Clauseln. Fassung.

Der Recta-Wechsel ist ein solcher Wechsel, bei dem die Weiterbegebung vom Aussteller ausdrücklich untersagt ist. (Art. 4. Nr. 3. u. Art. 9. Abs. 2.; cfr. Prot. Sitz. 6. S. 22.) Der Vortheil des Recta-Wechsels besteht darin, daß dem Aussteller seine Einwendungen gegen den Remittenten nicht abgeschnitten werden können und daß die Provisionskosten erspart werden. Der Zweck dieser Wechsel ist in der Regel auf die Bestellung eines Pfandes gerichtet.

Ueber die Wirkung des Indossaments eines Recta-Wechsels heißt es in der Conferenz-Sitzung 6. S. 23 wörtlich:

> Der Herr Referent war der Meinung, daß das Verbot blos die Nichtstatthaftigkeit des Regresses gegen den Aussteller zur Folge habe. Der Sächsische Abgeordnete Einert stimmte dieser Meinung bei und erklärte sich erläuternd noch dahin, daß in Ansehung des Verhältnisses unter denen, auf welche der Wechsel übergegangen sei, nichts geändert werde, vielmehr zwischen ihnen wechselmäßiger Regreß stattfinde.
>
> Von mehreren anderen Seiten ward dagegen behauptet, daß eine gegen ein ausgesprochenes Verbot unternommene Begebung unwirksam, namentlich nicht geeignet sei, wechselmäßige Wirkungen hervorzubringen, daß hierbei das Interesse des Ausgebers beachtet werden müsse, dem oft viel daran liegen könne, daß das von ihm gemachte Geldgeschäft ein Geheimniß bleibe und daß dies Interesse nicht besser gewahrt werde, als dadurch, daß jede dem Verbote

zuwiderlaufende Handlung erfolglos sei. Eine Vereinigung der verschiedenen Meinungen war nicht zu ermitteln, ungeachtet gegen die letzte Ansicht geltend gemacht ward, daß der, von welchem das Verbot ausgegangen sei, wenigstens eine Uebertragung durch Cession nicht hindern könne und sein Interesse vollkommen gewahrt sei, wenn er von den Regreßansprüchen eines Dritten befreit bleibe. Es ward daher zur Abstimmung geschritten und mit 16 Stimmen gegen 2 entschieden, daß die einem Verbote zuwider vorgenommene Indossirung ungültig sei. Demgemäß kann ein Wechsel, in welchem der Aussteller die Begebung ausdrücklich untersagt hat, durch Indossament, also mit wechselrechtlicher Wirkung, überhaupt nicht übertragen werden. Der Redaktion wurde vorbehalten, dieses durch die Fassung des Paragraphen noch bestimmter hervorzuheben. Zugleich war man darüber einverstanden, daß die Frage: ob eine solche vom Aussteller verbotene Uebertragung eines Wechsels unter Umständen und nach Maßgabe der gebrauchten Form als Cession gültig sein könne, nach dem Civilrechte eines jeden Staates zu beurtheilen sei.

Hieraus folgt:

1) Die Cession überträgt, wie bereits S. 65 gezeigt, keine Wechselfolgen.

2) Der Recta-Wechsel ist auch durch Prokura-Indossament nicht zu begeben.

3) Der Remittent, welcher den Recta-Wechsel begeben und demnächst eingelöst hat, ist ohne Giro oder Streichung der Giri zur Klage legitimirt. (Prot. Sitz. 7. S. 23; Sitz. 8. S. 30 u. 31; Württemb. Entw. Art. 565). Sein früheres wider den Willen des Ausstellers ertheiltes Indossament ist weder ein Indossament noch eine Cession; (Thoel §. 241.) kein Indossament — Art. 9. al. 2. —, keine Cession, denn nur solche Rechte sind cessibel welche nicht an die Person des Inhabers gebunden sind.

Die Recta-Clauseln.

Nothwendig ist, daß die Clausel im Wechsel selbst enthalten sei. Im Uebrigen ist auch durch andere Clausel als „nicht an Ordre" der Wechsel zum Recta-Wechsel zu machen. In Sachen Reichenkron wider Schulz waren im Wechsel die Worte „die Ordre" durchstrichen und dafür die Worte „an Herrn J. F. Hering selbst" geschrieben. Die Instanz-Gerichte haben dies für ausreichend nicht erachtet. Das Ob.-Tribunal hat die Nichtigkeitsbeschwerde zurückgewiesen, weil es sich lediglich um die Auslegung handle (Archiv Bd. 1. S. 206). Ebensowenig macht die Bezeichnung des Wechsels als „Depotwechsel" den Wechsel zum Recta-Wechsel. (Erk. des Ob.-Trib. vom 17. Juli 1858, Strieth. Bd. 29. S. 323; Entschd. Bd. 39. S. 221.)

Die Fassung.

In Betreff der Fassung des Art. 9. würden wir statt der Worte „an einen Anderen ... übertragen" setzen „der Remittent kann den Wechsel durch Giro begeben" und das „Jedoch" im zweiten Absatz streichen.

Artikel 10.

Durch das Indossament gehen alle Rechte aus dem Wechsel auf den Indossatar über, insbesondere auch die Befugniß, den Wechsel weiter zu indossiren. Auch an den Aussteller, Bezogenen, Acceptanten oder einen früheren Indossanten kann der Wechsel gültig indossirt und von demselben weiter indossirt werden.

§. 36. Der Indossatar.

Die Paragraphen 10. und 11. des Pr. Entwurfs:

§. 10. Der Remittent kann seine Rechte aus dem Wechsel an einen Anderen — übertragen.

§. 11. Durch das Indossament gehen alle Rechte des Indossanten aus dem Wechsel auf den neuen Eigenthümer über

sind in ihrer Fassung geändert worden. (Prot. Sitz. 6. S. 23, 24.)

Mit Recht; der Indossatar tritt nicht in die Rechte des Indossanten; er ist nicht dessen Rechtsnachfolger; er tritt vielmehr an die Stelle desselben. Er erlangt nicht nur die Rechte des Indossanten, sondern auch die Rechte gegen den Indossanten. Er erwirbt, falls der Bezogene zur Zeit des Giro noch nicht acceptirt hat, nach der Acceptation ein Recht gegen den Acceptanten, das ihm zur Zeit des Giro nicht übertragen werden konnte.

Der Artikel behandelt nur die eine Seite des Indossaments; die Befugnisse, die Legitimation des Indossatars. Für diese Verhältnisse wirkt das Giro, so lange es sich nicht um die unmittelbare Stellung zwischen dem Giranten und Indossatar handelt, mit der Kraft einer praesumtio juris et de jure. Stehen sich dagegen Indossant und Indossatar unmittelbar gegenüber, so hat das Indossament nur die Kraft einer durch Gegenbeweis zu widerlegenden praesumtio juris. Unrichtig ist daher die Entscheidung des Ober-Oesterreichischen Gerichtshofes vom Jahre 1853 (Arch. Bd. 4. S. 92):

„Wenn Jemand seinem Bevollmächtigten einen Wechsel zur Einkassirung mittelst eines ohne den Beisatz „zur Einkassirung" ausgestellten förmlichen Giro übergiebt, und später über das Vermögen des Bevollmächtigten der Konkurs eröffnet wird, so ist selbst der zur Zeit der Konkurseröffnung noch uneingehoben in der Konkursmasse vorhandene Wechsel als ein Eigenthum der Masse anzusehen und kann von den Mandanten ebensowenig als der von dem Massenverwalter auf diesen Wechsel einkassirte Betrag mittelst der Eigenthumsklage zurückgefordert werden.

Durch das Indossament treten folgende Veränderungen ein.

1) Der frühere Inhaber scheidet mit der Begebung des Wechsels völlig aus der Reihe der Berechtigten; erwirbt er den Wechsel aufs Neue, so datirt sein Recht erst von dem Tage der Wiedererlangung resp. Einlösung des Wechsels.

Dies ist namentlich für die Compensation im Konkurse erheblich. (Erk. d. Ob.-Trib. vom 21. Februar 1857; Entschd. Bd. 35. S. 204; Strieth. Bd. 23. S. 321. Arch. Bd. 7. S. 105).

2) Der Indossatar tritt an die Stelle des bisherigen Inhabers. Er erwirbt **alle** Rechte aus dem Wechsel. Zu diesen allen Rechten gehören
a) die bereits vorhandenen Rechte, so weit sie eine Folge des Wechsels sind. Der neue Inhaber erwirbt also die Rechte, welche der girirende Indossant besitzt aus der gegen den Acceptanten erwirkten Zahlungsauflage und aus der auf Grund derselben erwirkten Pfändung und Schätzung des beweglichen Vermögens des Acceptanten. (Entsch. des Ober-Oesterr. Gerichtshofes vom 17. Februar 1857; Oesterr. Ger.-Zeit. pro 1857 Nr. 50.) und vom 30. März 1858 (Arch. Bd. 8. S. 192). Es gehören ferner dazu
b) die Rechte, welche seine Vormänner nicht hatten, z. B. die Regreßansprüche gegen den Indossanten, die Rechte aus dem späteren Accepte;
c) die Befugniß, den Wechsel weiter zu begeben.

Dies sind Folgen aus dem Wechsel. Auf sie allein muß sich aber die Wirkung des Indossaments beschränken. Der Indossatar ist daher nicht befugt, den Bezogenen, wenn derselbe nicht acceptirt hat, auf Herausgabe der Deckung zu belangen. (Vergl. Erk. d. OAG. zu Dresden vom August 1852 Sächs. Zeitschr. für R. u. V. N. F. Bd. 11. S. 269) und U. des OAG. zu Lübeck v. 3. Okt. 1829 Jurisprudenz S. 342; Heise u. Cropp, Jurist. Abh. Th. II. S. 343; Pöhl's Darst. des Handels-R. Bd. 2. S. 632; Mühlenbruch, Lehre von der Cession S. 461). Anders Ladenburg (Arch. Bd. 9. S. 6 ff.).

§. 37. Ausschließung der Confusion.

Das Giro an einen Wechselverpflichteten.

Weil der Wechsel allein Träger der Forderung ist, so kann das Recht der Ausübung und die Schuld in einer Person sich befinden, ohne daß Confusion eintritt. Das Ausübungsrecht ruht dann eben nur, bis die Möglichkeit eintritt, daß eine andere Person als der Schuldner das Ausübungsrecht geltend machen kann. Dieses Prinzip ist im zweiten Satz des Artikels anerkannt.

Wir wollen die verschiedenen Phasen vorführen, welche eintreten, wenn an Aussteller, Bezogenen, Acceptanten, Vormann der noch nicht verfallene Wechsel girirt und von ihnen weiter indossirt wird.

I. Der Wechsel ist noch nicht acceptirt.

a) Der Aussteller erwirbt den Wechsel durch Indossament. Er ist alleiniger Hauptschuldner. Er hat mithin gegen Niemand, selbst nicht gegen seinen Indossanten einen Anspruch. (cfr. Entschd. des Ob.-Oesterr. Ger. Arch. Bd. 4. S. 98). Er ist just als Aussteller auch seinem Indossanten verhaftet. (Artikel 8.) Girirt der Aussteller den ihm indossirten Wechsel weiter, so haftet sein Nachmann den späteren Indossataren.

b) Der Wechsel wird an einen früheren Indossanten girirt. Sein Recht datirt vom Tage dieses Giro. (Strieth. Bd. 23. S. 321.) Die Giranten zwischen dem Giro, wodurch er den Wechsel früher begeben, und dem Giro, durch welchen er den Wechsel jetzt erhalten hat, sind, so lange er im Besitz des Wechsels ist, ihrer Haftbarkeit entledigt. Dies ist nothwendig. Er haftet denjenigen, welche er regreßpflichtig machen würde, aus seinem eigenen ersten Giro. Es trifft ihn daher der Grundsatz: quem de evictione tenet actio, eundem agentem repellit exceptio (Wagner WR. 3. S. 285; Stork S. 120; Erk. des Ob.-Oest. Ob.-Ger. vom 27. Mai 1853, Archiv Bd. 4. S. 98). Die Verpflichtung der Zwischengiranten beginnt erst wieder mit dem weiteren Indossiren Seitens des früheren Indossanten. Er kann seine Haft gegen seine früheren Nachmänner dadurch nicht ausschließen, daß er den Wechsel ohne Obligo weiter begiebt. Es ist richtig, daß er durch diese Klausel an und für sich die Folgen des Art. 14. herbeiführen würde. Es ist aber ebenso anzuerkennen, daß diese Klausel auf die Verpflichtungen aus dem früheren Giro nicht reagiren kann.

c. Der Trassat wird Indossatar. So lange die Acceptation nicht erfolgt ist, steht er zu dem Wechsel als Fremder. Er erwirbt daher das Recht und die Pflicht eines jeden anderen Indossatars. Will er Regreß gegen Aussteller und Indossanten nehmen, so muß er gegen sich selbst Mangels Annahme Protest leviren (Treitschke 1. S. 500, 501; Brauer S. 54; Erk. des Ob.-Trib. vom 15. December 1853, Strieth. Archiv Bd. 11. S. 122).

II. Der Wechsel ist acceptirt.

a. Der Trassant wird Indossatar. Er erwirbt keine Rechte gegen seinen Indossanten und die Vormänner (cfr. oben ad I. a.). Er erwirbt die Rechte des Indossatars gegen den Acceptanten (Art. 23. Abs. 2. Art. 6. Abs. 1.). Der Fall liegt wie der sub I. a.

b. Der Wechsel wird einem früheren Indossanten girirt. Die Verhältnisse sind dieselben als sub I. b.

c. Der Acceptant wird Indossatar. Läßt er den Wechsel bis zur Verfallzeit liegen, so ist er sein eigener Schuldner. Es ist dann Niemand vorhanden, der das Recht ausüben kann. Girirt er den Wechsel vor Verfall weiter, so geht er eine doppelte Verpflichtung ein. Er haftet als Acceptant und zugleich als Indossant. Dies Letztere kommt namentlich für die Lieferung von Duplikaten und bei der Verjährung in Betracht. Seine Stellung als Indossatar reagirt aber nicht auf seine Stellung als Acceptant. Er kann, wenngleich er „ohne Obligo" weiter girirt, Niemand abhalten, gegen ihn als Acceptant klagbar zu werden. Er bleibt nach wie vor Schuldner. Der Acceptant als Indossatar erwirbt daher durch das Indossament nur das Recht der Weiterbegebung des noch nicht verfallenen Wechsels. (Vergl. U. des Ob.-Trib. vom 31. Mai 1860, Strieth. Bd. 37. S. 248).

§. 38. Mängel und Surrogate des Giro.

Die Unechtheit des Indossaments hindert nicht, daß der bonae fidei possessor Rechte gegen die echten Unterschriften erwirbt (Archiv Bd. 2. S. 257).

Für das Recht des Indossatars kommt nicht in Betracht, daß der Indossant minderjährig oder in Cride ist. Es ist für ihn nicht erheblich, daß eine Ehefrau ohne Genehmigung ihres Ehemannes indossirt hatte. (Vergl. Entschd. Bd. 12. S. 361; Erk. des OAG. zu Rostock vom 16. December 1852; Archiv für WR. Bd. 3. S. 405 und Erk. des Ob.-Trib. vom

14. October 1858, Strieth. Bd. 30. S. 324; Seuffert Bd. 11. S. 121). Der Zweck des Giro ist eben nur dahin gerichtet, die objective Beseitigung der früheren Besitzverhältnisse zu vermitteln.

Ein wirkliches Indossament ist dagegen wesentlich und zur Begebung des noch nicht verfallenen Wechsels unentbehrlich. Es folgt:

1) Ein mündliches Abkommen, wonach der Besitzer des Wechsels einem Dritten den Wechsel übergiebt, hat nicht die Kraft des Giro und legitimirt den Besitzer des Wechsels nicht. Ihm steht eben die auf dem Wechsel nicht zerstörte Legitimation eines Anderen entgegen. Vergl. Erk. des OG. zu Freysing vom 10. October 1853 (Ztschr. für Gesetz und Rechtspflege in Bayern Bd. 2. S. 490).

2) Die Quittung auf dem Wechsel und der Besitz des Wechsels hat für einen nicht im Wechselverbande stehenden Dritten nicht die Wirkung des Giro. Nicht die Quittung berechtigt zum Besitz des Wechsels, sondern der Umstand, daß aus dem Wechsel selbst das Besitzrecht einer anderen Person nicht ferner ersichtlich ist. Vergl. das vor der Wechsel-Ordnung ergangene Präjudiz des Ob.-Trib. Nr. 1858 (Entschd. Bd. 14. S. 458); Renaud Lehrbuch §. 52. Anm. 6. Anderer Ansicht ist Treitschke a. a. O. 1. S. 493.

3) Die von einem Giranten vor dem Verfalltag auf die Rückseite des Wechsels gesetzte Quittung, dahin lautend: „den Inhalt durch den Vordermann erhalten zu haben," in Verbindung mit der Rückgabe des Wechsels an diesen zahlenden Vordermann hat eben so wenig den Werth und die Bedeutung eines Blanco-Indossaments.

Das Ober-Tribunal hat durch Erk. vom 9. Mai 1857 in Sachen Ziegenfeld wider Kaufmann das Gegentheil angenommen (Archiv v. Seuffert Bd. 12. S. 96).

Die Gründe des Urtheils sind nicht überzeugend. Der Art. 36. verlangt das Giro. Die Quittung und der Besitz des Wechsels wird nirgend mit dem Blanco-Giro identificirt. Quittung und Giro sind in der That Gegensätze. Stellt man sie gleich, so würde jeder dem Wechselverbande fremde Dritte durch Quittung und Wechsel zur Klage legitimirt sein. So wenig dies zu behaupten, so wenig ist jenes zuzugeben. Die Quittung spricht nur das Bekenntniß der empfangenen Valuta aus. Da es eines solchen Bekenntnisses überhaupt nicht bedarf, so kann es auf die Legitimation nicht von Einfluß sein. Entscheidend ist, daß aus dem Wechsel selbst das Aufgeben des Besitzes ersichtlich sein muß. Dies läßt sich nicht durch das Factum des Besitzes allein, sondern nur dadurch fixiren, daß das Besitzzeichen des früheren Besitzers aufgehoben wird. Die Quittung ist kein Modus zur Uebertragung eines Forderungsrechts; sie ist nur ein Zeugniß des Gläubigers gegen sich selbst.

Die Fassung.

Was die Fassung des Art. 10. anlangt, so würden wir statt der Worte „insbesondere auch" vorziehen: „Er ist befugt." Das „Auch" des zweiten Absatzes könnte fehlen. Flickworte wie „auch", „desgleichen", „jedoch", „aber", werden in der Regel ohne bestimmte Absicht, oft des Wohlklanges wegen gebraucht; sie werden aber oft gegen ihren Zweck zur Interpretation benutzt.

Artikel 11.

Das Indossament muß auf den Wechsel, eine Copie desselben oder ein mit dem Wechsel oder der Copie verbundenes Blatt (Alonge) geschrieben werden.

§. 39. Fortsetzung. Form.

Die Art. 11 bis 13. handeln über die Form des Indossaments.

Ohne Wechsel-Form kein Indossament (Art. 7.); das Indossament muß daher auf den Wechsel selbst, das Duplikat oder die Copie gesetzt werden.

Das Indossament hat seinen Namen davon: daß es gewöhnlich auf die Rückseite des Wechsels gesetzt wird. Aus den Art. 11. und 12. folgt jedoch, daß das ausgefüllte Indossament durch den Platz auf der Vorderseite an seiner Wirksamkeit Nichts verliert. Erk. des Ob.-Trib. vom 27. Mai und 14. October 1858 (Strieth. Bd. 30. S. 45 und 325). Ist die Rückseite mit Indossamenten bedeckt, so können die ferneren auf die Alonge — ein an die schmale Seite des Wechsels angeheftetes oder angeklebtes Blatt — gesetzt werden.

Wir haben auch Wechsel gesehen, bei denen aus Bequemlichkeit statt der Alonge die Giros quer durch die anderen Indossamente geschrieben waren. Ist ein solcher Gebrauch nicht grade zu billigen, so wird er nicht schaden, insofern nur das Fortlaufen der Giroreihe ersichtlich bleibt.

Da das Blanco-Giro gestattet ist, so folgt, daß ein Giro „Für mich an Schütz. Moll." ausreicht. Die Angabe des Datum, das Bekenntniß der erhaltenen Valuta ist unnöthig (Art. 4. 15. 96. 98. Nr. 2).

Ein Giro dahin lautend „Für . . . an Schütz. Werth erhalten. Moll" ist gültig. Es enthält zwar, sagt das Ober-Tribunal in Sachen Aron wider Hansemann, eine Lücke, sie erscheint indeß einflußlos, weil sie der Indossaments-Erklärung an Klarheit und Bestimmtheit Nichts benimmt; die Erklärung selbst aber bringt die Begebung des Wechsels zum wirksamen Ausdruck (Urtheil vom 12. Juni 1858).

Artikel 12.

Ein Indossament ist gültig, wenn der Indossant auch nur seinen Namen oder seine Firma auf die Rückseite des Wechsels oder der Copie, oder auf die Alonge schreibt. (Blanco-Indossament.)

§. 40. Das Blanco-Indossament.

a. Rückseite. Datum.

Zur Gültigkeit des Blanco-Indossaments ist nothwendig, daß es auf die Rückseite des Wechsels resp. des Duplikats, auf die Rückseite der Copie oder auf die Alonge geschrieben wird; cfr. Erk. des Ob.-Trib. vom 13. Februar und 23. Mai 1854 (Entschd. Bd. 27. S. 439; Strieth. Bd. 13. S. 124; Archiv Bd. 4. S. 343). Erkenntniß in Sachen Heymann wider

Spohn vom 10. November 1857; Erk. des OAG. zu Wolfenbüttel vom 8. December 1856 (Ztschr. für Rechtspfl. in Braunschweig pro 1857 S. 8).

Der Grund der Vorschrift ist der, daß die Namensschrift auf der Vorderseite der Regel nach als Mitunterzeichnung zu erachten, daß sie somit schon nach dieser Richtung hin wechselrechtliche Wirkungen hervorbringt, während doch sofort aus dem Wechsel erhellen muß, in welcher Eigenschaft die Haftbarkeit übernommen worden.

Die Vorschrift ist aber kategorisch. Sie trifft auch dann zu, wo jener Grund nicht vorliegt. Setzt also der Aussteller eines Wechsels an eigene Ordre seinen Namen auf die Vorderseite des Wechsels so liegt dennoch ein gültiges Blanco-Giro nicht vor. Vergl. U. des Ob.-Trib. vom 10. November 1857 (Strieth. Bd. 26. S. 338).

Daß das Blanco-Giro des Datums nicht bedarf, leuchtet ein. Erk. des Ob.-Trib. vom 31. Mai 1850 in Sachen Reichenkron wider Schultze. Daraus folgt, daß das spätere Giro ein früheres Datum tragen kann als das vorangehende und daß trotz dessen dieses Datum die Legitimation des letzten Inhabers nicht gefährdet. U. des Ob.-Trib. vom 18. Juli 1859 in Sachen Henneberg wider Janz.

b. Ausfüllung. Ausstreichung.

Die Ausfüllung des auf der Vorderseite befindlichen Blanco-Giro beseitigt dagegen den Einwand, daß dieses ausgefüllte Giro früher ein Blanco-Giro gewesen sei. Die Ausfüllung ist eben ein Recht eines jeden Inhabers. Erk. des Ob.-Trib. vom 27. Mai und vom 14. October 1858 (Strieth. Bd. 30. S. 45 und 324). Ist jedoch ein solches Giro, weil unausgefüllt, durch Urtel für ungültig erachtet, so wirkt dieses Urtel in rem. Der Wechselschuldner beruft sich daher der späteren Ausfüllung gegenüber mit Erfolg auf jenes Urtel. Vergl. Erk. des Ob.-Trib. vom 30. September 1854 in Sachen Stephani wider Recke.

Fraglich ist, ob der Inhaber berechtigt ist, ein ausgefülltes Indossament dadurch zu einem Blanco-Giro umzuschaffen, daß er das Giro ausstreicht und eben nur die Unterschrift stehen läßt. Die Frage ist von praktischer Bedeutung. Ihre Bejahung würde dem Finder des Wechsels das Mittel zur Legitimation geben. Für die Bejahung spricht die Schwierigkeit des Nachweises, daß nicht der Indossant selbst in dieser Form das Blanco-Giro ertheilt oder dessen Umschaffung gestattet hat.

Für die Verneinung spricht 1) der Art. 13., er giebt nur das Recht der Ausfüllung; 2) der Art. 36., er giebt nur das Recht des vollständigen Ausstreichens; 3) die Natur der Sache. Ist es erlaubt, ein ausgefülltes Giro in ein Blanco-Giro umzuschaffen, so müßte auch jede beliebige Aenderung, jeder Zusatz zum ausgefüllten Indossament gestattet sein.

Der letzte Inhaber eines durch seine Schuld präjudicirten Wechsels würde dann nur nöthig haben, dem Giro eines Vormannes die Worte „ohne Protest" hinzuzufügen, und die Folgen des Präjudizes beseitigen.

c. Weiterbegebung.

Durch das Blanco-Indossament wird der Wechsel zu einem Papier au porteur. Jeder Inhaber ist daher sofort zur Weiterbegebung und zur Klage berechtigt. Erk. des Ob.-Trib. vom 23. Febr. und 16. September 1854 (Entschd. Bd. 27. S. 55 und Bd. 29. S 186; Strieth. Bd. 11. S. 370). Diese Eigenschaft verliert der Wechsel selbst dadurch nicht, daß er bereits auf Anstehen eines Anderen als des derzeitigen Klägers protestirt worden ist.

Er verliert sie dagegen durch ein dem Blanco-Giro folgendes ausgefülltes Indossament für so lange bis das Letztere ausgestrichen ist. (Art. 36. 55.) Der einlösende Indossant kann daher sein Indossament wegstreichen und auf Grund des vorstehenden Blanco-Giro den Wechsel weiter begeben. U. des Ob.-Trib. vom 26. Februar 1856 (Entschd. Bd. 32. S. 427; Strieth. Bd. 19. S. 364, Bd. 30. S. 391 und Archiv Bd. 6. S. 92 und vom 17. Juli 1858) Erk. des OAG. zu Dresden vom 19. Februar 1856 (Sächs. Wochenbl. für merkwürdige Rechtsfälle pro 1856 S. 305). Das Mittel des Tilgens ist in der Regel das Durchstreichen. Das Ober-Tribunal nimmt jedoch durch Erk. vom 12. Juni 1858 (Strieth. Bd. 30. S. 94) mit Recht an, daß auch das Verkleben eine genügende Form ist.

d. Recht und Haft des Blanco-Indossanten.

Der Inhaber, welcher durch Blanco-Giro in den Besitz des Wechsels gekommen, hat allen Wechselverpflichteten gegenüber dieselben Rechte, welche jedem anderen Indossatar zustehen. Er übernimmt jedoch Niemand gegenüber wechselmäßige Verpflichtungen. Dieser Thatsache verdankt das Blanco-Giro zumeist seine so umfassende Bedeutung. Während sonst jeder Indossant verhaftet ist, kann hier sich der umgekehrte Fall leicht ereignen, der Fall nämlich, daß der Wechselnehmer dem Wechselgeber verhaftet wird. Der Geber in blanco braucht eben nur von seinem Nehmer den Wechsel durch vollständiges Giro zurück zu erhalten.

Während er in dieser Beziehung dem Indossant ohne Obligo gleichsteht, ist er dadurch in einer günstigeren Lage, daß er Duplikate nicht zu geben braucht. Art. 66.

Fraglich ist aber, ob der Inhaber des in blanco girirten Wchsels durch Weiterbegebung nicht wenigstens für die civilrechtlichen Evictionsansprüche haftet? Diese Frage dürfte zu bejahen sein. Denn durch das Blanco-Giro wird der Wechsel zum lettre au porteur, zur Sache. Es kommen daher die Regeln des Kaufs zur Anwendung. (Vgl. auch Westphal DPR. Th. II. Abth. 64 resp. 99 Nr. 18; Heise l. c. §. 82; Koch WR. S. 144). Auch die Analogie des Indossanten sine obligo spricht hierfür. Der Art. 14. der DWO. läßt ihn nur von der Verbindlichkeit aus dem Indossament frei sein, nicht aber von den civilrechtlichen Obligationen.

Artikel 13.

Jeder Inhaber eines Wechsels ist befugt, die auf demselben befindlichen Blanco-Indossamente auszufüllen; er kann den Wechsel aber auch ohne diese Ausfüllung weiter indossiren.

§. 41. Fortsetzung. Inhalt der Ausfüllung.

Unter dem „Jeder Inhaber" des Artikels ist nur der Besitzer zu verstehen, welcher nicht mala fide besitzt. Wer mala fide (dolo) einen in blanco girirten Wechsel erwirbt, ist zur Ausfüllung nicht befugt.

Wenn sodann das Gesetz dem Besitzer das Recht giebt, den Wechsel ohne diese Ausfüllung weiter zu indossiren, so folgt hieraus wiederum, daß eine Cession unzulässig ist.

Die Weiterbegebung geschieht entweder durch ausgefülltes Giro oder durch Blanco-Indossament. Für jenes ist nur die Rückseite zulässig; für dieses mag, wenn nur sonst die Reihenfolge ersichtlich zu machen, auch die Vorderseite anwendbar sein.

Die wiederholten Blanco-Giro's können allerdings Gefahr bringen. Man setze, daß die Rückseite des Wechsels laute

Moll

Schütz.

Wird nun von einem Dritten über den Namen des Moll gesetzt: „Für mich an die Ordre des Schmidt" so wird dem Schütz unmöglich gemacht, seine Legitimation darzuthun; mag immerhin Moll den Wechsel an ihn begeben haben.

Aus dem Art. 13. folgt: 1) zur Präsentation und Protesterhebung bedarf es des ausgefüllten Indossaments nicht (Urtheil in Sachen Franz wider Jacoby vom 8. Juli 1852); 2) die nicht vollständige Ausfüllung — das Weglassen des Namens des Indossatars — ist nicht von rechtlichen Folgen (Urtheil vom 26. Januar 1858 in Sachen Drews und Buge wider Gerhard); 3) die Befugniß der Ausfüllung wird durch den Inhalt des regelmäßigen Indossaments begrenzt. Zu Erschwerungen für den Indossanten, die an sich nicht in dem Indossamente liegen, ist mithin der Inhaber nicht berechtigt. (Vergl. §. 14. des Preuß. Entw. und Prot. Sitz. 6. S. 24.)

Die Art. 13. dem Inhaber eines Wechsels ertheilte Befugniß, ein Blanco-Indossament auszufüllen, erstreckt sich daher, insofern und insoweit diese Ausfüllung ohne Zustimmung und Genehmigung ihres Urhebers vor sich geht, nur auf die Ausfüllung mit denjenigen Momenten, welche unmittelbar gesetzlich und nothwendig in dem Wesen des Indossaments liegen, nicht aber auch auf eine Ausfüllung mit solchen Momenten, welche die durch das Indossament an sich und ohne einen derartigen Zusatz nach der Wechsel-Ordnung begründete, rechtliche Stellung der Indossanten verändern, sowie größere und schwerere Verpflichtungen dem Berechtigten gegenüber auferlegen und nur mit ihrer Zustimmung und Genehmigung zur Wirksamkeit gelangen könnten, wie z. B. die Clausel „ohne Protest", Erk. vom 22. November 1855 in Sachen Eifert wider Kasprzick und vom 10. September 1856 (Entschd. Bd. 33. S. 425; Strieth. Bd. 22. S. 167); Erk. des OAG. zu Lübeck (Römer 1. S. 20); Erk. des Nieder-Oesterr. Ob.-G. vom 12. April 1856 (Oesterr. Ger.-Ztg. pro 1856 Nr. 57).

Es folgt, daß der Inhaber allerdings berechtigt ist, die Pflichten des Blanco-Giranten zu mindern. Er mag daher mit dem Zusatz „ohne Obligo" oder „nicht an Ordre" immerhin ausfüllen.

Fassung.

In Betreff der Fassung scheinen die Worte „er kann den Wechsel aber auch ꝛc." überflüssig — Art. 10. — und das Wort „Indossiren" verfehlt. Wer den mit einem fremden Blanco-Giro versehenen Wechsel in dieser Gestalt und ohne seinen Namen begiebt, indossirt den Wechsel nicht.

Artikel 14.

Der Indossant haftet dem späteren Inhaber des Wechsels für dessen Annahme und Zahlung wechselmäßig. Hat er aber dem Indossament die Bemerkung „ohne Gewährleistung", „ohne Obligo" oder einen gleichbedeutenden Vorbehalt hinzugefügt, so ist er von der Verbindlichkeit aus seinem Indossamente befreit.

§. 42. Das Giro ohne Obligo.

Die Art. 14—17. behandeln die Haftungspflicht des Indossanten. Die Worte des Art. 14. „jedem späteren Inhaber" sind in ihrer Fassung nicht genau. Sie handeln nur von dem Recht des im Sinne des Art. 36. legitimirten Inhabers.

Die Worte des Art. 14. „Hat er aber" beweisen, daß der Indossant sich eben nur von seiner eigenen Verbindlichkeit befreien darf; während er nicht berechtigt ist, die Haftbarkeit der Vormänner, der Nachmänner, des Ausstellers und Acceptant durch irgend einen Zusatz zu beseitigen (vergl. Treischke Bd. 2. S. 383). Es folgt dies e contrario aus dem Art. 45. und dem Umstand, daß Niemand jenen Erlaß acceptiren könnte. Hieraus ergiebt sich zugleich, daß der ohne Obligo girirende Aussteller eines an eigene Ordre gezogenen Wechsels seine Haft als Aussteller durch das Giro „ohne Obligo" nicht zu beseitigen vermag. Anders das Ober-Tribunal. (Entsch. Bd. 29. S. 400; Strieth. Bd. 16. S. 161.)

Formel.

Die Formel für die Ablehnung der Regreßpflicht ist dem Ermessen des Indossanten anheim gegeben. Sie muß jedoch deutlich aus dem Wechsel zu entnehmen sein. Man hat daher angenommen, daß die Buchstaben „o. Vertr." nicht geeignet sind. Erk. d. Ob.-Trib. vom 14. Februar 1856. (Entschd. Bd. 32. S. 436; Archiv Bd. 6. S. 101.) Das AG. zu Magdeburg hat in Sachen Wulsch wider Plesch durch Urtheil vom 14. December 1861 die Worte „jedoch ohne Gewähr für den Acceptanten" zu Unrecht für ausreichend erachtet.

Artikel 15.

Ist in dem Indossamente die Weiterbegebung durch die Worte „nicht an Ordre" oder durch einen gleichbedeutenden Ausdruck verboten, so haben Diejenigen, an welche der Wechsel aus der Hand des Indossatars gelangt, gegen den Indossanten keinen Regreß.

§. 43. Das Recta-Indossament.

1) Die Worte „aus der Hand des Indossatars" sind ungenau. Der zweite, dritte Nachmann empfängt den Wechsel nicht aus der Hand des Recta-Indossatars. Er hat trotz dessen keinen Regreß gegen den „nicht an Ordre" girirenden Indossanten.

2) Auch dieser Artikel beweist, daß das Giro mit der Tratte nicht zu

zu identificiren ist. Art. 19. Der Indossatar, welcher einen nicht an Ordre gestellten Wechsel erwirbt, hat gegen Niemand Regreß.

Der Indossatar, welcher einen nicht an Ordre girirten Wechsel erwirbt, hat gegen Jedermann Regreß mit Ausschluß des nicht an Ordre Girirenden. Es ist freilich behauptet worden, daß der Nachmann des Recta-Indossatars als dessen Repräsentant zur Klage gegen den Recta-Indossanten berechtigt ist und sich eben nur die gegen den Recta-Indossatar zuständigen Einreden gefallen lassen müsse. (Thoel §. 241. Nr. 2. Einert Entw. einer WO. Tit. 8. §. 4.)

Dem ist jedoch nicht beizutreten.

Es ist irrig, daß der spätere Indossatar der Vertreter seines Indossanten ist. Er ist der Vertreter des Gläubigers, des Wechsels. Wer Besitzer im juristischen Sinne ist, kann sich eben um deswillen nicht als Stellvertreter eines Anderen giriren. Es trägt den Widerspruch in sich, dem Dritten eine Klage im Namen des Recta-Indossatars zu bewilligen. Der Recta-Indossatar ist bereits ausgeschieden und just ausgeschieden durch die Ertheilung eines neuen Indossaments. Hat er nun aber selbst sein Recht aufgegeben, so ist nicht denkbar, daß ein Anderer für ihn das von ihm aufgegebene Recht ausübt. (Vergl. Liebe in den Mot. zu dem Braunschw. Entw. S. 95 und Weim. WO. §. 36.)

Es folgt, daß diesen Nachmännern auch ein civilrechtlicher Anspruch gegen den Recta-Indossanten nicht zusteht. Dies umsoweniger, als es sich hier doch nur um die Eviction handeln könnte, welche nur gegen den unmittelbaren Vormann geltend zu machen ist (lex 59. Dig. 21. 2. u. §. 141. I. 11. ALR.), ganz zu geschweigen, daß der Rückgriff durch das Giro des Recta-Indossanten ausdrücklich ausgeschlossen werden ist.

3) Das Recta-Indossament schützt nur gegen die Haft aus den Giris des Indossatars. Daraus folgt, daß der Indossatar trotz der Worte nicht an Ordre per procura giriren und daß dieser Procurator gegen den Indossanten zur Klage legitimirt ist.

Anders bei dem Recta-Wechsel. Hier soll der Wechselzug jedem Dritten verschwiegen bleiben. Der Remittent ist hier daher nicht einmal berechtigt per proc. zu giriren. (Seite 68.)

Hat der Aussteller einen Wechsel an eigne Ordre nicht im Wechsel selbst als Recta-Wesel bezeichnet, sondern nur durch Recta-Indossament begeben, so ist nicht der Art. 9., sondern der Art. 15. maßgebend.

Artikel 16.

Wenn ein Wechsel indossirt wird, nachdem die für die Protesterhebung Mangels Zahlung bestimmte Frist abgelaufen ist, so erlangt der Indossatar die Rechte aus dem etwa vorhandenen Accepte gegen den Bezogenen und Regreßrechte gegen Diejenigen, welche den Wechsel nach Ablauf dieser Frist indossirt haben.

Ist aber der Wechsel vor dem Indossamente bereits Mangels Zahlung protestirt worden, so hat der Indossatar nur die Rechte seines Indossanten gegen den Acceptanten, sowie gegen den Aussteller und Diejenigen, welche den Wechsel bis zur Verfallzeit indossirt haben. Auch ist in einem solchen Falle der Indossant nicht wechselmäßig verpflichtet.

§. 44. Vorbemerkung.

Der Wechsel hat eine begrenzte Lebensdauer. Es ist diejenige, die ihm sein Schöpfer, der Aussteller, gegeben. Sie ist äußerlich erkennbar. Sie muß es sein, soll das Papier als Wechsel gelten. (Art. 4. Nr. 3.; Art. 96. Nr. 3.) Mit Ablauf dieser Zeit müßte der Wechsel aufhören, Wechsel zu sein. Ließe sich der Handel, der Wechselverkehr durch positive Gesetze maßregeln und commandiren, so wäre wünschenswerth, jede Circulation des Wechsels nach der Verfallzeit zu verbieten und durch solches Verbot die auftauchenden, überaus intricaten Rechtsfragen ein für alle Mal aus dem Wege zu schaffen. Die Bedürfnisse des Verkehrs sind jedoch durch bloße Verbote nicht zu erreichen. Der Handelsstand verlangt mit Recht von der Jurisprudenz, daß sie auch schwierige Rechtsfragen bewältige. Die DWO. hat daher die Circulation nach der Verfallzeit anerkennen müssen. Die Thatsache läßt sich nicht abweisen, daß der Wechsel während seines Lebenslaufes Rechte erworben hat und daß er diese bei seinem Absterben gleichsam als Erbschaft zurückläßt.

Der Wechsel nach der Verfallzeit kommt daher, was Circulation und Giro anlangt, in dreifacher Beziehung in Betracht. Er kömmt in Betracht

1) während der Protestzeit.

Die DWO. hat die Protestzeit bis zum zweiten Werktage nach dem Verfalltage erstreckt. (Art. 41. Abs. 2. Art. 98. Nr. 6.)

Wird der Protest am letzten Protesttage levirt, so ist die Sache juristisch nicht anders, als ob dieser Tag der Verfalltag wäre. Dieser Fall bietet somit keine Schwierigkeiten für das Giro dar. Der Wechsel kömmt in Betracht

2) nach Aufnahme des Protestes.

Die Erbschaft, welche der Wechsel auch den späteren Indossataren hinterläßt, besteht hier in dem Anspruche gegen alle bis zum Protest in den Wechsel-Verband eingetretenen Personen. (Art. 81. Nr. 40. 41. 77—79. Art. 98. Nr. 5. 6. 10. u. Art. 100.) Der Wechsel kömmt in Betracht

3) als präjudicirter Wechsel, d. h. nach Ablauf der nicht innegehaltenen Protestfrist.

Der Wechsel hinterläßt als Erbschaft noch einen Anspruch gegen den Acceptanten und gegen diejenigen, welche den Wechsel nach Ablauf der Protestfrist indossirt haben. (Art. 77. u. 98. Nr. 10.

In diesen beiden Fällen dauert die Wirksamkeit des Wechsels factisch über seine Lebenszeit hinaus. Er dient noch immer als Legitimation zur Geltendmachung der von ihm hinterlassenen Rechte. Er hinterläßt nicht nur Rechte aus seinem Lebenslauf, er erwirbt, ähnlich der haereditas jacens, noch neue Rechte nach dem Verfalltage hinzu, wie denn das nach Verfall gegebene Accept ein wechselmäßig wirksames ist. Der verfallene Wechsel stellt sich nicht als ein in seinem Wesen verändertes, sondern nur als ein in seinen Wirkungen modificirtes Papier dar. In allen drei Fällen tritt jedoch insofern eine Veränderung des Wechsels selbst ein, daß er nunmehr mit und nach der Verfallzeit gleichsam als Sichtwechsel wirkt. (Vergl. Thoel §. 245. Prot. Sitz. 7. S. 25 ff.; Liebe S. 77.)

Trägt so der verfallene Wechsel immer noch Rechte in sich, so frägt sich, ob, in welcher Form, mit welchem Effect, wie lange, und von wem er begeben werden kann.

Gesetzgebung, Theorie und Praxis gehen bei Lösung dieser Fragen weit auseinander. (Vergl. Treitschke Bd. 1. S. 502 ff.; Thoel §. 245. Motive zum Braunschw. Entw. S. 97 und Mittermaier im Archiv Bd. I. S. 10 ff.)

Die älteren Gesetzgebungen erklären jedes nach der Verfallzeit geschehene Giro für ungültig. Das ALR. gestattet das Indossament als solches bis zur Erlöschung der Wechselkraft, §§. 825. 826. II. 8. Der Code de commerce enthält keine Bestimmung. Der Preuß. Entw. (§. 16.) erklärte jedes nach Verfall ertheilte Indossament für eine Cession.

Anders die DWO. Sie gestattet das Giro nach Verfall. Sie erklärt, ohne zwischen präjudicirten und protestirten Wechseln zu unterscheiden, das Indossament auch nach Verfall als das geeignete Mittel der Begebung. Es folgt:

1) Das Indossament ist die Begebungsform auch für protestirte und präjudicirte Wechsel. Vergl. Urth. des Ob.-Trib. vom 10. Januar 1856 (Strieth. Bd. 19. S. 243; Archiv Bd. 6. S. 91).

2) Die lex Anastasiana findet auch auf die Indossamente nach Verfall keine Anwendung.

3) Für die Legitimation ist auch nach Verfall des Wechsels der Regel nach der Art. 36. entscheidend.

Fraglich ist jedoch, mit welcher Wirkung werden verfallene Wechsel indossirt?

Die ADWO. unterscheidet, ob der Wechsel vor dem Giro bereits Mangels Zahlung rechtzeitig protestirt worden oder nicht, mit andern Worten, ob er präjudicirt ist oder nicht.

§. 45. Der präjudicirte Wechsel.

1. Hinsichtlich der Vorindossamente des präjudicirten Wechsels.

Wir behandeln zuerst den präjudicirten Wechsel. Einen solchen Wechsel hielt die Conferenz für circulationsfähig. Man erwog, daß, zumal nach Zulassung des nicht datirten Giro und des Blanco-Indossaments, es an jedem Kennzeichen gebreche, um die Zeit der Indossirung zu ersehen (Prot. Sitzung 7. S. 25 ff.).

Es ist jedoch zu unterscheiden:

1) Die Begebung des nicht protestirten Wechsels hat zwischen Verfall und Protestfrist stattgefunden. Innerhalb dieser Periode ist der Wechsel wie ein nicht verfallener zu behandeln. Der Indossatar erwirbt alle Rechte aus dem Wechsel gegen den Acceptanten. Er erwirbt, falls er noch rechtzeitig Protest erheben kann, Regreßrechte auch gegen sämmtliche Vormänner. Erk. des Appell.-Ger. zu Freysing vom 13. Okt. 1856 (Zeitschr. für G. und R. in Bayern Bd. 4. S. 438). Innerhalb dieser Periode kann ihm jeder Vormann die Protestaufnahme gültig erlassen. Selbst der zu jener Zeit

ertheilte mündliche Erlaß ist gültig, wenn er auch immerhin erst später dem Giro des erlassenden Indossanten zugefügt wird. Erk. des Ob.-Trib. vom 22. Nov. 1855 (Strieth. Bd. 19. S. 105) und Erk. des Nieder-Oesterr. Ob.Ger. vom 4. Febr. 1857 (Ger.-Ztg. pro 1857 Nr. 36).

2) Der Wechsel ist nach der gesetzlichen Protestfrist weiter begeben. Die Folge ist:

a. Alle bis zum Ablauf der Protestfrist eingetretenen Indossanten scheiden aus der Haft, sie sind durch Präjudiz befreit. Der präjudicirte Wechsel ist gegen sie zum Regreß nicht geeignet.

b. Hat der Indossant vor Verfall girirt, aber erst nach der Protestfrist den Protest erlassen und seinem Giro die Clausel „ohne Protest" hinzugefügt, so hat diese Clausel keine Wirkung. Sie datirt aus einer Zeit, wo jeder Regreß bereits beseitigt war. Erk. des Ob.-Tr. vom 22. Nov. 1855 (Strieth. Bd. 19. S. 105).

2. Rücksichtlich der Nachindossanten.

Nach Eintritt des Präjudizes beginnt mit dem ersten Nachindossanten eine neue Giroreihe. Die Nach-Indossanten des präjudicirten Wechsels müssen als solche um so gewisser haften, als die früheren Indossanten jeder Haft der Aussteller und jeder wechselmäßigen Verpflichtung (Art. 83.) zur Zeit jener späteren Giro's bereits entbunden waren.

a. Beweis des Datum.

Fraglich ist: Wer muß bei dem nicht datirten oder dem Blanco-Giro beweisen? der Indossant, daß **vor**; der Indossatar, daß **nach** dem Präjudiz indossirt worden?

Man wird die Frage in dieser Allgemeinheit nicht lösen können. Es wird, wie in der Regel, bei den Fragen nach der Beweislast auf den einzelnen Fall ankommen. Folgen jenen Giri's datirte Giro's nach, so ist sicher ohne Weiteres anzunehmen, daß das Datum jener nicht ein späteres sein kann, als das Datum dieser. Fehlt es an jeder Präsumtion, so wird Kläger beweisen müssen, daß jene Giro's nach dem Präjudiz ausgestellt sind.

b. Protest.

Fraglich ist: Unter welchen Bedingungen ist der Regreß gegen die Indossanten des präjudicirten Wechsels zulässig?

Aus einem mit bestimmtem Verfalltage versehenen Wechsel ist rücksichtlich des Fälligkeits-Termins ein Sichtwechsel geworden. In allen übrigen Stücken ist das Verhältniß der Nach-Indossanten und des Acceptanten in Nichts geändert. Die Bedingungen des Regresses sind daher Präsentation und Protest. Der verklagte Indossant wendet mit Recht ein, es stehe ihm gegenüber durch Protest nicht fest, daß der Acceptant Zahlung weigere; er sei daher zur Zahlung nicht verpflichtet (Thoel a. a. O. sub Nr. 4.; Liebe a. a. O. S. 76 und 77; Mittermaier im Archiv Bd. I. S. 10; Brauer AWR. S. 54; Erk. des Handels- und AG. zu Leipzig und

Dresden vom 31. October, 9. August 1852 und 18. Januar 1853. Archiv Bd. 4. S. 101 ff. und Urth. des Ob.-Trib. vom 22. Nov. 1855, Strieth. Bd. 19. S. 105).

e. Protestfrist.

Controvers ist: Wann ist der Wechsel bei dem Acceptanten zu präsentiren und zu protestiren?

Der Braunschweigische Entwurf hatte dem Inhaber eine 24stündige Präsentationsfrist nach Empfang des Wechsels zur Pflicht gemacht. Auch in der Conferenz hat man — jedoch ohne Erfolg — beantragt, die Frist gesetzlich zu fixiren (Conf. Prot. Sitz. 32. S. 233).

Die Ansichten gehen auseinander.

Wer aus der Gleichstellung des präjudicirten Wechsels mit dem Sichtwechsel folgert, daß die Präsentation und Protestation innerhalb der für Sichtwechsel bestimmten Frist (Art. 31.) zur Wahrung des Regresses erfolgen müsse (cfr. Thoel a. a. O.; Mittermaier a. a. O. S. 30; Brauer a. a. O.; Erk. des Ob.-G. zu Hamburg vom 7. März 1856, Archiv Bd. 5. S. 449 ff.) greift fehl; mag er immerhin bei dem datirten Giro die zweijährige Frist von diesem Datum, bei dem nicht datirten Giro vom Verfalltage des Wechsels rechnen.

Es liegt kein Sichtwechsel, sondern nur ein Wechsel vor, der, weil verfallen, auf Verlangen sofort vom Acceptanten einzulösen ist. Wollte man um deswillen diesen präjudicirten Wechsel in allen Stücken mit dem Sichtwechsel identificiren; so würde man zu dem Satze gelangen: Das Giro präjudicirter Wechsel ist nur innerhalb zweier Jahre nach Verfall zulässig.

Das Erk. des OAG. zu Dresden (Archiv Bd. 4. S. 104) beschränkt den Art. 16. Abs. 1. auf den Fall, wo entweder über das von dem Indossatar und den folgenden Nehmern zu beobachtende Verfahren ausdrückliche Abrede im und beim Indossament stattgefunden, oder wo im Wechsel auf andere Weise indicirt worden, daß von Seiten des Zahlers eine anderweite Erklärung wegen der von ihm zu gewärtigenden Einlösung für einen von ihm bestimmten Tag vorbehalten worden ist, oder wo erst am Verfalltage selbst der Zahler um Nachsicht unter Gelübde einer späteren Zahlung nachgesucht hat (ibid. 111 und 112. und Tauchnitz Zeitschr. N. F. Bd. 12. S. 371). Der Art. 16. steht dieser Annahme ex diametro entgegen.

Nach der richtigen Ansicht (Liebe S. 76 und 77) ist Präsentation, Protest und somit Regreß bis zur Verjährung zulässig.

Es ist richtig, daß der verfallene und präjudicirte Wechsel insoweit die Wirkungen eines Sichtwechsels erzeugt, als Präsentation und Protest jeden Augenblick zulässig sein muß. Daraus folgt aber keineswegs, daß er nun auch für den Inhaber als Sichtwechsel zu erachten ist. Im Gegentheil, der präjudicirte Wechsel kann und muß in seiner alten Form gebraucht werden. Das Nach-Indossament muß nothwendig den verfallenen Wechsel zu seiner Unterlage haben. Dieser muß daher in seinem Wesen und Inhalte berücksichtigt werden. Die alte Tratte hat nun aber nicht die Form eines Sichtwechsels. Die für den Sichtwechsel gegebenen Vorschriften sind somit nicht anwendbar. Der Wechsel-Inhaber, welcher einen präjudicirten Wechsel weiter begiebt, giebt zu erkennen, daß er die Verjährungsfrist des Wechsels benutzen will. Mit ihrem Ablauf sind alle Rechte erloschen, alle Pflichten beseitigt. Bis zu ihrem Ablauf bleiben dagegen die Nach-Indossanten und der Acceptant verhaftet.

§. 46. Fortsetzung.

Das verspätete Giro.

Fraglich ist sodann: Gilt ein vor Ablauf der Protestfrist, jedoch so spät verschicktes Giro, daß rechtzeitig vom Inhaber Protest nicht mehr zu leviren, einem Giro gleich, welches einem präjudicirten Wechsel gegeben ist?

Gesetzt der Wechsel ist am 3. Januar fällig; er wird aber mit Giro so spät verschickt, daß er am 5. Januar (Art. 41.) nicht mehr protestirt werden kann. Es ist unbedenklich, daß der Wechsel allen Indossanten gegenüber als präjudicirt erachtet werden muß. Es fehlt eben an einem rechtzeitig levirten Protest. Es ist aber ebenso unbedenklich, daß dem letzten Indossanten gegenüber die Sache so anzusehen ist, als ob er einen bereits präjudicirten Wechsel girirt habe.

Diese von Brauer l. c. S. 55 und einem Urtel des OG. zu Hamburg (Archiv Bd. 5. S. 449) vertheidigte Ansicht findet in den Materialien ihre Stütze. In der Conferenz ist die Frage aufgeworfen und die Zulässigkeit des Regresses dadurch begründet, daß „wenn ein Wechsel so spät indossirt werden, daß er am Zahlungsorte nicht mehr rechtzeitig präsentirt werden kann, der Indossant trotz des Präjudizes dem Wechsel-Regresse unterliege, weil Niemand zu seiner Vertheidigung auf ein Versäumniß sich berufen könne, an dem er selbst die Schuld trage." Wenn trotz dessen der Antrag unter Einräumung der Richtigkeit der Motive abgelehnt worden, so ist dies nur geschehen, weil „derselbe, als sich von selbst verstehend, jedenfalls als zum pactum de cambiando gehörig, nicht in die WO. aufzunehmen sei." (Prot. Sitz. 32. S. 233 ad §. 16.)

§. 47. Der protestirte Wechsel.

1. Bei vorschriftsmäßig erhobenem Protest.

Wir haben bisher von dem Fall gehandelt, wo der Wechsel Mangels Zahlung nicht protestirt worden. Wir kommen jetzt zu dem anderen Falle:

Der Wechsel ist bereits vor dem Indossamente Mangels Zahlung protestirt worden.

Der Art. 16. alin. 2. macht keinen Unterschied zwischen Protestzeit und Verfallzeit. Ist daher der Protest am Verfalltage erhoben und demnächst der Wechsel innerhalb der Protestfrist begeben, so ist der Abs. 2. maßgebend.

Der Indossatar erwirbt hier nicht die Rechte aus dem Wechsel, sondern nur diejenigen Rechte, welche sein Indossant hatte. Gegenstand des Verkehrs ist nicht mehr der Wechsel als solcher, sondern der Regreßanspruch und die aus dem Indossament fließende Legitimation. Der Wechsel läuft daher nicht vorwärts, sondern rückwärts. Er ist nothleidend und rückläufig. Hieraus folgt:

1) Der nach Protest girirende Indossant hat nicht sowohl den Wechsel als sein Regreßrecht girirt. Er haftet daher nicht wechselmäßig.

2) Durch den Protest ist gleichsam lis contestirt und die Zahl der wechselmäßig haftbaren Personen geschlossen worden. Der Inhaber erwirbt daher nur Rechte gegen Acceptanten, Aussteller und die Vormänner seines Indossanten, welche den Wechsel bis zur Protesterhebung indossirt haben.

3) Dieser sein Indossant hat ihm eben nur seinen Regreß indossirt. Daraus folgt, daß er sich alle diejenigen Einreden gefallen lassen muß, welche seinem Indossanten entgegenstehen (Prot. Sitz. 7. S. 26—28, Erk. des Ob.-Trib. vom 27. Okt. 1853, vom 10. Jan. 1856; Strieth. Bd. **11**. S. 26, Bd. **17**. S. 103, Archiv Bd. **4**. S. 449, Entschd. Bd. **30**. S. 470, Bd. **31**. S. 70; cfr. auch Arch. Bd. **6**. S. 91, Bd. **8**. S. 187, Bd. **9**. S. 70).

Die Zwischen-Indossatare.

Die Worte des Art. 16. alin. 2. „so hat der Indossatar nur die Rechte seines Indossanten", haben zu Bedenken geführt. Setzen wir, daß A. Protest erhebt und daß demnächst der Wechsel auf B. C. D. E. mittelst Blanco-Giro des A. begeben wird. Erhebt nun E. Klage gegen A., so entsteht die Frage:

1) Kann A. diejenigen Einreden und Gegenforderungen entgegensetzen, welche ihm etwa gegen D. zustehen möchten? Die Instanz-Gerichte haben in einem praktischen Falle diese Frage aus dem Grunde verneint, weil D., welcher den Wechsel mittelst Blanco-Giro des A. begeben, nicht als Indossatar des E. anzusehen.

Mit Recht ist das Ob.-Trib. im Erk. vom 22. Mai 1855 (Entschd. Bd. **31**.; Strieth. Bd. **17**. S. 204 ff.) dieser Ansicht entgegen getreten. Dasselbe führt aus:

Die aus der Zulassung des Blanco-Indossaments folgenden Begebungen durch einfache Uebergabe des Wechsels haben allerdings das Eigenthümliche, daß der solcher Gestalt Begebende aus dem Wechselverbande ausscheidet; diese Wirkung kann indeß nur unter der Voraussetzung eintreten, daß sich der Lauf des Wechsels noch nicht fixirt, und das eigentliche Wechsel-Geschäft sich noch nicht abgeschlossen hat. Ist dagegen ein solcher Abschluß durch den aufgenommenen Protest erfolgt, und hat sogar der Inhaber des protestirten Wechsels schon aus demselben gegen den Wechselschuldner geklagt: so sind die gegenseitigen Rechte und Verbindlichkeiten derjenigen, welche in das Wechselgeschäft eingetreten sind, mithin auch desjenigen Inhabers, welcher durch einfache Uebergabe das Eigenthum des Wechsels erlangt, sich als solcher in dem Prozesse erkennbar gemacht hat und einem bestimmten Wechselschuldner gegenübergetreten ist, fixirt. Für diesen Wechselschuldner ist ein solcher Inhaber in den Wechselverband erkennbar eingetreten; begiebt er nach rechtskräftig entschiedener Sache den Wechsel durch einfache Uebergabe weiter, so kann er diesem Wechselschuldner gegenüber mehr Rechte nicht übertragen, als er selbst gegen ihn hat, und es muß deshalb auch dem Wechselschuldner die Befugniß zustehen, — — — den Einwand der gegen diesen rechtskräftig entschiedenen Sache mit Erfolg entgegenzusetzen. Der Mangel der Schriftlichkeit der Begebung des Wechsels nach aufgenommenem Proteste steht dem nicht entgegen, da die Begebungen durch einfache Uebergabe allgemein und unbeschränkt zugelassen sind, und das zweite Alinea des Art. 16. der Wechsel-Ordnung keinen Unterschied macht, ob der Indossatar die Rechte des Indossanten durch schriftliches Indossament oder durch einfache Uebergabe erlangt hat.

2) Kann A. gegen E. auch diejenigen Exceptionen geltend machen, welche ihm nicht bloß gegen diesen resp. dessen Auctor, sondern auch gegen die Zwischen-Indossatare B. und C. zustehen?

Diese Frage wird lediglich nach den Vorschriften des Civilrechts zu beantworten sein um so mehr, als festzuhalten ist, daß die ganze Giroreihe nach der Protestaufnahme nur als eine Cessionsreihe zu erachten ist. (§§. 313. bis 317. I. 16. ALR.)

Zutreffend ist daher die im vorallegirten Erkenntniß getroffene Entscheidung, welcher der Rechtsstreit zu Grunde gelegen, daß der Verklagte, aus einem nach der Protestaufnahme mehrfach begebenen Wechsel in Anspruch genommen, excipirte, es habe aus diesem Wechsel bereits Einer der Zwischen-Inhaber gegen ihn geklagt und sei rechtskräftig abgewiesen worden. Dieser Einwand ist mit Recht für begründet erachtet worden.

Der Art. 16. Alinea 2 giebt im Wesentlichen den Grundsatz des preußischen Entwurfes, nur beschränkt auf das Indossament nach erhobenem Proteste, wieder, und es greifen deshalb auch die oben mitgetheilten Motive des preußischen Entwurfes in dieser Beziehung Platz. Wenn auch bei der Abstimmung bevorwortet wurde, daß bei der Redaction des Gesetzes eine Bezugnahme auf die Cession zu vermeiden sei, so kann es doch einem gegründeten Bedenken nicht unterliegen, daß die Wirkungen eines solchen Indossamentes nach den civilrechtlichen Grundsätzen von der Cession zu bestimmen sind: Nicht bloß die in dieser Beziehung unangefochtenen, aus der Natur der Sache geschöpften Motive des preußischen Entwurfes sprechen dafür; auch das Gesetz selbst hat diese Wirkung darin ausdrücklich anerkannt, daß einem solchen Indossatar nur die Rechte seines Indossanten beigelegt sind, und daß ein solcher Indossant wechselmäßig nicht verpflichtet sein soll, eine Bestimmung, welche ein solches Indossament wesentlich von dem Indossamente bis zum Verfall des Wechsels unterscheidet, und nothwendig auf die civilrechtliche Theorie der Cession, insbesondere auf den allgemeinen Grundsatz zurückführt, daß Niemand mehr Rechte übertragen kann, als er selbst hat, und daß die Verpflichtung des Schuldners durch eine solche Abtretung niemals erschwert werden darf. Daraus folgt aber weiter, daß im Falle mehrfacher Begebungen des Wechsels nach aufgenommenem Proteste, gleich wie bei mehreren Zwischencessionen, der letzte Indossatar den peremtorischen Einwand der rechtskräftig entschiedenen Sache gegen sich gelten lassen muß, dieser Einwand mag dem Schuldner gegen den unmittelbaren, oder gegen den ersten Indossanten nach aufgenommenem Proteste erwachsen sein.

Zwar lautet die Fassung des zweiten Alinea des Art. 16, daß der Indossatar nur die Rechte seines Indossanten habe; eine Beschränkung des Schuldners auf solche, nur gegen den unmittelbaren Indossanten des Klägers zuständige, peremtorische Einreden folgt jedoch daraus nicht; auch ein innerer Grund für eine solche Beschränkung liegt nicht vor, und es ist nicht erweislich, daß man dieselbe bei der Fassung beabsichtigte, um so weniger, als man für das Indossament nach erhobenem Proteste die Grundlage der civilrechtlichen Cession adoptirt hat.

Die Sache liegt nicht anders, wenn E. gegen den Accetpanten des Wechsels klagt. Der Art. 16. Abs. 2. stellt den Acceptanten hinsichtlich der Exceptionen den Indossanten vor der Protestaufnahme gleich.

Man beabsichtigte ein Merkmal zu fixiren, um kenntlich zu machen, ob der Wechsel protestirt worden (Prot. Sitz. 7. S. 29. Nr. 1). Ein solches Merkmal würde leicht aufzufinden sein. Man brauchte eben nur den Notar anzuweisen, auf dem protestirten Wechsel hinter dem letzten Giro unter seinem Siegel zu vermerken, daß er diesen Wechsel am ... protestirt habe.

Man hat jedoch hiervon Abstand genommen. Die Haftbarkeit desjenigen Indossanten, welcher einen protestirten Wechsel girirt, sei geringer als die Verpflichtung desjenigen, welcher einen präjudizirten Wechsel indossirt; es liegt also, wird erwogen, im eigenen Interesse des Ersteren, den Protest nicht zu verschweigen (Siebe S. 77).

2. Mangelhafte Protestaufnahme.

Der Art. 16. Abs. 1. und 2. unterscheidet scheinbar nur zwischen und unterlassenen Protestaufnahme, ohne ein besonderes Gewicht auf die Folgen zu legen, welche der levirte Protest hinsichtlich der Rechte des protestirenden Inhabers gegen die Regreßpflichtigen hat. Man könnte hieraus folgern — und in der That ist auch so gefolgert worden — daß auch ein mangelhaft erhobener Protest die Folgen des Abs. 2. dieses Artikels nach sich ziehe. Die Unrichtigkeit dieser Ansicht ergiebt sich schon daraus, daß die beiden Absätze des qu. Artikels sich nur dadurch unterscheiden, daß der erste einen präjudizirten, der andere einen nicht präjudizirten Wechsel voraussetzt. Präjudizirt ist aber der Wechsel:

1) Wenn der rechtzeitig levirte Protest an Form-Mängeln leidet. Der Erwerber hat nur einen präjudizirten Wechsel erlangt. Erk. des Nied.-Oesterr. Ober-Ger. vom 3. September 1856 (Oesterr. Ger.-Ztg. pro 1857 Nr. 5) und das Urth. des Ob.-Tr. vom 14. Mai 1861 (Strieth. Bd. 41. S. 251).

2) Wenn der Protest erst nach der gesetzlichen Frist levirt worden. Ist die Protestfrist des Wechsels am 1. Januar abgelaufen, so wird, wenn der Wechsel erst am 10. Januar protestirt ist, nicht nur für die Giri's zwischen dem 1. und 10. Januar, sondern auch für die späteren nach dem 10. Januar bewirkten Giri's die alin. 1. des Art. 16. maßgebend sein.

§. 48. Fortsetzung.

Das vor der Protestaufnahme ausgestellte Blanco-Giro als Legitimation für den Nachindossatar.

Erhebliche Schwierigkeit macht das Blanco-Indossament.

Man setze: der Wechsel ist am 28. October fällig. Er trägt die Blanco-Giro's „Schütz", „Koch", „Moll." Der letzte Inhaber ist Schmidt. Er läßt den Wechsel am 28. October protestiren. Ein auf dem Wechsel nicht stehender Dritter — Thomas — wird demnächst unter dem Schutz des Blanco-Giro des Müller gegen Koch klagbar. Es frägt sich, ob Koch, gestützt auf den Art. 16. alin. 2., dem Thomas alle diejenigen Einreden entgegensetzen darf, welche ihm gegen Moll zustehen.

Es werden drei Ansichten geltend gemacht. Die Einen sind der Ansicht, der Wechsel sei nicht vor, sondern nach dem Blanco-Giro des Moll protestirt worden; es treffe daher der Art. 16. alin. 2. nicht zu. Die Andern wollen unterscheiden, ob Thomas bereits früher auf Grund des Blanco-Giro den Wechsel besessen, ihn dem Schmidt gegeben und ihn demnächst von Schmidt zurückerhalten habe. (Urth. des Ob.-Tr. vom 21. Febr. 1859, Arch. Bd. 36. S. 267.) Eine dritte Ansicht geht dahin, daß die Legitimation des Thomas nicht zu bemängeln, daß er aber nur die Rechte des Art. 16. alin. 2. ausüben dürfe. Diese Ansicht ist die richtige. Derjenige, dessen Name auf dem Wechse nicht steht, ist dem Wechselzuge fern. Es ist daher gleichgültig, ob er früher einmal den Wechsel besessen. Wer als Dritter nach Protest den Wechsel erwirbt, hat in der That nur einen protestirten Wechsel erworben; er unterliegt daher dem Art. 16. alin. 2. Der Protest stellt aber diejenigen Personen fest, welche vor dem Protest die für den Wechsel in Betracht kommenden Besitzer gewesen sind. (Vergl. auch Erk. des Ob.-Trib. vom 22. Mai 1855; Entschd. Bd. 31.)

§. 49. Unzulässigkeit des Giro's.

Ohne rechtliche Folge ist das Giro:

1) Wenn mittelst desselben der Wechsel nach Verfall und Protestaufnahme vom Acceptanten begeben worden.

Aus der Entstehungs-Geschichte des Art. 10. ergiebt sich, daß man den von keiner Seite angezweifelten Satz, wonach eine Confusion eintritt, wenn der Acceptant den Wechsel nach Verfall und Protest erwirbt, nicht hat aufgeben, auch in ihm eine Aenderung nicht hat vornehmen wollen. § 43. des Preuß. Entw. von 1845, Berl. Protokolle S. 30 ff., Commissionsbericht S. 37, §. 11. des letzten Preuß. Entw., Preuß. Motive S. 41, Heise Handelsrecht §. 123. und die erschöpfenden Gründe des in Strieth. Bd. 37. S. 248 abgedruckten U. des Ob.-Trib.)

2) Wenn der Wechsel verjährt ist.

Nach Ablauf der gegen den Acceptanten fixirten Verjährungsfrist ist der Wechsel als solcher völlig werthlos; er hört auf Gegenstand des Verkehrs zu sein. Als Gläubiger beseitigt, nachdem die Regreßrechte durch

Verjährung erloschen sind, erscheint unmöglich, ihn mit rechtlichem Effect durch Giro zu begeben. Das ALR. II. 8. §§. 825. 826., welches nach der Verjährung des Wechsels das Indossament, als Cession betrachtet beruht auf der überwundenen Auffassung, daß der Wechsel nach Verfall als Schuldschein zu betrachten ist (cfr. WR. von Crelinger u. Gräff S. 97)

§. 50. Mängel der Fassung.

Die Fassung des Art. 16. dürfte nicht von dem Vorwurf freizusprechen sein, daß sie zu vielen Controversen Anlaß gegeben.

Wir würden den Artikel dahin fassen:

„Der Indossatar des durch nicht rechtzeitigen Protest präjudicirten Wechsels erwirbt Regreßrechte gegen diejenigen, welche den Wechsel nach Ablauf der Protestfrist girirt haben.

Der Indossatar des rechtzeitig protestirten Wechsels erwirbt als Cessionar die Rechte seines ihm wechselmäßig nicht haftenden Indossanten."

Es scheint nicht nothwendig hier zu bestimmen, daß bei dem Giro des präjudicirten Wechsels die Rechte aus dem etwa vorhandenen Accepte erlangt werden (Art. 44.).

Die Verpflichtung des Acceptanten ist eben unabhängig vom Protest (Erk. des OAG. zu Lübeck vom 19. März 1857; Lüb. Wechs.-Jur. S. 426 und 427).

Artikel 17.

Ist dem Indossamente die Bemerkung „zur Einkassirung", „in Prokura" oder eine andere die Bevollmächtigung ausdrückende Formel beigefügt worden, so überträgt das Indossament das Eigenthum an dem Wechsel nicht, ermächtigt aber den Indossatar zur Einziehung der Wechselforderung, Protesterhebung und Benachrichtigung des Vormannes seines Indossanten von der unterbliebenen Zahlung (Art. 45.), sowie zur Einklagung der nicht bezahlten und zur Erhebung der deponirten Wechselschuld.

Ein solcher Indossatar ist auch berechtigt, diese Befugniß durch ein weiteres Procura-Indossament einem Anderen zu übertragen.

Dagegen ist derselbe zur weiteren Begebung durch eigentliches Indossament selbst dann nicht befugt, wenn dem Procura-Indossament der Zusatz „oder Ordre" hinzugefügt ist.

§. 51. Wesen und Form des Procura-Indossaments.

Das Procura-Indossament stellt eine Vollmacht in Form des Giro dar, es ist gleichsam ein wechselrechtliches Mandat. Daraus folgt, daß es nach zwei Seiten hin in Betracht kommt; als Giro und als Mandat.

Als Giro unterscheidet es sich, soweit es sich um die Legitimation dem Wechselschuldner gegenüber handelt, in Nichts von dem sog. Eigenthums-Indossament.

Aus dem Mandat ergeben sich dagegen folgende Beschränkungen:

1) Der Indossatar tritt weder in die Rechte noch in die Pflichten

des wirklichen Indossanten. Der Schuldner kann mithin einen Einwand aus der Person des Procura-Indossatars nicht herleiten (Arch. Bd. I. S. 23, 24); er darf nur aus der Person des Indossanten excipiren.

2) Der Procura-Indossant ist legitimirt, sobald er nur wiederum in den Besitz des Wechsels gelangt. Es ändert Nichts, daß das Procura-Indossament stehen geblieben und ein Rückgiro oder eine Durchstreichung nicht stattgefunden hat. Durch den Rückerwerb des Wechsels ist das Mandat beseitigt und die Sache so anzusehen, als ob der Procura-Indossant niemals girirt hätte.

3) Der Procura-Indossatar ist als Bevollmächtigter zur Substitution berechtigt. Die Form ist die wechselrechtliche des weiteren Giro Dieses Giro giebt aber den folgenden Indossataren des Procura-Indossatars immer nur dessen Rechte. Man hat daher mit Recht aus dem §. 17. des Pr. Entw. alin. 2. die Worte „zur Einkassirung oder in Procura" gestrichen (Prot. S. 31).

Jedes folgende Indossament des Procura-Indossatars ist und bleibt ein Procura-Indossament. (Vergl. Thoel §. 229.; Renaud §. 59. Anmerk. 7. Nr. 2.) Substitutus substituti est substitutus instituti. Es folgt, daß die Wechselschuldner, welche dem Indossatar des Procura-Indossatars zahlen, liberirt werden.

Anders Koch WO. S. 150. Er meint, das Giro des Procura-Indossatars würde den Procura-Indossanten zur Vindication des Wechsels und zur nochmaligen Einforderung der Zahlung, falls der Bezogene darauf gezahlt hätte, berechtigen. Es wird hierbei übersehen, daß das Giro des Procura-Indossatars den Character eines Procura-Giro trägt. Richtig ist, daß der Zahlungsempfänger verpflichtet ist, das eingehobene Geld an den Procura-Indossanten abzuführen. Ob er aber dieser Verpflichtung genügt, greift in die Rechtssphäre des Zahlenden nicht ein. Dieser muß zahlen. (Art. 17.) Für ihn ist Machtgeber und Machthaber identisch.

4) Beweist freilich der Schuldner, daß die Unterschrift des Procura-Indossanten oder Indossatars falsch ist, oder daß das Mandat widerrufen worden, so ist er zur Zahlung nicht verpflichtet. Es fehlt dann dem Bevollmächtigten an seiner Legitimation und es ist dem Zahlenden nicht zu verschränken, die Legitimation des Bevollmächtigten zu prüfen (Jolly Arch. Bd. 5. S. 75, 78).

Form.

Das Mandat findet seinen Ausdruck in der Formel: zur Einkassirung, in procura, zum Incasso, zur Vollmacht, Werth einzusenden, für meine Rechnung, und soll mir gute Zahlung werden u. s. w. (Vergl. Treitschke a. a. O. 1. S. 477, Thoel §. 229.) Die Clausel „Werth in Rechnung" ist nicht genügend. Erk. des AG. zu Freysing vom 9. October 1851. (Ztschr. für Ges. und Rechtspflege in Bayern Bd. 2. S. 491.)

Rechte des Procura-Indossatars.

Die Befugnisse des Procura-Indossatars sind diese:

Er kann den Wechselverpflichteten gegenüber den Wechsel zur Zahlung präsentiren, protestiren, Securitäts-Protest und Securitäts-Regreß erheben

Art. 26. 29.), über empfangene Zahlung quittiren, die bei Gericht deponirten Gelder erheben (ALR. I. 13. §. 116.), gegen den Acceptanten klagen und die Regreßansprüche verfolgen.

Liebe hält dafür, daß der Procura-Indossatar zur Regreßnahme und Anstellung der Regreßklage nicht legitimirt sei (S. 78). Der Art. 17. sagt jedoch ausdrücklich und allgemein, er sei berechtigt zur Einklagung der nicht bezahlten Wechselschuld.

Seinem Indossanten gegenüber ist er dagegen Nichts als ein civilrechtlicher Mandatar. Gegen ihn kann er Regreßrechte aus dem Wechsel nicht verfolgen. Dies selbst dann nicht, wenn auch die Procura-Clausel gänzlich fehlt (cfr. oben §. 30. S. 60; §. 36. S. 70). Der Mandant ist vielmehr berechtigt das Mandat zu jeder Zeit zu kündigen, nur daß der dritte gutgläubige Schuldner durch die Zahlung an den Procura-Indossatar liberirt wird. Für diesen verbleibt das Procura-Indossament so lange in Kraft als der Procurant im Besitze des Wechsels verbleibt. Anders Treitschke I. 470. (Vergl. Kalessa Handbuch des WR. S. 39.)

IV. Präsentation zur Annahme.

§. 52. Das Präsentationsrecht.

Die Acceptabilität der Tratte bildet den charakteristischen Unterschied zwischen der Tratte und dem Eigenwechsel. Da die Acceptation auf dem Wechsel geschehen muß (Art. 21.) so setzt die Annahme die Präsentation des Wechsels voraus. Durch das Accept macht sich der Bezogene dem Wechsel gegenüber verbindlich; er verspricht, diesem zu zahlen, er verspricht, den Wechsel einzulösen. Zur Präsentation muß somit die bloße Detention des Original-Wechsels genügen — Art. 18. — aber zugleich ihr nothwendiges Erforderniß sein (cfr. Motiv zum Braunschw. Entw. S. 109 ad §. 33. und Art. 21. Abs. 1. der DWO.).

So lange der Wechsel auf den Meßverkehr beschränkt blieb, war die Pflicht zur Präsention und Notifikation nothwendig. Die Annahme selbst bestand in einer mündlichen Zusicherung der Einlösung (Biener Abhandl. aus dem Gebiete der Rechtsgeschichte S. 80).

Mit der Ausdehnung des Wechselverkehrs außerhalb der Messe mußte die Frage entstehen:

1) Ist die Präsentation zur Annahme die Bedingung für den Regreß?

2) Wann ist der Wechselinhaber frühestens berechtigt zu präsentiren und Mangels Annahme Protest zu erheben?

3) Bis zu welchem äußersten Zeitpunkt ist er spätestens verpflichtet, den Wechsel zu präsentiren und Mangels Annahme protestiren zu lassen?

4) Ist die Notifikation von der Nichtannahme und dem Protest Bedingung des Regresses?

Je nachdem man das Interesse des Regreßberechtigten oder das Interesse des Regreßpflichtigen beachtet, sind die Fragen einer verschiedenen Lösung empfänglich. Der Aussteller hat ein unbedingtes Interesse, sofort zu erfahren, ob der Wechsel vom Bezogenen honorirt worden. Durch das Ablehnen des Accepts wird sein Credit geschwächt; der Regreß steht in Aussicht und mit ihm die Vergrößerung der Wechselschuld. Von diesem Gesichtspunkt aus mußte man daher die Präsentation zur Annahme und die sofortige Anzeige dem Wechselinhaber zur Pflicht machen.

Anders liegen die Verhältnisse für den Berechtigten. Die Pflicht zur sofortigen Präsentation würde ihn bei der Begebung hindern. Die Pflicht zum sofortigen Protest Mangels Annahme würde das Papier zu einem kaum begebbaren machen. Wollte man dagegen den Inhaber berechtigen, sofort, nach abgelehntem Accepte, das Regreßrecht auf Zahlung geltend zu machen, so würde man wiederum dem Aussteller und den Indossanten zu nahe treten. Sie haben nur versprochen, Zahlung am Verfalltage zu leisten.

Die frühere Gesetzgebung hat, je nachdem sie das Interesse des Wechselinhabers oder seiner Vormänner begünstigte, die Fragen verschieden beantwortet. Die DWO. hat zwischen den widerstrebenden Interessen vermittelt. Aus der Natur des Wechsels ergeben sich ihre Bestimmungen mit Nothwendigkeit. Der Wechsel ist ein einseitiger Formalakt. Bis zur Verfallzeit durch sich selbst getragen, bedarf er der Person nur zur Ausübung seines Rechts. Der Wechsel ist nur das Aggregat von **Rechten**. Der Inhaber, der für den Wechsel das Recht ausübt, hat daher Rechte und nur Rechte auszuüben. Wollte man ihm die Verpflichtung zur Präsentation auferlegen, so würde der Wechsel sofort Gegenverpflichtungen übernehmen müssen. Es könnte dann nicht mehr Rede sein von einem einseitigen Formalakt; es würde ein zweiseitiges Geschäft vorliegen, eine Gegenleistung des Wechsels, wonach der Inhaber die Pflichten gegen den Regreßpflichtigen zu wahren hätte. Der Inhaber, welcher nur Vertreter des Wechsels ist, wäre dann Mandatar des Ausstellers. Anders liegt die Sache, wenn es sich um die Ausübung des Regresses handelt. Hier ist Bedingung, daß nur mit dem Protest in der Hand Regreß begehrt werden kann. Hier wird also nicht im Interesse des Regreßpflichtigen, sondern grade in dem eigenen Interesse des Berechtigten Protest erhoben (vergl. Liebe S. 80).

Die DWO. überläßt daher dem Ermessen des Inhabers, wann er präsentiren will. Daraus folgt:

1) Er kann innerhalb der Protestfrist Mangels Zahlung zu jeder Zeit die Präsentation vornehmen (Art. 18. Nr. 1).

2) Er kann sich bei der Ablehnung ohne Protest beruhigen.

3) Er ist nicht verpflichtet, seinen Vormännern von dem Protest Mangels Annahme Kenntniß zu geben. Er thut genug, wenn er rechtzeitig Mangels Zahlung Protest levirt.

Eine Ausnahme von der ersten Regel bilden die Meß- und Markt-Wechsel. Diese dürfen nur an der am Meß- und Markt-Orte bestimmten Acceptationsfrist, also nicht früher zur Annahme präsentirt werden. (Art. 18. Abs. 2.)

Eine weitere Ausnahme machen Wechsel, welche auf eine bestimmte

Zeit nach Sicht lauten. Sie müssen zur Annahme präsentirt werden. Art. 19. Bei ihnen und den Domicilwechseln des Art. 24. alin. 2. kennt die DWO. ausnahmsweise die Bestimmung einer Präsentationsfrist.

§. 53. Augsburger Frist.

Diese beiden speciell hervorgehobenen Ausnahmen befestigen die Regel, daß in allen anderen Fällen eine Beschränkung des Inhabers ohne Wirkung ist. Dies bestätigen auch die Verhandlungen zu §. 18. des Entw., Prot. S. 35. Der Antrag des bayerischen Abgeordneten, dem §. 18. des Preußischen Entwurfs die Worte beizufügen: „in Ermangelung gegentheiliger im Wechsel ausgedrückter Verabredung" ist ausdrücklich verworfen worden. „Man war," heißt es, „übrigens einverstanden, daß einem Mandatar die Pflicht von seinem Mandanten auferlegt werden könne, den Wechsel zur Acceptation zu befördern, daß aber Bestimmungen hierüber nicht in die WO. gehören." (Vergl. Prot. Sitz. S. 57, 58 und 156; Heß im Archiv Bd. 1. S. 400; Brauer ibid Bd. 3. S. 316; Biener ibid Bd. 6. S. 18 ff.)

Hiernach ist denn auch die Klausel: „gegen 14 Tage vor Verfall acceptable," wechselrechtlich ohne Folgen und nicht geeignet, die Augsburger Acceptationsfrist zu ersetzen (Archiv Bd. 7. S. 338). Anders Bluntschli WR. S. 53 und das Appell.-Ger. zu Aschaffenburg (Archiv Bd. 3. S. 316); vergl. Verhandl. der Nürnb. Conf. S. 27, 64, 74, 83.

Wenn Heß jene Frist durch die Formel:

> „Gegen diesen am 1. März k. J. zu präsentirenden Wechsel zahlen Sie 14 Tage nach Sicht u. s. w."

(Archiv Bd. 1. S. 409 und 410) retten will, so hat er den Art. 19. mißverstanden. Die im Abs. 2. ibid. gestattete Beschränkung der Befugnisse des Wechsel-Inhabers bezieht sich lediglich auf die Zeit, bis wann spätestens die Präsentation erfolgen muß. (Vergl. Pr. Motive ad §. 20. S. 46 und Prot. S. 46 ad §. 19.)

Im Uebrigen ist das Recht des Inhabers nicht zu beschränken. Den Augsburger Kaufleuten kam aber grade darauf an, daß nicht vor einer bestimmten Frist präsentirt werden dürfe.

Artikel 18.

Der Inhaber eines Wechsels ist berechtigt, den Wechsel dem Bezogenen sofort zur Annahme zu präsentiren und in Ermangelung der Annahme Protest erheben zu lassen. Eine entgegenstehende Uebereinkunft hat keine wechselrechtliche Wirkung.

Nur bei Meß- oder Marktwechseln findet eine Ausnahme dahin statt, daß solche Wechsel erst in der an dem Meß- oder Marktorte gesetzlich bestimmten Präsentationszeit zur Annahme präsentirt und in Ermangelung derselben protestirt werden können.

Der bloße Besitz des Wechsels ermächtigt zur Präsentation des Wechsels und zur Erhebung des Protestes Mangels Annahme.

§. 54. Voraussetzung der Präsentation.

Nur eine gehörige Präsentation ist von rechtlichen Folgen. Sie muß:

1) Dem Bezogenen selbst oder dessen Procuristen geschehen (Archiv Bd. I. S. 394).

2) Sie muß an dem in der Adresse angegebenen Orte geschehen (Treitschke a. a. O. S. 78).

3) Sie muß im Geschäftslokale, und nur in dessen Ermangelung in der Wohnung des Bezogenen erfolgen (Art. 91). Der Antrag nach Vorgang des Artikels 125. des Code de commerce, dem Bezogenen eine 24stündige Deliberationsfrist zu belassen, wurde eben abgelehnt, weil ja der Bezogene in seinem Geschäftslokale Correspondenz und Bücher sofort vergleichen und demgemäß seine Erklärung abgeben könne (Prot. S. 35 u. 36).

4) Sie muß erfolgen während der Geschäftszeit, nämlich an den Wochentagen von 9 Uhr Morgens bis 6 Uhr Abends (§. 4. des Preuß. Einf.-Ges. vom 15. Februar 1850).

Ist der Bezogene nicht anwesend, so kann der Protest aufgenommen werden (Protest in den Wind §§. 977. 978. II. 8. ALR). Ist er verstorben, so muß die Präsentation im Comptoir oder im Sterbehause erfolgen (§. 979 ibid). Sind Erben vorhanden, so kann der Inhaber Regreß nehmen, wenn sie nicht sämmtlich acceptiren (Crelinger und Gräff WR. Anm. 1. ad 980. II. 8. ALR). Ist ein Procurist anwesend, so ist er durch die Procura des Erblassers zur Acceptation ermächtigt (§. 191. I. 13 und 540. II. 8. ALR.; HGB. Art. 54).

§. 55. Beschränkung des Präsentationsrechts.

Meßwechsel.

Eine Ausnahme von der Befugniß der sofortigen Präsentation machen Meß- und Marktwechsel. Die Meßwechsel werden der Regel nach auf übersendete Waaren gezogen. Vor ihrer Ankunft wird sich der Bezogene nicht wohl über die Annahme des Wechsels erkären können. Es erschien daher billig, dieses, wenn immerhin unbequeme, doch durch die Natur des Meßverkehrs gebotene Privilegium zu belassen.

Als Präsentationstage sind festgesetzt:

1) Für Königsberg vom 1. bis zum 5. Markttage (incl.) Abends 7 Uhr (Ostpreuß. Prov.-R. §. 143).

2) Für Elbing während der ersten drei Markttage §. 968. II. 8. ALR.

3) Für Breslau von Montag bis Freitag Mittag 12 Uhr. §. 967. ibid. und Cab.-Ordre vom 10. Dezember 1840 (G.S. S. 15).

4) Für Frankfurt a. O. bis zum vierten Tage der Zahlungs- (zweiten Meß-) Woche.

5) Für Magdeburg bis zum vierten Tage der Zahlwoche (§. 966. ibid).

6) Für Naumburg vom ersten Freitage der Meßwoche Mittags 1 Uhr bis zum Dienstag vor dem Zahlungstage Mittags 12 Uhr.

Nach dieser Frist eingehende Wechsel müssen innerhalb 24 Stunden d. h. bis zu Ende des folgenden Tages präsentirt werden (Entschd. Bd. 7. S. 44) und zwar bis 6 Uhr Abends, Cab.-Ordre vom 24. März 1831 (G.S. S. 7) und §. 4. des Einf.-Ges. vom 15. Februar 1850. Diese Vorschriften erleiden selbst dann keine Aenderung, wenn auch der letzte Tag ein Sonn- und Feiertag ist. (Verordn. vom 4. Juni 1819 §. 29. G.S. S. 146). Die in dieser Verordnung enthaltene Bestimmung in Betreff der Juden, daß diese nämlich sich schon Tags vorher bis 12 Uhr erklären müssen, wenn der letzte Tag ein jüdischer Feiertag oder Sonnabend ist, muß als beseitigt erachtet werden.

7) Für Leipzig beginnt die Präsentation am Tage nach Einläutung der Messe und dauert in der Jubilate und Michaelis-Messe bis Donnerstag incl. nach Ausläutung der Messe; in der Neujahrsmesse bis zum 12. Januar incl. und falls dieser ein Sonntag ist, bis zum folgenden Tage (§. 3. und 5. des Sächs. Einf.-Ges. vom 25. April 1849).

8) Für Braunschweig vom Montag bis Mittwoch (incl.) der ersten Meßwoche (§. 4. Einf.-Patent vom 11. Januar 1847.)

9) Für Frankfurt a. M. ist der Präsentationstag, wenn der Wechsel auf die erste Meßwoche zahlbar lautet, am Mittwoch dieser Woche; ist eine andere oder gar keine Meßwoche angegeben, in welcher Zahlung stattfinden soll, so ist der Präsentationstag immer am Mittwoch der zweiten Meßwoche (§. 1. des Ges. vom 13. Februar 1850).

10) Für Oesterreich und zwar für die Kronländer, in welchen das bürgerliche Gesetzbuch gilt, darf vor dem Anfange des Marktes, und wenn dieser acht Tage oder länger dauert, nicht vor der zweiten Hälfte desselben zur Annahme präsentirt werden. Für Ungarische Märkte: Wechsel die auf eintägige Märkte gestellt sind, bedürfen der Präsentation gar nicht. Dauern sie länger, aber nicht über acht Tage, so müssen sie am ersten Markttage präsentirt werden; bei noch längerer Dauer muß die Präsentation innerhalb der ersten Woche einschließlich des Sonntages geschehen (§. 3. des Einf.-Patents vom 25. Januar 1850).

Wo keine Präsentationsfrist bestimmt ist, entscheidet die Ortsgewohnheit (vergl. Koch S. 154 und 155). Wird die Messe verschoben, so wird dadurch in gleicher Weise die Präsentationszeit verschoben (Treitschke S. 567; Thoel §. 169). Fällt die Messe ganz aus, so ist der Wechsel nicht weiter als Meßwechsel zu behandeln; er steht vielmehr, was die Präsentation anlangt, jedem anderen Wechsel gleich. Mathis Monatsschrift Bd. 4. S. 414, 415. Anders Koch S. 156; er hält dafür, daß das Wechselgeschäft durch Zufall aufgelöst sei. (Vergl. Erk. des Ob.-Trib. Rechtsspr. Bd. 1. S. 34.)

Art. 19.

Eine Verpflichtung des Inhabers, den Wechsel zur Annahme zu präsentiren, findet nur bei Wechseln statt, welche auf eine bestimmte Zeit nach Sicht lauten. Solche Wechsel müssen bei Verlust des wechselmäßigen Anspruchs gegen die Indossanten und den Aussteller, nach Maßgabe der besonderen im Wechsel enthaltenen Bestimmung und in Ermangelung derselben binnen zwei Jahren nach der Ausstellung zur Annahme präsentirt werden.

Hat ein Indossant auf einen Wechsel dieser Art seinem Indossamente eine besondere Präsentationsfrist hinzugefügt, so erlischt seine wechselmäßige Verpflichtung, wenn der Wechsel nicht innerhalb dieser Frist zur Annahme präsentirt worden ist.

§. 56. Präsentationspflicht.

Während der Art. 18. die Regel anerkennt, daß der Inhaber zur Präsentation nicht verpflichtet ist, wird ihm durch den Art. 19. diese Verpflichtung auferlegt. Eben weil der Wechsel z. B. 10 Tage nach Sicht lautet, erscheint nothwendig, den Tag der Sicht durch die Präsentation zu fixiren. Wird angenommen und das Accept datirt, so steht der Verfalltag und die Verjährungsfrist fest (Art. 78). Wird die Annahme verweigert, so muß der Protest jedenfalls innerhalb der Präsentationsfrist aufgenommen werden (Art. 20). Die erweiterte Protestfrist des Art. 41. ist für Fälle dieser Art nicht gegeben. Sie ist nur für den Protest Mangels Zahlung gewährt.

§. 57. Collision der Gesetze.

Setzen wir folgenden Wechsel:

Berlin, den 2. Januar 1859.

Zehn Tage nach Sicht zahlen Sie 100 Thlr.

Herrn Moll in Leipzig.

so ist die Präsentation unter Protest bis zum 2. Januar 1861 festzustellen; sei es nun, daß der Bezogene überhaupt die Annahme oder die Datirung der Annahme verweigert.

Aendern wir bei dem vorstehenden Wechsel die Adresse und setzen für Leipzig: London, so frägt sich: Kann der Aussteller, können die Indossanten dem letzten Inhaber entgegenstellen, daß er dem in London wohnenden Bezogenen den Wechsel nicht innerhalb jener zwei Jahre hat päsentiren lassen?

Vier Ansichten werden geltend gemacht. Der Preuß. Entw. von 1845 und 1846 §. 62. und §. 16. legte dem Inhaber die Verpflichtung ohne jede Beschränkung auf, mochte der Wechsel im In- oder Ausland ausgestellt oder zahlbar sein. Der letzte Entwurf (§. 19.) geht davon aus, daß man über die im Auslande ausgestellten Wechsel im Inlande keine gesetzliche Bestimmung treffen könne. Er beschränkt die Präscription auf die im Inland zahlbaren Wechsel, sie mögen dort oder im Auslande ausgestellt sein. (Vergl. Motive zum Preuß. Entw. S. 45.) Hiernach würde also bei jenem in London zahlbaren Wechsel die Regreßpflicht nicht beseitigt sein. Es würde sich dagegen anders verhalten, wenn der Wechsel lauten möchte:

London, 1. Januar 1859.

Zehn Tage nach Sicht zahlen Sie 100 Thaler.

Herrn Moll in Berlin.

Die nicht bewirkte Präsentation würde dann Aussteller und Vormänner von der Regreßpflicht befreien; mögen die Vormänner nun im In- oder Auslande wohnen.

Eine andere Ansicht hält den Ausstellungsort für entscheidend und den Grundsatz locus regit actum anwendbar. Hiernach soll umgekehrt das Präjudiz nur auf solche Wechsel Anwendung finden, welche im Inlande aufs In- oder Ausland ausgestellt worden (Prot. Sitzung 9. S. 41, 42). Die vierte Ansicht giebt jedem Inländer die Einrede, daß die zweijährige Präsentationsfrist nicht gewahrt sei. Setzen wir folgenden Wechsel:

London, 1. Januar 1859.

Zehn Tage nach Sicht zahlen Sie an meine Ordre 100 Thaler.

Herrn Moll in Paris. Schütz.

Die Rückseite lautet:

Für mich an Herrn Schmidt in Berlin

Schütz.

Für mich an Herrn Troplong in Paris.

Wird nun der Wechsel nicht innerhalb der kritischen zwei Jahre dem Moll in Paris präsentirt, so wäre Schmidt in Berlin liberirt. (Code de Commerce Art. 116.) Man sieht hier das Indossement als eine neue Tratte an und wendet auf sie die Regel locus regit actum an (Prot. Sitz. 9. S. 42 u. 43).

In der Conferenz wurden die Fragen ausführlich erörtert.

Der §. 19 des letzten preuß. Entwurfes lautet wörtlich:

Solche Wechsel müssen, bei Verlust des wechselmäßigen Anspruchs gegen den inländischen Indossanten und den inländischen Aussteller, nach Maßgabe der besonderen im Wechsel ausgedrückten Verabredung, und in Ermangelung derselben binnen den nachfolgenden Fristen zur Annahme präsentirt werden:

1) wenn der Wechsel an einem Platze des Inlandes oder eines anderen Landes in Europa auf einen Platz des Inlandes gezogen ist, binnen drei Monaten nach der Ausstellung;

2) wenn der Wechsel von einem außereuropäischen Platze auf einen Platz des Inlandes gezogen ist, binnen einem Jahre nach der Ausstellung.

Die Protokolle ibid. S. 41 lassen sich hierüber folgendermaßen aus:

„Der Herr Referent machte bemerklich, daß von mehreren Seiten bezweifelt werde, ob Bestimmungen, wie sie der Entwurf enthält, durch die Gesetze eines einzelnen Staates gegeben werden können. Man glaube nämlich, es werde durch solche Bestimmungen in den Kreis einer fremden Gesetzgebung eingegriffen. Es sei aber dieser Punkt nach dem Grundsatze über die Collision inländischer und ausländischer Gesetze zu entscheiden, und der Satz, welcher hier in Betracht komme, sei der schon in den älteren Zeiten anerkannte: locus regit actum. Dieser Satz sei nicht bloß auf die

Formalien, sondern auch auf die materiellen Folgen der Geschäfte zu beziehen und erleide blos in zwei Fällen eine Ausnahme, einmal nämlich, wenn es um persönliche Dispositionsfähigkeit sich handle, und dann, wenn der Gegenstand des Geschäfts ein Immobile sei. Nach diesem Satze sei es unbedenklich, Bestimmungen über Präsentationsfrist für die im Inlande ausgestellten Sichtwechsel auszusprechen, während es als Eingriff in eine fremde Gesetzgebung anzusehen wäre, wenn die einheimische Gesetzgebung für die aus dem Auslande in das Inland gelangenden Wechsel dergleichen vorschreiben wollte.

Der Herr Referent gab daher anheim, die in dem Paragraph enthaltenen Bestimmungen abzuändern und die zu vereinbarende Vorschrift nicht für die im Inlande zahlbaren, sondern für die im Inlande ausgestellten Wechsel, gleichviel ob sie im Inlande oder Auslande zahlbar wären, zu erlassen.

Von einer anderen Seite ward über diesen Gegenstand bemerkt: Der §. 19. entspreche zwar im Prinzipe dem Art. 160. des Code de commerce, aber er enthalte, gleich letzterem, eine Lücke, er schweige nämlich von dem Falle, wenn ein Inländer auf das Ausland trassire. Das Französische Gesetz vom 19. März 1817 habe hierin auf eine eben so einfache, als passende Weise nachgeholfen, indem es vorschreibe, daß die Bestimmungen, welche über die auf einen Platz des Inlandes gezogenen Wechsels gelten, auch auf Wechsel jeder Art Anwendung finden sollen. Daß die Gesetzgebung wohl befugt sei, das inländische Gesetz zur Anwendung zu bringen, wenn gegen einen Inländer wegen der von ihm auf das Ausland gezogenen Wechsel regredirt werde, dürfte wohl nicht zu bezweifeln sein; dem internationalen Rechte wolle man es jedoch nicht entsprechend finden, dieselbe Bestimmung auch im anderen Falle vorzuschreiben. Hiergegen sei aber zu bemerken, daß es sich doch eigentlich in beiden Fällen um eine Extinctivverjährung handle, um die Frage nämlich, wie lange eine Entschädigungsklage gegen einen Inländer angestellt werden könne, was überall, wenn der Inländer im Inlande belangt werde, nach inländischen Gesetzen zu beurtheilen sei. Ueberdies bestehe in ganz Frankreich der Art. 160. und das Gesetz von 1817, es werde also dort das fragliche Prinzip gegen Deutschland in Anwendung gebracht. Wenn, worauf man antrage, der §. 19. des Entwurfes im Prinzipe angenommen, ein Zusatz im Sinne des Französischen Gesetzes von 1817 hinzugefügt und die Bestimmung der Fristen so beliebt würde, wie der Art. 160. des Code de commerce besage, dann würde in fraglicher Beziehung das Deutsche und Französische Wechselrecht ganz gleich sein, worin ein offenbarer Vortheil und zugleich der Ausschluß einer Verletzung des internationalen Rechts, wenigstens in Ansehung dieser beiden Nationen, liegen würde, wenn überhaupt das internationale Recht hier ein Hemmniß abgeben könnte.

Nach einer ferneren Discussion stellte ein Mitglied der Versammlung einen, sowohl über die Bestimmungen des Französischen Rechts als den Vorschlag des Referenten hinausgehenden Antrag. Man könne nämlich über die Präsentation der Sichtwechsel entweder die Gesetze des Ausstellungsortes oder die des Zahlungsortes entscheiden lassen und also bei Erlassung eines neuen Gesetzes der Ansicht folgen, daß man entweder für die im Inlande ausgestellten, oder für die im Inlande zahlbaren Wechsel eine Bestimmung treffen müsse. Betrachte man aber die Sache genauer, so finde man, daß Eines von Beiden allein nicht ausreiche. Auch in Frankreich habe man erst das Eine, und dann hinterher noch das Andere bestimmt. Der im Inlande ausgestellte Wechsel erfordere zunächst eine Bestimmung, um den inländischen Aussteller und Indossanten zu schützen; allein auch der im Auslande ausgestellte durchlaufe das Inland und es bedürfe einer Bestimmung für die inländischen Indossanten. Es sei deshalb zu wünschen, daß man die proponirte neue Bestimmung für die im Inlande ausgestellten Wechsel aufnehme, aber die ursprüngliche für die im Inlande zahlbaren, im Auslande ausgestellten, nicht streiche, sondern beibehalte. Auch diese beiden Bestimmnngen zusammen genügten noch nicht, es müsse vielmehr noch der Fall erwogen werden, daß ein vom Auslande auf das Ausland gezogener Sichtwechsel im Inlande indossirt werde, in welchem Falle es sich um Schutz für den inländischen Indossanten handle. Der Indossant sei als Trassant zu betrachten, er übernehme genau dieselbe Verpflichtung, das ursprüngliche Verhältniß pflanze sich auf ihn fort und er sei in gleicher Weise, als der Trassant, regreßpflichtig. Handle es sich also darum, bei Sichtwechseln eine Frist zu bestimmen, nach deren Ablaufe die Wechselgaranten frei sein sollten, so müsse man sowohl den inländischen Aussteller, als auch die inländischeu Indossanten in's Auge fassen. Eine Bestimmung über Wechsel vom Inlande auf das Ausland oder umgekehrt erschöpfe somit die Sache nicht, man müsse vielmehr die Bestimmung ganz generell für alle im Inlande ausgestellten oder indossirten Wechsel treffen, so daß sich jeder inländische Trassant oder Indossant darauf berufen könne.

Hiegegen ward bemerkt, daß die Gesetzgebung, wenn sie eine solche Bestimmung treffe, über das Gebiet des Möglichen hinauszuschreiten scheine. Dem vom Auslande auf das Ausland gezogenen Wechsel liege bei seiner Ankunft im Inlande ein bereits abgeschlossenes Rechtsverhältniß zum Grunde, dessen Aenderung durch das ausländische Gesetz nicht mehr möglich sei. Besondere Bestimmungen für den inländischen Indossanten eines solchen Wechsels würden sich kaum treffen lassen, ohne der ausländischen Gesetzgebung feindlich entgegen zu treten.

Demgemäß ward zuerst die Frage aufgeworfen:

> Soll in dem Entwurfe eine Bestimmung über die von dem Inlande nach dem In- oder Auslande gehenden Sichtwechsel aufgenommen werden?

und mit 18 Stimmen gegen 1 bejaht. Eben so ward die Frage:

> Soll die Bestimmung des §. 19. unter Nr. 1., abgesehen von der darin angegebenen Zeitfrist, nur für die von dem Inlande gezogenen Sichtwechsel gelten?

mit 15 Stimmen gegen 4 bejahend beantwortet und hiermit auch die Bestimmung des §. 19. unter Nr. 2., insoweit sie sich auf die vom Auslande gezogenen Wechsel bezog, beseitigt."

Das Präjudiz trifft also nur die im Inlande, d. h. unter der Herrschaft der DWO. ausgestellten Wechsel (vergl. Arch. Bd. 1. S. 411 ff. u. Bd. 5. S. 373 ff.). Es folgt:

1) Der Art. 19. ist nicht anwendbar auf Wechsel, welche unter der Herrschaft eines anderen Gesetzes ausgestellt sind. §. 14. Einl. zum ALR. Vergl. Erk. des Ob.-Trib. vom 19. October 1852; Strieth. Bd. 1. S. 278; Entschd. Bd. 19. S. 260 ff.

2) Der inländische Indossant eines im Auslande ausgestellten Wechsels darf sich daher auf die Präscription des Art. 19. nicht berufen. Vergl. dagegen Bluntschli a. a. O. ad art. 19.

3) Das Indossament ist keine neue Tratte. (Vergl. Hoffmann S. 285 ff.; Lutteroth im Arch. Bd. 1. S. 411; Biener l. c. Bd. 5. S. 372).

§. 58. Abänderung der gesetzlichen Präsentationsfrist.

1. Durch Autonomie des Ausstellers.

Dem Aussteller ist gestattet, eine Präsentationszeit zu bestimmen. Ein Beispiel bietet der folgende Wechsel:

Berlin, 1. Januar 1859.

Zehn Tage nach Sicht zahlen Sie 100 Thaler. Zu präsentiren am 1. März 1859.

Der Wechsel wird dann einem am 11. März fälligen Dato-Wechsel ähnlich. Drei Unterschiede sind jedoch erheblich.

1) Bei dem Dato-Wechsel kann Präsentation nicht gefordert werden, bei diesem Wechsel ist sie nothwendig.

2) Bei dem Dato-Wechsel kann der Inhaber vor der bestimmten Verfallzeit Zahlung nicht begehren. Bei dem Wechsel in Frage kann der Inhaber sofort am 1. Januar präsentiren und am 10. Januar Zahlung fordern.

3) Bei dem Dato-Wechsel ist Verfall- und Protestzeit sämmtlichen Regreßpflichtigen gegenüber gleich; bei dem Wechsel in Frage kann es sehr leicht kommen, daß gegen den Einen der Wechsel bereits als präjudicirt, gegen den Andern zur Regreßnahme geeignet sein kann. (Cfr. Abs. 2. d. Art.)

Aus der Stellung des Art. 19. und dem Gegensatz zum Art. 18. ergiebt sich nämlich, daß der Aussteller nur berechtigt ist, eine kürzere oder längere Präsentationsfrist als die gesetzliche zu bestimmen. Er hat jedoch nicht die Befugniß, diese Frist in der Weise zu bestimmen, daß der Inhaber verpflichtet wird, die Annahme vor jener Frist nicht zu beanspruchen (Prot. S. 46; vergl. übrigens das Oesterr. Ges. vom 24. Okt. 1858).

Hoffmann ist der Ansicht, daß der Aussteller des Wechsels nicht eine längere als die gesetzliche Frist bestimmen dürfe (S. 283). Die Fassung des Gesetzes steht dieser Ansicht entschieden entgegen.

2. Durch Autonomie des Indossanten.

Auch der Indossant ist berechtigt, seinem Giro eine Präsentationsfrist hinzuzufügen. Diese kann sowohl von der gesetzlichen, als auch von der

Seitens des Ausstellers vermerkten Frist abweichen. Beide Vermerke sind jedoch an sich und in ihrer Wirkung wesentlich verschieden. Wird die vom Aussteller vermerkte Frist überschritten, so sind die sämmtlichen Regreßpflichtigen befreit. Der Indossant kann dagegen nur für sich, nicht aber für die Nachindossanten dem Inhaber Pflichten auferlegen. Er darf ferner den Wechsel als solchen nicht modificiren und somit keine längere Frist bestimmen als die vom Aussteller angegebene. Setzen wir den Fall, daß der Vermerk des Ausstellers lautet „zu präsentiren bis zum 1. März" und der des Indossanten „zu präsentiren bis zum 20. Februar", so wird der Inhaber alle Rechte wahren, wenn er bis zum 20. Febuar präsentirt. Präsentirt er später, so ist nur jener Indossant frei.

Ganz ohne Einfluß ist jedoch die von einem Indossanten hinzugefügte Präsentationsfrist auf die Regreßverbindlichkeit des Ausstellers, der Vor- und Nachindossanten nicht. Nach dem Wortlaut des Gesetzes soll die Nichtbeobachtung der vom Indossanten bestimmten Frist nur diesem zum Vortheil gereichen. Hieraus folgt aber nicht umgekehrt, daß wenn diese Frist beobachtet und in Folge dessen die datirte Acceptation oder die Fixirung des Präsentations-Tages mittelst Protest geschehen (Art. 20.), hierdurch der Präsentationstag nur diesem Indossanten gegenüber als fixirt anzusehen. Vielmehr ist hierdurch der Präsentationstag für sämmtliche Regreßpflichtige fixirt. Mit diesem Tage ist dies cedens für die Nach-Sicht-Zeit eingetreten. Wird daher zu der nach diesem fixirten Präsentations-Tage zu berechnenden Verfall- oder Protestzeit die Zahlung nicht verlangt, resp. der Protest Mangels Zahlung nicht levirt, so ist der Wechsel sämmtlichen Regreßpflichtigen gegenüber präjudizirt. Denn das Faktum der Präsentation, insbesondere wenn diese durch das datirte Accept oder die Protestaufnahme festgestellt ist, läßt sich nicht ungeschehen machen. (cfr. Erk. des Ob.-Trib. vom 19. Juli 1859; Strieth. Bd. 34. S. 221)

Die zu kurze Frist.

Ist die vom Indossanten oder dem Aussteller vorgeschriebene Frist so kurz, daß sie nicht inne zu halten ist, so liegt der Fall nicht dem oben Seite 84 behandelten gleich. Es wird vielmehr das Präjudiz verwirkt. Das Gesetz ist klar und läßt keine Distinction zu.

Artikel 20.

Wenn die Annahme eines auf bestimmte Zeit nach Sicht gestellten Wechsels nicht zu erhalten ist, oder der Bezogene die Datirung seines Acceptes verweigert, so muß der Inhaber, bei Verlust des wechselmäßigen Anspruchs gegen die Indossanten und den Aussteller, die rechtzeitige Präsentation des Wechsels durch einen innerhalb der Präsentationsfrist (Art. 19.) erhobenen Protest feststellen lassen.

Der Protesttag gilt in diesem Falle für den Tag der Präsentation.

Ist die Protesterhebung unterblieben, so wird gegen den Acceptanten, welcher die Datirung seines Acceptes unterlassen hat, die Verfallzeit des Wechsels vom letzten Tage der Präsentationsfrist an gerechnet.

§. 59. Feststellung der geschehenen Präsentation.

1. Annahme und Datirung des Accepts.

Es ist gezeigt, daß der Inhaber durch die gesetzliche oder die im Wechsel bezeichnete Präsentationsfrist nur in der Weise beschränkt wird, daß er diese Frist nicht überschreiten darf. Vor Ablauf jener Fristen kömmt somit sein Regreß nicht in Frage. Vor Ablauf jener Fristen ist ihm mithin nicht die Verpflichtung aufzuerlegen, die bewirkte Präsentation zu fixiren. Wird die Präsentation vorgenommen, so ist, je nach ihrem Erfolg, auch ihre Wirkung verschieden. Der Natur der Sache gemäß muß der Tag der geschehenen Präsentation zur Berechnung der Nach-Sicht-Zeit festgestellt werden.

Wird acceptirt und das Accept datirt, dann ist der Präsentationspflicht genügt. Dies cedens und dies veniens stehen fest. Der Wechsel wird von dem Präsentationstage ab ein Dato-Wechsel. Gleichgültig für die Qualität und die Folgen dieses von einem Nach-Sicht- zum Dato-Wechsel umgeschaffenen Papiers ist es, ob die Präsentation zur Wahrung der gesetzlichen, oder der autonomischen Frist oder endlich aus freiem Antriebe des Inhabers geschehen.

2. Verweigerte Datirung.

Wird die Datirung des Accepts verweigert, so ist zu unterscheiden zwischen dem Acceptanten und den Regreßpflichtigen:

1) Dem Acceptanten gegenüber. Gegen diesen ist das Accept an sich voll wirksam. Es kann auf Grund desselben vom Acceptanten wegen Unsicherheit Cautionsbestellung verlangt werden. Hingegen gehen bezüglich des festzustellenden Datums der Acceptation die älteren Gesetzgebungen auseinander. Das Allg. Landrecht erklärt den Beweis für zulässig.

§. 1004. Nur muß der Inhaber, wenn über den eigentlichen Verfalltag Streit entsteht, die Zeit der Präsentation auf andere Art nachweisen.

Ein solcher Beweis paßt nicht in den Wechselprozeß. Das französische Handelsgesetzbuch Art. 122. ergänzt das fehlende Datum durch den Tag der Ausstellung. Eine solche Fiction widerstrebt den thatsächlichen Vorlagen. Sie bewirkt, daß der Verfalltag dem Präsentationstag vorangehen muß.

Setzen wir, daß der Wechsel lautet:

Berlin, den 2. Januar 1859.

Zehn Tage nach Sicht zahlen Sie gegen diesen Wechsel 100 Thlr.

Wird nun der Wechsel am 1. September präsentirt und ohne Datum acceptirt, so wäre trotz dessen der Verfalltag der 12. Januar 1859. Der Wechsel hätte jedoch erst am 1. September protestirt werden können. Vergl. Preuß. Motive S. 47; Motive zum Braunschw. Entw. S. 113.

Die DWO. hat das Richtige getroffen. Sie unterscheidet zwischen den beiden Fällen: ob die Protestaufnahme Mangels Datirung geschehen, oder ob sie unterblieben. Im ersten Falle wird fingirt, daß das nicht datirte Accept vom Protesttage datire; im zweiten geht die Fiction dahin, daß der Bezogene trotz seiner Weigerung, zu datiren, das Accept vom letzten Tage der Präsentationsfrist datirt habe (Art. 20. alin. 3). Welche „Präsentationsfrist" im letzteren Falle das Gesetz als maßgebend für die Berechnung des Verfalltages ansieht, ob nur die gesetzliche oder auch die autonomische, ist nicht unzweifelhaft. Nach unserem Dafürhalten kann nur die gesetzliche gemeint sein, da die Privatautonomie nur den Regreßpflichtigen gegenüber von Einfluß ist. Eine entgegengesetzte Annahme würde auch zu der unlösbaren Frage führen, welche Präsentationsfrist in dem vorliegenden Falle dann entscheide, wenn von den verschiedenen Indossanten verschiedene Fristen bestimmt worden sind.

2) Den Regreßpflichtigen gegenüber. Gegen diese hat das nicht datirte Accept gar keine Wirkung. Der Wechsel wird als nicht präsentirt angesehen. Erst durch die Protestaufnahme wird der geschehenen Präsentation genügt und der Verfalltag fixirt.

Da der Zweck des Protestes nur die Feststellung des Verfalltages ist, so ergeben sich hieraus folgende Consequenzen:

a. Der Inhaber eines nicht datirten Accepts darf mit der Protestaufnahme bis zum letzten Tage der Präsentationsfrist warten.

b. Läßt er diese Frist verstreichen, so hat er den Regreß gegen Aussteller und Indossanten verloren.

c. Ist das Datum des nicht datirten zehn Tage nach Sicht ausgestellten Wechsels auf den 1. September 1859 zu fixiren, weil an diesem Tage Protest levirt ist, so ist der Verfalltag der 11. September. Der Inhaber kann, wenn er sich mit dem Regreß verspätet, nicht einwenden, er habe ja mit Protest und Präsentation bis zum 2. Januar 1861 warten dürfen (Preuß. Entw. S. 46).

d. Der Bezogene, welcher einen nach Ablauf der Frist vorgelegten Sichtwechsel acceptirt und bezahlt, thut dies auf seine Gefahr. Der Aussteller, bemerkt Liebe S. 81 mit vollem Recht, hat nur eine Zusage geleistet, daß innerhalb einer bestimmten Zeit der Wechsel bezahlt werden solle, und nur dieser Zusage kann der Bezogene auf eine den Aussteller bindende Weise beitreten.

e. Ist der Wechsel an den Trassaten selbst girirt worden, so wird Letzterer dadurch nicht verpflichtet, sofort den Wechsel sich selbst zur Erklärung über die Annahme vorzulegen und eventuell gegen sich selbst Protest zu erheben. Er ist nicht schlechter gestellt als jeder andere Inhaber und kann daher bis zum Ablauf der Präsentationsfrist mit Aufnahme des Protestes Mangels Annahme warten (Erk. des OAG. zu Lübeck vom 29. April 1856, Jurispr. S. 416).

f. Einer Notification des Protestes, Mangels Annahme oder Mangels Datirung bedarf es nicht.

g. Der Protest Mangels Datirung giebt nicht das Recht auf Sicherstellung. Die Kosten dieses Protestes müssen jedoch dem Präsentanten ersetzt werden, zumal die Worte des Art. 20. „so muß der Inhaber" ihm nur Pflichten, nicht Kosten, auferlegen. Anders Koch a. a. O. S. 159.

3. Sichtbekenntniß ohne Annahme.

Fraglich ist, ob im Falle die Annahme verweigert wird, ein datirtes Sichtbekenntniß des Bezogenen, z. B. „gesehen, aber nicht angenommen" den 12. Januar 1862 (Sächs. Entw. §. 40—44.) den Protest ersetzt; Brauer (Anm. 3. ad §. 20. S. 63) und Bluntschli (S. 57) bejahen die Frage. Wir verneinen sie.

Der Art. 19. verlangt die Präsentation zur Annahme. Dieses Verlangen wäre überflüssig, wenn das Sichtbekenntniß genügen sollte. Der Art. 20. bestimmt ausdrücklich, daß nur die datirte Annahme den Inhaber der Protestaufnahme überhebt. Der Bezogene ist vor der Acceptation eine dem Wechselverband fremde Person. Constatirt er die abgelehnte Annahme, so ist dies ein Zeugniß über eine Thatsache. So wenig nun zuzugeben ist, daß der Protest durch jedes Zeugniß, durch jedes andere Beweismittel zu ersetzen ist, so wenig ist die datirte Weigerung des Accepts ein Surrogat für die datirte Annahme (Art. 20. verbis: Wenn die Annahme ... nicht zu erhalten). Der Fall des modificirten Accepts beweist Nichts. Dies ist ein Accept; jenes ein Zeugniß über die rechtzeitig bewirkte Präsentation.

V. Annahme (Acceptation).

---

§. 60. Begriff und Wesen des Accepts.

Die Acceptation ist diejenige Handlung des Bezogenen, vermöge deren dieser in den Wechselverband eintritt. So wenig die Tratte der Anweisung, so wenig steht die Acceptation der Annahme des Mandats gleich. Sie ist weder Bürgschaft, noch Adstipulatio. Nicht Bürgschaft: ist irgend wer Hauptschuldner, so ist es nicht der Aussteller, sondern der angebliche Bürge, der Acceptant. Nicht Adstipulatio, Adpromissio (Liebe Erl. S. 92); der Wechsel ist kein Analogon der Stipulation. Wäre der Acceptant der Adpromissor, so müßte der Trassant der Promissor sein. Mit dieser Auffassung ist der Art. 23: „Auch dem Aussteller haftet der Bezogene aus dem Accept wechselmäßig" nicht zu verneinen.

Die Acceptation ist der eigne an die Ordre des Trassanten ausgestellte Wechsel des Bezogenen. Die Stellung des Acceptanten dem Aussteller gegenüber ist durchaus und durchweg die des Ausstellers eines eigenen Wechsels (Motive zum Preuß. Entw. S. 55 ff.). Es folgt:

1) Der Aussteller des an eigene Ordre gezogenen Wechsels; der Aus-

steller des an die Ordre eines Dritten gezogenen Wechsels, wenn durch Indossament oder im Wege des Regresses Inhaber des Wechsels, hat volles Klagerecht gegen den Acceptanten. Der Aussteller steht eben dem Remittent des eignen Wechsels gleich. Lautet der Wechsel:

Gegen diesen meinen Wechsel zahlen Sie an die Ordre von Schmidt 100 Thaler. Moll.

An Herrn Schütz in Berlin.

Angenommen Schütz.

so ist das Accept des Schütz identisch mit einem dahin lautenden Wechsel:

Gegen diesen meinen Wechsel zahle ich an die Ordre des Herrn Moll 100 Thaler. Schütz.

Es kann somit von dem Beweis der für das Accept gegebenen Valuta wechselrechtlich nicht Rede sein. Vergl. Gelpcke Ztschr. Hft. I. S. 147 und Mot. z. Preuß. Entw. a. a. O.; Strieth. Bd. 2. S. 275; Erk. des OAG. zu Lübeck vom 16. April 1839 (Seuffert Archiv Bd. 8. S. 401). Die dem entgegenstehende Entscheidung des niederösterr. Gerichts (Archiv Bd. 4. S. 93) ist unhaltbar.

Hat sich freilich der Acceptant, wenn auch nur mündlich, die Deckung als Bedingung der Zahlung stipulirt, so ist der Aussteller, wenn er trotz der mangelnden Deckung klagt, in dolo (Mot. z. Preuß. Entw. S. 52 und 56), Heise und Cropp Abh. 2. Bd. 2. Nr. 1. S. 33, Erk. des Ob.-Trib. vom 18. März 1856 in Sachen Salym wider Merkel und Erk. des Handels-Ger. zu Hamburg vom 7. Juni 1856 (Jurispr. S. 438). Seine Klage wird abgewiesen: nicht weil erst die Deckung dem Trassanten ein direktes Wechselrecht gegen den Acceptanten giebt, — was sie schon um deswillen nicht kann, weil die Deckungsfrage dem Wechsel fern und fremd liegt, — sondern weil Wortbruch das Fundament der Klage nicht bilden darf. Quem de evictione tenet actio, eundem agentem repellit exceptio.

2) Zur Begründung der gegen den Trassanten gerichteten Klage des Acceptanten auf Deckung genügt daher die Berufung auf den in der Tratte angeblich enthaltenen Auftrag nicht. Vergl. Erk. des Ob.-Trib. vom 2. Juni 1853 (Entschd. Bd. 26. S. 70; Strieth. Bd. 10. S. 305). Die der WO. voranliegende Praxis (Entschd. Bd. 13. S. 75; Bd. 15. S. 354) ist sonach beseitigt.

Von einem wirklichen Auftrag kann die Rede nicht sein. Trassant und Trassat sind eben nicht identisch mit Assignant und Assignat, Mandant und Mandatar. Es liegt ein Auftrag nur in den Worten des Wechsels, nicht in Wahrheit und Wirklichkeit vor. Die Annahme und Zahlung der acceptirten Summe kann unter Umständen Civilrechte dem Acceptanten erwerben. Das Fundament der Klage ist aber nicht der Wechsel, sondern das der Ziehung, dem Accept, der Zahlung unterliegende civilrechtliche Geschäft. Daraus folgt, daß es Sache des Klägers ist, dieses Geschäft offen zu legen und zu beweisen und daß durch die Worte des Wechsels „zahlen Sie" ihm die Beweislast weder abgenommen, noch der Gegenbeweis auf den Aussteller gewälzt wird. In wiefern der Avisbrief zur

Führung dieses dem Acceptanten obliegenden Beweises genügt, ist eine factische nach Lage des concreten Falles zu entscheidende Frage.

3) Gegen den Aussteller stehen dem Acceptanten alle Einreden zu, welche vom Aussteller eines eigenen Wechsels gegen den Remittenten vorgebracht werden können. Er wird von dem unmittelbaren Nehmer (Remittent) der von ihm in Form des Accepts ausgestellten Tratte belangt. Ihm stehen daher die beiden Arten der Einreden des Art. 82. zu.

§. 61. Formelle Voraussetzung.

Die Contenta des von dem Acceptanten ausgestellten eigenen Wechsels sind in dem von dem Trassanten gezogenen Wechsel enthalten und gegeben. Es folgt:

1) Voraussetzung der Acceptabilität ist die Möglichkeit der Acceptation, nämlich das Vorhandensein eines gezogenen Wechsels (Art. 4. und 7). Vergl. Einert in den Prot. S. 226. Die Acceptation eines eigenen Wechsels ist nicht denkbar und als solche wirkungslos. Vergl. Erk. des Kammerger. v. 30. April 1851; des Ob.=Trib. vom 8. und 20. Februar 1855 und 14. Juni 1856; (Strieth. Bd. 17. S. 48; Bd. 22. S. 32 und Archiv Bd. 6. S. 329; Schletter Jahrbücher Bd. 2. S. 334 und Seuffert Archiv Bd. 11. S. 272). Ob aber ein seinem Inhalt nach eigener, mit dem Vermerk „angenommen" versehener Wechsel wegen dieses Widerspruches unter allen Umständen ungültig wird, ist nach der Besonderheit des Falles zu entscheiden. Vergl. Erk. des Ob.=Trib. vom 2. Sept. 1858 (Strieth. Bd. 30. S. 196); sowie Erk. des Ob. AG. zu Lübeck vom 23. Sept. 1852 (Seuff. Arch. Bd. 11. S. 272).

2) Die verbindliche Kraft der Acceptation ist abhängig von der formellen Gültigkeit des acceptirten Wechsels.

3) Aus der Natur des Wechsels als des Trägers des Forderungsrechts ergiebt sich, daß jedes Versprechen, welches nicht dem Wechsel gegeben, welches nicht auf den Wechsel gesetzt ist, keine Wechselverbindlichkeit erzeugt. Es folgt: a. die Wechsel-Ordnung kennt keine stillschweigende, sondern nur eine schriftliche Acceptation; b. diese muß auf den Wechsel selbst gesetzt werden (Art. 21).

§. 62. Wirkung des Accepts.

Die unbedingte Acceptation hat für Aussteller und Indossanten die Wirkung, daß gegen sie von dem Regreß Mangels Annahme selbst dann nicht Rede sein kann, wenn der Acceptant nicht wechselfähig ist.

Das bedingte Accept; z. B. Aenderung des Zahlungsortes ist dagegen nicht geeignet, sie von ihrer Verbindlichkeit zu befreien (Gelpcke Zeitschr. Heft III. S. 118). Eben weil sie aus dem Wechsel des Ausstellers haften, gelten für ihre Verpflichtung die vom Bezogenen beliebten Aenderungen als nicht geschrieben.

Der wechselfähige Acceptant selbst haftet nach dem Inhalt seines Accepts (Art. 22. Abs. 2). Es ist daher zu unterscheiden:

1) Es sind die zugefügten Modifikationen geeignet, jede wechselmäßige Verpflichtung zu beseitigen. Der Acceptant acceptirt z. B. mit der Maßgabe: er wolle Getreide liefern. Das Accept hat keine Wirkung.

2) Jene Modifikationen gelten nach Wechselrecht für nicht geschrieben. Der Bezogene acceptirt für 1000 Thlr. nebst Zinsen. Er haftet für die Zinsen nicht.

3) Sie sind nach Wechselrecht zulässig. Sie gelten dann als eigentliche Modifikationen, z. B. die Aenderung der Zahlungszeit und des Orts.

§. 63. Das Accept auf der Copie.

Ueber die Wirkung des auf eine Copie gegebenen Acceptes herrscht in der älteren Theorie ein von der Wechselordnung nicht gelöster Streit. (Treitschke Bd. 1. S. 49; Thoel S. 166), Liebe S. 93, Heise Hand.-Recht §. 90. und Haimerl (Anl. z. Studium des WR. S. 106) legen dem Accept auf der Copie volle Wirkung gegen den Acceptanten bei. Jolly Archiv Bd. 3. S. 287; Bluntschli S. 114, 115; Renaud S. 70 Nr. 1. und 5; Kheil WR. S. 215; Blaschke WR. S. 151; Scrivian W.-Lehre S. 145, Brauer Archiv Bd. 5. S. 359; Hoffmann S. 296 sprechen dem Accept jede Wirkung ab.

Diese Ansicht ist begründet. Für sie sprechen die Materialien des §. 222. des Entw. von 1845 und §. 71. des Pr. Entw. von 1846. Es heißt daselbst wörtlich:

„Auf eine bloße Wechsel-Copie kann zwar weder Annahme noch Zahlung gefordert, wohl aber kann dieselbe zum Indossiren gebraucht und von ihrem Besitzer das zum Accept versandte Exemplar gefordert werden."

In derselben Weise sprechen sich die Pr. Motive zum letzten Entw. ad §. 66—68. aus.

Es entspricht dieß der Natur des Accepts. Die Copie hat keinen Aussteller, welcher als solcher wechselmäßig haftet. Ohne Aussteller wird der Acceptant nicht verpflichtet. Zweck seines Versprechens ist, den Aussteller von seinem eigenen Versprechen zu liberiren. Dieser Zweck ist nicht denkbar, wo der Aussteller nicht unterschrieben hat. Um deswillen scheint so unerheblich nicht, daß der Art. 11. das Giro auf der Copie ausdrücklich zuläßt, während der Art. 21. nur von dem Wechsel spricht.

Es ergiebt sich auch hieraus und aus der Thatsache, daß der Art. 62. des Ehrenacceptes auf der Copie ausdrücklich gedenkt, der Satz: „Durch das Accept der Copie wird der Acceptant wechselmäßig nicht verpflichtet."

§. 64. Das Accept über den Betrag der Wechselsumme.

Gemeinrechtlich ist streitig, welche Wirkung dem Accept über den Betrag der Wechselsumme hinaus beizulegen? Brauer (WR. Bd. 1. S. 425) hält den Acceptanten für den die Wechselsumme überschießenden Betrag nicht für verpflichtet. Thoel (§. 201) ist entgegengesetzter Meinung. Er läßt den Acceptanten wegen dieses Betrages als den Aussteller eines eigenen Wechsels haften. Scrivian (S. 133, 236, 237) sucht auf Grund des Art. 5. der DWO. zu unterscheiden, ob die Wechsel- und Acceptsumme in Buchstaben oder verschieden in Buchstaben und Zahlen geschrieben sind, giebt aber zu erwägen, ob der Acceptant nicht auf jeden Fall für die von ihm acceptirte Summe hafte. Aus Art. 5. läßt sich die Frage nicht beantworten. Er trifft nur die im Wechsel selbst vorhandenen Collisionen. Der Pr. Entw. bestimmt im §. 22.: „Der Bezogene wird durch die Annahme des Wechsels wechselmäßig verpflichtet, die im Wechsel vorgeschriebene Summe znr Verfallzeit zu zahlen."

Der §. 23. ibid. behandelt die Wirkungen des Accepts gegenüber dem Aussteller. Der §. 24. handelt vom beschränkten Accept und schließt mit den Worten: „der Acceptant haftet aber nach dem Inhalte seines Accepts wechselmäßig." Hieraus ergiebt sich, daß die Haft des Acceptanten für die überschießende Summe nicht beliebt worden ist. In den Conferenzen hat diese Auffassung nirgend Widerspruch gefunden. Sie steht dem Art. 23. nicht entgegen. Die Worte „durch die Annahme" sollen eben nicht eine die Wechselsumme übersteigende Annahme umfassen. Sie entspricht der Natur des Accepts. Das Accept setzt einen gezogenen Wechsel und einen Aussteller voraus. Bei dem höheren Accept werden beide Erfordernisse beseitigt. Für die überschießende Summe fehlt Wechsel und Aussteller. Es liegt überhaupt nicht in der Befugniß des Acceptanten, dem Papier einen höheren Werth beizulegen, ihm eine andere Bestimmung zu geben, als ihm sein Schöpfer beigelegt. Streng genommen dürfte daher nur das eine niedrigere Summe umfassende Accept für zulässig erachtet werden. Diese Ansicht ist denn auch geltend gemacht worden (Prot. Sitz. 11. S. 50; Sitz. 29. S. 200). Nur praktischen Rücksichten hat man durch die Zulassung des beschränkten Accepts genügen wollen (vergl. Prot. Sitz. 10. 11. und Archiv Bd. 5. S. 359 ff.).

§. 65. Das Accept nach Verfall.

Es ist im Gesetz nicht bestimmt, bis zu welchem äußersten Termin das Accept mit wirksamer Kraft ertheilt werden darf. Es erscheint uns nicht bedenklich, daß ein nach Ablauf der Verjährung gegebenes Accept den Acceptant nicht verpflichtet.

Durch den Ablauf der Verjährung hat der Wechsel als solcher Leben und Lebenskraft verloren. So gewiß das frühere Accept unwirksam geworden, so gewiß kann das nach jenem Zeitpunkt gegebene nicht wirksam werden. Eben so unbedenklich erscheint uns aber, daß jedes bis dahin gegebene Accept volle Wirksamkeit gegen den Acceptanten ausübt. Der Acceptant hat sich eben zu einer Zeit verpflichtet, zu der er sich noch verpflichten konnte. Es ist nicht abzusehen, warum sein rechtlich zulässiger Wille ohne Folgen sein soll. Der Art. 16. entscheidet die Frage für einen analogen Fall. Daß der Acceptant, wenn er nach Verfall acceptirt, der Regel nach Civil-Rechte gegen den Aussteller nicht erwirbt, kann zugegeben werden.

Hieraus folgt aber noch nicht, daß der Bezogene, wenn er nach Verfall acceptirt, wechselmäßig nicht haftet.

§. 66. Das Recht auf die Deckung.

Der Acceptant haftet, weil er acceptirt hat. Das Accept ist die Causa für seine Wechsel-Verpflichtung. Daraus folgt:

1). Er kann selbst seinen Remittenten, dem Aussteller, gegenüber nicht einwenden, daß er Deckung nicht erhalten. Die Zahlung ist nicht Folge des Deckungs-Geschäfts, sondern des Accepts, der eigenen Handlung des Acceptanten. „Wer acceptirt, muß bezahlen. Wer quer schreibt, dem geht es quer." Nur in dem Falle ist der Einwand der mangelnden Deckung gegen den klagenden Aussteller zulässig, wenn diese verabredetermaßen vor oder bei Verfall des Wechsels geschehen sollte. (Cfr. Mot. zum Pr. Entw. ad §§. 22. 23. und oben §. 60.). Ist Deckung gemacht worden und in derselben die Acceptation geschehen, dann geht sie in das Eigenthum des Acceptanten über. Er braucht sie daher, selbst wenn noch vor Verfall und Einlösung des Wechsels über das Vermögen des Trassanten der Concurs ausbricht, nicht herauszugeben. Denn das Geschäft zwischen Aussteller und Trassat ist durch die bloße Acceptation sofort erfüllt.

2) Die Deckung hat mit dem Wechselrecht Nichts zu schaffen. Sie stellt lediglich ein privatrechtliches Verhältniß zwischen dem Aussteller und Bezogenen dar Sie liegt außerhalb des Bereichs der Wechselobligation.

3) Für den Indossatar ist somit dieses Geschäft eine res inter alios acta. Es steht ihm kein Recht auf die Deckung zu, mag der Bezogene nicht acceptiren oder der Acceptant nicht zahlen. Für die entgegengesetzte Meinung (Ladenburg Archiv Bd. 4. S. 250 Bd. 9. S. 6 ff.); wird geltend gemacht, daß das Deckungsverhältniß einen Vertrag zu Gunsten eines Dritten enthalte. Wäre dies richtig, so würde selbst dann, da der Dritte dem Deckungsgeschäft niemals beigetreten, von einem Rechte des Dritten auf die Deckung nicht Rede sein können (I. 5. §. 75. ALR. Obligatio tertio non contrahitur; l. 11. Dig. 44. 7; l. 38. §. 17. Dig. 45. 1; l. 9. §. 4. Dig. XII. 1; l. 73. §. 4. Dig. 50, 17; §. 4. Jnst. III. 17).

Eine nothwendige Folge dieser Auffassung aber wäre, daß der Trassant die Deckung im Interesse der Indossanten nicht zurückfordern dürfte. Diese Folgerung beweist wohl am Besten, daß ihre Prämisse hinfällig ist. Die Deckung stellt keinen Vertrag zu Gunsten eines Dritten dar. Sie ist nur ein Ausgleichungsmittel zwischen Trassant und Trassat.

Der Trassant zahlt, damit der Bezogene acceptire und zahle. Geschicht dies nicht, so hat er einen Anspruch auf Herausgabe der gemachten Deckung. Niemand kann ihm verwehren, diesen Anspruch zu cediren. Es ist aber eben so unmöglich, ein selbstständiges Recht des Dritten auf die Deckung zu construiren, als ihm das Recht zu gewähren, von dem Bezogenen das Accept im Wege der Klage zu erzwingen.

§. 67. Das Accept des Dritten.

Eine überaus wichtige Frage ist: „Welche Wirkung hat das alleinstehende Accept des nicht Bezogenen?" Die Frage ist practisch. Es geschieht häufig, daß z. B. ein auf einen Ehemann gezogener Wechsel von der Ehefrau acceptirt ist.

Wir sind der Ansicht, daß dem Accept jede Wirkung abzusprechen ist (Goldschmidt Ztschr. für Handelsrecht Bd. 2. S. 447).

Aus den Materialien ist folgendes zu entnehmen: Der §. 67. des Entw. von 1845 verordnete: „Wenn ein Anderer als der Bezogene den Wechsel acceptirt, so muß der Unterschrift noch die ausdrückliche Erklärung der Annahme hinzutreten.

Der §. 73. bestimmte: „Wer einen Wechsel acceptirt . . . haftet dafür wechselmäßig, auch wenn der Wechsel nicht auf ihn gezogen" (Vergl. Erläutr. S. 27).

Gegen diese Paragraphen wurde bei den unter Zuziehung von Sachverständigen gepflogenen Berathungen Nichts erinnert (Prot. S. 37). Dieselbe Ansicht theilt der Bericht und bemerkt dabei nur: „Ob er (§. 67.) nothwendig sei, wird von der künftigen Fassung des §. 66. (über die Annahme Seitens des Bezogenen) abhängen. Event. scheint er nur nicht hierher, sondern in den Abschnitt von der Ehrenannahme zu gehören" (Bericht S. 50). Diese letztere Bemerkung, welche den nicht bezogenen Acceptant als Ehrenacceptant betrachtet, ist verfehlt. Der Begriff der Ehrenannahme hat zur Basis die verweigerte Annahme des Bezogenen. Im Entwurf von 1846 fiel der §. 67. Dagegen lautete dort der § 82.:

> Die wechselmäßige Verhaftung trifft den Aussteller, Acceptanten, sowie jeden Unterzeichner des Wechsels, des Accepts.

Diese Bestimmung wurde in den Verhandlungen zu diesem Entw. (S. 58) modificirt. Statt des Wortes, jeden „Unterzeichner" sollte es heißen: „Denjenigen, welcher den Wechsel mitunterzeichnet". Die Motive zum letzten Pr. Entw. enthalten Nichts über die Frage (S. 48).

Schon hieraus dürfte zu folgern sein, daß das allein stehende Accept des nicht bezogenen Dritten wechselrechtlich ohne Wirkung ist. Es tritt hinzu:

1) Die Bestimmung der Art. 21. bis 24. Sie handeln nur von dem Bezogenen; sie beweisen, daß nur seine Verpflichtung anerkannt werden sollte.

2) Die Art. 56. 57. Nach ihnen kann selbst von Intervention und Ehrenannahme nur bei einem nothleidenden Wechsel Rede sein.

3) Der Art. 81. Der Acceptant dieses Art. ist der bezogene Acceptant oder der Ehrenacceptant. Die Haftung jedes Anderen ist abhängig von der Mitunterzeichnung.

4) Wäre das selbstständige Accept des Dritten wechselrechtlich von Folgen, so wäre der Schluß gerechtfertigt, daß der Name des Bezogenen überhaupt fehlen dürfe. Trotz dessen ist die Adresse wesentlich. Art. 4. Nr. 7.

5) Der Umstand, daß in den Conferenzen die Frage nicht einmal

erörtert worden, während die einzelnen Artikel beweisen, daß man von der Unwirksamkeit jenes Accepts ausgegangen.

6) Die Natur der Sache. Man denke an die Verwirrungen, welche die entgegengesetzte Ansicht sofort ins Leben ruft. Man halte fest, daß es an jeder Norm, an jedem Gesetz zu ihrer Entscheidung fehlt. Die Fragen: a. Ist bei dem Drittacceptanten Protest Mangels Zahlung zu erheben? b. Welche Wirkungen hat seine Unsicherheit? c. Hat er gegen den Trassant einen civilrechtlichen Anspruch auf Deckung? d. Darf er, der Dritte, vorschützen, daß dem Wechsel die Adresse fehle, harren dann vergeblich der gesetzlichen Lösung. Eben weil der Wechsel das Geschöpf des Ausstellers ist, muß der Wille des Schöpfers als alleiniges Gesetz gelten. Sein Wille geht aber dahin, daß der von ihm benannte Dritte acceptire.

Diesen Gründen gegenüber erscheint uns die in dem §. 67. des Preuß. Entw. von 1845 niedergelegte Ansicht nicht berechtigt. Man sagt, der Dritt-Acceptant, der ohne Weiteres acceptirt, haftet nicht; aber er haftet, sobald er seinem Namen das Wort „angenommen" hinzugefügt; es ist dann klar, in welcher Eigenschaft er haften will; es bedarf dann keiner Mitunterzeichnung, um ersichtlich zu machen, in welcher Eigenschaft er haften soll. Schon das Volksbewußtsein tritt dem entgegen. Das Rechtssprüchwort: Wer quer schreibt, dem geht es quer, zeigt klar, daß die Bedeutung der Unterschrift in der Quere nur zu bekannt ist. Weiß ein Jeder, was sie zu bedeuten hat, so ist nicht ersichtlich, warum jeder nicht Bezogene, derjenige, qui liti se obtulit, noch das sehr überflüssige Wort „angenommen" hinzufügen muß.

Daß der Mitunterzeichner haftet, ist nicht nur positiven Rechts, sondern auch die nothwendige Folge der vis attractiva der ersten Unterschrift. Es fehlt an jedem Grunde, diese Haftung auf den Dritten auszudehnen. Man wird nicht behaupten, daß der Dritte, der auf der Rückseite seinen Namen mit dem Zusatz als Aussteller oder auf die Vorderseite mit dem Zusatz als Indossant setzt, ohne Weiteres haftbar ist. Wir können nicht finden, warum die Sache bei dem Drittacceptanten anders liegen soll. Wie die Unterschrift unter den Wechsel gehört, so ist zur Verpflichtung des Mitunterzeichners die locale Verbindung so essentiell, daß nur sie und sie allein die Haft bedingt und der vis attractiva des Wechsels Grund und Raum giebt. Anders das Ob.-Trib. durch Urtheil vom 4. Juni 1861 in S. Hohl wider Schimming.

Wir können jedoch nicht finden, daß die Gründe durchgreifend seien. Sie lauten: „Mit dem Consens des Wechselinhabers kann ein Jeder, auch der im Wechsel als Adressat nicht Bezeichnete, statt des Bezogenen, der nicht annehmen will oder, weil er nicht aufzufinden, nicht annehmen kann, den Wechsel acceptiren. Erfolgt ein solches Accept ohne erläuternden Zusatz, so verpflichtet es den Acceptanten wechselmäßig zu Gunsten des Trassanten und seiner Hintermänner (A. 51. 59. 60., Borchardt Note 245). Zwar bezeichnet das Gesetz ein derartiges Accept als eine Ehren-Annahme, aber die Wirksamkeit des Letzteren ist durch diese Bezeichnung und durch einen ihm entsprechenden Zusatz bei dem Accept nicht bedingt; wesentlich ist nur die auf dem Wechsel niedergeschriebene Annahme selbst an Stelle des Bezogenen. Ihre Gültigkeit ist auch nicht davon abhängig, daß ihr Seitens des Inhabers eine Protesterhebung Mangels Annahme wider den Bezogenen voraufgegangen, und der Protest dem Honoraten zugestellt wäre; vielmehr macht der Mangel des Protestes und die unterbliebene Aushändigung desselben an den Honoraten nur den statt des Bezogenen Acceptirenden regreßpflichtig, ohne sein Accept zu entkräften (Art. 58).

Wenn anerkannt wird, daß das Accept nur als Ehrenaccept wirkt, so wird übersehen, daß es an allen Bedingungen eines solchen fehlt. Wir verweisen auf die Art. 56. f.

Artikel 21.

Die Annahme des Wechsels muß auf dem Wechsel schriftlich geschehen.

Jede auf den Wechsel geschriebene und von dem Bezogenen unterschriebene Erklärung gilt für eine unbeschränkte Annahme, sofern nicht in derselben ausdrücklich ausgesprochen ist, daß der Bezogene entweder überhaupt nicht oder nur unter gewissen Einschränkungen annehmen wolle.

Gleichergestalt gilt es für eine unbeschränkte Annahme, wenn der Bezogene ohne weiteren Beisatz seinen Namen oder seine Firma auf die Vorderseite des Wechsels schreibt.

Die einmal erfolgte Annahme kann nicht wieder zurückgenommen werden.

§. 68. Annahme.

a. Art und Ort des Acceptations-Vermerkes.

Aus dem ersten Satz des Artikels ergeben sich folgende Consequenzen:

1) Die Annahme muß schriftlich geschehen. Die stillschweigende Annahme ist ausgeschlossen. Nur die Bremer W.O. (Einführ-Ges. §. 8.) läßt sie zu, wenn der Wechsel kein Platzwechsel, der Bezogene ihn der Rückforderung ungeachtet nicht an demselben Tage zurückgiebt. Der gedruckte oder der mit dem Namen des Acceptanten versehene Stempel genügt nicht. Vergl. S. 36.

2) Die Annahme muß auf dem Wechsel selbst erfolgen. Die Annahme auf der Copie ist ohne Wirkung. Vergl. S. 107 §. 63. Eine schriftliche Zusage ist wechselrechtlich ohne Wirkung. (Erk. des OAG. zu Lübeck vom 29. April 1856, Jurisprud. S. 416.)

3) Die Annahme außerhalb des Wechsels vor Notar ist ohne wechselrechtliche Wirkung. Der Schreibensunfähige muß auf den Wechsel seine Handzeichen setzen; der Notar muß diese auf dem Wechsel bescheinigen. (Arch. Bd. 7. S. 109; Entschd. Bd. 39. S. 248; Bd. 35. S. 132, Urtheil in Sachen Graebnitz wider Moses d. d. 22. März 1859; Strieth. Bd. 32. S. 343.)

b. Form des Accepts.

Die gewöhnliche Acceptations-Erklärung ist der Vermerk: „angenommen" oder „acceptirt", unter Beisetzung des Namens. Setzt der Bezogene diesem Ausdruck noch einen andern hinzu, oder wird die Annahme durch den Vermerk „anerkannt und zahlbar" bewirkt, so liegt in diesen Worten kein das Accept beschränkender Ausdruck. Vergl. Erk. des AG. zu Freysing vom 6. November 1851 (Ztschr. für Ges. u. Rechtspflege in Bayern Bd. 2. S. 492). Jede Erklärung genügt, welche das Gegentheil der Annahme nicht ausdrücklich ausspricht. Es genügt somit der Ausdruck: „gesehen", „mit Vergnügen." (Vergl. Prot. Sitz. 10. S. 46 u. Sitz. 11. S. 51.)

Der bloße Name des Bezogenen ist, wenn auf der Vorderseite befindlich, genügend. In den Fällen, in denen dem Namen das Wort „angenommen" beigefügt worden, ist der Ort des Accepts gleichgültig. Ein Accept, beginnend auf der Vorderseite mit den Worten „angenommen", schließend auf der Rückseite mit dem Namen des Bezogenen, wird dagegen nicht ausreichend sein, da der Zusammenhang zwischen dem Vermerk und dem Namen unterbrochen ist.

Eben so wenig begründet das Accept die, die Person des Bezogenen ausdrückende und von dem Bezogenen selbst geschriebene Adresse. (Urtheil des Ob.-Trib. vom 6. September 1859 in Sachen Furche wider Ollendorf.)

e. Modification des Accepts.

Beschränkung, Verweigerung der Annahme kann neben der Namensunterschrift nur durch ausdrückliche Erklärung stattfinden. Nach dem Wort und Willen des Gesetzes ist dem Bezogenen gestattet, ohne vorherige Rücksprache mit dem Präsentanten den Wechsel in beschränkter Weise zu acceptiren, ja die Annahme auf dem Wechsel selbst zu erklären.

Es ist nicht zu verkennen, daß der Wechsel durch solche Bemerkungen in seinem Werthe und in der Fähigkeit der Circulation leidet. Vergl. §§. 995. 997. II. 8. ALR.; §. 36. des Entw. für Holstein und Lauenburg, Motive des Pr. Entw. S. 59.

Hält man jedoch fest, daß das Accept nichts ist als die Ausstellung eines eigenen an die Ordre des Ziehers gezogenen Wechsels, so ist principiell dem Acceptanten nicht zu verschränken, daß er seine Verpflichtung begrenzt. (Vergl. Arch. Bd. 2. S. 436 ff., Bd. 6. S. 41; Prot. Sitz. 11. S. 45. 46.)

§. 69. Durchstreichung des Accepts.

Der Wechsel selbst ist Träger, Gläubiger der Forderung. Das auf denselben gesetzte Accept wird ihm gegeben. Daraus folgt, daß es, einmal ertheilt, nicht mehr widerrufen werden darf, mag immerhin der Acceptant den Wechsel noch nicht zurückgegeben haben. Eine Art des Widerrufs ist das Durchstreichen des Accepts. Es folgt, daß durch ein solches Durchstreichen der Acceptant von seiner einmal übernommenen Haft nicht liberirt werden kann. II. 8. §§. 997. 998. ALR.

Der Art. 21. alin. 4. hat diese Rechtsfolge mit ausdrücklichen Worten nicht festgesetzt.

Im gemeinen Rechte herrscht Streit über die Rechtswirkung des vor der Rückgabe an den Inhaber durchstrichenen Accepts. Vergl. Thoel §. 202. Not. 13., Treitschke Bd. 1. S. 33 ff.) Das Hamburger Handels- und Ober-Gericht halten das durchstrichene Accept für bindend (Arch. Bd. 2. S. 436). Dieser Ansicht schließen sich an Brauer WO. S. 66; Bluntschli WO. S. 58; Kheil WR. S. 114; Blaschke WR. S. 156; Lütteroth Arch. Bd. 2. S. 441; Renaud §. 36. Anm. 4. und Gelpcke in den Prot. von 1845 S. 39 ff.; Hoffmann S. 300.

Die Nürnberger Conferenz S. 45 ist der Meinung, daß der Bezogene nicht berechtigt sei, sein, wenn auch noch nicht ausgehändigtes Accept zu streichen; sie hält aber dafür, daß aus dem durchstrichenen Accept nicht wechselmäßig gegen den Acceptanten zu klagen sei und nur eine Civilklage auf Ausstellung eines neuen Accepts sich rechtfertige.

Der oberste österr. Gerichtshof hat sich im Erkenntniß vom 13. Januar 1857 der älteren entgegenstehenden Ansicht angeschlossen (Oesterr. Ger.-Ztg. pro 1857 Nr. 23). Ebenso Wächter im Arch. Bd. 6. S. 41 ff. und das Ob.-Trib. Strieth. Bd. 34. S. 242. Nach dieser Ansicht ist der Bezogene, welcher den ihm zum Accept vorgelegten Wechsel acceptirt, vor der Rückgabe des Wechsels an den Präsentanten zur Ausstreichung berechtigt.

Aus den Materialien läßt sich die Frage nicht beantworten. Der §. 74. des Entw. von 1845 hatte ausdrücklich verordnet:

> Die einmal geschehene Annahme kann nicht wieder zurückgenommen werden. Der Acceptant bleibt aus derselben verhaftet, auch wenn er sie durchstrichen haben sollte.

Bei der Berathung der Sachverständigen erklärte sich der Geh. Ober-Rev.-R. Esser für die Streichung des zweiten Satzes; er sei unrichtig. Gelpcke machte dagegen geltend, der Satz sei richtig, zumal sich nicht erkennen lasse, wann ein Accept gestrichen worden, worauf Esser erwiederte: jedes durchstrichene Accept, welches nicht erweislich nach Rückgabe des Wechsels bewirkt worden, kann keine Haft erzeugen. Mehrere Abgeordnete erklärten hierauf: der Satz sei um deswillen zu streichen, weil er bereits im ersten Satz enthalten sei. Dies wurde gebilligt. Der Comm.-Ber. erklärte sich hiermit einverstanden. Der Satz wurde also nicht gestrichen, weil die Deduction des Esser für richtig erachtet worden, sondern umgekehrt, weil schon der erste Satz genügend ausdrücke, was im zweiten Satz nicht zu wiederholen sei.

Die Natur des Wechsels, die Fassung des Art. 21., das praktische Bedürfniß, beweisen, daß das Durchstreichen (Biffer) des Accepts ohne Wirkung ist. Man hat aus den Art. 36. und 55. deducirt, daß Durchstreichungen von Wirkung sind. Diese Artikel unterstützen just den von uns aufgestellten Satz. Sie handeln von der Wirkung der durchstrichenen Indossamente. Obwohl sich hier die Wirkung des Durchstreichens von selbst versteht, fand man dennoch für nöthig, diese Rechtswirkung noch besonders anzuerkennen. Cfr. Goldschmidt Ztschr. für Handelsrecht Bd. 1. S. 23 und 456; Hoffmann S. 300. Es rechtfertigt sich e contrario der Schluß, daß bei einem von dem Indossament gar sehr verschiedenen Institut ein gewandelter Wille, ein durchstrichenes Accept nicht geeignet ist, das unwiderruflich gegebene Accept zu beseitigen. Es ergiebt sich aber hieraus zugleich, daß die Ansicht des Ober-Tribunals, wonach erst dadurch, daß der Acceptant den mit dem Accept versehenen Wechsel fortgiebt, die Folgen des Accepts eintreten, nicht zu billigen ist.

Die alin. 4. muß denn doch einen Inhalt haben. Dieser Inhalt soll aber die Ansicht Thoel's §. 294. beseitigen; die Ansicht Liebe's S. 95 Erläut. zur Geltung bringen und dasjenige anerkennen, was im §. 993. II. 8. ALR. enthalten, in dem Würtemb. Entw. Art. 604. dahin gefaßt war:

> Ist die Annahme einmal unterzeichnet, so darf sie nicht widerrufen, durchstrichen oder sonst vernichtet werden: selbst wenn der Bezogene den zum Behufe der Annahme empfangenen Wechselbrief noch nicht wieder aus der Hand gegeben hat. Er haftet nichtsdestoweniger.

Das Versprechen wird dem Wechsel, nicht dem zeitigen Inhaber des Wechsels gegeben. Es folgt hieraus, daß selbst die mit Wissen und Willen des zeitigen Inhabers bewirkte Durchstreichung den Bezogenen dennoch gegenüber den früheren oder späteren Wechsel-Inhabern nicht entbinden kann. Auch der Aussteller erwirbt durch das Accept Wechselrechte gegen den Acceptanten (Art. 23. alin. 2.). Der spätere Inhaber ist daher nicht befugt, fremde Rechte zu vergeben. Nur gegen die Person des Inhabers, mit dessen Bewilligung die Aufhebung des Accepts geschehen, verbleibt dem Acceptanten der Einwand des dolus. Vergl. Erk. des Ob.-Trib. vom 24. Juni 1854 in Sachen Eickstädt wider Weiß.

Fassung.

In Betreff der Fassung möchte das

gleichergestalt alin. 3.

und das

wieder alin. 4.

zu entbehren sein.

Artikel 22.

Der Bezogene kann die Annahme auf einen Theil der im Wechsel verschriebenen Summe beschränken.

Werden dem Accepte andere Einschränkungen beigefügt, so wird der Wechsel einem solchen gleichgeachtet, dessen Annahme gänzlich verweigert worden ist, der Acceptant haftet aber nach dem Inhalte seines Acceptes wechselmäßig.

§. 70. Das beschränkte Accept.

Die Wirkungen des beschränkten Accepts kommen dem Acceptanten und den Vormännern gegenüber in Betracht. In Betreff des Acceptanten sind in der Conferenz verschiedene Ansichten aufgestellt worden.

Nach einer Ansicht sollte jede Annahme, sie mag in noch so beschränkter Weise bewirkt worden, stets als unbeschränkte betrachtet werden, die Beschränkung sei denn mit Bewilligung des Inhabers geschehen. Prot. Sitz. 10. S. 46, 47, Sitz. 29. S. 197.

Nach einer zweiten Ansicht sollte das Accept nur dann beschränkte Gültigkeit haben, wenn es auf eine geringere Summe sich erstreckte. Andere Beschränkungen sollten nur nach erhobenem Protest Geltung erlangen und sonst als nicht geschrieben gelten (Sitz. 11. S. 49, 50).

Der Pr. Entwurf ließ jede Beschränkung zu, ohne Unterschied, ob sie vor oder nach der Protestaufnahme geschehen. In der Conferenz (a. a. O. S. 51 Nr. 3) ward zuerst beschlossen, daß jede Beschränkung, die sich nicht auf die Summendifferenz bezieht, als nicht geschrieben gelte, ohne daß es einer Protestaufnahme bedürfen sollte. Man ging jedoch allmälig von dieser Ansicht ab. Man statuirte einzelne Ausnahmen, z. B. die Benennung eines Domiciliaten Seitens des Bezogenen — Sitz. 16. S. 87. Man kehrte zuletzt im Art. 22. zu dem Grundsatz des Pr. Entw. zurück (Prot. Sitz. 29. S. 197—200).

Gegenüber den Vormännern war man über die Wirkung des beschränkten Accepts nicht minder getheilter Meinung. Der Pr. Entw. (§. 24.) erachtete jede vom Wechsel abweichende Erklärung den Vormännern gegenüber für eine Ablehnung. Dies entsprach den Bestimmungen seines §. 36., wonach der Inhaber zur Annahme von Theilzahlungen nicht verpflichtet sein sollte. In der Conferenz (Sitz. 11. S. 46, 47 und Sitz. 29. S. 197 bis 200) machte man den Versuch, bei dem beschränkten Accept den Regreß von der Protestaufnahme abhängig zu machen. Dies harmonirte weder mit der Stellung des Inhabers noch der Natur des Wechsels.

Die DWO. hat die verschiedenen Ansichten vermittelt. Sie unterscheidet zwischen der die Summe betreffenden Beschränkung und anderen Modifikationen. Das Accept auf eine geringere Summe hat auf Höhe dieser Summe die Wirkung einer vollständigen Annahme. Der Regreß Mangels Annahme ist für die angenommene Summe nicht zulässig. Es entspricht das dem Grundsatze, daß Theilzahlungen angenommen werden müssen (Art. 38). Ist dagegen die Annahme unter anderen Beschränkungen geschehen, so gilt sie den Regreßpflichtigen gegenüber einer Nichtannahme gleich. Es ist dann der Regreß gegen sie zulässig. Pflicht zur Protestaufnahme existirt an und für sich so wenig als der Regel nach Pflicht zur Präsentation. Es folgt:

1) Der Art. 22. alin. 1. paßt nur auf das eigentliche, nicht auf das Ehrenaccept. Nur wo der Inhaber zur Annahme von Theilzahlungen gezwungen werden kann, muß er sich die theilweise Annahme gefallen lassen. Das Recht, Theilzahlung zu leisten, ist unvereinbar mit dem Begriff der Ehrenzahlung (Prot. Sitz. 16. S. 132). Der Art. 22. handelt nur von dem Bezogenen. Der Ehrenacceptant ist nicht der Bezogene.

2) Im Fall des Art. 20. ist Protest nicht um deswillen zu erheben, weil der Bezogene der Annahme irgend welche Einschränkungen beifügt; es sei denn, daß diese auch ihm gegenüber mit einem verweigerten Accept identisch sind. Zweck des Protestes ist in jenem Fall nur die Feststellung, daß das Accept überhaupt ganz verweigert oder nicht datirt worden.

Ort der Modification.

Der Art. 22. will, daß der Acceptant nach dem Inhalte seines Accepts wechselmäßig haftet. Es folgt:

1) Das beschränkte Accept, es mag sich auf die Höhe der Summe oder auf andere Modalitäten beziehen, setzt voraus, daß jene Beschränkungen sich örtlich und unmittelbar beim Acceptations-Vermerk befinden. Ist auf der Vorderseite der Name des Acceptanten geschrieben, auf dem Rücken des Wechsels eine Beschränkung hinzugefügt, so gilt das Accept als unbeschränkt. Erk. des Ob.-Trib. vom 4. Mai 1854 in Sachen Seßmann wider Mylius (Strieth. Bd. 30. S. 342).

2) Dasselbe gilt, wenn überhaupt die Beschränkung nicht durch die Unterschrift gedeckt wird. Nur so weit diese die Erklärung deckt, ist sie eine beschränkte. Das Ober-Tribunal hat jedoch in Sachen Förster wider Brauns durch Urtheil vom 13. Juni 1857 ein uno actu bewirktes, dahin lautendes Accept: „Angenommen J. L. Brauns nur an G. Bamme zahlbar" für ein beschränktes erachtet.

§. 71. Fortsetzung.

Einzelne Modificationen.

Die einzelnen Beschränkungen der Annahme bestehen:

1) In der Annahme einer anderen Münzsorte, als die des Wechsels.

2) Zu einem anderen Course. Ob in solchen Fällen beschränkte Annahme oder Annahme des Wechsels für eine geringere Summe vorliegt, ist quaestio facti und im einzelnen Falle zu ermessen. In der Conferenz (Prot. Sitz. 32. S. 234) wurde um deswillen eine weitere Bestimmung abgelehnt.

3) Das Accept kann zu Gunsten einer bestimmten Person beschränkt werden, z. B. nur an N. N. zahlbar. Dieser Fall hat Aehnlichkeit mit der Clausel des Ausstellers: „nicht an Ordre." Der ausgeschlossene Inhaber hat keine Klage gegen den Acceptanten auf Zahlung. Der Procura-Indossatar desjenigen dagegen, welchem der Acceptant zahlen will, ist zur Klage legitimirt.

4) Die Clausel: „an mich selbst zahlbar" bezweckt den Vorbehalt der Compensation. Sie steht einer völligen Ablehnung fast gleich, zumal da nicht eine bestimmte Person angegeben, gegen welche compensirt werden soll. Der Acceptant kann also gegen jeden Wechsel-Inhaber compensiren, mag er nur gegen diesen oder auch nur gegen einen anderen activ in den Wechselverband Getretenen zur Compensation berechtigt sein. Vergl. Treitschke Bd. I. S. 108 und Koch WR. S. 172.

5) Die Verfallzeit wird hinausgeschoben; „angenommen aber erst zahlbar am 1. Juli." Fraglich ist, ob in einem solchen Falle die Verjährung gegen den Acceptant erst mit der von ihm vermerkten Zahlzeit oder schon mit dem Verfalltag des Wechsels beginnt. Liebe (Erläuter. 99) nimmt das Erstere an. Dem ist nicht beizutreten. Der Bezogene kann durch sein Accept weder die Natur noch die Verjährungsfrist des Wechsels ändern (Art. 77. und 100). Der Wechsel hat nur eine Verfallzeit. Es ist die vom Aussteller angegebene.

6) Die Verfallzeit wird zurück gerückt. Es gilt hier das sub 5. Bemerkte. Für die Verjährung gegen den Acceptanten greift der Art. 77.

durch. — Als ein Hinausschieben oder Vorrücken der Verfallzeit ist nicht zu erachten, wenn nur wegen eines mit der im Wechsel vorgeschriebenen Verfallzeit zusammenfallenden Feiertages in dem Accept der Zahlungstag auf den darauf folgenden oder vorangehenden Werktag gestellt worden. Vergl. Treitschke a. a. O. Bd. 1. S. 97.

7) Durch die Bestimmung eines anderen Zahlungsortes.

8) Durch die Aenderung der Qualität des Wechsels. Der gewöhnliche Wechsel wird z. B. durch die Bemerkung: „zu zahlen in Leipzig zur Ostermesse 1860" dem Acceptanten gegenüber in einen Meßwechsel umgewandelt.

9) Die Benennung einer Zahlungsadresse am Zahlort: „zahlbar bei meinem Banquier" enthält dagegen keine Beschränkung des Accepts. Der Wechsel wird hierdurch kein Domicilwechsel. Der Bezogene kann ein Präjudiz aus dem Art. 43. nicht vorschützen. Protest ist zu erheben gegen den Acceptanten und nur nachzugeben, daß der Protest in der Wohnung des solutionis causa adjectus levirt werde (Liebe S. 99). Anders das Ober-Tribunal in Sachen Bodmer wider Schmidt (Urtheil vom 27. März 1858; Strieth. Bd. 27. S. 337; Bd. 23. S. 253).

Welcher Art auch die Beschränkung sein möge, Aussteller und Indossanten werden nur dann regreßpflichtig, wenn der Inhaber sich nach den im Wechsel vorgeschriebenen Modalitäten und nicht nach den Bestimmungen des Accepts richtet. Nimmt also der Inhaber nicht an dem im Wechsel bestimmten, sondern an dem vom Acceptanten bestimmten späteren Zahltag Protest auf, so ist der Wechsel präjudizirt (Art. 30. 41. 43; Gelpcke Ztschr. für Handelsrecht Hft. 3. S. 116; Erk. des Ob.-Trib. vom 22. December 1853; Strieth. Bd. 10. S. 373; Entschd. Bd. 26. S. 378; Archiv von Schäffer und Elvers Bd. 1. H. 3. S. 35; Oesterr. Ger.-Ztg. von 1859 Nr. 74).

Artikel 23.

Der Bezogene wird durch die Annahme wechselmäßig verpflichtet, die von ihm acceptirte Summe zur Verfallzeit zu zahlen.

Auch dem Aussteller haftet der Bezogene aus dem Accepte wechselmäßig.

Dagegen steht dem Bezogenen kein Wechselrecht gegen den Aussteller zu.

§. 72. Rechte des Trassanten gegen den Acceptanten.

Das Accept ist nichts als ein eigener Wechsel, ausgestellt vom Acceptant an die Ordre des Ausstellers. Schon hierdurch rechtfertigt sich die Bestimmung alin. 2. dieses Artikels (vergl. Motive zum letzten Pr. Entw. S. 53; §. 242. des Entw. von 1845; Protokolle der Sachverständigen S. 122—125; Heise & Cropp Bd. 2. Nr. 1; Einert im Archiv Bd. 6. S. 113 ff., namentlich 139 ff.). Der Aussteller kann daher wie jeder Indossant das Recht aus dem Wechsel gegen den Acceptant geltend machen. Die Annahme des Bezogenen geschieht nicht dem im Wechsel genannten Remittenten im Auftrage des Ausstellers, sondern dem Wechsel und dem Aussteller selbst, der aber dieses ihm gegebene oder von ihm erwartete Versprechen bereits einem Anderen übertragen, um durch die Realisirung desselben seine eigene Verbindlichkeit zu erfüllen.

Fallen nach unserer Auffassung des Accepts die theoretischen Bedenken gegen den Art. 23. alin. 2. nicht ins Gewicht, so erscheint das Gesetz vom praktischen Standpunkte durchweg berechtigt, wie denn in England und Amerika das Wechselrecht des Ausstellers stets angenommen worden ist. Es folgt:

1) Das Recht des Trassant wird durch den Art. 81. umgrenzt und umschlossen. Ein weiterer Anspruch auf das volle Interesse wegen der nicht bewirkten Zahlung ist im Wechselprozeß nicht zu verfolgen und hat mit dem Wechselzug keine Verbindung.

2) Löst der Trassant einen präjudizirten Wechsel ein, so kann er nur die Wechselsumme nebst Zinsen vom Tage der behändigten Klage fordern. Für die durch den Regreß entstandenen Kosten haftet der Acceptant wegen des Präjudizes nicht.

Fassung.

Das „Auch" und „Dagegen" dürfte von einer späteren Redaktion zu beseitigen sein. So wenig wie ein Kunstwerk an die Schwierigkeit der Production erinnern darf, so wenig darf aus dem Gesetz zu ersehen sein, daß es Controversen entschieden und gleichsam als Compromiß das Geschöpf streitender Interessen ist.

Artikel 24.

Ist in dem Wechsel ein vom Wohnorte des Bezogenen verschiedener Zahlungsort (Art. 4. Nr. 8) angegeben (Domicilwechsel), so ist, insofern der Wechsel nicht schon ergiebt, durch wen die Zahlung am Zahlungsorte erfolgen soll, dies vom Bezogenen bei der **Annahme** auf dem Wechsel zu bemerken. Ist dies nicht geschehen, so wird angenommen, daß der Bezogene selbst die Zahlung am Zahlungsorte leisten wolle.

Der **Aussteller** eines Domicilwechsels kann in demselben die Präsentation zur Annahme vorschreiben. Die Nichtbeobachtung dieser Vorschrift hat den Verlust des Regresses gegen den **Aussteller** und die Indossanten zur Folge.

§. 73. Voraussetzungen des Domicilwechsels.

Der Handelsstand ist den Domicilwechseln nicht günstig. Sie dienen häufig genug dem Schwindel und der Wechselreiterei. Ihre Nothwendigkeit ist jedoch nicht zu leugnen. Ein auf abgelegene Nebenplätze gezogener Wechsel ist nur zu begeben, ja oft nur einzukassiren, wenn er auf einen Wechselplatz domicilirt wird.

Domicilirte Tratten sind solche, bei denen neben dem in der Adresse bezeichneten Wohnort des Bezogenen ein von diesem verschiedener Zahlungsort vom Aussteller angegeben ist. Es folgt:

1) Die beiden Plätze müssen im Wechsel angegeben sein. Es ist dagegen gleichgültig, wo der Domicil-Vermerk steht, ob im Contexte des Wechsels, ob neben der Adresse (Erk. des Ob.-Trib. vom 13. September 1844, 28. Juni 1856, 27. März 1858, Entschd. Bd. 10. S. 208 und Bd. 33.

S. 427; Strieth. Bd. 27. S. 337; Erk. des OAG. zu Jena vom 2. Februar 1857; Blätter für Rechtspflege in Thüringen pro 1857 S. 255). Es liegt dagegen kein Domicilwechsel vor, wenn nur ein einziger Zahlungsort angegeben ist, mag dieser immerhin nicht der wirkliche Wohnort des Bezogenen sein (vergl. Erk. in der Oesterr. Ger.-Ztg. pro 1855 Nr. 76 und Archiv Bd. 5. S. 436). Die Verschiedenheit des Zahl- und Wohnortes muß durch den Wechsel selbst mit Zuverlässigkeit festgestellt und darin wortdeutlich ausgedrückt sein. Sein Inhalt entscheidet. Es ist unzulässig, durch Conjectur und Beweis darzuthun, daß die im Wechsel fehlenden Erfordernisse vorliegen. Urth. des Ob.-Trib. vom 27. März 1858, Strieth. Bd. 27. S. 337.

2) Eine wirkliche distancia loci wird erfordert. (Vergl. Art. 6. u. oben S. 44 u. 45.) Fehlt sie, so ist ein Domicilwechsel nicht vorhanden.

Eine Adresse, dahin lautend: „Herrn X. in Breslau, Friedr.-Wilhelmstraße 53" ist daher selbst dann kein Domicilwechsel, wenn der Bezogene zu Breslau, etwa am Ring, aber nicht Friedr.-Wilhelmsstraße wohnt. Erk. des Ob.-Trib. vom 6. November 1856 in Sachen Gran wider Fröhlich (Seuffert Archiv Bd. 11. S. 420). In welcher Art beide Orte angegeben, ob es in der Adresse heißt: Herrn X. aus Berlin, zahlbar in Breslau, ist dagegen gleichgültig. Erk. des Ob.-Trib. vom 11. Juli 1857 in Sachen Katzenellenbogen wider Türkheim.

Ein dahin lautender Wechsel: „Herrn W. S. in Nemitz bei Stettin, zahlbar Mönchenstraße Nr. 609 bei B." ist eben so wenig ein Domicilwechsel. Erk. des Ob.-Trib. vom 5. Juni 1856; Strieth. Bd. 21. S. 266. Man kann nicht sagen, es sei für Jeden notorisch, daß jene Straße eine Straße Stettins ist. Anders die Erk. des Ob. Oesterr. GH. (Oesterr. Ger.-Ztg. pro 1852 Nr. 24. 25. und 26.; Arch. für WR. Bd. 3. S. 335).

3) Die Angabe des Domicils muß vom Aussteller geschehen. Prot. Sitz. 16. S. 86, 87. Schickt jedoch der Acceptant den fertigen acceptirten Domicilwechsel dem Aussteller ein, damit dieser den Wechsel unterzeichne und begebe, so wird anzunehmen sein, daß der Domicilvermerk im Auftrage des Trassanten gegeben ist.

§. 74. Echte und unechte Domicil-Wechsel.

1. Echte Domicil-Wechsel.

Die Lehre von den domicilirten Wechseln bietet in der Praxis zumeist um deswillen Schwierigkeiten, weil der domicilirte Wechsel in vieler Beziehung mit anderen Wechselformen verwandt, von ihnen nicht immer scharf genug geschieden wird.

Es erscheint zweckmäßig folgende Fälle hervorzuheben:

1) Der Aussteller zieht einen Wechsel auf Moll in Charlottenburg. Die Adresse lautet: Herrn Moll in Charlottenburg, zahlbar bei oder durch Schütze in Berlin. Dies ist der eigentliche domicilirte Wechsel mit benanntem Domiciliaten. Die Präpositionen: „bei" und: „durch" gelten hier nämlich der Regel nach für identisch. Commissionsbericht betreffend

die Sachverständigen S. 51; Entschd. Bd. 32. S. 438; Bd. 38. S. 242; Strieth. Bd. 21. S. 8; Bd. 27. S. 337. Der Zieher hat den Wechsel in seinen wesentlichen Bestandtheilen herzustellen. Nur er kann den Zahlungsort angeben. Nur er kann somit einen Domicil-Wechsel schaffen. Dies ist in dem Leipz. Conferenz-Protokoll vom 9. November 1847 Sitz. 16. S. 86 anerkannt. Dort ist bemerkt: „Uebrigens wurde anerkannt, daß unter Domicilwechseln in den §§. 25. und 41. nur solche zu verstehen seien, auf welchen der Aussteller einen dem Wohnorte des Bezogenen verschiedenen Zahlort angegeben habe. Man erklärte demzufolge, daß das Hinzufügen eines Domicils vom Bezogenen den Wechsel nicht zu einem Domicilwechsel mache, daß dergleichen Zusätze beim Accept vielmehr lediglich nach den über limitirte Accepte gegebenen Regeln zu beurtheilen seien, daß man es aber angemessen finde, die Benennung eines Domiciliaten am Zahlorte durch den acceptirenden Bezogenen für eine gültige und erlaubte Limitation des Accepts zu erklären, und Solches durch einen Zusatz zu dem §. 24. auszusprechen." Es folgt:

a. Rührt der Domicilirungs-Vermerk von einem Andern als dem Aussteller her, so nimmt der Wechsel die Natur eines Domicil-Wechsels nicht an.

b. Der benannte Domiciliat verhält sich zum Bezogenen, wie der Trassat zum Trassanten (Sitz. 16. S. 82; Thoel §. 278). Es ist daher eben so unzulässig gegen den Acceptanten des Domicil-Wechsels Protest zu erheben als unzulässig gegen den Trassant Protest zu erheben. Wird dagegen Protest gegen den Domiciliaten nicht erhoben; so wird der Wechsel nicht nur den Regreßpflichtigen, sondern auch dem Acceptant gegenüber zu einem präjudicirten. Wie der Trassant frei wird, falls nicht Protest gegen den Acceptanten erhoben wird, so wird der Acceptant frei, falls nicht Protest gegen den Domiciliaten erhoben wird.

c. Der Protest ist nicht an dem wirklichen Wohnort des Domiciliaten, sondern nur an dem im Wechsel angegebenen Zahlort zu leviren (Enschd. Bd. 17. S. 343).

d. Die Nothadresse hat mit dem Domicil-Vermerk nichts gemein. Der Acceptant kann keine Aufforderung ergehen lassen, im Falle er oder der Domiciliat nicht zahlen sollte, für ihn einzutreten. Zur Begründung der Wechselklage gegen den Acceptanten eines domicilirten Wechsels, der mit einer Nothadresse versehen ist, bedarf es nicht des Protestes gegen die Letztere. Entschd. Bd. 17. S. 352.

2) Der zweite Fall ist dieser: Der Aussteller zieht einen Wechsel auf Moll in Charlottenburg. Die Adresse lautet: „Herrn Moll in Charlottenburg, zahlbar in Berlin." Setzt nun der Bezogene die Worte hinzu: „durch" oder „bei Schütze", so unterscheidet sich dieser Fall rechtlich nicht von dem ersten. Daß hier in dem vorliegenden Falle der Bezogene und nicht der Aussteller den Domiciliaten ernannt, thut zur Sache nichts. (Vergl. die Nr. 1. alleg. Stelle aus den Conf.-Prot.) Es leuchtet ein, daß dieser Zusatz mit rechtlichen Folgen nur bis zum Ablauf der Protestfrist zulässig ist.

3) Der dritte Fall unterscheidet sich von dem zweiten dadurch, daß der Bezogene jene Worte „bei Schütze" nicht zusetzt.

Es liegt dann ein Domicilwechsel ohne benannten Domiciliaten vor. Da es somit im Verhältniß zum Acceptanten an einem Trassaten fehlt, so bedarf es ihm gegenüber des Protestes nicht. Da jedoch der Schöpfer des Wechsels seinen Willen niedergelegt und jede Regreßpflicht davon abhängig gemacht hat, daß Zahlung am Zahlorte begehrt werde, so muß bei Vermeidung des Präjudizes der Wechsel gegen den Bezogenen am Zahlorte protestirt werden. Es folgt:

a. Auch bei eigenen Wechseln ohne benannten Domiciliaten bedarf es zur Klage gegen den Aussteller keines Protestes (Strieth. Bd. I. S. 388; Entschd. Bd. 20. S. 346.)

b. Der von einem Anderen als dem Trassaten oder Trassanten dem Domicil hinzugefügte Name des Zahlungsleisters macht den Wechsel nicht zum Domicilwechsel mit benannten Domiciliaten. Nach Art. 24. ist eben nur dem Bezogenen ein Mandatum praesumptum des Ziehers zu diesem Zusatz ertheilt.

Hiermit ist das Gebiet der echten Domicilwechsel vollständig erschöpft. Alle anderen Fälle sind daher den Art. 24. und 43. nicht zu unterstellen. Wir heben hervor:

2. Unechte Domicil-Wechsel.

Als unechte Domicil-Wechsel sind nachstehende Wechsel anzusehen:

1) Die vom Aussteller herrührende Adresse lautet: „Herrn Wippermann, zahlbar in Frankfurt a. M. bei M. A. von Rothschild." Die Verschiedenheit des Zahl- und Wohnortes des Bezogenen muß durch die Wechselurkunde selbst mit Zuverlässigkeit festgestellt und darin wortdeutlich ausgedrückt sein. Art. 4. Nr. 7. und 8. Art. 99. Da dies hier nicht der Fall, so liegt ein Domicilwechsel nicht vor. Wippermann kann mithin den Mangel des Protestes nicht vorschützen (Strieth. Bd. 27. S. 340).

Fraglich ist, wo und gegen wen muß hier Protest levirt werden, um den Regreß gegen den Aussteller zu sichern?

Wir sind der Meinung, daß der Protest im Comptoir des Hauses Rothschild gegen Wippermann levirt werden muß. Dies entspricht dem Willen des Ausstellers. Dies ist der Anweisung gemäß, welche er ertheilt hat. Hiermit stimmt auch die Entscheid. des Ob.-Trib. Strieth. Bd. 22. S. 233, während es nach einem neuen Urtheil des Ob.-Trib. vom 27. März 1858 (Strieth. Bd. 27. S. 337 ff.) genügen soll, daß gegen jene Firma M. A. v. Rothschild protestirt worden.

2) Der Bezogene eines gewöhnlichen Wechsels acceptirt mit den Worten: Angenommen X., zahlbar bei Schütz in Leipzig. Durch diesen Vermerk kann, wie gezeigt, der Wechsel nicht zu einem Domicilwechsel werden. Ein qualificirtes Accept kann den ursprünglichen Charakter des Wechsels nicht ändern. Dem Acceptanten gegenüber bedarf es keines Protestes. Der Protest ist nur bei X. selbst zu leviren. Da er aber nur nach Inhalt seines Accepts haftet (Art. 22.), so ist er nur zu verurtheilen, Zahlung bei Schütz in Leipzig zu leisten (Entschd. Bd. 29. S. 405; Erk.

des OAG. zu Lübeck vom 31. Mai 1858; Goldschmidts Zeitschr. Bd. 2. S. 129).

3) Der Bezogene des Wechsels: Herrn Moll in Charlottenburg, zahlbar bei Schütze in Berlin, acceptirt mit dem Vermerk: Angenommen Moll, zahlbar bei Schmidt in Berlin.

Der Fall ist wie der sub 5. zu entscheiden. Es bedarf nicht eines doppelten Protestes gegen Schütze und Schmidt, sondern nur des Protestes gegen Schütze.

4) Ein Indossant bemerkt in seinem Giro zahlbar bei Schütz in Leipzig.

Der Indossant ist zu Clauseln dieser Art nicht berechtigt. Die Clausel gilt für nicht geschrieben.

§. 75. Stellung des Domiciliaten.

Man hat den Domiciliaten bald als Bevollmächtigten, bald als Assignaten des Bezogenen (Rechtsspr. Bd. 1. S. 75, Entschd. Bd. 17. S. 340) oder des Ausstellers angesehen. Er ist keins von Beiden. Er ist der nicht im Wechselverband stehende Stellvertreter des Acceptanten oder des Ausstellers (Entschd. Bd. 11. S. 98). Daraus folgt:

1) Er kann die Deckungsklage unter Umständen nicht nur gegen den Acceptanten, sondern auch gegen den Aussteller anstrengen.

Zu ihrer Begründung reicht aber nicht aus der Vermerk auf dem Wechsel oder die wirklich geleistete Zahlung, sondern die Offenlegung des zwischen den Partheien vorliegenden Geschäfts. (Vergl. Entschd. Bd. 25. S. 438).

2) Er hat die Contreordre desjenigen zu beachten, von dem er Deckung in Händen hat, oder von dem er seiner Zeit Deckung begehren will. Es ist in dieser Beziehung mit dem Trassaten nicht so. Eben weil der Domiciliat dem Wechselverband völlig fremd, ist er zur Haftung nicht verpflichtet. Zahlt er somit wider Ordre, so macht er sich regreßpflichtig.

3) Acceptirt er den Wechsel, so haftet er wie jeder nicht bezogene Extraneus. Er haftet also nur, falls sein Accept als Mitunterzeichnung des Accepts zu erachten ist (Art. 81. 21).

§. 76. Stellung des Wechselinhabers.

Fraglich ist, ob der Indossatar, welcher den Wechsel mit dem darauf befindlichen Domicilirungs-Vermerk erworben hat, befugt ist, die Art und Zeit der Entstehung und die Urheberschaft des Vermerkes in Zweifel zu ziehen. Der Wechselinhaber levirt z. B. gegen den Domiciliaten den Protest nicht; er wird gegen den Acceptanten klagbar und behauptet, daß der Domicil-Vermerk nicht vom Aussteller herrühre. Das Ob.-Trib. hat diese Frage für einen einzelnen Fall verneint. (Erk. vom 19. Februar 1856; Entschd. Bd. 32. S. 438; Strieth. Bd. 21. S. 8; Bd. 6. S. 201 u. 220).

Im Allgemeinen wird sie zu bejahen sein. Der Inhaber, welcher dem Acceptanten gegenüber die behauptete Negligenz abwehrt und den Vorwurf, daß er Protest nicht levirt, ablehnt, macht sicher keine Exceptio de jure tertii geltend. Er vertritt sein eigenes Recht und behauptet, „eben weil der fragliche Domicil-Vermerk von dem Aussteller nicht herrührt, ist der Wechsel im gesetzlichen Sinn kein Domicilwechsel und somit gegen den Domiciliaten nicht zu protestiren." Ist dies aber richtig, so kann das von dem Ob.-Trib. accentuirte Moment, daß dem Kläger der Wechsel als ein Domicilwechsel girirt worden, nicht für erheblich erachtet werden.

§. 77. Präsentation des Domicil-Wechsels.

Das Interesse des Ausstellers erheischt es, daß der Domiciliat, genannt und der Protest in den Wind vermieden werde.

Die Regel ist, daß der Bezogene beim Accept den Domiciliaten, seinen Stellvertreter benennt. Man war daher der Meinung, daß der Inhaber zu verpflichten, von dem Bezogenen unter Protest die Bezeichnung des Domiciliaten zu begehren. §. 34. des Braunschw. und Mot. S. 111; §. 89. des Mecklenb. Entw., §. 68. des Pr. Entw. von 1845; Sitz. der Leipz. Conf. vom 4. November 1847 S. 55.

Man kam aber zuletzt auf das Princip des §. 25. des letzten Pr. Entw. und der Mot. S. 62, 63 zurück und schloß in der Sitz. vom 1. December 1847 (S. 230) durch Hinzufügung der alin. 2. ein Compromiß ab.

Man ließ nämlich eine fernere Ausnahme von dem im Art. 18. aufgestellten Princip zu und gestattete dem Aussteller, aber auch nur diesem, die Präsentation zur Annahme vorzuschreiben. Die Präsentation geschieht am Wohnorte des Bezogenen. Der Aussteller kann nicht nur die Präsentation überhaupt vorschreiben, sondern auch die Frist, innerhalb welcher sie geschehen soll (vergl. Prot. Sitz. 12. S. 57 und Sitz. 31. S. 229 u. 230). Die Nichtbeobachtung der Vorschrift bedingt den Verlust des Regresses gegen Aussteller und Indossanten. Hoffmann ist S. 327 der Ansicht, daß auch dem Indossanten jenes Recht zustehe. Er geräth jedoch mit sich selbst in Widerspruch, wenn er behauptet:

> Der Wechsel-Inhaber ist nicht einmal berechtigt, einen solchen Wechsel an dem von dem Indossanten bezeichneten Domicilort ... zur Zahlung zu präsentiren.

Wenn aber dem Indossant das Recht zu domiciliren nicht zusteht, so kann er noch weniger das lediglich dem Aussteller eingeräumte Recht des Art. 24. alin. 2. beanspruchen.

VI. Regreß auf Sicherstellung.

1. Wegen nicht erhaltener Annahme.

§. 78. Verweigerte Annahme.

Die Ablehnung des Accepts, die nicht unbedingt erfolgte Annahme läßt befürchten, daß der Bezogene den Wechsel zur Verfallzeit nicht honoriren werde. Es leuchtet ein, daß der Wechselinhaber hierdurch nicht der Verpflichtung enthoben wird, am Verfalltage Mangels Zahlung Protest zu erheben. Es ist aber eben so gewiß, daß die verweigerte oder beschränkte Annahme die Lage der Berechtigten sofort verschlimmert. Der Bezogene, der durch die Annahme der Hauptverpflichtete werden sollte, beschränkt eben durch seine Ablehnung wo nicht die intensive Kraft der Verpflichtung, doch die Zahl der Verpflichteten. Es ist daher von Anfang an die Nothwendigkeit anerkannt worden, für die verweigerte Annahme Ersatz zu bieten.

Ueber die Mittel zum Ziel gingen dagegen die früheren Wechselordnungen und die Conferenz-Mitglieder auseinander. Die Einen gestatten dem Wechsel-Inhaber einen Anspruch auf sofortige Zahlung. Die Anderen gewähren ihm das Recht auf Ausstellung eines neuen Wechsels mit derselben Verfallzeit. Die Meisten lassen nur einen Cautionsanspruch zu (vergl. Treitschke S. 299—314; Thoel §. 223). Für die sofortige Zahlung fehlt es an jedem Grunde. Niemand hat sich verpflichtet, vor Verfallzeit zu zahlen.

Die Ausstellung eines neuen Wechsels ist nur geeignet, neue Schwierigkeiten zu erzeugen (Prot. Sitz. 12. S. 59). Der neue Wechsel hätte das Schicksal des alten zu befahren. Es ist mehr als fraglich, ob er in allen Stücken den alten Wechsel ersetzen kann.

Die Conferenz hat daher mit vollem Recht nur den Regreß auf Sicherstellung anerkannt.

§. 79. Regreß.

Grund, Voraussetzung und Wirkung.

Der Grund und die Causa dieses Regresses ist die versprochene, aber abgelehnte Acceptation. Die Caution ist das Aequivalent für das abgelehnte Accept. Dieselbe soll die Stelle der Garantie vertreten, welche der Wechsel-Inhaber gehabt haben würde, wenn die Acceptation erfolgt wäre. Es folgt:

1) Die Caution muß geleistet werden, ohne daß es darauf ankommt, ob causa arresti vorliegt, ob die Regreßpflichtigen zahlungsunfähig sind.

2) Jeder Indossant wird durch den Besitz des Protestes Mangels

Annahme berechtigt, Sicherheit von seinen Vormännern zu beanspruchen, gleichviel, ob er seinerseits seinem Nachmann hat Sicherheit leisten müssen. Jedem Indossanten ist durch die Nichtannahme ein Rückhalt genommen worden (Art. 26).

Die Voraussetzungen des Regresses sind diese:

1) Ein seiner Form nach gültiger Wechsel. Der Regreß ist eben ein wechselmäßiger, mithin eine Folge des formell gültigen Wechsels. Es können überhaupt der Klage auf Sicherstellung alle diejenigen Einreden entgegengesetzt werden, welche gegen die Klage auf Zahlung zulässig sind. Erk. des Ob.-Trib. vom 6. Juni 1861 (Strieth. Bd. 41. S. 303).

2) Die bis zum Verfall des Wechsels bewirkte Präsentation des Wechsels. Nach dem Verfall ist entweder der Wechsel präjudizirt oder protestirt. Ist er präjudizirt, dann kann von einem Regreß Mangels Annahme nicht mehr die Rede sein. Ist er Mangels Zahlung protestirt, dann bedarf es keiner Sicherstellung; jeder Regreßpflichtige kann dann die Aushändigung des Wechsels gegen Einlösung verlangen (arg. Art. 56. sq. 60.; Thoel §. 223).

3) Der Protest Mangels Annahme. Ist der Bezogene der Wechselinhaber, so muß er somit gegen sich selbst Protest erheben lassen, will er anders Regreß auf Sicherstellung nehmen. Erk. des Ob.-Trib. vom 15. December 1853 (Strieth. Bd. 11. S. 122).

Sind die Formen beobachtet, so ist das Recht auf Sicherstellung gewahrt. Sie kann selbst dann gefordert werden, wenn der auf zwei Personen gezogene Wechsel nur von einer acceptirt worden ist. Sie kann gefordert werden Seitens eines jeden Nachmannes vom Vormanne, sofern dieser Vormann nicht schon einem anderen Nachmanne Caution bestellt hat (vergl. Prot. Sitz. 13. S. 66).

Der springende Regreß und das Jus variandi ist auch hier wie bei dem Regreß Mangels Zahlung zulässig. Art. 25. 27.

Sogar derjenige Indossatar kann Caution fordern, welcher erst nach Protest Mangels Annahme Wechselinhaber geworden. Art. 26. Nur genügt in diesem Falle der Protest nicht, da aus diesem der Besitz eines solchen Inhabers nicht ersichtlich ist.

Das Recht ist mit dem Protest Mangels Annahme begründet und existent. Es wird realisirt durch reale Leistung der Sicherheit gegen Aushändigung des Protestes Zug um Zug. Die Verfolgung des Rechts durch Klage setzt daher nicht das Aushändigen des Protestes, sondern das Ablehnen der gegen das Anerbieten der Aushändigung des Protestes begehrten Sicherstellung voraus. (Vergl. §§. 101. 106. 107. 110. des Pr. Entw. von 1845 und die Protokolle der Sachverständigen S. 62; Erk. des AG. zu Leipzig vom 7. Januar 1853, Archiv Bd. 3. S. 219, und des Ob.-Trib. vom 30. September 1854; Strieth. Bd. 15. S. 55).

Die Wirkungen des Rechts sind:

1) Die Wechsel-Interessenten sind berechtigt auf Pfandbestellung anzutragen (§. 4. I. 20. ALR.; Erk. des Ob.-Trib. vom 15. December 1853, Strieth. Bd. 11. S. 123).

2) Ist die Caution durch gerichtliche Deposition bestellt, so erwerben

diejenigen, denen sie bestellt worden, an der Caution ein Pfandrecht. Erk. des Ob.-Trib. vom 15. Juli 1854 (Strieth. Bd. 14. S. 173).

§. 80. Abwendung der Caution.

Die Annahme durch die Nothadresse beseitigt das Recht auf Sicherstellung. Es bedarf keines Aequivalentes, wenn statt des Bezogenen ein Dritter acceptirt (Art. 56—61.); wie denn die nachträgliche Annahme Seitens des Bezogenen die Rückgabe der bestellten Caution zur Folge haben muß (Art. 28). Diese Möglichkeit der späteren Annahme bedingt schon, daß der Regreßpflichtige nicht berechtigt ist, statt der geforderten Caution die Einlösung des Wechsels anzubieten, ganz zu geschweigen, daß durch ein solches Recht das Recht des Regredienten häufig genug illusorisch gemacht werden möchte. Der Regredient bedarf nur des Besitzes des Protestes, nicht des Wechsels. Der Zahlende braucht dagegen nur gegen Aushändigung des Wechsels zu zahlen (vergl. I. 5, §. 241.; I. 11, §. 758.; I. 16, §. 58. ALR.) Anders im Art. 120. des Code de commerce (vergl. Prot. Sitz. 12. S. 60 ad §. 26. des Pr. Entw.)

Artikel 25.

Wenn die Annahme eines Wechsels überhaupt nicht, oder unter Einschränkungen, oder nur auf eine geringere Summe erfolgt ist, so sind die Indossanten und der Aussteller wechselmäßig verpflichtet, gegen Aushändigung des Mangels Annahme aufgenommenen Protestes genügende Sicherheit dahin zu leisten, daß die Bezahlung der im Wechsel verschriebenen Summe, oder des nicht angenommenen Betrages, so wie die Erstattung der durch die Nichtannahme veranlaßten Kosten am Verfalltage erfolgen werde.

Jedoch sind diese Personen auch befugt, auf ihre Kosten die schuldige Summe bei Gericht oder bei einer anderen zur Annahme von Depositen ermächtigten Behörde oder Anstalt niederzulegen.

§. 81. Erläuterung des Artikels 25.

Die Worte: „Wenn die Annahme nicht erfolgt ist“ sind absichtlich gewählt. Sie entsprechen den Worten des Art. 18.: „in Ermangelung der Annahme.“ Sie treffen auch den Fall, wenn der Bezogene am Präsentationsorte nicht anwesend ist (Comm.-Ber. zum Pr. Entw. von 1845 S. 65).

Das Recht auf Sicherstellung ist einzig und allein an den Protest geknüpft. Daraus folgt: Es bedarf keiner Notifikation an die Vormänner (Art. 45). Mit dem Augenblick des levirten Protestes beginnt vielmehr das Regreßrecht für alle Arten acceptabler Wechsel, also auch für Wechsel, die auf eine bestimmte Zeit nach Sicht gestellt sind. Dies leugnet Kheil WR. §. 199., weil der Protest bei jenen Wechseln nur deshalb levirt werde, um den Verfalltag zu bestimmen. Er übersieht, daß die Pflicht zu präsentiren und zu protestiren keinen Gegensatz des Rechts auf Sicherstellung bildet. Die verweigerte Annahme stellt hier wie bei allen anderen Wechseln den Protest Mangels Zahlung in Aussicht. Freilich muß der Inhaber eines solchen Wechsels, falls er später Regreß Mangels Zahlung nehmen will, sich wiederum in den Besitz des Protestes Mangels Annahme setzen', weil ihm sonst der Beweis und zwar der einzig zulässige Beweis fehlen würde, daß und wann die Präsentation geschehen sei. Dies ist jedoch kein Grund, ihm den Regreß auf Sicherstellung zu versagen.

Der Anspruch ist ein wechselmäßiger. Wechselprozeß und Haft ist somit zulässig. Fraglich ist dagegen, an welchem Orte die Klage angestrengt werden kann? Der §. 6. des Pr. Einführungs-Gesetzes vom 15. Februar 1850 verordnet:

> Wechselklagen können sowohl bei dem Gerichte des Zahlungsortes, als bei dem Gerichte, bei welchem der Beklagte seinen persönlichen Gerichtsstand hat, erhoben werden.

Er unterscheidet nicht zwischen dem Regreß auf Sicherstellung und dem Regreß auf Zahlung. Wir sind daher und zumal mit Rücksicht auf Art. 49. der Ansicht, daß auch für die Klage auf Sicherstellung der §. 6. durchgreift. Das Recht der Regredienten wird durch den Besitz des Protestes begründet. Einer Vorzeigung des Wechsels bedarf es nicht, zumal die Vormänner bis zum Aussteller zurück Sicherheit verlangen dürfen und diese den Wechsel nicht besitzen können. Die Produktion des Wechsels wird jedoch unvermeidlich sein:

1) wenn der Regredient den Wechsel erst nach aufgenommenem Protest erworben hat,

2) wenn der Verklagte die Echtheit seiner Unterschrift in Abrede stellt. Vergl. das Erkenntniß des Appell.-Ger. zu Leipzig vom 7. Januar 1853 (Archiv Bd. 3. S. 219 ff.)

§. 82. Erfüllungsarten der Cautions-Verbindlichkeit.

Für die zu bestellende Sicherheit haften die im Art. 81. genannten Personen solidarisch. Die Indossanten ohne Obligo trifft eine Verpflichtung nicht; wohl aber diejenigen Indossanten, welche nach Protest Mangels Annahme girirt haben (vergl. Art. 69).

In welcher Weise der Regreßpflicht zu genügen ist, bestimmt das Gesetz nicht. Der §. 26. des Preuß. Entw. hatte Sicherstellung durch Pfand oder Bürgschaft verlangt. Dies ist in der Conferenz (S. 60) nicht angenommen, Alles vielmehr dem richterlichen Ermessen überlassen worden. Das Gesetz verlangt „genügende Sicherheit". Verbal-Cautionen (Angelöbniß und Eid) sind somit ausgeschlossen (vergl. ALR. §§. 183. 186. I. 14). Es ist dagegen nicht unbedenklich, ob Pfand und Bürgschaft für genügend zu erachten sind? Sie gewähren immer nur einen Civilanspruch und sind somit kein ausreichender Ersatz für die fehlende Acceptation. Die Oesterr. Minist.-Verordn. vom 25. Januar 1850 hat daher verordnet, daß bei mangelnder Uebereinkunft der Partheien der Regreßpflicht nur durch Deposition des baaren Geldes beim Gericht genügt werden kann (vergl. Archiv Bd. 2. S. 212; Bd. 3. S. 334). Es läßt sich jedoch die Härte dieser Bestimmung nicht verkennen. Die Deposition des Geldes kömmt factisch der Zahlung gleich. Für diese ist der Tag der

Erfüllung noch nicht eingetreten. Es fehlt der Protest Mangels Zahlung und die bei der Zahlung nothwendige Extradition des Wechsels. Es kömmt hinzu, daß die Klage auf Sicherstellung durch das Anerbieten der Zahlung nicht einmal abzuwenden ist. Nach preuß. Recht sind denn auch Pfand- oder Hypothekenbestellung als genügende Cautionsmittel zu betrachten §. 11. und 14. I. 20. ALR). Auch der Bürge muß hypothekarische Caution stellen (§. 192. I. 14. ALR). Außerdem genügt die Deposition der schuldigen Summe bei Gericht oder „einer anderen, zur Annahme von Depositen ermächtigten Behörde". Dieser letzte Satz berücksichtigt eine bereits mehr vorgeschrittene Gerichtsverfassung, z. B. die rheinische, nach welcher die Gerichte mit Annahme von Depositen nicht befaßt, sondern einzig und allein auf das Rechtsprechen beschränkt sind (Prot. S. 60).

§. 83. Ort der Deposition. Betrag der Caution. Qualität des Rechts an der Caution.

Nach dem Würtemb. Einführungs-Gesetz vom 6. Mai 1849 §. 8. ist die Deposition beim Gericht des Zahlungsortes zu bewirken. Dies scheint hart und nicht angemessen. Es reicht aus, daß am Orte der Klage deponirt werde. Der Betrag der Caution erstreckt sich auf die Wechselsumme und auf die durch Nichtannahme veranlaßten Kosten. Der Regredient ist nicht berechtigt, die sofortige Erstattung der Kosten zu verlangen, wie dies im §. 99. des Pr. Entw. (1845) bestimmt worden. Von Zinsen kann die Rede nicht sein. Der Regreß wegen Sicherstellung beweist vielmehr wiederum, daß das Zinsversprechen nicht in den Wechsel gehört (vergl. Comm.-Ber. zum Pr. Entw. von 1846 S. 65).

Eine andere oder größere Sicherheitsbestellung als die von dem Regredienten angenommene, kann unter denselben Umständen begehrt werden, unter welchen dies nach civilrechtlichen Bestimmungen zulässig ist. (§. 247. und 248. I. 14. §§. 22. 23. 260. I. 20. ALR. Art. 2131. des Code civil).

Der Regredient erlangt an der Caution ein Pfandrecht (§. 4. 7. 14. I. 20. ALR.). Er ist daher im Falle des Concurses als Pfandgläubiger zu befriedigen.

Dasselbe gilt bei der Deposition, mag selbst baares Geld deponirt sein. Die bezogene Oesterr. Verordnung hat dies ausdrücklich ausgesprochen. Man hat behauptet, daß die Preuß. Gesetze ein wirksames Pfandrecht hier ausschließen; es sei ein Pfand an baarem Gelde nicht zulässig und überhaupt nicht ohne Besitz des Gläubigers zulässig. (I. 20. §§. 71. 104. ALR.) Dies ist nicht begründet. Der Depositar besitzt als Stellvertreter des Regredienten (§§. 45. 66. 67. I. 7. a. a. O. und Erk. des Ob.-Trib vom 15. Juli 1854, Strieth. Bd. 14. S. 173; Entschd. Bd. 38. S. 427). Das Gesetz schließt ein Pfandrecht an baarem Gelde nicht aus.

Ein den Schuldner zur Sicherstellung verurtheilendes Erkenntniß berechtigt daher den Gläubiger sofort in dem Publications-Termine und ohne erst die Ausfertigung und Insinuation des Urtels abwarten zu dürfen zu dem Antrage auf Bestellung eines Unterpfandes Erk. des Ob.-Trib. vom 15. Dec. 1853; (Strieth. Bd. 11. S. 123. Entschd. Bd. 22. S. 152).

Die Fassung.

Die Redaction des Art. 25. ist ungenügend. Die Worte: „Indossanten und der Aussteller" scheinen den Wechselbürgen auszuschließen (Art. 81.). Dies ist nicht beabsichtigt. Die Fassung: „Jedoch sind diese Personen auch befugt die schuldige Summe . . ." dürfte stilistisch nicht zu billigen sein.

Art. 26.

Der Remittent, sowie jeder Indossatar wird durch den Besitz des Mangels Annahme aufgenommenen Protestes ermächtigt, von dem Aussteller und den übrigen Vormännern Sicherheit zu fordern und im Wege des Wechselprozesses darauf zu klagen.

Der Regreßnehmer ist hierbei an die Folgeordnung der Indossamente und die einmal getroffene Wahl nicht gebunden.

Der Beibringung des Wechsels und des Nachweises, daß der Regreßnehmer seinen Nachmännern selbst Sicherheit bestellt habe, bedarf es nicht.

§. 84. Rechte auf die Caution.

1. In subjectiver Beziehung.

Jeder, der in das Wechselverhältniß als Berechtigter getreten, ist, sofern dies aus dem Wechsel ersichtlich, berechtigt von seinen Vormännern Sicherstellung zu verlangen. Ausgeschlossen sind also

1) der Aussteller, mag er immerhin zugleich Indossant sein;

2) derjenige, welcher auf Grund eines Blanco-Indossaments früher einmal Besitzer des ohne sein Giro begebenen Wechsels gewesen ist. Er ist nicht legitimirt und hat kein Interesse zur Sache;

3) derjenige, welcher ohne Obligo den Wechsel weiter girirt hat.

Die Legitimation der Berechtigten steht durch den Protest fest. Eine Verpflichtung zur Aushändigung des Wechsels würde zu Mißbräuchen führen. Der Inhaber muß später Protest Mangels Zahlung aufnehmen. Er bedarf hierzu des Wechsels. Hat er den Wechsel extradirt, so müßte er erst durch Klage die verweigerte Rückgabe erzwingen. Darüber könnte leicht der Wechsel zu einem präjudicirten werden.

Der Nachweis, daß der Regredient seinem Nachmann Sicherheit bestellt, darf nicht gefordert werden. Eben weil dieser von ihm mit Rücksicht auf seine Solidität Sicherheit nicht gefordert, hat der Regredient ein doppeltes Interesse, gegen seinen vielleicht nicht so soliden Vormann Regreß zu nehmen.

Da übrigens die Nichtannahme gleichsam eine präoccupirte Nichtzahlung darstellt, so führt diese Analogie zum springenden Regreß und dem Jus variandi. (Vergl. Prot. l. c. S. 60 ad §. 27. u. Sitz. 13. S. 65, 66 ad §. 29. des Pr. Entw.)

Die Fassung.

Die Fassung des Artikels ist zu bemängeln. Es ist nicht beabsichtigt, diejenigen, welche den Wechsel nach dem Protest begeben haben, auszuschließen. Die Worte im ersten alin. Remittent; im dritten alin. „Der Beibringung des Wechsels bedarf es nicht" sind daher nicht erschöpfend. Auch des Wechselbürgen ist nicht gedacht.

Artikel 27.

Die bestellte Sicherheit haftet nicht bloß dem Regreßnehmer, sondern auch allen übrigen Nachmännern des Bestellers, insofern sie gegen ihn den Regreß auf Sicherstellung nehmen. Dieselben sind weitere Sicherheit zu verlangen nur in dem Falle berechtigt, wenn sie gegen die Art oder Größe der bestellten Sicherheit zu begründen vermögen.

§. 85. Fortsetzung.

a. In objectiver Beziehung.

Die Fassung dieses Artikels deckt nicht den Gedanken, welchen sie ausdrücken soll. Das Gesetz hat daher zu Mißverständnissen Anlaß gegeben. Das Gesetz verordnet:

1) Jeder zum Regreß Verpflichtete darf nur einmal Sicherheitsbestellung leisten.

2) Jeder Regreß-Berechtigte darf nur einmal Sicherheitsstellung fordern.

Diese Sätze folgen aus der Natur der Sache. Wenn der Verpflichtete nur einmal gegen Aushändigung des Wechsels, Zahlung zu leisten; der Berechtigte nur einmal Zahlung begehren kann, so muß dies auch für den Regreß Mangels Annahme gelten Prot. S. 66. In der Regel wird denn auch der Verpflichtete vor wiederholtem Begehren geschützt sein. Da er nur gegen Aushändigung des Protestes Sicherstellung zu leisten braucht, so ist er durch den Besitz des Protestes gegen jeden weiteren Angriff geschützt. Es kann sich jedoch ereignen, daß er ohne Einhändigung des Protestes Sicherheit leistet oder daß er den eingehändigten Protest weiter giebt, wo dann ein wiederholter Rückgriff sehr wohl denkbar ist. Man hat jedoch wohl zumeist an den Fall des Art. 69. gedacht. Hier sind zwei Proteste Mangels Annahme sehr wohl denkbar; der Eine, weil die Prima, der Andere, weil die Secunda nicht acceptirt worden.

Gegen solche Belästigungen wollte man Vorkehr treffen. Die Fassung ist jedoch eine so wenig glückliche, daß man aus ihr den Satz entlehnt hat:

> Durch die von einem Verpflichteten bestellte Caution wird überhaupt jede weitere Caution gesetzlich beseitigt.

(Christoph DWO. 2. Aufl. S. 34 und Jolly Arch. Bd. 3. S. 46).

Dies ist nicht beabsichtigt (Prot. Sitz. **12.** und **13.** S. 60 und 66 und Sitz. **32.** S. 234 ad §. 27. des Entw. der Fassungs-Comm.); **Brauer** DWO. S. **74.**

Die Caution haftet nur dem Regredienten, für den sie bestellt ist. Jura vigilantibus dantur. Er kann sie daher, so lange nicht die anderen Berechtigten intervenirt haben, ohne Weiteres zurückgeben (Prot. S. 234). Weil nun aber der Verpflichtete allen Berechtigten gegenüber nur zu einmaliger Cautionsleistung verhaftet ist, so muß den anderen Interessenten ein Mittel gewährt werden, an dieser Caution ihr Recht zu wahren. Nehmen sie daher ihrerseits den Regreß gegen den Besteller, so haftet auch ihnen die Caution. Es folgt:

1) Sobald weiterer Regreß genommen, verliert der erste Cautionsnehmer die unbeschränkte Disposition über die Caution.

2) Auch die anderen Regredienten haben dann an der Caution ein Pfandrecht.

Wo also Sicherheit durch Inscription oder Bürgschaft gestellt worden, wird die Inscription auch auf die anderen Regredienten zu erstrecken sein und der Bürge auch ihnen gegenüber Bürgschaft übernehmen müssen.

3) Aus dem selbstständigen Recht der anderen Regredienten folgt, daß sie von der Willkür des ersten Regredienten unabhängig weitere Sicherheit verlangen dürfen, falls die bestellte nach Art oder Größe mit Grund zu bemängeln ist. Drei Fälle sind hier hervorzuheben.

1) Die Nachregredienten bemängeln mit Erfolg die Person des Bürgen. Der Verpflichtete wird dann einen anderen Bürgen stellen müssen, während der bisherige liberirt wird. §. 198. I. 14. ALR.

2) Sie verlangen statt der Bürgschaft Pfandbestellung oder Caution. Gegen diese wird dann der Bürge zu liberiren sein. §. 198. I. 14. ALR.

3) Sie behaupten, daß der erste Regredient, welcher im Besitz des Pfandes sich befindet, unsicher sei. Sie werden dann nach den Regeln des Civilrechts zu verfahren haben.

Der Art. 27. giebt ihnen für diesen Fall kein weiteres Recht gegen den Verpflichteten. Dieser mußte jenem Regredienten Sicherheit stellen; er konnte sich mit jenes Unsicherheit nicht schützen.

Artikel 28.

Die bestellte Sicherheit muß zurückgegeben werden:

1) sobald die vollständige Annahme des Wechsels nachträglich erfolgt ist;
2) wenn gegen den Regreßpflichtigen, welcher sie bestellt hat, binnen Jahresfrist, vom Verfalltage des Wechsels an gerechnet, auf Zahlung aus dem Wechsel nicht geklagt worden ist;
3) wenn die Zahlung des Wechsels erfolgt oder die Wechselkraft desselben erloschen ist.

§. 86. Rückgabe der Caution.

Der Grundsatz: „cum principalis causa non consistat, plerumque ne ea quidem, quae sequuntur, locum habent“ findet auf die Caution volle Anwendung. Die Sicherstellung ist also zurückgegeben, sobald ihre Gründe beseitigt sind. Wir heben die einzelnen Fälle hervor:

1) Der Wechsel wird für die ganze Summe ohne Einschränkung, ohne Modification acceptirt (Prot. Sitz. 12. S. 61 ad §. 28. des Preuß. Entw.). Das nachträgliche Ehrenaccept des Bezogenen kann als ein solches Accept nicht gelten, mag es immerhin zum Vortheil des Ausstellers gegeben sein (Art. 57. 61). Der Art. 28. Nr. 1. verlangt „unbedingte Annahme" (Koch, DWR. S. 189).

Es kann dagegen nicht gefordert werden, daß der Acceptant außer der Wechselsumme auch für die durch den Protest Mangels Annahme verursachten Kosten acceptire. Prot. a. a. O.

Fraglich ist, ob derjenige, welcher diese Kosten verlegt hat, ihre Erstattung sofort nach bewirkter Annahme verlangen oder den Verfalltag abwarten muß. Koch a. a. O. entscheidet sich auf Grund des Art. 25. für die letztere Alternative. Die Analogie zwischen dem daselbst behandelten und dem Fall in Frage erscheint jedoch nicht stichhaltig. Bei nicht erfolgter Acceptation verordnet der Art. 25., die Sicherheit sei dahin zu leisten, daß die Erstattung der Kosten am Verfalltage erfolgen werde. Der Grund ist, daß der Regreß Mangels Zahlung in Aussicht steht und es sich um des willen empfiehlt, jene geringfügigen Kosten zugleich mit der Regreßsumme am Verfalltag zu liquidiren (vergl. den Commissionsbericht zum Preuß. Entw. von 1845 S. 65). Dieser Grund fällt mit der nachträglich geschehenen Annahme.

Wir sind daher der Ansicht, daß die Erstattung sofort erfolgen muß. Koch S. 189. Dies um so mehr, als nach der Fassung des Art. 28. die vollständige Annahme die Rückgabe der Sicherheit bedingt, während diese doch nach Art. 25. auch für die Erstattung der durch die Nichtannahme veranlaßten Kosten haftet.

Wird nach der nachträglich bewirkten Annahme, aber vor Rückgabe der Caution der Acceptant unsicher, so nimmt die Mangels Annahme bestellte Sicherheit nicht ipso jure den Charakter der nach Art. 29. zu bestellenden Sicherheit an. Beide Cautionsfälle sind von einander unabhängig. Mit dem Aufhören der speciellen causa erlischt das Recht auf die Sicherheit. Cessante causa, cessat effectus. Der neu eingetretene Fall begründet daher nur eine neue Forderung, für welche das alte Pfand nicht ohne Weiteres haftet (Koch a. a. O. S. 190).

2) Die Einlösung des Wechsels wird bewirkt, mag sie nun durch Zahlung oder sonst in zulässiger Weise erfolgen.

3) Juristisch steht das Präjudiz des Wechsels, wodurch dieser die Wechselkraft verliert, der Zahlung gleich. Läßt der Inhaber den Wechsel am Verfalltag nicht Mangels Zahlung protestiren, so werden die Pflichtigen frei. Ihre Liberation ist die Folge der culpa des Inhabers. Für diese culpa haften sie nicht; sie können daher mit Recht Rückgabe der Caution begehren (Vergl. Erk. des Ob.-Trib. vom 30. Juni 1857; Strieth. Bd. 25. S. 316).

4) Eben so verhält es sich mit der Verjährung. Art. 28. Nr. 3. und Art. 78. 79. Dies ist eine Abweichung von den civilrechtlichen Grundsätzen des ALR. (§§. 246. ff. I. 20.) und eine Consequenz aus der formalen Natur des Wechsels.

Es ist dagegen lediglich eine Bestimmung des positiven Recht, wenn 5) als Erlöschungsgrund bezeichnet ist, daß gegen den regreßpflichtigen Caventen nicht binnen Jahresfrist nach dem Verfalltage des Wechsels, d. h. nach dem wirklichen Verfalltage, nicht nach dem letzten Protesttage, auf Zahlung geklagt worden (Art. 28. Nr. 2). Diese Bestimmung ist aus dem Preuß. Entw. herübergenommen. Sie stand dort im Einklang mit der im §. 73. ibid. festgesetzten einjährigen Verjährungsfrist des Wechsels überhaupt. Diese ist durch die DWO. Art. 78. 79. geändert worden. Der Art. 28. Nr. 2. harmonirt somit nicht mehr mit den Verjährungsfristen. Ein Beispiel wird dies klar stellen.

Wir setzen, der Wechsel ist in Island zahlbar. Der Verfalltag ist der 1. Januar 1860. An diesem Tage ist Protest erhoben. Am 1. Juli 1861 ist der Regreß des Inhabes gegen die Vormänner durch Verjährung erloschen (Art. 78). Schon am 1. Januar 1861 kann nach Art. 28. Nr. 2. der regreßpflichtige Cavent die Caution zurückverlangen und der Verklagte nicht excipiren, daß der Wechsel noch nicht bezahlt worden (Vergl. Prot. Sitz. 28. S. 191; Renaud §. 82., Anmerk. 17).

Der Regreßnehmer kann übrigens, wenn er den Regreß auf Zahlung nach Ablauf jenes Jahres nimmt, sich nicht ohne Weiteres an die noch nicht zurückgegebene Caution halten. Es ist eben festzuhalten, daß diese nur Mangels Annahme bestellt und daß die klare Bestimmung des Art. 28. Nr. 2. keiner Interpretation empfänglich ist. Anders Koch S. 190 sq.

Die Fassung des Artikels dürfte zu bemängeln sein. Das „nachträglich" alin. 1. ist überflüssig; das „sobald" genügend.

2. Wegen Unsicherheit des Acceptanten.

§. 87. Grund des Regresses.

Die verweigerte Annahme des Bezogenen läßt den Regreß Mangels Zahlung befürchten. Der Vermögensfall des Acceptanten stellt ihn in gewisse Aussicht. Der Grund zur Sicherstellung ist hier wo möglich noch dringender, weil die Gefahr zwingender, als bei nicht geschehener Annahme. Die gegen die Nothwendigkeit dieser Caution geltend gemachten Gründe (vergl. Einert in der Zeitschrift für Rechtspflege und Verwaltung in Sachsen, Bd. 5. S. 97—148; Prot. Sitz. 13. S. 61 ff. und Archiv Bd. 6. S. 113 ff.) sind von Liebe (die ADWO. S. 120) eingehend geprüft und widerlegt.

Der Acceptant ist nicht Bürge des Ausstellers. Mit diesem Satze fallen die Einert'schen Consequenzen. Der Inhaber des Wechsels ist dagegen Vertreter des Gläubigers, des Wechsels. Es ist daher sein Recht, bei der Unsicherheit des Hauptschuldners die Gerechtsame des Wechsels zu wahren und zu schützen.

Richtig ist, daß die dem Indossanten und dem Aussteller auferlegte Cautionspflicht zu den traurigen Pflichten gehört, wie man denn in Lübeck zur Zeit der Crisis den Art. 29. suspendirt hat. Aber eben so richtig ist, daß diese Suspension recht eindringlich bewiesen hat, daß durch die sofortige Cautionspflicht auch das kaufmännische Interesse so vieler Betheiligten am Sichersten gewahrt wird. Unter Umständen ist nur die Wahl zwischen zwei Calamitäten gelassen. Der nothwendigen Wahl empfiehlt sich das kleinere Uebel.

Daß man nicht nach dem Vorbild des französischen Rechts im Falle des Falliments des Ausstellers oder Eines der Indossanten eine Cautionspflicht angeordnet, folgt aus der Natur des Wechsels.

Die practischen und juristischen Schwierigkeiten der Art. 136. und 448. des Code de commerce (vergl. Gilbert ad Art. 136.) sind denn auch so überwiegend, daß in Frankreich gesetzliche Abhilfe nothwendig geworden. Ges. vom 28. Mai 1838. (Vergl. Einert WR. ꝛc. S. 157).

Artikel 29.

Ist ein Wechsel ganz oder theilweise angenommen worden, so kann in Betreff der acceptirten Summe Sicherheit nur gefordert werden:

1) wenn über das Vermögen des Acceptanten der Konkurs (Debitverfahren, Falliment) eröffnet worden ist, oder der Acceptant auch nur seine Zahlungen eingestellt hat;
2) wenn nach Ausstellung des Wechsels eine Execution in das Vermögen des Acceptanten fruchtlos ausgefallen, oder wider denselben wegen Erfüllung einer Zahlungsverbindlichkeit die Vollstreckung des Personalarrestes verfügt worden ist.

Wenn in diesen Fällen die Sicherheit von dem Acceptanten nicht geleistet und dieserhalb Protest gegen denselben erhoben wird, auch von den auf dem Wechsel etwa benannten Nothadressen die Annahme nach Ausweis des Protestes nicht zu erhalten ist, so kann der Inhaber des Wechsels und jeder Indossatar gegen Auslieferung des Protestes von seinen Vormännern Sicherstellung fordern. (Art. 25—28.)

Der bloße Besitz des Wechsels vertritt die Stelle einer Vollmacht, in den Nr. 1 und 2. genannten Fällen von dem Acceptanten Sicherheitsbestellung zu fordern und, wenn solche nicht zu erhalten ist, Protest erheben zu lassen.

Der Wechselinhaber ist berechtigt, in den Nr. 1 und 2. genannten Fällen auch von dem Acceptanten im Wege des Wechselprozesses Sicherheitsbestellung zu fordern.

§. 88. Bedingung der Klage.

Die Voraussetzung dieses Anspruchs auf Cautionsbestellung ist die Unsicherheit des Acceptanten. Bevor der Bezogene nicht in den Wechsel-Nexus getreten, steht er dem Wechsel fern. Es fehlt an jeder rechtlichen Möglichkeit, von ihm Caution zu begehren. Er hat kein Interesse, durch Bestellung der Sicherheit, seine kaufmännische Ehre vor Angriffen sicher zu stellen. Aus demselben Grunde aber kann auch die Unsicherheit des Bezogenen nicht hinreichen, um von dem Regreßpflichtigen Caution zu verlangen. Denn hierzu ist ein Protest erforderlich, welcher die Thatsache constatirt, daß der Bezogene selbst die Sicherstellung verweigert habe. Die Unsicherheit liegt vor:

1) wenn der Concurs eröffnet worden,

2) wenn Zahlungseinstellung erfolgt ist.

Die Frage, ob die letztere anzunehmen, fällt wesentlich in das richterliche Ermessen. Hier mag ausreichen auf die §. 113 ff. der Preuß. Conk.-Ordn. als auf Beispiele zu verweisen. Zahlungseinstellung liegt unter Anderen vor:

1) Wenn der Acceptant sich um seiner mißlichen Vermögensverhältnisse willen auf flüchtigem Fuß befindet (Preuß. Entw. §. 28. Nr. 2. und Prot. Sitz. 13. S. 64).

2) Wenn ein von ihm acceptirter Wechsel wegen mangelnder Fonds nicht eingelöst wird (vergl. Erk. des Ob.-Trib. vom 3. März 1853; Entschd. Bd. 25. S. 379 ff. und Erk. des AH. zu Köln vom 19. November 1849; Rhein. Archiv Bd. 45. I. S. 45).

3) Wenn der Acceptant sich wiederholt Wechselprolongation hat ertheilen lassen (vergl. Goltdammer Conc.-Ordn. 2. Aufl. S. 292 sub Nr. 5. und Anm. 2).

Es reicht aus, daß der Acceptant nach Ausstellung des Wechsels und zur Zeit des Protestes nur überhaupt unsicher ist. Der Regreßpflichtige kann nicht excipiren, es hätten sich die Verhältnisse des Acceptanten zwischen dem Protest und der Klage auf Caution gebessert; der Concurs sei wiederum aufgehoben.

Der Regreß ist ein wechselmäßiger, er beruht auf dem Wechselversprechen des Gebers.

Die Besserung des Vermögens ist, nachdem einmal der Protest mit Recht erhoben worden, kein gesetzlicher Grund zur Abwehr. Niemand bürgt dafür, daß der Besserung die Verschlimmerung auf den Fuß folgt. Hat dagegen der Inhaber sich nach Ausbruch des Concurses rc. noch das Accept des Cridars ertheilen lassen, so kann er Caution nicht begehren. Der Art. 29. ergiebt, daß die Gründe der Caution dem Accept folgen müssen.

Der §. 322. der Preuß. Conc.-Ordn. gestattet die Eröffnung des gemeinen Concurses, wenn Umstände nachgewiesen sind, aus welchen die Unzulänglichkeit des Vermögens zu entnehmen ist. Der §. 323. articulirt die einzelnen Fälle. Man hat die Frage aufgeworfen, ob auch in diesen Fällen Caution begehrt werden kann. Die Frage scheint uns müßig. Führen jene Umstände zur Eröffnung des Concurses, dann liegt der Fall des Art. 29. Nr. 1. vor. Fallen sie unter die Nr. 2. dieses Artikels, so wird um deswillen die Cautionspflicht eintreten. Ist dem nicht so, so fehlt es an den Bedingungen und somit an einem zureichenden Rechtsgrund für die Caution. Man kann nicht sagen, es involvire einen Widerspruch, daß trotz der Wechselstrenge das Civilrecht strenger sein dürfe, als das Wechselrecht. Die Vorschriften des Civilrechts verpflichten nur den Schuldner zur Caution; die Wirksamkeit des Art. 29. trifft in ihrer ganzen Schärfe und Tragweite die ganze Kette der Regreßpflichtigen. Dort sorgt ein erschöpfendes Beweisverfahren für die Feststellung des thatsächlichen Materials. Hier erfordert der Wechselprozeß, daß die Frage nach ganz bestimmten

Regeln entschieden und daß jeder Beweis, so weit als thunlich, abgeschnitten werde. Anders die Erk. des Ob. Oesterr. GH. vom 3. Juni 1852 und 24. März 1853 (Archiv Bd. 3. S. 339; Bd. 4. S. 95); sie nehmen an, daß die civilrechtlichen Bestimmungen gegen den Acceptanten durchgreifen.

Personen der Klage.

§. 89.

I. In activer Beziehung.

Abweichend von den im Art. 18. alin. 3. dem bloßen Detentor des Wechsels eingeräumten beschränkten Befugnissen läßt das Gesetz hier eine Erweiterung eintreten, indem schon der factische Besitz des Wechsels den Inhaber zu dem an den Acceptanten gerichteten Begehren auf Sicherstellung zum Protest und zur Klage gegen ihn berechtigt (cfr. das Oesterr. Ges. vom 24. October 1858). Die dringende Gefahr bedingt im Interesse aller Betheiligten das sofortige Einschreiten des auch nur durch den Wechsel legitimirten Inhabers gegen den Acceptanten. Gegen die Vormänner hingegen ist der bloße Detentor selbst mit dem Proteste zur Regreßklage auf Sicherstellung nicht legitimirt. Hierbei wird zugleich erfordert, daß der Kläger in den Wechselverband getreten ist. Dies folgt aus dem Art. 26.: „Der Remittent so wie jeder Indossatar" und dem Art. 29. „von seinen Vormännern."

§. 90.

II. In passiver Beziehung.

1. Klage gegen den Acceptanten.

Gestützt auf die Analogie des Regresses Mangels Annahme ist behauptet worden; daß auch im Fall des Art. 29. gegen den Acceptant auf Sicherstellung im Wechselprozeß nicht geklagt werden darf (Voigt Neues Arch. für Handelsrecht Bd. I. S. 125 ff., Urtel des Commerz.-Colleg. in Danzig Goldschmidt Ztschr. I. 193., Nürnb.-Conf. S. 46 u. 47).

Dem steht entgegen:

1) der Mangel jeder Analogie;

2) die Natur des Accepts, welches schwerere — nicht geringere — Verpflichtungen nach sich zieht als die Ausstellung und das Giro des Wechsels;

3) der §. 116. des Pr. Entw. (1845). „Außer dem Fall verweigerter Annahme kann vom Acceptanten, den Vormännern und dem Aussteller Sicherheit wechselmäßig gefordert werden." Diese ausdrückliche dem §. 1087. II. 8. ALR. entsprechende Bestimmung ist nie bemängelt worden;

4) Die Fassung des Art. 29., namentlich alin. 3.

Die Praxis stimmt hiermit im Wesentlichen überein (Erk. des Ob.-Trib. vom 6. April 1850; Entschd. Bd. **20.** S. 343; Bd. **25.** S. 379 und Arch. Bd. 3. S. 334; Bd. 6. S. 310. Vergl. Hoffmann a. a. O. S. 343).

Bedenklicher ist die Frage: „Ist die Levirung des Securitäts-Protestes auch dem Acceptanten gegenüber Bedingung der Klage?"

Es läßt sich nicht leugnen, daß die nicht glückliche Fassung des Art. 29. alin. 3. für die Bejahung der Frage zu sprechen scheint. Auch der Umstand ist nicht unerheblich, daß die Bedrohten sich vor dem Securitäts-Protest im Interesse ihres Renomées mehr als vor jedem anderen Compelle scheuen. Es möchte daher de lege ferenda zu billigen und dem Interesse der anderen Wechselverpflichteten ersprießlich sein, wenn eine klare gesetzliche Vorschrift die Nothwendigkeit dieses Protestes als einer Conditio der Klage hinstellen würde. Nach der jetzigen Lage der Gesetzgebung ist jedoch die Frage zu verneinen. Für diese Ansicht spricht:

1) Der Art. 44. Der Regel nach ist der Zweck des Protestes nicht, die Klage gegen den Acceptanten vorzubereiten, sondern den Regreß gegen die anderen Verpflichteten möglich zu machen.

2) Der Art. 29. „Wenn in diesen Fällen die Sicherheit von dem Acceptanten nicht geleistet . . . wird."

3) Die Entstehungsgeschichte des Art. 29.

Nachdem der §. 116. des Pr. Entw. (1845) die Cautionspflicht dem Acceptanten auferlegt, fährt der §. 117. fort:

> „Bevor in diesen Fällen Sicherheit von den Indossanten und dem Aussteller gefordert werden kann, muß durch Protest festgestellt werden:
> 1) daß die Sicherheit von dem Acceptanten nicht zu erhalten war;
> 2) daß auch die Nothadressen die Annahme des Wechsels — verweigert haben."

Man sieht, der Protest ist nur die Bedingung des Regresses, nicht die Bedingung der Klage gegen den Acceptanten. Anders der oberste Oesterr. Ger.-Hof, Urth. vom 4. März 1853. (Oesterr. Ger.-Ztg. pro 1856 Nr. 121.).

§. 91.

2. Klage gegen die Vormänner.

Der Securitäts-Protest liefert nur den zur Ausübung des Regresses erforderlichen Nachweis, daß die Caution von dem Acceptanten nicht zu erlangen gewesen ist.

Der protestirende Beamte ist weder in der Lage, noch befugt, die Richtigkeit derjenigen Thatsachen zu ermitteln und durch den Protest endgültig festzustellen, aus denen der Wechselinhaber sein Recht auf Caution ableitet.

Daraus folgt, daß die Angabe und der Nachweis der betreffenden Thatsachen dem Verklagten gegenüber zur Begründung der Regreßklage nothwendig ist.

Richtig ist, daß diese gemeinrechtliche Controverse, Treitschke II. S. 453, in der Conferenz erörtert worden ist. Es ist (Sitz. 13. S. 63) für die Art, wie die Unsicherheit des Acceptanten festzustellen, mancher Vorschlag gemacht worden. Die Hauptsache, nämlich die Art des Nachweises der streitig werdenden Thatsachen ist jedoch weder gehörig in Betracht gezogen noch festgestellt worden. Die Art. 29. 87. 88. in Verbindung mit dem §. 117. des Pr. Entw. (1845) rechtfertigen den Schluß: „Die Thätigkeit des Beamten bei dem Protestakt erstreckt sich nur darauf, diejenigen Thatsachen, welche er bei Levirung des Protestes aus eigener Anschauung in Erfahrung bringt, in der gesetzlich vorgeschriebenen solennen Weise zu bezeugen. Diese Thatsachen beschränken sich aber lediglich auf den Hergang bei der Protestaufnahme."

Wird also der Vormann von dem Wechselinhaber auf Bestellung der Sicherheit wechselmäßig in Anspruch genommen, so gehört die Angabe und der Nachweis derjenigen Thatsachen, auf welche der Kläger die von ihm behauptete Unsicherheit des Acceptanten stützt, zur Begründung der Klage. U. des Ob.-Trib. vom 8. März 1850 (Entschd. Bd. 25. S. 379; Blaschke §. 118. S. 216 N. 8). Anderer Meinung sind Koch a. a. O. S. 196, 197; Brauer a. a. O. S. 78 Nr. 5; Renaud a. a. O. §. 83.; Hoffmann S. 347.

Soll der Protest die ihm beigelegte Wirkung erzeugen, so muß er:

1) am rechten Orte und gegen die rechte Person, d. i. gegen den Acceptanten erhoben werden (Art. 29. alin. 2) „und dieserhalb Protest gegen denselben erhoben werden." Der Protest ist daher nicht gegen den Domiciliaten, sondern gegen den Acceptanten zu leviren (Erk. des Commerz.-Coll. zu Danzig. Goldschmidt Ztschr. Bd. 1. S. 598).

Ebenso ist der gegen den Concurs-Curator levirte Protest ohne Wirkung. So wenig eine dem Curator zugestellte Klage geeignet ist, die Wechselverjährung, wenn sie überhaupt laufen würde, gegen die klaren Bestimmungen des Art. 80. zu unterbrechen, so wenig kann der Concurs von der im Art. 29. auferlegten Pflicht entbinden. Der §. 8. der Preuß. Conc.-Ordn. steht dem nicht entgegen (U. des Trib. zu Darmstadt vom 16. April 1853; Ztschr. für WR. Bd. 4. S. 43 und Elvers &c. Bd. 2. S. 149 Nr. 2; U. des Ob.-Trib. vom 30. Juni 1859 in Sachen Kahlden wider Fließ; Koch S. 340; Prot. Sitz. 23. S. 153 ad §. 83. des Pr. Entw.).

Ist von mehreren Acceptanten nur der Eine unsicher geworden, so reicht dies aus, um gegen ihn auf Grund des Art. 29. Regreß zu nehmen. Von den sicheren Acceptanten ist dagegen Caution nicht zu begehren (Entschd. des Lombard. AG. vom 19. August 1852; Archiv Bd. 4. S. 96).

Der Protest muß vor Verfall erhoben werden. Nach Verfall ist der Grund des Regresses nicht mehr vorhanden (Thoel a. a. O. §. 225).

§. 92. Abwendung der Regreßverbindlichkeit und Rückgabe der Caution.

Falls Nothadressen auf dem Wechsel benannt sind, muß bei ihnen die Annahme nachgesucht und Mangels Annahme Protest erhoben werden.

Die Annahme einer Nothadresse befreit alle Regreßverpflichteten von der Sicherstellung.

Diese Liberation tritt auch dann ein, wenn der Inhaber die Ehrenannahme Seitens einer nicht auf dem Wechsel als Nothadresse benannten Person zuläßt.

Der Art. 29. sagt dies freilich nicht. Der Grund und Zweck der Sicherstellung, durch die Zulassung der Ehrenannahme erreicht, führt jedoch mit Nothwendigkeit zur Entbindung von jener in alle Verhältnisse tief einschneidenden Pflicht.

Der auf Sicherheitsbestellung in Anspruch genommene Acceptant kann dagegen nicht vorschützen, daß der Inhaber kein Begehren an die Nothadressen gestellt. Er haftet selbstständig aus seinem Accept; er darf daher den Inhaber nicht an die Nothadressen verweisen (U. des Ob.-Trib. in Sachen Lindner und Naglo wider Baller vom 18. Juli 1850).

Die Unsicherheit der acceptirenden Nothadresse, sei es nun, daß sie Mangels Annahme oder Mangels Sicherheit des Acceptanten acceptirt hat, begründet dagegen kein Recht auf Sicherstellung. Es fehlt an einem positiven Gesetz.

Die Rückgabe.

Die Frage, wann die Caution des Art. 29. zurückzugeben, ist vom Gesetz nicht erörtert.

Man ist daher auf die allgemeinen Principien gewiesen und wird als Gründe der Rückgabe nur anerkennen können, den unbedingten Wegfall der Unsicherheit und den Fall des Art. 28. Nr. 3. Es erscheint jedoch nicht begründet, mit Hoffmann S. 349. den Art. 28. Nr. 2. für anwendbar zu erklären.

Die Fassung.

Die Fassung des Art. 29. ist nicht correkt. Der Art. 29. spricht nur von den Vormännern, nicht von dem Aussteller.

Die Worte: „der Inhaber des Wechsels und jeder Indossatar" geben der Auslegung Raum, daß auch der nicht in den Wechselverband getretene Inhaber des Wechsels zur Regreßklage gegen die Indossanten berechtigt sei. Das „auch nur" der Nr. 1. könnte füglich fehlen.

Die Worte der Nr. 2.: „die Vollstreckung des Personalarrestes verfügt worden ist" übersehen, daß in den deutschen Ländern, in denen französisches Recht gilt, eine solche Verfügung unbekannt ist (Art. 780. Code de procédure).

VII. Erfüllung der Wechselverbindlichkeit.

§. 93. Zahltag und Zahlzeit.

Für die Erfüllung der Verbindlichkeit ist erheblich der Verfalltag, die Zahlungszeit, die Legitimation des Zahlungsempfängers, die Art der Erfüllung.

Verfalltag und Zahlungszeit.

Im Leben des Wechsels und seines Laufes bildet der Verfalltag den bedeutendsten Abschnitt. Es folgt:

1) Der Verfalltag ist zugleich der Zahlungstag. Von dieser Regel sind nur zwei Ausnahmen anerkannt. Die Eine beruht gleichsam auf einer moralischen vis major. Der Zahltag fällt auf einen Sonn- oder Feiertag. Art. 92. Die andere Ausnahme trägt den gegebenen Thatsachen Rechnung und respectirt die bereits bestehenden Zahl- oder Cassirtage. Art. 93. Prot. Sitz. 30. S. 219 und 220. Eine Anwendung der Regel ist der Fortfall der Respittage (Art. 33.) und das Beseitigen des Grundsatzes: dici adjectio pro reo est, non pro stipulatore (l. 41. §. 1. D. 45. 1., l. 70. D. 46. 3.; l. 17. D. 50. 17).

Der Schuldner (Acceptant) darf daher wider Willen des Inhabers nicht vor Verfall zahlen (vergl. §. 36. des Entw. der Fassungs-Commission und Prot. Sitz. 33. S. 235 ad §. 36.). Daß er dagegen mit Bewilligung des Inhabers ohne Gefahr vor Verfall zahlen darf, scheint nicht bedenklich. In der Conferenz war man über die Frage getheilter Meinung. Man verwies schließlich auf das Civilrecht und traf in der Wechselordnung keine Bestimmung. Der §. 119. des Pr. Entw. (1845) bestimmte, daß jede frühere Zahlung auf Gefahr des Zahlers geschehe. Erwägt man dagegen, daß dem Acceptanten nicht verboten ist, durch Giro den Wechsel vor Verfall zu erwerben, daß er einer Contreordre nicht Folge zu leisten hat, und daß die Bestimmungen des Civilrechts einer früheren Zahlung nicht entgegen sind, so ist, zumal bei dem absichtlichen Schweigen des Gesetzes, kein Anlaß gegeben, von den allgemeinen Grundsätzen des Rechts abzuweichen. Anders Hoffmann S. 350 und der Art. 144. des Code de commerce. Die Nothwendigkeit des Verfalltages führt zu weiteren Consequenzen.

2) Ohne ihn existirt überhaupt kein Wechsel. Der Grundsatz quod sine die debetur, statim debetur (l. 24. Dig. 50. 17) ist für das Wechselrecht nicht anwendbar.

3) Usowechsel können nicht als Wechsel gelten. Der Uso richtet sich bald nach dem Orte der Ausstellung, bald nach dem Ort der Zahlung. Das ALR. hatte die Verfallzeit auf 14 Tage nach der Präsentation festgesetzt (§. 852. II. 8.) Diesem Beispiele folgen diejenigen Einführungsgesetze, welche die Usowechsel zulassen. (Sächsische Einf.-Ordnung vom

25. April 1849 §. 4.; Weimar'sche E.-O. vom 14. December 1848 §. 2.; Bayerische E.-O. vom 25. Juli 1850 §. 3). Wo es jedoch, wie in Preußen, an einem durch das Gesetz für Usowechsel fixirten Verfalltag fehlt, sind Wechsel dieser Art als Wechsel nicht anzuerkennen.

Ist somit die Nothwendigkeit des durch das Gesetz oder den Wechsel auf einen festen Tag fixirten Verfalltages anerkannt, so ist andrerseits nicht bestimmt, innerhalb und bis zu welcher Zeit an diesem Tage die Zahlung zu fordern und zu leisten ist. Das ALR. hatte im §. 1100. II. 8. bestimmt: An dem . . Zahlungstage kann von 12 Uhr Mittags bis 7 Uhr Abends Zahlung gefordert werden. Der Pr. Entw. §. 80. ließ diesen Punkt unberührt, während er die Protestfrist auf den Zeitraum von 9—12 Uhr Vormittags und 3—6 Uhr Nachmittags festsetzte. Die Conferenz berieth über die Bestimmung einer Geschäftszeit, nahm aber von ihrer Fixirung Abstand; Prot. Sitz. 23. S. 150. Das Pr. Einf.-Gesetz vom 15. Februar 1850 §. 4. bestimmt die Proteststunden von 9 Uhr Vormittags bis 6 Uhr Abends. Während dieser Frist muß der Wechsel zur Zahlung präsentirt und die Weigerung constatirt werden. Die Schließung des Geschäfts während der Börse ist somit ohne Einfluß. Vergl. jedoch Einert im Archiv Bd. 2. S. 1 ff.

Artikel 30.

Ist in dem Wechsel ein bestimmter Tag als Zahlungstag bezeichnet, so tritt die Verfallzeit an diesem Tage ein.

Ist die Zahlungszeit auf die Mitte eines Monats gesetzt worden, so ist der Wechsel am 15. dieses Monats fällig.

Ist die Zahlungszeit auf Anfang oder ist sie auf Ende eines Monats gesetzt worden, so ist darunter der erste oder der letzte Tag des Monats zu verstehen.

§. 94. Erläuterung.

Die Bestimmung, daß der Mitte des Monats fällige Wechsel am 15. des Monats unter allen Umständen fällig ist, entspricht dem §. 857. II. 8. und §. 550. I. 9. ALR.

Artikel 31.

Ein auf Sicht gestellter Wechsel ist bei der Vorzeigung fällig.

Ein solcher Wechsel muß bei Verlust des wechselmäßigen Anspruchs gegen die Indossanten und den Aussteller nach Maßgabe der besonderen im Wechsel enthaltenen Bestimmung, und in Ermangelung derselben binnen zwei Jahren nach der Ausstellung, zur Zahlung präsentirt werden.

Hat ein Indossant auf einem Wechsel dieser Art seinem Indossamente eine besondere Präsentationsfrist hinzugefügt, so erlischt seine wechselmäßige Verpflichtung, wenn der Wechsel nicht innerhalb dieser Frist präsentirt worden ist.

§. 95. Verfalltag des Sichtwechsels.

Durch den ersten Satz des Artikels wird die Bestimmung des Landrechts §. 849. II. 8., wonach Sichtwechsel erst 24 Stunden nach Sicht zahlbar sind, beseitigt, und der Art. 130. des Code de commerce adoptirt. Sichtwechsel sind somit bei der Vorzeigung fällig. Die Art. 92. und 93. beweisen jedoch, daß die an einem Sonn- oder Feiertage präsentirten Sichtwechsel erst am nächsten Werktag zu bezahlen sind. Aus der Bestimmung des Art. 31. folgt aber keineswegs, daß der präsentirte nicht bezahlte Sichtwechsel präjudizirt ist, falls die Protestfrist des Art. 41. nicht sofort inne gehalten und Protest levirt worden ist. Die entgegengesetzte Annahme des AG. zu Arnsberg (Arnsb. Archiv Bd. 16. S. 220) ist irrig. Es wird hierbei übersehen, daß die nicht unter Protest bewirkte Vorzeigung aus dem Wechsel nicht ersichtlich und daß bei Wechseln dieser Art das Recht der Aussteller und Indossanten sich nur darauf beschränkt, daß die Präsentation bis zum Verfall, also bis nach Ablauf der gesetzlich im Wechsel oder bestimmten Frist bewirkt werde. Dies ist ausdrücklich in den Motiven zum Pr. Entw. (S. 46. ad §. 20.) ausgesprochen.

Das Gesetz sagt daher nicht, wie an anderen Stellen (Art. 30. Abs. 1.; Art. 32. Abs. 1.; Art. 35. Abs. 2.), „die Verfallzeit" des Wechsels trete mit der Sicht ein, sondern nur, der Wechsel sei bei der Vorzeigung fällig. Die Vorschrift bezieht sich also nur auf den Bezogenen und den Inhaber, welcher das Recht hat, mit dem Augenblick der Vorzeigung des Wechsels Regreß zu nehmen. Die Verfallzeit ist dagegen in der alin. 2 des Art. 31. normirt. Diese Verfallzeit muß für alle Verpflichteten ein und dieselbe sein. Es folgt:

> Auch gegen den Acceptanten tritt die Verfallzeit ein nach Maßgabe der im Wechsel enthaltenen Bestimmungen, event. binnen zwei Jahren nach der Ausstellung. Von diesem Tage beginnt der Lauf der dreijährigen Verjährung.

Der Art. 31. erwähnt nur um deswillen des Acceptanten nicht, weil reine Sichtwechsel nicht acceptirt zu werden pflegen. Vergl. Erk. des Ob.-Oesterr. Ger. vom 24. Juni 1857; Oesterr. Ger.-Ztg. von 1857 Nr. 94; Archiv Bd. 6. S. 425.

Artikel 32.

Bei Wechseln, welche mit dem Ablaufe einer bestimmten Frist nach Sicht oder nach Dato zahlbar sind, tritt die Verfallzeit ein:

1) wenn die Frist nach Tagen bestimmt ist, an dem letzten Tage der Frist; bei Berechnung der Frist wird der Tag, an welchem der nach Dato zahlbare Wechsel ausgestellt oder der nach Sicht zahlbare zur Annahme präsentirt ist, nicht mitgerechnet;
2) wenn die Frist nach Wochen, Monaten oder einem mehrere Monate umfassenden Zeitraume (Jahr, halbes Jahr, Vierteljahr) bestimmt ist, an demjenigen Tage der Zahlungswoche oder des Zahlungsmonats, der durch seine Benennung oder Zahl dem Tage der Ausstellung oder Präsentation ent-

spricht; fehlt dieser Tag in dem Zahlungsmonate, so tritt die Verfallzeit am letzten Tage des Zahlungsmonats ein.

Der Ausdruck „halber Monat" wird einem Zeitraume von 15 Tagen gleich geachtet. Ist der Wechsel auf einen oder mehrere ganze Monate und einen halben Monat gestellt, so sind die 15 Tage zuletzt zu zählen.

§. 96. Berechnung des Verfalltages.

Für Dato- und die auf eine bestimmte Zeit nach Sicht lautenden Wechsel stellt der Art. 32. folgende Regeln auf:

1) Der Tag der Ausstellung oder der Annahme wird nicht mitgerechnet. Ein am 1. Januar auf sechs Tage nach Dato ausgestellter Wechsel ist also nicht am 6. sondern am 7. fällig; Prot. S. 68.

Der Zeitraum von 8 Tagen gilt hier nicht wie im Civilrecht (Entschd. Bd. 29. S. 174 und Bd. 31. S. 189) für eine Woche, d. h. für 7 Tage, sondern für volle 8 Tage.

2) Ist die Verfallzeit nach Wochen, Monaten, viertel- oder halben Jahren bestimmt, so wird auch dann der Tag der Ausstellung nicht mitgerechnet. Der auf Wochen gestellte Verfall- oder Präsentationstag unterscheidet sich von dem auf Monate u. s. w. lautenden. Bei dem Ersteren ist der Verfalltag immer derjenige, welcher mit der Ausstellung gleichen Namen hat. Bei dem Letzteren entscheidet nicht die Gleichnamigkeit der beiden Tage, sondern das gleiche Datum. Fehlt jenes Datum im Zahlungs- oder Präsentations-Monat, so ist der letzte Tag dieses Monats der Verfalltag des Wechsels. Ein am 31. Januar ausgestellter, einen Monat nach dato fälliger Wechsel ist am letzten Tage des Februar fällig. Ein ult. Februar ausgestellter, einen Monat nach dato fälliger Wechsel ist am 31. März fällig. (Vergl. U. des Ob.-Trib. vom 29. Juni 1852; Strieth. Bd. 6. S. 210; Archiv Bd. 3. S. 424).

3) Ein halber Monat bedeutet 15 Tage — §. 857. II. 8. ALR. mag nun der Monat mehr oder weniger als 30 Tage zählen.

4) Ein am 31. Januar, 2½ Monat nach dato ausgestellter Wechsel verfällt also am 15. April. Es werden nämlich zuerst die vollen Monate berechnet und dann die 15 Tage zugezählt.

Artikel 33.

Respecttage finden nicht statt.

§. 97. Respecttage.

Respit- (Respect-, Discretions-, Ehren-, Honeur-, Vergünstigungs-, Gnaden- oder Faveur-) Tage, jours de grace, sind solche Tage, durch welche der im Wechsel bestimmte oder im Gesetze festgestellte Verfalltag durch Gesetz oder Gewohnheit um eine gewisse Zeit hinausgeschoben wird. Sie waren bewilligt bald zu Gunsten des Acceptanten, bald zu Gunsten des Inhabers, bald zu Gunsten Beider. (Treitschke Bd. 2. S. 145 ff.; Thoel

§. 172.) Wo sie zu Gunsten des Präsentanten vorgeschrieben waren, sollten sie ihm die strenge Beobachtung der Solennitäten erleichtern. Die DWO. erkennt die Respecttage als solche nicht an. Ihre Spuren finden sich jedoch in den dem Inhaber bewilligten Protesttagen und in den dem Acceptanten gewährten Cassirtagen. Art. 39. 93. Ist der Wechsel auf das Ausland gezogen, so kommen dem Inhaber die dort etwa geltenden Respecttage zu Gute. Art. 85. 86.; Entschd. Bd. 17. S. 330; Bd. 11. S. 91; Rechtsfälle des Ob.-Trib. Bd. 1. S. 73.

Artikel 34.

Ist in einem Lande, in welchem nach altem Styl gerechnet wird, ein im Inlande zahlbarer Wechsel nach Dato ausgestellt, und dabei nicht bemerkt, daß der Wechsel nach neuem Styl datirt sei, oder ist derselbe nach beiden Stylen datirt, so wird der Verfalltag nach demjenigen Kalendertage des neuen Styls berechnet, welcher dem nach altem Styl sich ergebenden Tage der Ausstellung entspricht.

§. 98. Reduction des Styls.

Das Gesetz stellt zwei Grundsätze auf:

1) Jeder in einem Lande, wo der alte Styl herrscht (Rußland, Orient), ausgestellte nach Dato im Inlande zahlbare Wechsel gilt als nach altem Styl datirt. Es ist dies eine praesumtio juris et de jure; eine Fiction, gegen die der Gegenbeweis ausgeschlossen bleibt. Soll das Datum als nach dem neuen Styl berechnet angenommen werden, so muß dies ausdrücklich vermerkt sein.

2) Die Reduction des alten in den neuen Styl wird nicht nach dem im Wechsel angegebenen Verfalltage, sondern nach dem der Ausstellung berechnet. Der Unterschied zwischen beiden Berechnungsarten ist erheblich. Liebe (Erläut. S. 127) giebt folgendes Beispiel:

Ist ein Wechsel nach altem Style am 23. Februar, 2 Monate nach dato zahlbar ausgestellt, und wird der Tag der Ausstellung nach dem Gregorianischen Kalender berechnet, so ist der Verfalltag der 7. Mai. Wird hingegen der nach altem Styl angegebene Verfalltag sofort nach neuem Styl berechnet, so trifft derselbe auf den 23. April alten Styls. Der Verfalltag wäre dann nicht der 7., sondern der 5. Mai. Ist neben dem Datum des alten Styls das des neuen unrichtig angegeben, 23. April (8. Mai), so wird nur das erste Datum, das des alten Styls, zu beachten sein. Vorausgesetzt wird immer, daß der Wechsel in einem Lande, in welchem nach altem Styl gerechnet wird, ausgestellt worden. Ein im Inlande ausgestellter Wechsel, welcher 2 Daten trägt, ist kein Wechsel. (Strieth. Bd. 26. S. 185).

Artikel 35.

Meß- oder Marktwechsel werden zu der durch die Gesetze des Meß- oder Marktortes bestimmten Zahlungszeit, und in Ermangelung einer solchen Festsetzung an dem Tage vor dem gesetzlichen Schlusse der Messe oder des Marktes fällig.

Dauert die Messe oder der Markt nur einen Tag, so tritt die Verfallzeit des Wechsels an diesem Tage ein.

§. 99. Meßwechsel.

Der Artikel ist im Wesentlichen dem Art. 133. des Code de comm. nachgebildet.

Der Protest muß bei diesen Wechseln jedenfalls vor Schluß der Messe und des Marktes aufgenommen werden. Nur mit dieser Beschränkung sind die Protesttage des Art. 41. zu gewähren.

2. Zahlung.

§. 100. Wesen und Bedeutung der Zahlung.

Wie der Wechsel vom Schuldschein, das Giro von der Cession, so verschieden ist die Wechselzahlung in Wesen, Zweck und Wirkung von der Zahlung bei den civilrechtlichen Obligationen. Bei ihnen bewirkt die Zahlung die Auflösung des obligatorischen Bandes, sie ist der contrarius actus. Bei ihnen wird durch die Solutio in der That der Obligation die Causa entzogen, ohne welche sie so wenig zu begründen als in ihrer Existenz zu erhalten ist. Bei ihnen wird daher, vorausgesetzt daß die Zahlung dem Berechtigten geleistet worden, mit der Ausstellung der Obligation der Schuldner jedem Dritten gegenüber liberirt, und es ist der Regel nach ohne rechtliche Bedeutung, ob der Schuldner oder ein Dritter die Zahlung geleistet hat. L. 39. D. De neg. gest 3. 5. L. 23, 53. D. De sol et lib. 46, 3. L. 5, 17. C. De sol et lib. 8, 42. I. 16. §. 45. ALR.

Anders die Wechselzahlung. Das Forderungsrecht gelangt bei dem Wechsel nicht an gewissen bestimmten Personen, — an den Contrahenten, — zur Existenz; es wurzelt im Wechsel. Die materielle Legitimation des Zahlungsempfängers ist daher logisch ohne Bedeutung; es genügt, daß er formell als der Vertreter des Wechsels sich zu legitimiren vermag. Einer eigentlichen Causa im civilrechtlichen Sinne des Wortes, bedarf es zur Entstehung des Wechsels nicht; sie ist daher zur Fortexistenz des Wechsels nicht nothwendig. Die Wechselzahlung bildet somit weder den Contrarius Actus, noch ist ihr unmittelbarer Zweck die Tilgung der Schuld. Im Gegentheil; der einlösende Regredient beabsichtigt durch die Zahlung nicht den Wechsel zu tilgen, sondern mit dem Besitz des Wechsels den Regreß gegen die Vormänner zu nehmen. Durch die Zahlung allein wird daher der Wechsel nicht afficirt. Sie giebt dem Zahlenden nur ein Recht auf die Herausgabe des Wechsels und die Quittungsleistung, während sie für die Mitverpflichteten als eine Res inter alios acta der Regel nach ohne Einfluß, nur unter ganz bestimmten Verhältnissen geeignet ist, ihnen eine Einrede zu begründen. (Vergl. die Ausführung zum Art. 82.)

Der Zweck der Wechselzahlung ist somit nicht die Auflösung der Obligation, sondern der Erwerb des alleinigen Trägers der Forderung, des Wechsels, in welchem ja auch ausdrücklich gesagt wird: „Gegen diesen

Wechsel zahlen Sie ꝛc." In der Natur dieses Rückerwerbes wird aber dadurch Nichts geändert, daß der Wechselschuldner den Wechsel einlösen, d. h. zurückerwerben muß. Der Aussteller des eigenen Wechsels; der Acceptant, der nichts ist als der Aussteller eines eigenen Wechsels, ist eben wie bei dem Pactum de retro emendo als ein Verkäufer anzusehen, welcher die eigene Sache zurückkaufen muß.

§. 101. Voraussetzung der Zahlung. Legitimation.

Das dingliche Moment des Wechsels tritt wie bei dem Giro, so bei der Zahlung hervor. Mag immerhin die Frage nach der Legitimation an die frühere contractliche Natur des Wechsels erinnern, so ist doch nicht entscheidend, wer das Recht zur Sache, sondern wer den Wechsel hat. Es kann auch wohl nicht anders sein: da der Wechsel der eigentliche Träger des Rechts ist, so muß das dingliche Element im Wechselrecht das überwiegende sein. Nicht aus dem Obligationenrecht, sondern zumeist aus dem Umstande folgt die Nothwendigkeit der Legitimation des Zahlungsempfängers, daß dieser sich als Vertreter des Gläubigers gerirt und somit sein Recht zur Vertretung nachzuweisen hat. Auch das Giro ist in dem Verhältniß zwischen dem Indossanten und Indossatar nichts als eine präoccupirte Zahlung. Der obligatorische Character des Giro tritt jedoch so sehr in den Hintergrund, daß sein eigentlicher Zweck nur dahin gerichtet ist, in Verbindung mit der Tradition des Wechsels die Merkmale des früheren Besitzes durch den Giranten zu beheben.

Die Verwandtschaft zwischen dem Giro und der Einlösung des Wechsels durch den Schuldner zeigt sich durchweg. Sie giebt einen sicheren Maßstab für die Frage: an wen kann der Schuldner, an wen muß der Schuldner zahlen? Die Antwort ist einfach:

> „Der Schuldner kann stets da ohne Gefahr den Wechsel einlösen, wo der Indossatar ohne Gefahr vor einer Vindication den Wechsel zu erwerben vermag."

Hieraus ergeben sich folgende Consequenzen:

1) Für den Indossatar ist Giro und Besitz des Wechsels allein erheblich. Es darf ihm der Einwand nicht entgegengesetzt werden, er habe den Wechsel unentgeltlich oder für einen zu geringen Preis erworben (Erk. der Oesterr. Gerichtshöfe vom Jahre 1852. Oesterr. Ger.-Ztg. pro 1852 Nr. 135).

In derselben Lage befindet sich der Schuldner. Besitzt er den Wechsel bona fide, so ist er der Vertreter des Wechsels. So lange sein Besitz dauert, ist die Wechselklage gegen ihn ausgeschlossen. Durch welche erlaubte Mittel er den Besitz erworben, kommt nicht in Betracht.

Bei jeder civilrechtlichen Obligation ist die Solutio das Hauptmittel der Tilgung.

Bei dem Wechsel ist die Zahlung ohne Besitz des Wechsels an und für sich nicht von dieser Bedeutung. Wie der Indossatar trotz Zahlung der Giro-Valuta und trotz des Giro ohne Besitz des Wechsels kein Recht aus dem Wechsel erwirbt, so ist nicht sowohl Pflicht des Schuldners, die

Wechselsumme zu bezahlen, als den Wechsel zu erwerben. Daß er dieser Pflicht in der Regel nur durch das Mittel der Zahlung ein Genüge leisten kann, hat Einfluß auf die Erfüllung seiner Pflicht; nicht auf ihr Wesen und ihre Natur.

2) Hält man fest, daß es die eigentliche Aufgabe des Schuldners ist, den Wechsel zu erwerben, und daß er, insofern dem Indossatar gleichsteht, so folgt, daß der Schuldner nur da sein Recht des Rückerwerbs ausüben, seine Pflicht nur da erfüllen kann, wo ihm möglich ist, den vollen und redlichen Besitz des Wechsels zu erwerben.

3) Besitzt also der Inhaber den Wechsel lediglich auf Grund eines auf der Vorderseite des Wechsels befindlichen Blanko-Giro, so ist der Schuldner zum Rückkauf des Wechsels nicht verpflichtet. Der Inhaber ist zum Giriren nicht berechtigt (Art. 12.), er kann somit auf den Schuldner keinen vollen und redlichen Besitz übertragen.

4) Ist der Inhaber des mit einem ausgefüllten Giro versehenen Wechsels nicht der Indossatar, so gilt dasselbe. Der Schuldner ist daher berechtigt, die Identität des Präsentanten und Indossatars zu prüfen.

5) Die Legitimation eines durch äußerlich richtige Indossamente als Besitzer eines Wechsels ausgewiesenen Wechselinhabers unterliegt dagegen nicht den civilrechtlichen Grundsätzen über Legitimation. Es genügt mithin zur Beseitigung der Rechte des Indossatars nicht, daß die Ungültigkeit des Indossaments nach civilrechtlichen Grundsätzen dargethan werden kann, wenn nicht zugleich böser Glaube oder grobe Fahrlässigkeit des Inhabers erweislich gemacht wird (Entschd. Bd. 12. S. 362 und Preuß. Justiz-Minist.-Bl. von 1848 S. 115).

6) Dem Indossatar ist somit nicht entgegen zu halten, daß sein Indossant trotzdem, daß er in Cride verfallen, girirt habe (Arch. Bd. 3. S. 405. Arch. von Seuffert Bd. 11. S. 121. Urtel des Ob.-Trib. vom 20. Januar 1859 in Sachen Frisch wider Sagorski).

7) Dem Indossatar ist somit nicht einzuwenden, daß sein Giro von einer Ehefrau, einem Haussohn ohne Genehmigung des Ehemannes oder Vaters ausgestellt worden, sofern weder das auf die Frau gerichtete Giro, noch ihr eigenes sie als Ehefrau ꝛc. bezeichnet (Strieth. Bd. 30. S. 324. Arch. Bd. 8. S. 339).

8) Trägt das folgende Giro ein früheres Datum als das vorangehende, so ist dieser Umstand ohne Bedeutung (Urtel des Ob.-Trib. vom 16. Juli 1859 in Sachen Henneberg wider Janz).

§. 102. Fortsetzung. Legitimation durch falsches Giro.

Besitzt der letzte Inhaber den Wechsel auf Grund eines gefälschten Giro's, so muß der Schuldner zahlen, es sei denn, daß er auf Grund des Art. 74. Vindication zu befahren hat (Urtel des Ob.-Trib. vom 7. September 1861 in Sachen Johannes wider Friedrich).

Die Nürnberger Conferenz S. 49 bemerkt treffend: „Die Legitimation des Inhabers beruht lediglich auf dem Vorhandensein einer formell richtigen Reihe von Indossamenten, dagegen erfordert das Gesetz nicht, daß die Indossamente von einem dazu Berechtigten auf den Wechsel gebracht worden sind. Hält man hiermit die Vorschrift des Art. 76. zusammen, so ergiebt sich, daß der Wechselinhaber, der sich durch formell zusammenhängende Indossamente legitimirt, die Zahlung zu fordern und mit voller rechtlicher Wirkung in Empfang zu nehmen berechtigt ist, ohne daß auf die Aechtheit der Indossamente Etwas ankommt.

Ist aber die Aechtheit der Indossamente auf die Legitimation des Inhabers ohne Einfluß, so kann auch dem Zahlungspflichtigen nicht gestattet werden, die Aechtheit derselben zu prüfen.

Hierdurch ist jedoch das Recht des Zahlungspflichtigen nicht ausgeschlossen, gegen den Inhaber des Wechsels den Einwand der Unächtheit für den Fall geltend zu machen, daß Letzterem in Bezug auf diese Unächtheit dolus oder culpa lata zur Last fällt (Art. 74. Arch. Bd. 1. S. 210, Bd. 2. S. 271, Bd. 3. S. 405, Bd. 5. S. 99). Indessen ist in diesem Falle nicht eine bloße Prüfung der Legitimation des Wechselinhabers, sondern eine wirkliche Zahlungseinrede des Zahlungspflichtigen in Frage, welche nach Art. 82. zu beurtheilen ist."

Ein falsches Indossament hindert an und für sich den Indossatar in der That noch nicht, den Wechsel mit rechtlicher Wirkung weiter zu begeben.

Der Indossatar, der einlösende Schuldner hat im Allgemeinen nicht zu erkunden, wer das Besitzzeichen des früheren Besitzers aufgehoben, sondern nur, ob es aufgehoben worden. Mit Recht hat daher die Leipziger Conferenz die Ansicht Thoel's (S. 494) verworfen:

> „Der erste Nehmer eines falschen Indossamentes hat kein Recht aus der Tratte."
>
> „In Betreff der anderen Wechselnehmer und aller Wechselgeber hat das unechte Indossament die Wirkung des echten. Das gilt auch von einem solchen Nachindossatar, welcher, als er dies ward, die Unechtheit des voraufgehenden Indossaments kannte" (vergl. Conferenz Sitz. 22. S. 141).

Während Thoel auf die Richtigkeit des ersten Nehmers Gewicht legt, macht Brauer einen Unterschied zwischen dem letzten und allen anderen Indossamenten. Er gestattet dem Schuldner nur den Einwand der Fälschung des letzten Indossaments (DWO. Anm. 1b. ad Art. 36.). Er ist nämlich der Ansicht, daß derjenige, welcher auf Grund eines falschen Giro's letzter Inhaber des Wechsels geworden, gar nicht in den Wechselverband getreten ist. (Derselben Ansicht ist das Stadtgericht in Berlin Archiv Bd. 1. S. 202 und 207).

Diese Unterscheidung ist nicht begründet.

Nimmt man an, daß Derjenige, welcher seinen Besitz des Wechsels auf ein falsches Indossament stützt, nicht im Wechselverband steht, so folgt mit Nothwendigkeit, daß durch jedes falsche Giro in der Reihe eine Lücke entsteht und daß somit alle dem falschen Giro folgenden Indossatare sich durch eine zusammenhängende Reihe nicht legitimiren können. Resumiren wir die Resultate:

1) Das falsche Indossament schadet im Allgemeinen dem betreffenden

Indossatar nicht (vergl. Erk. des Kammer-Gerichts Archiv Bd. I. S. 202 und 207; Liebe, Erläuterungen S. 132 sub Nr. 1. und Gelpcke, Beiträge S. 54; Füssel im Archiv Bd. 2. S. 257 ff.).

2) Nicht die Fälschung, sondern die Wissenschaft, daß der unmittelbare Geber der wirkliche Fälscher, begründet die mala fides des Inhabers und rechtfertigt die Anwendung des Art. 74. (vergl. Archiv Bd. I. S. 429, 434; Bd. 5. S. 94; Entschd. Bd. 29. S. 182).

3) Der Schuldner kann daher nur dann deponiren, wenn er beweist; der letzte Inhaber ist der wirkliche Fälscher oder der letzte Inhaber besitzt auf Grund eines gefälschten Giro's und er wußte bei der auf ihn bewirkten Begebung, daß sein unmittelbarer Geber der wirkliche Fälscher ist, oder mit einem Worte: der Erwerb des Wechsels würde ihn, den Schuldner, vor der durch Art. 74. zu erzwingenden Herausgabe des Wechsels nicht schützen. Da der Schuldner nicht verpflichtet ist, den Wechsel zu erwerben, wenn er durch diesen Erwerb nicht endgültig liberirt wird, so folgt, daß er in einem solchen Falle zur Deposition berechtigt ist.

Artikel 36.

Der Inhaber eines indossirten Wechsels wird durch eine zusammenhängende, bis auf ihn hinuntergehende Reihe von Indossamenten als Eigenthümer des Wechsels legitimirt. Das erste Indossament muß demnach mit dem Namen des Remittenten, jedes folgende Indossament mit dem Namen Desjenigen unterzeichnet sein, welchen das unmittelbar vorhergehende Indossament als Indossatar benennt. Wenn auf ein Blanco-Indossament ein weiteres Indossament folgt, so wird angenommen, daß der Aussteller des letzteren den Wechsel durch das Blanco-Indossament erworben hat.

Ausgestrichene Indossamente werden bei Prüfung der Legimation als nicht geschrieben angesehen.

Die Aechtheit der Indossamente zu prüfen, ist der Zahlende nicht verpflichtet.

§. 103. Bedingung der Zahlung. Legitimation.

Absicht und Zweck des Zahlenden ist der Erwerb des Wechsels. Um diesen Zweck zu erreichen, muß er die zutreffenden Mittel anwenden Folgende Momente sind hierbei erheblich:

1) Der Zahlende hat die Identität des Präsentanten und des Indossatars zu prüfen. Dies ist angedeutet im Art. 36. durch die Worte: bis auf ihn hinuntergehende und das sich anschließende: das erste Indossament muß demnach mit dem Namen des Remittenten rc.

Legitimirt sich der letzte Inhaber durch Blanco-Indossament, so ist diese Prüfung, weil unmöglich, ausgeschlossen. Das Tribunal zu Königsberg hat den Inhaber eines Wechsels, dessen letztes Indossament in blanco gewesen, zur Klage gegen den Acceptanten nicht für legitimirt erachtet. Der Art. 36. erwähne des Blanco-Indossaments nur in dem Fall, wo auf dasselbe ein ausgefülltes Giro folge. Dieser Grund ist nichtig. Der Art. 36., sagt das Ober-Tribunal, regelt das Prinzip des Art. 12. in seiner Anwendung auf den Fall, in dem der Wechsel theils durch ausgefüllte, theils durch Blanco-Indossamente mehrfach begeben ist (Strieth. Bd. 11. S. 370).

2) Ist der Wechsel an die Ordre des Remittenten, ja selbst nur an Ordre gestellt, so ist dies kein Grund, die Legitimation des präsentirenden Remittenten zu bemängeln Art. 9. (vergl. Erk. des Ob.-Trib. vom 3. Mai 1853 in Sachen Goslinowski wider Levinsohn).

3) Eine andere Art der Legitimation beruht nicht in der Schaffung eines neuen Giro, sondern in der Reproduction des früheren Giro durch Zerstörung der sämmtlichen ihm nachfolgenden Indossamente.

Ein durchstrichenes Indossament wird im Gegensatz zu dem durchstrichenen Accept (Art. 21. Abs. 4.) als nicht vorhanden angesehen. Als practischen Grund dieser Bestimmung machte man in der Conferenz (Prot. a. a. O. S. 70 und 71) geltend, daß nicht Irrthum, sondern andere Umstände den Wechsel-Inhaber veranlassen könnten, sein Indossament auszustreichen.

Durch diese Bestimmung ist die Möglichkeit gewährt, einerseits dem einmal mit einem Blanco-Giro versehenen Wechsel die Qualität eines Wechsels au porteur wieder zu geben und andrerseits das Mittel gefunden, jeden Inhaber zu legitimiren (vergl. Erk. des Ob.-Trib. vom 14. September 1852; Strieth. Bd. 6. S. 315).

4) Ist in der Reihe der Giros eine Lücke:

Für mich an die Ordre von Moll.
Schütz.
Für mich an die Ordre von Krause.
Schmidt.
Für mich an die Ordre von Wolff.
Krause.

so ist der Acceptant an den nach der Lücke folgenden Indossanten — Krause und Wolff — zu zahlen weder berechtigt noch verpflichtet. Es geht der Besitz eines Anderen, Moll, aus dem Wechsel hervor; die Giroreihe ergiebt die mala fides der Nachbesitzer. Kommt also der letzte Indossatar vor der Lücke, Moll, wieder in den Besitz des Wechsels, so ist er auch ohne Durchstreichen der nachfolgenden Indossamente legitimirt. Er hatte eben nur den factischen Besitz verloren. Die Nachindossanten, Schmidt, Krause, sind aber, wenn es sich um den Regreßanspruch handelt, gegen einander jedenfalls verpflichtet; Art. 81.; U. des Ob.-Trib. vom 8. Juli 1858 in Sachen Lade wider Wolff (Archiv Bd. 3. S. 339).

5) Der letzte Absatz des Artikels: „die Echtheit der Indossamente zu prüfen, ist der Zahlende nicht verpflichtet", hat zu der Annahme Anlaß gegeben, daß der Zahlende zu dieser Prüfung berechtigt sei. Es ist jedoch gezeigt, daß diese Annahme irrig ist. Der Zweck dieser aus dem §. 36. des Preuß. Entw. übernommenen Bestimmung ist vielmehr ein negativer. Man wollte eben nur dem §. 1153. II. 8. ALR. entgegentreten, wonach dem Einlösenden die Pflicht auferlegt worden, die Echtheit des letzten Indossaments zu prüfen (Gelpcke, Beiträge S. 54, 55).

Artikel 37.

Lautet ein Wechsel auf eine Münzsorte, welche am Zahlungsorte keinen Umlauf hat, oder auf eine Rechnungswährung, so kann die Wechselsumme nach ihrem Werthe zur Verfallzeit in der Landesmünze gezahlt werden, sofern nicht der

Aussteller durch den Gebrauch des Wortes „effectiv“ oder eines ähnlichen Zusatzes die Zahlung in der im Wechsel benannten Münzsorte ausdrücklich bestimmt hat.

§. 104. Art der Zahlung.

In der Regel wird die Zahlung eine Baarzahlung sein. Sie geschieht jedoch häufig in anderer Weise. Es kommt hier in Betracht:

1) Die Scontration. Es ist dies das Ab- resp. Zuschreiben verschiedener gegenseitiger Wechselforderungen mit Hülfe eines Dritten.

Ist A. dem B., B dem C., C. dem A. wechselmäßig verpflichtet, so kann die Ausgleichung der verschiedenen Wechselschulden in der Weise stattfinden, daß B. dem A, C. dem B. und A. dem C. quittirt.

2) Die Banco-Zahlung. Die Zahlung wird dadurch vermittelt, daß dem Schuldner so viel von seinem Conto, seinen bei der Giro-Bank befindlichen Fonds, ab- und dem Conto des Wechselberechtigten gutgeschrieben wird, als die Wechselschuld beträgt. Eine solche Abschreibung muß sich der Präsentant gefallen lassen. (Erk. d. Handelsgerichts zu Hamburg vom 12. August 1857; Jurispr. S. 445.)

3) Die Compensation. Es kann keinem Bedenken unterliegen, daß der Verklagte auch mit den nicht wechselmäßigen zur Compensation an und für sich geeigneten Gegenforderungen, welche ihm gegen den jedesmaligen Kläger unmittelbar zustehen, compensiren darf (Strieth. Bd. 3. S. 62). Die Bestimmung des §. 923. II. 8. ALR., daß die Gegenforderung aus Wechselgeschäften entspringen müsse, ist aufgegeben.

In Oesterreich ist nach dem Pat. vom 25. Januar 1850 §. 3. die Compensation nur dann zulässig, wenn der Wechselschuldner dem Kläger eine fällige, durch ein rechtskräftiges Erkenntniß oder durch einen richterlichen Vergleich anerkannte und dem Schuldner unmittelbar gegen den Kläger zustehende Gegenforderung entgegenzusetzen vermag.

4) Die Baarzahlung. Die Baarzahlung geschieht in klingender Münze. Der Wechsel-Inhaber ist in Preußen nicht verpflichtet, fremdländisches Papiergeld anzunehmen (cfr. Erk. des Ob.-Trib. vom 21. December 1852 in Sachen Lehmann wider Griebe). Anders in Oesterreich; Ministerial-Erlaß vom 22. Mai und Patent vom 2. Juni 1848 (Archiv Bd. 3. S. 398; Bd. 4. S. 93 Anm. 3). Die Baarzahlung geschieht im Widerspruch mit II. 8. §. 876. ALR. in der in dem Wechsel versprochenen Münzsorte. Diese Regel erleidet jedoch eine nothwendige Ausnahme, wenn der Wechsel

1) auf eine Münzsorte lautet, die am Zahlungsorte keinen Umlauf hat, oder

2) wenn er auf eine Rechnungswährung lautet, z. B. Hamburger Mark-Banko.

In beiden Fällen muß die Zahlung in der Landesmünze des Zahlungsorts geschehen.

5) Reduction. Die Frage, in welcher Weise diese Reduction zu bewirken, ist streitig. Koch (WR. S. 214) hält den Courswerth an der Börse des Zahlungsortes selbst, oder der nächsten Börse für entscheidend. Hiermit stimmt das Ham-

burger Einführungsgesetz vom 21. Februar 1849 §. 4. mit der Modification überein, daß wenn eine Notirung dieser Geldsorte nicht stattfindet, der kurze Cours auf dem hauptsächlichsten Platze des Landes entscheidet, welchem jene Münze angehört. Der Pr. Staatsraths-Entwurf von 1845 hatte eine ähnliche Bestimmung. Der §. 151. verordnete:

> Das Verhältniß gegen die zu zahlende Münze wird alsdann nach dem zuletzt notirten Course am Zahlungsplatze, oder wenn daselbst keine Börse ist, nach dem zuletzt notirten Cours der nächsten Börse bezeichnet.

In den Berl. Protokollen (S. 75) ist die Streichung des Paragraphen beantragt worden, weil in Preußen nur wenige Handelsplätze existirten, welche eine Börse haben Mit diesem Antrage erklärte sich der Commissionsbericht einverstanden (1846 S. 78).

Der Pr. Entwurf von 1846 bestimmt daher im §. 36. lediglich, daß die Wechselsumme in preußischem Gelde gezahlt werden könne. Erst in den Verhandlungen S. 13 der Commission des Staatsraths wurde der §. 36. dahin geändert, daß die Wechselsumme „nach ihrem Werthe zur Verfallzeit" in preußischem Gelde geleistet werden kann. Diese so geänderte Fassung des §. 36. ging in den letzten Entwurf (§. 37.) über. In der Leipziger Conferenz ist nur der Ausdruck: „Preuß. Geld" in „der Landesmünze" geändert worden.

Man wird also im Wesentlichen der Koch'schen Ansicht beitreten und nur unterscheiden müssen:

> Existirt am Zahlungsort eine Börse, so ist deren Courszettel maßgebend. Ist in diesem der Cours nicht notirt, oder existirt keine Börse, so wird der Cours in anderer Weise auszumitteln sein. Das Urtheil der Sachverständigen, der Handelskammern fällt hierbei eben so ins Gewicht als der Courszettel der nächsten Börsenplätze.

Eine andere Ansicht (Kheil im Archiv Bd. 3. S. 394) geht dahin, daß nicht der Cours, sondern der innere Werth, der Silbergehalt der fremden Münze, entscheide, welcher nach der Landesmünze bezahlt werde. Die Kheil'sche Ansicht hat ihre vollständige Widerlegung durch Brauer (Archiv Bd. 5. S. 113 ff.) gefunden. Sie führt zu einem Mißverhältniß zwischen Zahlungs- und Regreßsumme. Der Acceptant müßte den Metallwerth, der Regreßpflichtige den Courswerth zahlen. Sie widerspricht grade der Theorie, von welcher Kheil ausgegangen, der Papiergeld-Theorie. Ist der Wechsel Papiergeld, so muß er das Geld und nicht den Metallwerth repräsentiren. Vergleiche Art. 50. und 51. Wenn jedoch Brauer annimmt, man müsse für den Fall, daß die Münze überhaupt am Zahlungsplatze oder in der nächst gelegenen Börse keinen Cours habe, der Kheil'schen Ansicht beitreten; man müsse, falls die Münze am Zahlungsorte derartig unbekannt wäre, daß nicht einmal ihr Pari-Werth zu ermitteln, die ganze Existenz des Wechsels negiren (Art. 4. Nr. 2; Brauer a. a. O. S. 120), so ist dies nicht begründet.

Die oben mitgetheilte Bestimmung der Hamburger Einführungs-Ordre löst alle Schwierigkeiten. Es ist kein Grund vorhanden, warum man nicht zu dem Cours des Landes, in welchem die betreffende Münze coursirt, seine Zuflucht nehmen soll. Wir verweisen auf Stern Archiv Bd. 6. S. 357 bis 379. Er giebt folgendes Beispiel:

„Angenommen, ein Wechsel auf Berlin lautet auf 1000 spanische Silberpiaster (Peso duro). Da diese Wechselsumme in Berlin nicht in natura bezahlt werden kann, so muß sie in Preuß. Courant reducirt werden. Nun steht aber Berlin in keinem direkten Wechselverkehre mit einem der Handelsplätze Spaniens und notirt daher auch keinen Cours auf einen derselben. Der Wechselinhaber sowohl wie der Bezogene müssen sich daher, um den Werth der 1000 Piaster in preuß. Courant zu erfahren, der Vermittelung eines Platzes (Mittelplatzes) bedienen, der mit Spanien sowohl wie mit Berlin direct wechselt, z. B. Hamburg. Mittelst des Hamburger Courses auf Madrid und des Berliner Courses auf Hamburg würde also die Reduction der 1000 spanischen Silberpiaster stattfinden. Die Ausführung ist folgende: Ich habe einen Hamburger Courszettel von Anfang November 1855 und einen Berliner Courszettel aus nämlicher Periode vor mir liegen. Nach ersterem ist der Wechselcours auf Madrid für 1 Silberpiaster 44 Schillinge Banko für 3 Monatspapier, beträgt für kurze Sicht, nach Abzug des Discontos (4 Procent pr. anno), = 43,56 Schillinge Banko: nach letzterem ist der Wechselcours auf Hamburg für kurze Sicht für 300 Mark Banko = 151 Thaler preuß. Cour. Die Rechnung stellt sich also wie folgt:

Wie viel preuß. Thaler machen 1000 Silberpiaster,
wenn 1 Piaster = 43,56 Schilling Banko
16 Schillinge = 1 Mark Banko
und 300 Mark Banko = 151 Thaler preuß. Courant?

Antwort: 1370 Thlr. 9¾ Sgr.,

welche statt der 1000 Silberpiaster zu zahlen sind.

Würde man aber die 1000 Silberpiaster nach ihrem innern Werthe in Thaler preuß. Courant reducirt haben, so hätten dafür, da (nach dem spanischen Münzgesetze vom 15. April 1848) auf eine rauhe Mark à $^9/_{10}$ fein 8,8941 Stück Silberpiaster gehen, folglich auf eine feine Mark Silber 9,8823 Stück, nach folgendem Ansatze:

? Thaler preuß. Courant für 1000 Silberpiaster, wenn
9,8823 Silberpiaster = 1 Mark fein
1 feine Mark = 14 Thlr. preuß. Cour.

1416 Thlr. 20¼ Sgr. preuß. Courant

gezahlt werden müssen, folglich würde der Bezogene dadurch einen Verlust von 46 Thlr. 10½ Sgr. erlitten haben, während der Wechselinhaber eben so viel mehr erhalten hätte, ein Gewinn, der ihm rechtlich nicht gebührte; denn für Keinen der Beiden betrug der Werth der 1000 Silberpiaster mehr als der Handelswerth derselben ausmachte."

Die Schwierigkeit der Berechnung kann durch Beisetzung des Ausdrucks „effectiv" oder „in natura" beseitigt werden. Die Zahlung muß dann abweichend von dem §. 79. I. 16. ALR. in der versprochenen Weise geschehen. Die Bestimmung bezieht sich aber nur auf solche Zahlungen, die in einer ausländischen Münzsorte lauten.

Lautet der Wechsel auf eine inländische Münzsorte, so ist, wenn selbst die Gesetzgebung das Papiergeld dem geprägten Gelde gleichstellt, die Zahlung in Papiergeld nicht zu bewirken, wenn die Wechselsumme auf Silbercourant mit Ausschluß des Papiergeldes lautet (vergl. Hoffmann S. 369; Anders Arch. Bd. 4. S. 93—97).

Die Fassung des Art. 37. ist nicht ganz correct. Die Worte „sofern nicht der Aussteller ꝛc." dürfen der Natur der Sache nach auf den Fall nicht bezogen werden, wo der Wechsel auf eine Rechnungswährung lautet. Der Artikel ist daher dahin zu fassen:

> Lautet ein Wechsel auf eine Rechnungswährung, so muß die Wechselsumme in der Landesmünze gezahlt werden. Lautet ein Wechsel auf eine Münzsorte ꝛc.

Artikel 38.

Der Inhaber des Wechsels darf eine ihm angebotene Theilzahlung selbst dann nicht zurückweisen, wenn die Annahme auf den ganzen Betrag der verschriebenen Summe erfolgt ist.

§. 105. Die Theilzahlung.

Das Civilrecht zwingt den Gläubiger zur Annahme von Theilzahlungen nicht, (§. 1. Inst. quib. mod. tollit III. 29); l. 21. D. de reb. cred. (XII. 1.) l. 41. §. 1 D. de usur (XXII. 1.); ALR. I. 16. §§. 57. u. 58. Der Pr. Entw. §. 38. stimmt hiermit überein.

Da die DWO. im Art. 22. Theilannahme gestattet, so mußte sie — Art. 38. — Theilzahlung zulassen. Der Vortheil der Regreßpflichtigen, der Umstand, daß die Annahme von Theilzahlungen nicht wohl Nachtheil bringen könne, war entscheidend (Confer.-Sitz. 14. S. 72). Lehnt der Präsentant die Theilzahlung des Acceptanten ab, so fällt sein Regreß für den Betrag dieser Summe dem Regreßpflichtigen gegenüber fort (Art. 156. code de commerce). Der Präsentant ist aber auch im Verhältniß zum Acceptanten in mora accipiendi. Das Gesetz unterscheidet nicht zwischen dem Aussteller des eigenen Wechsels und dem Acceptanten. Der Art. 98. Nr. 5. nimmt Bezug auf die Art. 30. bis 40. und beweist, daß der Aussteller des eigenen Wechsels, zur Theilzahlung berechtigt, den ablehnenden Inhaber in mora versetzt (vergl. §. 232. I. 16. A.L.R.).

Nach levirtem Protest ist der Präsentant befugt, Theilzahlung abzulehnen, ohne daß ihm die Regreßpflichtigen dies zum Vorwurf anrechnen dürfen. Der Art. 38. ist eben ein Ausnahme-Gesetz und als solches nicht auszudehnen. Der Artikel betrifft, wie schon seine Stellung andeutet, nur die Zahlung des Wechsels zur Verfallzeit von Seiten des Acceptanten (vergl. Prot. Sitz. 21. S. 132). Der ablehnende Acceptant, der nach Protest zahlen will, nimmt dem Inhaber gegenüber, namentlich soweit es sich um den Regreß handelt, gleichsam die Stelle eines Fremden oder Ehreninterveniententen ein. Die Zahlung eines solchen braucht der Inhaber nur anzunehmen, wenn ihm volle Zahlung anerboten wird (Art. 48. 62.).

Der Protest ist in der That keine leere Förmlichkeit, keine im Interesse der Notare ausgeklügelte Spielerei. Er hat materielle Aufgaben zu lösen.

Auf der einen Seite beugt er den Collusionen vor, welche ohne Protest zwischen Inhaber und Acceptanten leichter zu bewerkstelligen wären; auf der anderen schafft er dem Kläger die Legitimation und markirt den kritischen Punkt für den Lauf und Rücklauf des Wechsels (vergl. das Erk. des Ob.-Trib. vom 4. April 1857; Strieth. Bd. 24. S. 166; Arch. für W.R. Bd. 7. S. 113; Liebe S. 137; Brauer S. 87; Kitka §. 70).

Artikel 39.

Der Wechselschuldner ist nur gegen Aushändigung des quittirten Wechsels zu zahlen verpflichtet.

Hat der Wechselschuldner eine Theilzahlung geleistet, so kann derselbe nur verlangen, daß die Zahlung auf dem Wechsel abgeschrieben und ihm Quittung auf einer Abschrift des Wechsels ertheilt werde.

§. 106. Rechte des Zahlers bei vollständiger Zahlung. Die Quittung.

Die Wirksamkeit des Wechsels beginnt, sobald sich der Wechsel von der Person seines Schöpfers, des Schuldners, trennt. Die Wirksamkeit des Wechsels hört mithin auf, sobald der Wechsel in den Besitz des Schuldners zurückgelangt. Es ist dies das contrarium actum. Deshalb braucht der Schuldner nicht anders als gegen Aushändigung des Wechsels zu zahlen. Die Zahlung allein würde ihn von seiner Verpflichtung noch nicht frei machen. Löst der Aussteller den eignen, der Acceptant den mit seinem Accept versehenen Wechsel ein, dann ist ihr Gläubiger freilich in ihren Händen und die Thätigkeit des Gläubigers gelähmt. Würde jedoch der Wechsel entwendet, so würde der Acceptant gegen die Klage des Dritten durch die Zahlung an und für sich nicht geschützt sein. Hieraus ergiebt sich, daß der Schuldner außer der Rückgabe auch Quittung fordern und beanspruchen kann, daß der Rückkauf im vollen Umfange bezeugt werde. Es folgt:

1) Ist die Legitimation nicht anders als mit Hülfe von Duplikaten und Copieen zu führen, so kann der Zahlende nicht nur die Herausgabe des mit dem Accepte versehenen Wechsels, sondern auch die Herausgabe der Duplikate und Copieen fordern (cfr. A.L.R. §. 1102. u. 1103. II. 8).

2) Wird dagegen diese Legitimation schon durch den mit der Acceptation und der ganzen Folge der Giro's versehenen Wechsel geführt, so ist der Acceptant nicht berechtigt, die sämmtlichen Wechselexemplare zurückzuverlangen (Simon u. v. Strampff, Rechtsspr. Bd. 3. S. 19).

3) Die Quittung ist auf den zurückzugebenden Wechsel selbst zu setzen. Sie ist das Accessorium der Aushändigung des Wechsels. Die Beschaffenheit der Quittung hat das Gesetz nicht bestimmt. Die gewöhnliche Form ist „pour acquit", „Zahlung erhalten" und die Namensunterschrift des Empfängers (A.L.R. I., 16 §. 89.).

4) Da der Zahlende die Identität des Präsentanten und Indossatar zu prüfen hat, so folgt, daß er berechtigt ist, sich von der Richtigkeit der Quittung zu überzeugen. Grade der Umstand, daß der Wechsel nicht

durch den Prinzipal, sondern durch den Comtoirdiener eingezogen wird und daß dieser nur insofern Vollmacht hat, als er die Quittung des Prinzipals produzirt, macht die Prüfung der Echtheit doppelt nothwendig.

In der Conferenz kam diese Frage zur Sprache (Sitz. vom 6. November 1847 S. 72 ad §. 39. des pr. Entw.). Man lehnte jedoch einen Beschluß aus demselben Grunde ab, aus welchem die Legitimation zur Empfangnahme des Geldes nicht ausdrücklich verlangt worden.

Fraglich ist, ob der Wechselschuldner dem unfähigen Inhaber Zahlung leisten muß?

Wir würden die Frage verneinen. Der Art. 39. verordnet: „Der Wechselschuldner ist nur gegen Aushändigung des quittirten Wechsels zu zahlen verpflichtet." Da die Wechselunfähigkeit mit der Vertragsunfähigkeit zusammenfällt und der Vertragsunfähige zur Quittungsleistung nicht berechtigt ist, so dürfte der Art. 39. die Handhabe sein, um den Schuldner gegen die Ansprüche des Unfähigen zu schützen. Wir verkennen nicht, daß die Frage zwei Seiten hat. Es werden häufig Vertragsunfähigen, welche sich auf Reisen 2c. befinden, Wechsel girirt. Hart erscheint, daß ihnen die Einlösung der Wechsel verweigert werden darf. Man setze aber auf der anderen Seite den Fall, daß einem noch nicht 14jährigen Knaben, daß dem Cridar ein Wechsel girirt worden und man wird die Bedenken billigen, welche den Schuldner von der Einlösung abhalten. (§. 7. der Pr. Conc.-Ordn.) Unsere Ausführung steht mit dem, was wir S. 10 über die active Wechselfähigkeit bemerkt haben, nicht im Widerspruch. Es ist ein Anderes, einen Wechsel zu erwerben und ein Anderes, gültig quittiren zu können.

Die Ausantwortung des quittirten Wechsels und die Zahlung muß endlich Zug um Zug geschehen. Das Erbieten zur Aushändigung des quittirten Wechsels gehört jedoch so wenig in die Klage als das Erbieten zur Quittungsleistung einen Bestandtheil einer gewöhnlichen Schuldklage bildet. (Erk. des OG. zu Aschaffenburg vom 2. October 1852; Ztschr. f. Ges. und Rechtspfl. in Bayern Bd. 2. S. 494).

§. 107. Rechte des Zahlers bei Theilzahlungen.

Die Herausgabe des quittirten Wechsels kann der Einlösende nur dann verlangen, wenn er die ganze Wechselsumme gezahlt hat. Er zahlt freilich auch dann die ganze Wechselsumme, wenn er die durch Judicat auf einen geringeren Betrag fixirte Summe zahlt. Vergl. Erk. des OAG. zu Dresden vom Februar 1854 (Sächs. Ztschr. f. Rechtspfl. und V. Bd. 13. S. 360). Der Theilzahler muß sich dagegen damit begnügen, daß die geleistete Zahlung auf dem Wechsel abgeschrieben und ihm eine Separat-Quittung auf einer einfachen nicht beglaubigten Abschrift des Wechsels ertheilt wird.

Ein Mehreres ist auch der zum Accord verstattete Schuldner zu verlangen nicht berechtigt. Der von ihm gezahlte Procentsatz liberirt ihn subjectiv, aber die Zahlung ist objectiv nur eine Theilzahlung und keine Vollzahlung im Sinne des Art. 39. und §. 198. der Concurs-Ordn.

Der Cridar kann daher weder Rückgabe des quittirten Wechsels noch Streichung seines Accepts, seines Giro oder seiner Unterschrift fordern.

Erk. des Ob.-Trib. vom 23. September und vom 26. October 1858 (Strieth. Bd. 29. S. 342 und 365) Archiv für WR. Bd. 7. S. 420; Entschd. des Ob.-Trib. Bd. 39. S. 232.

Collision mehrerer Theilzahler.

Fraglich ist, an wen der durch die Theilzahlungen verschiedener Wechselverpflichteten vollbezahlte Wechselinhaber den Wechsel herauszugeben hat?

Man hat behauptet, daß derjenige, welcher die letzte Theilzahlung leistet, die Herausgabe des Wechsels mit Recht fordert. Hat also z. B. der Wechselinhaber von dem Aussteller 80 pCt., von zwei Indossanten je 9 pCt. und demnächst von dem Acceptanten die letzten 2 pCt. erhalten, so würde dem Acceptanten der Wechsel auszuhändigen sein. (Makower, Studien zur Conc.-Ordn. Berlin 1861 S. 46).

Dieser Ansicht können wir nicht beitreten. Ihre Unrichtigkeit ergiebt sich schon durch ein argumentum ad hominem. Man setze, daß die Zahlenden sich zugleich einfinden. Welche Reihenfolge soll der Wechselinhaber bei der Annahme der Zahlung beobachten? Der Art. 39. steht jener Ansicht nicht zur Seite. Er will nur das Recht des einzelnen Theilzahlers wahren. Es leuchtet aber ein, daß der letzte Zahler subjectiv Nichts als eine Theilzahlung leistet. Leistet er nach und nach die sämmtlichen Theilzahlungen, so wird durch die letzte Zahlung die Vollzahlung bewirkt und hierdurch die Aushändigung des Wechsels begründet. Die von den verschiedenen Verpflichteten geleisteten Theilzahlungen können dagegen nicht von den einzelnen Zahlern als solche geltend gemacht werden. Es folgt, daß die letzte Theilzahlung dem Zahlenden gegenüber den Character einer Vollzahlung nicht annimmt. Man muß daher auf die Grundsätze des Civilrechts zurückgreifen.

Durch die verschiedenen Zahlungen hat sich unter den Theilzahlern eine Communio gebildet. Ihr Zweck ist Rückerwerb des Wechsels. Der Inhaber ist daher berechtigt, nur der Communio, als solcher, den Wechsel auszuhändigen. Bis sie in dieser Eigenschaft ihre Rechte wahrnimmt, bleibt der Inhaber Verwahrer des vollbezahlten Wechsels. Der letzte Theilzahler hat nicht größere Rechte als der erste, und er hat nicht andere Rechte als die im Art. 39. bestimmten Rechte.

Die sehr praktische Frage ist, soviel wir wissen, erst ein Mal zur Entscheidung des Ober-Tribunals gekommen.

Der Acceptant eines Wechsels hatte sich außergerichtlich mit dem Inhaber des Wechsels verglichen. Er zahlte 75 Proc., wogegen sich der Inhaber verpflichtete, den Wechsel dem Aussteller nicht auszuhändigen. Der Inhaber nahm demnächst den Aussteller auf die letzten 25 Proc. in Anspruch. Dieser erklärte sich zur Zahlung nur gegen Aushändigung des Wechsels bereit. Das Stadt- und Kammergericht zu Berlin haben dieses Begehren für gerechtfertigt nicht erachtet. Das Ober-Tribunal hat durch Urtheil vom 29. März 1859 in Sachen Meyer & Schmidt wider Leipziger die Klage verworfen. „Der Grund des zweiten Richters, so wird erwogen, besteht darin, daß die Zahlung, zu welcher der Verklagte gegenwärtig verurtheilt wird, selbst wenn sie als Restzahlung gelten sollte, doch für den Verklagten, da er geständlich nicht selbst die übrigen Zahlungen geleistet, immer nur eine Theilzahlung bleibt, und der Art. 39. der WO. demnach Anwendung findet. Wenn die Nichtigkeitsbeschwerde dagegen zunächst die Verkennung der Begriffe von Theilzahlung und Restzahlung trägt: so ist dieser Rüge von vorn herein der Boden dadurch entzogen, daß der Appellationsrichter selbst unterstellt hat, daß die Theilzahlung eine Restzahlung darstellt, wie denn auch von dem Imploraten mit Recht geltend gemacht ist, daß die Frage, ob eine Zahlung Theil- oder Restzahlung ist, wesentlich von den thatsächlichen Umständen abhängt. Hat der Appellationsrichter thatsächlich angenommen, daß die von dem Verklagten zu leistende Zahlung der 25 Prozent eine Theilzahlung darstellt, und kann auch mit Rücksicht auf das Solidar-Schuldverhältniß, in welchem der Verklagte bezüglich der eingeklagten Wechsel steht, eine solche Zahlung an sich und im Verhältnisse zu den vollen Wechselbeträgen als eine Theilzahlung bezeichnet werden, so läßt sich dem Appellationsrichter auch mit Erfolg nicht der Vorwurf einer Verletzung des Art. 39. der WO. machen, da diese Vorschrift im zweiten alin. gerade bestimmt, daß der Wechselschuldner, wenn er eine Theilzahlung leistet, nur verlangen kann, daß die Zahlung auf dem Wechsel abgeschrieben und ihm Quittung auf einer Abschrift des Wechsels ertheilt werde. Ebensowenig können die Art. 48. u. 54. der WO. verletzt sein, weil sie auf anderen thatsächlichen Voraussetzungen beruhen und den vorliegenden Sachverhalt nicht berühren."

Artikel 40.

Wird die Zahlung des Wechsels zur Verfallzeit nicht gefordert, so ist der Acceptant nach Ablauf der für die Protesterhebung Mangels Zahlung bestimmten Frist befugt, die Wechselsumme auf Gefahr und Kosten des Inhabers bei Gericht, oder bei einer anderen zur Annahme von Depositen ermächtigten Behörde oder Anstalt niederzulegen.

Der Vorladung des Inhabers bedarf es nicht.

§. 108. Rechte des Schuldners bei verzögerter Präsentation. Deposition.

Von der Befugniß, dem Recht der Deposition, ist die Pflicht zur Deposition zu unterscheiden. Die Ausübung des Rechts ist der Regel nach in das Belieben des Berechtigten gestellt. Die Nichterfüllung einer Verbindlichkeit hat Rechtsnachtheile in ihrem Gefolge. Hiervon ausgegangen, frägt sich:

> „Muß der Schulder, falls am Verfalltag Zahlung nicht begehrt wird, sich durch Deposition liberiren? Ist er zu dieser Deposition nur berechtigt oder verpflichtet?"

Diese Frage hängt auf das Innigste mit der Präsentation zusammen. Ist diese die Conditio sine qua non für die Mora solvendi des Schuldners, so ist er zur Deposition befugt, nicht verpflichtet. Ist die Präsentation ohne Einfluß auf die Zahlungspflicht, so ist der Schuldner als Morosus zur Deposition sofort am Verfalltage verpflichtet. Die Frage ist controvers. Die Einen lassen die mora solvendi mit dem Verfalltage eintreten, ohne die Präsentation für nöthig zu erachten. Liebe (Erl. S. 138); Gelpcke (Ztschr. Hft. 2. S. 158); das OAG. zu Celle im Erk. vom 15. August 1856; (Arch. Bd. 6. S. 211). Die Anderen lassen die Mora des Schuldners erst mit der Präsentation beginnen.

Zu der letzteren Ansicht bekennt sich dermalen auch das Ob.-Trib., nachdem es in dem Urtel vom 9. März 1852 (Strieth. Bd. 4. S. 375; Entschd. 22. S. 410; Arch. Bd. 3. S. 198) und in dem Urtel vom 29. April 1856; Strieth. Bd. 21. S. 159 von anderen Grundsätzen ausgegangen war. Vergl. Hauser (Arch. Bd. 6. S. 55 ff.); Koch (Comment. zum ALR. Anm. 73. ad Art. 40.)

Beide Ansichten stützen sich auf das Civilrecht, auf die Natur des Wechsels, auf die positiven Bestimmungen der Wechsel-Ordnung (Strieth. Bd. 13. S. 109 und 169; Arch. Bd. 4. S. 352, S. 164, 345) U. des Ob.-Trib. vom 7. September 1857 in Sachen Zakowski wider Pruski).

Die Vertheidiger der Mora ohne Präsentation behaupten, daß die Nothwendigkeit des Verfalltages als eines Essentiale die Anwendung des Grundsatzes dies interpellat pro homine zur Nothwendigkeit mache (Art. 30). Sie finden ein Argument für ihre Ansicht im Art. 40. Wäre der Schuldner nicht sofort in mora, so habe dieser Artikel keinen Gegenstand; ein Interesse zur Deposition sei dann für den Debitor non morosus nicht erfindlich.

Beide Gründe sind nicht haltbar. Der Art. 30. bestimmt nur den Zeitpunkt, von wann ab der Inhaber Zahlung verlangen könne. Er läßt die Streitfrage unberührt. Das Interesse des debitor non morosus liegt dagegen klar zu Tage. So lange er nicht deponirt, trägt er das Periculum. Genera non pereunt. Sobald er deponirt hat, geht das Periculum sofort auf den Inhaber des Wechsels über (Bornemann in Hiersemenzel's Ger.-Ztg. für 1859 Nr. 33 ff.).

Von der anderen Seite ist für die Nothwendigkeit der Präsentation hervorgehoben worden; „die Begebbarkeit des Wechsels lasse den Zahlungs-Verpflichteten in Ungewißheit über die Person des Gläubigers" (Archiv Bd. 3. S. 342). Das Recht und die Pflicht des Einlösers, die Legitimation zu prüfen, erheische die Präsentation. Die Art. 36. 39. 40. 41. und 91. bewiesen die Nothwendigkeit der Präsentation. Diese Gründe beweisen zu viel.

Bei einem Recta-Wechsel ist die Person des Gläubigers bekannt, die Circulationsfähigkeit des Wechsels ausgeschlossen. Trotz dessen ist Präsentation nothwendig.

Bei der Cession einer Schuldurkunde hat der Debitor gewiß die Legitimation des Cessionar zu prüfen. Trotz dessen ist er am Verfalltage ohne Präsentation in mora.

Die angezogenen Artikel beweisen Nichts. Der Art. 36. sagt nur, an wen der Acceptant mit Sicherheit zahlen kann. Hieraus folgt noch nicht, daß der Acceptant zu zahlen oder zu deponiren braucht, wenn die Legitimation mangelhaft gefunden wird. Auch bei Civil-Obligationen hat der Schuldner die Legitimation des Gläubigers zu prüfen; ihre Mängel entbinden ihn nicht von der Depositionspflicht. Der Art. 39. wiederholt den Grundsatz des §. 125. I. 16. ALR. „Außer der Quittung kann der Zahlende auch noch die Rückgabe des Instrumentes fordern ...." Neben jenem Paragraph des Civilrechts kann die mora ohne Präsentation sehr wohl bestehen.

Der Art. 40. handelt nur von dem Rechte zur Deposition. Der Art. 41. Abs. 1. handelt dagegen vom Regreß. Er kann somit keinen Rückschluß auf die Rechte und Pflichten des Acceptanten gestatten. Während die Regreßklage gegen die Vormänner erst nata ist, sobald der Wechsel präsentirt und protestirt worden, ist hier just in Frage, ob der Acceptant selber sofort in mora ist.

Der Art. 91. paßt endlich nicht.

Diese Vorschrift, sagt das Ob.-Trib. (Strieth. 13. S. 166), regelt lediglich den Ort und die Zeit für die Präsentation, wenn sie nach den anderweit darüber gegebenen Bestimmungen nothwendig ist.

Es walten in der That andere Gründe ob, welche die Präsentation zur Conditio der mora machen. Es sind diese:

1) Die Zahlungsverbindlichkeit des Acceptanten ist eben so verschieden von der des gewöhnlichen Schuldners, wie der Wechsel von der Civil-Obligation. Der gewöhnliche Schuldner tödtet durch Zahlung die Obligation. Die Rückgabe des Instruments ist hier nicht wesentlich, sie dient nur neben der Quittung zum Beweis der Zahlung. Beim Wechsel ist das Verhältniß gerade umgekehrt. Ohne Rückgabe des Instrumentes wird der Acceptant nicht frei; ohne Besitz des Wechsels kann der Gläubiger, der Regel nach, kein Recht geltend machen.

2) Die Rückgabe des Wechsels an den Acceptanten dient daher nicht zum Beweise der Zahlung; umgekehrt, ihr Zweck ist, dem Vertreter des Wechsels die Waffe zu nehmen, durch deren Besitz er dem Schuldner allein gefährlich ist. Sie hat die Natur einer Gegenleistung. Jus et obligatio correlata sunt. Wer Erfüllung fordert, muß seiner Seits zu erfüllen bereit und im Stande sein. Wer zur Zeit des Verfalls der Inhaber des Wechsels ist, steht oft; ob dieser zur Rückgabe bereit ist, steht vor der Präsentation immer in Frage (Prot. Sitz. 27. S. 183). Es ist an und für sich auch nicht unbedenklich, ob der Wechselinhaber überhaupt gezwungen werden kann, den Wechsel gegen Zahlung nach Verfall herauszugeben. Im Gegentheil: der Art. 16. erkennt das dingliche Recht des Besitzers im vollen Umfange an. Für nothwendig mußte daher erachtet werden, dem Schuldner durch den Art. 40. Schutz gegen die Ausübung dieses Rechts zu gewähren.

3) Die Präsentation hat den Zweck, den Willen des Wechselinhabers kund zu geben, daß er von seinem Rechte, den Rückkauf zu verlangen, Gebrauch machen will. Die Rückgabe des Wechsels ist die Gegenleistung. Der Grundsatz dies interpellat pro homine ist aber nur da anwendbar, wo eine einseitige Schuldverbindlichkeit gelöst werden soll und der Verfalltag die Mahnung ersetzt.

Mahnung und Präsentation sind eben so entschiedene Gegensätze als Fordern und Geben.

Tritt zu der inneren Nothwendigkeit der Präsentation der Umstand, daß die älteren Wechselordnungen sie fast ausschließlich verlangen; daß kein Artikel der Wechsel-Ordnung darauf deutet, es sei nach dieser Richtung hin eine Abweichung von dem Bestehenden beliebt worden; daß die Materialien, weit entfernt, eine solche Annahme zu rechtfertigen, von der Präsentation ausgehen (§. 159. des Preuß. Entw. 1845, Preuß. Protokolle S. 77) so, ist der Satz bewiesen: „Ohne Präsentation des Wechsels ist die mora des Acceptanten weder denkbar noch existent. Das Prinzip dies interpellat pro homine trifft dem Acceptanten gegenüber nicht zu."

Gehört nun aber die Präsentation zur Bedingung für die zu verlangende Zahlung und die mora solvendi, so folgt, daß Kläger zu beweisen, wie er diesem Requisit Genüge geleistet hat. Hierzu genügt jeder Beweis. Eines Protestes bedarf es nicht; Art. 44. (Vergl. Erk. des AG. zu Nürnberg vom 22. März 1855; Ztschr. für Ges. und Rechtspfl. in Bayern Bd. 3. S. 546) Eine Vermuthung, daß die Präsentation vor Anstellung der Klage geschehen (Pöschmann und Hauser im Archiv Bd. 2. S. 311; Bd. 6. S. 56 und 57) ist dagegen vom Gesetz mit Recht nicht aufgestellt. Sie folgt am Wenigsten aus dem Art. 48.

Ist nun gleich ohne Präsentation der Acceptant nicht in mora, so folgt aus diesem Satz doch keineswegs, daß ohne sie Actio nata nicht vorhanden wäre. Das AG. zu Kiel und das OG. zu Glückstadt haben den Kläger abgewiesen, weil die Präsentation nicht erfolgt ist (Archiv Bd. 1. S. 442 ff.). Anders das Ob.-Trib. in den oben bezogenen Entscheidungen; das OAG. zu Rostock (Archiv Bd. 3. S. 412; Gelpcke a. a. O.; Pöschmann und Hauser a. a. O.; Kittka (Archiv Bd. 4. S. 122; Erläuterungen S. 308); Aussez, Beilage zu Nr. 259. der Oesterr. Ger.-Ztg. pro 1852). Der Schuldner ist trotz der, der Klage nicht vorangegangenen Präsentation auf Verzugszinsen nicht vom Verfalltage des Wechsels, sondern vom Tage der Production des Wechsels zur Zahlung zu verurtheilen, nur daß der Kläger das Geld beim Acceptanten abholen muß. U. des Ob.-Trib. vom 29. Oktober 1861 in Sachen Schönichen wider Lecoq u. Comp. Entschd. Bd. 46. S. 260.

Die Präsentation hat nur den Zweck, die Bereitwilligkeit zur Gegenleistung zu documentiren. Actio nata ist schon am Verfalltage vorhanden. Der Wechsel-Inhaber kann die Realisation der Einlösung mit dem Verfalltage fordern. Ziehen wir die Resultate:

Ohne Präsentation keine Mora. Der Beweis der Präsentation liegt dem Kläger ob. Actio nata ist ohne Präsentation vorhanden.

Die Deposition.

Die dem Schuldner eingeräumte Befugniß zu deponiren, hat sich practisch nicht bewährt. Der Kaufmann zieht das Coursiren des Geldes dem Deponiren nicht ohne Grund vor. Prot. Sitz. 28. S. 189.

Auch die Fassung des Artikels hat zu Mißverständnissen Anlaß gegeben. Man hat aus den Worten:

„Wird die Zahlung zur Verfallzeit nicht gefordert",

die nicht begründete Folgerung gezogen (cfr. den Rechtsfall im Erk. des AG. zu Leipzig vom Dezember 1849; Arch. Bd. 1. S. 56 und 61), daß der Acceptant nie in mora kommt, sobald der Inhaber den Wechsel just am Verfalltage zu präsentiren versäumt hat. (Vergl. Prot. Sitz. 33. S. 235 ad §. 41. der Leipziger Fassungscommission.)

Die Befugniß zur Deposition setzt voraus, daß der Wechsel fällig und bis zum Ablauf der Protestfrist dem Acceptanten zur Zahlung nicht präsentirt worden ist. Geschieht die Deposition früher, so ist sie keine rechtmäßige. (§. 213 und 228. I. 16. ALR. Vergl. Erk. des O. Oesterr. Ger.-Hofes vom 20. November 1851. Oesterr. Ger.-Ztg. pro 1856 Nr. 117; Arch. Bd. 6. S. 106.)

Einer Vorladung des Wechsel-Inhabers ad videndum deponi bedarf es nicht; nicht nur, weil der Inhaber in der Regel unbekannt, sondern zumeist, weil der Schuldner überhaupt nicht verpflichtet ist, dem Wechsel-Inhaber das Geld zu schicken.

Die für das Civilrecht streitigen Fragen:

Kann der Deponent das deponirte Geld zurückfordern? Haben seine Gläubiger das Recht, das Depositum zur Masse zu ziehen?

sind hier des Weiteren nicht zu erörtern. Es mag genügen, auf die eingehende Abhandlung von Bornemann, (Hiersemenzel Pr. Ger.-Ztg. 1. Jahrg. Nr. 37. 38. 39); auf Hoffmann (S. 374) und Liebe (S. 138) zu verweisen.

Der Deponent hat das Recht den Wechsel zurückzuerwerben. So lange ihm die Möglichkeit nicht gewährt worden, dieses Recht auszuüben, ist er zur Rückforderung des Geldes unbedenklich befugt. Er erklärt durch die Deposition nicht, daß er seinen Einreden, seinem Rechte entsage. Meldet sich daher der Inhaber nach Ablauf der Verjährungsfrist, so wird er diesem den Art. 77. mit Grund entgegensetzen und den gegen die Rückgabe des Geldes erhobenen Widerspruch des Gläubigers beseitigen.

Zieht er die deponirte Summe vor Ablauf der Verjährungsfrist zurück, so ist freilich die Sache so anzusehen, als ob er von seiner Depositions-Befugniß niemals Gebrauch gemacht hat. (l. 19. C. de usuris.)

VIII. Regreß Mangels Zahlung.

§. 109. Der Regreß.

Die Kehrseite des Indossaments, gleichsam seine praktische Folge, bildet der Regreß.

Der Trassant muß zahlen, weil der gezogene Wechsel durch den Protest Mangels Zahlung den Charakter des eignen vom Trassanten ausgestellten Wechsels annimmt. Der Trassant hat statt eines von ihm ausgestellten eigenen Wechsels als Datio in solutum den eigenen Wechsel des Acceptanten gegeben. Die Einlösung des Wechsels Seitens des Bezogenen oder Acceptanten hat daher die Folge, daß die Schuld des Trassanten aufhört. Die verweigerte Einlösung hat dagegen nicht die Wirkung, daß die Haftungspflicht des Trassanten nunmehr erst, wie bei der Eviction, geboren wird; sie ist vielmehr bereits im Augenblick der Begebung vorhanden und nur ihre Realisirung ist von dem Protest Mangels Zahlung als einer Condicio abhängig. Grund der Haft (Dies cedit) ist die Ausstellung des Wechsels; Grund der Zahlung (Dies venit) der Protest Mangels Zahlung (I. 16. §§. 242. 243 ALR.).

Gerade umgekehrt verhält es sich mit der Haft der Indossanten. Ihre Haft entsteht erst und nur, wenn der Bezogene nicht zahlt; sie kann folglich, da sie vorher und bis dahin noch gar nicht vorhanden war, durch die Zahlung des Bezogenen auch nicht erlöschen. Ihre Haft basirt nicht darauf, daß sie, wie der Aussteller, einen Wechsel ausgegeben, sondern darauf, daß ihr Name sich auf dem Wechsel befindet und daß die vis attractiva des Wechsels, durch den Protest Mangels Zahlung gleichsam entbunden, den Regreß erzeugt. Dem Präsentanten gegenüber stehen freilich im letzten praktischen Resultat Aussteller und Indossanten auf gleicher Linie.

Wer auf den Wechsel seinen Namen gesetzt, muß Wechsel und Namen einlösen und zurückerwerben. Er kann sich dem Präsentanten gegenüber der Einrede Tecum non contraxi nicht bedienen. Der Wechsel ist kein Contract. Der Wechsel in der Person des Wechselbesitzer kann sonach einen Einfluß nicht ausüben. Dem Repräsentanten, dem derzeitigen Vertreter des Wechsels, gegenüber sind daher sämmtliche Verpflichtete Schuldner des Wechsels, correi. Der freie oder springende Regreß (Regressus per saltum) ist folglich keine Eigenthümlichkeit des Wechselrechts, sondern eine nothwendige Consequenz, während der regelmäßige Regreß nur als eine nicht zu erklärende Besonderheit des Wechsels aufgefaßt werden könnte.

Wie die Regreßpflicht alle wechselrechtlich verpflichteten Nichtbesitzer des Wechsels trifft, so dürfen umgekehrt die Besitzer des Wechsels die Einlösung fordern. Es sind dies:

1) Der Präsentant, d. h. der letzte Inhaber des Wechsels. Die ganze Reihe der Indossanten bis auf ihn herab sind, weil Schuldner des Wechsels, seine Schuldner.

2) Der Indossant, welcher den Wechsel wieder erworben hat. Für ihn beruht die Einlösungspflicht, wie die des Acceptanten, auf einem Rückkaufsversprechen. Die Einlösung selbst ist nichts als der Rückerwerb des Wechsels. Der Protest vertritt die Stelle des Rückindossaments. Der Einlösende wird durch den Besitz des Wechsels und des Protestes wiederum legitimirter Indossatar, er tritt wiederum in seine frühere Stelle, an den alten Platz und Ort. Hieraus folgt, daß er gegen seine Nachmänner Regreß nicht nehmen kann. Sie existiren für ihn so wenig, daß er nicht nur berechtigt ist; das eigene Giro, sondern alle nachfolgenden Giro's zu streichen. So lange der Wechsel in seinen Händen sich befindet, ist den Nachmännern gegenüber Gläubiger und Schuldner in einer Person vereinigt. Sein Indossament ist folglich so werthlos, daß es für ihn rechtlich wegfällt. Wird durch seinen Besitz die Girreihe für ihn rechtlich gleichsam unterbrochen, so kann er nicht geltend machen, daß auch seine Nachmänner ihm als Correi des Wechsels haften müssen.

3) Jeder Dritte, der den Wechsel nach dem Protest erwirbt (Art. 16. Abs. 2.). Für ihn genügt aber nicht Protest und Wechsel; er muß sich

überdies durch Giro legitimiren, wie er sich denn überhaupt von demjenigen unterscheidet, welcher im Wege des Regresses Besitzer des Wechsels geworden ist. Diesem sind Einreden aus der Person seines Vormannes nicht entgegenzusetzen; Jener, der Indossatar nach Protest, ist so sehr identisch mit seinem Vormann, daß für ihn die Regel „Einreden aus der Person des Indossanten sind unzulässig" unmöglich ist. Der Regredient kann mithin nicht nur das dem Vormann Geleistete, sondern für sich selbst Provision, Zinsen rc. fordern. Der Indossatar nach Protest kann dagegen nur die Regreßsumme, wie sie sein Indossant hätte beanspruchen können, einklagen. (Art. 50. 51.)

Dem Indossatar nach Verfall steht derjenige gleich, welcher den Wechsel mit der Clausel „ohne Obligo" weiter begeben hat. Er ist aus dem Wechselverbande gänzlich ausgeschieden. Löst er den Wechsel ein, so ist diese Einlösung nicht die Folge einer Pflicht, sondern das Mittel eines neuen Erwerbes.

§. 110. Der Protest und seine Wirkungen.

Der Regreß setzt die Präsentation zur Verfallzeit voraus. Soll sie den Regreßpflichtigen gegenüber von rechtlichen Folgen sein, so muß sie auf legalem Wege durch einen öffentlichen Beamten geschehen. Durch ihn soll constatirt werden, daß der Wechsel-Inhaber ohne Erfolg präsentirt hat. Nur durch diesen Protest können die dem Wesen des Wechsels feindlichen und gefährlichen Weiterungen beseitigt werden, welche sonst hinsichtlich des Beweises über die geschehene Präsentation entstehen würden. Dies ist althergebrachtes Recht. Die älteste Protesturkunde datirt aus dem Jahre 1384 (Holtius, Abhandl. civilistischen und handelsrechtlichen Inhalts S. 29). Weil nun aber der Protest und nur der Protest die legale und erfolglose Präsentation fixiren kann und darf, so leuchtet ein, daß er nicht allein Beweismittel ist. Hieraus folgt der wichtige Satz: „Der Wechsel mit dem Protest bilden in ihrer Gesammtheit für den Regreß den Gesammtwechsel."

Der Protest des Wechsels bewirkt, daß alle Regreßpflichtigen als Aussteller eines eigenen oder als Acceptanten eines gezogenen Wechsels aufzufassen sind. Hieraus folgt:

1) Sie können allesammt und zugleich verklagt werden. Es liegt gegen Alle ein und derselbe Klagegrund vor: die Pflicht zum Rückkauf des Wechsels (Art. 49. 81. und §. 6. des Pr. Einführungs-Gesetzes vom 15. Februar 1850).

2) Sie zahlen in derselben Weise als der Acceptant zur Verfallzeit. Der Regredient muß sich mithin das Geld abholen. Actio nata begründet gegen den Acceptanten die Verfallzeit, gegen die Vormänner der Protest.

§. 111. Die Notification.

So einfach der Act der Protestirens, so schwierig ist es, das Verhältniß des Regredienten zu den Verpflichteten zu ordnen. Wo viele Verpflichtete neben und gegen einander stehen, tritt eine Collision der gegenseitigen Rechte und Verpflichtungen ein. Die Gesetzgebung kann dann eben nur ausgleichen, transigiren, vereinbaren; es ist für sie nicht möglich, die Verhältnisse rein und klar zu lösen und abzuschließen.

Wie es an einem befriedigenden Concurs- und Subhastations-Gesetz fehlt und vielleicht immer fehlen wird, so ist auch diejenige Formel noch nicht gefunden, welche die collidirenden Interessen der Regredienten und Verpflichteten zum definitiven Abschluß zu bringen vermag. Einleuchtend ist, daß der Regredient nur in seinem eigenen Interesse Pflichten zu erfüllen hat. Der Inhaber ist eben nur Vertreter des Wechsels und keines Anderen Vertreter. Legt man ihm die Pflicht auf, das Interesse seiner Vormänner wahrzunehmen, so verfällt man in einen doppelten Irrthum. Der Inhaber hat nur Rechte, keine Pflichten. Für ihn ist sofort mit und durch den Protest actio nata allen Regreßpflichtigen gegenüber gegeben; eine Actio, deren Leben und Existenz um deswillen an weitere Solennitäten und Notificationen nicht gebunden werden darf.

Ebenso einleuchtend ist aber auf der anderen Seite, daß die Vormänner das größte Interesse haben, vom Schicksale des Wechsels Kenntniß zu erhalten. Es ist unbillig, sie unverhofft mit dem Regreß zu überraschen. Müssen dem Regredienten seine Vormänner gerecht werden, so gilt das Gleiche ihnen gegenüber von ihren Vormännern. Es ist billig, daß ihnen die Rechtsverfolgung nicht unnöthig erschwert werde. Der Wechselinhaber kann ja etwa der Zinsen wegen ein Interesse daran haben, mit der Beitreibung zu zögern. Es ist nur gerecht, den Regreßpflichtigen die Mittel und Wege an die Hand zu geben, solchem Gebahren entgegenzutreten.

Die Wechsel-Ordnung fand zwei Systeme vor: das Verjährungs- und das Notificationssystem. Nach dem ersten verjährt der Regreß, wenn nicht innerhalb einer kurzen Frist gegen die Vormänner geklagt und der Protest notificirt wird. Die Frist für den Inhaber beginnt vom Tage des Protestes. Gegen den Indossanten läuft die Frist, wenn er, ehe Klage gegen ihn angestellt worden, gezahlt hat, vom Tage der Zahlung; in allen übrigen Fällen vom Tage der behändigten Ladung (Art. 164 bis 168. des Code de commerce.

Dieses System ist ungenügend. Liebe bemerkt mit Recht S. 153:

> „Es gefährdet einerseits den Inhaber, belästigt und beunruhigt die ganze Reihe der Wechselverpflichteten; da, um das Recht gegen Alle offen zu halten, sofort Schritte in Bezug auf Alle nöthig sind, und führt doch keine so schnelle Benachrichtigung der Interessenten herbei, als wünschenswerth ist. Die Frist ist für eine Verjährungsfrist zu kurz, für eine Frist zur Notification zu lang."

Nach dem Notificationssystem ist der Regreß durch die mit nächster Post zu bewirkende Notification, die demnächstige Vorlegung des Wechsels sowie des Protestes an den nächsten oder einen beliebigen Vormann gesichert. Der Regreß wird gegen alle Vormänner dadurch gewahrt, daß die Nichteinlösung des Wechsels Seitens des notificirten Vormannes durch Contre-Protest sofort festgestellt und dieser Protest binnen vierundzwanzig Stunden an denjenigen notificirt wird, den der Wechsel-Inhaber zu beanspruchen beabsichtigt. Gegen alle Aufgeforderte steht dem Wechsel-Inhader dann das Recht bis zur Verjährung zu. Ganz dasselbe Verfahren muß der einlösende Indossant gegen seinen Vormann beobachten. Cfr. ALR. II. 8. §§. 1047. ff. 1056. ff. 1121. ff. Dieses System belastet den Wechsel-Inhaber auf das Aeußerste. Es sind nicht nur so viele Proteste zu leviren als Vormänner existiren; es sind überdies eben so viele Bevollmächtigte zu bestellen, welche Wechsel und Protest vorlegen müssen. Jeder Mangel im Protest macht den Wechsel zu einem präjudicirten. Trotz dessen wird nicht einmal der Nutzen der Vormänner gefördert.

Nach mannigfachen Schwankungen (cfr. Prot. Sitz. 16. S. 89—92; Sitz. 17. S. 93 ff. und Sitz. 26. S. 171 ff.) wurde von der Conferenz das sog. gemischte Notifikationssystem adoptirt.

Hiernach ist die Notifikation an den unmittelbaren Vormann verordnet. Sie ist jedoch nicht Bedingung des Regresses. Die unterlassene Notifikation verpflichtet nur zum Schadensersatz und bedingt den Verlust der Zinsen und Kosten (Art. 45).

Das System leidet an Inconsequenzen mannigfacher Art.

Es wird das im Art. 18. anerkannte Princip, wonach der Wechselinhaber nur Rechte und keine Pflichten hat, aufgegeben. Es ist eine Inconsequenz, daß das Unterlassen einer wechselrechtlichen Handlung nur civilrechtliche Folgen haben soll. Ist die Notifikation dem wechselrechtlichen System angemessen, so muß die unterlassene Notifikation eine wechselrechtliche Folge haben. Fehlt diese, so fällt jeder Grund zum Schadensersatz.

Die von ihm handelnden Worte des Art. 45. alin. 3. sind denn in der That leere Worte geblieben. Die verheißene Entschädigungsklage läßt sich nie begründen und ist unseres Wissens noch nie versucht worden; cfr. Prot. Sitz. 26. S. 171 und Gelpcke, Beiträge zur Kenntniß des Handels- und Wechsel-Rechts S. 63 ff.

Artikel 41.

Zur Ausübung des bei nicht erlangter Zahlung statthaften Regresses gegen den Aussteller und die Indossanten ist erforderlich:

1) daß der Wechsel zur Zahlung präsentirt worden ist, und

2) daß sowohl diese Präsentation als die Nichterlangung der Zahlung durch einen rechtzeitig darüber aufgenommenen Protest dargethan wird.

Die Erhebung des Protestes ist am Zahlungstage zulässig; sie muß aber spätestens am zweiten Werktage nach dem Zahlungstage geschehen.

§. 112. Bedingungen des Regresses.

Die Voraussetzungen des Rückgriffs sind folgende:

1) Die Verfallzeit muß eingetreten sein. Protest Mangels Zahlung vor Verfall ist nicht geeignet, den Regreß zu begründen. Dies selbst dann nicht, wenn der Acceptant bereits vor Verfall des Wechsels in Concurs gesunken ist; Erk. des niederösterr. Ob.-Ger. vom 3. September 1856 (Oesterr. Ger.-Ztg. pro 1857 Nr. 5).

2) Die Präsentation zur Zahlung muß innerhalb der Protestzeit erfolgen. Plenarbeschl. des Ob. Oesterr. Ger. vom 17. Juni 1857;

Oesterr. Ger.-Ztg. pro 1857 Nr. 83; U. des Ob.-Trib. vom 19. Juli 1859 in Sachen Lietzmann wider Dammann; Strieth. Bd. 33. S. 348.

3) Der Protest Mangels Annahme ersetzt den Protest Mangels Zahlung nicht (U. des Ob.-Trib. vom 30 Juni 1857; Strieth. Bd. 25. S. 316). Es ist nicht Pflicht des Inhabers, die Annahme, sondern die Zahlung, den Rückkauf des Wechsels bei Verfall zu erwirken. Ist daher der Wechsel für eine spätere Zeit als den im Wechsel angegebenen Verfalltag acceptirt, so ist dennoch am Verfalltag Protest zu erheben.

4) Die Thatsache, daß der Beklagte dem Acceptanten die Einlösung des Wechsels verboten habe, kann von der Erhebung des Protestes nicht entbinden. Die Worte der Art. 41. und 42. sind präcise und lassen eine ausdehnende Interpretation nicht zu; Strieth. Bd. 36. S. 256.

5) Der Concurs des Acceptanten entbindet von der Pflicht zur Präsentation und zum Protest nicht. Auch gegen den Cridar muß Protest levirt werden. Strieth. Bd. 33. S. 348.

Requisite der legalen Präsentation.

Es sind diese:

1) Die Vorlegung des Original-Wechsels (Art. 21. Abs. I.; Art. 39). Die Wechselcopie ist, selbst wenn sie eine beglaubigte Abschrift des Wechsels enthielte, zum Protest nicht geeignet. Art. 39 und 72.; Erk. des H.-Ger. zu Wien vom 27. Dezember 1856; Oesterr. Ger.-Ztg. Nr. 5.

2) Die durch einen öffentlichen Beamten beurkundete Vorlegung des Wechsels und der nicht erfolgten Zahlung. Art. 18. 41. Nr. 1 und 2. cfr. Erk. des Ob. Ger. zu Hamburg vom 4. Oktober 1850; Archiv Bd. 1. S. 439.

Weil der Protest nur die Funktion hat, die legale Form der Präsentation zur Zahlung zu fixiren, so folgt:

a. Die Protestaufnahme kann mit Erfolg in derselben Zeit geschehen, in welcher die Präsentation zulässig ist. Vergl. Erk. des OAG. zu Dresden vom 29. November 1855; Tauchnitz Zeitschr. N. Folge Bd. 15. S. 160.

b. Die Rechtzeitigkeit des Protestes schließt die der Präsentation in sich. Der Präsentation durch Notar braucht somit eine durch den Inhaber selbst bewirkte Präsentation nicht vorauszugehen.

c. Nur derjenige kann mit rechtlicher Wirkung Protest erheben lassen, dem der Wechsel-Schuldner mit Erfolg hätte zahlen können. Der Beamte, welcher den Protest aufnimmt, vertritt nur den Präsentanten. Ist dieser nicht legitimirt, so geschieht die Protestaufnahme auf illegalem Wege. Die Präsentation ist daher als nicht geschehen zu betrachten. In dem uns aus dem Jahre 1384 erhaltenen Protest ist denn auch der Wechsel-Inhaber selbst derjenige, welcher präsentirt und protestirt; der Notar führt nur das Protokoll. Die Art. 17. 18. 29. 88. Nr. 2. 99. enthalten die Anwendungen von jener im Wesen der Präsentation wurzelnden Regel.

Das Ob.-Trib. nimmt im Erkenntniß vom 5. Oktober 1858 (Strieth. Bd. 31. S. 25) für eigene domicilirte Wechsel das Gegentheil an, weil der Art. 99. nur in objectiver Beziehung den Protest erfordere. Auch der auf Veranlassung eines den domicilirten Wechsel zur Verfallzeit besitzenden Nichteigenthümers bei dem Domiciliaten Mangels Zahlung erhobene

Protest soll zur Erhaltung des Wechselanspruchs des Eigenthümers gegen den Aussteller genügen. Der Arretist bemerkt jedoch mit Recht: die Richtigkeit des vorstehenden Grundsatzes dürfte nicht anzuerkennen sein.

§. 112a. Der Protest. Protesttage. Protestat. Präjudiz.

Der Protest gehört zur Substanzirung des Regresses, mag die Regreßklage im Wege des gewöhnlichen oder des Wechsel-Prozesses erhoben werden. (Erk. des OAG. zu Lübeck vom 16. Oktober 1852; Jurispr. S. 407. 410 und 411.) Der Richter muß daher ebenso die Legalität des Protestes, wie die des Wechsels von Amtswegen prüfen (Erk. des Ob.-Trib. vom 21. Februar 1857 in Sachen Poppy wider Janitzkowski).

Für den Regreß bildet Wechsel und Protest eine untheilbare Einheit. Es folgt, daß er nicht nur ein Beweismittel, sondern gleichsam den zweiten Theil des Formal-Aktes darstellt und somit selbst ein Formal-Akt ist. Als solcher ergänzt, verändert und reorganisirt er den Wechsel wesentlich. Wächter (im Archiv Bd. 7. S. 255) macht dieser Auffassung den Vorwurf, daß der Begriff des Formal-Akts als eines von seiner materiellen causa getrennten Rechtsgeschäfts, auf den Protest nicht passe; es sei kein Akt, den eine Partei vornehme; es sei ein Akt, der an materielle Voraussetzungen gebunden sei. Dieser Vorwurf ist nicht zutreffend. Richtig ist, daß der Protest nicht von einer Partei vorgenommen werden kann, daß der nicht rechtzeitig erfolgte Protest nutzlos ist, daß er endlich kein Rechtsgeschäft ist, welches um seiner selbst willen vorgenommen wird. Alle diese Erscheinungen vermögen jedoch den Begriff des Formal-Akts nicht zu verändern. Im Gegentheil: der Umstand, daß der Akt nur während einer ganz bestimmten Zeit und durch ganz bestimmte Personen, nur zu einem ganz singulären Zweck vorgenommen wird, drängt den Charakter des Formalaktes scharf in den Vordergrund. Entscheidend bleibt immer, daß nur der Protest die Rechte des Wechsels aufrecht erhält und modificirt und daß er als eine nachträgliche Ergänzung der Wechselform ein Formalakt ist, welcher ohne materielle causa debendi die Regreßpflicht bedingt. Mit vollem Rechte bemerkt daher das Ob.-Trib. Archiv Bd. 12. S. 37:

> „Der Protest stellt sich danach, ebenso wie der Wechsel selbst, als ein strenger Formalakt dar. Die durch den Notar bewirkte Ausfertigung ist bestimmt mit dem Wechsel den Rücklauf zu nehmen. Sie soll allein und durch sich selbst den in Anspruch genommenen Wechselbetheiligten die Ueberzeugung gewähren, daß die den Regreß bedingenden Vorschriften befolgt sind; sie allein ist daher auch entscheidend. Einen Beweis daneben oder dagegen zuzulassen, würde die Protest-Ausfertigung zu einem gewöhnlichen prozessualischen Beweismittel herabsetzen. Dies würde seiner Natur, als einem Formalakt, widersprechen und für den Wechselverkehr unauflösliche Schwierigkeiten herbeiführen." (Vergl. Archiv Bd. 2. S. 179; Bd. 3. S. 119, 193 und 351; Bd. 4. S. 180; Bd. 5. S. 92 ff.; Strieth. Bd. 7. S. 308; Bd. 9.

S. 333; Bd. 12. S. 35 und 323; Bd. 31. S. 101; Erk. vom 2. Mai 1854; Entschd. Bd. 27. S. 244.)

Protesttage.

Der Wechsel ist zu präsentiren und zu protestiren frühestens am Verfalltag; spätestens an den beiden darauf folgenden Werktagen. Es ändert hierin Nichts, daß der Bezogene den Wechsel zur Zahlung für eine andere Zeit angenommen hat. Entsch. Bd. 26. S. 378 cfr. Prot. Sitz. 30. S. 211 und Sitz. 33. S. 236 ad §. 42 des Entwurfs der Fassungs-Kommission.

Ueber die Berechnung der Protesttage haben sich verschiedene Ansichten gebildet. Man hat behauptet, daß der zweite Werktag der erste nach dem Verfalltage sei und daß der Verfalltag als erster Werktag zu betrachten sei. Ein am Mittwoch fälliger Wechsel soll also spätestens am Donnerstag zu protestiren sein (Oesterr. Ger.-Ztg. Beilage zu Nr. 90 pro 1851). Dieser Ansicht stehen die Protokolle S. 73—80, 211—288, sowie der Art. 41. „am zweiten Tage nach dem Verfalltage" entgegen. Weil eben zwei Werktage nach dem Zahlungstage gestattet werden sollten, deshalb wurde die Fassung des Abs. 2. des Preuß. Entw. §. 40. aufgegeben, welcher die Protesterhebung nur am Verfalltage und dem nächsten Werktage gestattete.

Eine zweite früher von Brauer (ADWO. S. 91 und in der Oesterr. Ger.-Ztg. pro 1852 Nr. 72) vertretene Ansicht interpretirt das Gesetz dahin, daß zwar Protesttage nach dem Verfalltage gestattet sind, daß jedoch nur der letzte Protesttag ein Werktag sein müsse. Ist also der Wechsel am Sonnabend fällig, so muß spätestens am Montag Protest levirt werden. Derselben Ansicht ist auch Brinkmann (Archiv Bd. 3. S. 187 ff.). Der Letztere stützt seine Ansicht auf den letzten Satz des Art. 92., wonach jede wechselrechtliche Handlung, deren späteste Vornahme auf einen Sonn- oder Festtag fällt, am nächsten Werktage vorgenommen werden muß. Er übersieht jedoch, daß der späteste Termin nach Art. 41. eben nicht ein Sonn- oder Feiertag, sondern ein Werktag ist. Vergl. Lutteroth Archiv Bd. 2. S. 414; Haimerl Bd. 3. S. 84; Mothes ibid. S. 86; Borchardt ibid. S. 182; Brauer ibid. S. 166 und Aussetz Oesterr. Ger.-Ztg. pro 1852 Nr. 56.

Die Ansicht, daß die beiden Protesttage Werktage sein müssen, unterliegt in der That keinem gegründeten Bedenken. Die Einräumung von 2 Protesttagen ist ausschließlich auf Veranlassung der Hamburger Abgeordneten bewilligt worden. Die Art und Weise, wie die dortige Girobank die Wechsel-Zahlung vermittelt, macht mindestens zwei Protesttage erforderlich. (Prot. Sitz. 15. Liebe S. 140.) Der Redaction wurde daher überlassen, bestimmt auszudrücken, daß die zwei Protesttage zu Gunsten des Präsentanten sein sollen (Sitz. 30. S. 211 ff.). Endlich ist in der Sitz. 33. (S. 236) bei Berathung des §. 41. des Entw. der Fassungs-Commission (jetzt Art. 41.) vorgeschlagen worden, die betreffende Bestimmung dahin zu fassen, „die Erhaltung des Protestes ist am Zahlungstage und den beiden darauf folgenden Werktagen gestattet." Diesem Antrage wurde nur um deswillen nicht stattgegeben, weil man die

Fassung für genügend erachtete. Die Praxis stimmt hiermit überein (cfr. Erk. des Ob.-Trib. vom 8. Juli 1852 nnd 2. Mai 1854 in Sachen Franz wider Jacobi und Tripel wider Simon; Erk. des Ob.-Trib. zu Stuttgart vom 20. September 1853 (Seuffert Arch. Bd. 7. S. 109) und Gutachten des OG. zu Wolffenbüttel vom 28. Novembe 1853. (Ztschr. für Rechtspflege in Braunschweig S. 75); Bekanntmachng des OAG. zn Dresden vom 22. Dezember 1842 (Ges.-Verordn. Blatt des Königr. Sachsen pro 1853 S. 71., Arch. Bd. 7. S. 204 ff.); Vergl. auch Gelpcke (Ztschr. für Handelsrecht Heft 3. S. 68) und namentlich Hoffmann (S. 385 ff.).

Der Protestat.

Zweck des Protestes ist die sofortige Regreßpflicht der Aussteller und Indossanten. Es bedarf daher des Protestes nicht gegen den Acceptanten (Art. 44.), oder gegen Denjenigen, welcher seine Mitunterschrift unter das Accept gesetzt hat — cfr. Erk. des HGer. zu Hamburg vom 21. November 1855 (Jurispr. S. 428 und Arch. Bd. 6. S. 250). Es bedarf eben so wenig des Protestes, wo von einer künftigen Regreßpflicht die Rede nicht sein kann.

Dies ist der Fall:

1) Wenn der Vordermann seinem Hintermann vor der Zeit der Protesterhebung unter Zurücknahme des Wechsels Zahlung geleistet hat. Erk. des Ob.-Trib. zu Stuttgart vom 14. April 1855 (Seuff. Archiv Bd. 9. S. 276).

2) Wenn dem Wechsel ein wesentliches Erforderniß fehlt. Ein solches Scriptum ist in der That kein Wechsel (Art. 7.) und kann somit keine Regreßpflicht erzeugen. (Urtheil des Ob.-Trib. vom 10. Mai 1855; Strieth. Bd. 17. S. 188).

§. 113. Präjudiz. Vis major.

Die Folge der Nichtbeachtung der im Art. 41. vorgeschriebenen Solennität ist der Eintritt des Präjudizes. Fraglich ist nun:

1) Erwirbt derjenige, welcher ein präjudizirten Wechsel einlöst, ein Recht gegen seine Vormänner oder den Präsentanten? Die Frage ist zu verneinen. Wer von dem Inhaber einen präjudizirten Wechsel einlöst, kann weder von seinen Vormännern noch von dem Zahlungsempfänger die Wechselsumme erstattet verlangen. Eine Schädenklage läßt sich nicht begründen. Der Schaden des Zahlenden ist Folge seiner freien Selbstbestimmung. Da der letzte Inhaber gegen Niemand zur Diligenz verpflichtet war; da er nicht Mandatar seiner Vormänner ist, sondern im eigenen Interesse Protest levirt, so steht die Negligenz dieses Inhabers mit der Zahlung des Indossanten in keinem Nexus. Auch die Condictio indebiti ist nicht begründet, zumal keineswegs zu behaupten ist, daß dem Inhaber ein Indebitum gezahlt ist. Ob der Wechsel präjudizirt ist, weil der Protest nicht rechtzeitig oder nicht rite erhoben, ändert in der Sache Nichts (Vergl. Strieth. Bd. 16. S. 93; 31. S. 341; Entschd. Bd. 40. S. 264).

Fraglich ist sodann: Welchen Einfluß hat die vis major auf die Präjudiz? Ist sie geeignet das Präjudiz abzuwenden? (Vergl. Treitschke S. 622; Pöhls WR. S. 416; Kropp Gutachten über den Frankfurter Entw. S. 140; Wagner Handbuch des WR. III. S. 433; Einert Entw. des WR. für Sachsen §. 60. und Thöl Entw. für Mecklenburg Art. 53.

Die Protokolle ergeben Folgendes. In der Sitz. 29. S. 202 wurde von einem Abgeordneten beantragt, vis major zu berücksichtigen. Nachdem die Frage, ob überhaupt eine Bestimmung über diesen Punkt aufzunehmen, bejahend beantwortet worden, gab die Conferenz dem Antrage statt. In der 34. Sitz. S. 243 kam die Frage nochmals zur Berathung, weil die Fassungs-Commission erklärte, sie sei außer Stande, die betreffende Bestimmung genau zu präcisiren. „Der bloße Casus lasse sich nicht davon ausschließen und dadurch werde die Vorschrift nicht nur zu weit ausgedehnt und somit bedenklich, sondern sie gehe noch weiter, als man beim Beschlusse gewollt habe. Denn man habe bei vis major nicht Zufälle, welche einen Einzelnen oder Wenige beträfen, sondern allgemeine Unglücksfälle und Begebenheiten, welche z. B. die Verbindungsmittel hemmen und einen Stillstand der Rechtspflege bewirken, vor Augen gehabt. Besser sei daher unter solchen Umständen der Jurisprudenz die Beurtheilung zu überlassen oder von der Landesgesetzgebung in jedem eintretenden Falle die Regelung zu erwarten."

Bei der nochmaligen Abstimmung sind die Fragen:

> Ist eine Bestimmung zu treffen, wonach vis major entschuldigt?
> Ist eine Bestimmung zu treffen, wonach vis major nicht entschuldigt?

abgelehnt worden.

Die Frage ist also eine offene geblieben. Mittermaier hält dafür, daß die höhere Gewalt zu berücksichtigen sei; (Archiv Bd. I. S. 147 ff.) während Einert (ibid S. 280 ff.); Brauer (ibid S. 272 ihren Einfluß bestreiten.

Man wird zwischen dem Casus und allgemeinen, den Verkehr hemmenden Calamitäten unterscheiden müssen. Der Casus ist ohne Einfluß und er muß ohne Einfluß sein. Der Inhaber ist nicht Mandatar der Vormänner. Er hat gegen sie keine Pflicht zu üben. Lediglich in seinem Interesse protestirt er. Wird er durch einen Casus, z. B. durch den auf dem Wege erfolgten Tod des Notars verhindert, sein Recht auszuüben, so trifft ihn die Rechtsregel casum sentit dominus in ihrem vollen Umfang.

Allgemeine Calamitäten dagegen sind einem Casus vergleichbar, durch welchen ein Jeder getroffen wird. Hier verschwindet der Einzelne vollständig und somit die Anwendung jener Rechtsregel. Wenn nach Art. 86. über die Nothwendigkeit des Protestes der Protestort entscheidet, so kann die dort suspendirte Nothwendigkeit von nachtheiligen Folgen für den Inhaber nicht sein. (Vergl. Bluntschli WR. S. 183; Liebe Erl. S. 230; sowie Erk. des OAG. in Dresden vom September 1849; Wochenbl. für merkw. Rechtsfälle in Sachsen pro 1849 S. 473 und 484, und des AG. zu Zwickau vom 16. August 1854 ibid pro 1854 S. 511; Gilbert: code de commerce Art. 162. Nr. 30 ff.)

Artikel 42.

Die Aufforderung, keinen Protest erheben zu lassen („ohne Protest,“ „ohne Kosten“ ꝛc.) gilt als Erlaß des Protestes, nicht aber als Erlaß der Pflicht zur rechtzeitigen Präsentation. Der Wechselverpflichtete, von welchem jene Aufforderung ausgeht, muß die Beweislast übernehmen, wenn er die rechtzeitig geschehene Präsentation in Abrede stellt.

Gegen die Pflicht zum Ersatze der Protestkosten schützt jene Aufforderung nicht.

§. 114. Erlaß des Protestes.

Prinzipiell ist der Erlaß des Protestes eben so wirkungslos, wie der Erlaß der Wechselform von Seiten des Ausstellers. Im §. 40. Abs. 3. des Pr. Entw. hat man denn auch, abweichend von dem §. 41. des Entw. vom Jahre 1846, die Clausel als nicht geschrieben erachtet. (Vergl. Prot. zum Pr. Entw. (1845) S. 78, 112, 113; Commissionsbericht S. 88 bis 92; Verhandlungen der Commission des Staatsraths S. 14 und die Leipziger Conferenz Prot. Sitz. 15. S. 81). Angebliche praktische Gründe haben veranlaßt, dieser Clausel rechtliche Wirkung beizulegen. Man betrachtete es als Beförderung des dolus, wenn derjenige, welcher den Protest erlassen, die Nichterhebung vorschützen dürfte. Aus diesem Grunde lehnte die Conferenz denn auch den event. Antrag ab, die Clausel nur dem Aussteller zu gestatten. Die Clausel ist somit von jedem Regreßpflichtigen und dem Acceptanten eines Domicil-Wechsels hinzuzufügen. (Vergl. Erk. des OLG. zu Wien vom 4. Mai 1858; Oesterr. Ger.-Ztg. von 1858 Nr. 68).

Erfordernisse der Clausel.

1) Der Erlaß des Protestes muß ausdrücklich geschehen. Das Indossament in blanco ermächtigt an und für sich zur Hinzufügung dieser Clausel nicht. Die Befugniß der Ausfüllung eines Blanco-Giros erstreckt sich nur auf diejenigen Momente, welche gesetzlich und nothwendig im Wesen des Indossaments liegen.

2) Der Erlaß muß bis zum Ablauf der Protestfrist geschehen. Ein nachträglicher Erlaß ist wirkungslos, weil nicht geeignet, den präjudizirten Wechsel zu restituiren (Strieth. Bd. 19. S. 105). Anders das niederösterr. OG. zu Wien vom 4. Februar 1857; Oesterr. Ger.-Ztg. pro 1857 Nr. 36. und das Erk. des OAG. zu Lübeck vom 28. Februar 1829; Jurispr. S. 22; nach welchem sogar nach eingetretenem Präjudiz mit rechtlichem Erfolge auf die Folgen des Präjudizes verzichtet werden darf. Ist der Erlaß rechtzeitig wenn auch nur mündlich ertheilt, so sind die später hinzugefügten Worte „ohne Protest“ bindend. Der Verpflichtete, von welchem der Erlaß ausgegangen, würde in dolo versiren, wenn er den Inhaber verleitet, Protest nicht zu erheben und gleichwohl hinter dem Mangel des Protestes Schutz suchen wollte. (Archiv Bd. 19. S. 109).

Der Code de commerce kennt die Clausel sans frais nicht. Die französische Praxis legt ihr Gewicht bei, aber auch sie verlangt mindestens eine schriftliche Clausel; Gilbert ad Art. 162. Nr. 5 ff. 19. Das entspricht auch der Intention des Art. 42.

3) Es ist gleichgültig, ob der Vermerk auf oder außerhalb des Wechsels geschieht. (Bericht zum Pr. Entw. 1845 S. 92; Einert WR. rc. S. 257).

Wirkungen des Erlasses.

Die Clausel befreit den Wechselinhaber nur von der legalen Präsentation, nicht von der Präsentation überhaupt. Die wirkliche Präsentation zu erlassen, ist Niemand im Stande.

Da der Effect der Clausel nur aus dem dem Erlassenden sonst zur Last fallenden Dolus herzuleiten ist, so kann sie nur ihm gegenüber von Wirkung sein. Es folgt:

1) Auch die vom Aussteller herrührende Clausel schützt nur gegen seine, nicht gegen die ex Art. 41. entnommene Einrede der anderen Regreßverpflichteten.

2) Die von dem Acceptanten eines nicht domicilirten Wechsels hinzugefügte Clausel ist ohne Wirkung (Entschd. Bd. 41. S. 209; Strieth. Bd. 33. S. 348; Goldschmidt, Ztschr. Bd. 2. S. 130).

3) Gegen die Pflicht zum Ersatz der Protestkosten schützt der Erlaß nicht, zumal die Aufforderung nur eine Befugniß ertheilt, nicht eine Pflicht auferlegt.

4) Da die Clausel dem Inhaber den Beweis der legalen Präsentation unmöglich macht, so hat der Erlassende zu beweisen, daß die Präsentation nicht rechtzeitig bewirkt ist.

Artikel 43.

Domicilirte Wechsel sind dem Domiciliaten, oder wenn ein solcher nicht benannt ist, dem Bezogenen selbst an demjenigen Orte, wohin der Wechsel domicilirt ist, zur Zahlung zu präsentiren, und wenn die Zahlung unterbleibt, dort zu protestiren.

Wird die rechtzeitige Protesterhebung beim Domiciliaten verabsäumt, so geht dadurch der wechselmäßige Anspruch nicht nur gegen den Aussteller und die Indossanten, sondern auch gegen den Acceptanten verloren.

§. 115. Der Protest bei Domicilwechseln.

Wir verweisen im Wesentlichen auf unsere Bemerkungen zum Art. 24., denen wir Folgendes hinzufügen. Der Domiciliat ist gleichsam der Trassat des Acceptanten. Es folgt:

1) Der Protest muß selbst dann erhoben werden, wenn vor der Verfallzeit der Domiciliat oder der Acceptant in Concurs gerathen ist. cfr. Erk. des Spruch-Colleg. in Leipzig vom Dezember 1851 (Archiv Bd. 2. S. 334) und des oberst. Oesterr. Ger. vom 16 Mai 1854 (ibid. Bd. 5. S. 233). Der Acceptant kann den Protest erlassen. Er verliert durch den Verzicht die ihm aus diesem Artikel zustehende Einrede.

2) Der Erlaß des Protestes Seitens Eines der Vormänner, des Ausstellers oder des Domiciliaten ist dem Acceptanten gegenüber ohne Einfluß. (Vergl. Erk. des Hand.-Ger. in Wien vom Jahre 1854 a. a. O. Arch. Bd. 5. S. 82).

3) Nur die legale Präsentation, nicht die Präsentation überhaupt kann

von Seiten des Acceptanten erlassen werden (Seite 174). Das Urt. des Wiener OLG. (Oesterr. Ger.-Ztg. für 1858 Nr. 68.) nach welchem sogar die Präsentation von Seiten des Acceptanten erlassen werden kann, ist daher nicht zu billigen.

4) Durch den Eintritt des Präjudizes fällt nur die Wechselklage, nicht die Klage ex Art. 83. gegen den Acceptanten weg. (Prot. Sitz. 28. S. 195 a. E.)

5) Außer dem Proteste gegen den Domiciliaten bedarf es eines Protestes gegen den Acceptanten oder den Aussteller des trockenen Wechsels nicht. Cfr. Mot. zum Pr. Entw. ad §. 41. (Erk. des Ob.-Trib. vom 8. Septbr. 1853 in Sachen Dziembowsky wider Seldis und vom 18. October 1853 in Sachen Colin wider Beimert und vom 8. Mai 1858; Entschd. Bd. 38. S. 241; Strieth. Bd. 11. S. 4.)

Domicilwechsel ohne benannten Domiciliaten.

Es ist bereits Seite 122. 123 die Ansicht begründet worden, daß nur bei Domicilwechseln mit benannten Dimiciliaten der mangelnde Protest den Wechsel auch dem Acceptanten gegenüber zum präjudicirten macht. Mit dieser Auffassung stimmt zum großen Theil Doctrin und Praxis überein. Cfr. Einert (Arch. Bd. 2. S. 399); Berger (Bd. 4. S. 368); Wächter (Bd. 5. S. 368); (Bd. 6. S. 324); Erk. des Ob.-Trib. vom 8. Mai 1851 (Strieth Bd. 1. S. 388); Erk. des obersten Oesterr. Ger. (Arch. Bd. 5. S. 434; Bd. 6. S. 307); des Appell.-Ger.-Hofes zu Cöln (Bd. 6. S. 210). Koch im Arch. Bd. 7. S. 8 hält dagegen den Protest auch bei Domicilwechseln ohne benannten Domiciliaten dem Acceptanten gegenüber für nothwendig.

Gegen diese Ansicht spricht jedoch die Rechtsgeschichte und die Fassung der Art. 43 und 44.

Der §. 143. des Pr. Entw. (1845) hatte die Bestimmung getroffen, daß wenn der Inhaber eines Domicilwechsels sich zur Verfallzeit bei dem Domiciliat nicht meldet, der Bezogene nicht nöthig habe, die Mittel an diesem Orte länger in Bereitschaft zu halten, er könne auch dann an seinem Wohnorte zahlen.

Ueber den Werth und die Richtigkeit dieser Bestimmung herrschte unter den Experten Streit. Man wollte den Acceptanten bis zum Ablauf der Verjährung zur Zahlung am Domicilorte verpflichten (Berl. Prot. S. 69 ff.).

Der §. 159. hatte ganz allgemein angeordnet, daß es zur Erhaltung des Wechselrechts gegen den Acceptanten des Protestes nicht bedarf. Jene Bedenken führten nun zu weiteren Distinctionen und zu der Frage: ob man nicht zur Erhaltung des Wechselrechts gegen den Acceptanten bei Domicilwechseln die Präsentation und die Protesterhebung vorschreiben sollte? Es wurde hervorgehoben, daß diejenigen Gesetzentwürfe, welche den Protest verlangen, weder beachten noch voraussetzen, daß ein Domiciliat benannt sei. „Für diesen Fall", also wenn ein Domiciliat bezeichnet ist, welcher der gewöhnliche ist, würden wir unsererseits, heißt es dann, den Grundsatz der Entwürfe für Braunschweig und Sachsen annehmen. Der Bezogene hat hier bei der rechtzeitigen Präsentation und Protesterhebung dasselbe Interesse, wie der Aussteller des Wechsels. Geschähe dies, dann würde der §. 143. bei Domicil-Wechseln, auf welchen ein Domiciliat benannt ist, seine Bedeutung verlieren. Es könnte nur noch in Betracht kommen, wenn blos ein Domicil benannt ist und dies in dem Sinne aufgefaßt wird, daß in diesem Domicil die Zahlung nicht von einem Dritten, z. B. von dem Inhaber des Geschäftslokals geleistet werden soll, sondern daß dort der Bezogene selbst zahlen wolle. Wollte man aber für diesen höchst seltenen Fall etwas Besonderes bestimmen, so scheint uns die Vorschrift des §. 143. ganz der Sache angemessen (Comm.-Ber. S. 76, 77).

Es wird hier zum ersten Mal die Nothwendigkeit der Protesterhebung zur Erhaltung des Wechselrechts gegen den Acceptanten zur Sprache gebracht und dabei sofort der Unterschied zwischen einem benannten und nicht benannten Domiciliaten hervorgehoben. Diesem im Comm.-Ber. aufgestellten Monitum entsprechend, enthält nun der Entwurf von 1846 §. 42. unter Bezugnahme auf die §§. 141. und 159. eine im §. 41. des letzten der Leipziger Conf. zur Grundlage dienenden Entwurfes wiederholte Bestimmung. Hiernach wird Protest nur in dem Falle für nothwendig erachtet, wo ein besonderer Domiciliat benannt worden und nach den Motiven zum letzten Pr. Entw. (ad §. 41.) als Grund ausdrücklich hervorgehoben, daß der Acceptant zum benannten Domiciliaten in einem ähnlichen Verhältniß als der Aussteller zum Trassaten stehe. Die Leipziger Conferenz ist dieser Ausführung beigetreten. In der Sitzung 16. S. 86 ist daher ausdrücklich bemerkt, daß der Grund des Protestes dann wegfalle, wenn Domiciliat und Acceptant dieselbe Person seien, und die Berücksichtigung dieses Falles bei der Fassung der betreffenden Bestimmung angeordnet. Dies wurde auch bei der Berathung des trassirt eigenen Wechsels, welchen man mit dem domicilirt eigenen auf gleiche Linie stellen wollte, wiederholt und bemerkt, daß der Aussteller eines domicilirt eigenen Wechsels auf das Präjudiz sich nicht stützen könne (Sitz. 24. S. 158). Endlich hatte die Fassungs-Commission mit Rücksicht auf den gedachten in der 16. Sitzung gefaßten Beschluß im §. 44. (entspr. dem Art. 43. Abs. 2.) hinter dem Worte „Acceptanten" den Zusatz eingeschaltet: „gegen den Letzteren jedoch nur in dem Falle, wenn der am Zahlungsort aufzusuchende Zahler nicht der Acceptant selbst ist." Bei Berathung dieses Entwurfs der Redactions-Commission 33. S. 237 wurde die beantragte Wegstreichung dieses Zusatzes nur um deshalb angenommen, weil, wenn eine Adresse nicht beigefügt worden, mithin der Acceptant selbst Zahler ist, von einer Protesterhebung bei dem Domiciliaten nicht die Rede sein könne. Es ist also klar, daß, wo vom Domiciliaten die Rede ist, nur der dritte benannte Domiciliat gemeint ist.

Der Art. 6. Abs. 2. stellt den trassirt eigenen Wechsel in die Reihe der Tratten und nicht in die der Domicil-Wechsel. Acceptirt also der Aussteller, so bedarf es keines Protestes, um die Rechte gegen ihn zu wahren. Art. 43. 44.

Man hat nicht beabsichtigt, den Acceptanten bei domicilirten Wechseln ohne benannten Domiciliaten günstiger zu stellen, als den Acceptanten des trassirt eigenen Wechsels (Sitz. 14. S. 158). Es wäre also nicht gerechtfertigt, wollte man bei solchen Wechseln auch dann Protest verlangen, wenn der Acceptant nur verpflichtet ist, an einem dritten Ort Zahlung zu leisten. Wenn nun die Fassung der Artikel 43. und 44. zwischen dem Dritt-Domiciliaten und dem Bezogenen streng unterscheidet, so führt auch das von Koch hervorgehobene Beispiel nicht zu einer anderen Auffassung. (Vergl. Hoffmann S. 396 ff.)

Identität des Domiciliat und des letzten Inhabers.

Fraglich ist, ob es auch dann dem Acceptanten gegenüber des Protestes bedarf, wenn der letzte Inhaber des Wechsels zufällig zugleich der Domiciliat ist?

Die Praxis sieht zum Theil wenigstens vom Protest ab.

Das Präjudiz gegen den Acceptanten, wird ausgeführt, habe zur Voraussetzung, daß eine von der Person des Zahlungs-Empfängers verschiedene Person zum Zahler ernannt sei. Nur in diesem Falle werde durch Art. 43. Abs. 2. dem Acceptanten die doppelte Last abgenommen, an den verschiedenen Orten die Zahlung in Bereitschaft zu halten. Der Zweck des Protestes sei die Feststellung der durch den Dritten nicht erfolgten Zahlung. Dieser Zweck sei nicht zu erreichen, wo der Zahlungsberechtigte selbst als Domiciliat bezeichnet sei. Vergl. die Erk. der österr. Gerichte Arch. Bd. 3. S. 343; Bd. 5. S. 363; Bd. 6. S. 296 Nr. 1., S. 302 Nr. 10, S. 306 Nr. 13; das Erk. des AGH. zu Cöln (Bd. 6. S. 210); Urtel des Ob.-Trib. vom 17. September 1857 in Sachen Hanke wider Lesser.

Diese Gründe treffen schon um deswillen nicht zu, weil sie als rein zufällige bei der Schöpfung des Wechsels unmöglich maßgebend sein konnten.

Das Gesetz unterscheidet nicht zwischen dem Domiciliaten, der eine dritte Person, und dem Domiciliaten, der identisch mit dem Wechsel-Inhaber ist. Nur wenn der Bezogene der Domiciliat ist, bedarf es ihm gegenüber keines Protestes. Auch die Materialien kennen, wie gezeigt, den von der Praxis willkürlich gezogenen Unterschied nicht.

Wechsel und Protest bilden die Basis des Regresses. Wie ohne Wechsel Protest nicht denkbar, so ist ohne Protest der Regreß ausgeschlossen. Die Fälle, in denen es des Protestes nicht bedarf, sind speciell aufgeführt. Zu ihnen gehört jener Fall nicht. Eine innere zwingende Nothwendigkeit führt nicht zum Ausschluß des Protestes. Des Grundsatz: Unus homo plures personas sustinere potest. Una persona fungens vice duarum pro duabus habetur findet im Wechselrecht vielfache Anwendung.

Ist der Wechsel der eigentliche Gläubiger, so ist nicht abzusehen, warum nicht der augenblickliche Repräsentant des Wechsels auch dann Protest leviren dürfte, wenn der Zahlungsleister und der Repräsentant identisch sind.

Die entgegengesetzte Ansicht führt, wie jede willkürliche Abweichung vom strictum jus, zu nicht bezweckten Consequenzen, zu ganz unhaltbaren Distinctionen.

Es braucht nur der letzte Inhaber mit dem Domiciliaten unter einer Decke zu spielen, um jede Negligenz zu decken. Man setze, z., der letzte

Inhaber, versäumt Protest zu leviren und indossirt demnächst den Wechsel in blanco dem Domiciliaten.

Identität des Trassanten und Domiciliaten.

Fraglich ist sodann, ob die Identität des Ausstellers und des Domiciliaten dem Aussteller gegenüber von dem Protest entbindet. Das Ob.-Trib. hat dies in Sachen Heliasch wider Kroll durch Urtel vom 9. Mai 1857 (Strieth. Bd. 24. Seite 299; Entscheidungen Bd. 36. Seite 300; Archiv f. WR. Bd. 7. S. 179) angenommen. Die Gründe des Urtels sind nicht überzeugend. Der Zweck des Protestes, wird ausgeführt, sei die Sicherung des Regresses. Dieser Zweck sei ausgeschlossen, wenn der Domiciliat zugleich der Aussteller; dieser also selbst erklärt habe, daß der künftige Inhaber sich wegen der Zahlung zunächst an ihn wenden solle.

Es wird übersehen, daß der Regel nach nicht der Aussteller, sondern der Acceptant den Domiciliaten benennt. Der Aussteller haftet nur gegen Rückgabe des Wechsels und des Protestes. Es fehlt an einem Gesetz, welches den Acceptant berechtigt, durch einen simplen Vermerk die Lage des Ausstellers zu verschlimmern. Selbst wo der Vermerk vom Aussteller ausgegangen, wird er durch den Vermerk noch nicht, wie das Ober-Tribunal annimmt, zum Aussteller eines eigenen Wechsels, aus welchem der Aussteller nicht erst im Wege des Regresses, sondern zunächst und unmittelbar verpflichtet ist. Dadurch, daß er sich als Domiciliaten bezeichnet, giebt er nur den Ort an, wo, wenn Deckung erfolgt, gezahlt werden soll. Weiter geht seine Verpflichtung nicht. Er verzichtet nicht auf ein Recht, welches ihm die Form des Wechsels gewährt.

Die Consequenzen beweisen denn sofort, daß die Praxis nicht nur gegen das Gesetz, sondern auch gegen das Wesen des Wechselverkehrs verstößt. Man setze: der Aussteller ist Domiciliat. Er erhält vom Acceptanten Deckung. Der letzte Inhaber läßt bei dem Domiciliaten nicht Protest erheben. Der Domiciliat muß trotz dessen, weil er Aussteller ist, zahlen. Der Acceptant wird dagegen — dies giebt wenigstens das angezogene Urtel ausdrücklich zu —

> „vielmehr hat in solchem Falle das Unterbleiben der Protestaufnahme nur die Folge, daß der wechselmäßige Anspruch gegen den Acceptanten verloren geht"

von jeder Verbindlichkeit frei. Es folgt, daß der Aussteller ihm die Deckung zurückgewähren muß. Der Aussteller muß daher zahlen, nicht etwa weil er Aussteller ist, sondern weil er, als Domiciliat, ein dem Wechselverband ganz fremder Dritter, ein Extraneus in des Wortes vollster Bedeutung ist.

Das letzte in Sachen Schott wider Ludwig ergangene Urtheil des Ob.-Trib. d. d. 6. November 1860 (Entschd. Bd. 44 S. 215; Strieth. Bd. 39. S. 151) kann denn auch trotz allen Scharfsinnes diese Widersprüche nicht beseitigen, muß ihnen vielmehr Rechnung tragen.

Es wird dort unterschieden:

a. Der Aussteller ist zugleich Domiciliat. Er klagt gegen den Acceptanten. Es bedarf keines Protestes gegen den Domiciliaten (vergl. Strieth. Bd. 39. S. 19).

b. Der Aussteller ist zugleich Domiciliat. Nicht er, sondern ein Dritter klagt gegen den Acceptanten. Es bedarf des Protestes gegen den Domiciliaten, mag immerhin der Wechsel von dem bis dahin den Wechsel besitzenden Aussteller erst nach Verfall girirt sein. In dem zu diesem Urtheil gegebenen Nachwort hat jedoch Strohn (Strieth. Bd. 39. S. 159) treffend ausgeführt, daß alle diese Distinctionen dem Gesetz gegenüber ins Freie fallen müssen.

Die Nürnberger Conferenz faßt den Stand der Praxis S. 52 und 53 in den Sätzen zusammen:

1) Bei dem domicilirten gezogenen oder eigenen Wechsel bedarf es zur Erhaltung des Wechselanspruchs gegen den Acceptanten des gezogenen und den Aussteller des eigenen Wechsels nur dann des Protestes am Zahlort, wenn eine a. von dem Wechselgläubiger und b. von dem Acceptanten oder dem Aussteller des eigenen Wechsels verschiedene Person als Domiciliat benannt worden ist.

2) Ein bei dem Aussteller und Remittent selbst zu dem Ende domicilirter Wechsel, damit der Bezogene bei ihm die Zahlung leiste, bedarf zur Erhaltung des wechselmäßigen Anspruchs gegen den Acceptanten des Protestes bei dem Domiciliaten nicht.

Artikel 44.

Zur Erhaltung des Wechselrechts gegen den Acceptanten bedarf es mit Ausnahme des im Art. 43. erwähnten Falles weder der Präsentation am Zahlungstage, noch der Erhebung eines Protestes.

§. 116. Erläuterung des Gesetzes.

Der Acceptant verspricht die Zahlung unbedingt. Er hat Niemand, an den er sich regressiren kann. Es folgt:

1) Es bedarf ihm gegenüber des Protestes nicht (Strieth. Bd. 4. S. 374).

2) Der Acceptant des trassirt eigenen Wechsels ist in Nichts von dem Acceptanten jedes anderen gezogenen Wechsels unterschieden. Urtel des OAG. zu Dresden vom 3. Mai 1853. Sächs. Zeitschr. N. F. Bd. 3. S. 181.

3) Der Acceptant des domicilirten Wechsels ohne benannten Domiciliaten ist in Nichts von jedem anderen Acceptanten unterschieden. Er ist jedoch im Fall des Art. 40. berechtigt, die Summe am Zahlorte zu deponiren. Nur dort ist er zur Zahlung verpflichtet und berechtigt. (Hoffmann S. 400; Berger Arch Bd. 4. S. 361: Hauser ibid. Bd. 5. S. 50 ff.)

Artikel 45.

Der Inhaber eines Mangels Zahlung protestirten Wechsels ist verpflichtet, seinen unmittelbaren Vormann innerhalb zweier Tage nach dem Tage der Protesterhebung von der Nichtzahlung des Wechsels schriftlich zu benachrichtigen, zu welchem Ende es genügt, wenn das Benachrichtigungsschreiben innerhalb dieser Frist zur Post gegeben ist.

Jeder benachrichtigte Vormann muß binnen derselben, vom Tage des empfangenen Berichts zu berechnenden, Frist seinen nächsten Vormann in gleicher Weise benachrichtigen.

Der Inhaber oder Indossatar, welcher die Benachrichtigung unterläßt oder dieselbe nicht an den unmittelbaren Vormann ergehen läßt, wird hierdurch den sämmtlichen oder den übersprungenen Vormännern zum Ersatze des aus der unterlassenen Benachrichtigung entstandenen Schadens verpflichtet. Auch verliert derselbe gegen diese Personen den Anspruch auf Zinsen und Kosten, so daß er nur die Wechselsumme zu fordern berechtigt ist.

§. 117. Die Notification.

Neben der legalen Präsentation macht das Gesetz dem Wechsel-Inhaber die Notification zur Pflicht. Sie geschieht an den unmittelbaren Vormann, falls dieser Indossant gewesen ist (Art. 47.). Der Prokura-Indossatar bildet jedoch mit seinem Indossanten nur eine Person (Protok. Sitz. 26. S. 175). Die Notification Seitens des Procuristen geschieht daher sofort innerhalb der Frist des Art. 45. an den Vordermann seines Indossanten (Prot. Sitz. 27. S. 181).

Fraglich ist, ob der Acceptant, welcher den Wechsel girirt hat, dem Art. 45. unterliegt. Die Frage ist zu bejahen. Die Qualität des Acceptanten kann auf die des Giranten nicht reagiren. Der Art. 45. sagt kategorisch: Jeder benachrichtigte Vormann (U. des Ob.-Trib. in Sachen Ceres wieder Bank vom 19. Juli 1859).

Fraglich ist, ob der Vormann ohne Obligo oder ob sofort dessen Vormann zu notificiren ist. Das Gesetz legt Gewicht auf seinen unmittelbaren Vormann. Ein solcher ist der Indossant ohne Obligo. Das Gesetz geht jedoch davon aus, daß dieser Vormann an und für sich regreßpflichtig ist. Dies folgt aus der Ueberschrift des Titels „Regreß Mangels Zahlung" und aus den Schlußworten des Art. 45. „so daß er nur die Wechselsumme zu fordern berechtigt ist."

Der Indossant ohne Obligo ist somit nicht zu notificiren (Hoffmann S. 406; Brauer Archiv für DWR. Bd. 8. S. 8). Ob aber dieser unmittelbare Vormann zur Zeit des Giro wechselfähig gewesen, ob er zur Zeit des Regresses in Cride, ändert in der Notificationspflicht nichts.

Fraglich ist, ob der Inhaber eines Domicil-Wechsels mit benanntem Domiciliaten dem Acceptanten notificiren muß? Die Frage ist zu verneinen. Es ist anzuerkennen, daß der Acceptant ein Interesse hat, sofort zu wissen, ob der Domiciliat Zahlung geleistet hat (Art. 43). Aus diesem seinem Interesse ist aber mit Gelpcke Zeitschr. für HR. Hft. 1. S. 117 noch nicht die Notificationspflicht des Inhabers zu folgern. Die Bestimmung des Art. 45. ist lediglich positiven Rechts.

Es ist Pflicht des Inhabers seinem unmittelbaren Vormann zu notificiren. Der Acceptant ist für Niemand unmittelbarer Vormann. Er darf sich auf das Präjudiz des Art. 45. nicht berufen. Sein Interesse ist durch den Art. 40. genügend gewahrt.

Fraglich ist, ob der Remittent dem Aussteller notificiren muß? Wir würden die Frage verneinen.

Der **Aussteller** ist nicht der Vormann des Remittenten. Der Vormann des Art. 45. ist der Vormann im eigentlichen Sinn. Die Regeln über die Notificationspflicht sind als Ausnahmen aufzufassen und strict auszulegen (U. des Ob.-Trib. vom 5. April 1859; Strieth. Bd. 33. S. 114; Archiv Bd. 9. S. 95).

Die **Notificationsfrist** ist gleich der Protestfrist eine zweitägige. Sie beginnt jedoch nicht mit Ablauf der Protestfrist, sondern vom Tage des wirklich erhobenen Protestes. Auf die Notificationsfrist findet der Artikel 92. Anwendung. Es ergiebt sich dies aus allgemeinen Rechtsgrundsätzen.

Ist der Protest erlassen, so beginnt die Frist vom letzten Protesttag (Brauer im Arch. Bd. 8. S. 5).

Die Reihenfolge.

Die Notification ist an die Reihenfolge der Indossamente gebunden. Es ist jedoch hinreichend, wenn der Inhaber demjenigen in rechter Frist notificirt, von welchem er Rembours zu verlangen beabsichtigt, um hierdurch den vollen Regreß gegen diesen und dessen Vormänner sich zu sichern. Der Notificat kann daraus keinen Einwand entnehmen, daß seinen Nachmännern nicht notificirt worden ist. Die Notification an die Vormänner liegt ihm, nicht dem Inhaber ob (Prot. S. 176).

Dies ist denn auch durch die Worte des Art. 45. alin. 3. „den sämmtlichen oder den übersprungenen Vormännern" genügend ausgedrückt.

Zu leugnen ist nicht, daß das ganze Notificationssystem eigenthümliche Consequenzen herbeiführt. Wir machen auf zwei aufmerksam:

1) Die Vormänner des A. sind B. und C. A. notificirt dem B., B. notificirt dem C. nicht. A. nimmt Regreß gegen C., C. obgleich nicht notificirt, kann sich weder auf Art. 45. berufen, noch Ersatz der Zinsen und Kosten von dem säumigen B. begehren. C. hat nur dasjenige bezahlt, was er dem A. schuldet. Daß er dem B. Zinsen und Kosten nicht zu zahlen hätte, ist gleichgültig. B. hat nicht geklagt.

2) Die Vormänner des A. sind B., C., D., E., F. Der A. hat nicht notificirt; wohl aber ist D. durch F. rechtzeitig notificirt worden. Trotz dessen braucht der von A. belangte D. Zinsen und Kosten nicht zu erstatten.

Die unterlassene Notification.

Die Folge der nicht oder nicht gehörig bewirkten Notification ist theils civil-, theils wechselrechtlich.

Die wechselrechtliche Folge ist der Verlust der Zinsen und Kosten, und zwar nicht nur derjenigen Zinsen und Kosten, welche der Wechselinhaber zu fordern berechtigt ist (Art. 51.) sondern auch derjenigen, welche er seinem Nachmann hat erstatten müssen. Dies ergeben die Protokolle (Sitz. 26. S. 171, 172) und der Wortlaut des Gesetzes „so daß er **nur** die Wechselsumme zu fordern berechtigt ist" (Art. 45.). Da die Notification dem Notificaten die Möglichkeit giebt, den Zinsenlauf sofort zu hemmen (Art. 48.), so erscheint das Präjudiz durchaus gerechtfertigt.

Es folgt, daß mit der Präsentation des Wechsels und des Protestes wiederum der Zinsenlauf beginnen muß. Bei unterlassener Notification wird angenommen, der Regreßpflichtige wisse von dem Eintritt seiner Regreßpflicht Nichts. Er ist daher nicht in mora und somit zu Zinsen ex mora nicht verpflichtet. Durch die Präsentation resp. Klagebehändigung wird der Beweis des Gegentheils, die Kenntniß von dem Noth leidenden Wechsel dargethan und der Anfang der mora begründet (Strieth. Bd. 24. S. 288, 289; Archiv Bd. 8. S. 202).

Die civilrechtliche Folge ist der Anspruch auf Schadenersatz. Diese Folge tritt auch da ein, wo der Verlust der Zinsen nicht zu realisiren ist.

Da übrigens der nur im Civil-Prozeß zu verfolgende Anspruch auf Schadensersatz rein civiler Natur ist (U. des Ob.-Trib. in Sachen Korn wider Scholem vom 24. Oktober 1854), so kann auf diesen Anspruch kein Einwand gegen die Wechselforderung selbst gegründet werden (Rh. Archiv Bd. 44. I. S. 68).

Artikel 46.

Kommt es auf den Nachweis der dem Vormanne rechtzeitig gegebenen schriftlichen Benachrichtigung an, so genügt zu diesem Zwecke der durch ein Postattest geführte Beweis, daß ein Brief von dem Betheiligten an den Adressaten an dem angegebenen Tage abgesandt ist, sofern nicht dargethan wird, daß der angekommene Brief einen andern Inhalt gehabt hat.

Auch der Tag des Empfanges der erhaltenen schriftlichen Benachrichtigung kann durch ein Postattest nachgewiesen werden.

§. 118. Beweis der Notification.

Den Beweis der in Abrede gestellten Notification hat der Regredient zu führen. Zur Substanziirung der Klage bedarf es jedoch des Beweisantritts nicht. Ist der Beweis nicht im Wechselprozeß zu erbringen, so ist die Spesenforderung ad separatum zu verweisen. Prot. S. 172; Urtel des OAG. zu Dresden, Zeitschr. für sächs. Rechtspflege N. F. Bd. 11. S. 477. Der Beweis der Notification ist, dem Wesen des Wechselprozesses entsprechend, erleichtert worden. Es bedarf nicht des Nachweises, daß der Verklagte nun auch von seinem unmittelbaren Vormann notificirt werden. Die Notification wirkt eben für alle Vormänner des Benachrichtigten, so daß für sie der Brief als ein documentum commune gilt.

Zu bemerken ist noch, daß das Postattest durch den Poststempel ersetzt wird, welcher die Ankunft des Briefes am Orte des Adressaten documentirt.

Der Versendung des Wechselprotestes oder einer Abschrift bedarf es nicht. Prot. S. 144, 175, 176. Urtel des OAG. vom 13. Juni 1854; Strieth. Bd. 13. S. 164.

Artikel 47.

Hat ein Indossant den Wechsel ohne Hinzufügung einer Ortsbezeichnung weiter begeben, so ist der Vormann desselben von der unterbliebenen Zahlung zu benachrichtigen.

§. 119. Fortsetzung. Notification.

Der Art. 47. enthält die Anwendung des Grundsatzes: Ultra posse nemo obligatur. Wer ohne Ortsangabe indossirt, verzichtet auf Notification und trägt die Folgen der nicht bewirkten Notification. Es folgt:

1) Die Kenntniß des Inhabers von dem Domicil des Vormannes verpflichtet ihn nicht zur Notification.

2) Der Indossant des Art. 47. gilt als nicht vorhanden. Die Notification an dessen Vormann muß daher in der Frist des Art. 45. erfolgen.

3) Notificirt jedoch der Inhaber jenem Indossanten des Art. 47., so können dessen Vormänner das Präjudiz des Art. 45. nicht vorschützen (cfr. §. 8. des Frankf. Einf.-Ges. vom 27. März 1849; Prot. S. 176 ad §. b. und Arch. Bd. I. S. 416 ff.

4) Verzichtet der unmittelbare Vormann auf die Notification, so muß der Wechsel-Inhaber innerhalb der Frist des Art. 45. dem zweiten Vormann notificiren. Der Vormann ist für die Notification Mandatar seiner Vormänner. Verzichtet er von vorn herein auf die Notification, so liegt darin für seine Person ein wirklicher Verzicht, für die übrigen Vormänner ein Ablehnen des Mandats. Dies darf denen nicht zum Nachtheil gereichen, welche benachrichtigt werden müssen. Prot. S. 180, Vorschlag 2. ad §. b.

5) Ein Verzicht auf die Protesterhebung ist dagegen kein Verzicht auf die Notification.

Artikel 48.

Jeder Wechselschuldner hat das Recht, gegen Erstattung der Wechselsumme nebst Zinsen und Kosten die Auslieferung des quittirten Wechsels und des wegen Nichtzahlung erhobenen Protestes von dem Inhaber zu fordern.

§. 120. Rechte des Wechselschuldners.

Durch den Protest wird dargethan, daß der Wechsel-Inhaber von seinem jus retrovendendi Gebrauch machen will. Es muß den Verpflichteten folglich gestattet sein, durch Ausübung des Jus retroemendi ihrer Pflicht sofort nachzukommen. Im Interesse eines jeden Verpflichteten liegt es, durch seine Intervention die Retourspesen zu vermindern und den Zinsenlauf zu hemmen. Der Wechselverpflichtete wird durch das Anerbieten der Zahlung gleichsam der Intervenient zu seinen eigenen Gunsten. Es folgt:

1) Der Wechselinhaber darf Theilzahlungen zurückweisen. Art. 38.

2) Der Inhaber ist nicht gegen das Anerbieten der Compensation, sondern nur gegen Zahlung zur Herausgabe des Wechsels und Protestes verpflichtet.

3) Selbst der Acceptant kann gegen Erstattung der Wechselsumme, Protestkosten rc. die Herausgabe verlangen. Der Wortlaut des Art. 48. „jeder Wechselschuldner" umfaßt auch den Acceptanten; der Zweck des Gesetzes ist unbedenklich auch durch ihn zu erreichen. Wenn jedoch angenommen worden ist, daß die Klage des Wechselschuldners auf Auslieferung des Wechsels eine Wechselklage ist (Urtel des AG. zu Aschaffenburg vom 29. October

1855, Ztschr. f. G. und R. in Bayern Bd. 4. S. 439) so ist dem nicht beizutreten. Aus dem Wechsel, welchen der Kläger nicht einmal besitzt, ergiebt sich das Recht nicht, sondern aus selbstständigen Handlungen des Klägers.

4) Unter mehreren Regreßpflichtigen, welche sich zur Einlösung erbieten, gebührt demjenigen der Vorzug, durch dessen Zahlung die meisten Wechselverpflichteten befreit werden. Art. 64.

5) Fraglich erscheint, ob der Inhaber, welcher die Notification unterlassen, verpflichtet ist, den Wechsel gegen Zahlung der einfachen Wechselsumme herauszugeben, oder ob auch er Zinsen und Kosten beanspruchen darf. Wir erklären uns für die zweite Alternative. Der Art. 45. Abs. 3 spricht nur von dem Falle, wo der Regredient seine Forderung geltend macht. Wird ihm die Zahlung aufgedrungen, so braucht er sich einen Abzug nicht gefallen zu lassen.

6) Der Art. 48. unterscheidet nicht, ob notificirt worden oder nicht. Unter dem „Jeder Wechselschuldner" ist auch der nicht notificirte Wechselschuldner begriffen.

Verweigerte Annahme der Zahlung.

Ueber die Folgen der verweigerten Annahme waren die Ansichten in der Conferenz getheilt. Es wurde der Satz vorgeschlagen:

> Die Verweigerung der Annahme der angebotenen Zahlung befreit den Anbietenden, sowie seine Nachmänner von allen weiteren Ansprüchen, sofern über die Verweigerung Protest aufgenommen und die Wechselsumme gerichtlich niedergelegt wird (S. 179).

Der Vorschlag wurde abgelehnt; der Protest sei überflüssig; die Deposition nicht nothwendig, um die mora accipiendi zu constatiren.

Von einer anderen Seite wurde behauptet, daß eine Art Intervention vorliege und daß daher auf die Bestimmungen über Intervention hinzuweisen sei. Schließlich wurde geltend gemacht, daß der, welcher die Annahme der Zahlung weigre, zwar nicht des Regresses verlustig werden, wohl aber zum Ersatz der Schäden gehalten sein solle, welche er dem Anbietenden dadurch verursacht (S. 184). Man entschied sich endlich für die Hinweglassung jedes Präjudizes und nahm an, daß die Verpflichtung zum Schadensersatz sich von selbst verstehe (S. 184).

Setzen wir also: Von den Vormännern des Inhabers B. C. D. E. F. offerirt der B. die Zahlung, der Inhaber A. weigert die Annahme und nimmt Regreß gegen C., C. wird demnächst gegen B. klagbar, so wird A. dem B. für den ihm durch seine Weigerung verursachten Schaden aufkommen müssen. (Vergl. Brauer WR. Zus. 2. zum Art. 48.) Es folgt, daß der Inhaber unter mehreren gleichzeitig Zahlung anerbietenden Vormännern demjenigen den Vorzug geben muß, durch dessen Zahlung die meisten Verpflichteten befreit werden. (Vergl. Urtel des HG. zu Hamburg vom 4. Februar 1858; Schletter Jahrb. Bd. 5. S. 59). Nach der Ansicht von Koch (WR. S. 236) und Straß (WR. Anm. 1. ad Art. 48.) soll der Inhaber sogar den Regreß gegen den Anbietenden und dessen Nachmänner verlieren. Diese Ansicht findet jedoch im Gesetz keine Stütze.

Für die Anwendung des Präjudizes gilt der Satz nulla poena sine lege. Auch die Natur des Präjudizes tritt ihr entgegen. Ein Präjudiz wird nur verwirkt durch Unterlassen einer nach dem Gesetz oder dem Inhalt des Wechsels gegen einen Dritten zu bewirkenden Handlung.

Artikel 49.

Der Inhaber eines Mangels Zahlung protestirten Wechsels kann die Wechselklage gegen alle Wechselverpflichtete oder auch nur gegen Einige oder Einen derselben anstellen, ohne dadurch seinen Anspruch gegen die nicht in Anspruch genommenen Verpflichteten zu verlieren.

Derselbe ist an die Reihenfolge der Indossamente nicht gebunden.

§. 121. Rechte des Wechselklägers.

Der Protest Mangels Zahlung hebt sofort den Unterschied zwischen principaliter und eventualiter verhafteten Wechselschuldnern auf. Durch ihn wird jeder Verpflichtete zu einem sofort Haftenden. Die wechselmäßige Haft trifft sofort den Aussteller, Acceptanten, Indossanten rc. in gleicher Art. Mit diesem Princip mußten für das Wechselrecht die §§. 143 ff., 420 ff. I. 11; §. 283 ff. I. 14; 1210. II. 8. ALR. aufgegeben, vielmehr die nothwendigen Consequenzen gezogen werden (Gelpcke a. a. O. Hft. 1. S. 166 ff.). Es sind diese:

1) Dieselbe Klage kann cumulativ gegen die sämmtlichen Wechselverpflichteten mit Einschluß des Acceptanten gerichtet werden. Der Art. 49. sagt ausdrücklich „gegen alle Wechselverpflichteten." Daß zu ihnen der Acceptant gehört, leuchtet ein, wie es denn der Art. 81. anerkennt. Richtig ist freilich, daß der Art. 49. sich im Titel VIII. findet und daß dieser Titel die Ueberschrift trägt „Regreß Mangels Zahlung." Die Ueberschrift kann jedoch die ausdrückliche Vorschrift der ihr folgenden Gesetze nicht beseitigen, zumal alle Gründe — die schnelle Erledigung der Sache durch ein einziges Urtheil, die Vermeidung widersprechender Urtheile, die Billigkeit des Verfahrens, das Interesse der Berechtigten — der Annahme entgegenstehen, daß der Acceptant nicht zugleich mit den anderen Verpflichteten zu belangen ist. Dies spricht denn auch das Preußische Einf.-Gesetz vom 15. Februar 1850 §. 7. aus. cfr. Urtel des Ob.-Trib. vom 15. April 1851 (Entschd. Bd. 20. S. 544) und vom 8. April 1854 in Sachen Samosch wider Berkowitz.

2) Der Wechselinhaber ist nicht an die Reihenfolge der Indossamente gebunden. (Abs. 2.) Er hat den springenden Regreß, so daß durch die Klage gegen den Vormann dessen Nachmänner nicht frei werden (cfr. l. 3. §. 1. Dig. de duobus reis (45. 2.) und l. 28. cod. de fideijuss (VIII. 41. ALR. I. 5. §§. 433. 434.; Code civ. Art. 1204.). Richtig ist, daß der springende Regreß unter Umständen Incongruitäten mit sich führt. Man setze: der Inhaber A. klagt von den Verpflichteten B., C., D., E., F. nur gegen C. Abgewiesen stellt er die Klage gegen D. an und dringt durch. D. zahlt und nimmt nunmehr seinen Rückgriff gegen denselben C; C. darf sich der Regel nach auf das gegen A. erwirkte Urtel nicht berufen. Er kann in die Lage kommen, aus demselben Wechsel

wiederholt belangt zu werden. Die Conferenz hat diese Inconvenienzen nicht verkannt. Es wurde vorgeschlagen festzusetzen:

„Durch die Klage gegen den Aussteller oder dessen Bürgen werden alle Indossanten und deren Bürgen; durch die Klage gegen Indossanten werden alle nicht mitverklagten Nachmänner des Indossanten befreit.

Man erwog jedoch, daß der Verklagte doch immer nur einmal zu zahlen habe, und daß die Vortheile des springenden Regresses jenen Nachtheil bei Weitem überwiegen. Dem ist nur beizutreten. Es geschieht im Interesse der unmittelbaren Vormänner, wenn der Inhaber weiter zurückgeht, und einen allem Anschein nach zahlungsfähigen Mann belangt. Es erscheint unbillig, aus seinem Irrthum ein Präjudiz zum Besten der Nachmänner des Beklagten zu entnehmen (vergl. Prot. S. 176, 177, 178)

3) Der Inhaber hat, weil den springenden Regreß, so auch das Jus variandi. Er kann von der einmal getroffenen Wahl abgehen, ja er kann, nachdem er die Klage gegen A. zurückgenommen und einen anderen Wechselverpflichteten belangt hat, die Klage wiederum von Neuem gegen den A. richten. §. 50. des Entw. der Fassungs-Commission, Prot. S. 237.

4) Diese sämmtlichen Befugnisse — die Cumulation der Klage, der springende Regreß, das Jus variandi, der §. 6. des Pr. Einf.-Ges. vom 15. Februar 1850 — stehen dem Kläger nicht nur für den Wechselprozeß, sondern auch für den ordinairen Prozeß zu. Das Gegentheil, nirgend verordnet, ist durch innere Gründe nicht zu rechtfertigen; cfr. Erk. des Ob.-Trib. vom 11. März 1852 (Strieth. Bd. 5. S. 70) und des OAG. zu Lübeck vom 16. Oktober 1852 (Hamb. Rechtsf. Bd. 2. S. 674).

An der Fassung des Art. 49. ist zu bemängeln, daß nicht „der Inhaber eines Mangels Zahlung protestirten Wechsels" das Klagerecht gegen sämmtliche Wechselschuldner hat, sondern der Inhaber des Mangels Zahlung protestirten Wechsels und des Protestes.

Artikel 50.

Die Regreßansprüche des Inhabers, welcher den Wechsel Mangels Zahlung hat protestiren lassen, beschränken sich auf:

1) die nicht bezahlte Wechselsumme nebst 6 Procent jährlicher Zinsen vom Verfalltage ab,
2) die Protestkosten und anderen Auslagen,
3) eine Provision von ⅓ Prozent.

Die vorstehenden Beträge müssen, wenn der Regreßpflichtige an einem anderen Orte, als dem Zahlungsorte, wohnt, zu demjenigen Course gezahlt werden, welchen ein vom Zahlungorte auf den Wohnort des Regreßpflichtigen gezogener Wechsel auf Sicht hat.

Besteht am Zahlung orte kein Cours auf jenen Wohnort, so wird der Cours nach demjenigen Platze genommen, welcher dem Wohnorte des Regreßpflichtigen am nächsten liegt.

Der Cours ist auf Verlangen der Regreßpflichtigen durch einen unter öffentlicher Autorität ausgestellten Courszettel oder durch das Attest eines vereideten Mäklers, oder in Ermangelung derselben durch ein Attest zweier Kaufleute zu bescheinigen.

§. 122. Die Regreßsumme.

Die Art. 50. bis 53. bestimmen das Quantum der Regreßansprüche. Für das Prinzip der Berechnung ist die rechtliche Auffassung des Wechsels und des Regresses maßgebend.

Wer in dem Wechsel einen Vertrag sieht, muß als Regreßsumme den Schaden und den entgangenen Gewinn dem Inhaber zusprechen, welchen dieser dadurch erleidet, daß ihm certo loco et tempore nicht geleistet worden l. 2. §. 8. dig. quod certo loco 13. 4. Der Inhaber, welcher den Wechsel zu einem sehr hohen Course erworben, würde also berechtigt sein, nicht die wirkliche Wechselsumme, sondern den Preis zu liquidiren, für welchen er den Wechsel angekauft hat.

Wer als Grund des Regresses die Eviction bezeichnet und die Aussteller und Indossanten des nicht honorirten Wechsels als die Schöpfer eines werthlosen Papieres erachtet, muß zu einem ähnlichen Resultat gelangen, ja sogar die actio redhibitoria gestatten, die Klage auf Wiedererstattung des Geleisteten nebst Zinsen vom Tage der Leistung. Dieses Prinzip liegt in der That dem Holsteinischen Entw. §. 59.; der Hamb. WO. §. 40.; der Pr. Cab.-Ordre vom 16. Mai 1816; (Ges.-Samml. 153) und dem Pr. Entw. von 1845 §. 188. und 189. zu Grunde.

Die Leipz. Wechsel-Conferenz hat jedoch diese Auffassung mit Recht verworfen (Sitz. 18. S. 108 ff.). Der Wechsel ist kein Contrakt, sondern der eigentliche Gläubiger. Nur sein Inhalt und Wille ist maßgebend. Ein Zurückgehen auf die dem Wechsel voranliegenden Verhältnisse; die Geltendmachung eines substanziirten Schadenanspruchs; würde daher eine Verbindlichkeit verfolgen, von der im Wechsel nichts enthalten ist. Der Regreß begreift, streng genommen, nur die Zahlung der Wechselsumme und den Ersatz der Kosten in sich, welche aufzuwenden waren, um diese Zahlung zu bewirken. Nur von diesem Prinzip ist auszugehen. Diesen Anforderungen genügen die Art. 50. 51. Sie setzen den Inhaber in den Stand, denjenigen Betrag zurück zu erhalten, welchen der rechtlich aufwenden muß, um sich den Betrag des nicht honorirten Wechsels am Zahlort sofort zu verschaffen. Jeder Wechselnehmer darf auf den Eingang des Geldes am Zahlorte und am Verfalltage rechnen. Ist diese Rechnung eine irrige, so sind ihm nur die Mittel zu gewähren, welche ihm möglich machen, sich anderweitig die Wechselsumme zu verschaffen.

Es folgt, daß ihm etwa nach Analogie des §. 834. I. 11. ALR. ein weiterer im gewöhnlichen Civilprozeß zu verfolgender Anspruch selbst dann nicht zusteht, wenn der Verklagte dolo malo Zahlung am Verfalltage verweigert hat. Prot. Sitz. 18. S. 111.

Die Regreßsumme beschränkt sich somit:

1) auf die Wechselsumme nebst 6 Prozent Verzugszinsen vom Verfalltage an gerechnet. In dieser Beziehung ist der §. 49. des Pr. Entw. beibehalten worden, obwohl Verfalltag und Protesttag nach der DWO. nicht mehr zusammenfallen. Die Zinsen datiren daher nicht vom Protesttage, sondern vom Verfalltage. Dies ist billig, da schon am Verfalltage Zahlung begehrt werden konnte.

Der Regreßanspruch beschränkt sich:

2) auf die Protestkosten und

3) andere Auslagen, insofern ohne sie der Regreß nicht zu nehmen war. Dahin gehören: Porto, Stempel, Courtage, Auslagen für das Mäkleratteſt oder den Courszettel (Prot. Sitz. 16. S. 93).

Dies ist gerechtfertigt. Jene Auslagen gehören recht eigentlich in die Regreßsumme. Der Pr. Entw., welcher in §. 49. sub 2. nur „die Protestkosten" zubilligte, ist daher mit Recht geändert worden. Fraglich ist:

„Gehören die von dem Regredienten in einem früheren Prozesse verlegten Prozeßkosten zu den Auslagen?"

Der Regredient hat z. B. in einem Prozeß gegen einen anderen Regreßpflichtigen obtinirt. Dieser ist excussus. Oder der Regredient ist von seinem Nachmann belangt worden. Er ist zur Zahlung und zu den Prozeßkosten verurtheilt. Er verlangt diese Prozeßkosten nunmehr regrediendo als Auslagen ersetzt. Das Ob.-Trib. hält nach einer Verfügung vom 21. Februar 1857 in Sachen Haveland wider Hochmuth Prozeßkoßen für keine wechselrechtliche Forderung. Der gegen den ursprünglichen Verklagten gerichtete Antrag auf wechselmäßige Execution wegen der gerichtlichen und außergerichtlichen Kosten ist zurückgewiesen, weil dieses Executions-Mittel nur auf das sich erstrecke, was sein ausschließliches Fundament in dem Wechsel selbst als solchem und dem durch denselben begründeten Verhältnisse habe. Das Kammer-Ger. ist laut Erk. vom 12. Juli 1851 anderer Meinung (Arch. Bd. 6. S. 315). (Vergl. Erk vom 7. Januar 1858 Strieth. Bd. 27. S. 246, 250 und Arch. Bd. 7. S. 203 ff. 226).

Wir halten die Ansicht des Ob.-Trib. für die richtige. Der vom Kammer-Ger. angerufene Art. 81 hat nicht zur Aufgabe, die Frage zu lösen. Die Worte des Art. 81:

„Alles, was der Wechsel-Inhaber wegen Nichterfüllung der Wechselverbindlichkeit zu fordern hat,"

drücken sicher nicht aus, daß zu diesem Allem auch verlegte Prozeßkosten gehören. Auf der andern Seite leuchtet ein, daß die Zahlungsunfähigkeit des früheren Verklagten, der unglückliche Ausfall eines früheren Prozesses mit dem Wechselregreß in keinem Causalnexus steht. Die Materialien ergeben denn auch in keiner Weise, daß zu den „anderen Auslagen" Prozeßkosten gerechnet werden sollen. Unter Umständen wird eine civilrechtliche Verpflichtung anzuerkennen sein. Hier handelt es sich jedoch nur von der wechselrechtlichen. Daß sie die Prozeßkosten nicht begreift, beweist der Art. 51. Nr. 2.: „die ihm entstandenen Kosten" können die Prozeßkosten unmöglich bezeichnen.

Richtig ist, daß der unterliegende Verklagte zu den Prozeßkosten zu verurtheilen ist. Diese sind jedoch nicht ein Accessorium der Wechselverpflichtung, sondern sie werden aus allgemeinen prozessualischen Regeln hergeleitet. Omnis litigator victus debet impensas l. 5. c. De fruct. Sie sind durch wechselmäßige Execution so wenig einzuziehen, als die in terminis executivis verlegten Kosten. (Hoffmann S. 421).

Die Regreßsumme begreift endlich:

4) Eine Provisionsforderung von ⅓ Prozent in sich.

Die sub. 2. 3 und 4. genannten Beträge tragen keine Zinsen. Es versteht sich jedoch von selbst, daß die Behändigung der Klage eben so wie bei jeder an und für sich nicht Zins tragenden Obligation die Zinsforderung erzeugt (Koch S. 251 Hoffmann S. 421).

Der Acceptant.

Fraglich ist, ob und in wie weit diese den Regredienten zugebilligten Ansprüche gegen den Acceptanten geltend zu machen sind?

Die Verbal-Interpretation des Art. 50. könnte zur Verneinung dieser Frage führen. Man hat sie bejaht und mit Recht bejaht. (Erk. des AG. zu Leipzig vom Dezember 1849 (Arch. Bd. I. S. 56) und Erk. des Ob.-Trib. vom 13. November 1856 (Strieth. Bd. 22. S. 314). Die Bejahung folgt nicht nur aus den klaren Worten des Prot. vom 7. Nov. 1847 (S. 93), sondern auch aus der Natur der Sache. Der Eintritt des Regresses stellt jeden Wechselverpflichteten auf gleiche Stufe und macht ihn regreßpflichtig (cfr. Erk. des AG. zu Cöln (Arch. Bd. 6. S. 205). Steht aber der Acceptant nach dieser Richtung hin in der Reihe der Regreßpflichtigen, so ist bei der Zulässigkeit des springenden Regresses nicht abzusehen, warum der Präsentant nicht ganz in derselben Weise gegen ihn soll Regreß nehmen dürfen, als gegen die anderen Regreßpflichtigen.

Die Annahme des Gegentheils widerstreitet der Tendenz des Wechselrechts, wonach Alles auf dem kürzesten und billigsten Wege zu dem letzten Ergebniß — dem Rückkauf des Wechsels — durch den Acceptanten geführt werden soll.

Vorausgesetzt ist freilich, daß der Fall des Regresses wirklich vorliegt. Wo kein Regreß vorhanden ist, z. B. bei dem nicht protestirten Wechsel; bei dem in den Händen des Ausstellers verbliebenen Wechsel an eigene Ordre, sind nicht zu berechnen: Protestkosten, cfr. Erk. des OAG. zu Dresden vom August 1856 (Ztschr. f. Rechtspflege in Sachsen Bd. 16. S. 116) und Erk. des Kammerger. vom 25. September 1852; (Archiv Bd. 6. S. 315); Sechs Prozent Verzugszinsen — (Erk. des Appel.-Ger. zu Dresden vom Jahre 1856 im Sächs. Wochenbl. f. merkw. Rechtsfälle vom Jahre 1857 S. 77); Provision (Erk. des Ob.-Trib. vom 8. September 1853 Bd. 11. S. 4 und des Ob.-Trib. zu Stuttgart vom 28. Dezember 1853 und 17. Jan. 1854; Seuff. Arch. Bd. 7. S. 269); (Liebe Erl. S. 216). Muß dagegen der Acceptant jene Beträge erstatten, so muß dies auch sein Bürge thun. Erk. des Ob.-Trib. im Strieth. Bd. 22. S. 314.

Der Cours.

Die Zahlung muß an einem bestimmten Orte geschehen. Wohnt der Regreßpflichtige nicht an dem Zahlorte, so kömmt der Werth der Summe des Zahl- und Wohnorts in Anschlag. Die Differenz des Werthes der Wechselsumme, welche zwischen dem Zahlort und dem Wohnorte des Regreßpflichtigen besteht, macht den Cours aus. Die größere oder geringere Nachfrage nach der im Wechsel verschriebenen Geldsorte; der größere oder geringere Werth der an beiden Plätzen coursirenden Münze, die Höhe des Diskonto u. s. w. können den Werth der Wechselsumme an dem Zahlorte höher oder niedriger, theurer oder billiger stellen, als am Wohnorte des Regreßpflichtigen. Der Wechselinhaber ist berechtigt, das Geld am Verfalltage und Zahlorte zu erheben. Die Wechselsumme ist daher nach demjenigen Courspreis zu fixiren, welchen sie am Zahlorte hat. Der Cours am Wohnorte des Regreßpflichtigen ist dagegen nicht maßgebend. Zu der ursprünglichen Wechselsumme treten die Beträge 1—3 des Art. 50. Sie bilden mit jener die Regreßwechselsumme. Diese ganze Summe muß mithin nach jenem Courswerthe berechnet werden. Hierbei ist der Cours eines auf Sicht vom Zahlungsort auf den Regreßort gezogenen Wechsels Art. 53. bestimmend. Anders der §. 51. des Pr. Entw. Er wollte, daß zu demjenigen Course gezahlt werde, welchen ein vom Wohnorte des Regreßnehmers auf den Wohnort des Regreßpflichtigen gezogener Wechsel auf Sicht hat.

Die Regeßsumme ist im Verhältniß zu den verschiedenen Regreßpflichtigen eine wandelbare. Es frägt sich daher: welche Regreßsumme ist maßgebend, wenn gegen alle Regreßpflichtige gemeinschaftlich geklagt wird? Diese Frage ist denn auch in der Berl. Conferenz (Berl. Prot. S. 121) gestellt worden. Man hat vorgeschlagen, dem Regredienten die Wahl unter den verschiedenen Regreßorten zu gestatten. Im späteren Bericht S. 100 ist man davon abgegangen. Mit Recht. Die Klage-Cumulation kann auf das materielle Recht, auf die Höhe des gegen jeden Einzelnen begründeten Anspruchs nicht einwirken. Es ist daher unzulässig, die Regreßsumme allen gegenüber nach dem Wohnort eines einzelnen Regreßpflichtigen zu fixiren.

Der für den Cours maßgebende Tag.

Der §. 1057. II. 8. ALR. verordnete:

> Die verschriebene Summe muß nach dem Course am Zahlungstage des protestirten Wechsels berechnet werden.

Die Kab.-Ordre vom 16. Mai 1816 (Ges.-Samml. S. 153) gestattete den Sichtcours am nächsten Wechseltage nach der Rückkehr des protestirten Wechsels zu verlangen.

Welcher Tag für den Cours maßgebend ist, bestimmt die ADWO. nicht. Nach der Analogie des Art. 37. (cfr. Erk. des Nieder-Oesterr. Ob.-Ger. vom Jahre 1855 Arch. Bd. 6. S. 297) ist der Cours des Verfalltages entscheidend. (Vergl. Thoel § 218. sub I.; Renaud WR. S. 177). Anders Koch zum Art. 50. Nach ihm entscheidet bei dem Retourwechsel der Cours des Ausstellungstages; bei der Retourrechnung der Cours des Tages, an welchem sie aufgemacht worden ist.

Der Ort.

Als der Wohnort des Regreßpflichtigen ist nicht der wirkliche Wohnort zu erachten, sondern der sich aus dem Wechsel ergebende resp. der im Indossament bezeichnete Begebungsort (cfr. Thoel §. 240). Art. 4. Nr. 8. Wo ein Begebungsort nicht vermerkt ist, entscheidet der wirkliche Wohnort zur Zeit des Regresses. Nach Thoel's Ansicht (Anm. 14.) soll in diesem Falle der Ort der Tratten-Ausstellung die Norm geben. Die Wechselordnung giebt hierfür keinen Anhalt. Man muß daher auf das Civilrecht zurückgehen.

Ist weder Zahl- noch Wohnort ein Wechselplatz, so werden die beiden diesen Plätzen am nächsten liegenden Wechselplätze die Norm geben müssen. Vergl. Art. 37.

Feststellung des Course s.

Die Feststellung des Courses erfolgt, abweichend vom Preuß. Entw. §. 51., durch den amtlichen Courszettel, oder durch das Attest eines vereideten Mäklers. Nur in Ermangelung dieser Beweismittel ist der Cours durch das Attest zweier Kaufleute zu fixiren. Da die Bescheinigung des Courses nur auf Verlangen des Regreßpflichtigen zu geschehen braucht, so folgt, daß sie nicht zur Substanziirung des Anspruchs erforderlich ist.

Artikel 51.

Der Indossant, welcher den Wechsel eingelöst oder als Rimesse erhalten hat, ist von einem früheren Indossanten oder von dem Aussteller zu fordern berechtigt:

1. die von ihm gezahlte oder durch Rimesse berichtigte Summe nebst 6 Prozent jährlicher Zinsen vom Tage der Zahlung,
2. die ihm entstandenen Kosten,
3. eine Provision von ⅓ Prozent.

Die vorstehenden Beträge müssen, wenn der Regreßpflichtige an einem anderen Orte, als der Regreßnehmer wohnt, zu demjenigen Course gezahlt werden, welchen ein vom Wohnort des Regreßnehmers auf den Wohnort des Regreßpflichtigen gezogener Wechsel auf Sicht hat.

Besteht im Wohnorte des Regreßnehmers kein Cours auf den Wohnort des Regreßpflichtigen, so wird der Cours nach demjenigen Platze genommen, welcher dem Wohnorte des Regreßpflichtigen am nächsten liegt.

Wegen der Bescheinigung des Courses kommt die Bestimmung des Art. 50. zur Anwendung.

§. 123. Die Regreßsumme. Der remboursirende Indossant.

Das Prinzip, welches die Höhe der Regreßsumme im Art. 50. bestimmt, führt für den remboursirenden Indossanten zu folgenden Consequenzen.

1) Die von ihm nach Art. 50. gezahlte Regreßwechselsumme ist maßgebend.

2) Er kann von dieser Summe 6 Prozent Zinsen vom Tage der Zahlung begehren. Hierzu treten die Provision und die ihm entstandenen Kosten. Zu diesen gehören die Kosten der nach dem Zahlungsorte gesandten Deckung (cfr. Prot. a. a. O. S. 110 u. 111). Die Provision wird von diesem ganzen Betrage berechnet. Biener, Wechselrechtliche Abhandlungen, Abh. I. §. 20. hält das Prinzip der doppelten Retourrechnung für ein verfehltes. Der Aussteller habe auf einen bestimmten Ort gezogen; es gehe ihn nichts an, wenn es den Inhabern beliebe, den Wechsel nach anderen Punkten zu dirigiren; er stehe nur ein, wie er gezogen, „von dem Zahlplatz auf sich selbst zurück.“ Es wird jedoch hierbei übersehen, daß der Wechsel circulationsfähig, also an Ordre gestellt ist.

3) Der Cours richtet sich nicht nach dem Zahlungsorte, sondern nach

dem Cours eines Sichtwechsels, gezogen vom Wohnort des Regreßnehmers auf den Wohnort des Regreßpflichtigen. Mit Recht. Der Indossant hat durch Begebung des Wechsels auf die Einlösung am Zahlungsorte verzichtet. Er ist in dolo, wenn er an diesem Ort Zahlung begehrt. Der Cours am Zahlort ist somit gleichgültig. Die Indossanten müssen vielmehr den etwanigen Schaden tragen, wenn der Cours zwischen den verschiedenen Wohnorten höher ist als zwischen dem Zahlort. Der Indossant, bemerkt Liebe Erl. S. 169, der selbst entschädigen mußte und nun seinen Regreß weiter nimmt, hat bei dem Course vom Zahlorte auf den Ort, wohin er regredirt, kein Interesse mehr; ihm kommt es nicht darauf an, das Geld am Zahlorte, sondern an seinem Wohnorte zu haben. Er muß also den Sichtcours von seinem Wohnorte nach seinem Vormanne berechnen. Es leuchtet ein, daß er durch die weitere Begebung das Recht, am Zahlorte die Wechselsumme zu bekommen, für sich aufgegeben und auf einen Andern übertragen hat. Für dieses Recht wird er daher nicht zu entschädigen sein. Es kommt vielmehr der für die ganze Frage entscheidende Satz in Betracht, daß ihm neben diesem Rechte auch noch das Recht der Begebung eingeräumt ist und daß ihm der Erfolg des Gebrauchs dieses Rechts gewährt werden muß. Entstehen also durch das Nothleiden des Wechsels Schäden, so fallen dieselben nur auf den Trassanten: denn ungeachtet der Indossant seinen Nachleuten gleich dem Trassanten haftet und also zunächst diese Schäden auch ersetzen muß, so hatte doch der Trassant die nöthigen Anstalten, daß die Einlösung erfolgt, zu treffen, und der Indossant kann ihm mit Fug und Recht entgegen halten, daß er durch die Nichteinlösung zwar nicht direct, wie der **letzte** Inhaber, aber insofern beschädigt sei, als ihm der Gebrauch seines Rechts zu indossiren bei der nicht erfolgten Einlösung die Bezahlung einer Entschädigungssumme aufgelegt habe.

Als Courstag ist hier der Tag der von ihm selbst bewirkten Remboursleistung entscheidend. Das Datum des etwa gezogenen Sichtwechsels kommt nicht in Betracht; denn es hängt von der Willkür des Regredienten ab, ob er sofort oder nach Ablauf mehrerer Tage ziehen will. Unter dieser Willkür und den etwanigen Coursschwankungen darf der Regreßpflichtige nicht leiden.

Artikel 52.

Durch die Bestimmungen der Art. 50. und 51. Nr. 1. und 3. wird bei einem Regresse auf einen ausländischen Ort die Berechnung höherer, dort zulässiger Sätze nicht ausgeschlossen.

§. 124. Regreß auf das Ausland.

Das Gesetz schützt den Inländer bei einem Regresse auf das Ausland gegen den Einwand, daß nach inländischen Gesetzen die Retourrechnung zu hoch sei (Ztschr. für Ges. und Rechtspfl. in Bayern Bd. 4. S. 440). Das Gesetz schützt aber auch den ausländischen Regredienten gegen die Berufung des Inländers auf die Art. 50. 51. cfr. Brauer, W.-R. S. 103. In beiden Fällen rechtfertigen Entfernung, Gefahr und Zeitverlust einen Zuschlag zu der ursprünglichen Wechselsumme (Prot. S. 93).

Artikel 53.

Der Regreßnehmer kann über den Betrag seiner Forderung einen Rückwechsel auf den Regreßpflichtigen ziehen.

Der Forderung treten in diesem Falle noch die Mäklergebühren für Negozirung des Rückwechsels, sowie die etwaigen Stempelgebühren hinzu.

Der Rückwechsel muß auf Sicht zahlbar und unmittelbar (a drittura) gestellt werden.

§. 125. Der Rückwechsel.

Die Grundlage für die Regreßsumme bei verschiedenem Zahlungs- und Wohnort bildet die Sichttratte, gezogen von dem Wohnort des Regredienten auf den Wohnort des Regreßpflichtigen. Diese Rücktratte, Retour-Wechsel, Her-Wechsel, Gegen-Wechsel, Wider-Wechsel, Ricambio, Ritratte genannt, muß

1) auf Sicht lauten. Dato-Wechsel sind nicht zulässig (Prot. S. 111). Lehnt daher der Bezogene die Zahlung eines Dato-Wechsels ab, so braucht er die hieraus entstandenen Kosten nicht zu tragen. Sie muß

2) a drittura, unmittelbar, d. h. direct von dem Wohnort des Regredienten auf den Wohnort des Regreßpflichtigen gezogen werden. Der Retour-Wechsel darf demnach nicht domicilirt sein. Deshalb passirt nur der Cours-Wechsel a drittura, wenngleich der Rückwechsel über andere Orte negociirt worden ist.

Der Wechsel wird gezogen auf Sicht, um Berechnungen, z. B. die des Disconto; — a drittura — um Kosten zu vermeiden. Durch den Rückwechsel vermehrt sich die Regreßsumme um die Kosten der Negociation des Rückwechsels und des Stempels.

Nach Verfall und Protest nimmt der rückläufige Wechsel den Verpflichteten gegenüber die Natur eines Sichtwechsels an. An die Stelle dieses tritt der Rückwechsel als Surrogat. Es folgt, daß Vor- und Rückwechsel denselben Character haben müssen. Hieraus ergiebt sich:

1) Der Acceptation des Rückwechsels bedarf es nicht. Der Regreßpflichtige ist schon durch den Eintritt des Regresses dem Acceptanten des Vorwechsels gleichgestellt. Der Rückwechsel, um den es sich handelt, ist nichts als der Vorwechsel mit vergrößerter Regreßsumme.

2) Es muß dem Retourwechsel der Vorwechsel und der Protest beigefügt werden.

Ist der Rückwechsel rechtlich identisch mit dem Vorwechsel, so handelt es sich eben um die Einlösung dieses Vorwechsels (Art. 54. Prot. S. 112. 238). Der Bezogene des Rückwechsels ist daher nur gegen Aushändigung des Vorwechsels und des Protestes zur Einlösung verpflichtet.

Artikel 54.

Der Regreßpflichtige ist nur gegen Auslieferung des Wechsels, des Protestes und einer quittirten Retourrechnung Zahlung zu leisten verbunden.

§. 126. Die Retourrechnung. Die Auslieferung des Wechsels.

An und für sich wird der Regredient durch den Besitz des Protestes und des rückläufigen Wechsels zur Klage legitimirt. Der Regreßpflichtige kann somit nur die Auslieferung dieser Stücke verlangen, während sich der Regredient von der Pflicht zur Aushändigung des Protestes auch nicht durch den Beweis liberiren kann, daß dem Verpflichteten, z. B. dem Trassanten aus der Nichtbehändigung des Protestes kein Nachtheil erwächst. Urtheil des OAG. zu Lübeck vom 16. October 1852 (Lübecker W.-Jurispr. S. 407). Von der Beibringung einer Quittung des befriedigten Nachmannes kann somit der Regel nach nicht die Rede sein (Strieth. Bd. 10. 335).

Anders verhält es sich dagegen, wenn der Regredient mehr fordert, als aus dem Wechsel selbst hervorgeht und als das Gesetz ohne weiteren Nachweis zubilligt. Es bedarf dann der Aufstellung einer Retourrechnung, von deren Quittirung der Regreßpflichtige schon nach den allgemeinen Regeln des Civilrechts Zahlung abhängig machen darf. Werden die Sätze dieser Rechnung bemängelt, so hat der Regredient ihre Richtigkeit darzuthun und die Beläge zu produciren.

Der Preuß. Entw. §. 53. unterschied sich von dem Art. 54. durch den Zusatz so wie der Beläge über die außer der Wechselsumme in der Retourrechnung aufgeführten Posten.

Man lehnte jedoch diesen Zusatz ab (Prot. S. 112, 113), und zwar um so mehr, als für manche Posten quittirte Beläge gar nicht ausgestellt zu werden pflegten. Es könne abgewartet werden, ob der Regreßpflichtige gegen einzelne Posten Einwendungen machen werde.

Die Auslieferung des Wechsels.

Das Recht des Regreßpflichtigen auf Rückerwerb des Wechsels bedingt das Recht, daß ihm der Wechsel in derjenigen Gestalt gewährt werde, in welcher er sich zur Zeit der von ihm bewirkten Begebung befunden hat. Ist das Indossament seiner Vormänner, die Unterschrift des Ausstellers gestrichen; ist ein Contentum des Wechsels ausgemerzt, so ist hierdurch ihm gegenüber jedem Regreßrecht entsagt.

Wird also der in Cride gerathene Acceptant zum Accord verstattet und demnächst dem liquidirenden Inhaber der Wechsel mit durchstrichenem Accept zurückgegeben, so ist dieser seines Regresses verlustig. Er kann eben den acceptirten Wechsel nicht ausliefern, seiner Pflicht nicht genügen (Art. 54).

Das Ob.-Trib. hat dagegen in einem Erkenntnisse vom 19. Oktober 1858 (Strieth. Bd. 30. S. 315 ff.) den Satz aufgestellt:

„Eine ohne Zuthun des Wechsel-Inhabers erfolgte Streichung des Accepts bleibt auf das Regreßrecht desselben gegen die Vordermänner ohne allen Einfluß."

Die Gründe des Urtels sind nicht überzeugend. Es wird ausgeführt, daß ja der Inhaber eines Wechsels die Acceptation nicht nachzusuchen braucht. Dieser Grund beweist zu viel. Qui nimis probat, nil probat. Daß das Accept den Trassaten verpflichtet; daß ein acceptirter Wechsel den Acceptanten in den Kreis der Wechselverpflichteten aufnimmt, daß ein acceptirter Wechsel in der Regel besser ist, als ein nicht acceptirter, leuchtet ein.

Zwei Fälle sind nur denkbar. Entweder das Durchstreichen des Accepts erschwert die Lage des Regreßpflichtigen oder es ist ohne Einfluß auf das Accept und dessen Fortbestehen.

Da die Annahme der ersten Alternative vom Ober-Tribunal selbst anerkannt wird (Strieth. Bd. 29. S. 342), so ist dem Regreßpflichtigen ein anderer Wechsel gegen die klare Vorschrift des Art. 54. nicht aufzudrängen. Ob das Durchstreichen vom Richter oder vom Inhaber veranlaßt worden, kann nicht entscheiden. Hier hat ein casus, dort der Wille des Berechtigten, die Gestalt des vorliegenden Wechsels geändert. Hier gilt der Satz casum sentit dominus; dort das Prinzip factum suum nemo recte impugnat, l. 25. D. I. 7. I. 3. §. 33. ALR.

Durch die Vermehrung des Kreises der Verpflichteten durch das Accept macht nicht der Inhaber, sondern der Wechsel eine Erwerbung, auf welche ein Einzelner zum Nachtheil aller Anderen nicht verzichten darf.

Artikel 55.

Jeder Indossant, der einen seiner Nachmänner befriedigt hat, kann sein eigenes und seiner Nachmänner Indossament ausstreichen.

§. 127. Ausstreichen des Giro.

Der Rückerwerb des Wechsels befreit die Nachmänner des Einlösenden. Durch diesen Rückerwerb scheidet der Einlösende gleichsam aus der Reihe der Giranten aus. Die Kette zwischen seinen Vor- und Nachmännern wird gesprengt. Er ist daher berechtigt, das eigene und das Indossament der Nachmänner zu streichen.

Fraglich ist, ob schon das Accept des Rückwechsels geeignet ist, die Wirkungen des Art. 55. herbeizuführen. Der §. 49. des Preuß. Entwurfs von 1846 hatte verordnet:

> Durch die Acceptation des Rückwechsels werden die Nachmänner des Acceptanten befreit.

Der letzte Entwurf ließ diese Bestimmung fallen; sie sei entbehrlich; der Ausdruck: „Acceptation" könne Mißverständnisse herbeiführen — S. 24 der Berl. Verhandlungen. — Man wird daher dem Prinzip des §. 49. nur unter der Bedingung beitreten, daß der Bezogene in Folge des Accepts den Vorwechsel zurückerhalten hat.

Durch das Ausstreichen der Giri wird ein dreifacher Zweck erreicht:

1) Der Erwerbende wird sicher gestellt gegen die Nachmänner.

2) Er kann den Wechsel an einen Extraneus begeben, zu dessen Legitimation der Besitz des Protestes und Wechsels dann genügt, wenn das letzte nicht ausgestrichene Giro ein Blanco-Giro ist (Art. 9. 16. 36.).

3) Der Erwerber vermag seine Legitimation gegenüber dem Acceptanten auch dann zu führen, wenn er den Protest nicht besitzt (U. des Ob.-Trib. vom 27. März 1855, Strieth. Bd. 17. S. 103).

Streichen der Giro durch einen Fremden.

Fraglich ist, ob auch ein Extraneus die dem Blanco-Giro folgenden Giro's streichen und auf diese Weise sich durch Blanco-Giro zu legitimiren vermag.

Man setze, der Wechsel ist protestirt. Ein Dritter, dem Wechsel-Verband Fremder befriedigt den letzten Inhaber des Wechsels und erhält von diesem Wechsel und Protest.

Es leuchtet ein, daß er durch Wechsel und Protest zur Klage gegen Aussteller oder Acceptant nicht legitimirt ist. Es muß ihm daher darauf ankommen, seine Legitimation zu begründen und zu diesem Behufe die etwa auf dem Wechsel befindlichen Giro's bis herauf zu einem Blanco-Giro zu durchstreichen. Das Ob.-Trieb. (Strieth. Bd. 33. S. 148) hält den Extraneus zu diesem Ausstreichen berechtigt. Es geht von der Präsumtion aus, der Fremde werde im Einverständniß mit dem letzten Inhaber gehandelt haben.

Wenn nun aber dieser Präsumtion die Unterlage fehlt, so sind die Worte des Art. 55.:

Jeder **Indossant**, der einen seiner **Nachmänner** befriedigt hat,

so klar, daß sie über ihren klaren Sinn hinaus nicht ausgedehnt werden können.

Nimmt man das Gegentheil an, so ist sofort das Mittel gegeben den Art. 16. zu umgehen.

Der letzte Inhaber des protestirten Wechsels verkauft ihn ohne Giro einem Dritten. Dieser streicht die Giro's bis zu einem vor Protest ertheilten Blanco-Giro. Es möchte dem Dritten dann schwer sein, darzuthun, daß der Kläger trotz dessen nur als Cessionar zu behandeln ist. Anders verhält es sich, wenn der letzte Inhaber den Wechsel durch Giro begiebt. Es ist dann sofort ersichtlich, daß der Indossatar erst nach Protest erworben, zumal er weder ein Indossant ist, noch Nachmänner von ihm zu befriedigen sind.

In einem späteren Urtheil (Strieth. Bd. 39. S. 327) scheint denn auch das Ob.-Trib. von jener Ansicht abgegangen zu sein.

Dort wird ausgeführt:

> Allerdings kann eine betreffs des Wechsels in der Reihe der legitimirten Inhaber stehende Person, wenn sie nach Verfall den Wechsel eingelöst hat, vermöge einfachen Durchstreichens der nachfolgenden Giri ihre Legitimation gegen ihre Vormänner herstellen und dann auf Grund des noch in Kraft bestehenden Giros, wodurch der Wechsel auf sie gediehen ist, ihre Rechte gegen den Acceptanten und die Vormänner geltend machen. Allein wenngleich bei einem Blanco-Giro, das unausgefüllt geblieben, die Möglichkeit bleibt, daß der jetzige Inhaber einmal auf Grund desselben Erwerber gewesen (Art. 13.), so darf dies doch da nicht durchgreifen, wo eine andere Erwerbungsart klar vorliegt und das Blanco-Indossament durch ein nachfolgendes ausgefülltes Indossament seine Wirkung als solches bereits verloren hat.

IX. Intervention.

§. 128. Historisches.

Das Nothleiden des Wechsels führt für die Regreßpflichtigen erhebliche Nachtheile herbei. Der Credit wird geschwächt, das niemals erfreuliche Institut der Retourrechnung ins Leben gerufen.

Man war daher von vornherein bedacht, solchen Uebelständen abzuhelfen. Der civilrechtliche Grundsatz, daß dem Gläubiger auch wider seinen Willen von einem Dritten Zahlung aufgedrungen werden kann, l. 39 dig. de neg. gest 7. 5. l. 53. dig. de solutionibus (46. 3.); l. 5. und 17. Cod. de solutionibus (8. 43.) gab Anhalt und Mittel. Schon im 15. Jahrhundert ward jedem Dritten, besonders aber dem Bezogenen gestattet supra protesto pro honore litterarum crediti et reputationis Titii (des Ausstellers) zu acceptiren, resp. zu zahlen. (Martens, Versuch S. 72; Decisiones Rotae Genuae 19. 23. 30. 41.) Man betrachtete den Intervenienten als einen negotium utiliter gerens. Man gab ihm, da das Indossament noch nicht bekannt, Rechte gegen den Aussteller (Biener, wechselrechtl. Abh. S. 113). Mit dem Gebrauch des Indossaments, jemehr sich der Wechsel vom Schuldschein, das Giro von der Cession sonderte, entfernte sich auch die Intervention von dem Civilrecht. Während dort das abgelehnte Anbieten der Zahlung durch einen Dritten nur die mora des Gläubigers herbeiführt, verband man hier mit der abgelehnten Intervention den Regreßverlust. Während sonst die Annahme der Zahlung nur einen Wechsel des Gläubigers bewirkt, ohne auf die Schuld einen Einfluß zu üben, gestalteten sich bei der Intervention die Verhältnisse anders.

§. 129. Begriff der Intervention.

Die Wechsel-Intervention ist das Accept oder die Zahlung eines nothleidenden Wechsels, gegeben für einen Regreßpflichtigen, animo honorandi durch einen dem Wechselverband Fremden oder einen dem Honoraten nicht zum Regreß Verpflichteten.

Voraussetzung ist: Der Wechsel muß nothleiden. Es muß daher Protest Mangels Annahme oder Zahlung oder sonst ein Regreßfall vorliegen. Ein solcher liegt auch vor, wenn Regreß wegen Unsicherheit des Acceptanten zu begehren ist. Art. 29. Art. 98. Nr. 4.; Treitschke Bd. I. S. 519 und 520; Renaud §. 67. Nr. 2.

Als Consequenz ergiebt sich somit:

1) Die Intervention muß als Surrogat den Inhalt des Wechsels vollständig decken. Eine bedingte, beschränkte, theilweise Intervention ist keine Intervention, welche der Wechselinhaber anzunehmen verpflichtet ist (Prot. Sitz. 21. S. 132. ad §. 61. des Preuß. Entw.).

2) Sie muß für einen Regreßpflichtigen geschehen, woraus folgt

3) der Regreß muß noch möglich, der Wechsel noch nicht präjudicirt sein.

§. 130. Personen der Intervention.

1. Der Honorant.

Durch die Intervention soll der Intervenient nicht nur verpflichtet, sondern auch berechtigt werden. Es kann daher zunächst nur der Extraneus Rechte erwerben. Extraneus nennen wir denjenigen, welcher durch den Wechsel dem Honoraten oder dessen Vormann als solchen nicht verpflichtet ist. Der Aussteller des eigenen Wechsels kann daher so wenig als der Acceptant des gezogenen interveniren. Sie haften allen Indossanten. Sie können daher die Absicht, ihren Gläubiger zum Schuldner umzuschaffen, nicht mit rechtlicher Wirkung bethätigen. Dasselbe gilt von dem Aussteller des gezogenen Wechsels (vergl. Liebe Erl. S. 176). Anders das Ob.-Trib. in Sachen Lomax wider Blachstein; Urtel vom 15. November 1860 (Strieth. Bd. 38. S. 363 ff.).

Wollte der Trassant für den Acceptanten interveniren, so ist dies in der That rechtlich nicht denkbar, da die Absicht, den ihm vollständig verpflichteten Acceptanten noch weiter zu binden, nicht zu realisiren ist. Fraglich bleibt daher nur, ob ein Indossant, ob der Wechselinhaber zu Gunsten der Vormänner interveniren kann? Auf den ersten Blick scheint bedenklich, den Inhaber als Intervenienten zuzulassen.

An sich selbst zu zahlen, sich selbst zu acceptiren, erscheint Manchem unmöglich. Die Möglichkeit zeigt sich indessen sofort, wenn der Nothadressat etwa später Wechselinhaber geworden. Erheblich ist hier wieder, daß eben nur der Wechsel als der eigentlicher Träger des Rechts zu erachten ist. Es kömmt hinzu, daß die ältere und neuere Praxis der Kaufleute das Sich-selbst-Acceptiren bestätigt (Biener S. 34, 97 und 113; Berl. Protokolle zum Entw. von 1845 S. 49, 50).

Die Intervention des Niemand zum Regreß verpflichteten Wechselinhabers ist somit als eine nicht beschränkte anzuerkennen. Der Indossant kann dagegen nur für seine Vormänner interveniren. Nur ihnen (§. 54. und 58. des Berl. Entw. von 1846; Berl. Prot. S. 54 und 81) ist er zum Regreß nicht verpflichtet und insofern ein Extraneus.

§. 131. Fortsetzung.

2. Der Honorat.

Ist somit gezeigt, wer Honorant sein kann und als entscheidend bezeichnet, daß er dem Honorat nicht regreßpflichtig sein darf, so ist für die Frage: „Wer kann Honorat sein?“ gerade umgekehrt die Regreßpflicht das kritische Moment. Honorat kann nur sein, wer selbst Regreßpflichtiger ist. Der Zweck der Intervention ist die Abwendung des Regresses. Von Intervention kann daher nicht die Rede sein, wo dieser Zweck rechtlich nicht denkbar ist. Es folgt:

1) Die Intervention für eine außerhalb der Wechselhaft stehende Person ist nicht zulässig. Sie ist zum Regreß nicht verpflichtet. Für sie ist der Regreß nicht abzuwenden. Gegen sie kann der Intervenient Wechsel-

recht nicht erwerben und in Rechte des Wechselinhabers (Art. 63. Abs. 2.) nicht eintreten, welche Jenem selbst nicht zustehen. Es kann daher für den nicht acceptirenden Trassaten, für denjenigen, für dessen Rechnung der Wechsel gezogen worden, für den Giranten ohne Obligo (Thoel a. a. O. §. 253.), für den Wechselinhaber selbst, nicht intervenirt werden. Ist der letzte Inhaber zugleich der Aussteller, so kann schon deshalb Intervention nicht stattfinden, weil überhaupt kein Regreßpflichtiger vorhanden ist. Die Zwischen-Indossanten sind eben frei geworden.

2) Die Intervention für den Acceptanten oder Aussteller eines eigenen Wechsels ist nicht zulässig. Sie sind nicht sowohl Regreßverpflichtete als Hauptverpflichtete. Zweck der Intervention ist: Abwendung des Regresses. Der unberufene Intervenient wird um deswillen als negotia utiliter gerens betrachtet. Hat nun der Acceptant den Protest Mangels Zahlung gegen sich aufnehmen lassen, so kann von einem durch die Intervention nützlich geführten Geschäft nicht die Rede sein. Durch den Protest ist kund gethan, daß der Acceptant den Wechsel nicht zahlen will. Das negotium interventionis würde also wider Willen dessen geführt werden, der als Honorat angegeben ist. Der negotiorum gestor kann daher keine Wechselrechte gegen den Acceptanten erwerben; l. 43. dig. de negot gest. (3. 5.) negotiorum gestorum actio competit, nisi si quid debitoris interfuit, eam peruniam non solvi. (ALR. I. 13. §. 249. Vergl. Thoel §. 253.) Die Intervention ist dagegen zulässig:

1) Für den Aussteller des trassirt eigenen Wechsels. Das Gesetz fingirt hier eine Verschiedenheit in der Person des Trassant und Acceptant.

2) Für den Acceptant eines Domicil-Wechsels mit benanntem Domiciliat. Der Acceptant eines solchen Wechsels wird im Wesentlichen als ein Regreßpflichtiger behandelt (Art. 42. Vergl. Thoel §. 253.; Liebe S. 183; Brauer WR. S. 118). Anders Mittermaier (Grunds. des Deutsch. Pr. R. §. 349.); Bluntschli (WR. S. 107).

§. 132. Begriff und Natur der Ehrenacceptation.

Die Verschiedenheit der Regreßfälle bedingt, daß auch die Intervention eine verschiedenartige ist. Sie geschieht entweder durch Ehrenannahme oder Ehrenzahlung.

Der Regreß Mangels Annahme oder Sicherheit wird abgewendet durch die Ehrenannahme. Durch sie tritt ein am Zahlorte befindlicher Dritter in den Wechselverband. Er verspricht wechselmäßig für einen Regreßpflichtigen die Regreßsumme als Acceptant zu leisten. Man würde jedoch gar sehr irren, wollte man den Honorant mit dem ursprünglich Bezogenen juristisch identificiren.

Der Trassat acceptirt die Wechselsumme; der Honorant die Regreßsumme. Der Honorant tritt nicht an die Stelle des Bezogenen, sondern an die Stelle dessen, der Regreß zu leisten schuldig ist. Er ist daher weder als Trassat noch als Bürge des Honoraten zu erachten. Eben weil er aber die Regreßpflicht des Honoraten übernimmt, kann er Exceptiones ex persona honorati nicht geltend machen. Er ist mit diesem, als einem Regreßpflichtigen, nur insofern identisch, daß seine Regreßpflicht von dem gegen ihn, den Nothadressaten, levirten Protest abhängig ist. (Art. 62. alin. 2.)

Man sieht, der Ehrenacceptant ist durchweg von dem Trassaten unterschieden. Das Trassiren setzt einen Trassanten voraus. An diesem fehlt es. Das Trassiren setzt die eigenhändige Unterschrift des Ziehers voraus. Die Nothadresse, dieses wechselmäßige Mandat, ist völlig formlos, (Art. 56.), ganz zu geschweigen, daß die auf negotiorum gestio beruhende Intervention die Annahme, ja die Möglichkeit des Trassirens aufhebt. Ist aber der Ehrenacceptant überhaupt nicht als Acceptant zu betrachten, so ist auch die Analogie eines eventuellen Accepts verwerflich. Im Gegentheil: Es bedarf gegen den Ehrenacceptanten ebenso des Protestes, wie gegen den Regreßpflichtigen. (Art. 60. 62.) Er haftet nur, wenn ihm der Wechsel bis zum zweiten Werktage nach dem Zahlungstage zur Zahlung vorgelegt wird. Er haftet dagegen selbst dann, wenn er das Ehrenaccept nicht auf dem Wechsel, sondern auf einer Copie gegeben hat. (Art. 62.) Widersprechen diese Erscheinungen dem Begriff des Accepts, so erklären sie sich genügend aus der Thatsache, daß der Ehrenacceptant nicht an die Stelle des Bezogenen, sondern gleichsam als regreßpflichtiger Acceptant an die Stelle des regreßpflichtigen Honoraten tritt. Ohne Regreßfall keine Regreßpflicht. Ohne Protest kein Regreßfall. Ohne Regreßpflicht des Honoraten keine Haft seines Stellvertreters, des Honoranten (Art. 62.).

Aus dieser Stellvertretung erklärt sich, daß die Acceptation auf einer Copie bindend sein muß für den Ehrenacceptanten. Seine Verbindlichkeit hat eben nur den Charakter einer Regreßpflicht. Diese ist, wie das Indossament, auch auf einer Copie zu übernehmen. Aus diesem Charakter einer einfachen Regreßpflicht folgt denn auch, daß die Einleitung des Amortisationsverfahrens nur Rechte gegen den eigentlichen Acceptanten, nicht aber gegen den Ehrenacceptanten gewährt (Art. 73.), daß Theilzahlungen des Ehrenacceptanten so wenig als die eines anderen Regreßpflichtigen anzunehmen sind (Art. 48.) und daß gegen den Ehrenacceptanten die Bereicherungsklage des Art. 83. unzuläßig sein muß.

Ist nun aber der Honorant dem Inhaber des Wechsels gegenüber nicht einmal durchweg als Acceptant zu erachten, so kann er noch weniger als Acceptant in Bezug auf den Honoraten gelten. Im Gegentheil: Während der Trassat dem Trassant wechselmäßig haftet, tritt der Honorant durch die Ehrenzahlung in die Rechte des Inhabers gegen den Honoraten, dessen Vormänner und den Acceptanten (Art. 63.).

Das Ehrenaccept ist in der That nichts als eine in Form des Accepts für den Honoraten und dessen Vormänner gewährte Caution. Fraglich ist daher, ob durch das nachträgliche Accept des Bezogenen der Ehrenacceptant ipso jure liberirt wird oder wenigstens Entlassung verlangen kann? Man sollte meinen, daß die Fragen zu bejahen sind. Die Caution muß der Regel nach zurückgegeben werden, wenn ihr Grund fortfällt (Art. 28. und 29. Abs. 2.).

Trotz dessen sind jene Fragen mit Thoel §. 260. zu verneinen. Durch das Ehrenaccept, es sei nun in Folge eines Mandats oder einer negotiorum gestio gegeben, wird die Verpflichtung übernommen, eventuell zu zahlen. Das Interesse des Honoraten bedingt somit, daß das einmal übernommene Geschäft bis zur erfolgten Zahlung fortgeführt werde. Erst durch sie ist jede Möglichkeit eines Regresses abgeschnitten. Das Mandat ist nun aber nicht dahin gegangen, daß der Honorant bei nachträglichem Acceptant zurücktrete. Der Auftraggeber will vielmehr, daß die Thätigkeit seines Stellvertreters erst nach bewirkter Zahlung aufhöre. Der Honorant, als negotiorum gestor, muß aber das durch die nachträgliche Acceptation des Bezogenen nicht beendete Geschäft zu Ende bis zur erfolgten Zahlung führen (l. 15. 16. 21. §. 2. Dig. III. 5. ALR. I. 13. §. 257.).

Dies ist denn auch durch den Art. 60 anerkannt:

„Diese Verpflichtung erlischt ꝛc."

Accept und Ehrenaccept.

Vergleichen wir das Ehrenaccept mit dem gewöhnlichen Accept.

In folgenden Punkten sind sie sich ähnlich.

1) Der Acceptant wie der Ehrenacceptant haften nur, weil sie acceptirt haben (Art. 23. Abs. 1. Art. 60.). Ist daher das Ehrenaccept ertheilt worden für eine Person, deren Name auf dem Wechsel gefälscht worden, so bleibt der Honorant aus seinem Accept dennoch verhaftet (Art. 75. u. 76.).

2) Das Ehrenaccept kann, wie das gewöhnliche, nur im Accepte selbst beschränkt werden. Ein unbeschränkt gegebenes Ehrenaccept ist daher für den Aussteller gegeben (Art. 59.).

3) Der Ehrenacceptant haftet nur nach Maßgabe seines Accepts. Er kann also unter Bedingungen acceptiren, auf einen Theil, für eine andere Zeit und auf einen anderen Ort. Nur wird in diesem Falle durch eine solche Annahme der Regreß nicht abgewendet.

4) Das gegebene Accept kann nicht zurückgenommen werden (Art. 21. Abs. 4. Art. 60.).

In folgenden Punkten sind sie verschieden:

1) Das Ehrenaccept verlangt einen nothleidenden Wechsel.

2) Es kann auf einer Copie gegeben werden. Das ächte muß auf dem Wechsel selbst erfolgen.

3) Das Ehrenaccept bedarf keines Trassanten. Das ächte setzt eine auf den Bezogenen lautende Adresse voraus. (Art. 21. Abs. 2. verglichen mit Art. 57. 60. 62.)

4) Bei dem ächten Accept muß die Adresse vom Aussteller ausgehen. Bei jenem bedarf es überhaupt der Adresse nicht. Auch der Indossant kann eine Nothadresse auf den Wechsel setzen.

5) Der Trassat hat die Contre-Ordre des Ausstellers nicht zu respectiren. Der Intervenient, welcher trotz Contre-Ordre für den Contremandirenden intervenirt, erwirbt gegen diesen kein Wechselrecht. (Thoel §. 252. Note 3.; Treitschke Bd. I. S. 521, 522.) Treffend bemerkt Thoel: „Die Ehrenintervention ist zwar eine negotiorum gestio, aber mit der Eigenthümlichkeit, daß die Nützlichkeit nur nach den aus dem Wechsel und

Protest ersichtlichen Verhältnissen bemessen wird, und außerdem nur noch nach den dem Intervenienten bekannten Verhältnissen ... Daher giebt die Intervention bei einem präjudicirten Wechsel kein Recht, wohl aber die bei einem contremandirten Wechsel, es möchte denn die Contreordre dem Intervenienten bekannt sein." Zu weit geht jedoch Thoel, wenn er mit Treitschke I. S. 521 und 522 annimmt, es sei die Intervention zu Ehren der Vormänner des Contremandirenden unzulässig. Der Zweck der Intervention ist die Beseitigung des Regresses gegen den Honoraten. Das Verbot oder die Contreordre eines Nachmannes kann zumal bei der Zulässigkeit des springenden Regresses in die Rechtssphäre des Vormannes nicht eingreifen.

6) Bei dem ächten Accept muß sich der Inhaber Beschränkungen gefallen lassen (Art. 22.). Anders bei dem Ehrenaccept. (Vergl. Prot. Sitz. 20. S. 125 und 126; Sitz. 21. S. 132.)

7) Die Zahlpflicht des Ehrenacceptanten ist nur eine eventuelle, durch die Beobachtung strenger Formen bedingte. Der wirkliche Acceptant haftet als der prinzipale Schuldner. Es bedarf weder der Präsentation noch des Protestes.

8) Der Acceptant haftet allen Wechselinteressenten. Der Ehrenacceptant als Stellvertreter des Honoraten übernimmt nur dessen Verpflichtungen. Er haftet daher nicht dem Honoraten, sondern nur dessen Nachmännern wechselmäßig.

9) Die Bereicherungsklage ist gegen den Ehrenacceptanten selbst dann unzulässig, wenn er für den Aussteller acceptirt hat. Sie trifft recht eigentlich den wirklichen Acceptanten. (Art. 83.)

10) Der Anspruch gegen den Acceptant verjährt in drei Jahren (Art. 77.), gegen den Ehrenacceptant in der Frist des Art. 78.

Arten der Ehrenannahme.

Das Ehrenaccept wird gegeben entweder in Folge eines Wechsel-Mandats, d. h. in Folge eines im Wechsel oder der Copie ertheilten Auftrages Seitens des Ausstellers oder Indossanten oder in Folge eines außerhalb des Wechsels ertheilten Auftrages oder endlich ohne jeden Auftrag. Im ersten Falle heißt die Adresse: Nothadresse; der Adressat: Nothadressat. Die Nothadresse ist somit ein von einem Regreßpflichtigen auf dem Wechsel selbst oder auf der Copie an einen Dritten ertheilter Auftrag, im Fall der Noth zu acceptiren oder zu zahlen. Es ist mithin keine Nothadresse, wenn die Adresse nicht auf dem Wechsel selbst oder der Copie genannt ist (Art. 56. 57. 62.). Ebensowenig ist eine vom Bezogenen, dem Giranten ohne Obligo oder dem Acceptanten vermerkte Nothadresse eine solche, denn der Adressant ist hier nicht regreßpfichtig. Der Bezogene, welcher die Acceptation ablehnt, aber die Ehrenacceptation anbietet, ist kein Nothadressat (Art. 56. und Prot. Sitz. 20. S. 123—125). Seine Adresse ist vom Aussteller zum Zweck des ordentlichen Accepts, nicht für den Fall der Noth geschrieben.

Fehlt es an einem im Wechsel oder der Copie ertheilten Auftrag, dann liegt eine Ehrenannahme im engeren Sinne vor.

Die Ehrenannahme ist von der Annahme durch den Nothadressaten scharf zu unterscheiden.

Der Wechselinhaber muß die Nothadresse aufsuchen. Er hat den Regreß Mangels Annahme nur unter der Bedingung, daß er die Annahme von der Nothadresse vergebens gefordert hat (Art. 56.). Er verliert den Regreß Mangels Zahlung gegen den Adressaten und dessen Nachmänner, falls er nicht den Wechsel der Nothadresse zur Zahlung vorlegt (Art. 62.). Er braucht dagegen die eigentliche Ehrenacceptation nicht zuzulassen und selbst dann nicht zuzulassen, wenn der Intervenient eine besondere Vollmacht vorzeigt oder die Cautionsleistung für event. Zahlung sich erbietet (Art. 57., Prot. S. 125).

Fraglich ist, ob sich der Wechsel-Inhaber das Accept eines Nothadressaten gefallen lassen muß, der für einen Vormann oder Nachmann des Adressanten acceptiren will? Wir würden die Frage gegen Renaud §. 68. Nr. 1. bejahen. Die DWO. legt nicht darauf Gewicht, für wen die Nothadresse acceptiren will. Entscheidend ist ihr zufolge vielmehr die Existenz der Nothadresse überhaupt. Diese Existenz reicht aus, um den Inhaber zu verpflichten, Accept oder Zahlung von dieser Nothadresse zu begehren und anzunehmen, mag sie dies immerhin nicht für den Adressanten thun wollen (Art. 56. 57. 62.).

In der Wirkung stehen dagegen Noth- und Ehrenannahme gleich. Beide verhindern den Regreß Mangels Annahme.

Artikel 56.

Befindet sich auf einem Mangels Annahme protestirten Wechsel eine auf den Zahlungsort lautende Nothadresse, so muß, ehe Sicherstellung verlangt werden kann, die Annahme von der Nothadresse gefordert werden.

Unter mehreren Nothadressen gebührt derjenigen der Vorzug, durch deren Zahlung die meisten Verpflichteten befreit werden.

§. 133. Form und Voraussetzung der Nothadresse.

Die Nothadresse wurde früher auf einen besonderen Zettel gesetzt und dieser aus Vorsicht dem Wechsel angeklebt oder angeheftet. Jetzt muß die Adresse auf dem Wechsel oder der Copie sich befinden (Art. 62.). Sie lautet: „nöthigen Falls bei N. N.;“ „im Fall der Noth;“ „im Falle;“ „in Ermangelung der Honorirung;“ „à besoin;“ „à defaut chez N. N.“ Laute die Nothadresse an den Bezogenen, so werden seiner Adresse die Worte „wobei nöthigenfalls“ ohne Benennung des Adressaten hinzugefügt.

Auf die gebrauchten Worte kommt es hier weniger an. Es genügt, daß die Absicht, einen Nothadressaten zu ernennen, ausgedrückt ist. Der Adresat pflegt seinen Namen durch Anfangsbuchstaben zu bezeichnen; z. B. „Nöthigenfalls bei N. N. für P. P.“

Der Angabe, für wen intervenirt werden soll, bedarf es nicht. Häufig wird die Adresse von ganz fremder Hand geschrieben. Man will vermeiden, dem Kredit des Ausstellers zu schaden, den Bezogenen zu verletzen (Vergl. Schiebe, die Lehre von den Wechselbriefen §. 139.).

Voraussetzung.

Die Nothadresse kömmt nur in Betracht, wenn sie wirklich eine Nothadresse ist. Es folgt:

1) Die Adresse muß von einem Regreßpflichtigen ausgegangen sein. Die Adresse eines Dritten ist vom Inhaber nicht zu beachten. Es kömmt zwar nicht darauf an, wer die Adresse geschrieben hat. Ergiebt sich aber aus der Adresse selbst, daß der angebliche Adressant ein Extraneus ist, so kann von einer Nothadresse nicht die Rede sein. Hieraus folgt, daß die Annahme in honorem dieses, dem Wechselverband fremden, nicht regreßpflichtigen Dritten keine Ehrenannahme ist.

2) Die Adresse muß auf den ursprünglichen Zahlungsort lauten. Dem Inhaber ist nicht zuzumuthen, an einem anderen Orte Annahme oder Zahlung zu begehren.

Eine Ausnahme machen diejenigen Wechsel, welche auf Hamburg oder Altona gezogen und mit einer Nothadresse auf Altona oder Hamburg versehen sind. Beide Städte gelten hier als ein Ort (Einf.-Ges. für Hamburg §. 7., Einf.-Ges. für Holstein §. 11.)

Wird trotz dessen zur Annahme bei der an einem dritten Orte befindlichen Nothadresse präsentirt oder von der am Zahlorte befindlichen Adresse mit dem Zusatz acceptirt

zahlbar nicht am Zahlort, sondern in X.,

so kann der Ehrenacceptant seine Haft nicht ablehnen. Er haftet aus seinem Accept. Die Worte des Art. 56. „auf den Zahlungsort" wollen nur die Pflichten des Inhabers regeln.

Es ist überdies nur nothwendig, daß das Dasein der Nothadresse am Zahlungsort aus dem Wechsel selbst hervorgeht. Eine ausdrückliche Aufführung dieses Ortes bei dem Vermerk der Adresse ist dagegen nicht erforderlich (Strieth. Bd. 38. S. 362).

3) Die Annahme muß unbedingt und unbeschränkt geschehen. Eine nur theilweise Annahme der Nothadressaten gilt, den Regreßpflichtigen gegenüber, abweichend vom Art. 22. Abs. 1 auch in Bezug auf den acceptirten Theil nicht als eine Annahme; es sei denn, daß ein Theil der verschriebenen Summe vom Bezogenen selbst acceptirt und nur noch der andre Theil für den Regreß und das Ehrenaccept in Frage ist. (Prot. Sitz. 33. S. 238 ad §. 57. des Entw. der Fassungs-Commission. Da die Annahme unbeschränkt und unbedingt sein muß, so kann eine beschränkte Annahme zurückgewiesen werden; wird sie dagegen vom Wechselinhaber angenommen, so sind nunmehr die Formalien in derselben Art von ihm zu beobachten, als dies bei der unbeschränkten Ehrenannahme geschehen muß.

§. 134. Rechte des Inhabers.

Durch die Bestimmung

> bevor Sicherstellung verlangt werden kann, ist die Annahme von der Nothadresse zu fordern,

wird im Prinzip des Art. 18. nichts geändert. Trotz der Nothadresse verbleibt die Präsentation zur Annahme ein Recht des Inhabers, die Ausübung seiner Willkür überlassen. Ein Anderes ist es jedoch, ob er Regreß wegen nicht erhaltener Annahme auch dann nehmen darf, wenn er die Annahme von der Nothadresse nicht gefordert hat, wenn er die Acceptation des Nothadressaten angenommen hat. Die DWO. geht mit Recht davon aus, daß der Nehmer eines mit einer Nothadresse versehenen Wechsels darin gewilligt, den Regreß Mangels Annahme nur dann zu nehmen, wenn nicht nur der Bezogene, sondern auch der Nothadressat die Annahme verweigert haben. (Prot. Sitz. 19. 20. 21.) Res transit cum onere. Hat sich der Wechselnehmer mit der stipulirten Art der Caution im Voraus zufrieden erklärt, so ist er verpflichtet, diese Caution, die Annahme durch den Nothadressaten nachzusuchen. Wird ihm diese Caution — die Annahme des Nothadressaten — gewährt, so kann er Regreß Mangels Annahme nicht nehmen (Art. 61. und Prot. Sitz. 19. S. 119, Sitz. 20. S. 122 ff.), zumal er ja den Protest Mangels Annahme, diese Bedingung des Sicherheits-Regresses an den Nothadressaten, ausantworten muß (Art. 26. 27. und Art. 58.). Unterläßt er daher die Präsentation an den Nothadressaten, so erklärt er hierdurch, auf jeden Sicherheitsregreß zu verzichten. Nach Koch's Ansicht WR. S. 253 soll der Inhaber durch Vernachlässigung der Nothadresse den Regreß gegen die Vormänner des Adressanten nicht verlieren. Diese Ansicht wird durch den Art. 56. widerlegt. Sie ist auch de lege ferenda nicht zu billigen. Der Regredient wird durch die von einem Regreßpflichtigen gestellte Caution befriedigt; sein Recht auf Sicherstellung wird hierdurch erschöpft. Wer diese Caution gewährt, ist für den Regredienten ohne Einfluß. Weist er die bestellte Caution zurück, sucht er mit anderen Worten das Accept der Nothadresse nicht nach, so liegt die Sache nicht anders, als ob er allen Regreßpflichtigen gegenüber auf sein Recht verzichtet habe.

Hieraus folgt zugleich, daß die Nichtbefragung der Nothadresse durch den Wechselinhaber allen anderen Regreßberechtigten den Regreß Mangels Annahme abschneidet. Der Inhaber ist Vertreter des Wechsels. Seine Unterlassungen reagiren daher auf den Wechsel und somit indirekt auf die sämmtlichen Berechtigten.

§. 135. Concurrenz mehrerer Nothadressen.

Ist ein Wechsel mit mehreren Nothadressen versehen, so kann der Inhaber nur dann Sicherheitsregreß begehren, wenn er von allen Nothadressen vergeblich die Annahme gefordert hat.

Die Frage ist aber: Muß der Inhaber bei Vermeidung eines Präjudizes die Annahme in einer bestimmten Reihenfolge nachsuchen?

Diese Frage hat den Theoretikern viel Schwierigkeit gemacht. Dem Praktiker erscheint sie einfach.

Das Verfahren ist dies. Der Notar geht zum Bezogenen und dann zu allen Nothadressen, wie ihm die Wohnung bequem liegt. Kömmt er zu C., so ist unmöglich, daß dieser die Annahme verweigert, weil der Notar nicht zuerst zu ihm, sondern vorher bei A. Nachfrage gehalten hat, denn

C. kann hiervon keine Kenntniß haben. Auch ist durchaus gleichgültig, bei wem der Notar zuerst Nachfrage gehalten hat. Nicht von der Nachfrage, sondern von der Annahme des Accepts handelt der Art. 56.).

Der Notar übergiebt nun den ausgefertigten Protest dem Inhaber. Erst jetzt kann der Inhaber ersehen, durch wessen Annahme die meisten Wechselverpflichteten zu befreien sind. Er sucht diesen, den A., auf. Wendet dieser mit Grund ein, ein Anderer, B., würde mehrere Verpflichtete befreien, so wird der Inhaber bei dem B. die Annahme nachsuchen. Wendet dieser ein, man habe zuerst bei ihm Annahme begehren müssen, so fehlt der Begründung dieser Einrede Grund und Halt.

Für die Beobachtung einer bestimmten Reihenfolge bei der Befragung der Adressen, findet sich im Gesetz keine Stütze. Noch weniger ist ein Präjudiz gestellt. Der Art. 56. setzt wie der Art. 64. nur voraus, daß mehrere Nothadressen oder Intervenienten Annahme oder Zahlung erbieten.

Erheblich ist vielmehr, daß der §. b. Prot. Sitz. 20. S. 122:

> Befindet sich auf dem Wechsel eine auf den Zahlungsort lautende Nothadresse, und will der Bezogene auch nicht zu Ehren acceptiren, so muß die Annahme von der Nothadresse gefordert werden.
>
> Wenn mehrere Nothadressen benannt sind, so ist diejenige aufzufordern, welche, wenn sie zu Ehren des Adressaten eintritt, durch ihre demnächstige Zahlung die meisten Indossanten befreit. Verweigert diese das Accept, so ist der Wechsel nach der durch die eben erwähnte Rücksicht bestimmten Reihenfolge den übrigen Adressen vorzulegen, bis eine annimmt oder von allen die Annahme nicht zu erhalten ist.
>
> Der Inhaber, welcher die vorstehenden über die Befragung der Nothadressen gegebenen Vorschriften verabsäumt, oder die Ehrenannahme eines auf dem Wechsel nicht bezeichneten Dritten zuläßt, bevor die Annahme von Seiten der sämmtlichen Nothadressen verweigert ist, verliert den Regreß auf Sicherstellung,

nicht beliebt worden ist. Die leitenden Motive S. 126 a. a. O. lauten wörtlich:

> Zugleich wurde die Frage aufgeworfen, ob in dem Falle, wenn die Ehrenannahme nicht von Seiten des Intervenienten geschehe, durch dessen Annahme die meisten Verpflichteten befreit würden, den Inhaber des Wechsels, der diese Annahme zulasse, oder den Intervenienten, der sich unbefugt eindränge, ein Präjudiz treffen solle.
>
> Man bemerkte einerseits, daß der Inhaber des Wechsels zunächst die Pflicht habe, denjenigen Intervenienten, durch dessen Accept die meisten Verpflichteten befreit würden, auszusuchen, sonst könne der Zweck des Gesetzes (daß durch die Ehrenannahme möglichst viele Garanten befreit würden), nicht erreicht werden, es müsse daher bei einem vorfallenden Fehler der Nachtheil den Inhaber treffen.
>
> Diese Ansicht fand jedoch keine Unterstützung, indem dagegen

bemerkt wurde, daß die gleichen Grundsätze, welche im §. 60. für die Ehrenzahlung aufgestellt seien, der Natur der Sache nach auch von der Ehrenannahme gelten müßten. Es sei nicht Sache des Inhabers, zu untersuchen, ob der Intervenient der Nächstberechtigte sei, er könne das angebotene Accept ohne Nachtheil annehmen, dagegen habe sich der Intervenient die nachtheiligen Folgen selbst beizumessen, wenn er unter Verdrängung Näherberechtigter sein Ehrenaccept gebe.

Dem Inhaber gegenüber sei auch die Realisirung eines Präjudizes nicht denkbar. Gestatte er eine Ehrennahme, so erlösche eben damit sein Recht auf Sicherstellung und es komme nun nicht weiter darauf an, ob der Nächstberechtigte oder ein anderer Intervenient angenommen habe.

Hiernächst erwog man, ob dem Intervenienten, der sich, ohne der Nächstberechtigte zu sein, zur Ehrenannahme herzugedrängt habe, im Gesetze ein Präjudiz anzudrohen sei? Man bemerkte jedoch, daß ein solches füglich entbehrt werden könne, indem sich die Folgen seiner Voreiligkeit auch ohne die Androhung eines Präjudizes bei Gelegenheit der von ihm geleisteten Zahlung geltend machen würden. Er verliere nämlich in Gemäßheit des §. 60. den Regreß gegen diejenigen Indossanten, welche durch Leistung der von einem Anderen angebotenen Zahlung befreit wären.

Bei der hierauf erfolgenden Abstimmung wurde die Frage:

> Soll in dem Gesetze ein Präjudiz für den Fall ausgesprochen werden, wenn ein Intervenient gegen die bestimmte Reihenfolge Ehrenacceptation leistet?

mit 12 Stimmen gegen 7 verneint. In Folge dieser Abstimmung ward der dritte Absatz des §. b. für überflüssig erachtet.

Es ist in der That nicht erfindlich, aus welchem Grunde dem Inhaber die Innehaltung einer bestimmten Reihenfolge, zumal unter einem Präjudiz, zur Pflicht gemacht werden soll. Daß das Institut der Nothadresse ein dem Wesen des Wechsels künstlich inoculirtes ist; daß es den einfachen Formen des Wechselrechts nicht völlig entspricht, wird nicht bezweifelt. Zugegeben, daß die Nothadresse für die Bedürfnisse des Handels wünschenswerth ist, so ist doch sicher nicht zu leugnen, daß durch die Beschränkung des Inhabers in der Reihenfolge der Adressen, diesen Bedürfnissen ein wirklicher Vorschub nicht geleistet werden würde. Die praktische Nothwendigkeit ist vollends nicht anzuerkennen. Gesetzt der Aussteller, gesetzt der erste, zweite, dritte Indossant ernennt je eine Nothadresse A. B. C. D. Der A. B. und C. sind wenig bemittelt. Der D. ist vermögend. Man sieht in der That nicht, warum dem Inhaber mit rechtlichem Erfolg daraus ein Vorwurf zu machen ist, daß er den D. zur Annahme aufgefordert hat. Anders Brauer, Arch. Bd. 4. S. 316 und Hoffmann, Ausführliche Erläuterung S. 461, 462.

Er bemerkt:

„Hiernach wird man denn zwischen folgenden drei Fällen unterscheiden müssen.

1) Der Wechselinhaber hat bei der Befragung der Nothadresse die aus dem Wechsel hervorgehende Reihenfolge unter den verschiedenen Nothadressen nicht beobachtet, oder was dasselbe ist, eine nachstehende Nothadresse angegangen, ohne vorher über die Verweigerung der Ehrenannahme von Seiten des vorhergehenden Nothadressaten Protest aufgenommen zu haben, und ist in Gefolge hiervon die Ehrenannahme von Seiten des nachstehenden Nothadressaten, sowie nachher auch die Ehrenannahme von Seiten des später angegangenen vorgehenden Nothadressaten verweigert worden.

2) Der Wechselinhaber hat, ohne vorherige Befragung der vorgehenden Nothadresse, oder ohne einen aufgenommenen Protest über die Seitens derselben verweigerte Ehrenannahme, von der angegangenen nachstehenden Nothadresse die Ehrenannahme für den Urheber derselben, oder doch für einen Nachmann des Urhebers der vorgehenden Nothadresse erhalten.

3) Der Wechselinhaber hat von mehreren Nothadressen, welche sich zur Ehrenannahme erboten hatten, die nachstehende zugelassen.

In dem ersten dieser Fälle muß der Wechselinhaber den Regreß auf Sicherstellung gerade so verlieren, als wenn er die Nothadressen nicht befragt hätte, oder über die von Seiten derselben verweigerte Ehrenannahme keinen Protest hätte aufnehmen lassen. Denn der angegangene nachstehende Nothadressat kann hier gerade deshalb die Ehrennahme verweigert haben, weil die vorstehende Nothadresse nicht zuvor erweislich befragt worden war.

In dem zweiten Falle kann aber der Wechselinhaber in Folge der Nichtberücksichtigung der vorgehenden Nothadresse keinen Nachtheil erleiden, weil durch eine geleistete Ehrenannahme, gleichviel welche, ohnedem jeder Regreß auf Sicherstellung aufhört. Ebenso kann der nachstehende Nothadressat durch die geleistete Ehrenannahme einen solchen Regreß nicht verlieren, da ihm ein solcher in Folge einer Ehrenannahme überhaupt nicht zusteht. Vielmehr müssen in einem solchen Falle der Honorat des zur Ehrenannahme gelangten Nothadressaten, sowie diejenigen Vormänner eines solchen Honoraten, welche nach dem Urheber der vorgehenden Nothadresse den Wechsel begeben haben, den Regreß auf Sicherstellung verlieren. Denn jene würden einen solchen Regreß nicht haben, wenn die nachstehende Nothadresse auf dem Wechsel nicht gestanden hätte, und die vorgehende Nothadresse nicht befragt worden wäre. Der Urheber der vorgehenden und früheren Nothadresse kann aber dadurch keinen Nachtheil erleiden, bez. regreßpflichtig werden, daß ein späterer Indossant den Wechsel mit einer Nothadresse versehen hat. Der zur Ehrenannahme gelangte nachstehende Nothadressat macht sich indeß seinem Honoraten wegen der Nichterhaltung des Regreßrechts verantwortlich. Einer ähnlichen Verantwortung setzen sich auch der an sich vorgehende Nothadressat, sowie der Trassat aus, wenn sie eine Ehrenannahme für einen solchen Indossanten geleistet haben, welcher den Wechsel nach dem Urheber der an sich nachstehenden Nothadresse begeben hat. Wollen diese Personen nur zu Ehren eines solchen späteren Wechselgebers acceptiren, so werden sie klug daran thun, wenn sie eine solche Absicht vorher dem Wechselinhaber kund geben, und diesen dadurch veranlassen, zuvor die Ehrenannahme bei der an sich nachstehenden Nothadresse nachzusuchen und erforderlichen Falls Protest erheben zu lassen.

In dem dritten Falle müssen im Wesentlichen dieselben Grundsätze, wie in dem zweiten eben abgehandelten Falle, zur Anwendung kommen."

Hoffmann läßt also nur in dem ersten Fall ein Präjudiz gegen den Inhaber eintreten. Wenn aber ein solches dem Gesetz fremd ist, so ist die Begründung desselben noch weniger zu billigen. Das Präjudiz soll eintreten, weil ein Nothadressat die Nothannahme aus dem Grunde verweigern möchte, daß eine vorstehende Adresse nicht befragt worden. Die Gründe der Weigerung können jedoch dem Inhaber nicht das Recht auf Regreß Mangels Annahme entwinden; ganz zu geschweigen, daß eine anders oder gar nicht motivirte Weigerung selbst nach Hoffmann vollends einflußlos sein müßte.

Wird von den sämmtlichen Nothadressen unter Protest Annahme verweigert, so ist dem Inhaber das Recht auf Sicherstellung nicht zu verkümmern. (Art. 56.) Er ist nicht verpflichtet, noch nachträglich den Nothadressaten zur Annahme zuzulassen. (Art. 28. Abs. 1.)

Artikel 57.

Die Ehrenannahme von Seiten einer nicht auf dem Wechsel als Nothadresse benannten Person braucht der Inhaber nicht zuzulassen..

§. 136. Die Ehrenintervention und ihre Wirkungen.

Ehrenintervenient ist derjenige, welcher intervenirt, obwohl er auf dem Wechsel als Nothadressat nicht bezeichnet ist. Es folgt:

1) Die Intervention des als Nothadresse nicht bezeichneten Bezogenen ist als Ehrenintervention zu behandeln. Die Adresse auf ihn war nicht für den Fall der Noth gegeben.

2) Der Nothadressat, welcher nicht für die Adressanten, sondern für dessen Vor- oder Nachmann acceptirt, bleibt Nothadressat. Er ist auf dem Wechsel als Nothadresse benannt. Die Voraussetzungen und Wirkungen dieser Ehrenintervention sind identisch mit denen der Intervention durch die Nothadresse.

Die Ehrenintervention geschieht entweder zu Gunsten des Ausstellers (pro honore litterarum; per onor di lettera, di firma) oder zu Gunsten der Indossanten (per onor del giro). Der Unterschied zwischen dieser Intervention und der Intervention durch die Nothadresse besteht aber darin, daß der Inhaber die Intervention durch die Nothadresse annehmen muß, während er die Intervention durch jeden anderen Dritten ablehnen darf.

Lehnt er die Annahme durch die Nothadresse ab, so verliert er den Sicherheitsregreß. Lehnt er die Annahme des Dritt-Interventienten ab, so giebt diese Res inter alios acta den Regreßpflichtigen selbst dann keinen Grund zur Einrede, wenn dem Wechselinhaber Caution, ja Zahlung Seitens des Interventienten statt des Accepts angeboten werden (Prot. Sitz. 20. S. 125). Anders ALR. II. 8. §. 1020.

Es folgt, daß der Wechselinhaber berechtigt ist, die von dem Bezogenen anerbotene Ehrenannahme ohne Gefahr eines Präjudizes abzulehnen (Prot. S. 124, 125). Anders Koch WR. S. 255 und Comment. zum ALR. Art. 57. Anm. 96.

Fraglich ist, ob der Inhaber eine in Folge verweigerter Annahme bestellte Caution freigeben muß, wenn Accept nachträglich Seitens eines Ehreninterventienten angeboten und angenommen wird?

Die Frage ist zu verneinen.

Der Verzicht auf ein erworbenes Recht wird herbeigeführt, entweder durch eine ausdrückliche Willensverklärung oder durch ein bestimmtes Gesetz, welches an eine bestimmte Handlung den Verzicht knüpft. Ein solches Gesetz ist nicht aufzuweisen. Der Art. 28. a lin. 1 behandelt den Fall der Ehrenannahme nicht. Der Art. 56. setzt voraus, daß Sicherstellung noch nicht geleistet worden ist. Von derselben Voraussetzung geht der Art. 61. aus.

Concurrenz mehrerer Interventienten.

Bei einer Concurrenz mehrerer Interventienten wird dadurch, daß derjenige als Interventient zugelassen worden, durch dessen Zahlung nicht die meisten Verpflichteten befreit werden, weder gegen den Interventienten noch gegen den Wechselinhaber ein Präjudiz erworben.

Die Zulassung hängt lediglich von der Willkür des Inhabers ab; sie ist für ihn Res merae facultatis; die Androhung eines Präjudizes ist somit eben so unmöglich als dem Gesetz fremd. Anders Koch WR. S. 256. Es ist festzuhalten, daß nur der Art. 64. für die Zahlung ein Präjudiz setzt und daß das Präjudiz nur bei ihr practischen Sinn und Inhalt hat.

Dieselben Grundsätze kommen dem Wechselinhaber gegenüber bei der Concurrenz von Nothadressaten und Ehreninterventienten zur Anwendung. Es fehlt an jedem Präjudiz, das den Wechselinhaber um deswillen bedroht, weil er die Annahme des Dritten trotz der Nothadressen angenommen hat.

Intervention für eine außerhalb des Wechselverbandes stehende Person.

Wird zu Ehren einer außerhalb des Wechselverbandes stehenden Person acceptirt, so liegt keine Intervention vor; der angebliche Interventient wendet keinen Regreß ab; er kann somit keine Regreßrechte erwerben und es erwächst dem Wechselinhaber kein Präjudiz, wenn er bei der Zahlung demnächst gegen diesen unechten Interventienten die vorgeschriebenen Förmlichkeiten nicht beobachtet.

Hieraus folgt aber nicht, daß dieser Acceptant durch sein Accept nicht verhaftet werde. Im Gegentheil; er hat seinerseits die Verpflichtung als Ehrenacceptant auf sich genommen. Es ist kein Gesetz aufzuweisen, welches ihn seiner Verpflichtung entbindet (Koch WR. S. 257).

Artikel 58.

Der Ehrenacceptant muß sich den Protest Mangels Annahme gegen Erstattung der Kosten aushändigen und in einem Anhange zu demselben die Ehrenannahme bemerken lassen.

Er muß den Honoraten unter Uebersendung des Protestes von der geschehenen Intervention benachrichtigen und diese Benachrichtigung mit dem Proteste innerhalb zweier Tage nach dem Tage der Protesterhebung zur Post geben.

Unterläßt er dies, so haftet er für den durch die Unterlassung entstehenden Schaden.

§. 137. Obliegenheiten des Ehrenacceptanten.

Die Art. 58—61. beziehen sich auf die Annahme durch die Nothadresse und die eigentliche Ehrenannahme. Nothwendige Voraussetzung jeder Intervention ist:

1) daß der Bezogene nicht angenommen hat. Dies kann nur durch Protest Mangels Annahme constatirt werden. Es folgt, daß auch der Bezogene ohne diesen Protest nicht von vorn herein Ehrenacceptant werden kann. Es ergiebt sich hieraus

2) das Recht des Honoranten, die Aushändigung des Protestes zu begehren. Der Honorat kann überdies nur auf Grund dieses Protestes Regreß auf Sicherstellung gegen seine Vormänner nehmen (Art. 25.). Hieraus folgt, daß der Protest im Interesse des Intervenienten und der Honoraten aufgenommen ist. Die Consequenz ist, daß der Wechselinhaber den Protest nur gegen Erstattung der Protestkosten auszuhändigen hat (Thoel a. a. O. §. 249.) Es ist endlich erforderlich,

3) daß der Honorant seinen Willen, als Ehrenacceptant zu haften, klar ausdrückt. Die Regel ist, daß der Acceptant seinem auf den Wechsel oder die Copie zu setzenden Accept die Worte „zu Ehren von X. X." hinzufügt.

Der Anhang zum Protest kömmt dagegen in der Praxis niemals vor. Er wird vollständig dadurch ersetzt, daß der Ehrenacceptant in dem gegen den Bezogenen und ihn levirten Protest, bereits unter Protest erklärt hat: „ich intervenire" und demnächst sein Ehrenaccept giebt (Treitschke S. 556 ff.).

Notification.

Der Honorant muß dem Honoraten notificiren und diese Benachrichtigung mit dem Proteste

innerhalb zweier Tage nach dem Tage der Protesterhebung

zur Post geben.

Die Fassung dieser Worte beweist, daß für die Versendungsfrist nur der Tag maßgebend sein darf, an welchem gegen den Bezogenen Protest levirt worden ist. Anders Kitka §. 46. S. 197. Er nimmt an, der Intervenient müsse zwei Tage nach Erhaltung des Protestes notificiren.

Die nicht bewirkte Notification verpflichtet civilrechtlich für den durch die Unterlassung enstehenden Schaden.

Man hat jedoch nicht beabsichtigt durch die Präposition **durch** einen anderen Sinn auszudrücken als durch das Wort „aus" im Art. 45.

§. 138. Das Ehrenaccept.

1. Das Accept auf dem Wechsel.

Fraglich ist: haftet der Ehrenacceptant auch dann, wenn sein Accept nicht auf den Wechsel gesetzt, sondern seine Erklärung

ich acceptire den Wechsel zu Ehren des X.

nur in dem Proteste enthalten ist? Bluntschli (WR. Zus. 1. ad Art. 58.) bejaht die Frage. Sie ist zu verneinen.

Wollte man selbst, was im Hinblick auf die Art. 66. ff. 70. ff. irrig, zugeben, daß der Protest zugleich als eine Copie des Wechsels zu betrachten und zu behandeln sei, so ist erheblich, daß nur die **eigenhändige Schrift** verbindet.

Praktisch wird, wie oben bemerkt, die Vorschrift des Art. 56. sq. in der Weise gehandhabt, daß der Notar bei den sämmtlichen Nothadressen anfrägt, ob sie acceptiren wollen. In dem Protest vermerkt er ihre Erklärungen. Der Wechselinhaber entscheidet mit Rücksicht auf Art. 56., welcher Adresse der Vorzug zu geben. Diese acceptirt und erhält demnächst den Protest.

2. Die Fassung des Accepts.

Fraglich ist: haftet der Ehrenacceptant auch dann, wenn sein auf den Wechsel gesetztes Accept nur lautet: Angenommen X.?

Die Frage ist zu bejahen.

Es genügt das auf den Wechsel gesetzte Accept und die Thatsache, daß der Protest den Charakter desselben als eines Ehrenaccepts ausdrückt. Die Worte des Art. 59. stehen dieser Auffassung zur Seite.

3. Mehrere Accepte.

Fraglich ist: Ist der Inhaber berechtigt oder verpflichtet, das Ehrenaccept von allen denjenigen nachzusuchen, welche sich zu demselben erboten haben?

Es ist weder eine Verpflichtung noch eine Berechtigung anzuerkennen. Die Fassung des Art. 56 giebt deutlich zu erkennen, daß durch die Annahme eines Einzigen das Recht und die Pflicht des Inhabers erschöpft und erfüllt ist.

Es fehlt auch an den Handhaben, um mehrere Ehrenaccepte zu beschaffen.

Jeder Ehrenacceptant kann die Aushändigung **des** Protestes begehren. Nur ein **einziger** Protest existirt. Der Inhaber ist daher gar nicht in der Lage, dem gesetzlichen Begehren mehrerer Ehrenacceptanten nachzukommen. Es folgt, daß er nur ein Recht auf ein einziges Accept hat (vergl. das Erk. des Ob. Oesterr. Ger. vom 27. März 1856; Oesterr. Ger.-Ztg. pro 1856 Nr. 76).

4. Das Accept auf der Copie.

Die Nachfrage muß auch dann gehalten werden, wenn die Nothadresse oder das Ehrenaccept auf einer Copie steht. Brauer beschränkt dies auf den Fall, daß sich Accept oder Adresse auf einer mit einem Original-Indossament versehenen Copie befindet und zu Gunsten dieser Original-Indossanten die Ehrenacceptation geschehen ist. (Arch. Bd. 5. S. 360 ff.) Er beruft sich auf den §. 226. des Preuß. Entw. (1845):

„Ist jedoch von einem der nach §. 225. Regreßpflichtigen (d. h. des Original-Indossanten) eine Nothadresse auf die Wechsel-Copie gesetzt, so muß erst von einer solchen Nothadresse Annahme oder Zahlung der Wechsel-Copie gefordert und im Falle der Weigerung dieserhalb Protest aufgenommen werden, bevor Regreß auf Sicherstellung oder Zahlung nach §. 225. genommen werden kann."

Mit Unrecht. Der Paragraph handelt nur von der Wirkung der Nothadresse im Falle, daß der Original-Wechsel beim Verwahrer nicht zu erhalten gewesen. Hier kann die Nothadresse nur dann von Gewicht sein, wenn sie von einem Indossanten herrührt, der ein Original-Indossament auf die Copie gesetzt hat. Für die übrigen Indossanten besteht, sobald der Wechsel nicht vorhanden, keine Verbindlichkeit. Daß aber das Ehrenaccept auf einer Copie bindet, obwohl ein sonstiges Accept ohne Erfolg ist, liegt nicht daran, daß der Indossant ein Trassant ist, sondern daran, daß der Ehrenacceptant ein Regreßpflichtiger ist. Die Regreßpflicht kann aber auch auf einer Copie eingegangen werden. Das Indossament auf einer Copie erzeugt dieselben rechtsverbindlichen Folgen, wie das auf dem Wechsel. Das Ehrenaccept auf der Copie hat daher die rechtsverbindlichen Folgen, nicht weil es für einen auf demselben befindlichen Indossanten gegeben worden, sondern weil der Indossant schon durch sein Indossament auf der Copie regreßpflichtig wird. Gleichgültig daher ist, ob auf der Copie wirklich ein Original-Indossament sich befindet und ob die Ehrenacceptation zu Gunsten des Original-Indossaments geschehen ist.

Artikel 59.

Wenn der Ehrenacceptant unterlassen hat, in seinem Accepte zu bemerken, zu wessen Ehren die Annahme geschieht, so wird der Aussteller als Honorat angesehen.

§. 139. Unterlassene Bezeichnung des Honoraten.

Das Wesen des Wechsels bedingt, daß die Natur der übernommenen Verbindlichkeit sich aus dem Wechsel selbst ergeben muß. Hieraus folgt:

1) Dem Accept des Honoranten ist auf dem Wechsel hinzuzufügen: zu wessen Ehren die Annahme geschieht.

2) Ist nur supra protesto oder kurzweg zu Ehren angenommen worden, ohne daß ein Honorat genannt worden, so wird der Trassant als Honorat angesehen, ohne daß der dieser Fiction entgegenstehende Inhalt des Protestes in Betracht kömmt. Mit Recht. Der Intervenient hat zu entgelten, wenn er nicht auf dem Wechsel vermerkt, zu wessen Ehren die

Annahme geschehen. Er hat sich selbst beizumessen, wenn an seine Negligenz die Folgerung geknüpft wird, daß diejenige Intervention am meisten begünstigt werden müsse, welche die meisten Verpflichteten befreit. Die Conferenz hat daher mit Recht S. 128 die Frage verneint:

Soll auch ein Vermerk in dem Proteste hinreichen, um die Person des Honoraten zu bestimmen?

Der §. 90. des Preuß. Entw. (1845) hatte bestimmt, daß wenn die Angabe des Honoraten im Protest mit der im Accepte differirt, der Protest entscheiden solle. Mot S. 33. Der Bericht (S. 84) erklärt gerade umgekehrt das im Wechsel enthaltene Accept für entscheidend und diese Ansicht ist im Art. 59. als die richtige anerkannt worden.

Fraglich ist: Was soll geschehen, falls die Nothadresse im Protest erklärt, sie wolle interveniren und trotz dessen sich demnächst weigert, das Ehrenaccept auf den Wechsel zu setzen?

Die Wechsel-Ordnung enthält hierüber keine Bestimmung. Es ist auch — wenigstens hier in Berlin — bis in die neueste Zeit nicht vorgekommen, daß die Nothadresse, nachdem sie einmal unter Protest erklärt, sie wolle durch Annahme oder Zahlung interveniren, späterhin Schwierigkeit erhoben hätte. Ist dies gewiß dafür ein Beweis, daß Nothadressen nur auf solide Häuser gerichtet zu werden pflegen, so ist doch just in der neuesten Zeit trotz jener Erklärung im Protest später Accept und bei der Intervention Mangels Zahlung die Zahlung geweigert werden.

Es leuchtet ein, daß der Inhaber, um seinen Regreß zu sichern, diese Weigerung durch Protest feststellen lassen muß.

Fraglich ist: Verliert der Inhaber, falls die Nothadresse oder ein Dritter in honorem acceptirt, ohne daß Protest Mangels Annahme levirt worden, den Regreß auf Sicherstellung?

Die Frage ist zu bejahen. Der Inhaber hat durch Annahme des Accepts seinen Verzicht auf eine andere Sicherstellung bekundet; der Acceptant aber haftet, weil der Art. 60. als lex specialis, ohne auf die Erhebung des Protestes Gewicht zu legen, verordnet

der Ehrenacceptant wird den sämmtlichen Nachmännern des Honoraten durch die Annahme wechselmäßig verpflichtet.

Dasselbe gilt, wenn die Nothadresse oder der Ehrenacceptant es versäumt, sich den Protest aushändigen zu lassen. Dies folgt schon aus dem Art. 58. und 60. Niemand kann aus dem Umstande, daß er die zur Ausübung seiner Rechte verordneten Bedingungen nicht beobachtet, Rechte herleiten.

Artikel 60.

Der Ehrenacceptant wird den sämmtlichen Nachmännern des Honoraten durch die Annahme wechselmäßig verpflichtet. Diese Verpflichtung erlischt, wenn dem Ehrenacceptanten der Wechsel nicht spätestens am zweiten Werktage nach dem Zahlungstage zur Zahlung vorgelegt wird.

§. 140. Folgen der Ehrenannahme.

1. Für den Ehrenacceptanten.

„Der Ehrenacceptant will nicht eigentlich an die Stelle des Bezogenen treten, sondern er will eigentlich für den Wechselgaranten Regreß leisten.

(Erl. zum §. 93. des Preuß. Entw. von 1845 S. 34). Der Ehrenacceptant will nicht an die Stelle des Bezogenen treten; er will vielmehr, wenn der Bezogene zur Verfallzeit nicht zahlt, sofort für den Honoraten Regreß leisten." Preuß. Motiv zum §. 57. S. 87. Dies ist die einzig richtige Auffassung von der Stellung des Ehrenacceptanten. Er ist nicht Acceptant überhaupt, er ist nicht event. Acceptant; er ist nicht partieller Acceptant, sondern der Repräsentant eines Regreßpflichtigen, nur daß er sich in der Form des Accepts für die Regreßsumme und die Regreßpflicht seines Honoraten verpflichtet. Der Art. 60. zieht die richtigen Consequenzen dieses Satzes. Es sind diese:

1) Der Ehrenacceptant haftet durch die Annahme nicht dem Honoraten, sondern nur den Nachmännern des Honoraten und somit dem Wechselinhaber wechselmäßig. Er ist mit dem Honoraten gleichsam identisch und kann daher diesem unmöglich haften.

2) Weil der Ehrenacceptant nur als Regreßpflichtiger zu erachten, so haftet er nur dann, wenn ihm sein Original-Accept vorgelegt werden kann. Der Verlust des Wechsels liberirt ihn somit wie jeden anderen Indossanten. Dies ist auch im Art. 60. ausgedrückt: „Der Wechsel" ist derjenige, auf welchem das Original des Ehrenaccepts befindlich ist. Ob dies sich auf der Prima, Secunda oder einer Copie findet, kömmt dagegen nicht in Betracht. Vergl. die übereinstimmenden Erkenntnisse des Handels- und Ob.-Ger. zu Hamburg (Arch. Bd. I. S. 47 ff. und Gelpcke Ztschr. Hft. 2. S. 198 ff.).

3) Weil der Ehrenacceptant ein Regreßpflichtiger ist, so haftet er nicht, wenn dem Honorat oder einem anderen Regreßpflichtigen eine Exceptio in rem zusteht. Ist also der Wechsel präjudicirt, so ist der Ehrenacceptant eben so gewiß liberirt, wie alle anderen Indossanten.

4) Weil aber die Regreßpflicht in Form eines Accepts übernommen, so ist er nicht berechtigt, die Einreden aus der Person des Honoraten dem Wechselinhaber entgegenzustellen. Durch sein Eintreten in den Wechsel-Verband fällt nach dieser Richtung hin jede Verbindung zwischen dem Wechsel-Inhaber und dem Honoraten fort, I. 14. §. 399. ALR. Die Annahme des Gegentheils würde dahin führen, daß dem Ehrenacceptanten außer den Exceptiones in rem nicht nur die Einreden aus seiner eigenen Person, sondern auch aus der Person des Honoraten zustehen müßten. Die Lage des Inhabers wäre somit erschwert. Dies widerspricht aber just dem Zweck der Intervention.

5) Weil der Ehrenacceptant als Regreßpflichtiger durch die Ehrenzahlung Regreßrechte gegen den Honoraten, dessen Vormänner und den Acceptanten erwirbt und erwerben will, so ist die Bestimmung gerechtfertigt: Dem Ehrenacceptant ist der Wechsel spätestens am zweiten Werktage nach dem Zahlungstage zur Zahlung vorzulegen. Gegen ihn ist Mangels Zahlung Protest zu leviren. Wird die Frist nicht inne gehalten, so erlischt die Verpflichtung des Honoranten (Art. 60). Wird der Protest nicht levirt, so geht der Regreß gegen den Adressanten, Honoraten und deren Nachmänner verloren (Art. 62). Es folgt:

6) Zahlt der Ehrenacceptant zu einer Zeit, wo er bereits liberirt ist,

so erwirbt er keine Regreßrechte. Die Zahlung hat dann den Character der donatio und verpflichtet Niemand.

Entscheidend ist, heißt es S. 34 in den Erläuterungen zu dem §. 93. des Preuß. Entw. (1845), daß der Ehrenacceptant zur Erlangung seiner Schadloshaltung in das Wechselrecht des Inhabers eintreten soll. Wird die Zahlung erst nach dem Zahlungstag gefordert, dann kann er den Regreß nicht mehr geltend machen, weil der Inhaber dazu nicht mehr befugt war, und wollte man ihm ohne Rücksicht auf die Zeit der Zahlung den Regreß zugestehen, dann würde man den Regreßpflichtigen die Vortheile benehmen, welche ihnen eben durch die strengen Vorschriften über die Formalitäten der Regreßnahme zugewendet werden sollen.

Artikel 61.

Wenn der Wechsel von einer Nothadresse oder einem anderen Intervenienten zu Ehren angenommen wird, so haben der Inhaber und die Nachmänner des Honoraten keinen Regreß auf Sicherstellung.

Derselbe kann aber von dem Honoraten und dessen Vormännern geltend gemacht werden.

§. 141. Folgen der Ehrenannahme. Fortsetzung.

2. Für die Regreßpflichtigen.

Der Zweck des Ehrenaccepts ist: die Zahl der Regreßberechtigten und der Regreßpflichtigen zu vermindern. Es folgt:

I. Den Regreß auf Sicherstellung verliert

1) der Wechsel-Inhaber selbst.

Nimmt er die Intervention des Dritten an, so erklärt er hierdurch, daß ihm genügende Sicherheit bestellt sei. Acceptirt die Nothadresse, so wird dem Wechselinhaber diejenige Caution gewährt, zu welcher er nur berechtigt gewesen.

Den Regreß verlieren

2) die Nachmänner des Honoraten.

Der Art. 27. verordnet:

> Die bestellte Sicherheit haftet allen übrigen Nachmännern des Bestellers, insofern sie gegen ihn Regreß auf Sicherstellung nehmen.

Der Art. 61. unterscheidet nicht, ob Noth- oder Ehrenannahme vorliegt. Hält man fest, daß der Inhaber nicht verpflichtet ist, die Ehrenannahme zuzulassen, und daß das Ehrenaccept vom Gesetz als eine genügende Sicherheit fingirt wird, so können die Nachmänner des Honoraten sich nicht auf den 2. Abs. des Art. 27. stützen:

> „Dieselben sind weitere Sicherheit zu verlangen nur in dem Falle berechtigt, wenn sie gegen die Art oder Größe der bestellten Sicherheit Einwendungen zu begründen vermögen."

Den Regreß verliert

3) der Honorant selbst.

Gegen die Vormänner des Honoraten ist ihm ein Regreß nicht zu gewähren. Mit ihnen steht er in keiner Verbindung. Gegen den Honoraten darf er Regreß nicht nehmen. Mit ihm ist er gleichsam identisch. Ihm muß er den Protest ausliefern und somit das Mittel zum Regreß — Art. 25. und 26. — exhibiren. Art. 58. Er erwirbt gegen ihn erst Rechte durch die Zahlung. Der in der Conferenz geltend gemachte Grund, daß der Ehrenacceptant als Mandatar des Honoraten grade zu dem Zweck auftrete, um jenen von der Pflicht der Sicherheitsleistung zu befreien und demgemäß hierauf gegen den Honoraten nicht klagen könne, ist sonach nicht zureichend (Prot. Sitz. 20. S. 127).

II. Berechtigt zum Regreß ist dagegen

1) der Honorat.

Er hat Sicherheit bestellt. Ihm sind die Vormänner regreßpflichtig, falls er nur im Besitz des Protestes ist. Art. 26.

2) Die Vormänner des Honoraten.

Sie sind ihren Vormännern gegenüber in derselben Lage.

Es folgt: daß sich die Klage immer nur gegen die Vormänner des Honoraten richten kann. Art. 26.

Fraglich ist: Kann der in Anspruch genommene Vormann mit Erfolg die Einrede entgegensetzen: Der Wechselinhaber hat das Ehrenaccept der von meinem Nachmann bezeichneten Nothadresse angenommen; er hat das Accept der von mir bezeichneten Nothadresse nicht nachgesucht; ich bin daher zur Sicherstellung nicht verpflichtet? Art. 56. alin. 1.

Diese Frage ist zu verneinen.

Den Wechselinhaber trifft ein Präjudiz nicht, daß er just die Annahme dieses Adressaten angenommen.

Der Honorant, der sich zum Accept unter Protest erboten, kann nicht entgelten, daß sein Accept angenommen ist.

Die Einrede des Verklagten stellt sich als eine Exceptio de jure tertii dar und sie stützt sich auf Voraussetzungen, für welche der Kläger nicht aufzukommen braucht.

2. Ehrenzahlung.

§. 142. Begriff und Zweck.

Die Ehrenzahlung kann geschehen durch die Nothadresse, durch den Ehrenacceptanten oder durch einen Dritt-Intervenienten. Es frägt sich:

Von wem kann der Inhaber Zahlung annehmen?

Der Inhaber kann von einem Jeden Zahlung annehmen. Dieser Grundsatz des Civilrechts ist durch das Wechselrecht nicht aufgehoben. Es wäre auch kein Grund erfindlich, dem Inhaber unter Präjudiz die Annahme der Zahlung zu verbieten. Eine andere Frage aber ist: ob der Inhaber die Zahlung jedes beliebigen Dritten annehmen muß oder ob er nicht berechtigt ist, sie ohne Präjudiz zurückzuweisen?

Es leuchtet ein, daß er wechselrechtlich nur diejenige Zahlung annehmen muß, welche sich als Ehrenzahlung characterisirt. Art. 62. alin. 3. Richtig ist: Wer für den Acceptanten, den Bezogenen, wer für denjenigen, für dessen Rechnung der Wechsel gezogen worden, Zahlung offerirt, befreit nicht nur die Meisten, sondern sämmtliche Wechselverpflichtete. Da er aber Zahlung nicht für einen Regreßpflichtigen anbietet, so hat die Zahlung nicht den Character der Ehrenzahlung. Der Inhaber kann sie daher ohne Präjudiz ablehnen. Es wird bei der Ehrenzahlung eben ein regreßpflichtiger Honorat vorausgesetzt. Der Zweck der Intervention ist nicht, einen Wechselverbundenen, z. B. den Acceptanten zu befreien, sondern den Regreß abzukürzen. Der Intervenient, der den Regreß nicht abkürzen, sondern ganz beseitigen will, ist kein Ehreninterventient.

Liebe, Erläuterungen S. 179 sub Nr. 3. bemerkt dagegen:

> Es kommt nicht darauf an, daß der Honorat (der ja doch nicht befreit wird) ein Wechselverpflichteter sei, sondern darauf, daß die Befreiung so vieler Wechselverpflichteter als möglich geschehe.

Er übersieht jedoch, daß der Art. 62. ausdrücklich verordnet:

> „Weist der Inhaber die von einem anderen Intervenienten angebotene Ehrenzahlung zurück, so verliert er den Regreß gegen die Nachmänner des Honoraten."

Da nun derjenige, für dessen Rechnung gezogen ist, Nachmänner nicht hat, so ist schon um deswillen ein Präjudiz gegen den Wechselinhaber nicht zu realisiren (Einert WR. S. 346). Es mag sein, daß diese Consequenz etwas Auffallendes hat. Man setze aber, der Dritte erklärt: ich will zu Niemandes Ehren zahlen. Man wird doch bei der Ablehnung einer solchen Offerte sicher nicht das wechselrechtliche Präjudiz des Art. 62. Nr. 3. realisiren können.

Das Wesen der Ehrenzahlung bedingt sodann, daß volle Zahlung geleistet werde. Der Inhaber kann daher die interveniendo anerbotene Theilzahlung ohne Präjudiz ablehnen.

Wirkung der Ehrenzahlung.

Juristisch läßt es sich nicht rechtfertigen, daß der dem Wechselverband fremde Ehrenzahler aus eigenem Rechte in die Rechte des Inhabers gegen den Honoraten, dessen Vormänner und den Acceptanten tritt (Art. 63.). Der Satz hat sich jedoch nach und nach durch die Praxis gebildet (Einert S. 325; Thoel §. 252.). Zunächst räumte man dem Intervenienten Wechselrechte gegen den Honoraten ein; später die Regreßrechte des Inhabers gegen die Vormänner des Honoraten, jedoch nur wenn er sich diese ausdrücklich vorbehalten. Zuletzt wurde dieser Vorbehalt fingirt.

Die nothwendige Voraussetzung für das Recht des Intervenienten ist jedoch der vom Inhaber levirte Protest (Art. 62. und 63.). Es ist fraglich, ob der Intervenient nicht auch ohne Protest zahlen und demnächst selbstständig Protest erheben könne? Der §. 8. des Hamburger Einführungs-Gesetzes vom 5. März 1849 läßt dies in Betreff des Ehrenacceptanten zu. Ebenso §. 12. des Einf.-Ges. für Holstein und Nr. 2. des Lübecker Einf.-Ges. vom 28. April 1840.

Der §. 8. l. c. bestimmt:

> „Wenngleich ein Ehrenacceptant nach Art. 62. und 63. der ADWO.

nur verpflichtet ist, sein Accept gegen ihm geschehene Einlieferung des vom Inhaber ordnungsmäßig erhobenen Protestes Mangels Zahlung einzulösen, so bleibt es demselben dennoch gestattet, nach Maßgabe des hierselbst bestehenden Gebrauchs die Zahlung auf Verfall, auch bereits vor erhobenem Protest zu leisten. Er tritt durch solche Zahlung in die Rechte des Inhabers gegen den Honoraten, dessen Vormänner und den Acceptanten, und hat sodann die zur Ausübung dieser Rechte von der Wechsel-Ordnung vorgeschriebenen Förmlichkeiten an der Stelle des Inhabers seinerseits zu erfüllen."

Zahlt also der Ehrenacceptant, nicht der Intervenient, ohne Protest, so erwirbt er dennoch sofort die Regreßrechte des Inhabers, wenn er nur demnächst Protest erhebt.

Diese Bestimmung ist der DWO. nicht gemäß. Anders Gelpcke Archiv Bd. 2. S. 60 ff.; Koch Comment. zum ALR. Bd. 3. Anm. 2. zu Art. 63.; Hoffmann S. 484. Der Intervenient wird nicht durch die Zahlung an sich berechtigt, sondern durch den Besitz des Wechsels und des von dem Inhaber levirten Protestes (Art. 62. 63. alin. 1.). Wechsel und Protest bilden ein Ganzes. Durch den Besitz Beider ist erst die Legitimation des Intervenienten zu führen. Daraus folgt, daß er nicht selbstständig Protest erheben darf. Er ist zu diesem Act nicht legitimirt und kann um deswillen durch den von ihm levirten Protest nicht Rechte überkommen, welche ihm nur der von dem Inhaber erhobene Protest verleihen kann.

Der Honorat, meint Koch, hat nicht den mindesten Nachtheil, folglich kein Interesse, daß der Protest von dem Intervenient und nicht von dem Inhaber erhoben worden. Hierbei wird übersehen:

1) daß ohne Protest des Inhabers kein nothleidender Wechsel und somit keine Intervention, kein Erwerb von Regreßrechten durch den Intervenienten denkbar ist, und

2) daß es denn doch sehr dahin steht, ob nicht der Inhaber versäumt haben würde, Protest zu erheben.

Man denke nur an den Fall des Domicilwechsels. Der Domiciliat zahlt. Er überlegt später, daß er keine Deckung erhalten hat und daß die Verhältnisse des Acceptanten mißlich sind. Er beschließt nunmehr Protest zu erheben und in diesem als Ehrenzahler zu figuriren.

Wenn es nicht die Absicht der Wechsel-Ordnung sein kann, durch das Institut der Ehrenzahlung solche Manipulationen möglich zu machen, so ist daran festzuhalten, daß der Erwerb von Regreßrechten von der Aushändigung des durch den Inhaber levirten Protestes abhängig ist.

Artikel 62.

Befinden sich auf dem von dem Bezogenen nicht eingelösten Wechsel oder der Copie Nothadressen oder ein Ehrenaccept, welche auf den Zahlungsort lauten, so muß der Inhaber den Wechsel spätestens am zweiten Werktage nach dem Zahlungstage den sämmtlichen Nothadressen und dem Ehrenacceptanten zur Zahlung vorlegen und den Erfolg im Proteste Mangels Zahlung oder in einem Anhange zu demselben bemerken lassen.

Unterläßt er dies, so verliert er den Regreß gegen den Adressanten oder Honoraten und deren Nachmänner.

Weist der Inhaber die von einem anderen Intervenienten angebotene Ehrenzahlung zurück, so verliert er den Regreß gegen die Nachmänner des Honoraten.

§. 143. Bedingungen des Regresses.

1. Für den Wechselinhaber.

Die Ehrenzahlung setzt einen nothleidenden Wechsel voraus. Der Inhaber muß daher spätestens am zweiten Werktage nach dem Zahlungstage den Wechsel bei dem Bezogenen protestiren und demnächst bei den Nothadressen und Ehrenacceptanten Zahlung begehren.

Die Reihenfolge, welche er bei der Annahme der Zahlung zu beobachten hat, ist durch Art. 56. 61. 62. 64. bestimmt. Der Vorzug gebührt demjenigen, durch dessen Zahlung die meisten Wechselverpflichteten befreit werden.

Eine weitere Casuistik hat der Gesetzgeber mit Recht nicht beliebt. Es wird somit kein Präjudiz gegen den Ehrenzahler verwirkt, wenn der Inhaber zwischen den für den Aussteller intervenirenden Dritt-Intervenienten, Ehrenacceptanten und Nothadressaten dem Ersteren den Vorzug giebt.

Bevor wir nun aber auf diese durch das Licht der Praxis nur spärlich erhellte Lehre des Näheren eingehen, erscheint zum besseren Verständniß ersprießlich, zuvörderst das Verfahren der Notare bei dem Protestiren solcher Wechsel zu schildern.

Ihr Verfahren bei einem mit Nothadressen versehenen nothleidenden Wechsel ist Folgendes:

Der Notar begiebt sich zuvörderst zum Acceptanten und protestirt bei ihm Mangels Zahlung. Er begiebt sich demnächst zu den sämmtlichen Nothadressaten und dem Ehrenacceptanten und begehrt von ihnen Zahlung. Ihre Antwort ist entweder eine verneinende oder sie lautet: ich intervenire zu Gunsten des A. B. C. &c. Nunmehr fertigt der Notar in einer Protesturkunde die sämmtlichen Erklärungen des Acceptanten und der Intervenienten aus und übergiebt diesen Protest nebst dem Wechsel dem Wechselinhaber. Dieser sucht denjenigen Intervenienten aus, durch dessen Zahlung die meisten Wechselverpflichteten befreit werden, Art. 64., er erhält von diesem gegen Aushändigung des Wechsels und jenes Protestes Zahlung und giebt ihm, ohne daß ein weiterer Nachtragsprotest levirt wird, auf dem Wechsel Quittung. Diese Quittung lautet in der Regel:

Zahlung von dem Herrn X. zu Gunsten des Herrn A. erhalten; sie lautet aber auch häufig nur: Zahlung erhalten. Dieses Verfahren ist ein durchaus sachgemäßes. Es entspricht dem Gesetz und es kann in anderer Art in der That nicht organisirt werden.

Der Intervenient kann nur erklären, er wolle interveniren; er kann aber Zahlung weder offeriren, noch sich zur sofortigen Zahlung erbieten. Dies ist undenkbar; denn er kann nur zahlen gegen Aushändigung des Wechsels, der Quittung und des noch gar nicht ausgefertigten von ihm zu prüfenden Protestes. Er kann nicht zahlen, bevor er nicht weiß, ob nicht ein besser Berechtigter sich zur Zahlung erbieten möchte. Dieses Verfahren ist auch dasjenige, welches zur Zeit des Erlasses der Wechselordnung bereits bestanden hat, wie es denn in den Protokollen ausdrücklich heißt (Sitz. 33. S. 238):

> Zuerst wurde der Anstand erhoben, daß unbedingt bei allen Nothadressen angefragt, die Anfrage also unnöthiger Weise auch dann fortgesetzt werden solle, wenn eine der Nothadressen für den Aussteller zu interveniren erklärt habe. Dagegen wurde aber eingewendet, daß es höchst wünschenswerth sei, ein vollständiges Bild des ganzen mit dem Wechsel eingeschlagenen Verfahrens zu erhalten. Es handle sich blos um einige Gänge des Notars, welcher hierfür eine kleine ihm wohl zu gönnende Entschädigung erhalte. Hierauf wurde der Antrag von dem Herrn Proponenten zurückgezogen.

Man wird daher dem Obertribunal, Strieth. Bd. 38. S. 370, nicht beitreten können, wenn dort gesagt wird:

> „Nach Art. 62. muß der Wechselinhaber den Wechsel spätestens am zweiten Werktage nach dem Zahlungstage den sämmtlichen Nothadressen vorlegen und den Erfolg im Proteste Mangels Zahlung, oder in einem Anhange zu demselben bemerken lassen, bei Vermeidung des Verlustes des Regresses gegen den Honoraten und die Nachmänner. Unter dem Erfolg ist hier nur zu verstehen, ob die Zahlung wirklich geleistet worden ist oder nicht"

Der Notar thut genug und er kann nichts Anderes thun, als den Wechsel zur Zahlung vorlegen und der Intervenient kann nur erklären:

> ich intervenire zu Gunsten des X.

Ein Weiteres ist, wie gezeigt, weder möglich noch ausführbar; denn der Nachtrag zum Protest kömmt in der Praxis niemals vor. Er hat auch keinen Zweck. Nachdem der Intervenient unter Protest erklärt hat, er wolle interveniren, sind nur zwei Fälle denkbar. Entweder zahlt der Intervenient; dann ergiebt die einfache Quittung in Verbindung mit dem Protest, daß er seiner Erklärung gemäß, d. h. als Ehrenzahler, gezahlt hat, und es wird jedes Bedenken behoben, wenn die Quittung zugleich ausspricht, daß die Zahlung eine Ehrenzahlung darstelle. Oder der Intervenient zahlt nicht, dann muß dies in wechselmäßiger Weise, nämlich durch Protest, festgestellt werden und der Wechselinhaber verfällt dem Präjudiz des Art. 62., falls er diesen Protest nicht leviren läßt.

Die Präsentation zur Zahlung muß innerhalb der im Art. 41. vorgeschriebenen Frist erfolgen (cfr. Art. 60). Wird diese Frist nicht innegehalten, so ist der Regreß gegen den Adressanten, den Honoraten und die Nachmänner verloren.

Der §. 58. des Preuß. Entw. ließ den Regreßverlust gegen die sämmtlichen Vormänner des Honoraten eintreten. Man erwog jedoch, daß die Ehrenzahlung für die Vormänner des Honoraten eine res inter alios acta sei. (Prot. Sitz. 20. S. 128—129; Sitz. 33. S. 238 u. 239).

Das Gesetz unterscheidet mit Recht zwischen der Negligenz des Inhabers, welcher unterläßt den Nothadressen und dem Ehrenacceptanten den

Wechsel zu präsentiren und der Zurückweisung einer von einem anderen Intervenienten angebotenen Ehrenzahlung.

Im ersten Fall tritt Regreßverlust gegen den Adressanten oder Honoraten und deren Nachmänner ein.

Im zweiten Fall tritt Regreßverlust nicht gegen den Honoraten, sondern nur gegen die Nachmänner des Honoraten ein.

Die Protokolle erklären diese Distinction. Sie bemerken Sitz. 21. S. 130, 131.

> Denn bei einer Nothadresse lasse sich voraussetzen, daß der Adressat bereits Deckung in Händen habe, oder doch mit demjenigen, zu dessen Ehren er zahlen wolle, in specieller Geschäftsverbindung stehe und daher keinen wechselmäßigen Regreß gegen denselben nehmen werde; bei einer freiwilligen Intervention könne dies aber nicht vorausgesetzt und daher auch nicht angenommen werden, daß derjenige, für welchen ein freiwilliger Intervenient zahlen wolle, bei der Zulassung dieser Intervention in eine günstigere Lage versetzt werde.

Besonders hervorzuheben ist noch folgender Fall (Liebe S. 178).

Der Intervenient bietet Zahlung an; er stellt aber die Bedingung, daß Protest nicht erhoben werde.

Der Inhaber fügt sich dieser Bedingung nicht. Er erhebt Protest. Der Intervenient weigert um deswillen die Zahlung.

Es frägt sich, welches Präjudiz gegen den Inhaber zu realisiren ist? Liebe S. 181 nimmt mit Recht an, daß er den Regreß gegen diejenigen verliert, welche durch die Intervention befreit sein würden. Art. 62.

Die Annahme Thoel's §. 259., welche ihn jedes Regresses verlustig erklärt, findet in der DWO. keine Stütze.

Artikel 63.

Dem Ehrenzahler muß der Wechsel und der Protest Mangels Zahlung gegen Erstattung der Kosten ausgehändigt werden.

Er tritt durch die Ehrenzahlung in die Rechte des Inhabers (Art. 50. u. 52.) gegen den Honoraten, dessen Vormänner und den Acceptanten.

§. 144. Fortsetzung.

2. Für den Ehrenzahler.

Die Ehrenzahlung geschieht im Interesse eines nothleidenden Wechsels zu Gunsten eines Regreßpflichtigen. Es folgt:

1) Der Ehrenzahler hat nicht die Wechselsumme, sondern die Regreßsumme zu bezahlen, namentlich also die sämmtlichen Protestkosten.

2) Der Ehrenzahler darf nicht zahlen, bevor der Protest erhoben worden.

3) Er ist nur verpflichtet Zug um Zug gegen Aushändigung des Protestes und des Wechsels zu zahlen (Prot. Sitz. 21. S. 129).

4) Ist ein rechtsgültiger Protest nicht erhoben, so liegt ein Regreßfall nicht vor. Die Abwendung desselben ist daher nicht durch die Zahlung

herbeigeführt und somit kein Grund erfindlich, dem Ehrenzahler Rechte einzuräumen.

5) Die den gesetzlichen Erfordernissen entsprechende Ehrenzahlung steht in gewisser Beziehung mit dem Giro auf einer Linie. Es wird fingirt, daß der Honorat nicht dem Nachmanne, sondern dem Ehrenzahler den Wechsel gleichsam girirt habe. Hieraus folgt, daß der Ehrenzahler gegen den Honoraten, dessen Vormänner und den Acceptanten Wechselrecht erwirbt. Dem Honoraten gegenüber ist er der letzte Wechselinhaber und zwar ein solcher, dem die Zahlung verweigert worden. Er setzt sich somit dem Präjudiz des Art. 45. aus, wenn er nicht innerhalb der gesetzlichen Frist dem Honoraten, als seinem unmittelbaren Vormanne, notificirt.

6) Von selbst versteht es sich, daß der Zahler diese Rechte nur erlangt, insofern er Ehrenzahler ist.

Im Präjudiz des Ob.-Trib. vom 20. April 1847 (Entschd. Bd. **14.** S. **458**; Rechtsf. Bd. **1.** S. 98) ist daher ausgesprochen:

> Ein nicht im Wechselverbande stehender Dritter, der einen von dem Bezogenen acceptirten, oder am Verfalltage nicht bezahlten, (wenn auch vorschriftsmäßig protestirten) Wechsel durch die an den Inhaber geleistete Zahlung an sich bringt, erwirbt durch diese Zahlung allein, wenn er sich von dem Inhaber weder ein Giro, noch eine Cession, sondern nur eine Quittung hat ertheilen lassen, auch die Zahlung nicht als eine Ehrenzahlung für einen der dem Wechselinhaber als dessen Vormänner verhafteten Wechselverpflichteten nach obiger Vorschrift geleistet worden ist, gegen die Vormänner des durch ihn befriedigten Wechselinhabers kein Wechselrecht. Eine solche Zahlung an den Wechselgläubiger ist nicht nach der Regel des §. 46., sondern nach der Ausnahme des §. 47. I. 16. ALR. über die Rechte des zahlenden Dritten gegen den befreiten Schuldner zu beurtheilen.

Von denselben Grundsätzen geht das Kammergericht aus; (Strieth. Bd. 38. S. 329). Das Ob.-Trib. hat jedoch jetzt l. c. angenommen:

> Ein nicht im Wechselverband stehender Dritter, welcher den protestirten Wechsel durch die an den Inhaber geleistete Zahlung an sich bringt, ist nicht nach den über die Intervention in den Art. 56—65. gegebenen Vorschriften, sondern nach den Regeln des Civilrechts I. 16. §. 46. ALR. zu beurtheilen.

Dieser Grundsatz erscheint nicht gerechtfertigt. Die Legitimation des Dritten ist nur zu führen, insofern er sich durch Giro oder als Ehrenzahler ausweist. Die Zahlung an und für sich hat eben so wenig wechselrechtliche Folgen als der Besitz des Wechsels.

7) Wie die Ehrenzahlung als solche constatirt werden muß, ist im Gesetz nicht ausdrücklich besagt. Aus Art. 60. Abs. 2. und Art. 62. Abs. 2. folgt jedoch, daß der Ehrenacceptant nur dann zahlen kann, wenn er im Protest hat festsetzen lassen, daß er um Zahlung angegangen worden.

Nimmt man das Gegentheil an, so wäre das Präjudiz der Art. 61. 62. 63. nicht zu realisiren und der Intervenient in der Lage, zu jeder Zeit durch Zahlung die Rechte des Ehrenzahlers zu erwerben. Dem tritt jedoch der Art. 88. entgegen. Bei jeder Ehrenzahlung, mag sie nun von der Nothadresse, dem Ehrenacceptanten oder einem dritten Intervenienten geleistet werden, muß der Protest erhalten „die Erwähnung im Fall einer Ehrenannahme oder einer Ehrenzahlung, von wem, für wen und wie sie angeboten und geleistet wird."

Es wird indeß genügen, wenn der Ehrenzahler: a. den Protest, b. den in allgemeinen Ausdrücken, z. B. pr. acquit. quittirten Wechsel producirt (U. des Ob.-Trib. in Sachen Rosenberg wider Kurtz vom 8. Oktober 1861); wenngleich rathsam erscheint nur gegen eine Quittung zu zahlen, in der ausgesprochen ist „Zahlung zu Ehren des X. von Z. erhalten."

Art und Umfang der Rechte des Ehrenzahlers.

Das Gesetz sagt ausdrücklich: Der Ehrenzahler tritt in die Rechte des Inhabers gegen den Honoraten, dessen Vormänner und den Acceptanten. Er hat mithin, die Zulässigkeit mehrerer Ehrenaccepte vorausgesetzt, kein Recht gegen die etwanigen Ehrenacceptanten der Vormänner.

Mit Recht. Wäre ein solcher Regreß gesetzlich zulässig, so würde der Regreß nicht abgekürzt, sondern erweitert und vermehrt. Der in Anspruch genommene Ehrenacceptant würde auf die Ehrenacceptanten der Vormänner zurückgehen und Kosten u. s. w. verursachen, welche die Intervention just abschneiden sollte.

Mängel der Fassung.

Die Worte des Art. 63.:

> Er tritt durch die Ehrenzahlung in die Rechte des Inhabers (Art. 50. und 52.)

sind nicht dahin zu deuten, daß ihm die Einreden aus der Person des Inhabers entgegenzusetzen sind.

Es fehlt in der That an jeder Analogie zwischen dem Ehrenzahler und dem Indossatar nach Protest. Art. 16. alin. 2.

Dort bedient sich das Gesetz des Ausdrucks:

> so hat der Indossatar nur die Rechte des Indossanten.

Hier sollen die Worte: „in die Rechte" nur besagen, daß ihm die Rechte ex art. 50 und 52 zustehen und daß er nicht eine weitere Provision begehren darf. Dort leitet der Indossatar sein Recht aus der Person des Indossanten her. Hier fehlt es an jeder Uebertragung und lediglich das aus dem Herkommen geschöpfte Gesetz ist der Titel des Rechts.

Trotz dessen würden wir die Fassung nicht billigen und daher setzen:

> er erlangt ꝛc. Wechselrecht gegen den Honoraten ꝛc. (Art. 50. u. 52.)

Artikel 64.

Unter Mehreren, welche sich zur Ehrenzahlung erbieten, gebührt demjenigen der Vorzug, durch dessen Zahlung die meisten Wechselverpflichteten befreit werden.

Ein Intervenient, welcher zahlt, obgleich aus dem Wechsel oder Proteste ersichtlich ist, daß ein Anderer, dem er hiernach nachstehen müßte, den Wechsel einzulösen bereit war, hat keinen Regreß gegen diejenigen Indossanten, welche durch Leistung der von dem Anderen angebotenen Zahlung befreit worden wären.

§. 145. Concurrenz mehrerer Ehrenzahler.

Das Ehrenaccept und die angebotene Intervention legt vor bewirkter Zahlung dem Intervenienten nur Pflichten auf. Er hat kein Recht zu verlangen, daß die von ihm angebotene Zahlung angenommen, daß er etwa als Ehrenacceptant oder Intervenient des Ausstellers jedem anderen Intervenienten vorgezogen werde.

Der Inhaber hat vielmehr das volle und freie Wahlrecht; ihn trifft kein Präjudiz, Prot. Sitz. 33. S. 239, 240. Anders stellen sich die Verhältnisse für die Intervenienten. Zweck der Intervention ist die möglichste Beseitigung des Regresses. Derjenige Intervenient verdient mithin den Vorzug, welcher die meisten Regreßpflichtigen liberirt. Hieraus ergiebt sich: Ein Intervenient, welcher zahlt, obgleich aus dem Wechsel oder Protest ersichtlich ist, daß ein Anderer, dem er demgemäß nachstehen müßte, zur Zahlung bereit war, hat nur den Regreß gegen diejenigen Indossanten, welche durch die Zahlung jenes Anderen nicht befreit worden wären.

Der Art. 64. setzt übrigens voraus, daß genaue Nachfrage gehalten worden. Zahlt der Intervenient, obschon der Wechsel einem besser Berechtigten nicht präsentirt worden, so verwirkt er das Präjudiz des Art. 62. und 63. Hier mag noch darauf aufmerksam gemacht werden, daß unter den Worten: „ein Anderer“ nur ein anderer Intervenient zu verstehen ist. Durch die Intervention eines Anderen, welcher für einen nicht wechselmäßig-Verpflichteten, welcher für einen nicht zum Regreß Verpflichteten, welcher für Niemand Zahlung anbietet, sondern schenkt, ist somit ein wirklicher Intervenient nicht zu verdrängen.

Der Nachtheil des Eindrängens tritt sodann nicht ein:

1) Wo der Dritt-Intervenient für denselben Honoraten Zahlung anbietet, für welchen die Nothadresse oder der Ehrenacceptant zu zahlen bereit sind.

2) Wo weder aus dem Wechsel noch dem Protest ersichtlich ist, daß ein besser Berechtigter existirte oder bereit war, den Wechsel einzulösen.

Hoffmann S. 495 hält die Fassung des Art. 64. für unvollständig, undeutlich und unrichtig.

Nach den von ihm entwickelten Grundsätzen würde der Art. 64. vervollständigt, verdeutlicht und berichtigt also lauten müssen:

> „Unter mehreren auf dem Wechsel benannten Nothadressaten oder Ehrenacceptanten, sowie sonstigen Intervenienten, welche sich zur Ehrenzahlung erbieten, gebührt denjenigen der Vorzug, durch deren Zahlung die meisten Wechselverpflichteten befreit würden. Der Nothadressat geht jedoch einem Ehrenacceptanten und dieser wieder einem sonstigen Intervenienten vor, wenn durch die Zahlung derselben gleichviel Wechselverpflichtete befreit würden. Außerdem hat der Wechselinhaber zwischen mehreren Nothadressaten, Ehrenacceptanten, sowie sonstigen Intervenienten die Wahl, von wem er Zahlung erhalten will.
>
> Hat ein in dem Wechsel benannter Nothadressat oder Ehrenacceptant eine ihm angesonnene Ehrenzahlung verweigert, ehe durch Protest festgestellt worden war, daß ein anderer im Wechsel be-

nannter vorgehender Nothadressat oder Ehrenacceptant die Zahlung verweigert hatte, so erlischt der Regreß gegen den Adressaten und Honoraten des nicht zur Zahlungsleistung gelangten vorgehenden Nothadressaten und Ehrenacceptanten, sowie seiner Nachmänner.

Diese Folgen treten auch dann ein, wenn ein Intervenient eine Ehrenzahlung geleistet hat, ohne daß die Zahlungsverweigerung von Seiten eines im Wechsel benannten vorgehenden Nothadressaten oder Ehrenacceptanten durch Protest festgestellt, oder nachdem eine von einem solchen, inhaltlich des Protestes, angebotene Zahlung zurückgewiesen worden war.

Hat dagegen ein Intervenient nach Zurückweisung einer Zahlung, welche nicht von einem im Wechsel benannten Nothadressaten oder Ehrenacceptanten, sondern einem sonstigen vorgehenden Intervenienten nach Inhalt des Protestes angeboten worden war, eine Ehrenzahlung geleistet, so erlischt nur der Regreß gegen diejenigen, welche durch die Ehrenzahlung des verdrängten Intervenienten ganz befreit worden wären."

Es hängt diese Formulirung des Gesetzes mit der oben widerlegten Ansicht zusammen, daß der Inhaber gegen sich ein Präjudiz verwirke, wenn er die Reihenfolge nicht beobachte.

Artikel 65.

Der Ehrenacceptant, welcher nicht zur Zahlungsleistung gelangt, weil der Bezogene oder ein anderer Intervenient gezahlt hat, ist berechtigt, von dem Zahlenden eine Provision von ⅓ Prozent zu verlangen.

§. 146. Rechte des nicht zur Zahlung gelangten Ehrenacceptanten.

Dem Ehrenacceptanten ist eine Provision von ⅓ Prozent für die übernommene Garantie auf den Fall bewilligt, daß er nicht zur Zahlung gelangt. Gelangt er zur Zahlung, so kann er außer den im Art. 50. und 52 bestimmten Forderungen eine weitere Provision für die Acceptation nicht beanspruchen. Der Anspruch ex Art. 65. setzt voraus:

1) ein wirkliches Ehrenaccept;

2) Zahlung durch den Bezogenen oder einen anderen Intervenienten.

Wird das Verhältniß auf andere Weise als durch eine solche Zahlung aufgelöst, so ist Provision nicht zu bewilligen.

In der Conferenz (Prot. S. 132) wurde vorgeschlagen, daß man diesen Anspruch dem nicht zur Zahlung gelangenden Ehrenacceptanten gegen den Honoraten zugestehen sollte; er stehe mit diesem zumeist in Beziehung; er werde häufig nicht wissen, wer der Zahler ist. Man ließ es jedoch bei der Bestimmung des §. 61. Abs. 2. des Pr. Entw. deshalb bewenden, weil ja ohnehin alle Kosten einer und derselben Person, nämlich dem Ehrenzahler, zur Last fallen.

Da der Ehrenacceptant des Art. 65. nicht im Besitze des Wechsels und Protestes ist, so folgt, daß die Provision keine Wechselforderung ist. Eine solche wird sie erst in der Hand des Ehrenzahlers. Dieser hat ein

Interesse, die Provision ohne Weiteres zu zahlen. Er erhält von ihr weitere Provision. (Art. 50. und 52.)

X. Vervielfältigung eines Wechsels.

1. Wechsel-Duplicate.

§. 147. Begriff. Zweck und Arten.

Der Wechsel ist der alleinige Träger der Forderung. Eben weil sein Besitz die Ausübung des Rechts bedingt, muß sein Verlust den Inhaber härter treffen, als der Verlust eines gewöhnlichen Schuldscheines.

Das Bedürfniß; die Noth, diese im Wechselrecht mehr als in jeder anderen Materie des Rechts wirksamen Faktoren, haben früh für den verlorenen Wechsel ein Surrogat geschaffen. Bereits Baldus bemerkt, daß secundum consuetudinem mercantiae secundae et tertiae gegeben zu werden pflegen (Biener, wechselrechtliche Abhandlungen, S. 107).

Wechsel-Duplikat ist jedes, vom Aussteller unterschriebene, mit dem zuerst gefertigten Wechsel identische Wechelexemplar, welches sich im Context als Duplikat characterisirt.

Hat der Aussteller bei der Ausfertigung der mehreren Exemplare Abänderungen beliebt, hat er z. B. den einen Wechsel selbst unterzeichnet, während er den zweiten von dem Procuristen als solchem unterzeichnen lassen, so liegen nicht Duplikate des einen und ungetheilten Wechsels, sondern Sola-Wechsel, für sich bestehende Wechsel, vor

Hat der Aussteller die Identität streng gewahrt, die verschiedenen Exemplare dagegen nicht als Duplicate — Prima, Secunda, Tertia — im Context bezeichnet, so hat er ebenfalls nicht Duplicate desselben Wechsel sondern für sich bestehende Wechsel geschaffen. Jene Bezeichnung hat somit nicht den Zweck, den Wechsel-Nehmer vor Betrügereien zu schützen, (Brauer, WR. Zus. 3. zu Art. 66.); sie bezweckt zumeist die Sicherheit des Gebers gegen die Gefahr der zu wiederholenden Zahlung (Treitschke, W.-Lex. Bd. 1. S 345). Sein Einwand: die verschiedenen Wechsel seien in der That Duplicate, ist bei dem Mangel der Identität, bei dem Mangel der Bezeichnung als Duplicate wechselrechtlich zu verwerfen; vergl. §. 20. des Preuß. Entw. von 1836, Motive zu dem revidirten Preuß. W.R. von 1838 S. 13, Berliner Prot. zu dem Preuß. Entw. von 1845 S. 92 und 101.

Vor dem Gebrauch des Indossaments war der nächste Zweck der Duplicate, den Inhaber vor Verlust der Wechsel-Forderung zu schützen, die rechtzeitige Präsentation zu erleichtern; cfr. Scaccia tract. de commerciis et cambio §. 1. Quaestio 5. Nr. 44. 73.; §. 2. Glossa 6; Biener a. a. O. Die Duplicate dienten daher wesentlich zur Sicherheit des **Inhabers**.

Das Indossament gab dem Wechsel die Circulationsfähigkeit. Es kam darauf an, die Hindernisse, welche ihr entgegentreten möchten, zu beseitigen.

Man knüpfte an das Bestehende an und überzeugte sich bald, daß die Duplicate geeignet seien, nicht nur der Sicherheit des Inhabers zu dienen, sondern auch der Circulationsfähigkeit des Papiers zu dienen. Während die Prima zum Accept geschickt wird, kann der Inhaber sofort die Secunda begeben. Der Zweck der Sicherheit wird ausgedrückt durch die Clausel: „Gegen diesen Secunda-Wechsel — Prima nicht —." Der Zweck, die sofortige Circulation zu bewirken, wird ausgedrückt durch die auf den zum Giro bestimmten Wechsel gesetzten Worte: „Prima zum Accept bei N. N."

Es ist versucht worden (v. Zschinsky, de cambiis multiplicatis, S. 28. Einert, das WR. nach dem Bedürfniß des 19. Jahrh. S. 400) die Wirkungen der Duplicate je nach diesen beiden Zwecken verschieden zu fixiren. Anders die DWO. Sie unterscheidet weder die rechtlichen Folgen der Duplicate nach den Zwecken der Ausfertigung, noch beschränkt sie die möglichen Zwecke auf jene beiden Intentionen. Mit Recht. Schon die WO. von Bologna (von 1569) erwähnt außer jenen beiden Zwecken eines Dritten. Das Duplicat wird gefordert, um den Aval auf dasselbe setzen zu lassen. Häufig genug läßt sich überdies der Zweck von vorn herein nicht bestimmen (cfr. Treitschke a. a. O. S. 346; Thoel §. 280.).

§. 148. Wesen der Duplicate. Stellung zu einander und zur Obligation.

Der durch die Duplicate vervielfältigte Wechsel ist ohne Rücksicht auf den Zweck der Duplicate in seinem objectiven Bestande nur einmal vorhanden. Es folgt:

1) Jedes Duplicat repräsentirt den Wechsel in seiner Einheit.

2) Die sämmtlichen Wechsel-Duplicate sind gleichsam correi credendi; sie sind Träger, Gläubiger einer ihrem objectiven Bestande nach nur einmal vorhandenen Schuld.

3) Jeder Inhaber eines Duplicats hat als solcher das Recht, die ganze Forderung geltend zu machen. Er braucht weder sämmtliche Duplicate, noch ein bestimmtes Exemplar zu präsentiren. Ist nur die Prima protestirt, so kann auf die Secunda u. s. w. Regreß genommen werden. Ist auf Grund eines Exemplars die Klage angestellt, so wird für die anderen Duplicate die Verjährung unterbrochen. Die subjective Vielheit der Inhaber gegenüber der objectiven Einheit der Verpflichtung hat eben zur Folge, daß die Einlösung des einen Duplicats von der ganzen Wechselschuld liberirt. Als nothwendige Consequenz ergiebt sich

4) daß für den Geber die Ausstellung der Duplicate ungefährlich ist. Scaccia §. 2. Gl. 6. Nr. 2. sagt daher mit Recht: Quaero quot creditori, cui solutio facienda erit, dari debeant litterae cambii? Respondeo: de istis litteris faciendis non esse determinatum numerum, quia earum pluralitas, eas facienti, non nocet. (Vergl. auch Renaud, Lehrb. §. 18. Anm. 13.)

Von diesen Regeln der Correalität giebt es zwei Ausnahmen. Die eine ist eine scheinbare, die andere eine wirkliche. Es haftet nämlich derjenige Indossant, welcher die verschiedenen Exemplare an verschiedene Personen indossirt, aus jedem Giro. Art. 67. Nr. 1. Diese Ausnahme ist die scheinbare. Der Girant behandelt die sämmtlichen Exemplare als für sich bestehende Wechsel. Er zerreißt die Correal-Gläubigerschaft und schafft statt ihrer einzelne Gläubiger. (Fick, der trassirt eigene Wechsel, S. 48 ff.) Es ist nothwendig, daß er die Folgen dieser Trennung tragen muß und daß er die Correalität nicht geltend machen darf, welche er selbst beseitigt hat. Mit Recht bemerken schon die Motive zum letzten Preuß. Entw. S. 69:

> „Dadurch kann er" (derjenige nämlich, welcher die verschiedenen Duplicate an verschiedene Personen begeben hat) die Verbindlichkeit seiner Vormänner und des Ausstellers nicht erschweren; sie haften immer nur einmal und müssen deßhalb durch jede vom Bezogenen auf eins der Exemplare geleistete Zahlung befreit werden. Der Indossant selbst aber muß auch Jedem der beiden Indossatare, namentlich also demjenigen, welcher nicht zur Hebung gelangt, weil ihm der Andere zuvorgekommen ist, zum Wechselregreß verpflichtet sein. Dasselbe gilt von denjenigen, welche nach einem solchen doppelten Indossament weiter girirt haben; sie haften bei jedem Exemplare ihren Hintermännern."

Die andere Ausnahme ist eine wirkliche. Es haftet nämlich der Acceptant, welcher mehrere Exemplare desselben Wechsels acceptirt, aus jedem Accept. Er hat die Trennung nicht bewirkt; er ertheilt sein Accept immer nur den Wechseln als Correi. Er kann daher juristisch, zumal nur eine und eine ungetheilte Obligation vorliegt, nicht aus den Accepten, sondern nur aus dem Accept haften. Das römische Recht bestimmt: Qui bis idem promittit, is eo jure amplius quam semel non tenetur (l. 18. dig. de verb. Obl.). Anders der kaufmännische Gebrauch, welchen der Art. 67. alin 2. sanktionirt hat. (Thoel a. a. O. §. 280. Nr. 10.; Jolly im Arch. Bd. 3. §. 8.)

Daß sich der Acceptant durch ein bedingtes Accept gegen diese Haftbarkeit zu schützen vermag, ist im Art. 22. alin. 2. anerkannt. Wenn er aber von diesem Rechte keinen Gebrauch gemacht, wenn er gegen den kaufmännischen Gebrauch mehrere Exemplare acceptirt, so haftet er aus jedem Accept, mögen die sämmtlichen Wechselexemplare immerhin in einer Hand sein. Es darf, bemerkt Liebe Erl. S. 188, kein Accept existiren, bei dem die Nothwendigkeit, daß es eingelöset werde, nicht vorhanden wäre. Man zieht es nach kaufmännischer Ansicht daher vor, aus dem, was eigentlich nur die Vorsicht räth, — nicht wiederholt zu acceptiren, — eine strenge Pflicht, aus dem Nichtnöthighaben ein Nichtdürfen zu machen. (Vergl. auch Jolly a. a. O. Anders Treitschke a. a. O. S. 34)

§. 149. Das Recht auf Ausfertigung von Duplicaten. Natur und Umfang.

Das Recht auf Ausfertigung von Duplicaten ist kein wechselrechtliches, mit der Wechselklage erzwingbares Recht; es ist kein Recht aus dem Wechsel. Die Ausübung jedes wechselmäßigen Rechts hat den Besitz des Wechsels zur Grundlage. Das Recht auf Duplikate kann von Jedem, der den Wechsel einmal besessen hat, geltend gemacht werden. Noch mehr: Der Remittent wird und kann Duplicate verlangen, bevor er noch überhaupt in den Besitz auch nur eines einzigen Wechsel-Exemplars gekommen ist (Jolly S. 11). Die Ausübung eines wechselmäßigen Rechts setzt in subjektiver und objektiver Beziehung Personen voraus, welche nicht nur in den Wechselverband, sondern auch in die Wechselhaft eingetreten sind. Das Recht auf Duplicate ist auch gegen den Indossant ohne Obligo geltend zu machen. Es folgt:

1) Das Recht auf Duplicate ist kein Recht aus dem Wechsel.

2) Es ist durch Wechselklage nicht zu erzwingen.

3) Es ist lediglich eine Befugniß des Civilrechts.

Dies ist in den Verhandlungen des Staatsraths zu §. 66. des Preuß. Entw. anerkannt. Der Antrag, die alin. 1. dieses Paragraphen:

> „Der Aussteller ist verpflichtet, dem Remittenten mehrere Exemplare des Wechsels zu überliefern",

zu streichen, ist eben nur auf den Wunsch der Kaufleute verworfen worden. (Verhandlungen S. 37 und 38 und Motive zum letzten Preuß. Entw. S. 92).

Die Quelle dieses civilrechtlichen Anspruches ist lediglich im Pactum de cambiando, im Wechselschluß zu suchen, im Geben und Nehmen eines gezogenen Wechsels.

Dies festgehalten, ergeben sich folgende Consequenzen:

1) Jeder ist berechtigt, Duplicate zu fordern, welcher einen gezogenen Wechsel als Wechsel-Inhaber besitzt, als Remittent, Indossant oder Indossatar besessen hat oder seine Aushändigung zu fordern berechtigt ist.

2) Das Recht auf Duplicate ist nicht an die Verfallzeit des Wechsels gebunden. Mit dem Verfall des Wechsels erlischt weder seine Cirkulationsfähigkeit, Art. 16., noch die Möglichkeit des Verlustes. Eben weil die Pflicht zur Ertheilung und Beschaffung von Duplicaten in keiner Verbindung mit der Wechselhaft steht, kann von der Dauer der Wechselhaft die Verbindlichkeit zur Ertheilung von Duplicaten nicht abhängig sein. Nur die Zahlung des Wechsels und die Verjährung des Wechselrechts gegen den Acceptanten setzen diesem Anspruche die Grenze. (Vergl. Erk. des OAG. zu Lübeck, Jurispr. S. 271, und das Erk. des Handelsger., bestätigt durch das Erk. des AG. zu Hamburg vom Jahre 1857, Arch. Bd. 6. S. 214).

3) Der Indossant in Blanco muß Duplicate gewähren. Es ist nicht anzunehmen, daß sein Indossatar auf seine civilrechtlichen Befugnisse habe verzichten wollen. Dies ist denn auch klar in den Worten des Art. 66. ausgesprochen:

> „Der Indossatar muß sich dieserhalb an seinen unmittelbaren Vormann wenden."

Wer dagegen den durch Blanco-Giro erworbenen Wechsel ohne Giro weiter begiebt, ist nicht verpflichtet, Duplicate zu beschaffen. Er giebt deutlich zu erkennen, daß er nicht gewillt ist, irgend eine Pflicht, sei es auch nur eine civilrechtliche, zu übernehmen, während der Nehmer nur auf den in blanco Girirenden und dessen Pflichten Gewicht legt. Eben weil der Name des Begebenden auf dem Wechsel nicht figurirt, ist klar ausgesprochen, daß er auch allen Naturalien des Geschäfts fremd bleiben soll. Nicht er ist der Vormann des Empfängers, sondern der Blanco-Indossant. Der Art. 13. erkennt an, daß er nur Befugnisse auszuüben, nicht Pflichten zu erfüllen hat. Die Fassung des Art. 66., der technische Ausdruck „Vormann", das ist: der aus dem Wechsel ersichtliche Vormann, beweist, daß eine Pflicht, Duplicate zu beschaffen, dem Inhaber eines in blanco girirten Wechsels nicht auferlegt werden sollte. Seinem Nehmer ein solches Recht einräumen, hieße, ihm ein in der That gegenstandloses Recht einräumen und den praktischen Standpunkt verkennen. Man bedenke, daß der Wechsel auf Grund des Blanco-Giro oft durch viele Hände läuft, bis das Blanco-Giro ausgefüllt ist. Entweder muß von allen diesen der Reihe nach die Beschaffung von Duplicaten gefordert werden oder der Nehmer ist berechtigt, sich sofort an den Blanco-Indossanten zu wenden. Ist das Letztere der Fall — und dies ist unsres Wissens noch niemals geläugnet — so werden die früheren Nehmer der Klage entgegensetzen, daß sie zur Sache nicht legitimirt sind. Sollen die Duplicate und Blanco-Giros die Cirkulation befördern, so ist unzulässig, diesen Zweck zu vereiteln und eine Prozedur einzuleiten, welche in ihrem praktischen Erfolg das Recht auf Duplicate illusorisch machen muß.

4) Die Verpflichtung zu Duplicaten hat den Wechselschluß, das Geben und Nehmen des Wechsels zur Quelle. Wo beides nicht denkbar, ist jene Pflicht nicht zu construiren. Hieraus ergiebt sich weiter:

a. Sie ist nicht vorhanden bei einem in Betreff des Trassanten gefälschten Wechsel. Dies deutet der Art. 66. an durch die Worte: „Der Aussteller eines gezogenen Wechsels."

b. Sie ist nicht vorhanden dem Indossanten gegenüber, dessen Giro gefälscht ist. (Art. 66. alin. 3.)

c. Sie ist nicht vorhanden gegenüber dem Finder eines in blanco girirten Wechsels. Er kann weder den Wechselschluß, noch das von dem Indossanten beabsichtigte freiwillige Geben und Nehmen für sich geltend machen.

d. Die Behauptung des Blanco-Indossanten: er habe dem derzeitigen Besitzer den Wechsel nicht unmittelber übermacht, ist dagegen nicht geeignet, ihn zu liberiren. Seine Absicht war, daß der jedesmalige Besitzer ihm gegenüber als der unmittelbare Nehmer gelte. (Vergl. Fick a. a. O. S. 66 Anm. 2.)

§. 150. Das Recht auf Duplicate bei einem verlorenen Wechsel.

Fraglich ist: Muß der Aussteller auch dann noch Duplicate gewähren, wenn der Wechsel verloren gegangen ist? Treitschke Bd. 2. S. 590 ff.; Brauer, Erläut. zur DWO. ad Art. 73. Nr. 1.; Koch, WR. ad Art 73. Nr. 4.; Bluntschli zum Art. 73. Nr. 2. unterscheiden: War der verlorne Wechsel noch nicht acceptirt, so sind Duplicate zu gewähren. War der verlorne Wechsel bereits acceptirt, so sind Duplicate nicht zu gewähren. Das Duplicat, wird deducirt, sei dann für den Inhaber ohne Nutzen.

Der Bezogene brauche und könne nur gegen die Auslieferung seines Accepts Zahlung leisten. Den Regreßberechtigten stehe aber der Einwand entgegen, daß das acceptirte Exemplar zur Zahlung nicht präsentirt worden. (Vergl. Jolly im Arch. Bd. 3. S. 260 und 280 ff)

Thoel (§. 290. Nr. 2.) und Jolly (Arch. Bd. 4. S. 30 ff.) verneinen dagegen die Frage unbedingt.

Wir halten weder die eine noch die andere Ansicht für begründet. Es ist nicht zuzugeben, daß durch die Acceptation eines Wechsels Werth und Wirkung der Duplicate beseitigt werde. Durch das Accept tritt nur ein neuer Wechsel-Schuldner ein. Richtig ist, daß von mehreren Duplicaten das mit dem Accept versehene größere Garantie bietet. Irrig ist aber der Schluß, daß das Accept des einen Duplicats gleichsam ipso jure die durch nichts sonst tangirte Qualität der anderen verschlechtere. Richtig ist, daß der Bezogene verlangen kann, daß ihm das acceptirte Exemplar bei der Zahlung vorgelegt werde. Irrig ist aber der Schluß, daß die Nichtproduction jede Pflicht des Ausstellers beseitigt. Der Aussteller hat nicht das Accept zu bewirken und dafür zu stehen, daß der Acceptant als solcher seiner Verbindlichkeit nachkomme; im Gegentheil, er verspricht, daß der Bezogene auch abgesehen vom Accept zahlen werde. Art. 8. Der Inhaber des Wechsels ist nur berechtigt, er ist nicht verpflichtet, den Wechsel zur Annahme zu präsentiren. Art. 18. Der Gebrauch dieses Rechts kann ihm seine sonstigen Rechte nicht nehmen.

Richtig ist: war das verlorne Exemplar acceptirt, so ist der Regreß Mangels Annahme ebenso ausgeschlossen, wie der Regreß Mangels Zahlung ausgeschlossen ist, nachdem ein Exemplar bezahlt worden. Art 67. Abs. 1. Die verschiedenen Wechsel sind eben correi credendi. Der Schluß ist jedoch ein Trugschluß, daß, weil bei der Existenz mehrerer Duplicate die Annahme des Einen den Regreß Mangels Annahme unmöglich macht, daß nun auch der Verlust dieses einen Exemplars das Recht auf Duplicate ausschließen müsse.

Die Gründe der Gegner sind für zutreffend nicht zu erachten. Sie führen an:

1) Mit dem Verlust des Wechsels müßten auch die Rechte aus dem Wechsel verloren gehen.

Mag dies richtig sein, wie es irrig ist, der Grund beweist zu viel. Das Recht auf Duplicate ist eben kein Recht aus dem Wechsel. Das Recht auf Duplicate steht eben in keiner Verbindung mit dem Besitz des Wechsels.

2) Der verlorne Wechsel könne in die Hand eines redlichen Besitzers gelangen. Dieser habe ein Recht auf Zahlung und Regreß. Wollte man nun dem Verlierer ein Recht auf Duplicate geben, so hätte auch dieser Verlierer ein Recht auf Zahlung; da aber der Regreß nur einmal zu leisten, so sei eine Collision der Rechte zwischen dem legitimirten Inhaber des verlorenen Wechsels und dem Inhaber des nachgelieferten Exemplars zu befürchten. Eine solche Collision herbeizuführen, sei der Aussteller nicht einmal berechtigt (Jolly a. a. O.)

Dieser Grund trifft die Frage an keiner Seite. Eine solche Collision ist bei der Ertheilung von Duplicaten stets möglich. Trotz dessen ist die Ertheilung von Duplicaten durch Herkommen und Gesetz anerkannt. Je stärker jener Grund gegen die Duplicate überhaupt beweisen mag, je geringeres Gericht übt er für den zu beweisenden Satz: Nach Verlust des Wechsels können Duplicate nicht weiter begehrt werden:

Die Geschichte des Instituts, die Materialien und die WO. stehen dagegen unserer Ansicht entschieden zur Seite. Scaccia (a. a. O. §. 2. Glossa 6. Nr. 3.) erklärt: quaero ad quid fiant tot litterae cambii de eodem contractu cambii. Respondeo fieri principaliter, ne creditor, amissis seu interceptis primis vel secundis litteris, cogatur redire ad debitorem, qui alias faciat Renaud (a. a. O. §. 18. Not. 11.). Er erkennt also stillschweigend an, daß der Verlust des Wechsels das Recht auf die Duplicate nicht aufhebt. Richtig ist: trägt das verlorene Exemplar nicht ein Merkmal an sich, welches dasselbe als Duplicat kennzeichnet, so sind, wenn jenes Exemplar verloren geht, Duplicate nicht zu fordern. Der Grund ist aber nicht der Verlust des acceptirten oder nicht acceptirten Wechsels, sondern der Umstand, daß von einem Sola-Wechsel überhaupt nicht Duplicate zu gewähren sind. Wo sich die Existenz von correi credendi durch die abgelöste Individualität des Wechsels nicht schaffen läßt, kann freilich von Duplicaten die Rede nicht sein. Mit dieser Ausführung stimmen die Materialien überein. Der Pr. Entw. (von 1845) hatte gar keine Bestimmung über das Recht auf Duplicate. In der Berliner Conferenz (S. 105) kam zur Sprache, daß eine Bestimmung darüber zu treffen, ob für den Fall des Verlustes eines Wechsels vom Aussteller ein Duplicat sollte gefordert werden dürfen, ohne Unterschied, ob der Wechsel vor oder nach der Acceptation verloren gegangen. Man erkannte die Nothwendigkeit einer solchen Bestimmung an. Der Vorschlag ging dahin:

> „daß der Remittent und jeder Indossant, sei es, daß der Wechsel verloren gegangen oder nicht, von dem Aussteller Duplicate des Wechsels — — — zu fordern berechtigt sei."

Ein anderer Vorschlag wollte nur dem ersten Nehmer das Recht einräumen, und diesem nur unter Vorlegung, also nicht beim Verlust des Wechsels. Nach einem dritten Vorschlag wollte man das Recht nicht auf den ersten Nehmer und nicht auf den Fall beschränken, daß der Wechsel vorgelegt werden kann; man wollte jedoch, daß der Inhaber nur berechtigt sei, sich an seinen unmittelbaren Geber und nicht direkt an den Aussteller zu wenden. Der Bericht (S. 105 ff.) beschäftigt sich mit diesen Vorschlägen. Nachdem er der anderen Gesetzgebungen und Entwürfe erwähnt, fährt er fort:

> „Man sieht alsbald, woher die Schwierigkeit entspringt, daher nämlich, daß jedes der mehreren Exemplare eines Wechsels als Prima, Sekunda u. s. w. bezeichnet werden muß, widrigenfalls das Exemplar, auf welchem die Bezeichnung nicht steht, als selbstständiger Wechsel gilt. Den Wechsel-Ausstellern kann die nachträgliche Auslieferung eines Duplicats füglich zur Pflicht gemacht werden, sofern daraus für sie kein Nachtheil entspringen kann.

Man kann Bedenken tragen, dem Geber eine solche Verbindlichkeit aufzuerlegen, wenn damit Gefahr für ihn verbunden ist, und Gefahr bedroht ihn immer, wenn das frühere Exemplar weder die Bezeichnug als Prima u. s. w. trägt, noch zur nachträglichen Bezeichnung vorgelegt werden kann, also im Falle des Verlustes.

Gefahrlos wäre hier die Ausstellung nur dann, wenn mit Gewißheit festzustellen wäre, daß das angeblich verlorene Exemplar gar nicht mehr existire. So wünschenswerth gerade beim Verlust des Wechsels die Ausstellung eines Duplicats sein mag, so wird doch eine Verpflichtung dazu nur für den Fall statuirt werden können, wenn der verlorene Wechsel als Prima bezeichnet war, für diesen Fall aber schließen wir uns dem letzten der obigen Vorschläge und dem Entw. für Braunschweig und Würtemberg an."

Aus diesen Motiven ist der §. 66. des Pr. Entw. von 1846 hervorgegangen. Dieser Paragraph stimmt fast wörtlich mit dem §. 62. des letzten Pr. Entw. und dem Art. 66. der DWO. Wie die Materialien, beweist das Gesetz selbst gegen jede Distinktion. Das Recht auf Duplicate wird als ein unbedingtes hingestellt. Es wird nicht unterschieden, ob der Wechsel verloren, ob er vor oder nach Accept verloren worden. Nur darauf wird in Uebereinstimmung mit den Materialien Gewicht gelegt, daß die verschiedenen Exemplare als Prima, Secunda bezeichnet sein müssen.

Der Verlust des Wechsels wird dagegen nirgend als eine, das Recht auf Duplicate zerstörende, Thatsache aufgefaßt. Die Pr. Motive zum §§. 69. und 70. des letzten Entw. sagen wörtlich:

„Die Aushilfe, welche der Entwurf dem Verlierer bietet, liegt in dem Rechte, Duplicate zu fordern (§. 60.)."

Man kann zugeben, daß der Verlust des acceptirten Duplicats das Regreßrecht des Verlierers zerstört. Sein Recht auf Duplicate ist aber um deswillen noch nicht ohne Gegenstand. Es ist möglich, daß der Bezogene trotz des verlorenen Accepts zahlt, Art. 69. Nr. 2.; jedenfalls behebt das Duplicat für die gegen Aussteller und Acceptanten zulässige Bereicherungsklage die Mängel der Legitimation, Art. 83.

§. 151. Recht auf Herausgabe der bereits ausgefertigten Duplicate.

Von dem Rechte auf Ausfertigung der Duplicate ist das Recht auf die Herausgabe bereits angefertigter Duplicate scharf zu sondern. Jenes ist ein Recht aus dem Wechselschluß, dieses ein Recht aus dem Wechsel. Jenes ist nur gegen den unmittelbaren Vormann gerichtet. Dieses trifft nicht nur jeden Wechsel-Geber, sondern auch den Dritten als Depositar des Wechsels. Die Ausübung des Rechts auf Ausfertigung ist lediglich in das Belieben des Berechtigten gestellt, eine res merae facultatis. Die

Ausübung des Rechts auf Herausgabe wird unter Umständen zu einer Pflicht, deren Vernachlässigung das Präjudiz des Wechsels herbeiführt. Das Recht auf Herausgabe der vorhandenen Duplicate ist ein Recht aus dem Wechsel. Wer den Wechsel als legitimirter Besitzer hat, Art. 36., kann die Herausgabe der vorhandenen Duplicate fordern. Für die Ausübung des Rechts und die Art der Klage sind drei Fälle zu unterscheiden

1) Ein Geber des Wechsels besitzt Nebenexemplare und verweigert die Herausgabe.

2) Der Depositar eines Nebenexemplars verweigert die Herausgabe.

3) Ein Dritter, der selbst aus dem Wechsel legitimirt ist, besitzt ein Duplicat und weigert die Herausgabe.

Treitschke (Bd. I. S. 550, 555, 560) hält in allen drei Fällen die Vindication für zulässig. Sie soll in dem dritten Falle nur dann nicht durchgreifen, wenn der Inhaber des Nebenexemplars Nachfolger des Klägers selbst, oder wenn ihm sein Exemplar von dem Indossanten des Klägers früher girirt worden als dem Kläger. Prior tempore, potior jure.

Die DWO. steht dieser Auffassung entgegen. Sie macht die Vindication gegen den legitimirten Besitzer nicht von der Priorität des Giro abhängig, sondern von seiner mala fides oder lata culpa, Art. 74.

Es sind somit nur die beiden ersten Fälle zu erörtern. Einert (WR. S. 413 ff. und 423 ff.) und Fick (a. a. O. S. 58) lassen für beide Fälle (Besitz des Gebers und des Depositars) die Vindikation zu. Thöl (§. 281. Nr. 4.) hält sie nur gegen den Geber zulässig und gewährt gegen den Depositar keine Klage. Den Grund der Vindication finden Einert und Fick in der symbolischen Uebergabe, Thöl in dem constitutum possessorium. Beide Akte der Besitzübertragung sollen dadurch bewirkt sein, daß das zum Giro bestimmte Exemplar dem Indossatar übergeben worden.

Wir können diese Auffassung für begründet nicht erachten. Von einer symbolischen Uebergabe kann nur da die Rede sein, wo der körperlichen Besitznehmung ferner Nichts im Wege steht (I. 7. §. 64. ALR.). Das Constitutum possessorium ist die Willenserklärung des bisherigen Besitzers, die Sache (das Duplicat) für den Indossatar in seinem Gewahrsam zu halten. §. 71. l. c. Das bei dem Depositar befindliche Duplicat ist aber weder in der Hand des Gebers noch in der des Nehmers. Das Recht auf die Herausgabe der Duplicate umfaßt überdies nicht nur die bereits bei der Uebertragung schon vorhandenen, sondern auch die erst nachträglich geschaffenen Duplicate.

Jolly, welcher Bd. 3. S. 22 und 51 des Archivs die Mängel dieser Auffasiung offen legt, hält nur eine persönliche Klage für zulässig. Wird sie gegen den Geber oder Indossanten gerichtet, so soll ihr Fundament eine in dem Vermerk „Prima ꝛc. zum Accept bei X." enthaltene Assignation sein. S. 19 ff., 54 ff.

Diese Distinction ist nicht berechtigt. Der Girant ohne obligo, der Besitzer auf Grund eines Blanco-Giro muß die zurückbehaltenen Duplicate herausgeben. Von einer Verpflichtung kann doch aber ihnen gegenüber weder Frage noch Rede sein. Der nicht unterschriebene Vermerk: „Prima zum Accept bei X." berichtet eine Thatsache; er enthält aber keine den Depositar verpflichtende Anweisung, zumal in der Regel nicht zu ersehen ist, von wem der Vermerk ausgegangen. (Vergl. Borchardt über Wechsel-Duplicate S. 9 Nr. 3.; Jolly S. 34 und 248 ff.). Es fehlt somit der angeblichen Assignation der Assignant, der Assignat, der Assignatar.

Die Klage muß folglich ein anderes Fundament haben. Die Natur der Duplicate führt zur Lösung der Frage. Die Duplicate bilden mit dem Hauptexemplar eine Einheit, ein Ganzes. Sie verhalten sich zu ihm, wo nicht als Theile, doch als Accessorien. Ihre Aufgabe ist, dem legitimirten Besitzer des Wechsels zu dienen, ihm zu gehören, sei es zum Zweck der Sicherheit, sei es zum Zweck der Circulation. Der Depositar, der Indossant ohne obligo, der Begeber des Wechsels mit oder ohne Giro besitzt das Accessorium. Er ist als solcher verpflichtet, das Nebenexemplar dem legitimirten Besitzer des Principale herauszugeben.

Aus dieser Natur des Duplikats erklären sich die sämmtlichen Erscheinungen. Das Accessorium braucht nicht im Besitz dessen zu sein, der die Hauptsache überträgt. Ein wahres Accessorium geht als solches auf den Eigenthümer des Principale über, mag es immerhin ein Dritter besitzen. Das Accessorium braucht noch nicht existent zu sein zur Zeit, als das Principale übertragen worden. Mit dem Augenblick seiner künftigen Existenz verfällt es dem Principale, L. 5. §. 2. D. **6**. 1. l. 29. D. **34**. 2.

Eine Rei vindicatio ist dagegen nicht anzunehmen. Ihre Voraussetzung wäre das Eigenthum an dem Principale, dem Wechsel. Es ist gezeigt, daß ein solches nicht zu statuiren ist. Um deswillen ist auch die actio ad exhibendum gegen den Depositar nicht zulässig. Sie ist die der Vindication vorangehende präparatorische Klage. Wo jene nicht gegeben, ist diese nicht zuzulassen. Der §. 269. des Entw. von 1845, die Erläut. S. 58, die Berliner Conf.-Prot. S. 142 bestätigen die Richtigkeit unserer Auffassung. Der legitimirte Wechsel-Inhaber hat eine direkte aus dem Wechsel entspringende Klage gegen den durch den Wechsel nicht legitimirten Dritten. Diese Klage beruht auf dem Wesen des Duplicats. Sie ist somit nicht statthaft, wenn der Dritte nicht ein Duplicat als solches, sondern einen Solawechsel besitzt. Art. 67. Nr. 1. Sie ist keine Wechselklage: einmal nicht, weil sie gegen Personen gerichtet ist, welche niemals in den Wechsel-Verband eingetreten; dann nicht, weil der Art. 68. alin. 2. verordnet:

> „Der Verwahrer des zum Accepte versandten Exemplars ist verpflichtet, dasselbe demjenigen auszuliefern, der sich als Indossatar oder auf andere Weise zur Empfangnahme legitimirt.

Die Natur der Klage wird auch nicht verändert, wenn sie, nachdem Protest Mangels Herausgabe gegen den Depositar levirt worden, direct gegen den Deponenten angestellt wird. Sie wird hierdurch weder zur Wechselklage, noch zur Wechselregreßklage. Durch den Depositionsvermerk wird eben nicht die wechselmäßige Garantie übernommen, daß der Depositar den Wechsel herausgeben werde. Wäre dies der Fall, dann müßte es noch einen Regreß wegen verweigerter Herausgabe geben, und es müßte einen Regreß ohne Rücksicht darauf geben, ob die Annahme und Zahlung vom Bezogenen abgelehnt worden. Diejenigen Entwürfe, welche den Depositionsvermerk als Wechsel-Garantie auffassen, lassen freilich auf Grund des einfachen Protestes Mangels Herausgabe den Regreß Mangels Annahme resp. Zahlung zu. Sächs. Entw. §. 19. Anders die DWO. Nach ihr ist zum Regreß nothwendig: der Protest Mangels Herausgabe und der Protest Mangels Annahme oder Zahlung des Duplicats. Art. 69 Nr. 1. und 2.

Wie wenig der Depositionsvermerk als Wechsel-Garantie aufzufassen, ergiebt denn auch die Stellung der Vormänner des Deponirenden. Sie werden durch die Vermerke ihrer Hintermänner nicht verpflichtet. Sie würden also trotz des Protestes Regreß nicht zu befürchten haben, während sie andererseits Mangels Annahme oder Zahlung in Anspruch genommen, nicht excipiren dürften: es sei Protest Mangels Herausgabe nicht levirt. Führt aber die Annahme einer wechselmäßigen Garantie zu solchen Erscheinungen, so wird die Lage desjenigen, von dem der Vermerk herrührt, eine vollständig anomale, ja unerklärliche. Hätte er eine wechselmäßige Garantie für die Herausgabe übernommen, so wäre die Regreßklage lediglich bedingt durch den Protest Mangels Herausgabe. Er wäre dann aber nicht einmal zu der Einrede berechtigt, daß bereits ein Exemplar bezahlt worden sei. Er würde eben doppelt haften: einmal aus dem Versprechen, zahlen zu wollen, dann aus dem Versprechen, das zum Accept versandte Exemplar dem Inhaber des Duplicats verschaffen zu wollen. Er müßte also, falls nach Protest Mangels Herausgabe demnächst noch Protest Mangels Zahlung levirt wird, zum zweiten Male zahlen.

Solche Consequenzen sind nicht abzuweisen. Wie ihnen der Art. 67. Nr. 1. entgegensteht, so sind sie mit dem Wesen des Wechsels nicht zu vereinen. Das wesentlichste Erforderniß des Wechsels ist das Versprechen einer zu zahlenden Geldsumme. Eine Wechselklage auf Herausgabe eines Wechsels ist somit nicht zu construiren. Das wesentliche Moment der Garantie ist die Beschaffung des deponirten Wechsels. Es läßt sich hiermit logisch nicht vereinigen, daß die Wechselklage nicht auf die Beschaffung des Wechsels, sondern nur auf Sicherstellung resp. Zahlung gerichtet werden soll. Zu einer Garantie kann nur die Unterschrift des Garanten verpflichten. Der fragliche Vermerk wird fast nie unterschrieben. Vergl. Heise und Cropp, Jur. Abhandl. I. Nr. 26.

Steht somit fest, daß die Weigerung des Depositars zur Herausgabe den Deponenten wechselmäßig nicht verpflichtet, so ergiebt sich hieraus die Lösung: Wer ein Duplicat mit dem Vermerk: „Prima zum Accept bei X.“ annimmt, erklärt sich wechselmäßig verpflichtet, die Herausgabe des deponirten Exemplars zu erwirken. Weil er wechselmäßig verpflichtet ist, ist er gehalten, seine Diligenz in der für das Wechselrecht vorgeschriebenen Form festzustellen. Er muß daher Protest Mangels Herausgabe leviren. Aus diesem Umstande erklärt sich, daß ein Protest nothwendig ist, obgleich dessen nächster und unmittelbarer Zweck nicht der wechselmäßige Regreß, sondern das präparatorische Mittel ist, um zu diesem Regreß zu gelangen.

§. 152. Die Folgen der verweigerten Herausgabe.

Das eben gewonnene Ergebniß ist wichtig für die Lösung der sehr bestrittenen Frage: Wer haftet bei der verweigerten Herausgabe? Von welcher Bedingung hängt die Haftbarkeit des Verpflichteten ab? (Treitschke S. 389; Cropp l. c.; Koch und Bluntschli ad Art. 69.) gestatten nach Beobachtung der Solemnitäten des Art. 69. unbedingten Regreß gegen sämmtliche Vormänner. Einert S. 425; Borchardt (Wechsel-Duplicat S. 22 ff.); Jolly S. 245; Fick S. 63 und der Braunschw. Entw. a. a. O. lassen den Regreß nur gegen den Indossanten, der die Notiz auf den Wechsel gesetzt und dessen Nachmänner zu. Brauer unterscheidet, ob aus dem beim Bezogenen aufgenommenen Proteste sich ergiebt, daß die Annahme oder Zahlung nur deshalb verweigert worden, weil bereits ein anderes Exemplar acceptirt oder bezahlt worden. Ist dies nicht der Fall, so soll der Regreß gegen alle Vormänner zulässig sein.

Wir sind der Ansicht: Werden die im Art. 69. verordneten Solemnitäten beobachtet, so ist der Regreß gegen sämmtliche Vormänner eröffnet, es werde denn der Beweis erbracht, daß das deponirte Exemplar in der That acceptirt oder bezahlt worden.

Zur Begründung dieses Satzes bemerken wir Folgendes: Das Gesetz sanktionirt den Gebrauch der Duplicate. Wer Duplicate giebt, erklärt sich einverstanden mit dem Willen des Inhabers, dieselben zu gebrauchen. Der eigentliche Geber der Duplicate ist der Aussteller. Art. 66. Seine Gehülfen sind die Indossanten. Art. 66. Nr. 3. Sie billigen durch das Ertheilen der Duplicate denjenigen Gebrauch, zu welchem die Duplicate bestimmt sind. Sie übernehmen alle wechselmäßigen Folgen, welche mit diesem Gebrauche verbunden sind. Sie werden nicht verpflichtet, wenn ein Indossant mehrere Exemplare desselben Wechsels an verschiedene Personen indossirt. Ein solcher Gebrauch ist nicht der Zweck der Duplicate. Sie werden dagegen verpflichtet, wenn der Indossant das eine Exemplar zum Accept einschickt und das andere -- das Giro-Duplicat -- mit dem Vermerke: „Prima zum Accept bei X.“ versieht.

Tritt daher überhaupt die Regreßpflicht des Art. 69. ein, so kann diese nicht nur jenen — den Vermerk schreibenden — Indossanten und seine Nachmänner treffen, sondern sie muß die sämmtlichen Vormänner ergreifen. Dies ist klar anerkannt in dem Art. 69. Er zieht zwischen den Vor- und Nachmännern jenes Indossanten keine Barriere. Er giebt auch den Vormännern die Einrede: der Regreß sei gegen sie unzulässig, weil Protest Mangels Herausgabe nicht levirt worden, — eine Einrede, die in ihrem Munde ohne jede Berechtigung wäre, wenn die verweigerte Herausgabe für sie ein gleichgültiges Faktum sein würde.

Daß aber durch Protest festzustellen, es sei auf das Circulations-Duplicat Annahme oder Zahlung nicht zu erlangen, leuchtet ein. Ohne den Protest Mangels Herausgabe wird den Regredienten mit Recht entgegengesetzt: das deponirte Duplicat sei acceptirt oder bezahlt, es liege kein Grund zum Regreß vor. Ohne den Protest Mangels Annahme oder Zahlung des Duplicats wird dem Regredienten mit Recht entgegengesetzt: es sei nicht festgestellt, daß das girirte Duplicat zur Zahlung präsentirt worden, Art. 41., es sei für den Regredienten ohne Interesse, ob er auf das deponirte oder auf das girirte Exemplar Zahlung erhalte. Ist Beides jedoch, nachdem Protest levirt, nicht weiter zu bezweifeln, so ergiebt sich die Regreßpflicht der sämmtlichen Vormänner.

Weil aber die Zahlung resp. die Annahme des deponirten Exemplars die Kraft aller anderen vorschriftsmäßig gebrauchten Duplicate absorbirt, Art. 67., weil die Indossanten für die Beschaffung des deponirten Duplicats wechselmäßig nicht haften, so ist ihnen der Beweis, daß das deponirte Exemplar angenommen oder bezahlt worden, nicht zu verschränken. Dieser Beweis ist jedoch nicht, wie Brauer meint, durch die Erklärung des Bezogenen im Protest zu erbringen, denn sie enthält noch keine thatsächliche Wahrheit, kein für die Regreßpflichtigen beweisendes Zeugniß. (Prot. Sitz. 21. S. 136 ad §. 65. des Pr. Entw.)

Artikel 66.

Der Aussteller eines gezogenen Wechsels ist verpflichtet, dem Remittenten auf Verlangen mehrere gleichlautende Exemplare des Wechsels zu überliefern.

Dieselben müssen im Contexte als Prima, Secunda, Tertia u. s. w. bezeichnet sein, widrigenfalls jedes Exemplar als ein für sich bestehender Wechsel (Sola-Wechsel) erachtet wird.

Auch ein Indossatar kann ein Duplicat des Wechsels verlangen. Er muß sich dieserhalb an seinen unmittelbaren Vormann wenden, welcher wieder an seinen Vormann zurückgehen muß, bis die Anforderung an den Aussteller gelangt. Jeder Indossatar kann von seinem Vormanne verlangen, daß die früheren Indossamente auf dem Duplicate wiederholt werden.

§. 153. Quelle des Rechts auf Duplicate. Zahl und Form der Duplicate. Klage auf Ausfertigung.

Der Anspruch auf Ausfertigung von Duplicaten ist nicht ein cambialer, sondern civilrechtlicher Anspruch. Seine causa liegt in dem pactum de cambiando, in dem Geben und Nehmen des Wechsels. Ein Naturale des Wechselschlusses, dem Willen der Partheien unterworfen, ist die Verabredung des Gegentheils, die Feststellung der Modalitäten, lediglich Sache des Vertrages. Ein Ausfluß des Vertrages, ist der Anspruch nur gegen den unmittelbaren Geber des Wechsels oder denjenigen, welchen das Gesetz mit ihm identificirt, geltend zu machen.

Der Aussteller des gezogenen Wechsels ist somit verpflichtet, dem Remittenten Duplicate zu liefern.

Wer nur als Bürge bezeichnet ist, übernimmt diese Verpflichtung nicht. Er hat den Wechsel nicht gegeben, sondern nur für den Regreß sich obligirt.

Aus dem Umstand, daß der Nehmer sich zuerst mit einem Sola-Wechsel begnügt hätte, ist dagegen ein Verzicht auf Duplicate noch nicht zu folgern. (Vergl. Jolly im Arch. Bd. 3. S. 10, Renaud §. 18. Not. 13. Brauer ad Art. 66. Nr. 4.). Anderer Meinung ist Bluntschli (WR. ad Art. 66. Nr. 2.).

Der Preuß. Entw. §. 62. räumte dem Remittenten das Recht auf Duplicate nur gegen Erstattung der Kosten ein. Der Kostenpunkt kömmt jedoch hier bei der Geringfügigkeit der Kosten nicht in Betracht, zumal die Ertheilung der Duplicate nach dem Handelsgebrauch unentgeltlich zu geschehen pflegt. (Prot. Sitz. 21. S. 132 und 133). Der Berechtigte ist nicht verpflichtet, Grund und Zweck der begehrten Duplicate anzugeben. Das Gesetz giebt ihm ein unbedingtes Recht.

Die Zahl der Duplicate ist im Gesetz nicht bestimmt. Mehr als drei Exemplare werden in der Regel nicht verlangt. Usus tamen involvit, ut soleant fieri tres litterae. (Scaccia Tract. §. 2. Gloss. 6. Nr. 1.)

Die Duplicate müssen im Context selbst als Prima, Secunda, Tertia bezeichnet sein. Eine andere Bezeichnung der verschiedenen Exemplare, sei es durch verschiedene Farben des Papiers, sei es durch die Nummern 1. 2. 3. u. s. w., sei es durch den Ausdruck: „gegen diesen in viel-" resp. „vierfacher Zahl ausgestellten Wechsel", macht den Wechsel nicht zum Duplicate. Anders Jolly a. a. O. S. 15. In dem Nehmen eines Sola-Wechsels liegt, wie gezeigt, kein Verzicht auf Duplicate. Es muß daher, falls der Wechsel ohne Bezeichnung als Prima begeben worden, der Remittent das empfangene Exemplar dem Aussteller zur Nachtragung des Vermerks vorlegen. (cfr. Brauer a. a. O.) Geschieht dies nicht, so ist der Aussteller zur Ausfertigung von Duplicaten nicht verpflichtet. Um solche Weitläufigkeiten zu vermeiden, pflegt man bei Tratten von vorn herein den Wechsel mit „Prima" zu bezeichnen.

Ist die Vervielfältigung nicht in formgerechter Weise bewirkt, so wird jedes Exemplar als ein „für sich bestehender Wechsel" erachtet.

Weil das Recht auf Duplicate ein Recht aus dem Wechsel- oder Giro-Schluß ist, so muß jeder Nehmer des Wechsels sich an seinen unmittelbaren Vormann wenden.

Die Klage des Remittenten gegen den Aussteller geht auf die Ausfertigung der Duplicate.

Die Klage jedes anderen Interessenten geht auf ein Verschaffen und ein Leisten.

Da der Aussteller nur dem Remittenten gegenüber zur Ausfertigung von Duplicaten verpflichtet ist, so ist jeder andere Indossant nur verbunden, die Handlung eines Dritten, des Ausstellers, zu beschaffen.

Da der unmittelbare Vormann nur sein eigenes Giro auf den Wechsel zu setzen vermag, so ist er, insofern es sich um die Wiederholung des Giro durch seinen Vormann handelt, nur verpflichtet, dieses Giro zu beschaffen. Der Beklagte, welcher für diese Handlung des Ausstellers keine besondere Garantie übernommen, braucht daher nur nachzuweisen, daß er seine Pflicht erfüllt, daß er Alles angewendet hat, um die Ausfertigung des Duplicats zu erwirken. (§. 3. Inst. 3. 19. (20.), l. 38. §. 24., l. 81. pr., l. 83. pr., l. 112. §. 1. Dig. 45. 1., ALR. 1. 5. §. 40. ff.)

Die Klage geht zugleich auf ein Leisten, auf die Wiederholung des Giro durch den verklagten Indossanten.

Die für die Ausfertigung des Duplicats maßgebenden Regeln gelten im Wesentlichen auch für dieses Giro. Das Indossament muß daher wörtlich gleichlauten mit dem früheren; es muß, falls dies datirt gewesen, dasselbe Datum tragen. (cfr. Zschinski S. 28 und Jolly a. a. O. S. 8).

Unwesentliche Abweichungen erscheinen hier jedoch nicht so erheblich. Ist der Wechsel z. B. ausgestellt von dem Procuraträger, so ist nicht zulässig, daß das Duplicat nur mit dem Namen des Prinzipals signirt wird. Für die Wiederholung des Giros möchte dies jedoch ausreichen. Müßten selbst die Indossamente auf den verschiedenen Exemplaren als nicht völlig identisch betrachtet werden, so können doch hieraus nachtheilige Folgen nicht erwachsen. Diese werden nur herbeigeführt durch die doppelte Begebung an verschiedene Personen (Art. 67. Abs. 2. Nr. 1.).

Die Fassung des Art. 66. Nr. 3. ist zu bemängeln.

Unter dem Indossatar wird in der Regel nur derjenige verstanden, welcher den Wechsel auf Grund eines ausgefüllten Giro besitzt. Absicht des Gesetzes ist nicht, dem Blanco-Indossatar das Recht auf Duplicate zu beschränken. Die Fassung des Artikels giebt überhaupt der Annahme Raum, daß der Besitz des Wechsels das Recht bedingt. Es ist dagegen oben der Satz begründet: Jeder ist berechtigt, Duplicate zu fordern, welcher einen gezogenen Wechsel als Inhaber besitzt, besessen hat, oder seine Aushändigung zu fordern berechtigt ist.

Kann der letzte Inhaber nur durch die Vermittelung der nicht besitzenden Vormänner sein Recht realisiren, so muß auch ihnen das unbedingte Recht auf Duplicate mit logischer Consequenz eingeräumt werden. Während nach dem Art. 66. ein Duplicat des Wechsels und der Giros gefordert werden darf, ist eine Wiederholung des Accepts, der Ehrenannahme oder des Avals nicht statthaft. Nur die Begebung des Wechsels ist die Quelle des Rechts auf Duplicate. Der Acceptant, der Ehrenintervenient haben den Wechsel nicht begeben. Der Art. 66. hat daher mit Recht ihre Verpflichtung ausgeschlossen.

Artikel 67.

Ist von mehreren ausgefertigten Exemplaren das eine bezahlt, so verlieren dadurch die anderen ihre Kraft.

Jedoch bleiben aus den übrigen Exemplaren verhaftet:

1. der Indossant, welcher mehrere Exemplare desselben Wechsels an verschiedene Personen indossirt hat, und alle späteren Indossanten, deren Unterschriften sich auf den bei der Zahlung nicht zurückgegebenen Exemplaren befinden, aus ihren Indossamenten;
2. der Acceptant, welcher mehrere Exemplare desselben Wechsels acceptirt hat, aus den Accepten auf den bei der Zahlung nicht zurückgegebenen Exemplaren.

§. 154. Stellung der Duplicate zu einander.

Die Handlung des einen Berechtigten gereicht allen übrigen zum Vortheil. Die formgerechten Duplicate bilden correi credendi. Die Annahme eines Exemplars beseitigt den Regreß auf Sicherstellung. Die Zahlung eines Exemplars beseitigt den Regreß Mangels Zahlung. Der Protest, die Klage aus einem Exemplar schützt alle andern vor Präjudiz des Wechsels und Verjährung.

Eine Ausnahme von der Regel der Correalität der Gläubigerschaft macht der Umstand, daß der Indossant die Duplicate durch Indossament an verschiedene Personen indossirt. Dies ist ein Mißbrauch, eine Denaturirung der Duplicate. — Abusus non est usus sed corruptela. —

Die Consequenzen dürfen nicht ausbleiben. Die verschiedenen Wechsel nehmen sofort eine doppelte Natur an. Sie bilden bis zu dem Doppel-Indossament eine aktive Correalität; von da verschiedene selbstständige Sola-Wechsel. Soweit es sich daher um den Regreß gegen die **Vormänner** des doppelt Indossirenden handelt, gilt der Abs. 1. dieses Artikels. Hieraus folgt:

> Durch den rechtzeitig auf dem einen Wechsel levirten Protest wird ihnen gegenüber das Präjudiz abgewendet.

Die Annahme des Gegentheils; der Satz:

> Sind mehrere Exemplare desselben Wechsels an verschiedene Personen indossirt, so wird auch den Vormännern des Doppelindossanten gegenüber das Präjudiz nur durch Protest aller indossirten Exemplare abgewendet,

findet weder im Gesetz, noch in dem Wesen des Duplicats eine Stütze.

Controvers ist dagegen die Frage: Wie ist es zu halten, wenn die durch Doppel-Giro geschaffenen verschiedenen Wechsel-Inhaber gleichzeitig, sei es bei dem Bezogenen oder dem Regreßpflichtigen Zahlung verlangen? Brauer Zus. 4. zu Art. 40. und Zus. a. zu Art. 67. statuirt ein Depositionsrecht. Vergl. auch Treitschke 1. S. 362, Einert S. 454, Borchardt S. 7. Dieses Recht, mag es selbst anzuerkennen sein, vertagt jedoch nur die Frage, ohne sie zu lösen. Treitschke l. c. legt auf das Datum des Giro, Einert auf die Zeit der Tradition Gewicht. Beides ist ohne Einfluß. Das gleiche Recht der verschiedenen Inhaber ist jedem Bedenken entrückt. Jolly S. 272 ff. 277, 278 ff. unterscheidet: Er hält den Bezogenen für berechtigt, nach freier Wahl zu zahlen, den Regreßpflichtigen hingegen für verpflichtet, demjenigen Inhaber Zahlung zu leisten, dessen Protest der ältere ist. Es werde, wird angeführt, durch den Protest das Regreßrecht in Concreto begründet und somit die Anwendung des Grundsatzes: prior tempore, potior jure nothwendig. Diese Deduktion greift fehl. Der Protest schafft kein Recht; er ist nur nothwendig, um das bereits bestehende Recht zu erhalten, zu realisiren. Das Datum des Protestes kann daher eine Priorität des Rechts nicht erzeugen.

Das Recht der beiden Inhaber ist ein gleich starkes. Das Wahlrecht des um Zahlung Angegangenen ist daher nicht zu leugnen, während im Fall der Deposition die Theilung der deponirten Summe eintreten muß. (§. 8. Instit. de legatis II. 20., I. 33. dig. de legatis I. Einl. zum ALR. §§. 95. 97. 98.

Abgesehen von dieser Collision wird die Einlösungspflicht der Vormänner bei einem Doppel-Giro durch folgende Sätze geregelt:

1) Die Vormänner des Doppel-Indossanten brauchen nur ein einziges Exemplar einzulösen. Jedes eingelöste Exemplar befreit sie.

2) Die Nachfolger des Doppel-Indossanten genügen ihrer Pflicht, wenn sie denjenigen Wechsel einlösen, auf welchem sie als Nachmänner des Doppel-Indossanten figuriren.

3) Der Doppel-Indossant muß dagegen die sämmtlichen, durch sein Giro in verschiedene Hände gelangten Exemplare einlösen. Der Grund seiner Regreßpflicht ist nicht sein dolus. Oft fehlt in seiner Person jeder

dolus. Man setze: der Remittent girirt Prima und Secunda derselben Person in blanco; dieser Indossatar begiebt sie demnächst an verschiedene Personen. Der Grund der doppelten Haftung ist einzig und allein das Faktum der Trennung, zu der er den Anlaß gegeben. Wie wenig der dolus das Fundament der Haft bildet, ergiebt sich denn auch sofort aus der Thatsache, daß der dolose Doppel-Indossant durch die Clausel „ohne Obligo" jeden Wechsel-Regreß unmöglich macht. Art. 14. Daß er aus seinem dolus seinem unmittelbaren Nehmer civilrechtlich haftet, beweist nur, daß sein dolus, wechselrechtlich durch die Clausel „ohne Obligo" paralysirt, den Grund seiner Doppelhaft nicht bildet. Anders Jolly S. 30 ff. l. c.

Verhältniß mehrerer Accepte und Ehrenaccepte zu einander.

Der Acceptant, welcher mehrere Exemplare desselben Wechsels acceptirt haftet aus jedem Accept. Eine Beschränkung der Nr. 2. auf den Fall, daß das Accept an verschiedene Wechsel-Inhaber gegeben worden, ist unzulässig. Die Fassung des Gesetzes gestattet keine Distinction. Das Accept wird nicht einer Person, sondern dem Wechsel gegeben.

Kann der Acceptant darthun, daß er durch den dolus des Klägers zum Doppel-Accept verleitet worden, so ist er freilich um dieser Exceptio willen zu absolviren. Ein solcher dolus ist aber nicht in dem Umstande zu finden, daß der Kläger die sämmtlichen ihm girirten Duplicate in seiner Person verbindet. Ob der Kläger nur die einfache oder die doppelte Giro-Valuta gezahlt, berührt weder die Pflicht noch die Rechtssphäre des Acceptanten. Vergl. Brauer (Arch. Bd. 6. S. 232). Anders Jolly S. 27.

Der Ehrenacceptant wird dagegen durch den Art. 67. nicht getroffen. Vertreter des regreßpflichtigen Honoraten haftet er nur in dem Falle aus seinem mehrfachen Accept, wenn dies bei seinem Honoraten (Abs. 2. Nr. 1. dieses Artikels) der Fall ist. Dies hatte der Preuß. Entw. von 1845 §. 210. ausdrücklich bestimmt, eine Bestimmung, welche nur weggelassen worden als sich von selbst verstehend (Berl. Prot. S. 92).

Artikel 68.

Wer eines von mehreren Exemplaren eines Wechsels zur Annahme versandt hat, muß auf den übrigen Exemplaren bemerken, bei wem das von ihm zur Annahme versandte Exemplar anzutreffen ist. Das Unterlassen dieser Bemerkung entzieht jedoch dem Wechsel nicht die Wechselkraft.

Der Verwahrer des zum Accepte versandten Exemplars ist verpflichtet, dasselbe demjenigen auszuliefern, der sich als Indossatar (Art. 36.) oder auf andere Weise zur Empfangnahme legitimirt.

§. 155. Duplicate zur Bequemlichkeit. Form und Wirkung.

Die Art. 66. und 67. enthalten Bestimmungen über Duplicate überhaupt. Die Art. 68. 69. behandeln die zur Circulation benutzten Duplicate. Man pflegt das eine Exemplar, gewöhnlich die Prima, an einen Geschäftsfreund zu versenden, damit er das Accept nachsucht oder protestirt (Art. 18. Abs. 3.) und demnächst den Wechsel aufbewahrt. Es ist nothwendig, daß der Verwahrungsort just der Zahlort ist. (Berl. Prot. S. 95,

Bericht S. 104). Auf dem Giro-Exemplar (der Sekunda) wird dann die Adresse dessen gesetzt, bei welchem das zum Accept bestimmte Exemplar abzuholen, z. B. „Prima" ꝛc. „bei W. W." Dieser Vermerk, welcher vom Versender ausgeht, wird in der Regel nicht unterschrieben. Ist zur Zeit der Begebung das Accept-Exemplar noch nicht versandt, so hat der Wechsel-Geber keine Pflicht, die Versendung zu besorgen.

Beide Exemplare sind correi credendi. Das Regreßrecht des Inhabers des Cirkulations-Exemplars ist jedoch davon abhängig, daß zunächst die Wiedererlangung des zum Accept versandten Exemplars versucht werde. (Art. 69.) Ist dies acceptirt oder bezahlt, so hat der Regredient die Einrede: habes quod petis, zu gewärtigen. Unrichtig ist aber, daß der Nehmer des Giro-Exemplars sich verpflichtet hat, nur auf das zum Accept bestimmte Exemplar die Annahme nachzusuchen und die Zahlung mit beiden Wechseln zu fordern (Jolly S. 242 ff.). Man setze: Der Verwahrer giebt dem Inhaber des Giro-Exemplars das zum Accept versandte Exemplar unacceptirt und ohne Protestaufnahme zurück; — der Indossant stellt seinem Nehmer von vorn herein beide Exemplare zu, das eine mit dem Vermerk: „zum Accept bei..." versehen. So lange kein Gesetz aufzuweisen, welches auch in diesem Fall den Inhaber verpflichtet, nur gerade das mit dem Vermerk versehene Exemplar zur Annahme vorzulegen, so lange ist von der Beobachtung einer solchen, vom Gesetz nicht vorgeschriebenen Pflicht das Regreßrecht nicht abhängig zu machen.

Wird dem Bezogenen das Giro-Exemplar zum Accept vorgelegt, so ist seine unter Protest gegebene Erklärung:

er werde nur das zum Accept bestimmte Exemplar acceptiren,

nicht geeignet, den Regreß Mangels Annahme zu beseitigen. (Art. 25.)

Wird dem Acceptanten das von ihm acceptirte Exemplar zur Zahlung vorgelegt, so ist, wenn durch dieses die Legitimation des Inhabers geführt wird, seine Erklärung:

Acceptant werde nur zahlen, wenn ihm zugleich das Giro-Exemplar ausgehändigt werde,

nicht geeignet, den Regreß Mangels Zahlung abzuwenden. Ist die Legitimation durch das acceptirte Exemplar nicht zu führen, so müssen freilich beide Exemplare zur Zahlung präsentirt werden. Das Eine, weil der Acceptant nur gegen Rückgabe des acceptirten Exemplars zahlt; das Andere, weil es den Inhaber legitimirt. Bei einem regelmäßigen Gange ergänzen sich daher die Duplicate und bilden zusammen einen Wechsel. Die Möglichkeit ist jedoch nicht ausgeschlossen, das zum Giro bestimmte Exemplar zum Accept, das zum Accept bestimmte zum Giro zu benutzen.

§. 156. Verhältniß des Verwahrers zu dem Deponenten und dem Wechselnehmer.

Der Verwahrer des zum Accept versandten Exemplars ist Depositar und Mandatar des Absenders. (Thoel §. 281. Note 4.) Als Mandatar hat er den Wechsel zum Accept zu präsentiren und den Protest Mangels Annahme zu erheben. Er ist jedoch weder verpflichtet noch legitimirt,

Zahlung zu fordern und Mangels Zahlung Protest zu leviren. (Art. 17 Art. 18. Nr. 3. Art. 41. Heise und Cropp, jur. Abh. Bd. 1. S. 549. Anders Treitschke Bd. 1. S. 363.)

Zu dem Inhaber des girirten Exemplars steht er dagegen in keinem direkten Rechtsverhältniß. Da er jedoch Mandat und Depositum unter der ihm auferlegten Verpflichtung übernommen hat, das deponirte Exemplar demjenigen auszuliefern, der sich zur Empfangnahme legitimiren wird, so folgt:

1) Der legitimirte Inhaber des Giro-Exemplars kann direkt gegen den besitzenden Depositar auf Herausgabe klagen.

2) Dieser kann sich weder durch Laudatio des Deponenten, noch durch die Einrede schützen, er besitze, brauche aber nicht herauszugeben, weil er inzwischen Contre-Ordre von dem Deponenten erhalten habe.

Die Legitimation des die Extradition Fordernden kann übrigens auch auf andere Weise als durch die Beschaffung des girirten Wechsels geführt werden. Es genügt z. B. die Vollmacht des Deponenten. (Vergl. die Berl. Prot. S. 142 und die Verhandlungen S. 38. Anders Koch, Comment. zum ALR. Bd. 3. Anm. 8. ad Art. 68. S. 896.) Zur Legitimation des Bevollmächtigten genügt nach seiner Ansicht nicht die Vollmacht allein; der Beauftragte muß auch das zum Umlauf bestimmte Exemplar vorzeigen.

Ist das zum Accept bestimmte Exemplar bei dem Bezogenen selbst deponirt, so kann er trotz seines Acceptes auf Grund des Giro-Exemplars nicht direkt auf Zahlung belangt werden. Nur die auf Herausgabe gerichtete Civilklage ist gegen einen solchen Acceptanten zulässig. Das Recht auf Honorirung des Wechsels setzt mit alleiniger Ausnahme der Art. 75. 76. den Besitz des acceptirten Wechsels voraus. Anders das Stadtgericht in Berlin, Strieth. Bd. 34. S. 243, und das Handelsgericht zu Hamburg, Hamburger Ger.-Ztg. für 1858 Nr. 555.).

§. 157. Verhältniß des Inhabers zu seinen Vormännern.

Fraglich ist: Welche Rechte stehen dem Inhaber des Begebungs-Exemplars gegen seine Vormänner zu, sobald die Abforderung des acceptirten Exemplars zur Verfallzeit versäumt und der Wechsel präjudizirt ist?

Die Frage ist wichtig. Die Haftbarkeit des Acceptanten wird gewiß durch das Präjudiz nicht ausgeschlossen. Sein Accept befindet sich nun aber just auf dem deponirten Wechsel. Es muß dem Inhaber des Begebungs-Exemplars somit vorall darum zu thun sein, daß ihm dieser Wechsel verschafft werde.

Die Ansichten gehen auseinander. Treitschke (a. a. O. Bd. 1. S. 364), Cropp (a. a. O. S. 555), Thoel (§. 281. Nr. 6.) sprechen dem Inhaber die Klage gegen die Vormänner ab. Einert (S. 416. ff. 421 ff.) und Borchardt (S. 26 ff.) räumen ihm eine solche Klage ein. Einert führt aus: In dem Vermerk: Prima zum Accept bei .... liege eine wechselmäßige Garantie, welche der Versender und dessen Nachmänner für die Herausgabe des Exemplars übernommen, eine Garantie, welche durch Präjudiz nicht aufhöre. Es ist oben gezeigt, daß eine wechselmäßige Garantie für die Auslieferung nicht existirt. Der Deduktion fehlt somit die Grundlage.

Borchardt gestattet — jedoch nur gegen den Einsender — den Anspruch als einen civilrechtlichen und gründet ihm gegenüber das Recht auf den Wechsel-Schluß. Ist der Anspruch ein civilrechtlicher, dann steht dem Inhaber die Klage gegen den Einsender nur dann zu, wenn er unmittelbarer Nehmer des Einsenders ist. Soll aber der Civil-Anspruch in dem Wechselschluß ruhen, so trifft er die sämmtlichen Verpflichteten. Sie sind dann in derselben Weise zur Beschaffung des versandten Exemplars verpflichtet, als sie für die Ausfertigung der Duplikate heranzuziehen sind. (Art. 66. vergl. Jolly S. 257). Aus allgemeinen Prinzipien läßt sich in der That eine Klage gegen die Vormänner nicht rechtfertigen. Die Regreßpflicht tritt nur ein, weil nicht acceptirt resp. gezahlt worden. Die Abforderung des in Verwahrung befindlichen Exemplars ist nur das Mittel, den Regreß Mangels Annahme oder Zahlung vorzubereiten. Ist dieser Regreß durch Präjudiz erloschen, so ist ein Regreß auf Beschaffung des nunmehr unbrauchbaren Mittels ohne Gegenstand. (Vergl. Liebe, Erläut. S. 190 u. 191 und das Urtheil des OAG. zu Lübeck vom 15. Dezember 1823, Jurispr. S. 301.) Es bleibt somit nur die Klage des Inhabers gegen denjenigen, welcher das acceptirte Exemplar besitzt L. 8. Cod. ad exhib.

Mangelhafte Form.

Fehlt der Vermerk, bei wem das zur Annahme versandte Exemplar anzutreffen, so liegt der Fall der Art. 68. und 69. nicht vor. Doppelter Protest ist dann weder nothwendig noch denkbar. Der Inhaber besitzt eben kein Cirkulations-Exemplar, sondern ein gewöhnliches Duplikat. Mit diesem fordert er Annahme und Zahlung, wobei er nur die Einrede zu befürchten hat, habes quod petis; die Einrede, es sei das andere Exemplar bereits acceptirt oder bezahlt.

Es entsteht jedoch die Frage: Wie ist der Fall zu behandeln, wenn der Vermerk den Namen des Depositars nicht enthält, sondern nur besagt: Prima zum Accept?

Die Ansichten sind verschieden. Man hat angenommen, der Inhaber müsse vom Geber die Vervollständigung des Vermerks fordern. Hiervon gehen die Berl. Prot. S. 131, der Bericht S. 103, die Motive zum Entw. S. 91, 92 und der §. 64. des letzten Preuß. Entw. aus. Man hält dafür: der Inhaber habe zu entgelten, wenn er dies unterlassen, und somit den Protest des Art. 69. nicht leviren könne. Wir können dieser Auffassung nicht beitreten. Der Fall des mangelnden Depositars steht mit dem des mangelnden Vermerkes auf einer Linie. Der Inhaber hat gegen den Geber kein wechselmäßiges Recht auf Beschaffung des deponirten Exemplars. Er hat daher noch weniger ein solches Recht auf Nachweisung des Depositars. Bei dem Mangel des Rechts kann die Nichtausübung nicht von Folgen sein (Brauer ad Art. 69. Nr. 3., Jolly S. 266 und 267). Es folgt, daß die Lage des Inhabers ganz die des Inhabers eines nur einfach ausgefertigten Wechsels ist und daß er nicht verpflichtet ist, gegen irgend wen Mangels Prima zu protestiren. (Anders Crelinger und Gräff, WR. S. 165 Nr. 3., Borchardt, S. 15, Hoffmann, S. 519. ff.).

Artikel 69.

Der Inhaber eines Duplicats, auf welchem angegeben ist, bei wem das zum Accepte versandte Exemplar sich befindet, kann Mangels Annahme desselben den Regreß auf Sicherstellung, und Mangels Zahlung den Regreß auf Zahlung nicht eher nehmen, als bis er durch Protest hat feststellen lassen:

1. daß das zum Accepte versandte Exemplar ihm vom Verwahrer nicht verabfolgt worden ist, und
2. daß auch auf das Duplicat die Annahme oder die Zahlung nicht zu erlangen gewesen.

§. 158. Obliegenheiten des Inhabers.

Der Inhaber des Circulations-Exemplars hat sich verpflichtet, zunächst das bei dem Depositar befindliche Exemplar abzulangen. Diese bei einem Dritten vorzunehmende Handlung muß als solche durch Protest festgestellt werden. Der Protest muß innerhalb derselben Zeit levirt werden, innerhalb welcher der Protest Mangels Zahlung zulässig ist (Erk. des Ob.-Ger. zu Hamburg vom 30. November 1857, Goldschm. Bd. 2. S. 130). Es folgt:

1) Ohne den Protest Mangels Herausgabe ist der Regreß gegen die Vormänner auf Grund der Mangels Annahme oder Zahlung protestirten Secunda selbst dann nicht zulässig, wenn das deponirte Exemplar erweislich weder acceptirt noch bezahlt worden.

2) Es bedarf keiner Protestaufnahme bei demjenigen, der den Wechsel etwa vom Depositar erhalten hat und um deswillen vom Depositar als der jetzige Inhaber des Wechsels bezeichnet wird. (Anders Borchardt S. 13.)

3) Wird dem Inhaber vom Depositar ein Wechsel verabfolgt, der sich nicht als Duplicat des Giro-Exemplars darstellt, so muß er bei Präjudiz des Regresses Protest Mangels Herausgabe leviren. Durch das bloße Annehmen jenes Wechsels verliert er jedoch die Befugniß nicht, noch nachträglich Protest wegen verweigerter Herausgabe des richtigen Exemplars zu erheben. Die entgegengesetzte Ansicht des Handelsgerichts zu Hamburg, Urtheil vom 17. August 1857 (Jurispr. S. 445) ist durch das Urtheil des Ob.-Ger. vom 30. Nov. 1857 verworfen (Goldschm. a. a. O. S. 131).

4) Ergiebt der Protest, daß das deponirte Exemplar zum Zweck der Annahme gefordert worden, so ist durch weiteren Protest festzustellen, daß jenes Exemplar auch nicht zum Zweck der Zahlung verabfolgt worden. (vgl. Heise u. Cropp a. a. O.)

5) Wird festgestellt, daß die Annahme resp. Zahlung auf das zum Accept bestimmte Exemplar bereits bewirkt worden, dann liegt der Fall des Art. 67. Abs. 1. vor. Keiner der Regreßpflichtigen ist dann um der verweigerten Herausgabe willen Regreß zu leisten verbunden. Man muß freilich anerkennen, daß derjenige haftet, welcher den Wechsel an einen unzuverlässigen Correspondenten geschickt, oder den Depositar veranlaßt hat, die Herausgabe zu verweigern. Dieser Anspruch, auf dolus oder culpa gegründet, ist jedoch nur civilrechtlicher Natur; er liegt außerhalb des Wechsels.

2. Wechsel-Copien.

§. 159. Begriff.

Die Copie ist eine einfache wörtliche Abschrift des Wechsels. Wie Original und Copie, so unterscheidet sich Duplikat und Copie. Jenes kann nur von den bei der Ausstellung und Begebung thätig gewesenen Personen hergestellt werden. Es muß also jedenfalls vom Aussteller ausgefertigt werden. Diese, die Copie, entsteht durch die ausschließliche Thätigkeit des Inhabers. Die verschiedenen Zwecke der Copie werden nur durch Wesen und Natur dieses Wechselinstituts beschränkt. Sie dient im Wesentlichen dazu:

1) die Auslieferung des Original-Wechsels vorzubereiten (Art. 72.);
2) die Quittung bei Theilzahlungen zu ertheilen (Art. 39.);
3) Prolongationen;
4) Bürgschaften

zu beschaffen.

Treitschke (Bd. I. S. 6, Bd. 2. S. 272); Borchardt (S. 50 ff.) und Renaud (§. 56. Not. 12. 13.) erwähnen, daß Copien auch zu dem Zweck benutzt werden, um die Wechselsumme in kleinere Beträge umzuwandeln und diese an verschiedene Personen zu indossiren. Wir haben trotz sorgfältigen Forschens von diesem nicht zulässigen Gebrauch der Copie (S. 67) Nichts zu ermitteln vermocht.

Zuweilen kommen auch Duplikate von Wechsel-Copien vor, welche gleichsam die Stelle der Sekunda und Tertia vertreten. In der Leipz Conf. (Sitz. 33. S. 210 ad §§. 67—71.) fand man sich jedoch nicht veranlaßt, Festsetzungen zu treffen über die Verbindlichkeit zur Verabreichung eines solchen Duplikats; man glaubte es bei der desfalls bestehenden Handels-Usance belassen zu können.

Artikel 70.

Wechselcopien müssen eine Abschrift des Wechsels und der darauf befindlichen Indossamente und Vermerke enthalten und mit der Erklärung: „bis hierher Abschrift (Copie)“ oder mit einer ähnlichen Bezeichnung versehen sein.

In der Copie ist zu bemerken, bei wem das zur Annahme versandte Original des Wechsels anzutreffen ist. Das Unterlassen dieses Vermerkes entzieht jedoch der indossirten Copie nicht ihre wechselmäßige Kraft.

§. 160. Die Form und Stellung der Copie.

1. Form.

Die Zahl der ausgefertigten Copien ist in der Copie nicht anzugeben. Im Uebrigen muß sie, wie das Duplicat, eine wörtliche Abschrift des Originals enthalten. Die durchstrichenen Stellen sind, falls leserlich, durchstrichen mit aufzunehmen. Sind sie unleserlich, so ist dies in der Copie zu bemerken (Koch WR. S. 283). Es muß sodann gesagt werden, wie weit die Copie geht. Dies geschieht in der Regel durch die Bezeichnung: „bis hierher Copie.“ Die dann folgenden Original-Giros sind ebenso bindend, als die Giros auf einem Originalwechsel. Es bedarf daher der Bemerkung nicht: „von hier ab Original." Ist die Copie zur Circulation benutzt, so ist wie bei dem Duplicate zu bemerken: Original zum Accept bei X."

2. Verhältniß der Copie zum Originalwechsel und den Duplicaten.

Die Copie kann nur vom Indossanten (Remittenten), sie kann nie vom Aussteller ausgehen. Das Duplicat ist recht eigentlich die Schöpfung des Ausstellers. Die Copie des Ausstellers würde dagegen ein Originalwechsel sein.

Die Annahme muß auf dem Wechsel schriftlich erfolgen. Die Copie ist kein Wechsel. Eine auf sie gesetzte Annahme hat daher nicht die Natur des Accepts. Jedes Duplicat stellt den Originalwechsel dar. Das auf das Duplicat gesetzte Accept ist somit verpflichtend. (Art. 21.)

Es folgt:

1) Auf Grund der Copie ist gegen den Aussteller als solchen Regreß nicht zu nehmen.
2) Der Bezogene muß sich bei der Zahlung Original und Copie ausantworten lassen. Durch diese wird die Legitimation; durch jenes die Möglichkeit der Einlösung des Wechsels herbeigeführt.

3. Mangelhafte Form der Copie.

Die Mängel in der Form der Copie bedingen nach ihrer Verschiedenheit verschiedene Wirkungen. Es sind folgende Fälle zu unterscheiden:

1) Die Copie stimmt mit dem Wechsel nicht wörtlich überein.

Der Inhaber einer solchen Copie kann weder vom Depositar Herausgabe noch vom Acceptanten Zahlung verlangen (vergl. Erk. des Stadtger. zu Berlin vom 7. Oktober 1856, Arch. Bd. 6. S. 212). Trotz dessen wird der Inhaber dieser Copie im Fall des Art. 72. Protest bei dem Depositar leviren müssen. Er hat selbst von der Erfüllung dieser Pflicht sein Regreßrecht abhängig gemacht. Des Protestes bei dem Bezogenen wird es nicht bedürfen, wenn der nach dem Verfalltage der Copie noch rechtzeitig abgeforderte Original-Wechsel nach dem in ihm enthaltenen Verfalltag bereits damals präjudicirt gewesen ist (cfr. das Erk. des OAG. zu Lübeck vom 29. Februar 1832; Jurispr. S. 93).

2) Die Bezeichnung Copie fehlt.

Der Wechsel ist, vorausgesetzt, daß auch anderweit der Vermerk „bis hierher Copie" nicht vorhanden, als Original-Wechsel zu behandeln. Der Depositar ist nicht verpflichtet, das Original herauszugeben. Der Inhaber ist eben weder durch ein Duplicat noch durch eine Copie legitimirt. Zum Regreß bedarf es des Protestes Mangels Extradition nicht. Der Art. 72. sagt ausdrücklich:

der Inhaber der Wechselcopie,

und setzt voraus, daß sich das Document wenigstens äußerlich als Copie darstelle. Gleichgiltig ist, wo der betreffende Vermerk sich befindet, ob im Context oder links oberhalb des Wechsels (Jolly a. a. O. S. 291).

3) Der Vermerk „bis hierher Copie" fehlt, während im Uebrigen das Scriptum als Copie bezeichnet ist.

Alle Unterschriften sind als bloße Copien zu betrachten. Nicht die Original-Unterschrift als solche bindet, sondern der durch die Copie selbst bewiesene Wille des Indossanten, auf der Copie sich zu verpflichten. Um diesen Willen zu constatiren sind die Worte:

„bis hierher Copie"

sacramentell. In Wechselsachen handelt es sich niemals um Vermuthungen, welche zu widerlegen, sondern um strenge Formen, welche zu beobachten sind. Es folgt, daß der außerhalb der Copie zu führende Beweis unzulässig ist: der Copist habe sich durch sein gesetzlich nur als Copie geltendes Original-Giro dennoch verpflichtet, es werde die Vermuthung der Nichtverpflichtung beseitigt (Hoffmann S. 531). Anders Jolly S. 290 und das Berl. Ob.-Trib. durch Urtel vom 4. April 1857 (Seuffert Bd. 12. S. 101).

4) Der Vermerk fehlt, daß ein Original überhaupt deponirt worden. Vermag sich der Inhaber der Copie in den Besitz des Originals zu setzen, so sind die Original-Indossanten wechselmäßig verpflichtet. Vermag er dies nicht, so sind sie frei von jedem Regreß. Diese Sätze ergeben sich aus dem Axiom: Ohne Protest kein Regreß.

Die Levirung des Protestes ist aber im vorliegenden Falle bei dem Mangel des Vermerks faktisch nicht denkbar. Es existirt Niemand, bei dem Protest Mangels Herausgabe erhoben werden könnte. Sie ist rechtlich nicht denkbar; denn, da der Bezogene eine Copie weder acceptiren noch bezahlen darf, so ist der bei ihm levirte Protest ohne Gegenstand und lediglich frustratorisch.

Die Entstehungsgeschichte des Art. 70. ergiebt denn auch ganz klar, daß die Worte:

„das Unterlassen dieses Vermerkes entzieht jedoch der indossirten Copie nicht ihre wechselmäßige Kraft"

etwas Weiteres nicht besagen wollen und sollen. Der Pr. Entwurf von 1845 hatte im §. 224 bei mangelnder Notiz das Präjudiz gestellt, daß die Copie keinen wechselmäßigen Anspruch begründe. In der Berl. Conferenz S. 99 monirte der Justiz-Rath Gräff diese Fassung. Er bemerkte: „Gelänge es aber dem Inhaber der Copie, trotz jenes mangelnden Vermerkes, sich in den Besitz des Originals zu setzen, so sei kein Grund vorhanden, ihm das Wechselrecht abzusprechen." Nur diesem Monitum hat man Rechnung getragen, und in der Leipz. Conferenz S. 137 ausdrücklich für nothwendig gefunden, daß auf der Copie bemerkt werden müsse, wo das Original anzutreffen sei.

5) Es ist bemerkt, daß das Original zum Accept versandt worden, es ist jedoch der Depositar nicht genannt.

Der Fall steht mit dem so eben behandelten auf gleicher Linie. Anders Borchardt S. 47. 48; Jolly S. 293.

Artikel 71.

Jedes auf einer Copie befindliche Original-Indossament verpflichtet den Indossanten ebenso, als wenn es auf einem Originalwechsel stände.

§. 161. Rechtliche Wirkung der Copie.

Die Copie ist Träger der Giri. Sie bildet insofern einen Theil des Wechsels. Ein Giro ohne Wechsel hat keine Wirkung. Es folgt, daß die girirte Copie der Regel nach Wechsel-Rechte nur dann erzeugt, wenn sie sich mit dem Originale vereinigt. Die Annahme des Gegentheils giebt nicht nur der Copie eine intensivere Kraft als dem Original; sie ist gradezu geeignet, den Fundamentalbegriff des Wechsels als eines Literals-Acts zu beseitigen und die Existenz der Duplicate illusorisch zu machen.

Für den Wechsel gilt der Satz: Ohne Protest, ohne Präsentation des Wechsels bei dem Bezogenen kein Regreß.

Für die Copie müßte der umgekehrte Satz gelten, denn Protest und Präsentation der Copie ist rechtlich nicht denkar. Der Bezogene kann und darf auf die Copie nicht zahlen. Die Original-Indossanten der Copie müßten somit durch den Verfalltag sofort regreßpflichtig werden, ohne daß es des Protestes bedürfte.

Behandelt man einmal die Copie als ein selbstständiges, vom Wechsel losgetrenntes Ganzes, so wäre unerheblich, ob überhaupt ein Original-Wechsel existirt oder nicht; ob sie eine wirkliche Copie dieses Wechsels ist oder nicht; ob in ihr angegeben ist, wo der Original-Wechsel anzutreffen.

Diese Folgerungen ergeben sich mit nothwendiger Consequenz. Sie sind aber weder aus dem Art. 70., noch aus dem Art. 71. abzuleiten. Die Art. 70. und 72. sprechen von dem Fall, wo die Copie, zur Circulation gefertigt, sich eben nur wie ein Theil zum Ganzen — dem deponirten Wechsel — verhält. In der Mitte zwischen diesen beiden Artikeln steht der Art. 71., welcher dem Original-Indossament die Kraft beilegt, welche ein Naturale bei Wechsel-Unterschriften überhaupt ist. Er setzt daher nur eine wirkliche, dem Art. 70. entsprechende Wechselcopie voraus, eine Copie, conform dem Original, zum Giro bestimmt und eben deshalb mit dem Vermerk versehen: „bis hierher Abschrift — Original bei X. in Z."

Eben weil durch diesen Vermerk in dem Fall des Art. 72. der Copie durch den Protest Mangels Auslieferung eine exceptionelle Stellung angewiesen wird, ist für alle anderen Fälle die Regel zu beobachten: Die Copie ist ein Theil des Wechsels, sie erzeugt ohne ihn keine rechtliche Verpflichtung. Art. 11.

Artikel 72.

Der Verwahrer des Originalwechsels ist verpflichtet, denselben dem Besitzer einer mit einem oder mehreren Original-Indossamenten versehenen Copie auszuliefern, sofern sich derselbe als Indossatar oder auf andere Weise zur Empfangnahme legitimirt.

Wird der Originalwechsel vom Verwahrer nicht ausgeliefert, so ist der Inhaber der Wechselcopie nur nach Aufnahme des im Art. 69. Nr. 1. erwähnten Protestes Regreß auf Sicherstellung und nach Eintritt des in der Copie angegebenen Verfalltages, Regreß auf Zahlung gegen diejenigen Indossanten zu nehmen berechtigt, deren Original-Indossamente auf der Copie befindlich sind.

§. 162. Pflichten des Inhabers. Nothadressen.

Die alin. 2 des Art. 68. stimmt fast wörtlich überein mit der alin. 1 des Art. 72., nur daß statt „demjenigen" im Art. 68. hier dem Besitzer gesetzt worden. Man hat jedoch durch diese nicht gerade glückliche Aenderung die Herausgabe der Originalwechsel nicht von anderen Voraussetzungen abhängig machen wollen als die Herausgabe der Prima. Die Ausantwortung muß daher erfolgen: an den durch das Indossament legitimirten Inhaber der Copie, sowie an jeden, welcher zur Empfangnahme des Originals in irgend einer Weise legitimirt ist.

Die alin. 2. entspricht dem Art. 69.

Es muß jedoch der Protest Mangels Herausgabe zum Regreß genügen. Dem Inhaber, welcher das Original nicht erhalten hat, kann nicht zugemuthet werden, daß er auf die Copie hin bei dem Bezogenen oder Acceptanten Mangels Annahme oder Zahlung frustratorischen Protest erhebe. Ctr. Erk. des Ob.-Trib. vom 23. Oktober 1855 (Strieth. Arch. Bd. 18. S. 226).

Es kann nicht bedenklich sein, daß nach Auslieferung des Original-Wechsels die auf der Copie befindlichen Nothadressen beachtet werden müssen, Art. 62. Fraglich ist dagegen, ob dies auch dann nothwendig ist, wenn der Original-Wechsel nicht ausgeliefert ist.

Wäre die Entscheidung lediglich aus dem Art. 72. zu entnehmen, so würde es an gewichtigen Gründen für die Bejahung der Frage nicht fehlen. Man könnte eben geltend machen, daß im Fall des Art. 72. der Protest Mangels Herausgabe gegen die Original-Indossanten gleichsam den Protest Mangels Annahme und Zahlung ersetze.

Erheblich ist jedoch, daß die Frage nur durch die Art. 56 ff. zu lösen ist und daß diese Artikel den Protest des Original-Wechsels voraussetzen; ein Protest, der nicht denkbar ist, wo der Protestirende nicht Besitzer des Original-Wechsels ist.

XI. Abhanden gekommene Wechsel.

§. 163. Amortisation. Verlust des Wechsels.

Die Schrift kann der Obligation in zwiefacher Weise dienen. Sie ist entweder so innig mit der Obligation vereinigt, daß ohne sie die Obligation nicht zur Entstehung gelangen kann. (Dispositiv-Urkunde.) Oder sie ist von der Obligation abgelöst; sie dient nur zum Beweise. Wetzell System der ord. Civilproz. §. 24. Bluntschli deutsch. Privatrecht 2. Aufl. §. 116. Kuntze Lehre von den Inhaberpapieren §. 49. 65. 66. Die erste Art der Schrift finden wir in der Expensilatio, (Literarum obligatio) die andere in den gewöhnlichen Schulddokumenten (Chirographum). Bei der dispositiven Urkunde hat die Schrift drei Funktionen zu erfüllen. Sie begründet die Obligation. Sie ist nothwendig für die Verfügung über die Obligation. Sie bedingt die Geltendmachung und Aufhebung der Obligation. Bei den anderen Urkunden tritt die Schrift durchaus in den Hintergrund; sie hat eben nur den Charakter eines Beweismittels.

Wo die Schrift einmal existirt, entspricht die organische Vereinigung der Schrift und Obligation dem deutschen Rechtsbewußtsein. Man suchte jedoch den sich aus dieser Auffassung ergebenden Gefahren von vornherein dadurch vorzubeugen, daß, abweichend von der Literarum obligatio, der Schuldner das Papier ausstellte; daß nicht der Erwerber oder Gläubiger, sondern der Schuldner, der Veräußerer, der Disponent, die Urkunde zu schaffen hatte. Man suchte das Prinzip paritätischer Actualität der Partheien, namentlich im Handelsrecht, so weit zu verdrängen, daß das ursprünglich beabsichtigte zweiseitige Rechtsgeschäft schließlich nur seine Existenz in der einseitigen Urkunde ihres Schöpfers, des Schuldners fand. Zu den dispositiven Urkunden im eminenten Sinne gehört der Wechsel. Das Entstehen wie das Bestehen des Forderungsrechts wurzelt allein im Wechsel. Er ist nicht nur nothwendig, um das Forderungsrecht zur Existenz zu bringen; er ist eben so nothwendig, damit es existent bleibe. Er ist nicht Träger der Verpflichtung, auf deren Erfüllung einer bestimmten Person das Recht zusteht; er ist Träger des Rechts selbst, das ihm allein gebührt. Das Stück Papier ist geradezu Subjekt des Rechts, obwohl es, wie z. B. bei der Begebung, Objekt eines Rechtsgeschäfts sein kann. Der Berechtigte ist somit nicht unmittelbar Dominus der Forderung; er wird es nur mittelbar, weil er den Gegenstand besitzt und über denselben verfügen kann, welchem das Recht zusteht. Der Satz Thoel's Hand.-R. II. §§. 289. 290. hat somit seine volle Richtigkeit, daß nur demjenigen, der den Wechsel hat, das Recht aus dem Wechsel zusteht. Geht daher der Wechsel verloren, so müßte streng genommen jedes Recht erlöschen. Es könnte sich immer nur, wenn er wieder zum Vorschein kommt, um das Recht auf den Wechsel zwischen dem Verlierer und dem zeitigen Inhaber handeln. Diese Consequenz wird von Thoel gezogen (Entwurf einer Wechsel-Ordn. für Mecklenburg Art. 118. S. 163). Die Handelspraxis hat jedoch der Strenge dieser Consequenz durch die Duplikate vorzubeugen gesucht, während das positive Recht die Härte durch die Amortisation des Wechsels mildert. Es ist somit im Wesen der Materie berechtigt, daß sich der Lehre von den Duplikaten die Lehre von den abhanden gekommenen Wechseln unmittelbar anfügt.

Durch das Amortisationsverfahren kann ein doppelter Zweck erreicht werden. Ist der Besitz des verlornen Wechsels in die Hand eines Anderen übergegangen, so wird dieser gezwungen, den Wechsel zum Vorschein zu bringen. Es handelt sich dann zwischen dem Verlierer und dem Inhaber um das Recht auf den Besitz des Wechsels. Wem dieses Recht zugesprochen wird, der hat das Recht aus dem Wechsel. Meldet sich dagegen Niemand, so wird fingirt, daß der Wechsel seine Existenz verloren hat und daß er auch äußerlich zerstört worden. Hieraus folgt:

1) Der zerstörte Wechsel kann durch Mortifikationsschein nicht ersetzt werden. Es giebt eben für den nicht mehr existirenden Wechsel kein Surrogat.

2) Der Mortifikationsschein ist weder zum Accept, noch zum Indossament geeignet.

3) Das Amortisationsverfahren ist nur gegen Dritte, den Wechsel resp. dessen unbekannte Inhaber gerichtet. Durch dieses Verfahren kann somit die Verjährung der Wechselschuld selbst nicht unterbrochen, ein Präjudiz nicht abgewendet werden.

4) Nach strengem Recht müßte die durch den Richter ausgesprochene Vernichtung des Wechsels jedes Recht aus dem vernichteten Wechsel aufheben. Billigkeitsrücksichten und nur solche veranlaßten jedoch das positive Recht, den Verlierer, in gewisser Beziehung an die Stelle des Wechsels, des eigentlichen Gläubigers zu setzen. Er wird gleichsam der nächste, freilich in Rechten sehr beschränkte Erbe des Wechsels.

5) Durch die Amortisation der Tratte kann somit in der Stellung und dem sonstigen Rechtsverhältniß des Verlierers zu dem Acceptanten, also namentlich bezüglich der Zulässigkeit der Einwendungen nicht das Mindeste geändert werden. (Erk. des Ob.-Trib. vom 4. November 1858. Strieth. Bd. 31. S. 116.) Im Gegentheil: Diese Vertretung des vernichteten Wechsels durch den früheren Inhaber ist eine Ausnahme; sie beruht einzig und allein auf der Aequitas.

Die Billigkeit gegen den Einen darf folglich nicht bis zur Unbilligkeit gegen den Anderen übergreifen. Dies festgehalten, wollen wir nunmehr untersuchen, wie weit sich die Wirkung der Amortisation erstreckt.

§. 164. Wirkung der Amortisation.

Die Art. 73. und 98. Nr. 9. erwähnen ausdrücklich nur des Acceptanten und des Ausstellers des eigenen Wechsels. Die Zahlung muß nach Einleitung des Verfahrens durch sie erfolgen. Dies erscheint der Billigkeit angemessen. Beide sind recht eigentlich die Wechselschuldner im eminenten Sinn. Sie erwerben den Wechsel nicht zum Zweck des Regresses zurück; ihr Rückerwerb soll ihnen nur Schutz gegen doppelte Zahlung gewähren. Werden sie gegen solche Gefahr in anderer Weise ausreichend geschützt, so erscheint ihr Interesse gesichert. Fraglich bleibt daher nur, welchen Einfluß das Verfahren auf die Vormänner ausübt. Man unterscheidet:

1) der acceptirte Wechsel geht vor der Protestaufnahme verloren;
2) der verlorene Wechsel ist weder acceptirt, protestirt noch acceptationsfähig;
3) der verlorene Wechsel ist bereits protestirt worden.

Koch, WR. ad Art. 73. sub III.; Lehrb. Bd. 2. §. 627. läßt in dem ersten und dritten Falle den Regreß zu, aber nur den Regreß gegen den Trassanten. Durch den Verlust des Wechsels werde nur die Beweisfrage und das Verfahren, nicht das Recht berührt; der Aussteller werde sonst, was doch nicht zulässig, durch einen solchen Verlust bereichert. Der erste Grund beweist zu viel. Ist der Verlust des Wechsels nur auf die Beweislast von Einfluß, so ist nicht abzusehen, warum nicht auch der Regreß gegen die Indossanten zulässig sein soll. Das Gesetz kennt hinsichtlich des Wechsel-Regresses keinen Unterschied zwischen dem Aussteller und dem Indossanten. Der zweite Grund steht im Widerspruch mit Art. 83.: Die Bereicherung ist keine Unterlage für einen wechselrechtlichen Anspruch. Alles dies gilt auch gegen die von Bluntschli (WOrdn. ad §. 73. Nr. 4.) aufgestellte Ansicht. Er hält dafür, daß nach der Protestaufnahme der Regreß gegen sämmtliche Vormänner zulässig sei.

Thoel (§. 290 Nr. 3) führt aus: Ohne Wechsel existire nach dem Wesen des Wechselrechts auch gegen den Acceptanten kein Recht; umgekehrt folge also, daß überall da, wo nach positivem Gesetz die Haft des Acceptanten fortbesteht, auch die Regreßpflicht bleiben müsse. Die Folgerung ist nicht richtig. Das positive Recht hat just nur die Haft des Acceptanten statuirt. Aus dem Argument e contrario folgt, daß die Regreßpflicht der anderen Wechselschuldner aufhören muß. Die Verhältnisse Beider gehen in der That wesentlich auseinander. Der Acceptant übt durch die Einlösung und den Besitz des Wechsels nur die Pflicht des Rückerwerbes aus; die Regreßpflichtigen bedürfen des Wechsels zur Ausübung des Regresses (cfr. Gelpcke, Ztschr. S. 193 ff.).

Jolly im Arch. Bd. 4. S. 20 läßt hinwiederum den Regreß nur gegen den Aussteller zu und auch gegen diesen nur dann zu, wenn der Wechsel nicht acceptirt gewesen; der Wechsel habe in diesem Falle für den Aussteller weiter keinen Werth. Der Grund beweist zu viel. Es kann nicht darauf ankommen, ob der Wechsel für den Aussteller werthlos ist oder nicht. Will man von dieser Thatsache den Regreß abhängig machen, so müßte der Regreß gegen den Aussteller auch da zulässig sein, wo der Trassant trotz des Acceptes keinen Anspruch gegen den Acceptanten haben würde. Nach unserer Auffassung erlischt mit dem Verlust des Wechsels jede Regreßpflicht. Es giebt keine Forderung ohne Wechsel. Dieser allein ist Träger, Gläubiger der Forderung. Ist der Wechsel nicht vorhanden, so kann eine Haft nur insoweit anerkannt werden, als sie ausdrücklich durch den Buchstaben des Gesetzes angeordnet ist. Dies ist nur in Betreff des Acceptanten der Fall. Für die Regreßpflichtigen bleibt es daher bei der im Art. 39. 48. und 54. aufgestellten Regel. Jede weitere Distinction ist unzulässig. Vgl. Gelpcke S. 193 und Crelinger und Gräff, WR. S. 359. Diese Auffassung wird durch die Materialien bestätigt.

Der Entwurf von 1836 erklärte in den §§. 155 und 156 das Amortisationsverfahren auch gegen die Regreßpflichtigen für anwendbar. Man hat jedoch diese Paragraphen aus den Entwürfen von 1838 und 1845 entfernt (vergl. Motive zum Entwurf von 1838 S. 56; zum Entwurf von 1845 S. 57 und 58). In dem Bericht S. 116 sub Nr. 3 wird zwar unterschieden zwischen einem acceptirten, resp. acceptablen Wechsel und einem noch nicht präsentirten Sichtwechsel oder einem bereits protestirten Wechsel. Der letzte Entwurf §. 69 erkennt jedoch diese Distinction nicht an. Man setzte vielmehr statt des Wortes „Wechselschuldner", welches der vorletzte Entw. §. 73 hatte, den Ausdruck: „Acceptanten", indem die Verfolgung der Regreßrechte gegen den Aussteller und die Vormänner ohne Vorlegung des Wechsels nicht zulässig ist (Verhandlungen des Staatsraths S. 40).

Aus dem Satze: die Wirkungen der Amortisation treffen den Regreßpflichtigen nicht, ergeben sich zwei Folgesätze.

1) Der Art. 73. ist auf den Ehrenacceptanten nicht anwendbar. Er ist eben nicht Acceptant, sondern ein Regreßpflichtiger. Ihn trotz des Verlustes des Wechsels zur Zahlung verpflichten, heißt ihn seines Rückgriffs berauben. Gegen den Honoraten und dessen Vormänner hat er eben nur für den Fall den Regreß, daß sie regreßpflichtig sind; sie sind es aber nur, so lange der Wechsel existirt, Art. 63. Abs. 2 (vergl. Entwurf von 1838 §. 170 und von 1845 §. 267; Arch. Bd. 1. S. 47; Bd. 4. S. 245 sub II.; Gelpcke S. 201).

2) Der Art. 73. ist auf den Acceptanten eines domicilirten Wechsels mit benanntem Domicil nicht anwendbar.

Der Acceptant eines solchen Wechsels ist als ein Regreßpflichtiger zu erachten. Er haftet nur, wenn bei dem Domiciliaten Protest erhoben worden; Art. 43. Ohne Wechsel ist Protest nicht zu erheben und somit die Regreßpflicht des Acceptanten erloschen. Es folgt, daß der Verlust des Wechsels nach erhobenem Protest auf die im Art. 73. fixirten Pflichten des Acceptanten nicht reagiren kann (vergl. das Erk. des OAG. zu Dresden vom 20. Dezember 1853 (Arch. Bd. 4. S. 434); Borchardt, Zus. 285; Urtheil des Ob.-Trib. v. 3. Okt. 1861 in Sachen Großberg wider Kugel).

Artikel 73.

Der Eigenthümer eines abhanden gekommenen Wechsels kann die Amortisation des Wechsels bei dem Gerichte des Zahlungsortes beantragen. Nach Einleitung des Amortisationsverfahrens kann derselbe vom Acceptanten Zahlung fordern, wenn er bis zur Amortisation des Wechsels Sicherheit bestellt. Ohne eine solche Sicherheitsbestellung ist er nur die Deposition der aus dem Accepte schuldigen Summe bei Gericht oder bei einer anderen zur Annahme von Depositen ermächtigten Behörde oder Anstalt zu fordern berechtigt.

§. 165. Voraussetzung und Wirkung des Verfahrens.

Die Förmlichkeiten des Verfahrens sind, weil nicht zum materiellen Rechte gehörig, durch die Wechsel-Ordnung nicht geregelt. Vergl. die einzelnen Einführungs-Gesetze, z. B. §. 2. des Pr. Einführ.-Gesetzes vom 15. Februar 1850.

Es entspricht dem Zweck des Verfahrens, daß eine Abschrift des Wechsels vorgelegt und der Besitz und Verlust glaubhaft dargethan werde.

Weil die Amortisation wesentlich gegen den Acceptanten wirkt, muß sie bei dem Gerichte des Zahlungsortes beantragt werden.

Die Wirkung des Verfahrens äußert sich nur gegen den Acceptanten und gegen den Inhaber des verlorenen Wechsels.

1) In Betreff des Acceptanten gilt Folgendes: Vor Einleitung des Verfahrens ist der Acceptant weder zur Deposition verpflichtet, noch berechtigt, dem sich meldenden Wechsel-Inhaber gegenüber zu deponiren. Nicht der Einspruch des Verlierers; nur der Arrest oder die Intervention ist geeignet, die sonst nothwendige Zahlung des Acceptanten abzuwenden, cfr. Erk. des Ob.-Trib. vom 23. Febr. 1854; Strieth. Bd. 11.

S. 370; vom 27. Juli 1854 in Sachen Kapherr wider Müller, und vom 10. Juli 1856; Seuffert, Arch. Bd. 11. S. 426.

Anders nach Einleitung des Verfahrens.

Es steht dann fest, daß der Verlierer Besitz und Verlust des Wechsels glaubhaft dargethan. Bevor daher ein Dritter sich als Inhaber des Wechsels legitimirt, erscheint angemessen, daß der Verlust des Wechsels auf die sonst feststehenden Verpflichtungen des Acceptanten nicht reagirt. Der Acceptant muß daher dem Verlierer gegenüber diesen Verpflichtungen nachkommen, falls ihm nur dafür Gewähr geleistet wird, daß ihm hieraus nicht Gefahr erwachse. Diese Gewähr kann ihm nach der Wahl des Verlierers in zwiefacher Art bestellt werden. Der Verlierer verlangt entweder die Deposition der acceptirten Summe. Diese Summe wird dann für denjenigen verwahrt und deponirt, welcher sich als der eigentliche Vertreter des verlorenen Wechsels legitimirt, sei dies nun der Verlierer oder der Inhaber.

Oder der Verlierer verlangt Zahlung gegen Caution. Diese Caution, einzig und allein für den Acceptanten bestimmt, dient ihm als cautio defensum iri. Sie braucht daher nicht in baarem Gelde deponirt zu werden; sie entspricht ihrem Zwecke, wenn sie nur überhaupt eine idonea ist.

Beide Klagen sind mit dem Verfalltage actiones natae. Der Ablauf der Protestfrist ist nicht abzuwarten.

Der Art. 40. giebt dem Acceptant ein Recht für den Fall, daß die Zahlung zur Verfallzeit nicht gefordert wird. Hier handelt es sich von der Erfüllung seiner Pflicht, eben weil die Zahlung oder deren Surrogat die Deposition am Verfalltage gefordert wird. Anders Jolly im Archiv Bd. 4. S. 12. — Es folgt:

1) Hat der Acceptant vor Ablauf der Protestfrist deponirt, so ist dem Verlierer das Recht nicht verschränkt, trotz dieser Deposition Zahlung gegen Caution zu begehren.

2) Der Verlierer, welcher nur Deposition gefordert, kann zu jeder Zeit die Zahlung der deponirten Summe gegen Caution beanspruchen.

3) Der Betrag der Caution ist nach dem Betrage der acceptirten Summe zu bemessen. Nur diese Sicherheit leistet Gewähr vor doppelter Zahlung. Der Verlierer hat die Möglichkeit dieser Gefahr verschuldet. Er ist verpflichtet, die Folgen seiner Verschuldung abzuwenden. Anders das Urtheil des Ob.-Trib. in Sachen Schwartz wider Gersches vom 6. September 1855; Arch. Bd. 32. S. 1, welches ohne nähere Begründung annimmt, die Höhe der Sicherheit sei nach dem Betrage der eingeklagten Summe zu bemessen.

2) In Betreff des Wechselinhabers sind dagegen folgende fünf Fälle zu unterscheiden:

1) Der Inhaber meldet sich, nachdem die Amortisation des Wechsels rechtskräftig ausgesprochen ist. Der Wechsel hat seine rechtliche Existenz verloren. Es ist daher juristisch undenkbar, daß der Vertreter des Wechsels, der Inhaber, noch Rechte aus dem Wechsel auszuüben vermag. Der Acceptant beruft sich daher mit Erfolg auf die Amortisation; ja er muß nun-

mehr dem Verlierer die Caution zurückgeben und darin willigen, daß die deponirte Summe dem Verlierer ausgehändigt wird.

2) Der Inhaber meldet sich nach Erlaß der Edictalien und zwar zu einer Zeit, in welcher der Acceptant die Wechselsumme bereits deponirt hat. Durch die Edictalien ist die Existenz des Wechsels zu einer res litigiosa geworden. Das Recht des Vertreters, des Inhabers, wird durch diese Litigiosität afficirt. Der Acceptant hat durch die Deposition seinen Verpflichtungen gegen den Wechsel genügt. Er ist daher zur Zahlung nicht verpflichtet; er verweist den Inhaber auf die deponirte Summe. Der Fall liegt ähnlich dem des Art. 40.

3) Der Inhaber meldet sich nach Erlaß der Edictalien, nachdem der Acceptant bereits gegen Caution Zahlung geleistet hat. Die sub 2 angegebenen Gründe führen zu dem Schluß, daß der Acceptant nicht zur Zahlung, wohl aber trotz der an den Verlierer geleisteten Zahlung dem Inhaber gegenüber zur Deposition verpflichtet ist.

4) Der Inhaber meldet sich, bevor der Acceptant deponirt oder dem Verlierer gegen Caution Zahlung geleistet hat. Der Acceptant ist zur Deposition, nicht aber zur Zahlung ohne Caution verpflichtet. Anders Koch, WR. S. 285; Jolly a. a. O. S. 12; Bluntschli ad §. 74.

5) Durch das zwischen dem Verlierer und dem Inhaber gefällte Urtheil wird das bessere Recht des Inhabers anerkannt. Der Acceptant muß, wenngleich er dem Verlierer Zahlung gegen Caution geleistet, den Wechsel von dem Inhaber einlösen. Für diesen Fall haftet dem Acceptant die von dem Verlierer bestellte Cautio defensum iri; wie sie ihm denn überhaupt für alle Schäden, Kosten, die doppelte Deposition ꝛc. haftet. Hieraus folgt, daß der Acceptant den klagenden Inhaber nicht auf diese nur im Interesse des Acceptanten bestellte Caution verweisen darf. Sie ist niemals Zahlungsobjekt und, wenn nicht in baarem Geld hinterlegt, nicht einmal Mittel für eine Wechselzahlung.

Artikel 74.

Der nach den Bestimmungen des Art. 36. legitimirte Besitzer eines Wechsels kann nur dann zur Herausgabe desselben angehalten werden, wenn er den Wechsel in bösem Glauben erworben hat oder ihm bei der Erwerbung des Wechsels eine grobe Fahrlässigkeit zur Last fällt.

§. 166. Herausgabe des Wechsels.

Der Wechsel ist der eigentliche Träger des Rechts. Derjenige, welcher den Wechsel ohne dolus, ohne mala fides wechselmäßig besitzt, ist der Vertreter des Wechsels; jeder Andere gilt als falsus procurator. Es leuchtet ein, daß der Wechselkläger, welcher erklärt, er habe den mit einem Blanco Giro versehenen Wechsel gestohlen, nicht die Verurtheilung des Acceptanten erwirken könne. Seinem Recht aus dem Besitz steht sein dolus entgegen; die Annahme, er sei Vertreter des Wechsels, wird eben sofort durch seine eigene Erklärung widerlegt. Hält man dies fest, so erscheinen die Bestimmungen des Art. 74. gerechtfertigt.

Der Artikel bedient sich nicht des Wortes Vindication; er gebraucht das Wort „Herausgabe". Dies ist consequent. Da streng genommen das Eigenthum des Wechsels nie in Frage kömmt, sondern lediglich und allein der Besitz entscheidet, so ist wechselrechtlich eine eigentliche Vindication des Wechsels ebenso unzulässig als entbehrlich.

Der Art. 74. behandelt sodann den Fall nicht, wo der Besitzer den indossirten Wechsel besitzt, ohne zu diesem Besitz im Sinne des Art. 36. legitimirt zu sein. Auch dies ist gerechtfertigt. Ist in der Reihe der Giros eine Lücke, so ist die Kette gesprengt. Der Inhaber besitzt dann wechselrechtlich weder den Wechsel, noch kann er als dessen Vertreter gelten.

Der Artikel behandelt somit nur den Fall des äußerlich und formell begründeten, aber durch dolus, lata culpa, mala fides unwirksamen Besitzes. Hieraus ergeben sich folgende Consequenzen:

1) Die Klage auf Herausgabe des Wechsels ist keine Wechselklage. Es handelt sich nicht um Rechte aus dem Wechsel, sondern streng genommen um die Frage: wer als der eigentliche Vertreter des Wechsels zu erachten ist. Die Klage ist somit an die kurzen Fristen der Wechselklagen nicht gebunden.

2) Zur Legitimation des Klägers ist ein früherer wechselmäßiger Besitz nothwendig.

Der frühere Inhaber, welcher nicht durch eine ununterbrochene Reihe von Giros legitimirt war; der Remittent, welcher noch niemals in den Besitz des an ihn mit der Post versendeten, dort gestohlenen Wechsels gelangt war, ist sohin zur Klage nicht legitimirt; Hoffmann S. 545.

3) Zur Passiv-Legitimation des Verklagten gehört im Fall des Art. 74., daß er bei dem Erwerb des gehörig girirten Wechsels in mala fide oder lata culpa versirt hat. Hieraus folgt für ihn der Satz: mala fides superveniens non nocet. Leipz. Prot. Sitz. 33. S. 240. S. 142. 228.

Der Erwerber eines Wechsels begeht dagegen im Allgemeinen eine grobe Fahrlässigkeit, wenn er sich von der Identität der Person des veräußernden Wechselinhabers mit demjenigen, auf welchen das letzte Giro lautet, nicht überzeugt (vergl. Urtel des OAG. zu Lübeck v. 25. Febr. 1854; Frankf. Rechtsf. Bd. 1. S. 155).

4) Der wirkliche Vertreter des Wechsels ist der wechselmäßige Besitzer des Wechsels, falls seinem Besitz nicht die Mängel des Art. 74 entgegenstehen. Ihm ist somit die Wechselsumme zu zahlen. Das Präjudiz des Ob.-Trib. (Strieth. Arch. Bd. 26. S. 85; Arch. f. WR. Bd. 7. S. 320)

> der Art. 74. ist auch für das Eigenthum der deponirten Wechselsumme maßgebend, auf deren Hinterlegung im Interesse des Verlierers gegen den legitimirten Besitzer des Wechsels erkannt war,

ist daher zu billigen.

5) Die Entscheidung des OAG. zu Lübeck (Römer, Sammlung der Entscheidungen in Frankf. Rechtssachen Bd. 1. S. 376) erscheint dagegen nach den Grundsätzen des Wechselrechtes nicht gerechtfertigt. Der acceptirte Wechsel war durch ein gefälschtes Giro des Remittenten dem Verklagten übertragen, von diesem weiter begeben und demnächst von dem Acceptanten eingelöst worden. Mit Rücksicht auf Art. 74. ist angenommen,

daß der erste Indossatar, weil in culpa lata, dem klagenden Aussteller den Belauf des Wechsels zahlen müsse. Der Art. 74. will eben nur die Collisionen zwischen dem wirklichen Besitzer und dem Verlierer des Wechsels entscheiden und ist daher zur Beurtheilung dieses Falles nicht heranzuziehen.

XII. Falsche Wechsel.

§. 167. Begriff und Arten der Fälschung und Verfälschung des Wechsels.

Die Gesetzgebung hat lediglich der Rechtssprechung überlassen, alle Krümmungen und Verzweigungen zu verfolgen, welche durch Fälschung und Mißbrauch des Wechsels entstehen können. Die Artikel 75. und 76. stellen nur das Prinzip auf, daß die falsche Unterschrift des Trassanten, Giranten und Acceptanten weder die Existenz des Wechsels noch die Haftbarkeit der echten Unterschriften tangirt.

Versuchen wir die leitenden Normen festzustellen.

Vorall ist davon auszugehen, daß die unrichtigen Contenta des Wechsels von den gefälschten scharf zu unterscheiden sind.

Ist Datum, Wechselsumme, Ort der Ausstellung :c. der Wahrheit nicht gemäß, so kann von einem gefälschten Wechsel nicht die Rede sein. Es ist dann eben nur eine Thatsache gegen die Wahrheit, ein Ding, das nicht ist, bezeugt.

Gerade nach dieser Richtung hin zeigt sich die Natur des Wechsels als eines Formal-Aktes in ihrer ganzen Schärfe und Energie. Die Bestimmungen des Artikels 112 des Code de Commerce:

> Sont reputées simples promesses toutes lettres de change contenant supposition soit de nom, soit de qualité, soit de domicile, soit des lieux d'où elles sont tirées ou dans les quels sont payables

so recht geschaffen zur Begünstigung des Betrügers, zur Umgehung durch den Richter; sie ist der deutschen Wechsel-Ordnung fremd. Das Gesetz geht vielmehr von dem Satz aus:

> „Sind die Erfordernisse des Wechsels vorhanden und äußerlich echt, so ist ihre Wahrheit oder Unwahrheit ohne Einfluß auf die Existenz des Wechsels.“

Anders verhält es sich mit der Fälschung des Wechsels. Sie ist eine doppelte. Die Urkunde wird entweder fälschlich angefertigt, oder es wird die bereits bestehende echte Urkunde verfälscht. Das Erste ist namentlich der Fall, wenn die Unterschrift des Trassanten gefälscht ist. Die Verfälschung ist dagegen eine dreifache:

1) Wesentliche Theile des Wechsels sind gänzlich vernichtet (durchstrichen).

2) Mit der Vernichtung der alten sind zugleich neue Bestandtheile an deren Stelle gesetzt (Correcturen, Rasuren).

3) Die alte Form ist unberührt geblieben und nur durch Zusätze ergänzt worden.

Welcher Art auch immer die Fälschung sein möge, Jeder ist nur nach dem wirklichen und echten Inhalt der von ihm übernommenen Verpflichtung haftbar.

Die Redlichkeit des Inhabers kömmt dem Verpflichteten gegenüber nicht in Betracht. Die bona fides ersetzt nur den mangelhaften Titel; sie schafft weder das Recht selbst noch das Objekt des Rechts.

Diese Grundsätze führen zu folgenden Regeln:

1) Einzelne Theile des Wechsels sind vernichtet.

Es ist zu unterscheiden, ob diese Theile zu den wesentlichen Erfordernissen des Wechsels Artikel 4. gehören oder nicht. Ist das Erstere der Fall, so ist dem Wechsel durch die Fälschung die Wechselform und die Wechselkraft genommen. Es ist somit die wechselmäßige Zahlung Aller, einschließlich des Fälschers, beseitigt. — Ist das Letztere der Fall; — es ist z. B. ein als Duplicat (Prima, Secunda) bezeichneter Wechsel durch Vernichtung dieser Worte in einen Sola-Wechsel umgewandelt (Artikel 66. Abschn. 2) oder der Vermerk im Indossament „ohne Obligo" (Art. 9. 14. und 15.), der Domicilvermerk, die Nothadresse, die Präsentationsfrist bei Sicht- und Domicil-Wechseln (Art. 19. 24. 43. 56.) gestrichen oder ein Accept, Indossament, Aval vernichtet, so ist die Zeit der Fälschung maßgebend.

Die Verpflichtungen derjenigen, welche vor der Fälschung in den Wechselverband getreten, werden durch die Fälschung nicht afficirt. Für sie ist das Gefälschte nicht vorhanden. Der Wechsel behält ihnen gegenüber nach wie vor die Eigenschaft eines Duplicats, eines nicht begebbaren, eines solchen Wechsels, bei denen vermehrte Solennitäten zu beobachten sind. Will also der Inhaber gegen diese sein Recht wahren, so muß er das beobachten, was bei der ursprünglichen Form zu beobachten gewesen. Vergl. Erk. des Handelsger. zu Hamburg vom 15. September 1856 (Arch. für WR. Bd. 6. S. 48); Thoel a. a. O. §. 288. Nr. 1.

Die Verpflichtungen derjenigen, welche nach der Fälschung in den Wechselverband getreten, sind dagegen lediglich nach dem späteren Zustand des Wechsels zu beurtheilen. Für sie bildet die zur Zeit ihrer Unterschrift vorhandene Form die echte und ursprüngliche Form des Wechsels. Es ist Niemand in der Lage, ihnen den Wechsel mit nicht durchstrichenem Accept zu retradiren. Ist also das Accept durchstrichen, so bleiben alle diejenigen regreßfrei, welche vor der Durchstreichung in den Wechsel-Nexus eingetreten sind. Sind vorstehende Giro's gestrichen, so sind die Nachmänner, welche vor der Ausstreichung in den Wechsel-Verband getreten, frei. Sie können eben res integra begehren und verlangen, daß ihnen der Wechsel in dem Zustande zurückgewährt werde, in welchem sie ihn begeben haben. Thoel §. 221. Arch. für WR. a. a. O. S. 47 und Erk. des Ob.-Trib vom 23. September und 26. Oktober 1858; (Strieth. Bd. 29. S. 342 und 365). Hat also der Indossant trotz dessen den Wechsel eingelöst, so steht seinen Nachmännern der Einwand zu, daß er gezahlt habe, ohne verpflichtet zu sein. Vergl. jedoch Erk. des Ob.-Trib. vom 12. Oktober 1858 (Bd. 30. S. 315). Diejenigen, welche nach der Veränderung unterschrieben, sind dagegen nach dem damaligen Zustande des Wechsels verpflichtet.

Die Beweislast, wann das Durchstreichen, ob es vor oder nach der Unterschrift des Betreffenden erfolgt sei, trifft den Wechsel-Inhaber. Vergl. Erk. des Ob.-Trib. vom 20. Februar 1855; (Strieth. Bd. 17. S. 48; Arch. für WR. Bd. 5. S. 90).

2) Es sind durch Rasuren und Correcturen den vernichteten Bestandtheilen des Wechsels andere substituirt worden. Im Wesentlichen sind hier die sub 1. entwickelten Regeln maßgebend. Dies soll an einzelnen Beispielen gezeigt werden.

1) Die Wechselsumme ist gefälscht. Diejenigen, welche sich vor der Fälschung verpflichtet haben, brauchen nur die ursprüngliche Summe zu zahlen. Erk. des OAG. zu Rostock vom 4. November 1852 (Arch. für WR. Bd. 3. S. 406 ff.); Erk. des Ob.-Trib. vom 3. Juni 1858 (Entschd. Bd. 39. S. 244 und vom 15. November 1859 in Sachen Anton wider Zeller (Strieth. Bd. 34. S. 357). Die nach der Verfälschung Unterzeichnenden müssen dagegen die gefälschte Summe zahlen. Vergl. Comm.-Bericht S. 114 und Entw. von 1846 §. 76.

> „Die Verfälschung wesentlicher Theile des Wechsels ist für die Verbindlichkeit eines Unterzeichners dem redlichen Inhaber gegenüber nur dann von Einfluß, wenn die Verfälschung nach seiner Unterzeichnung geschehen ist."

Dieser Paragraph ist nur darum nicht in den letzten Preuß. Entwurf übergegangen, weil nach den Verhandlungen des Staatsrathes (S. 41) der Beweis der Veränderung im Wechsel-Prozeß sehr schwer zu erbringen sei. Vergl. auch Treitschke a. a. O. Bd. I. S. 415.

Hat ein Indossant, obgleich sein Giro der Fälschung vorangegangen, den Wechsel dennoch mit dem Betrag der gefälschten Summe eingelöst, so soll er nach Thoel a. a. O. selbst von dem Acceptanten, der nach der Fälschung den Wechsel unterschrieben, nur die echte Summe beanspruchen dürfen. Anders Renaud (§. 16. a. a. O.) und Hoffmann (Archiv f. WR. Bd. 6. S. 255). Die Ansicht Thoel's erscheint jedoch im Prinzip berechtigt. Der Indossant hat eine höhere Summe gezahlt, als er zu zahlen verpflichtet gewesen. Sein Recht zum Ersatz geht nicht weiter, als seine Pflicht zur Zahlung. Er greift den Acceptanten nicht an, weil dieser ihm an und für sich haftet; sondern weil er, der Indossant, dem Inhaber eine nicht gerechtfertigte Zahlung geleistet.

2) Der Verfalltag oder Zahlungsort ist gefälscht. Der Preuß. Entwurf von 1845 bestimmte, daß jede Correktur an wesentlichen Theilen des Wechsels, falls sie sichtbar wäre, den ganzen Wechsel sammt den nachträglichen Unterschriften vernichte. (§§. 245. und 246.) Der Preuß. Entwurf von 1846 §§. 75. u. 76. entschied zwischen den Unterschriften vor und nach der Correktur, während er die Unterscheidung zwischen sichtbar und nicht sichtbar beseitigte (Bericht S. 114). Dieses Prinzip ist das richtige.

Ist Verfalltag und Zahlort ein wesentliches Erforderniß des Wechsels, so sind aus einem in diesen Theilen gefälschten Wechsel die früheren Unterzeichner überhaupt nicht haftbar. Für sie fehlt eben dem Wechsel Verfalltag und Zahlort. Der frühere ist vernichtet; der jetzige verbindet sie nicht; ihm gegenüber ist ihre Unterschrift gleichsam eine falsche. Eine Analogie mit der Fälschung der Summe ist nicht anzuerkennen. Die ratio disparitatis liegt klar vor. Dort gilt der Grundsatz In majore et minus. Es handelt sich eben von der Quantität. Hier ist die Qualität in Frage, und somit jenes Axiom nicht zutreffend. Vergl. auch Crelinger und Gräff, Wechselrecht S. 334 sub Nr. 3. u. 4.

Die Beweislast trifft hier, je nachdem der Wechsel sichtbare oder unsichtbare Spuren der Fälschung trägt, den Inhaber oder den Verpflichteten.

3) Der Wechsel ist in seinen wesentlichen Theilen nicht verändert; es sind aber Zusätze gemacht, welche auf die intensive Kraft des Wechsels von Einfluß sind. Es ist z. B. ein Domicil einem ohne solches begebenen Wechsel hinzugefügt. Es ist das Accept gefälscht oder das Datum bei solchen Wechseln, für welche Präsentation zur Annahme nothwendig ist. (Artikel 19. 24. 31.) Es ist einer Nothadresse eine gefälschte Unterschrift hinzugefügt.

Auch hier gilt der Grundsatz:

> Demjenigen schadet die Fälschung nicht, der den Wechsel vor derselben unterschrieben.

Hieraus folgt, daß der Acceptant eines gezogenen nicht domicilirten Wechsels, dem ein Domicil und ein Domiciliat nach der Annahme hinzugefügt worden, die durch Aufnahme des Protestes beim Domiciliaten entstandenen Kosten zu zahlen nicht verbunden ist. Anders das Erk. d. Ob.-Trib. v. 12. August 1857 in Sachen Devaranne wider Harder. Es ergiebt sich ferner, daß der Aussteller, daß der Indossant, welche einen nicht domicilirten Wechsel begeben haben, mit Erfolg excipiren, die Protestaufnahme bei dem Domiciliat sei ihnen gegenüber nicht am gehörigen Orte erfolgt. cfr. Erk. des Ob.-Trib. vom 11. Oktober 1855 in Sachen Wiener wider Weißhuhn; des Kammerger. vom 11. Juli 1856 (Arch. f. WR. Bd. 6. S. 312).

Dieselben Regeln sind auch für die anderen Fälle maßgebend. Ist also im Falle des Art. 19. u. 20. dem echten, nicht datirten Accept ein gefälschtes Datum hinzugefügt, so erlischt die Haft derjenigen, welche vor der ihnen nachtheiligen Fälschung unterzeichnet haben.

Ist die Fälschung denen nicht nachtheilig, welche vor ihr in den Wechselverband getreten, so folgt, daß sie ihnen eben so wenig Nutzen bringen darf. Ist also z. B. nach bewirktem Accept ein Domicil und ein Domiciliat dem Wechsel hinzugefügt worden, so ist die Einrede, es sei bei dem Domiciliat Protest nicht levirt, im Munde des Acceptanten hinfällig.

Das Gefälschte ist für ihn nicht vorhanden Der Inhaber hat sich nur nach dem Inhalt des Wechsels denjenigen Personen gegenüber zu richten, welche nach der Fälschung eingetreten sind.

Anders das Ob.-Trib. in dem Erk. vom 19. Februar 1826 (Strieth. Bd. 21. S. 8; Archiv. Bd. 6. S. 101 u. 220). Dort wird der Satz aufrecht erhalten, daß für den Inhaber nur der Zustand des Wechsels maßgebend sei, in welchem ihm der Wechsel indossirt worden. Ein einfaches Beispiel beweist jedoch: daß dieser Satz nicht richtig sein kann. Setzen wir, daß der Wechsel ursprünglich ein Domicilwechsel und daß später der Domicilvermerk durch Fälschnng beseitigt ist. Es ist gewiß, daß der Bezogene, welcher vor der Fälschung acceptirt hat, der Klage die Einrede des mangelnden Protestes mit Erfolg entgegensetzen darf. Es ist also eben so gewiß: daß der Inhalt des Wechsels zur Zeit des Giro für den Inhaber nicht durchweg maßgebend sein darf. Richtig ist, daß der Indossatar nur diejenigen Rechte aus dem Wechsel erlangt, welche der Wechsel zur Zeit der Indossirung enthält. Daraus folgt aber nur, daß er denjenigen gegenüber, welche nach der Fälschung den Wechsel begeben haben, der gegenwärtigen Form Rechnung tragen muß. Anders verhält es sich aber mit denjenigen, welche vor der Fälschung den Wechsel besessen haben. Für sie existirt kein gefälschter, sondern ein echter Wechsel. Sie sind in mala fide; sie excipiren ex jure tertii, wenn sie um der Fälschung willen die Levirung eines von ihnen sonst nicht zu fordernden Protestes begehren.

Die Sache liegt eben so, wenn dem nicht datirten Accept eines Sichtwechsels ein Datum später hinzugefügt worden.

Setzen wir: der Wechsel sei drei Tage nach Sicht am 2. Jan. 1860 ausgestellt; er werde am 4. Januar präsentirt und ohne Datum acceptirt. Gegen den Acceptanten wird also die Verjährungsfrist vom 2. Jan. 1862 an gerechnet. Setzen wir nun: daß ein Dritter dem Accept als Datum den 4. Januar 1860 hinzufügt, so leuchtet ein, daß der Acceptant aus dieser Fälschung Rechte nicht herleiten darf. Ihm gegenüber ist also der Wechsel nicht im Jahre 1863, sondern erst 1865 verjährt.

Anders verhält es sich mit der der Nothadresse hinzugefügten gefälschten Unterschrift. Da das Gesetz die Unterschrift der Nothadresse überhaupt nicht verlangt, so ist die gefälschte Unterschrift hier ohne Bedeutung. Nullum falsum nisi nocivum. Niemand hat das Recht, aus dieser Fälschung Einreden zu erheben.

Artikel 75.

Auch wenn die Unterschrift des Ausstellers eines Wechsels falsch oder verfälscht ist, behalten dennoch das ächte Accept und die ächten Indossamente die wechselmäßige Wirkung.

§. 168. Einfluß der gefälschten Unterschrift auf die Verbindlichkeit des Fälschers und die echten Unterschriften.

Falsch ist eine Unterschrift, wenn sie von demjenigen nicht herrührt, dessen Namen sie trägt; verfälscht, wenn in der echten Unterschrift von einem Unbefugten Aenderungen bewirkt werden. Dies ist z. B. der Fall, wenn dem Familien- ein Vorname vorgesetzt, eine Bezeichnung, z. B. & Co. beigefügt; die Unterschrift zu einer unkenntlichen umgeändert worden. Unbefugt ist nicht nur derjenige, welcher nicht identisch ist mit dem Unterzeichnenden, sondern auch der Unterzeichnende selbst, welcher die Aenderung bewirkt, nachdem er den Wechsel begeben, mag er immerhin durch Giro wiederum in den Besitz des Wechsels gelangt sein.

Die falsche Unterschrift hat wechselrechtliche Wirkung weder gegen Denjenigen, dessen Name mißbraucht worden, noch gegen den Fälscher. Gegen den Ersteren nicht, weil er den Wechsel nicht unterschrieben, gegen den Fälscher nicht, weil die Unterschrift nicht seinen Namen trägt (Prot. Sitz. 22. S. 141 ad §. 71. u. 72. des Pr. Entwurfs). Dasselbe gilt von der Verfälschung der Unterschrift. Die Fälschung hat dagegen keinen Einfluß auf die echten Unterschriften. Der Wechsel als Formal-Akt verlangt zu seiner Gültigkeit nur die Existenz der richtigen Form. Ist diese gewahrt, so bewirkt die vis attractiva, daß jede echte Unterschrift bindet (vgl. Mot. zum Pr. Entw. S. 96). Jeder Unterzeichnende haftet, nicht weil der Wechsel-Aussteller oder der Acceptant gleichfalls haftet, sondern weil er selbst unterschrieben. Auf diesen Prinzipien beruhen die Art. 3., 75. und 76. Ist daher die Unterschrift des Ausstellers falsch, so behalten dennoch das echte Accept, die echten Indossamente, die echten Mit-Unterzeichnungen des Wechsels die wechselmäßige Wirkung.

Kellerwechsel.

Die Kellerwechsel sind fingirte Wechsel, bei denen nicht die Unterschrift eines Existirenden benutzt, sondern der Name eines überhaupt nicht Existirenden als Unterschrift gebraucht wird. Sie unterscheiden sich von den falschen Wechseln nur durch die Absicht des Ausstellers. Er will Niemand betrügen, er will eben nur sich Geld verschaffen und die Wechsel seiner Zeit einlösen. Diese Absicht kann jedoch auf das rechtliche Wesen dieser Wechsel nicht einwirken. Sie stehen in allen Stücken dem falschen Wechsel gleich und müssen nach den Grundsätzen der Art. 75. u. 76. beurtheilt werden. (Vgl. Prot. l. c. S. 141; Treitschke Bd. I. S. 416; Crelinger u. Gräff a. a. O. S. 335 sub Nr. 4.)

Artikel 76.

Aus einem mit einem falschen oder verfälschten Accepte oder Indossamente versehenen Wechsel bleiben sämmtliche Indossanten und der Aussteller, deren Unterschriften ächt sind, wechselmäßig verpflichtet.

§. 169. Fälschung des Accepts oder Giro.

Die zu Art. 75. aufgestellten Grundsätze gelten auch bei falschen oder verfälschten Accepten. (Vergl. Erk. des Ob.-Trib. vom 16. Septbr. 1854, Entschd. Bd. 29. S. 186.)

Hat der Bezogene trotz des falschen Accepts den Wechsel dennoch eingelöst, so steht ihm eine condictio indebiti selbst dann nicht zu, wenn er, durch die falsche Unterschrift getäuscht, Zahlung geleistet hat. Der Bezogene zahlt vollkommen gültig auch ohne Accept. Das falsche Accept hat somit für ihn überhapt keine Existenz. Gegen ihn gilt die Vermuthung, daß er gezahlt, nicht weil er acceptirt hat, sondern weil er bezogen ist. (Vergl. Liebe Erl. S. 203).

Das Gesetz stellt die falschen Indossamente mit den falschen Accepten auf gleiche Linie. Ein falsches Giro unterbricht formell die Giroreihe nicht, sondern stellt sie als eine ununterbrochene dar. Die ächten Indossanten, mag ihr Giro dem gefälschten vorangehen oder nachfolgen, haften sonach wechselmäßig. Hieraus folgt, daß selbst diejenigen, welche den Wechsel mit dem gefälschten Giro weiter begeben, nicht anders haften, als die Indossanten vor dem gefälschten Giro. Es tritt für sie Präjudiz und Verjährung ein. Der Nehmer kann gegen sie weder wechselrechtlich noch im Wege des Civilprozesses die actio redhibitoria anstellen. Es wird eben nicht für Verität eingestanden, sondern dafür, daß gezahlt werde (Art. 8. Art. 14. Abs. 1. Art. 83.) Nur gegen den Fälscher selbst ist eine Klage ex delicto zulässig. Anders Treitschke a. a. O. S. 414. Aus den Art. 75. und 76. ergiebt sich schließlich die Consequenz:

„Acceptant, Aussteller und Indossanten haften sogar demjenigen Nehmer, welcher ohne mala fides und dolus den Wechsel unmittelbar vom Fälscher überkommen hat."

XIII. Wechsel-Verjährung.

§. 170. Verjährung und Präjudiz.

Die Wechsel-Verjährung unterscheidet sich einerseits von dem Präzudiz; andrerseits von der gewöhnlichen Verjährung. Die letztere begründet nur die Vermuthung, daß die zu tilgende Verbindlichkeit in der That getilgt worden. Die Wechsel-Verjährung sieht dagegen von jeder Vermuthung ab und bewirkt das Erlöschen der wechselmäßigen Verpflichtung.

Das Präjudiz wird dadurch bedingt, daß der Berechtigte diejenigen wechselmäßigen Handlungen, von deren Erfüllung Gesetz und Wechsel sein Recht abhängig machen, nicht in rechter Frist und Form bewirkt. Das Präjudiz setzt somit einen nicht verjährten Wechsel voraus und wirkt wie eine Bedingung. Aus dieser Unterscheidung ergeben sich wichtige Consequenzen.

1) Auf die wohlerworbenen Rechte der Partheien kann die Veränderung der Gesetzgebung einen Einfluß nicht ausüben. Das Recht auf die wechselmäßigen Handlungen des Inhabers wird mit dem Datum der Ausstellung des Wechsels erworben. Die DWO. kann daher auf das Präjudiz eines vor ihr ausgestellten Wechsels nicht rückwirken. Die Rückanwendung der DWO. auf die gesetzlichen Präsentations-Fristen eines unter der Herrschaft des früheren Rechts ausgestellten Sichtwechsels ist somit unzulässig (Erk. des Ob.-Trib. vom 19. Oktober 1852; Strieth. Bd. 7. S. 278).

2) Die Verjährung ist dagegen kein Jus quaesitum, welches sofort

mit und durch die Ausstellung der Urkunde erworben worden ist. Für die Verjährung ist vielmehr des Gesetz Quelle und Ausfluß. In Betreff der Verjährung werden daher im Wesentlichen diejenigen Gesetze maßgebend sein müssen, welche zur Verfallzeit des Wechsels die Materie regeln. Ist die Verjährung bereits vor Einführung der AWO. vollendet, so liegt eine juristische Thatsache vor, welche durch das neue Gesetz nicht rückgängig gemacht werden kann. Lex ad praeterita trahi nequit. L. 7. Cod. I. 14. Publ.-Pat. vom 5. Februar 1794 §. 17. §. 14. der Einleitung zum ALR. Ist die Verjährung noch nicht vollendet, so greift in Ansehung aller Verjährungsfragen die neue Wechsel-Ordnung durch.

Dieses Gesetz regelt somit die Frist und die Wirkung; die Mittel der Unterbrechung und die Erfordernisse der Verjährung. (Erk. des OAG. zu Dresden vom 15. September 1855. Ztschr. für Rechtspflege von Tauchnitz Bd. **15.** S. 56; Bd. **12.** S. 369; Bd. **13.** S. 238. Anders das Ob.-Trib. Urtheil vom 15. Februar 1850; Entschd. Bd. **19.** S. 260.)

§. 171. Anfang der Verjährung.

Der Streit, ob die Verjährung juris naturalis oder civilis sei, ob sie als poena negligentiae oder als fictio solutionis wirke, hat für das Wechselrecht keine Bedeutung. Das leitende Prinzip ist hier im Art. 80. niedergelegt.

Dem Verklagten muß innerhalb der Verjährungsfrist die rechtliche Möglichkeit gegeben werden, sich auf die Klage einzulassen. Die Verjährung greift durch, wo diese Möglichkeit nicht gewährt, die Klage nicht zugestellt ist. Der Grundsatz Agere non valenti non currit praescriptio leidet daher in dieser Allgemeinheit keine Anwendung auf die Wechselverjährung (Erk. des OAG. zu Dresden vom 6. Mai 1858; Ztschr. von Tauchnitz Bd. **18.** S. 343; Strieth. Bd. **37.** S. 526 ff.), während der Satz: Impossibilium nulla est obligatio, richtig angewendet, durchgreift. Hieraus ergeben sich folgende Consequenzen:

1) Die Deliberationsfrist der Erben kann den Beginn der Verjährung nicht hinausschieben. Diese Befugniß der Erben verhindert den Kläger nicht, ihnen die Klage zuzustellen.

2) Ein subjektives Hinderniß in der Person des Wechsel-Gläubigers ist nicht geeignet, den Beginn der Verjährung zu verhindern. Die Minderjährigkeit, der Blödsinn, der Concurs des Gläubigers dürfen im Wechselrecht keine Beachtung verdienen. Das Interesse der Wechselschuldner, die rasche Lösung des Wechselbandes, überwiegt diese rein civilrechtlichen Hindernisse und beseitigt die Zulässigkeit jeder Restitutio in integrum. (Vergl. Erk. des Ob.-Trib. vom 5. Mai 1838; Entschd. Bd. **3.** S. 316; vom 21. September 1858; Strieth. Archiv Bd. **31.** S. 12; Erk. des AG. zu Cöln vom 14. März 1856; Rhein. Archiv Bd. **51.** I. S. 248.)

3) Wird dagegen durch vis major die Zustellung der Klage unmöglich, so muß dieses objektive Hinderniß den Anfang der Verjährung hemmen. (Urtheil des Ob.-Trib. vom 23. Oktober 1815; Simon und v. Strampf, Rechtssprüche Bd. **1.** S. 105.)

Zu diesen objektiven Hindernissen gehört der Concurs des Verklagten (U. des Ob.-Trib. vom 5. November, 2. Dezember, 18. Dezember 1858, 24. Januar und 17. Mai 1859; Entschd. Bd. 40. S. 386; Strieth. Bd. 31. S. 348; Bd. 32. S. 161; Bd. 33. S. 215; Urt. des GO. zu Hamburg vom 5. März 1858; Schletter Jahrb. Bd. 5. S. 60). Während der Dauer des Concurses kann überhaupt eine Klage gegen den Cridar nicht angestellt werden. (§§. 8. 9. der Preuß. Concurs-Ordn.) Schon hieraus folgt, daß für den Art. 80. der DWO. es an einer Person gebricht, gegen welche die Klage zu richten ist. (Vergl. das Königl. Sächs. Gesetz vom 7. Juni 1849, §§. 19. 20.)

Gegen den Indossanten läuft die Frist vom Tage der ihm zugestellten Klage. (Art. 71.) Ist er im Concurs, so ist ihm die Klage nicht zuzustellen. Hierdurch wird bewirkt, daß auch für seine Regreßklagen gegen die Vormänner die Frist erstreckt wird. Nimmt man an, daß mehrere Vormänner in Cride gerathen sind, so liegt zu Tage, daß der Art. 80. zu Folgerungen führt, welche eben so nothwendig sind, als sie vom Gesetzgeber nicht erwogen zu sein scheinen.

§. 172. Ausschluß der Verjährung durch Vertrag. Prolongation.

Fraglich ist, ob der Wechselverjährung entsagt werden kann, mag nun der Vertrag zugleich mit Ausstellung des Wechsels oder bis zur Verfallzeit geschlossen sein? Die Entscheidungen des Ob.-Trib. weichen unter einander ab. Das in den Rechtsfällen Bd. 4. S. 138 abgedruckte Urtheil, sowie das in Sachen v. List wider Mosessohn am 4. September 1860 ergangene Urtheil halten den Vertrag für gültig. Anders die Urtheile vom 5. Mai 1838 (Entschd. Bd. 3. S. 316 und 3. Mai 1853 (Strieth. Bd. 9. S. 339; Archiv Bd. 3. S. 345). Wir halten die letztere Ansicht für die richtige. Die WO. läßt nur ausnahmsweise eine Aenderung der gesetzlichen Bestimmungen zu. Diese Ausnahmen sind ausdrücklich hervorgehoben (Art. 9. 14. 15. 19. 24. 42.). Zu ihnen gehören Verträge über die Verjährung nicht. Es kommt hinzu, daß Verträge dieser Art in dem Wechsel selbst kaum Aufnahme finden könnten, während doch lediglich der Wechsel und sein Inhalt maßgebend erscheint. Auch der praktische Gesichtspunkt ist erheblich. Verträge dieser Art machen das fernere Bestehen eines wechselmäßigen Verkehrs gradehin unmöglich (Entschd. Bd. 3. S. 324).

Der erste Preuß. Entw. (von 1836) hatte daher mit vollem Rechte verordnet:

> §. 282. Verträge, durch welche der Verjährung einer Wechselverbindlichkeit entsagt, oder eine längere Frist als in den Gesetzen vorgeschrieben ist, bedungen wird, sind ohne rechtliche Wirkung.

Liebe, (Erläut. S. 211); Kitka (Erläut. über die Oesterr. WO. §. 11. S. 74); Hoffmann (Ausführliche Erläut. §. 103. S. 572) sind derselben Ansicht.

Unrichtig ist, daß dem Excipienten die Replica doli entgegensteht (Koch, Comm. zum ALR. Art. 78. der WO.). Ist der Vertrag nichtig, so macht der Verklagte eben nur von seinem gesetzlichen Rechte Gebrauch. Dies ist weder dolus noch im Sinne des Gesetzes unerlaubt.

Prolongation.

Mit dieser Frage steht die weitere Frage im inneren Zusammenhang. Hindert die Prolongation, d. h. die vor dem Verfalltag verabredete Hinausschiebung des ursprünglichen Verfalltages auf einen späteren, den Beginn der an und für sich von dem im Wechsel enthaltenen Verfalltag beginnenden Verjährung?

Wir verneinen auch diese Frage. Hiermit stimmen überein der Pr. Entw. (von 1845) §. 131. Abs. 2. „und durch Prolongation kann die wechselmäßige Verbindlichkeit nicht erhalten werden;" die Conferenz der Sachverständigen (S. 65); die Commission des Staatsrathes (S. 5); die Motive zum Preuß. Entw. von 1846 (S. 97. 100); die Leipziger Prot. Sitz. 31. (S. 228).

Nur diese Ansicht erscheint consequent. Die willkürliche Handlung des Wechselinhabers kann die ursprüngliche Gestalt des Wechsels weder in seinen wesentlichen Erfordernissen, noch ohne ausdrückliche Genehmigung des Gesetzes ändern.

Dieser Grundsatz findet eine ausdrückliche Anerkennung im Art. 77. Gegen den Acceptanten beginnt die Verjährung vom Verfalltage des Wechsels, mag er immerhin in seinem Accept die Zahlungszeit auf einen späteren Termin, z. B. vier Jahre nach dem Verfalltag verlegt haben, Art. 22. alin. 2. Wäre die Absicht des Gesetzes gewesen, diesen Termin als den Beginn der Verjährung zu fixiren, die civilrechtlichen Grundsätze der Actio nata anzuwenden, so würden dem Art. 77. die Worte: „oder dem im Accepte angegebenen Zahltage" zugefügt worden sein.

Die Prolongation bewirkt somit nicht ein Hinausschieben der Verfallzeit; sie stellt sich nur dar als ein zeitweiser Verzicht auf das Klagerecht. Sie verändert nicht das Recht des Wechsels, sie verkümmert nur das Recht des Verzichtenden. Der Wechsel selbst bleibt unberührt. Hieraus folgt:

1) Die Prolongation, welche Frist über die Wechsel-Verjährungsfrist hinaus gewährt, bewirkt Verzicht auf das Wechsel-Recht selbst.

2) Die Prolongation als pactum de non petendo in personam wirkt nur gegen den Paciscenten, der dieses pactum eingegangen. Jeder Inhaber leitet außer dem Fall des Art. 16. Abs. 2. sein Recht aus dem Wechsel ab. Die Prolongation, als eine vom Gesetz nicht anerkannte Clausel, bindet daher den Nachfolger selbst dann nicht, wenn sie auf dem Wechsel vermerkt worden.

3) Die Prolongation wirkt nur zu Gunsten dessen, für den sie geschehen; nicht zum Vortheil der Mitverpflichteten.

4) Da die Clausel auf das Recht des Wechsels nicht reagirt, so ist für die Protestfrist der ursprüngliche Zahltag maßgebend. Wird diese Frist nicht innegehalten, so schützen selbst diejenigen Wechselverpflichteten, denen die Prolongation bewilligt worden, mit Recht das Präjudiz vor (Art. 41.).

5) Zinsen können im Mangel ausdrücklicher Verabredung bis zum Ablauf der Nachfrist nicht gefordert werden (cfr. l. 29. Dig. de verb. obl. ALR. I. 16. §. 70).

Hiermit stimmen überein Brauer (Archiv für Wechselrecht Bd. 5.

S. 13 ff.), Erk. des Kammergerichts in Sachen Cohn wider Vetter vom 27. Mai 1854 und Erk. des Handelsger. zu Braunschweig vom 21. Oktober 1853 (Archiv Bd. 5. S. 331); vergl. Borchardt zu Art. 80. Zus. 328. S. 174. Anders Kheil und der höchste Gerichtshof zu Wien (Archiv Bd. 6. S. 64 und Bd. 8. S. 178 ff.).

Zwischen diesen beiden Ansichten steht eine dritte. Die Prolongation soll in rem, in cambium wirken, wenn sie durch den Aussteller bewirkt wird (Erk. des Appell.-Hofes zu Cöln vom 18. April 1856, Rhein Arch. Bd. 52. I. S. 82, und Erk. des OAG. zu Celle, Archiv für Wechselrecht Bd. 6. S. 208).

Mit dieser Frage hängt die weitere Frage zusammen:

> Ist dem Prolonganten, welcher Protest gegen den Acceptanten rechtzeitig erhoben, von den verklagten Regreßpflichtigen und dem Ehrenacceptanten die Einrede mit Erfolg entgegenzusetzen: er habe dem Acceptanten vor Protest Prolongation bewilligt?

Brauer l. c. verneint die Frage; wir stehen nicht an sie zu bejahen. Der Kläger hat die Weigerung des Acceptanten verschuldet. Der Regreß für das eigene Verschulden steht ihm nicht zu. Der Rücklauf des Wechsels wird durch die eigene Handlung des Klägers bewirkt. Für die Folgen seiner Handlung haftet der Handelnde (vergl. Oesterr. Ger.-Ztg. pro 1852 Nr. 97).

§. 173. Unterbrechung der Verjährung. Wiederbeginn und Dauer.

Der Artikel 80. behandelt die Mittel der Unterbrechung. Wir bemerken:

1) Das Anerkenntniß ist nicht geeignet, die Verjährung zu unterbrechen. Die ältere Theorie zählte die Frage zu den Controversen (Treitschke Bd. 2. S. 579). Die Preuß. Motive bemerken S. 74:

> „Durch Anerkenntniß soll nach dem Entwurf die Wechselverjährung nicht unterbrochen werden. Dies würde nichts anderes als eine Prolongation der Wechselverbindlichkeit sein, deren Zulassung nicht angemessen erscheint."

Ein im entgegengesetzten Sinne in der Conferenz (Sitz. 30. S. 206) gestellter Antrag wurde wegen mangelnder Unterstützung zurückgezogen. Mit Recht! Dem Anerkenntniß fehlt die Wechselform. Mag es immerhin geeignet sein, die Vermuthung der Zahlung auszuschließen, so beruht doch auf dieser Vermuthung die Wechselverjährung in keiner Weise (vgl. Erk. des OAG. zu Dresden vom 2. Okt. 1849, Seuffert, Arch. Bd. 4. S. 246.)

2) Theilzahlungen sind kein Unterbrechungsmittel. Sie stehen dem Anerkenntniß gleich und haben mit diesem gleiche Wirkung. (Anders das im Archiv Bd. 6. S. 24 mitgetheilte Urtheil des Ober-Gerichts zu Zürich vom 3. Mai 1856.)

Wiederbeginn und Dauer.

Die Wechsel-Ordnung bestimmt Nichts über den Zeitpunkt, mit welchem die unterbrochene Verjährung wieder beginnen soll. Der Preuß. Entwurf von 1845 hatte speziell Bestimmungen für den Fall des Concurses, des rechtskräftigen Erkenntnisses und der angestellten aber nicht verfolgten Klage; §§. 284—288. Der Entwurf von 1846 verhielt sich nur über den letzten Punkt (§. 81. Abs. 2). Auch dieser Paragraph wurde in der Commission des Staatsraths aufgegeben, weil derartige Fälle nicht häufig vorkämen und die allgemeinen Rechtsgrundsätze genügten (vgl. Verhandlungen S. 57). Die Leipziger Conferenz hat gleichfalls abgelehnt, diese Fragen zu regeln (Prot. Sitz. 34. S. 241). Es sind somit die allgemeinen Rechtsgrundsätze maßgebend. Aus ihnen ergiebt sich Folgendes:

1) Wenn ein rechtskräftiges Erkenntniß ergangen ist, so beginnt die Verjährung vom Tage der Rechtskraft des Urtels oder der im Urtel fixirten Zahlzeit. Die Dauer dieser Verjährung beträgt 30 Jahre (ALR. I. 9. §§. 558. ff., Ges. vom 31. Mai 1838 §. 10.). Nach den früheren Preuß. Entwürfen (von 1836 §. 166., von 1838 §. 184. und von 1845 §. 284.) sollte die neue Frist auf den Zeitraum der Exekutionsfähigkeit des Urtels beschränkt werden.

2) Die durch Anstellung der Klage unterbrochene Verjährung beginnt vom Tage der letzten prozessualischen Handlung (§. 554. I. 9. ALR.). Zur Vollendung der neuen Verjährung genügt nach gemeinem Recht eine der ursprünglichen gleiche Frist (§. 10. des Ges. vom 31. Mai 1838, Urtheil des OAG. zu Dresden vom 2. Okt. 1849, Seuff. Archiv Bd. 7. S. 227). Anders Liebe §. 210: „Ist die Verjährung durch Klage unterbrochen, so ist nun erst die vierzigjährige Prozeßverjährung von Zeit der letzten gerichtlichen Handlung an gerechnet möglich."

3) Die durch Litisdenunciation unterbrochene Verjährung beginnt gegen den Denuncianten vom Tage des gegen ihn rechtskräftig gewordenen Erkenntnisses. Ist das zweite Urtheil durch die Nichtigkeitsbeschwerde angegriffen, so ist nach Preuß. Recht der Tag, an welchem das dritte Urtheil zugestellt worden, maßgebend (Strieth. Bd. 33. S. 114).

Die Frist der neuen Verjährung ist identisch mit der Frist der unterbrochenen Verjährung (Strieth. Bd. 36. S. 18).

4) Wird die Verjährung durch Concurs unterbrochen, so beginnt die neue Verjährung mit der Publikation der Beendigung oder Aufhebung des Concurses (§. 277. der Pr. Conc.-Ordn., Erk. des Ob.-Tr. vom 24. Jan. und 7. Juni 1859; Strieth. Bd. 32. S. 116; Bd. 33. S. 291; Mothes im Archiv Bd. I. S. 266). Man hat diese Regel jedoch für den Fall bestritten, daß der Concurs durch Accord beendet und dem Cridar Raten bewilligt worden sind. Man setze: der Concurs wird durch Accord am 1. Februar 1860 beendet und dem Cridar verstattet, die Accordsumme in drei Raten am 1. Februar 1862, 1863, 1873 zu zahlen. Fraglich ist nun, von welchem Tage beginnt die neue Verjährung? Nach unserer Ansicht beginnt sie am 1. Februar 1860; so daß der Gläubiger von diesem Tage ab innerhalb der Verjährungsfrist die Klage mit dem Antrage erheben muß:

den Cridar zu verurtheilen, den Betrag seiner Forderung mit... anzuerkennen und die Raten zu zahlen.

Nach einer anderen Ansicht beginnt eine besondere Verjährung für jede einzelne Rate.

Nach der Ansicht des Ob.-Trib. beginnt endlich die Verjährung für die sämmtlichen Raten mit der Fälligkeit der ersten Rate; (Strieth. Bd. 32. S. 243; Bd. 33. S. 265). Diese Ansicht dürfte nicht consequent sein. Hält man die Fälligkeit der ersten Rate für maßgebend, so geschieht dies, weil man von der Ansicht ausgeht, es sei früher actio nata nicht gegeben. Ist dies richtig, so ist nicht zu verkennen, daß für die späteren Raten nur ihr Fälligkeitstermin die actio nata eröffnen kann und daß für sie somit der Fälligkeitstermin der ersten Rate ohne jedes Gewicht ist. Man setze nur, der Schuldner zahlt die erste Rate; er weigert die Zahlung der zweiten Rate. Nach der Ansicht des Ob.-Trib. ist für die Verjährung lediglich die Fälligkeit der ersten Rate maßgebend. Der Kläger wird also, obgleich die Zahlung der ersten Rate ihm damals die Anstellung der Klage unmöglich machte, trotz dessen durch die Einrede der Verjährung mit der Klage auf Zahlung der späteren Raten abzuweisen sein. Eine Ansicht, welche zu solchen Consequenzen mit Nothwendigkeit führt, kann nicht die richtige sein, es sei denn, daß sie für sich ein positives Gesetz des Inhalts aufweise

die Wechselverjährung beginnt für die sämmtlichen Raten mit der Fälligkeit der ersten Accordrate.

An einem solchen Gesetz fehlt es. Der vom Ob.-Trib. angezogene §. 197. der Conc.-Ordn. behandelt die Verjährung nicht. Der Irrthum der ganzen Theorie liegt lediglich darin, daß man überhaupt in Betreff der Verjährung für die in dem Concurs noch nicht anerkannten oder festgestellten Forderungen den im Accord stipulirten Zahlungstermin für maßgebend erachtet. „Denn in Betreff der bestrittenen Forderungen, bemerkt mit Recht ein späteres Urtheil des Ob.-Trib. vom 7. Juni 1859 (Strieth. Bd. 33. S. 297) hat der bestätigte Accord überhaupt nur die Wirkung, daß der Gemeinschuldner dem Gläubiger die accordmäßige Summe, womit dieser sich begnügen muß, zu zahlen verpflichtet ist, wenn derselbe die Verität seiner Forderung nachträglich darzuthun vermag, und es kann hierbei der Accord selbst eben so wenig zum Fundamente des von ihm gegen den gewesenen Cridar erst geltend zu machenden Anspruchs dienen, als sich die Natur desselben dadurch im Wege der Novation für verändert oder auch nur für modificirt erachten läßt. Der Gläubiger, dessen Forderung nicht anerkannt worden, ist in die Lage versetzt, sich erst einen vollstreckbaren Titel verschaffen zu müssen, um seine Befriedigung, soweit der Gemeinschuldner sie nach dem Accorde seinen Creditoren überhaupt zu gewähren hat, von demselben erzwingen zu können; einen solchen Titel aber kann er, namentlich im Wege des Erkenntnisses, nicht anders, als dadurch erlangen, daß er den behaupteten Anspruch seiner eigenen Natur und Entstehung nach selbstständig begründet und durchführt, und so lange er seine Forderung nicht auf diese Weise zur Geltung gebracht hat, ist der Accord, der ihm eben nur unter der Bedingung eines sich erst zu erwirkenden Titels zu Statten kommt, rücksichtlich seiner für gar nicht vorhanden zu erachten. Die innere Beschaffenheit des Anspruchs, für den der vollstreckbare Titel erst noch gewonnen werden soll, wird durch den Accord eben so wenig in irgend einer Art berührt, oder modificirt, als derselbe auf dessen Feststellung von dem mindesten Einfluß sein kann."

Der Grundsatz: agere non valenti non incipit praescriptio gilt, wie gezeigt, in dieser Allgemeinheit für das Wechselrecht nicht. Der leitende Gesichtspunkt ist hier vielmehr nur, ob ein Verklagter vorhanden, ob die durch den Conkurs afficirte Rechtsfähigkeit des Cridars ihm durch den Accord zurückgegeben worden ist. Er kann der auf Feststellung der Forderung gerichteten Klage nicht entgegensetzen: es sei zu früh geklagt; der Kläger müsse abwarten, ob er, Verklagter, nicht die erste Rate bezahlen würde. Für den Kläger, dessen Forderung bestritten, existirt eben kein Accord. Steht dem Verklagten aber dieser Einwand nicht zu, so folgt mit demselben Rechte, daß die Bestimmungen des Accords für die Verjährung nicht maßgebend sind und daß lediglich die publizirte Aufhebung des Concurses und die durch sie dem Cridar wiedergegebene Rechtsfähigkeit entscheidet (§. 199. der Preuß. Conk.-Ordn.).

Artikel 77.

Der wechselmäßige Anspruch gegen den Acceptanten verjährt in drei Jahren vom Verfalltage des Wechsels an gerechnet.

§. 174. Verjährung gegen den Acceptanten.

Der Verfalltag des Wechsels ist der erste Tag der Verjährungsfrist. Hieraus folgt:

1) Für die Verjährung ist gleichgültig, ob der Verfalltag durch den Wechsel oder durch das Gesetz feststeht (Art. 19. 20. 31. 32. u. 34.).

2) Der im Accept angegebene Zahlungstag ist für die Verjährungsfrist ohne Gewicht.

3) Sind für Meßwechsel mehrere Zahlungstage bewilligt, so ist die Verjährungsfrist vom letzten Zahltage an zu rechnen.

4) Die Verjährungsfrist der Sichtwechsel beginnt zwei Jahre nach dem Tage der Ausstellung (Urtel des Ob.-Oesterr. Ger. vom 24. Juni 1857; Arch. Bd. 6. S. 425).

5) Bei Domicil-Wechseln mit benanntem Domiciliaten ist für die Verjährung gegen den Acceptanten nicht der Tag des gegen den Domiciliaten levirten Protestes (Art. 43.), sondern der Verfalltag maßgebend.

6) Bei Duplicaten entscheidet nicht der Tag der Ausfertigung, sondern der Verfalltag. (Vergl. Erk. des AGH. zu Cöln vom 27. Februar 1852; Rhein. Archiv Bd. 47. I. S. 215.)

7) Die Worte des Art. 77. „gegen den Acceptanten" sind nicht auf den Ehrenacceptanten zu beziehen. Die stricte Auslegung des Gesetzes, zumeist aber das Wesen des Ehrenaccepts, bedingt dies. Anders Hoffmann S. 560.

Zu bemerken ist hier noch, daß unter Umständen ein Vormann zu einer Zeit belangt werden kann, zu welcher der Wechsel bereits gegen den Acceptanten verjährt ist (Art. 79.).

Der §. 230. des sächs. Entwurfes: „Wenn gegen einen Indossanten die Klage erst an einem Tage erhoben wird, von dem bis zum Ablauf der Verjährungsfrist nicht mehr volle 30 Tage übrig sind, so hat die Klage nur insofern statt, bis der Kläger zugleich die urkundlichen Beweise beibringt, daß gegen die Vormänner des Beklagten, zu welchen auch der Aussteller gehörig, sowie, wenn der Wechsel acceptirt war, gegen den Acceptanten die Unterbrechung der Verjährung, insoweit dieselbe durch die in §. 225. angegebenen Maßregeln im Bereiche des Königreichs Sachsen bewirkt werden konnte, wirklich erfolgt sei", suchte einem solchen Uebelstand vorzubeugen.

Die Seltenheit des Falles; die Möglichkeit, sich durch Intervention zu sichern; die Zulässigkeit der Klage aus dem Art. 83. rechtfertigt jedoch die Nichtannahme jenes Paragraphen (Vergl. Liebe Erl. S. 208).

Artikel 78.

Die Regreßansprüche des Inhabers (Art. 50) gegen den Aussteller und die übrigen Vormänner verjähren:

1. in 3 Monaten, wenn der Wechsel in Europa, mit Ausnahme von Island und den Faröern, zahlbar war;
2. in 6 Monaten, wenn der Wechsel in den Küstenländern von Asien und Afrika längs des mittelländischen und schwarzen Meeres, oder in den dazu gehörigen Inseln dieser Meere zahlbar war;
3. in 18 Monaten, wenn der Wechsel in einem anderen außereuropäischen Lande oder in Island oder den Faröern zahlbar war.

Die Verjährung beginnt gegen den Inhaber mit dem Tage des erhobenen Protestes.

§. 175. Verjährung des Regresses des Inhabers.

Der Inhaber des Art. 50. ist derjenige, welcher den Wechsel Mangels Zahlung hat protestiren lassen. Ob ihm der Wechsel nur in Commission girirt worden, ob dies aus dem Giro ersichtlich oder nicht, ändert in der Berechnung der Frist Nichts; Präj. des Kammerger. vom 7. Juli 1858; Urt. des Ob.-Trib. in Sachen Solmsen wider Bank zu Posen vom 5. Januar 1860. Gegen ihn ist nicht der Verfalltag, sondern der Protesttag entscheidend. Mit Recht. Sein Regreß gegen die Vormänner und den Aussteller wird erst mit dem Protest begründet. Auch gegen den Ehrenacceptanten datirt die Frist vom Tage des gegen den Bezogenen Mangels Zahlung levirten Protestes. Der Ehrenacceptant ist eben in dieser Beziehung identisch mit demjenigen Regreßpflichtigen, für den er acceptirt hat. Er ist daher von dem Präsentanten innerhalb der Frist des Art. 78. zu belangen.

Ist die Protestaufnahme erlassen (Art. 42.) und Protest nicht levirt, so beginnt die Verjährung nicht vom letzten Protesttage, sondern vom Tage der bewirkten Präsentation. Diese steht dann dem Protest gleich.

Für die Berechnung der Frist greift nicht durch der §. 550. I. 9. ALR. und §. 902. des Oesterr. BGB., wonach der Monat zu 30 Tagen zu berechnen ist. Der Art. 32. enthält vielmehr den leitenden Grundsatz, daß der Monat nach demjenigen Tage zu berechnen, welcher durch seine Zahl dem Protesttage entspricht. Die Klage aus einem am 15. Januar protestirten Wechsel wird daher am 15. April rechtzeitig behändigt. Strieth.

Bd. 6. S. 210; Arch. Bd. 6. S. 419; Oesterr. Ger.-Ztg. von 1858 Nr. 33., von 1859 Nr. 63.

Ausnahmsweise wird die Verjährungsfrist auf 6, resp. 18 Monate ausgedehnt, wenn der Wechsel in einem außereuropäischen Lande zahlbar ist. Es wird also nicht auf den Wohnort des letzten Inhabers und des beklagten Regreßverpflichteten gesehen.

Artikel 79.

Die Regreßansprüche des Indossanten (Art. 51) gegen den Aussteller und die übrigen Vormänner verjähren:

1. in 3 Monaten, wenn der Regreßnehmer in Europa, mit Ausnahme von Island und den Farbern, wohnt;
2. in 6 Monaten, wenn der Regreßnehmer in den Küstenländern von Asien und Afrika längs des mittelländischen und schwarzen Meeres, oder in den dazu gehörigen Inseln dieser Meere wohnt;
3. in 18 Monaten, wenn der Regreßnehmer in einem anderen außereuropäischen Lande oder in Island oder den Faröern wohnt.

Gegen den Indossanten läuft die Frist, wenn er, ehe eine Wechselklage gegen ihn angestellt worden, gezahlt hat, vom Tage der Zahlung, in allen übrigen Fällen aber vom Tage der ihm geschehenen Behändigung der Klage oder Ladung.

§. 176. Verjährung des Regresses des Indossanten.

1) Die Verjährung des Regreßrechts des Indossanten unterscheidet sich von der des Inhabers. Gegen den protestirenden Inhaber beginnt die Verjährung mit dem Protesttage. Sie hat einen ein für alle mal fixirten Anfangspunkt. Dem Indossanten gegenüber kommt dieser Tag nicht in Betracht. Der Protest des Inhabers giebt ihm noch nicht ein durch Klage zu verfolgendes Regreßrecht. Gegen ihn kann die Verjährung erst mit demjenigen Tage beginnen, an welchem er im Stande ist, sein Regreßrecht durch Klage zu verfolgen. Dieser Tag ist nicht fixirt. Der Indossant erwirbt erst die Möglichkeit des Regresses bei freiwilliger Zahlung vom Tage der Zahlung, in allen anderen Fällen vom Tage der behändigten Klage. Der Zahlung gleich steht übrigens jede Art der Einlösung des nothleidenden Wechsels, gleichviel, auf welche Weise sie herbeigeführt ist. (Erk. des Ob.-Trib. vom 9. Juli 1857 in Sachen Schlamm wider Albrecht, und vom 21. September 1858; Strieth. Bd. 31. S. 11.)

2) Gegen den Intervenienten beginnt die Verjährung nicht mit dem Tage, an welchem er den Wechsel eingelöst hat, sondern mit dem Tage, an welchem sie gegen den Empfänger der Ehrenzahlung begonnen haben würde. Hoffmann S. 486.

3) Gegen den Honoraten beginnt dagegen die von ihm gegen die Vormänner anzustrengende Klage nicht von dem Tage, an welchem der Honorant Zahlung geleistet hat, sondern allererst von dem Tage, an welchem er dem Honoranten diese Zahlung erstattet hat. Urtel des Ob. Oesterr. Ger. vom 22. Juli 1856; Archiv Bd. 6. S. 419; Hoffmann S. 487. Wenn dagegen die Nürnberger Conferenz S. 57 sub 15. zu Art. 79 den Satz hinstellt:

„Der Ehrenzahler ist nicht als Mandatar des Honoraten anzusehen, und somit ist anzunehmen, daß die Art. 79. gesetzte Frist für den Honoraten nicht vom Tage der Ehrenzahlung, sondern erst von dem Zeitpunkt, zu welchem ihm die Kunde von der erfolgten Ehrenzahlung in der von der WO. angedeuteten Weise (Art. 45.) zugekommen ist, zu laufen beginne",

so fehlt es für diese Ansicht an jeder gesetzlichen Stütze; eine Stütze, die das dort angezogene Urtel des obersten Ger.-Hofes zu Wien um so weniger ersetzen kann, als es von der Ansicht ausgeht: daß erst die Zahlung des Honoraten für den Anfang der gegen ihn vorzuschützenden Verjährung maßgebend ist (Arch. Bd. 6. S. 419.).

4) Gegen den Indossatar nach Verfall und Protest beginnt die Verjährung mit dem Tage, an welchem sie gegen seinen Indossanten begonnen haben würde. Das Gesetz hat eben nur den Indossanten im Auge, der vermöge des pactum de retroemendo zur Einlösung verpflichtet ist.

Die Zustellung der Klage eröffnet den Beginn der Frist nur gegen den Verklagten. Sie übt keinen selbstständigen Einfluß auf die Vormänner oder Hintermänner des Verklagten.

Richtig ist, daß die Zustellung der Klage das Regreßrecht des Verklagten noch nicht sofort dem Vormann gegenüber zu einem existenten macht. Der Verklagte hat jedoch sofort das Recht der Streitverkündigung. Dies genügt, um den Lauf der Frist zu eröffnen und den Satz analog anzuwenden. „Toties praescribitur actioni nondum natae, quoties nativitas est in potestate creditoris."

Für das Maß der längeren oder kürzeren Frist ist nicht, wie im Art. 78., der Zahlungsort des Wechsels, sondern der Wohnort des Regreßnehmers maßgebend. Wohnt der Regreßnehmer in Europa, so wird er, insofern die Bestimmungen der WO. anwendbar wären, die Regreßklage innerhalb drei Monaten anstellen müssen, mag immerhin der Verklagte in Amerika wohnen.

Aus dem Wesen der Verjährung und der Regreßpflicht ergeben sich schließlich die Präjudizien des Ob.-Trib.

Der Vordermann, welcher den Mangels Zahlung protestirten Wechsel bei einem Hintermann einlöst, muß Behufs fernerer Regreßnahme gegen die Vordermänner den Beweis führen, daß sowohl der von ihm befriedigte Hintermann rechtzeitig den Wechsel bei dem Wechselinhaber, welcher den Protest erhoben, eingelöst hatte, als auch daß er, der Vordermann, die weitere Einlösung bei jenem Hintermanne innerhalb der Verjährungsfrist bewirkt habe. Strieth. Bd. 33. S. 241.

Die in der Person des letzten Wechsel-Inhabers nach Art. 78. vollendete Regreßverjährung bewirkt eine Befreiung nicht nur eines bestimmten (des nächsten) Vormannes, sondern aller Indossanten. Strieth. Bd. 31. S. 136; Entschd. Bd. 40. S. 264; Arch. für WR. Bd. 8. 213.

Das Verhältniß des Regredienten zum Regreßpflichtigen ist hinsichtlich des nothleidenden Wechsels nur dann dem des Acceptanten zum Wechselinhaber ähnlich, wenn der Wechsel vermöge des pactum retroemendo in die Hände des Regredienten gekommen ist. Weil der Regredient den nothleidenden Wechsel rechtlich einlösen muß, deshalb stehen ihm Einreden ex persona indossantis nicht entgegen. Löst er dagegen den Wechsel ein ohne rechtliche Verpflichtung, so steht er auf einer Linie mit dem Indossanten nach Protest. Art. 16. Abs. 2.

Wie Jenem die Einreden ex persona indossantis entgegenstehen, so stellt sich ihm gegenüber die Einrede:

> Kläger habe dadurch, daß er einen verjährten oder präjudicirten Wechsel eingelöst, Regreßrechte nicht erwerben können; er habe gezahlt animo donandi, nicht obligandi.

nicht als eine Exceptio de jure tertii dar.

Artikel 80.

Die Verjährung (Art. 77—79) wird nur durch Behändigung der Klage unterbrochen und nur in Beziehung auf denjenigen, gegen welchen die Klage gerichtet ist.

Jedoch vertritt in dieser Hinsicht die von dem Verklagten geschehene Streitverkündigung die Stelle der Klage.

§. 177. Die Unterbrechung. Streitverkündigung.

Die Klage des Art. 80. ist die auf Zahlung gerichtete Klage. Mit ihr auf gleicher Linie steht die Klage auf Deposition. Sie ist von der auf Zahlung gerichteten nur insoweit unterschieden, daß die Person des definitiven Zahlungsempfängers noch ungewiß ist.

Die Abweisung der Klage in angebrachter Art kann auf die einmal durch Zustellung der Klage bewirkte Unterbrechung der Verjährung nicht reagiren. Die Verjährung ist und bleibt unterbrochen. Läßt der Kläger nach der Zustellung der Klage den Prozeß liegen, so ist trotz dessen die Verjährung unterbrochen. Es ist somit in der That kein Umstand erfindlich, welcher den in angebrachter Art abgewiesenen Kläger ungünstiger stellen könnte. Das Urtel des Ob.-Trib. (Arch. Bd. 3. S. 345); Strieth. Bd. 9. S. 339 nimmt jedoch ohne weitere Begründung das Gegentheil an.

Die vor eingetretener Verjährung zugestellte Streitverkündigung vertritt die Stelle der Klage. Bluntschli WR. Anm. zu Art. 79.

Die Edictal-Citation ist identisch mit der an den Verklagten wirklich behändigten Klage. Erk. des Ob.-Trib. vom 12. Oktober 1853 (Strieth. Bd. 13. S. 215). Die Zustellung der Klage und die nach juristischer Fiktion mit ihr identische Ediktal-Citation eröffnet den Lauf der Verjährung zwischen dem Verklagten und den ihm zum Regreß verpflichteten Vormännern. Die Streitverkündigung hat diese Wirkung nicht. (Art. 79. alin 2.). Anders Hoffmann S. 570. Wollte man, sagt er, dem Litisdenunciaten nicht die Verjährung jener Klage vom Augenblick der Streitverkündigung beginnen lassen, so würden die weiteren Vormänner zu lange in obligo verbleiben können, wenn der Prozeß, an dem der Litisdenunciat Theil genommen hat, sich allzu sehr verzögern sollte. Die Worte des Gesetzes „vom Tage der ihm geschehenen Behändigung der Klage oder Ladung" sind mit dieser Ansicht nicht in Einklang zu bringen.

Die Verjährung kann „nur in Beziehung auf denjenigen unterbrochen werden, gegen welchen die Klage gerichtet ist." Art. 80.

Die Vorschrift der L. 5. Cod De duobus reis und des §. 440. I. 5. ALR.

> „Sobald jedoch der Berechtigte gegen einen Verpflichteten geklagt hat, wird sein Recht zur Klage auch gegen die Anderen erhalten" (Vergl. I. 9. §. 576.)

ist daher für das Wechsel-Recht nicht anwendbar, wie sie denn dem Wesen der Wechselverjährung nicht gemäß ist. „Der ganze Zweck der Verjährung, welcher eben dahin geht, in nicht zu langer Zeit die Regreßpflichtigen außer Obligo zu stellen, würde dadurch vereitelt werden." Motive zum §. 73. des letzten Preuß. Entwurfs.

Es ist schließlich nicht anzuerkennen, daß die Wechselverjährung durch die Behändigung der nur auf einen Theil der Forderung gerichteten Klage in Bezug auf den nicht eingeklagten Restbetrag unterbrochen wird. Anders die Verfügung des Kammer-Ger. vom 12. Mai 1858; Goldschmidt Ztschr. Bd. 1. S. 605.

XIV. Klagerecht des Wechselgläubigers.

§. 178. Die Verpflichtung aus der Mitunterzeichnung.

Nach den Bestimmungen des ALR. II. 8. §§. 785. ff. haften die Unterzeichner des Wechsels, welche sich nicht ausdrücklich als Bürgen bezeichnet haben, nur dann als Mitschuldner; Einer für Alle, Alle für Einen; wenn der Wechsel in der Mehrzahl ausgestellt ist. Sonst haftet der erste Unterzeichner als Selbstschuldner; die anderen als Bürgen. Mit diesen Anschauungen harmonirten die einzelnen Wechsel-Ordnungen und einige Rechtslehrer. Treitschke Bd. 1. S. 240; Bd. 2. S. 23.

Der Standpunkt des französischen Rechts ist ein wesentlich anderer. Die Artikel 140. bis 142. des Code de comm. verordnen:

> Tous ceux, qui ont signé, accepté ou endossé une lettre de change, sont tenus à la garantie solidaire envers le porteur.
>
> Le donneur d'aval est tenu solidairement et par les mêmes voies que les tireurs et endosseurs.

Man war von Anfang an entschlossen, diesen von der Theorie im Wesentlichen gebilligten Vorschriften den Vorzug zu geben.

Schon der erste Preuß. Entwurf bestimmt:

> §. 26. Wer eine wechselmäßige Erklärung, selbst wenn dieselbe nur in der einfachen Zahl ausgestellt sein sollte, mitunterschreibt,

haftet solidarisch mit dem Aussteller derselben; insofern er bei seiner Unterschrift nicht ausdrücklich hinzugefügt, daß er nur als Bürge, Assistent oder Zeuge betrachtet sein wolle.

§. 56. Wer einen gezogenen Wechsel acceptirt, übernimmt dadurch die Verbindlichkeit, zu der in demselben bestimmten Zeit die darin verschriebene Summe, oder wenn er bei seinem Accepte einen geringeren Betrag ausdrückt, diesen zu bezahlen, und haftet dafür wechselmäßig, auch wenn der Wechsel nicht auf ihn gezogen, oder von einem Nichtwechselfähigen ausgestellt oder an sich falsch ist, im Falle der Fälschung jedoch nur, wenn der Inhaber bei Erwerbung des Wechsels von derselben keine Kenntniß hatte.

Unter dem Ausdruck: „Acceptant" wird daher auch derjenige verstanden, welcher einen nicht auf ihn gezogenen, oder nicht an ihn adressirten Wechsel angenommen hat. Vergl. Motive S. 49. 50. 99.

Auch die späteren Preuß. Entwürfe von 1838 §§. 28. und 65.; von 1845 §§. 32. und 67.; von 1846 §. 82.; von 1847 §. 74. haben diese Grundsätze angenommen, nur daß der §. 74. des letzten Entwurfs noch verordnet, daß der Mitunterzeichneter selbst dann dem ersten Zeichner gleichsteht;

wenn er sich dabei nur als Bürge (per aval) benannt hat, während er andrerseits das Accept eines Dritten nur bei Gelegenheit der Mitunterschrift erwähnt.

Der Art. 81. der DWO. hat hierin Nichts geändert.

Artikel 81.

Die wechselmäßige Verpflichtung trifft den Aussteller, Acceptanten und Indossanten des Wechsels, so wie einen Jeden, welcher den Wechsel, die Wechselkopie, das Accept oder das Indossament mitunterzeichnet hat, selbst dann, wenn er sich dabei nur als Bürge (per aval) benannt hat.

Die Verpflichtung dieser Personen erstreckt sich auf Alles, was der Wechselinhaber wegen Nichterfüllung der Wechselverbindlichkeit zu fordern hat.

Der Wechselinhaber kann sich wegen seiner ganzen Forderung an den Einzelnen halten; es steht in seiner Wahl, welchen Wechselverpflichteten er zuerst in Anspruch nehmen will.

Es ist zu untersuchen:

I. die Form und die Bedeutung der Mitunterschrift;
II. die Qualität der Obligation;
III. die Stellung der Mitunterzeichner gegen einander;
IV. der quantitative Umfang der Obligation;
V. die Verpflichtung des Wechsel-Inhabers gegenüber den Mitunterzeichnern;
VI. die Rechte des Zahlenden gegen seine Mitunterzeichner.

§. 179. Form und Bedeutung der Mitunterschrift.

Der alte Grundsatz des Wechselrechts:

Quod non est in cambio, non est in mundo

ist von der deutschen WO. in seiner ganzen Strenge anerkannt, mit Consequenz fortgebildet und in der Verwerfung des stillschweigenden Accepts Art. 21. zum Abschluß geführt.

Nur aus dem Wechsel ist die Wechselklage zu begründen. Es ergiebt sich hieraus mit Nothwendigkeit, daß jede Unterschrift auf dem Wechsel nur dann geeignet ist, wechselrechtliche Folgen herbeizuführen, wenn der Zweck und die Bedeutung der Unterschrift sofort sich aus dem Wechsel ergiebt.

Dieser Zweck einer bestimmten Unterschrift ist aber entweder ein vom Gesetz fingirter oder ein zugleich bei der Unterschrift von dem Schreiber ausgedrückter. Wo beide Voraussetzungen fehlen, zieht die Unterschrift keine wechselrechtliche Folgen nach sich. Ein außerhalb des Wechsels und des Gesetzes zu führender Beweis ist um deswillen unzulässig und gegenstandlos. Das Gesetz verbindet nun mit der Mitunterschrift die Fiction: daß der Mitunterzeichner denselben gesetzlichen Inhalt seiner Unterschrift ertheile, welcher der Erstschrift beiwohnt.

Diese Fiction ist gerechtfertigt. Der Wechsel übt gleichsam eine vis attractiva aus; jede Unterschrift übt aber ihrerseits diejenige attrahirende Kraft aus, welche ihr vermöge ihrer Stellung, ihres Locus, beiwohnt. Wer den Wechsel, das Accept, das Giro mitunterzeichnet, ist Mittrassant, Mitacceptant, Mitgirant. Er muß daher, will er diese Fiction beseitigen, diese seine Absicht sofort auf dem Wechsel, sofort bei seiner Unterschrift wortdeutlich ausdrücken. Vergl. Treitschke Bd. 2. S. 755; Motive zum letzten Preuß. Entw. 101. 102.; und Erk. des Ob.-Trib. vom 20. Juli 1854; 17. Juli 1856 (Strieth. Bd. 4. S. 457); und vom 19. Mai 1855 (Strieth. Bd. 11. S. 427); (Seuff. Bd. 13. S. 152).

Die einfachste Form der Mitunterschrift ist diejenige, welche sich sofort räumlich als Mitunterschrift darstellt, sei es nun daß sie neben, unter, über die erste Unterschrift gesetzt ist. Eine andere, aber eben so wirksame Form der Mitunterzeichnung liegt dann vor, wenn die Mitunterschrift, räumlich getrennt von der Hauptunterschrift, zugleich ausdrückt, daß sie nur eine Mitunterschrift darstellen solle. Dieser Fall ist gegeben, wenn der Mitunterzeichner den Zweck seiner Unterschrift hinzufügt. Es ist z. B. auf der Rückseite eines acceptirten Wechsels bemerkt

angenommen für die Hälfte des Werthes. X.

Entsch. Bd. 37. S. 291; Archiv Bd. 7. S. 387.

Controversen.

Die vis attractiva bewirkt, daß die Mitunterschrift auch dann ihre wechselmäßige Wirkung üben muß, wenn sie nach Verfall des Wechsels hinzugefügt ist; Strieth. Bd. 32. S. 327.

Controvers sind dagegen folgende Fragen:

1) Der — als Mitunterzeichner — Verklagte behauptet: daß er seine Unterschrift zu einer Zeit auf den Wechsel gesetzt, zu welcher der Unterzeichner des Giro, des Wechsels, des Accepts, noch nicht unterschrieben. Es frägt sich, ob diese Einrede zulässig und der Schluß gerechtfertigt ist: die Unterschrift habe die Natur einer Mitunterschrift überhaupt nicht annehmen dürfen?

Beide Fragen sind zu verneinen.

Auf Entstehung und Ursprung des Wechsels ist nicht einzugehen (S. 47). Liegt ein formrichtiger Wechsel, eine wirkliche Mitunterschrift vor, so ist nicht zu untersuchen, wann sie entstanden oder gegeben ist. Es war Sache des Mitunterzeichners, zeitig, bevor er gezeichnet, Vorkehrung zu treffen. Hat er dies unterlassen, so ist er in dolo, wenn er Folgen beseitigen will, welche er selbst herbeigeführt hat. Den Grundsatz der L. 29. D. I. 17.:

Quod ab initio non valet tractu temporis convalescere nequit

kann er nicht vorschützen. Nicht durch den Ablauf der Zeit, sondern durch die Unterschrift des Bezogenen 2c. ist seiner Unterschrift der Charakter einer Mitunterschrift verliehen worden. Den Artikel 7. kann er eben wenig anrufen, wo ein zur Zeit des Protestes und der Klage formell gültiger Wechsel vorgelegt wird. Vergl. Leipziger Conferenz-Protokolle Sitz. 5. und 32.; Arch. Bd. 3. S. 230, 331 und 383; Bd. 5. S. 326; Gelpcke, Ztschr. für Handelsrecht Heft 2. S. 168; Heft 3. S. 194; Erk. d. Ob.-Trib. vom 12. Dezember 1850; von 15. Juli 1851; 7. September 1854 und 20. Dezember 1855; Strieth. Bd. 2. S. 21 und 275; Bd. 13. S. 278; Seuffert Arch. Bd. 12. S. 87; Borch. Anm. 253.

2) Zur Zeit der Klage ist die Unterschrift des Bezogenen 2c. ausgestrichen; der Verklagte behauptet: er könne, wenngleich er zu einer Zeit unterzeichnet, wo das Accept noch vorhanden gewesen, als Mitunterzeichner nicht belangt werden; es fehle die Unterschrift; mit ihrer Beseitigung sei auch der Charakter der Mitunterzeichnung ausgelöscht. Es frägt sich, ob diese Einrede begründet ist? Das Ob.-Trib. hat sie verworfen. Vergl. Erk. vom 16. September 1858; Archiv Bd. 8. S. 229. (Strieth. Bd. 29. S. 340).

Wir halten die Entscheidung für richtig, ohne durchweg der Begründung beizustimmen.

Es wird ausgeführt: Nach Art. 21. der WO. kann die einmal erfolgte Annahme des Wechsels nicht mehr zurückgenommen, also auch mittelst Durchstreichens des Accept-Vermerks nicht dergestalt beseitigt werden, als ob dieselbe niemals vorhanden gewesen, und eine Verbindlichkeit niemals daraus entsprungen wäre. Es kann für diesen Rechtsstreit dahin gestellt bleiben, ob das Accept selbst dann seine Kraft behält, wenn es von dem Bezogenen noch vor der Rückgabe des Wechsels in dieser Form widerrufen worden, — denn dieser Fall liegt hier nicht vor; — dagegen ist es zweifellos mit dem Artikel 21. unvereinbar, und wird auch durch keine sonstige Bestimmung der Allg. Deutschen Wechsel-Ordnung gerechtfertigt, aus der alleinigen Thatsache, daß das mit der Tratte in Verkehr gekommene Accept später aus irgend einem unbekannten Grunde durchstrichen worden, auf dessen Ungültigkeit zu schließen, oder dasselbe, wie es im Artikel 36. a. a. O. in Betreff der gelöschten Indossamente angeordnet ist, einem ungeschriebenen gleich zu stellen.

Diese Gründe beweisen zu viel. Die Verpflichtung des Mitacceptanten ist von der Haft des Acceptanten nicht abhängig. Eben wenn der Acceptant, weil wechselunfähig, weil das Accept gefälscht, nicht haftet, tritt die Wirkung der Mitunterschrift in ihrem vollen Umfang hervor. Der Artikel 21. verbietet das eigenmächtige Ausstreichen des Accepts; er bestimmt jedoch nicht, daß der Inhaber, mit dessen Bewilligung das Accept gestrichen worden, dasselbe noch als nicht gestrichen behandeln dürfe. Vergl. das Erk. des Ob.-Ger. in Hamburg im Arch. Bd. 8. S. 127 und die Verhandlungen der Nürnberger Commission (S. 46). Der eigentliche Grund der Haft ist vielmehr ein anderer. Der Mitacceptant hat dadurch, daß er an einen ganz bestimmten Ort seine Unterschrift gesetzt, ausgesprochen, daß er als Acceptant haften wolle. Es leuchtet ein, daß dieses Accept durch das Durchstreichen des anderen Accepts in seinem rechtlichen Effect nicht berührt werden darf.

3) Fraglich ist, ob die Mitunterschrift, um wechselmäßigen Character zu gewinnen, einer Originalunterschrift hinzutreten muß?

Die Frage ist für die Copien zu bejahen; im Uebrigen zu verneinen. Wir setzen, ein Dritter unterzeichnet die Wechsel-Copie oder die Copie des auf ihr befindlichen Accepts.

Von einer wechselmäßig verpflichtenden Unterschrift kann die Rede nicht sein. Die Worte: „bis hierher Copie" beweisen, daß die sämmtlichen Unterschriften bis zu diesem Vermerk nur als Copien gelten sollen und somit weder durch ihren Locus noch als Copien irgend wen verbinden können. Die Worte des Artikels 81: „die Wechselcopie" treffen daher nur den Fall des Artikels 71. oder eine Copie, welche wegen Mängel der Form als Originalwechsel zu behandeln ist.

Wird dagegen die Unterschrift auf einem Originalwechsel diffitirt so kann der Mitunterzeichnende aus dieser Thatsache keine Folgerungen ziehen. Er hat durch den getroffenen Locus, durch die Mitunterschrift des wenn immer gefälschten Namens seine Haft erklärt. In diesem Locus und der dadurch bewirkten Haft wird aber durch die Diffession Nichts geändert.

4) Liegt Mitunterschrift vor, wenn ein Dritter nicht die acceptirte Prima, sondern nur die nicht acceptirte Secunda mit seinem quer geschriebenen Namen unterzeichnet?

Die Frage ist zu verneinen.

Die Duplicate sind correi credendi; sie sind im Uebrigen für sich bestehende, getrennte Exemplare. Das nur auf der Prima befindliche Accept kann somit den Locus der Schrift auf der Secunda nicht bestimmen und diese Schrift nicht zu einer Mitunterzeichnung des der Prima ertheilten Accepts machen (Erk. des Ob.-Trib. vom 20. September 1855. Strieth. Bd. 19. S. 43).

§. 180. Qualität der Verbindlichkeit.

Die attrahirende Kraft der Unterschrift bewirkt, daß die durch Mitunterschrift übernommene Obligation der Qualität nach identisch sein muß mit derjenigen Obligation, welcher sie hinzugefügt worden ist. Es folgt:

1) Der Mitacceptant steht in Betreff seiner Rechte und Verpflichtungen mit dem Acceptanten auf gleicher Linie. Er kann durch Indossament den Wechsel erwerben und begeben (Art. 10. der ADWO.). Auf ihn finden die Art. 20. Abs. 3. Art. 21 ff. Art. 29. 26. bis 40. 43. 44. 73. 75. 77. 82. 83 Anwendung. Berliner Protokolle S. 76 und 77, Commissionsbericht S. 79; Erkenntniß des Handelsgerichts in Hamburg; Arch. Bd. 6. S. 215. Er schützt das Präjudiz des Wechsels vor, falls nicht bei dem Domiciliaten Protest erhoben ist.

2) Der Mitunterzeichner des eigenen Wechsels hat die Rechte und Pflichten des ersten Zeichners. Art. 96 ff.

3) Der Mitunterzeichner des Giro hat die Rechte und Pflichten des Giranten. Er wird durch die Präjudizirung des Wechsels frei; er kann von keinem Vormann des Giro, mag dieser immerhin später wiederum in den Besitz des Wechsels gelangt sein, in Anspruch genommen werden (Liebe, Motive zum Braunschw. Entw. S. 76; Erl. S. 215).

4) Der Mitunterzeichner des Ehrenaccepts wird dagegen nicht Ehrenacceptant. Dies folgt

1) aus dem Art. 81; er erwähnt des Ehrenaccepts nicht.

2) aus den Art. 56 ff. Sie beweisen, daß die Rechte und Pflichten des Ehrenaccepts nicht durch einfache Unterschrift entstehen. Anders Renaud §. 76. Nr. 5.

Im gemeinen Recht ist die Frage controvers. Nach Treitschke entsteht die solidarische Haftung als Ehrenmitacceptant nur dann, wenn die Nothadresse an Mehrere lautet oder bei der Ehrenintervention die Formel: „wir acceptiren" gebraucht ist (Bd. I. S. 244). Nach Thoel §. 263. S. 413 entsteht sie sofort durch die Mitunterschrift.

§. 181. Stellung der Mitunterzeichner zu einander.

Jede Mitunterschrift auf dem Wechsel ist eine Unterschrift des Wechsels, ist eine Anerkennung des Wechsels als des Gläubigers des Unterzeichnenden. Causa debendi ist für den Mitzeichner nicht die durch Intercession übernommene Schuld dessen, mit welchem er seinen Namen in Verbindung gebracht, sondern die eigene Unterschrift. Er tritt nicht ein rei loco, wie bei der gemeinen Bürgschaft (l. 4. l. 21. Dig. de fidejuss. 46. 1.); er tritt ein für seine eigene Person. Die Verbindlichkeit des Mitunterzeichners ist somit nicht eine accessorische; welche ihren alleinigen Stützpunkt in der Obligation des Hauptschuldners hat und daher nur so weit und so lange existent wird und bleibt, als die Obligation des Dritten wirksam ist; l. 8. §§. 7. bis 11; l. 16. §§. 1. 2 und 5., 46. 1.; l. 177. Dig. 50. 17, Gagus. Inst. III. §. 113. 116. und 119); sondern sie ist eine so principale und selbstständige, daß die Fälschung der ersten Unterschrift für den Mitunterzeichner ohne Einfluß ist. Dies ist ausdrücklich in den Motiven zum ersten Pr. Entwurf (1836) S. 49 anerkannt und hervorgehoben, daß das Ausstreichen der einen Unterschrift die Wirksamkeit der bleibenden nicht zu schwächen vermag.

Der Mitunterzeichner ist somit ein echter und voller Correus. Er kann sich daher in duriorem causam, auf eine größere Summe, obligiren als der erste Zeichner; eine Erscheinung, die dem Wesen der Bürgschaft durchaus widerspricht; l. 4. D. 16. 2; l. 5. pr. D. 34. 3. Von der Exceptio S. C. Vellejani kann sohin der mitunterzeichnenden Frau gegenüber die Rede nicht sein. Sie ist nicht Bürgin, sondern eben so sehr die eigentliche Schuldnerin, wie sie es ist, wenn sie den Wechsel allein ausstellt, acceptirt oder girirt. Es war demnach nichts als eine consequente Fortbildung des gegebenen Rechtsstoffes, wenn man im Art. 74. des letzten Pr Entw. und im Art 81 der DWO. die Clausel des Mitunterzeichners „er wolle nur als Bürge haften" für unvereinbar erachtete mit der durch die Unterschrift entstandenen Correalität. Man war sich dieser Consequenz denn auch sehr wohl bewußt. Bei Berathung des Entwurfs von 1845 wurde die Frage wegen des Avals in Erwägung gezogen. Sie wurde dahin beantwortet, daß der Aval zugelassen und auf gleicher Linie mit dem pure Unterzeichnenden stehen solle (Berl. Conf. Prot. S. 34). Nachdem dieses Resultat gewonnen war, schlug ein Mitglied der Berl. Conferenz, und zwar Justizrath Gräff, eine präcisere Fassung der im Entwurf zerstreuten Bestimmungen dahin vor:

> „Die wechselmäßige vorzugsweise auf die Person gerichtete Haftungspflicht trifft den Aussteller, Acceptanten und eigentlichen Indossanten des Wechsels, Accepts und eigentlichen Indossaments, wenn auch die Eigenschaft als Bürge dabei bemerkt ist.
>
> Sie ist eine solidarische und erstreckt sich in der Regel auf alles, was der Wechselinhaber wegen Nichterfüllung der Wechselverbindlichkeit, sowie wegen Constatirung derselben an Capital, Zinsen, Provision und aufgelaufenen Kosten zu fordern hat."

Diese Fassung wurde angenommen. Vergleicht man sie mit dem Artikel 81, so erscheint der Satz nicht bedenklich. Der Mitunterzeichner ist nach der DWO. echter und voller Correalschuldner. Der wechselmäßige Aval ist mit der gewöhnlichen Bürgschaft nicht identisch. Er bedeutet nichts als eine Mitunterzeichnung des Wechsels. Der Artikel 80:

> Die Verjährung wird nur in Beziehung auf denjenigen unterbrochen, gegen welchen die Klage gerichtet ist,

ist eine Ausnahme von dieser Correalität und verdankt eben nur dem practischen Bedürfnisse seine Entstehung (Liebe Erl. S. 213).

Die im Wechsel durch Mitunterschrift übernommene Wechsel-Bürgschaft, der Aval, ist somit keine Intercession. Causa debendi ist bei ihm nicht die Schuld eines Dritten, sondern die Unterschrift des Avalgebers. Art. 3. 75. 76. a. a. O. (Vergl. v. Gerber: Deutsches Priv.-R. §. 216. Nr. 2; Brackenhöft im Arch. Bd. 1. S. 245 ff.).

Der Aval, auch in seinem Ursprung Nichts als eine Mitunterzeichnung des Wechsels — firmare a valle — ist mit dieser in jeder Beziehung identisch.

§. 182. Der quantitative Umfang der Obligation.

Die Selbstständigkeit der durch Mitunterzeichnung übernommenen Haft bewirkt, daß alle diejenigen Einreden, welche als personae cohaerentes der Person des ersten Zeichners zustehen, von dem Mitunterzeichner nicht geltend zu machen sind. Es folgt:

1) Der Wechsel-Arrest ist gegen den Mitunterzeichner selbst dann zulässig, wenn er es gegen den ersten Zeichner (Vergl. Art. 2. Nr. 2. und 3.) nicht ist.

2) Selbst eine die Haft modificirende Erklärung des ersten Zeichners braucht nicht mit Nothwendigkeit auf die Haft des Mitzeichners einzuwirken. Wir heben folgende Fälle hervor:

a. Der erste Trassant fügt seiner Unterschrift die Worte hinzu: „mit Ausschluß der Personalhaft oder ohne Obligo.“ Die Mitunterzeichner oder der Aval haften trotz dessen mit ihrer Person. Jede Unterschrift gilt als die eines selbstständigen Trassanten.

b. Der Acceptant nimmt den auf 1000 Thaler gezogenen Wechsel nur auf 100 Thaler an. Seinem Accept „angenommen für 100 Thaler“ folgen unmittelbar die Mitunterschriften. Sie haften nur für 100 Thaler. Es ist ersichtlich, daß sie nur dieses Accept mitunterzeichnet haben.

c. Einer der Mitunterzeichner fügt seinem Namen die Bemerkung hinzu: „angenommen für 1000 Thaler.“ Er haftet für 1000 Thaler. Das Accept des Bezogenen ist nothwendig, um den Dritten überhaupt als Mitunterzeichner zu charakterisiren. Ist dieses Accept aber einmal ertheilt, so haftet der Mitacceptant nach dem Inhalt seines Accepts.

d. Der Unterschrift jenes Mitacceptanten folgen andere Unterschriften. Sie haften nur für 100 Thaler, falls nicht ersichtlich ist, daß sie für 1000 Thaler acceptirt haben. Dieser letztere Umstand wird denn auch für die anderen Fälle den Maßstab geben müssen.

Ist ersichtlich, daß der Mitacceptant, abgesehen von dem beschränkten Accept des Bezogenen, ohne Beschränkung für die volle Summe habe acceptiren wollen, so haftet er ohne Rücksicht auf das modificirte Accept des Bezogenen. Ist dies nicht ersichtlich, oder das Gegentheil klar, so bestimmt das modificirte Accept des Bezogenen die Grenzen für die Haftbarkeit der Mitacceptanten. Die erste Alternative wird namentlich vorliegen, wenn der Mitunterzeichner früher als der Bezogene gezeichnet oder der Inhaber dem Bezogenen gestattet, seinem unbeschränkten Accept später eine Beschränkung hinzuzufügen. Der letzte Folgesatz ist endlich:

3) Thatsachen, welche sich in der Person eines Mitunterzeichners ereignen, sind für die Anderen nicht präjudicirlich. Dies folgt schon aus der Natur der Correal-Obligation („nam et si parem causam suscipiunt, nihilo minus in cujusque persona propria singulorum consistit obligatio“ l. 9. §. 2. Dig. 45. 2.; l. 32. §. 4. Dig. 22. 1, l. 73. 50. 17. ALR. I 5. §. 438). Wird also z. B. einer der Mitacceptanten unsicher, so sind die Anderen zur Sicherstellung nicht verpflichtet. Cfr. das Erk. des Apell.-Ger. zu Venedig vom 19. August 1852, Arch. Bd. 4. S. 96).

§. 183. Die Verpflichtung des Wechselinhabers gegenüber den Mitunterzeichnern.

Die Mitunterzeichner des Artikels 81. sind von denjenigen scharf zu unterscheiden, welche als Mitbezogene, Mitindossanten auf dem Wechsel fungiren. Wird ein Wechsel auf zwei Personen gezogen und von ihnen acceptirt, so leuchtet ein, daß durch diese Cumulation die Pflichten des Inhabers vermehrt, die Rechte nicht beschränkt werden. Er muß gegen Beide Protest Mangels Zahlung erheben, will er den Wechsel vor dem Präjudiz wahren. Er hat den Regreß Mangels Annahme und Mangels Sicherheit des Acceptanten, wenn auch nur der eine Bezogene die Annahme weigert, wenn auch nur der eine Acceptant unsicher geworden.

Alles dies ist hier nicht in Frage.

Hier frägt sich nur:

> Wird durch die Mitunterschriften des Artikel 81. die Lage des Inhabers verschlimmert?

oder um die Frage concret zu fassen:

> Ist auch gegen den Mitunterzeichner des Accepts bei Verlust des Regresses Protest zu leviren?

Bender (Grundsätze des Gem. DWR. Bd. 2. S. 74.) und Mittermaier (D. Pr.-R. Bd. 2. §. 350) bejahen die Frage. Koch WR. bemerkt S. 304 Nr. 4.:

> Hatte also z. B. das Accept außer dem Bezogenen noch Jemand am Zahlungsorte unterschrieben, so würde der Inhaber auch diesem den Wechsel vorzeigen und gegen ihn Mangels Zahlung Protest erheben lassen müssen, bei Verlust des Regresses."

Wir halten dafür, daß die Frage durchweg zu verneinen ist. Für die Verneinung spricht:

1) Die Rechtsgeschichte.

Die drei ersten Preuß. Entwürfe hatten die Bender'sche Ansicht angenommen (§. 117. des ersten, §§. 114. und 126. Nr. 3. des zweiten, §§. 142. und 157. des dritten Preuß. Entwurfs (1845). Der §. 142. bestimmt:

> „Ist der Wechsel von einem Andern als dem Bezogenen acceptirt worden (§. 67. und 81.), so finden die in den §§. 138. bis 141. (betreffend die Präsentation zur Zahlung) in Bezug auf den Bezogenen gegebenen Vorschriften, auch auf einen solchen Acceptanten Anwendung."

Der §. 157. verlangt die Präsentation und die Protestirung des Wechsels auch gegen die Nothadressen und den Ehrenacceptanten bei Vermeidung des Regreßverlustes.

In der Berl. Conferenz wurde bei Berathung dieser Paragraphen der §. 142. für entbehrlich gehalten und in Betreff des §. 157. die Frage erörtert, ob es zur Erhaltung des Regreßrechts der Beobachtung der Solennitäten auch gegen den Bürgen bedürfe. Diese Frage wurde verneint (Berl. Prot. S. 76. 77. 79). Mit Rücksicht hierauf wurde der §. 142.

weggelassen und an die Stelle des §. 157. der §. 39. des vorletzten und der §. 40. des letzten Preuß. Entwurfs gesetzt.

2) Der Umstand, daß kein Gesetz aufzuweisen, aus welchem sich die Nothwendigkeit folgern läßt, gegen den Mitzeichner diejenigen Solennitäten zu beobachten, welche nach dem Willen des Schöpfers des Wechsels nur gegen die von ihm benannte Adresse zu beobachten sind. Im Gegentheil, die Artikel 41. 42. 43. und die ganze Lehre von der Intervention beweisen zur Genüge, daß Protest gegen den Mitunterzeichner des Accepts nicht zu leviren ist.

§. 184. Rechte des zahlenden Mitschuldners gegenüber den Mitverpflichteten im engeren Sinn.

Das ALR. hatte in den §§. 799. bis 805. II. 8. die Rechte des zahlenden Zeichners gegen die Mitzeichner geregelt. Der erste Preuß. Entwurf hatte diese Bestimmungen übergangen, weil sie nur eine Wiederholung der Grundsätze über die Correalverpflichtung enthielten. Die späteren Entwürfe berühren diesen Punkt überhaupt nicht. Ebensowenig der Artikel 81.

Es frägt sich daher:

Einer der Mitverpflichteten; Einer der mehreren Acceptanten, Trassanten oder Indossanten zahlt; hat er Regreßrecht gegen die Anderen?

Die Frage ist in den Nürnberger Conferenzen und in der Rechtsprechung erörtert worden. (Nürnberger Commissions-Ber. 43. b. und c.; Archiv Bd. 9. S. 234 ff.)

Die Vorfrage ist:

Hat der Zahler ohne Indossament einzig und allein auf Grund der Zahlung Regreßrechte?

Diese Frage ist zu verneinen. Will man auch nicht darauf Gewicht legen, daß nur das Indossament das Repräsentationsrecht des Wechsels überträgt, so giebt auch nach den Grundsätzen des ALR. (I. 5. §§. 443. bis 445.) die Zahlung dem Correus nicht das dem Gläubiger zustehende Recht, sondern nur ein aus der nützlichen Verwendung oder aus besonderen Verträgen entsprungenes Recht. (Vergl. Erk. des Ob.-Trib. vom 30. September 1843, Entschd. Bd. 9. S. 335 ff.) Hieraus folgt für das Pr. Recht der Ausschluß des Wechselregresses. Im Gemeinen Recht schwebt über das Recht des zahlenden Correal-Schuldners der Streit seit den Glossatoren. Während die Einen dem Correus auch ohne Cession Regreßrechte einräumen, bewilligen ihm die Anderen nicht einmal die Versionsklage, (von Savigny, Obligationenrecht I. S. 226 ff.; von Vangerow §. 573. Note 3. und von Holzschuher 2. S. 93).

Wie dem jedoch sein mag; diese Controverse ist für die Wechsel-Ordnung ohne praktischen Erfolg. Nach ihren Grundsätzen begründet die bloße Zahlung an und für sich einen Wechsel-Anspruch auch dann nicht, wenn der Zahler in den Besitz der Urkunde gekommen. (Art 88. Nr. 5.;

Urtheil des Ob.-Trib. vom 23. Oktober 1860; Strieth. Bd. 38. S. 326 ff.). Der Regreß suchende Mitschuldner müßte daher sein Recht auf den Umstand basiren, daß durch seine Zahlung und Einlösung des Wechsels der Mitschuldner frei geworden ist. Soweit aber der Rechtsgrund des Anspruchs auf diese Zahlung basirt wird, ist er ein außerwechselrechtlicher. Nicht der Besitz des Wechsels, sondern das Mittel, durch welches die Einlösung bewirkt worden, soll den Regreß begründen. (Vergl. Erk. des AG. zu Venedig vom 10. Juli 1856; Oesterr. Ger.-Ztg. von 1857 Nr. 55. und 60.).

Es frägt sich daher weiter: Kann der zahlende Schuldner den Gläubiger zur Indossirung des Wechsels zwingen? Wir können kein Gesetz auffinden, welches ein solches Zwangsrecht statuirt. Das OAG. zu Rostock spricht zwar im Erk. vom 28. August 1856 dem correus nur das Recht auf Cession, nicht auf Indossirung des Wechsels zu. Behufs des vom Zahler beabsichtigten Zweckes, wird ausgeführt, genüge die Cession, während das Giro gerade zur Vereitelung dieses Zweckes dienen könnte. Dies ist jedoch nicht zuzugeben. Man construirt durch die Exceptio doli eine Verpflichtung des Gläubigers, den Correus durch Cession in Stand zu setzen, insoweit wechselrechtlich den Mitschuldner zu belangen, als dieser sich mit dem Schaden des Zahlenden bereichern möchte. Man übersieht jedoch, daß diese Frage wechselrechtlich den Pflichten des Zahlungsempfängers durchaus fern liegt; ja daß das Quantum dieses Schadens in keiner Weise feststeht. Der Gläubiger braucht nur wechselmäßige Quittung zu leisten. Erfüllt er diese Pflicht, so ist er nicht in dolo. Die Frage nach der Contribution der Correi berührt ihn an keiner Seite, sie kann zwischen ihm und dem Zahler nicht zum Austrage gebracht werden. Selbst die Vermuthung, daß alle Correi zu gleichen Theilen unter einander haften, muß für das Wechselrecht ausscheiden, denn diese Vermuthung beruht nur auf der Nothwendigkeit einer Causa debendi, welche dem Wesen des Wechselrechts geradezu widerspricht. Die angebliche Exceptio doli wird also sofort durch die Replik elidirt, daß zur Zeit nicht abzusehen, welchen Schaden der Zahler durch die Verweigerung der Cession erleidet. Dies führt zu der Frage nach der Wirkung des dem zahlenden Correus gegebenen Giro. In den von der Nürnb. Conferenz angezogenen Erkenntnissen des OAG. zu Rostock vom 29. Juli und 9. August 1854, 10. und 26. Januar 1857; Arch. Bd. 9. S. 234. ist die Ansicht ausgesprochen, daß der Zahler durch Giro Wechselrechte gegen seine Mitschuldner, jedoch nur pro rata erwerbe. Diese Beschränkung zeigt, daß hier dem Indossament nicht die gewöhnlichen Folgen beigelegt werden können. Man muß weiter gehen und dem Giro jeden Erfolg absprechen. Soll der Correus trotz des Besitzes des ihm girirten Wechsels den anderen Correis gegenüber nur pro rata regreßberechtigt sein, so kann Grund dieser Erscheinung nur sein, daß durch das Zusammentreffen des Verpflichteten und Berechtigten in einer Person die Wechsel-Forderung demjenigen gegenüber, mit welchem er eine gleiche Stellung zur Wechsel-Obligation einnimmt, in ihrem ursprünglichen Umfange nicht mehr besteht. Welchen Umfang sie gegenwärtig hat, ist nun aber aus der Urkunde nicht zu ersehen. Die

Lösung müßte also außerhalb des Wechsels gesucht werden. Dies ist nicht zulässig. Der Inhaber darf wohl zur Widerlegung der Exceptionen des Gegners zu den außerhalb des Wechsels liegenden Mitteln greifen, nicht aber durch diese die Wechselklage selbst begründen.

Fraglich ist sodann, ob der einlösende Mitunterzeichner Regreßrechte gegen die Vormänner erwirbt?

Man setze, der Wechsel ist von A. auf B., von B. auf C. girirt. Das Giro des B. ist von X. und Z. mitgezeichnet. X. löst den Wechsel ein. Es frägt sich, ob er gegen den Acceptanten, den Trassanten und den Giranten A. zur Klage legitimirt ist? Diese Frage ist zu bejahen. Der Umstand ist entscheidend, daß die Rückerwerbung auf dem pacto de retroemendo beruht und eine unfreiwillige ist. Der Besitz des Wechsels und des Protestes legitimirt aber jeden Regreßpflichtigen zur Geltendmachung des weiteren Regresses.

Artikel 82.

Der Wechselschuldner kann sich nur solcher Einreden bedienen, welche aus dem Wechselrechte selbst hervorgehen oder ihm unmittelbar gegen den jedesmaligen Kläger zustehen.

§. 185. Die Rechtsgeschichte des Artikels 82.

Die Natur des Wechselverkehrs macht nothwendig, rasches Urtheil zu erwirken. Man hat dieser Forderung durch ein doppeltes Mittel zu genügen gesucht. Die zulässigen Einreden sind überhaupt eingeschränkt und die Beweismittel des Verklagten nur dann zugelassen, wenn sie sofort liquid sind.

Es ist nicht zu verkennen, daß hierdurch häufig genug dem materiellen Recht Abbruch geschieht. Der Verklagte hat in den meisten deutschen Ländern kein Mittel, die Zeugen zu gestellen. Er büßt aere et corpore, daß er sie nicht zu gestellen vermag. Eine Ausgleichung ist dadurch versucht worden, daß man — wie neben dem Possessorium das Petitorium — so neben dem Wechselprozeß einen separaten ordinären Prozeß, das sogenannte Wechselseparatum, statuirt hat. Wir können nicht zugeben, daß diese Aushülfe zweckdienlich ist. Es ist eine Forderung der Gerechtigkeit, daß jeder Prozeß durch ein einziges Verfahren geschlichtet werde. Die im Widerspruch mit der Praxis der meisten Obergerichte, namentlich des Kammergerichts, stehenden Urtheile des Ober-Tribunals zu Berlin beweisen denn auch, daß das Separatum nicht sowohl geeignet ist, das materielle Recht zur Geltung zu bringen, als die früheren Verstöße des Wechselverklagten zu heilen. War seine Vertheidigung eine ungenügende, hat er z. B. die Diffession des Accepts im Wechselprozeß versäumt, so soll er berechtigt sein, in ordinario zu diffitiren und Rückzahlung zu begehren! Entsch. Bd. 12. S. 368, Bd. 34. S. 387. Ist es dem französischen Prozeß möglich, durch eine Entscheidung den Streit endgültig zu schlichten, so wird auch einer deutschen Prozeßordnung dieses Ziel ein erreichbares sein können und müssen.

Der Artikel 82. hat nun zum Vorwurf, das Gebiet der im Wechselprozeß überhaupt zulässigen Einreden zu beschränken.

Das ALR. hatte im §. 916. II. 8. verordnet:

Der Wechselbeklagte kann, außer dem Einwande der dem Kläger bereits geleisteten Zahlung, nur solcher Einwendungen, die aus gegenwärtigem Wechselrechte hergenommen sind, sich bedienen.

Es hatte im §. 927:

Außer diesem Falle kann der Beklagte in der Regel sich nur solcher Einwendungen und Gegenansprüche bedienen, welche ihm gegen den klagenden Wechselgläubiger selbst zukommen

das Gebiet dieser Einreden durch die Forderung der Unmittelbarkeit noch enger begrenzt.

Zahlung und wechselrechtliche Einreden bildeten somit gleichsam Gegensätze. Die Einrede der Zahlung ist im Landrecht in jeder Weise privilegirt; alle anderen Einreden sind dagegen in enge Schranken verwiesen. Man fand, daß diese Schranken erweitert werden müßten.

Der §. 194. des ersten Entwurfs (1836) verordnet:

„Der Wechsel-Verklagte kann, so weit in dem Wechsel oder Indossamente dessen Uebertragung nicht ausdrücklich verboten gewesen, in dem Wechselprozesse sich nur solcher Einwendungen und Gegenforderungen bedienen, welche unmittelbar gegen den gegenwärtig klagenden Eigenthümer des Wechsels gerichtet sind."

Zur Motivirung wird (S. 262) bemerkt:

„Allerdings ist es nun auch wohl, theils durch die Erwägung, daß jedes Indossament ein rein eigenes Recht überträgt und eine eigene für sich dastehende Wechsel-Verbindlichkeit erzeugt, vollkommen gerechtfertigt, theils durch die Bestimmung der Wechsel zum Zahlungsmittel, zu welchem sie nicht würden dienen können, wenn jeder, der sie an Zahlungsstatt möchte annehmen wollen, noch erst, um auf deren Eingang oder auf die Gewährleistung des Gebers sicher rechnen zu können, sich über die Verhältnisse des Ausstellers und der Vorbesitzer, oder über die aus dem Wechsel selbst nicht hervorgehenden Verhältnisse des Inhabers zu den Vorbesitzern, genaue Kunde verschaffen müßte, nothwendig bedingt — theils endlich zur Beförderung des Wechselverkehrs und eines schleunigen Wechsel-Verfahrens wesentlich erforderlich, die Grundsätze festzuhalten, daß der Beklagte, soweit nicht im Wechsel dessen Uebertragung ausdrücklich verboten, also derselbe ausdrücklich „nicht auf Ordre" gestellt sein sollte, sich nur solcher Einwendungen und Gegenforderungen müsse bedienen dürfen, welche ihm wider den gegenwärtig klagenden Eigenthümer des Wechsels selbst zustehen. — Bei Annahme dieser Grundsätze ist es aber nicht weiter nöthig, auch noch die Zulässigkeit der Einwendungen nur auf die aus dem Wechsel-Rechte her zu entnehmenden zu beschränken, vielmehr hat dann die Zulassung jeglicher Art von Einwendungen kein Bedenken, und es werden allenfalls nur diejenigen, in deren Zulassung eine oder die andere Beschränkung durch die Natur des Wechselverkehrs noch insbesondere bedingt ist, speziell herauszuheben und die Beschränkungen selbst genau anzugeben sein."

Man war jedoch nicht gemeint, durch den §. 194. die Einrede der Zahlung zu treffen. Im Gegentheil, der §. 116. verordnet noch:

Wer Abschlagszahlungen leistet, muß dafür sorgen, daß dieselben auf dem Wechsel vermerkt werden, widrigenfalls er den Schaden trägt, wenn ein anderer Wechselverpflichteter durch die Unterlassung verleitet worden, dem Inhaber mehr zu zahlen als ihm gebührt.

Man hatte eben nur beabsichtigt, abgesehen von der Zahlung, das Criterium der Unmittelbarkeit als Maßstab für die Zulässigkeit der Einreden hinzustellen.

Dieser Auffassung sind die drei späteren Entwürfe gefolgt (§. 218 des Entw. von 1838; §. 288. des Entw. von 1845 und §. 93. des Entw. von 1846). Ganz deutlich sprechen sich hierüber die materiellen Abweichungen des revidirten Entwurfs von dem ALR. sub Nr. 62. aus. Es heißt dort:

„Die Vorschrift des §. 916. des ALR., daß der Verklagte sich nur solcher Einreden bedienen könne, welche aus dem Wechselrechte hergenommen, ist durch §. 218. des Entwurfes aufgehoben."

Anders der letzte Preuß. Entwurf. Ohne jede Vermittelung verordnet der §. 93.:

„Der Wechselschuldner kann im Wechselprozesse nur solcher Einreden sich bedienen, welche

1) aus dem Wechselrechte selbst hervorgehen, oder

2) insofern der Kläger nicht als Cessionar (§. 16.) anzusehen ist, aus einem dem Verklagten gegen den Kläger unmittelbar zustehenden Rechte hergeleitet sind."

In den Motiven wird nur gesagt:

„Die Bestimmung ist anerkannten Rechtes

(vergl. §§. 916. und 927. ALR. und Art. 145. der Bremer Wechsel-Ordnung.")

Es wird nunmehr der Begriff der wechselrechtlichen Einreden und der Unmittelbarkeit näher zu erörtern sein.

§. 186. Wechselrechtliche Einreden.

Die Worte: „welche aus dem Wechselrechte selbst hervorgehen oder ihm unmittelbar gegen den jedesmaligen Kläger zustehen;" beweisen, daß unter den wechselrechtlichen Einreden nur solche zu verstehen sind, welche, gegen jeden Kläger vorgeschützt, die Abweisung der Klage bewirken müssen.

Es ist gleichsam ein Gegensatz etablirt zwischen den Exceptiones in rem (in cambium) und in personam.

Hieraus folgt jedoch nicht, daß beide Arten der Einreden sich stets einander ausschließen müssen. Der Aussteller, welcher seine Wechselunfähigkeit behauptet, schützt eine Einrede vor, welche aus dem Wechselrecht selbst hervorgeht, aber zugleich eine Einrede, welche ihm eben deswegen gegen den jedesmaligen Kläger unmittelbar zusteht. Man wird also gerade die Natur der wechselrechtlichen Einreden dahin characterisiren können, daß sie nothwendig zugleich in die zweite Kategorie der Einreden fallen müssen. Hält man dies fest, erwägt man, daß Einreden, welche aus dem Wechselrechte selbst hervorgehen, nur solche sind, welche gleichsam mit dinglicher Kraft in cambium wirken, so ergeben sich die verschiedenen Kategorien dieser Einreden mit Nothwendigkeit.

Es sind diese:

1) Die Einrede der mangelnden Wechselfähigkeit, Art. 1. und 2.

Diese Einrede ist nur von dem Wechselunfähigen geltend zu machen. Von ihm aufgestellt, greift sie jedoch gegen jeden Kläger durch. Im Munde eines Dritten hat sie keine Bedeutung. Art. 3.

2) Der Einwand der mangelnden Wechselform. Ohne Wechselform kein Wechsel. Diese Einrede wirkt recht eigentlich in rem.

3) Die Einrede, daß der Wechsel dem Acceptanten durch wechselmäßige Quittung quittirt worden ist.

Eine solche Quittung macht eine weitere Repräsentation des Wechsels unmöglich (vergl. Art. 82.). Wie die Einrede der mangelnden Wechselform die Entstehung des Wechsels hindert, so hindert diese Einrede sein Fortbestehen.

4) Der Einwand der Wechsel-Verjährung.

5) Der Einwand des Präjudizes.

Es werden eben wechselrechtliche Momente geltend gemacht, welche die weitere Existenz des Wechsels beseitigen.

§. 187. Einreden, welche dem Verklagten unmittelbar gegen den Kläger zustehen.

Unter diesen Begriff fallen alle Einreden, welche dem Wechselrecht fremd, aber durch das Wechselrecht nicht reprobirt, aus der Person des Indossanten des Klägers nicht entnommen, in einem Rechtsverhältnisse wurzeln, welches dem Verklagten directe Rechte gegen den Kläger verleiht. Der Artikel 82. will in der That Nichts als den Satz hinstellen:

> „Einreden ex persona indossantis sind der Regel nach nicht zulässig; es sei denn, daß sie aus dem Wechselrecht selbst hervorgehen, alle anderen durch das Wechselrecht nicht reprobirten Einreden sind dagegen statthaft."

Diese Auffassung findet in den Materialien ihre Stütze.

Sämmtliche preuß. Entwürfe hatten die Bestimmung.

„Der Einwand der Simulation ist niemals zulässig." Diese Bestimmung sollte und konnte jedoch den Fall nicht treffen, in welchem diese Einrede die unmittelbar gegen den Verklagten von dem Kläger verübte Simulation zum Gegenstand hat. Die Motive zum Entwurf von 1845 (§. 289. S. 63) sagen vielmehr wörtlich:

„Die besondere Bestimmung des §. 289. (entsprechend dem §. 93

Abs. 3. des letzten Preuß. Entw.) ist durch die Wahrnehmung veranlaßt, daß man in neuerer Zeit oft zum Verschleif der Sache die Simulation des Indossaments, durch welches der Wechselkläger zum Besitz des Wechsels gelangt ist, behauptet und dann angebliche Einreden und Gegenforderungen gegen den Vormann geltend zu machen gesucht hat."

Die Worte

oder ihm unmittelbar gegen den jedesmaligen Kläger zustehen,

drücken daher nur das Verbot aus, daß Einreden aus der Person eines Dritten unzulässig sind und sind recht eigentlich darauf berechnet, jede Analogie zwischen dem Giro und der Cession zu beseitigen.

Durch diese Bestimmung der Unmittelbarkeit werden freilich die Regeln des Civilrechts durchbrochen. Es wird die Vorschrift umgestoßen

Nemo plus juris in alium transferre potest quam ipse habet.

Diese Beschränkung der Einreden ruht aber tief in dem Wesen des Wechsels; er ist der alleinige Gläubiger. Die einzelnen Inhaber üben nur das Recht des Wechsels aus, sie übertragen keine in ihrer Person wurzelnden Rechte. Ein Jeder tritt als Prokurator des Wechsels in rem suam auf und er hat in soweit so wenig einen Auctor als er ein Successor ist.

§. 188. Einzelne Einreden.

Die einzelnen Einreden sind im Wesentlichen bei den einzelnen Artikeln erörtert. Es wird daher hier genügen, die verschiedenen Einreden nach ihren Kategorien zu gruppiren und Einzelnes nachzutragen.

Die Einreden sind zu scheiden, je nachdem sie sich beziehen auf das Entstehen oder die Fortdauer der Verpflichtung.

Die Einreden, welche sich auf das Entstehen der Verpflichtung beziehen, treffen entweder die Wechselfähigkeit des Excipienten, die Form des Wechsels, oder sie treffen die causa, welche zur Eingehung des Wechsels Veranlassung gegeben. Ist das letztere der Fall, so sind sie, dem Wechselrecht nicht entnommen, rein persönlicher Natur und nur dann durchgreifend, wenn sie, nicht im Widerspruch mit dem Wesen des Wechsels, dem Verklagten unmittelbar gegen den Kläger zuständig, trotz bewirkter Zahlung zur Condiction berechtigen würden. Es gehören zu ihnen daher diejenigen Exceptionen, welche ein gesetzlich verbotenes oder ungültiges Geschäft unter den Processirenden behaupten; sowie diejenigen Einreden, welche sich darauf stützen, daß die Gegenleistung noch nicht erfolgt sei. Solche Einreden sind der Einwand des Zwanges, der Furcht, des Betruges, Wuchers, Irrthums, des nicht erfüllten Vertrages. (Erk. des Ob.-Trib. vom 29. April 1856; Borch. Zusatz 361; v. 23. Oktober 1856; Strieth. Bd. 11. S. 26; v. 11. September 1856 Bd. 22. S. 169; vom 4. April und 12. November 1857 Borch. Zus. 355. N. 280.); v. 29. Juni 1858 Strieth. Bd. 28. S. 336; Erk. des OAG. zu Dresden v. 16. Januar 1857; Tauchnitz Zeitschr. Bd. 16. S. 460.)

Nicht zulässig sind dagegen solche Einreden, welche nach bewirkter Zahlung als Condictionen nicht geltend zu machen sind.

Die Einrede ist daher zu verwerfen, daß der Wechsel gegeben worden zur Deckung einer Spielschuld, zur Verdeckung einer Frauenbürgschaft, zur Berichtigung einer Forderung, die in rechtsgültiger Form nicht contrahirt worden (Erk. des OAG. zu Lübeck vom 29. Januar 1852; Römer Samml. rc. Bd. 1. S. 266; Erk. des Ob.-Trib. v. 22. und 25. November 1856; v. 2. September 1858 und 3. März 1859; Archiv Bd. 6. S. 330; Strieth. Bd. 22. S. 324; Bd. 30. S. 196; Bd. 32. S. 326). Man führt für diese Erscheinung, je nachdem man das Verhältniß des Wechsels zu dem ihm vorangehenden Geschäft auffaßt, als Grund an: der Wechsel bedarf überhaupt einer causa nicht (vergl. Erk. des Ob.-Trib. vom 27. Juni 1857; Strieth. Bd. 15. S. 310). Der Wechsel ist Erfüllung des Versprechens, dem derselbe seine Entstehung verdankt (Parlam. Acta III. und IV. Anna 1709; Cap. 9. §. 7. bei Schulin Engl. W.-Gesetze S. 193). Der Wechsel enthält eine Anerkenntniß des ihm zu Grunde liegenden Geschäfts (der causa obligationis). Sein Zweck ist, die formellen und materiellen Mängel dieser causa in soweit zu decken als überhaupt nicht eine falsa oder turpis causa zu Grunde liegt (Erk. des OAG. zu Cassel vom 5. September 1840; Strippelmann Samml. von Entschd. Bd. 2. S. 307; Erk. des Ob.-Trib. vom 29. Juni 1858; Entschd. Bd. 39. S. 238; vom 10. Mai 1859; Strieth. Bd. 33. S. 56). Treffend bemerkt das Ob.-Trib. Entschd. Bd. 39. S. 240: „Das gültige Wechsel-Accept constituirt eine klagbare Verbindlichkeit des Acceptanten, ohne daß es gesetzlich nöthig ist, die Valuta, dasjenige, was der Wechselzieher dafür gegeben hat, näher in dem Wechsel zu bezeichnen, oder überhaupt nur zu erwähnen. Geht man also auch davon aus, daß der acceptirte Wechsel, so lange er sich in des Ausstellers Händen befindet, nur die Bedeutung eines sichernden Schuldscheins habe, so ist doch eben dieser Schein ein gültiger und klagbarer. Er hat also mindestens eben die Bedeutung, welche ein einfacher, unter Angabe der causa debendi über das Kaufgeld ausgestellter, Schuldschein haben würde, daß nämlich derjenige, welcher die Erklärung qu. abgegeben, das dadurch anerkannte Rechtsgeschäft nicht wegen Form-Mangels anfechten darf. Ist dies bei einem einfachen Schuldscheine nach dem §. 185. Thl. I. Tit. 5. ALR. davon abhängig, daß derselbe die causa debendi, also hier den Inhalt des Kaufgeschäfts genügend ergiebt, so fällt das Requisit bei der Abgabe einer Wechsel-Erklärung hinweg, weil es nicht gesetzlich erforderlich ist. Eben die Gültigkeit des Wechsels ohne den Ausdruck der causa debendi hat zur nothwendigen Folge, daß rücksichtlich des zum Grunde liegenden Geschäfts Einwendungen, welche bloß aus der sonst für dasselbe erforderlichen Form entnommen werden, unzulässig sein müssen. Dies ist nothwendig in dem Verhältnisse beider Contrahenten, des Wechselgebers und des Wechselnehmers. Der Art. 82. Wechsel-Ordn. läßt Einwendungen gegen den unmittelbaren Kläger sogar im Wechsel-Prozesse zu. Beriefe sich der Wechselgeber auf das zum Grunde liegende Geschäft und könnte der Wechselnehmer diese Einwendung damit zurückweisen, daß ja nur eine mündliche, also nicht formgültige, Abrede darüber zu Stande gekommen, die Wechsel-Verpflichtung dagegen eine rechtsverbindliche sei, so würde dies gewiß dem Rechtsgefühle widerstreben. Noch unstatthafter aber und zwar sowohl nach dem Standpunkte der Billigkeit, als dem des strengen Rechts, wäre die Prätension des Wechselgebers, einer sonst gültigen Wechsel-Erklärung deshalb nicht genügen zu wollen, weil die Abrede über die Valuta des Wechsels, ungeachtet der Wechselnehmer derselben genügt hat, nicht in der, abgesehen von dem Wechsel-Geschäfte, vorgeschriebenen Form stattgefunden hat. So wenig aber der Wechselgeber sich den Folgen der gültigen Wechsel-Erklärung aus solchem Grunde als Verklagter entziehen dürfte, eben so wenig kann es ihm freistehen, wie hier geschehen ist, dieses gültige Rechtsgeschäft, die Wechsel-Erklärung, aus dem Grunde der nicht formgerechten Valuten-Vereinbarung wieder aufheben zu wollen, ohne daß sonstige materielle Gründe zur Aufhebung des Rechtsgeschäfts vorliegen. Sind in dem unmittelbaren Verhältnisse der Wechsel und die Valuta Correlata, so muß die gesetzlich genügende Form des Litteral-Contracts, ohne Angabe der causa debendi, auch die speciell sonst nöthige Form des Valuten-Geschäfts decken.

Dies ist auch in der bisherigen Rechtsprechung stets angenommen worden.

Liegt dem Wechsel eine Bürgschaft, also bei der Unbedingtheit der Wechsel-Erklärung eine selbstschuldnerische Bürgschaft, zum Grunde, so schadet die fehlende schriftliche Abfassung der Bürgschafts-Vereinbarung deren Gültigkeit nicht, und es ist nicht gestattet, etwa in separato aus diesem Grunde die Rückzahlung der Wechsel-Summe zu verlangen. Deshalb haben auch, nachdem die Gesetzgebung die Wechselfähigkeit der Frauen anerkannt hat, die weiblichen Intercessions-Beneficien in Betreff des dem Wechsel zum Grunde liegenden Geschäfts keinen Raum der Gültigkeit mehr, wie dies schon in den Gründen des Plenarbeschlusses vom 21. Februar 1853 (Entscheidungen Bd. 24. S. 265) und in Urtheilen mehrfach vom Ober-Tribunal ausgesprochen ist. Mit einer durch Wechselausstellung vollzogenen Schenkung würde es nicht anders sein.

Bei einem lästigen, von Seiten des Verkäufers erfüllten, Geschäfte, einem Kaufvertrage z. B., wie es hier vorliegt, ist der Grundsatz, daß die Form durch den Wechsel gedeckt sei, in zahlreichen Fällen bei Beurtheilung der aus dem Valuten-Geschäfte entnommenen Einwendungen ohne Weiteres vorausgesetzt worden. Ungenau war es nur, wenn mitunter die Grundlage dieses Grundsatzes in der Novation der Valuten-Verbindlichkeit vermöge des Wechsels gesetzt wurde, sofern dabei dies Wort im eigentlichen technischen Sinne, dem der Aufhebung der einen Verbindlichkeit durch Eingehung einer anderen gebraucht wird; das zum Grunde liegende Geschäft wird durch die Wechselausstellung nicht sowohl aufgehoben, als zur rechtlichen Geltung gebracht. Darum gelten, der aus der Wechsel-Erklärung folgenden unbedingten Pflicht, zu zahlen, gegenüber, alle Verbindlichkeiten, welche zufolge der Verabredung der Wechselnehmer etwa noch zu leisten hat; darum gelten alle Einwendungen, welche aus dem Materiellen des Geschäfts entnommen sind, z. B. Betrug, Wucher, Verletzung über die

Hälfte u. s. f. Dagegen steht, wenn, wie im vorliegenden Falle, der Käufer die Erfüllung von dem Verkäufer angenommen und über den Kaufpreis einen Wechsel ausgestellt hat, ihm nicht zu, die fehlende Schriftform zu rügen, um daraus eine Aufhebung des Geschäfts abzuleiten, da von seiner Seite der Wechsel als Litteral-Contract die Nothwendigkeit dieser Schriftform unter den gegebenen Bedingungen absorbirt."

Der Einwand des nicht erfüllten Vertrages muß daher inter partes durchgreifen. Der Wechsel-Inhaber, welcher ohne seinerseits zu erfüllen, Erfüllung begehrt, versirt in dolo. Mit der Condictio causa data causa non secuta kann von ihm die erhaltene Zahlung zurückgefordert werden. Borch. Zus. 358.

Anders verhält es sich dagegen mit dem Einwand der nicht empfangenen Valuta. Soweit der Verklagte sich darauf stützt, daß eine causa debendi überhaupt fehlt, ist die Einrede nicht zutreffend. Auch ein Wechsel, in dem es heißt, Valuta habe ich nicht erhalten, ist ein gültiger Wechsel. Die Unterschrift, der verpflichtende freie Wille ist die causa. Als Einrede der Compensation kann der Einwand der nicht erhaltenen Valuta ebenso wenig aufgefaßt werden. Der Verklagte hat, bevor er gezahlt, keine Forderung gegen den Kläger erworben. Der Grundsatz dolo facit, qui petit, quod redditurus est, trifft somit nicht zu. Ist die Zahlung einer Valuta überhaupt nicht verabredet, so steht dahin, ob der Kläger Etwas zurückgeben muß. In dem Eingehen einer Wechsel-Verbindlichkeit liegt überdies die stillschweigende Creditirung des Kaufpreises über den Verfall des Wechsels hinaus; Arch. Bd. 9. S. 251. Es führt dies zur Erkennung der Natur und des Wesens des Depotwechsels.

Depotwechsel.

Der Depotwechsel wird demjenigen gegeben, der nur unter der Bedingung der Wechselstrenge mit dem Trassant oder Acceptant in Geschäftsverbindung treten will. Sein Zweck ist die Sicherstellung der künftigen Forderung des Wechselnehmers. Es kann nicht bedenklich sein, daß der verklagte Wechselnehmer seinem unmittelbaren Contrahenten gegenüber mit der Einrede zu hören ist; die Bedingung, unter welcher der Wechsel gegeben worden, sei nicht eingetreten; eine Forderung sei nicht entstanden. Diese Einrede charakterisirt sich dann aber nicht als Exceptio non numeratae pecuniae, sondern geradezu als Exceptio doli. Der Verklagte setzt dem Kläger den Einwand entgegen, daß er, obgleich er sich unter einer Bedingung verpflichtet, mit Unrecht belangt werde. Fraglich ist dagegen, ob jedem Dritten gegenüber dieser Einwand als ein aus dem Wechselrecht hervorgehender durchgreift.

Diese Frage ist zu verneinen. Die constante Praxis des Ob.-Trib. Strieth. Bd. 23. S. 279; Bd. 29. S. 323; Entsch. Bd. 39. S. 221; Arch. Bd. 7. S. 332; Borch. Zus. 119, 340, 492, 497 hat mit Recht angenommen:

„Dadurch, daß nach dem die Wechselvaluta darstellenden Geschäfte das Accept nur zur Sicherheit einer dem Acceptanten zur Verfallzeit oder früher obliegenden Verbindlichkeit gegeben worden ist, wird der Charakter des Wechsel-Accepts und dessen Wirkung nicht beeinträchtigt und der

Acceptant nicht der Last überhoben, etwaige Ansprüche aus dem Geschäfte, sei es im Wege einer im Wechselprozesse zulässigen Einrede, sei es im Separatverfahren, geltend zu machen.

Die Bezeichnung eines Wechselpapiers als „Depotwechsel" ist kein Hinderniß und keine Beschränkung der gesetzlichen Indossabilität des Wechsels.

Zur Begründung der Wechselklage des Ausstellers oder Indossatars eines in der Ueberschrift als Depotwechsel bezeichneten Wechsels bedarf es der Angabe des dem Wechselzuge zum Grunde liegenden Geschäftes und der Forderung aus demselben nicht.

Dem Indossatar eines solchen Depotwechsels kann der Acceptant nicht die Einrede entgegenstellen, es sei die Verbindlichkeit nicht entstanden, zu deren Deckung der Wechsel dem Zieher gegeben worden, und es sei dieser Nachweis zur Begründung der Klage nothwendig."

Das Wort Depotwechsel ist nicht gleichbedeutend mit dem Rectawechsel. Durch den Wechselzug wird der Kläger, selbst seinem unmittelbaren Geber gegenüber, der Aufdeckung des dem Wechselzug zu Grunde liegenden Geschäftes überhoben, während dieses Geschäft die Rechtsverhältnisse des Dritten in keiner Weise berührt. Das Urtheil des OAG. zu Dresden vom 6. November 1858 (Sächs. Wochenbl. pro 1859 S. 166) steht dem nicht entgegen. Dort hatte der beklagte Acceptant sein modificirtes Accept dahin ertheilt

> Nur als Depot gültig für gekaufte 50 Winspel Roggen per Oktober bis November 1857;

wohl aber steht die Rechtsgeschichte der Praxis entschieden zur Seite.

Der §. 199. des Entw. von 1836 bestimmte:

> „Weiset der Inhaber, welchem der Einwand der nicht erhaltenen Valuta in den zulässigen Fällen entgegengesetzt wird, nach, daß der Wechsel ursprünglich zur Sicherstellung einer künftigen Forderung ausgestellt (Depotwechsel), und behauptet er, daß die Forderung demnächst auf Höhe der eingeklagten Summe wirklich begründet worden, so muß der Verklagte zur Zahlung ad depositum bis zur näheren Erörterung jenes Einwandes verurtheilt werden.
>
> Der Kläger hat dann im gewöhnlichen Prozesse den Beweis zu führen, daß die eingeklagte Valuta zur Verfallzeit berichtigt gewesen und der Wechsel bleibt auf Höhe des nachgewiesenen Betrages gültig."

Die Motive zu diesem Paragraphen (S. 264) bemerken unter Bezugnahme auf kaufmännische Gutachten über das Wesen und den Zweck der Depot-Wechsel:

> „Gar oft ereignet es sich in dem kaufmännischen Verkehr, daß Einer von dem Andern einen Credit begehrt, ohne vorher bestimmen zu können, auf wie hoch derselbe werde benutzt werden, und da ist es denn üblich geworden, daß eine Sicherstellung für den zu gewährenden Credit durch Pfand oder Bürgen gewährt wird, daß der Creditsuchende sich anheischig mache, für den Vor-

schuß, den er dereinst zu erstatten haben werde, wechselmäßig zu haften. In solchen Fällen stellt er daher auf den ganzen Betrag des ihm zugesagten Credits, also auf den Betrag, bis auf dessen Höhe er über den Blanco-Credit soll disponiren dürfen, einen auf Kündigung lautenden Wechsel aus, und deponirt ihn, — daher der Name Depotwechsel — als Caution für den künftig sich ergebenden Anspruch dessen, der ihm den Credit zugesagt hat; indem er ihn dadurch ermächtigt, diesen Wechsel dereinst auf Höhe derjenigen Summe geltend zu machen, die derselbe künftig aus dem zu gebenden Credit zu fordern haben möchte"

Es ist jedoch erheblich, daß der §. 198. verordnet:

Der Einwand der nicht erhaltenen Valuta kann außer von dem Aussteller eines *trockenen* Wechsels, nicht entgegengesetzt werden.

Auch dem Aussteller eines *trocknen* Wechsels steht dieser Einwand gegen einen dritten Erwerber desselben nicht zu, wenn der Wechsel auf Order lautet, oder wenn der Aussteller, wo dies nicht der Fall ist, das Indossament schriftlich ohne Vorbehalt genehmigt hat.

Vergl. §. 125. des Entw. von 1838.

Nachdem nun aber die späteren Entwürfe auch für den Fall des §. 198. die Zulässigkeit jenes Einwandes beseitigt, erscheint, zumal sie der Depotwechsel überhaupt nicht mehr erwähnen, das Ergebniß der Praxis auch durch die Materialien gesichert.

Es kommen nunmehr in Frage diejenigen Einreden, welche sich auf die *Fortdauer* der Obligation beziehen. Wir heben besonders hervor die Einrede der Zahlung, der Compensation, des rechtskräftigen Urtheils.

Die weitaus wichtigste ist:

§. 189. Die Einrede der Zahlung.

Die Frage nach dem Einfluß der Zahlung kann als eine gelöste noch nicht erachtet werden. Die Urtheile der verschiedenen Gerichtshöfe widersprechen sich. Die Urtheile desselben Gerichtshofes stehen mit einander nicht immer in Einklang. Den meisten Urtheilen scheint die Lehre von der Papiergeldstheorie Einert's und dem sich mit jeder Unterschrift fortzeugenden selbstständigen Wechsel Thoel's zu Grunde zu liegen.

Man hat sich aber trotz dessen noch nicht durchweg zu dem, dem Civilisten ungeheuerlichen Rechtssatz zu erheben vermocht:

„Der klagende Inhaber, mag er immerhin in der Klage erklären: er sei von dem Acceptanten befriedigt, dringt dennoch mit seiner gegen die Vormänner und den Aussteller gerichteten Regreßklage durch.

Wir abstrahiren der bisherigen Jurisprudenz folgende Rechtsgrundsätze. Als Axiom wird der Satz hingestellt:

„Die Einrede der Zahlung ist dem Empfänger der Zahlung nur von dem Zahlenden entgegenzusetzen."

Dies gilt selbst für den Fall, daß der Inhaber des Wechsels vom Acceptanten bezahlt, demnächst Protest Mangels Zahlung erhoben hat. Vergl. Borchardt in Goldschm. Ztschr. Bd. II. S. 87 ff.; Renaud im Arch. Bd. 8. S. 294; Erk. des Ob.-Trib. in Berlin vom 1. Oktober 1849; 22. Juli und 14. Oktober 1852; 24. Juni und 29. September 1859 (Entschd. Bd. 19. S. 266; Bd. 23. S. 288; Strieth. Bd. 5. S. 324; Bd. 7. S. 273; Bd. 32. S. 161; Bd. 34. S. 277; Bd. 40. S. 191; Urtheil des Ob.-Trib. in Sachen Henriques wider Bohm vom 7. Dezember 1861 und Zumm wider Schmoll vom 8. Mai 1862; Arch. Bd. II. S. 332 und 451). Von diesem Satze werden drei Ausnahmen gemacht:

1) Der Einwand des Mittrassanten oder Mitacceptanten, der andere Trassant oder Acceptant habe Zahlung geleistet, greift durch. (Erk. des Ob.-Trib. vom 11. Juli 1857; 1. Mai; 16. September; 26. Oktober 1858; 7. Juli 1859; Strieth. Bd. 25. S. 343; Bd. 33. S. 195; Arch. Bd. 7. S. 198 und 437; Borch. Zus. 336e; Goldschm. Ztschr. a. a. O. 89; Thoel §. 292. sub III.

2) Die Zahlung, geleistet und angenommen zu dem Zweck, die Schuld objektiv zu tilgen, den Wechsel zu entlasten, ist gegen den Empfänger der Zahlung von den sämmtlichen Wechselverpflichteten vorzuschützen. (Erk. des Ob.-Trib. vom 8. Mai; 26. Oktober und 9. Dezember 1858; Strieth. Bd. 28. S. 297; Bd. 29. S. 365; Bd. 33. S. 10; Arch. Bd. 7. S. 437; Bd. 8. S. 173 und 219).

3) Die auf dem Wechsel befindliche Quittung ist, wenn sie auf den Acceptanten lautet, auch von demjenigen entgegenzusetzen, welcher die Zahlung nicht geleistet hat. (Renaud a. a. O., Erk. des Ob.-Trib. zu Stuttgart in Seuffert Arch. Bd. 9. S. 273).

Prüfen wir nunmehr die Gründe, durch welche diese Sätze gewonnen werden. Man macht geltend:

1) Der Wechselschuldner ist nur gegen Aushändigung des quittirten Wechsels zu zahlen verpflichtet; Art. 39.

Nur eine wechselmäßige Zahlung beseitigt also die Wechsel-Obligation. Es folgt, daß der Inhaber, welcher im Besitze des nicht quittirten Wechsels belassen worden, Gläubiger derjenigen bleibt, welche die Zahlung nicht geleistet haben. Dieser Grund beweist zu viel. Er führt zu der Consequenz:

> Hat der Wechselschuldner sich den quittirten Wechsel nicht aushändigen lassen, so hat auch er dem klagenden Zahlungsempfänger nochmals Zahlung zu leisten.

2) Der Einwand, ein Dritter habe Zahlung geleistet, ist eine exceptio de jure tertii, eine Einrede ex persona indossantis. Er steht dem Verklagten nicht unmittelbar gegen den Kläger zu; Art. 82. Dieser Grund löst die Frage durch die Frage. Die Frage ist eben: Geht die Einrede habes quod petis unmittelbar aus dem Wechselrecht selbst hervor? Steht diese Einrede dem Verklagten unmittelbar gegen den Kläger zu?

Wäre übrigens die Einrede als Exceptio ex jure tertii an und für sich unzulässig, so könnte sie auch dann nicht stichhaltig sein, wenn der verklagte Aussteller oder Indossant excipirt: es sei dem Acceptant auf dem

Wechsel quittirt worden. Mit der Natur der Einrede hat denn doch der Ort der Quittung Nichts zu schaffen.

3) Die Zahlung, wird behauptet, kann dem Dritten nicht zu Statten kommen, wenn sie nur zu dem Zwecke gemacht worden, um den Zahler persönlich zu befreien. Es ist aber erheblich, daß von dem Zahler eine solche Verabredung zum Nachtheil der Mitverpflichteten nicht getroffen werden darf; l. 3. §. 1. Dig. **45.** 2.; l. 23. 40. 53. Dig. **46.** 3. Der Kläger habet quod petit. Er ist also in dolo, wenn er petit quod habet. Von diesem dolus giebt es keinen, dem Mitverpflichteten schädlichen, Dispens.

4) Jede Wechsel-Verpflichtung, wird ausgeführt, ist eine selbstständige und aus einem selbstständigen Grunde entstandene Obligation. Sie erzeugt zwar Solidarität unter den Verpflichteten, nicht aber Correalität im engeren Sinne. Acceptant, Aussteller, Indossant sind nicht correi; sie sind in solidum selbstständig verpflichtet; Thoel S. 513.

Man geht bei dieser Deduktion von dem Satz aus:

„die Selbstständigkeit der Verpflichtung steht der Correalität entgegen."

Dieser Satz ist nicht zuzugeben. Gerade der Umstand, daß jeder Schuldner zu derselben Obligation die Stellung einnimmt, als wäre er der einzige Verpflichtete, ist ein Hauptmerkmal der reinen Correalität; v. Savigny Obl.-Recht Bd. **1.** S. 218 Note a.

Es wird ausgeführt Strieth. Bd. 7. S. 276, 277: „Zwar besteht eine Verwandtschaft zwischen dem Verhältniß des Wechselberechtigten zu mehreren, nicht korrealisch verbundenen Wechselschuldnern, und dem Verhältniß des Gläubigers zu mehreren Correalschuldnern, welche sich gegen ihre Verhaftung auf das Ganze nicht ausdrücklich verwahrt haben (§. 424. I. 5. des ALR.). In beiden Fällen ist Gegenstand der Obligation eine und dieselbe Leistung, welche von jedem Verpflichteten ganz, jedoch überhaupt nur einmal gefordert werden kann. (§§. 430. 433. 434. I. 5. und §§. 1122. 1125—1127. 1059—1062. II. 8. des ALR.) Entscheidend ist aber hier der Grund der solidarischen Haftung. Dieser ist in beiden Fällen nicht derselbe. Die Solidarität beruhet bei Correal-Verpflichtungen in der Einheit des Vertrages; im wechselrechtlichen Verhältniß dagegen in verschiedenen, sich an einander reihenden, selbstständigen wechselmäßigen Verpflichtungen, die nach den positiven Gesetzesvorschriften für jeden einzelnen, aus einer Wechselerklärung haftenden Wechselverbundenen sich auf das Ganze der Leistung erstrecken. Die Festsetzung des §. 435. I. 5. des ALR. ist eine Consequenz davon, daß die mehreren Correalschuldner dem Gläubiger durch eine und eben dieselbe Obligation verpflichtet sind. Dasjenige, was ein Correal-Verpflichteter in Ansehung der schuldigen Leistung, und nicht blos für seine Person thut, kommt den übrigen lediglich zu Statten, weil in dem Umfange, in welchem seine Handlung sich nach den Gesetzen wirksam erweiset, die eine bestehende Obligation untergegangen ist. Auf die solidarische Verbindlichkeit mehrerer Wechselverbundenen dem Wechselgläubiger gegenüber kann, weil hier die Einheit des Vertrages fehlt, der §. 435. I. 5. des ALR. nicht angewendet werden. In diesem Verhältnisse hebt die Erfüllung der Verbindlichkeit aus einer einzelnen der neben einander stehenden Wechselverpflichtungen die Verbindlichkeit der übrigen Wechselverpflichteten aus den von ihnen übernommenen, selbstständigen, sich nur stufenweise an einander anschließenden wechselmäßigen Verbindlichkeiten nicht nothwendig auf."

Der Grund, aus welchem die Verpflichteten verhaftet sind; der Umstand, ob sie die Haft successive oder gleichzeitig übernommen haben, ist jedoch für die Frage, ob Solidarität, ob Correalität, nicht entscheidend. v. Savigny Bd. 1. S. 145; v. Vangerow §. 573. Nur die objektive Einheit der Obligation ist bei dieser Frage in Betracht zu ziehen. Die Quelle für die sämmtlichen in den Wechselverband getretenen Verpflichteten bildet aber einzig und allein der eine und ungetheilte Wechsel. Es ist eben objektiv nur eine Obligation vorhanden. Richtig ist, daß die subjektive Beziehung zu dieser objektiv nur einmal vorhandenen Obligation eine verschiedene ist. Die Indossanten oder Trassanten haften unter anderen Voraussetzungen als die Acceptanten.

Die Gleichmäßigkeit der Verpflichtung ist jedoch nicht die Bedingung der Correalität. Die Verschiedenartigkeit in der Voraussetzung der Haft ist nicht geeignet, die objektive Einheit der Obligation, das ist just die Correalität, zu gefährden. L. 2. Inst. III. 16. (17), L. 7. 9. §. 2. D. 45. 2., L. 1. §. 8. D. 44. 7. Uns will scheinen, daß jene ganze Distinction, so künstlich sie sein mag, mit der Lösung der Frage wenig zu thun hat.

Entweder wirkt die Zahlung auf den Bestand der Obligation, auf den Wechsel, in cambium. Dann ist gleichgültig, ob die Obligation als eine Solidar- oder Correal-Obligation aufzufassen ist. Oder sie wirkt nur in personam; dann ist es ein weder nach dem Gemeinen noch nach Preußischem Recht zu entwirrendes Räthsel, daß die Zahlung des Acceptanten den Mitacceptanten entbinden soll (von Vangerow III. §. 573.; v. Gerber, Privatr. §. 218. Note 3.; I. 5. §§. 424. 435.; I. 14. §§. 374. 378. 379. ALR.), wie dies doch Thoel S. 513 für unbedenklich erachtet. Wird der Prinzipalschuldner, der Acceptant, durch die Zahlung des Mitacceptanten liberirt, so erscheint unbegreiflich, daß trotz dieser liberirenden Zahlung der nur event. verpflichtete Trassant und Indossant verhaftet bleibt! Wird durch diese Zahlung das aus dem Wechsel orginirende Recht dem zahlenden und dem nicht zahlenden Acceptanten gegenüber getilgt, so muß es als getilgt doch wohl überhaupt gelten!

Unseres Erachtens liegt der Fehler der bekämpften Deduktionen in der Fragestellung. Nicht die Frage ist die erste:

Welche Wirkung hat die Zahlung für die Mitverpflichteten?

sondern die Frage ist logisch die erste Frage:

Welche Wirkung übt die Zahlung für den Zahlenden?

Die Lösung dieser Frage führt zu einer Untersuchung der Stellung des s. g. Gläubigers zu seinem Forderungsrecht.

Nach unserer in der Einleitung gegebenen Ausführung wurzelt das Forderungsrecht lediglich im Wechsel. Der Inhaber ist nur der Repräsentant, der Vertreter des Wechsels. Er macht von diesem Vertretungsrecht Gebrauch durch Begebung des Wechsels oder durch Annahme der Zahlung. Mit diesem Gebrauch sind seine Funktionen beendet; sein Recht ist consumirt; sein Verhältniß zum Wechsel ist durch Trennung vom Wechsel abgebrochen oder durch Zahlung erschöpft. Weil aber das Repräsentationsrecht dem Prinzip nach nur mit dem Besitz des Wechsels zu Ende geht, so kann der Verbrauch dieses Rechts auf den Wechsel selbst nur dann einen zerstörenden Einfluß ausüben, wenn der Wechsel selbst dieses zerstörende Element an sich trägt. Dies ist der Fall, wenn sich auf dem Wechsel eine Quittung befindet, und diese Quittung auf eine Person lautet, welcher keine Regreßrechte zustehen.

Die Zahlung an und für sich wirkt daher nicht objektiv auf die Zerstörung des Wechsels, auf die Gläubigerschaft des Wechsels. Die solutio stellt hier nicht dar eine Auflösung des durch das Band der Obligation zwischen Gläubiger und Schuldner bestandenen Verhältnisses; sie tritt nur auf als ein Element, welches zwischen dem Träger des Rechts — dem Wechsel — und dessen Repräsentanten das Rechtsverhältniß löst. Eine Solution in dem objektiv auf den Bestand des ganzen Forderungsrechts wirkenden Sinne kann daher nur herbeigeführt werden durch contrarios actus, das heißt: entweder durch das gänzliche Zerstören des Wechsels oder durch wechselmäßige Quittung, falls sie demjenigen ertheilt wird, welcher den Wechsel überhaupt nicht vertreten kann oder zu weiterem Regreß (Acceptant) nicht berechtigt ist. (Vergl. Erk. des Ob.-Trib. vom 23. Oktober 1860; Strieth. Bd. 38. S. 326.) Es folgt: Auf Seiten des Zahlers bewirkt die solutio nur einen Titel auf Herausgabe des Wechsels und auf Quittung. Durch die Zahlung hat eben das Interesse des bisherigen Repräsentanten an dem Besitze aufgehört. Sein Besitz wird, wenn mit dem Willen des Zahlenden fortgesetzt, zur Detention; wenn ohne den Willen des Zahlers fortgesetzt, zum unredlichen Besitz. Der Schuldner braucht nur gegen Rückgabe des quittirten Wechsels zu zahlen. Art. 38.; Art. 48. und 98. Nr. 5. 6. l. c. Der Zahler verliert dadurch aber sein Recht noch nicht, daß er von demselben nicht sofort Gebrauch gemacht hat.

Die eben entwickelten Grundsätze führen zu folgenden Consequenzen:

1) Der Zahlende kann dem dritten redlichen Besitzer des Wechsels die Einrede der Zahlung nur dann entgegensetzen, wenn die Zahlung sich auf dem Wechsel durch Quittung ergiebt. Es kann nicht wohl anders sein. Würde die solutio beim Wechsel wie bei der Obligation das Erlöschen des Rechtsgeschäftes bewirken, dann könnte der dritte redliche Besitzer trotz des nicht quittirten Wechsels den Schuldner nicht mehr in Anspruch nehmen. Eine durch Zahlung getilgte gewöhnliche Schuldurkunde giebt dem bonae fidei possessor kein Recht. Der gute Glauben kann nur den fehlerhaften Titel ergänzen, nicht das Objekt des Rechts schaffen. Weil aber in der That das an den Wechsel geknüpfte Recht trotz der Zahlung nach wie vor fortexistirt; weil nur das Verhältniß des Zahlungsempfängers zu dem Wechsel gelöst worden, deßhalb kann ein Dritter den Besitz des Wechsels erlangen und die Wechselsumme fordern.

2) Der zahlende Regreßpflichtige verliert nicht, sondern erwirbt just durch die Zahlung seinen Regreß gegen die ihm zum Regreß Verpflichte-

ten. v. Savigny, Oblig.-Recht I. S. 286 ff. bezeichnet diese Erscheinung als eine besondere, dem römischen Correalinstitut widersprechende Eigenthümlichkeit. Sie erklärt sich aus der Natur des Wechsels. Bleibt der Wechsel als solcher unberührt von der Zahlung, bewirkt die Zahlung nur eine Loslösung des bezahlten Inhabers, so kann die Zahlung an und für sich eine Liberation der Mitschuldner unmöglich herbeiführen. Der Zahlende muß vielmehr, wenn er anders zum Regreß gegen seine Vormänner berechtigt ist, in seine frühere Stellung zurücktreten. Er muß wiederum als Besitzer des Wechsels seine früheren Rechte wiedererlangen.

3) Die Mitunterzeichner im engeren Sinne werden dem Empfänger der Zahlung gegenüber liberirt. Sie werden liberirt: nicht etwa, weil die Obligation überhaupt getilgt, sondern weil das Verhältniß des Empfängers zum Wechsel gelöst ist. Er kann daher nur noch als Verwahrer oder Mandatar des Zahlers angesehen werden. Als Verwahrer steht ihm überhaupt kein Recht auf Zahlung zu, da er nicht Besitzer ist. Als Mandatar kann er nur die Rechte seines Mandanten — des Zahlers — wahrnehmen. Daß aber diesem kein Wechselrecht zusteht, ist oben S. 288 dargethan.

4) Der Einwand der Zahlung greift für den Mitunterzeichner des Accepts, des Wechsels, des Giro auch einem Dritten gegenüber so lange durch, als er dem Zahler selbst zusteht. Hat ein Dritter, dem Wechselverband Fremder, den Wechsel nach Protest von dem Empfänger der Zahlung erworben, so wird ihm entgegengesetzt: daß sein Indossant kein Wechselrecht gegen die Mitunterzeichner geltend machen dürfe. Art. 16. alin 2. Hat der Mitacceptant nach Verfall den protestirten Wechsel begeben, so wird dem Inhaber von den Mitacceptanten erwidert, es könne der Acceptant den Wechsel nach Verfall nicht begeben und keinen Besitz des Wechsels übertragen. Hat der Mitacceptant den Wechsel vor Verfall und Protest durch Giro erworben und demnächst begeben, so deckt dieser Erwerb weder ihn, noch die Mitacceptanten.

Ebenso liegt die Sache, wenn der Zahlungsempfänger vor Protest und Verfall den Wechsel einem Dritten girirt hat. Ist dieser nicht in dolo, wußte er zur Zeit des Erwerbes nicht, daß der Wechsel bereits von dem Acceptanten eingelöst worden, so hat er die Exceptio solutionis nicht zu scheuen.

Hat ein an und für sich zum Regreß Berechtigter den Wechsel erworben, so liegen die Sachen nicht anders.

Wußte er zur Zeit des Erwerbes, daß der Wechsel z. B. durch Zahlung des Mitacceptanten eingelöst und das Repräsentationsrecht des Empfängers consumirt worden, so hat er jeden Rückgriff verloren. Hatte er hiervon keine Kenntniß, so ist sein Regreßrecht ihm nicht zu verkümmern.

5) Diese Regeln treffen auch dann zu, wenn die Zahlung nicht von einem Mitschuldner im engeren Sinne geleistet worden ist.

Das Ober-Trib. hält dermalen mit Entschiedenheit an dem Satz fest:

Der verklagte Wechsel-Aussteller kann gegen den klagenden Wechsel Inhaber nicht einwenden:

Kläger sei vom Acceptanten bezahlt, und es sei ausdrücklich verabredet, die Zahlung solle das durch den Wechsel bezweckte Schuldverhältniß überhaupt aufheben.

Ein solches Abkommen habe keine Kraft, wenn ihm nicht durch Rückgabe des Wechsels oder Notirung der Quittung auf dem Wechsel als Zahlung des Acceptanten Wirksamkeit gegeben worden ist.

Das jüngste noch ungedruckte Urtheil dieses Gerichtshofes ist in Sachen Zumm wider Schmoll am 8. Mai 1862 gefällt. Es lautet:

Der Appellationsrichter (das Kammergericht) hat den Regreßanspruch des klagenden Wechselinhabers gegen seine verklagten Vormänner schon um deshalb für erloschen erklärt, weil, wie durch den von den Verklagten geleisteten Eid festgestellt ist, sich jener, nachdem der Rentier Büchteler ihm zur Regulirung der Wechselverbindlichkeiten des Acceptanten Kliem eine Baarzahlung geleistet und ein Accept über 200 Thaler, sowie zur Sicherheit für etwanige Verluste ein ferneres Accept über 300 Thaler gegeben, schriftlich verpflichtet hat, sämmtliche von Kliem acceptirten Wechsel, beziehungsweise nach zu bewirkender Einlösung an den Büchteler herauszugeben. Hierin und in dieser von dem Wechselinhaber dem Büchteler gegenüber übernommenen Verpflichtung soll nach der Ausführung des Appellationsrichters eine vom Acceptanten ausgehende Tilgung des ganzen wechselrechtlichen Nexus liegen und deshalb der darauf gegründete Einwand der regreßpflichtigen Vormänner auch dem Regreß nehmenden Wechselinhaber gegenüber zulässig und durchgreifend sein. Dem ist jedoch nicht beizupflichten.

Wären selbst die von dem Büchteler geleisteten Zahlungen, als von dem Acceptanten Kliem und zwar auf den eingeklagten Wechsel geleistet anzusehen, so würden doch die Verklagten immer nicht befugt sein, jene Zahlungen für sich geltend zu machen, und aus ihnen einen erfolgreichen Einwand dem Kläger gegenüber zu entnehmen, da er im Besitz des Wechsels gelassen und die Zahlung auf dem Wechselpapier nicht vermerkt worden ist. In dieser Beziehung ist von dem Ober-Tribunal in der Rechtsprechung bereits mehrfach (Entscheidungen Bd. **19**. S. 266., Bd. **23**. S. 288, Archiv der Rechtsanwälte Bd. **40**. S. 196) zur Geltung gebracht, daß, wie aus dem Artikel 81. der Wechselordnung folgt, die Einrede der Zahlung dem durch den Besitz des Wechsels legitimirten Inhaber in der Regel nur dann entgegengesetzt werden kann, wenn der Verklagte selbst, nicht aber, wenn ein Dritter der Zahlende gewesen ist. Die Zahlung der Wechselsumme, welche der Inhaber von einem Andern erhalten hat, hebt die Wechselverbindlichkeit des verklagten Wechselverpflichteten nicht auf, berührt diesen überhaupt nicht und giebt ihm keine Einrede. Der Zahlende kann nach Artikel 39. die Aushändigung des quittirten Wechsels verlangen. Hat er das nicht gethan, hat er den Wechsel in den Händen des Inhabers gelassen, so ist keine vollständige Wechselzahlung vor sich gegangen. Die besonderen Verhältnisse, welche zwischen jenem Zahlenden und dem Inhaber obwalten, kümmern einen Dritten nicht. *Es müßte demselben (dem Inhaber) ein Dolus nachgewiesen werden.* Ebenso ist es gleichgültig, ob die Zahlung von dem Acceptanten geschehen ist (Archiv Bd. **28**. S. 297), da er, wenn der Wechsel dies nicht beurkundet und derselbe in den Händen des Inhabers geblieben ist, dem selbstständigen Rechte eines andern Indossanten, an den sich demnächst der Inhaber gehalten, gegenüber durch jene Zahlung nicht befreit wird, vielmehr der gedachte Indossant sein Recht behält, so daß auch seine Lage durch den Verlust jener Einrede nicht verschlechtert wird. Hiervon ist dann eine Ausnahme zu statuiren, wenn die Quittung über die Zahlung als vom Acceptanten geschehen auf den Wechsel gesetzt ist. Denn dadurch erst wird vermöge einer unzweideutigen Erklärung des Zahlungsempfängers die Wechselverpflichtung selbst, welche schließlich auf den Acceptanten fällt, als gelöst bezeichnet, und ein solcher Wechsel somit jeder weiteren Wirkung in Bezug auf die Regreßpflichtigen für entkleidet erklärt. Danach kann es auch noch nicht als ein Dolus angesehen werden, wenn, wie im vorliegenden Falle, der Wechselinhaber von seinen regreßpflichtigen Vormännern Zahlung fordert, obwohl zwischen ihm und dem Büchteler das durch den Eid festgestellte Abkommen nach Protest Mangels Zahlung getroffen worden ist. Denn wenn demselben nicht durch Rückgabe des Wechsels oder Notirung der Quittung auf demselben als Zahlung des Acceptanten Wirkung gegeben worden ist, so kann ein Dritter auch keine Rechte für sich daraus herleiten.

Wir halten für richtig, daß die gesperrt gedruckten Worte: „Es müßte dem Inhaber ein Dolus nachgewiesen werden" der Regel nach die ganze Frage entscheiden. Wir halten aber nicht für richtig, daß der vom Acceptant bezahlte Gläubiger, welcher sich zur Herausgabe der Accepte verpflichtet hat, nicht in dolo versirt, wenn er trotz der Zahlung und trotz jenes Versprechens doppelte Zahlung begehrt.

Zur Erläuterung der von uns aufgestellten Prinzipien mögen folgende ganz concrete Fälle dienen.

Der Wechsel lautet:

Gegen diesen meinen Wechsel zahlen Sie an
Herrn Schütz 100 Thaler etc.
Herrn Lange. Moll.

Für mich an Wagner.
Schütz.

Für mich an Busse.
Wagner.

Für mich an Koch.
Busse.

1) Koch erhält ohne Protest von dem Acceptanten Lange Zahlung; er läßt demnächst Protest rechtzeitig leviren und klagt gegen den Aussteller Moll. Dieser erwidert mit Recht: es sei das Repräsentationsrecht des Wechsels durch Koch nicht auszuüben; es sei erloschen durch die von dem Acceptant bewirkte Zahlung; es sei der Protestact nur simulirt.

2) Koch erhebt Protest Mangels Zahlung bei Lange, dem Acceptant. Dieser zahlt demnächst. Koch behält jedoch den nicht von ihm quittirten Wechsel und wird sodann gegen den Trassant Moll klagbar.

Die Klage ist abzuweisen. Das Repräsentationsrecht des Koch ist consumirt.

3) Die Sache liegt eben so, wenn Koch gegen seine Vormänner Busse, Wagner, Schütz klagbar wird.

4) Koch levirt Mangels Zahlung Protest bei Lange. Er erhält Zahlung von dem Aussteller Moll und wird demnächst klagbar gegen den Acceptant Lange.

Es ist zu unterscheiden: Hat Moll gezahlt, um das Repräsentationsrecht des Koch zu lösen, um gleichsam das Recht des Wechsels zu erschöpfen, so beruft sich Lange mit Erfolg auf die Zahlung des Moll.

Hat Moll gezahlt, damit Koch demnächst, gleichsam als Prokuraträger des Moll, trotz der Zahlung das ihm ohne das Hinzutreten der Zahlung des Moll an und für sich gegen den Acceptant zustehende Recht ausübe, so kann sich dieser auf die Zahlung des Moll nicht berufen. Vergl. Strieth. Bd. 28. S. 297.

Die Beweislast trifft den Excipienten. Aus dem Umstande, daß dem Koch trotz der Zahlung der unquittirte Wechsel belassen worden, ist bis zum Beweise des Gegentheils zu folgern, daß es nicht die Absicht des Moll gewesen, den Wechselnexus überhaupt zu lösen, den Acceptant zu exnexuiren.

5) Koch erhebt Mangels Zahlung Protest bei Lange und erhält Zahlung von Moll. Er nimmt trotz dessen Regreß gegen die anderen Vormänner. Diese excipiren mit Recht: es sei durch die Zahlung des Moll auch ihnen gegenüber das Repräsentationsrecht des Wechsels in der Person des Koch consumirt; es sei nicht die Absicht des Moll, welcher just ihnen zum Regreß wiederum verpflichtet sei, daß das Klagerecht des Koch trotz der Zahlung des Moll ihnen gegenüber fortbestehe.

6) Koch erhebt Mangels Zahlung Protest bei Lange und erhält Zahlung von Moll. Er nimmt trotz dessen Regreß gegen Busse. Busse zahlt und nimmt Regreß gegen Moll.

Wird dem Busse nachgewiesen, daß er den Wechsel remboursirt, obwohl er bei dem Rückerwerb von der Zahlung des Moll Kenntniß gehabt hat, so ist Busse mit seiner Klage abzuweisen. Wird ihm diese Kenntniß nicht nachgewiesen, so ist Moll dem Busse gegenüber zu verurtheilen.

7) Koch nimmt Mangels Zahlung Regreß gegen seinen Vormann Busse. Dieser leistet Zahlung. Seine, des Busse Vormänner können aus dieser Zahlung Einreden gegen seine Klage nicht entnehmen. Er mußte den Wechsel einlösen und er erwarb dadurch das Repräsentationsrecht des Wechsels.

8) Setzen wir in dem eben angeführten Fall, daß Koch trotz der Zahlung des Busse den unquittirten Wechsel behält und nunmehr gegen die anderen Vormänner, den Trassanten und Acceptant klagbar wird. Der Fall liegt dann eben so, als der zu 4 behandelte.

9) Koch nimmt, nachdem er den Wechsel Mangels Zahlung hat protestiren lassen, Regreß gegen Busse. Busse zahlt. Koch behält den nicht quittirten Wechsel; er girirt ihn einem Dritten, dem Hoff, welcher bis heran dem Wechselverband fremd gewesen. — Hoff wird gegen Busse klagbar. Busse schützt mit Erfolg die aus dem Art. 16. alin 2 entnommene Einrede vor.

10) Hoff wird gegen Moll, Schütz, Wagner oder den Acceptant Lange klagbar. Die Klage ist eben so begründet, als es die Klage des Busse gewesen wäre.

11) Koch erhebt Mangels Zahlung Protest bei Lange. Lange zahlt. Koch girirt den nicht quittirten Wechsel dem Hoff. Hoff ist mit seiner gegen Lange oder seine Vormänner gerichteten Klage abzuweisen. Artikel 16. Nr. 2.

12) Der Wechsel ist bei Kunde domicilirt. Koch levirt dort Protest und erhält demnächst Zahlung von Kunde. Er klagt trotz dessen gegen Lange. Die Klage ist abzuweisen. Es wird fingirt, daß die vom Domiciliaten geleistete Zahlung vom Acceptanten geleistet worden ist.

So viele Schwierigkeiten jene Fragen der Praxis machen, uns scheint, daß man nur zu untersuchen braucht, welche Wirkung würde die Adcitation des Zahlers oder die Cession seiner Rechte an den Verklagten haben, um im einzelnen Fall die Entscheidung sofort zu finden, und festzustellen, ob das Repräsentationsrecht des Wechsels noch durch den Kläger auszuüben ist.

§. 190. Die Einrede der Compensation.

Die Zulässigkeit dieses Einwandes ist S. 152 dargethan. Vergl. Borch. Zus. 354. 358. und 492. Hier ist nur noch zu erörtern, in welcher Weise dieser Einwand auf die übrigen Wechsel-Verpflichteten wirkt. Die Existenz einer compensablen Forderung tilgt an sich nicht ipso jure die Forderung (compensatio objicitur). Die Compensation hat also die Natur einer Exceptio (l. 11. §. 2. D. De pignor 20. 1.). Als Exceptio kann nur derjenige von ihr Gebrauch machen, welcher Legitimatio ad causam besitzt; l. 16. princ. l. 18. §. 1. Dig. de comp. (16. 2.) l. 10. Dig. de duob. reis (45. 2) §§. 302. und 304. I. 16. ALR. So lange daher ein Schuldner von diesem ihm zustehenden Einwande nicht Gebrauch gemacht hat, darf kein Correus sich desselben bedienen. Ist dagegen der zur Wettschlagung Berechtigte mit diesem seinem Einwande durchgedrungen, so steht die bewirkte Compensation in ihrem Effekt der Solutio durchaus gleich. (L. 11. und 12. D. de comp. 16. 2.); l. 4. und 5. Cod. de comp. (4. 31.); l. 7. Cod. de sol. 8. 43.; L. 7. D. qui pot. in pig. 20. 4.; ALR. I. 16. §§. 301. 307. 361.

§. 191. Einrede der res judicata.

Liebe bemerkt über diese Einrede S. 161 ff. der Erläuterungen Folgendes:

„Daß zunächst der Kläger ein in Streit mit einem Schuldner zu seinen Gunsten ergangenes Urtheil nicht gegen einen anderen Schuldner geltend machen, daß er gegen diesen nicht die actio judicati richten kann, ist klar.

Wie verhält es sich aber mit der exceptio rei judicatae? Betrachten wir die Frage zunächst unabhängig von der Bestimmung in §. 82., so hat diese Einrede eine doppelte Funktion, einmal eine negative, vermöge welcher das Erlöschen des Rechts durch Klaganstellung und Urtheil, also die prozessualische Consumtion, und dann eine positive, vermöge welcher der Inhalt des Urtheils geltend gemacht wird. In der ersten Bedeutung fällt die exceptio rei judicatae hinweg, da nach neuerem Rechte die correi nicht durch den Prozeß mit Einem von ihnen, sondern erst durch die Bezahlung frei werden, die prozessualische Consumtion also ausgeschlossen ist. In der zweiten Bedeutung ist sie aber statthaft. Die Frage ist hier die: können die übrigen correi sich darauf berufen, wenn einer von ihnen belangt und freigesprochen ist? und diese Frage muß bejaht werden. Dieses Resultat kann auch sachgemäß scheinen. Erfolgt die Abweisung des Klägers auf Grund einer im Wechselrechte liegenden Einrede (§. 82.), so wäre es unpassend, wenn die Klage noch gegen andere Wechselschuldner zulässig bliebe. Es könnten hier durch verschiedene Rechtssprüche große Unbilligkeiten und Härten entstehen. Würde ein Nachmann des früher freigesprochenen Schuldners belangt und condemnirt, so hätte derselbe wenig Aussicht, seinen Regreß gegen den früher belangten und freigesprochenen Vormann durchsetzen zu können. Wäre die Abweisung aber auf Grund einer nicht im Wechselrechte liegenden Einrede, also einer Einrede der Solution oder Compensation erfolgt, so wäre für die Nachmänner des Beklagten ihre Befreiung außer Zweifel, und für die Vormänner stände wenigstens so viel fest, daß zum Regresse gegen sie nicht der Kläger, sondern der Beklagte befugt wäre.

Nun modificirt sich aber die Correalität der Wechselschuldner dahin, daß der zahlende Schuldner seinerseits Gläubiger wird, und sich somit der Regreßgang repetirt, wobei die Nachmänner des Zahlenden ausfallen. Soll bei diesem zweiten Regreßgange der Schuldner dem Gläubiger ein gegen einen früheren Gläubiger erhaltenes freisprechendes Urtheil entgegensetzen können? Ein Fall dieser Art ist nur möglich, wenn der jetzige Gläubiger gezahlt hat, ohne sich, wie er nach dem eben Angeführten könnte, auf die Sentenz, welche sein jetziger Gegner gegen den von ihm abgefundenen Gläubiger erlangt hatte, zu berufen. Beruft er sich darauf, so braucht er nicht zu zahlen, und wird gar nicht Gläubiger. Thut er es aber nicht, und ist nun in der Lage regrediren zu müssen, so muß man jene Frage bejahen und die Einrede gegen ihn zulassen. Der zahlende Indossant ist Singularsuccessor des von ihm abgefundenen Indossatars, sein Regreß ist nicht besser, als derjenige, welchen sein Nachmann nehmen konnte. Durch Einlösung tritt er gleich einem Intervenienten in dessen Rechte. Zwar hat jeder Indossatar selbstständige Rechte und ist nicht bloß Cessionar seines Vormanns. Das gilt aber nur bei dem Gange des Wechsels gegen den Bezogenen: für den Rücklauf des Wechsels im Regreßwege wird der Indossant allerdings nur die Rechte seines Vormanns haben, keineswegs aber durch die Einlösung neue und selbstständige Rechte in gleicher Weise gewinnen können, wie er solche in dem ersten Stadium des Wechsellaufes durch das Indossament erlangt hatte. Ist z. B. der Wechsel präjudicirt und der Indossant löset ihn doch ein, so kann ihm das Präjudiz allerdings entgegengesetzt werden, denn die Einlösung giebt ihm nur die Rechte, die existirten. Deshalb steht ihm auch die exceptio rei judicatae in obigem Falle entgegen, arg. L. 28. Dig. de except. rei jud., l. 3. in fine Dig. de pignoribus.

Diese Grundsätze werden nun aber durch die Vorschrift in §. 82. bedeutend modificirt. Der Wechselschuldner kann sich nach §. 82. nur solcher Einreden bedienen, welche aus dem Wechselrechte selbst hervorgehen oder ihm unmittelbar gegen den jedesmaligen Kläger zustehen. Letzteres bedeutet, daß nicht nur jede exceptio personae cohaerens unzulässig ist, wenn ihr Fundament nicht in einem zwischen den Parteien stattfindenden Verhältniß liegt, sondern daß auch eine exceptio rei cohaerens nicht anders berücksichtigt wird, als wenn sie entweder im Wechselrechte oder auf einem, zwischen dem Kläger und Beklagten selbst stattfindenden Verhältnisse beruhet. Die exceptio rei judicatae aus einem zu Gunsten eines anderen Wechselschuldners ergangenen Erkenntnisse ist daher schlechthin unzulässig, denn das Erkenntniß ist nicht unmittelbar zwischen diesen Parteien ergangen. Der Indossant kann weder

1) die dem Kläger gegenüber erfolgte Freisprechung eines anderen Indossanten, noch
2) seine eigene einem anderen Kläger gegenüber erfolgte Freisprechung

geltend machen, und wird sich immer auf die Gründe, aus welchen die Freisprechung erfolgte, einzulassen haben. Einreden aus dem Wechselrechte würden immer geltend zu machen sein: aber auch Einreden aus einem zwischen den früheren Parteien begründeten Verhältnisse würden unter Umständen wechselrechtliche Folgen haben. Wenn z. B. der Beklagte excipirte und bewiese, daß ein Vormann durch Compensation oder Zahlung den Kläger abgefunden, so folgte daraus wechselrechtlich seine Befreiung, und würde die Zahlung durch einen Nachmann des Beklagten bewiesen, so folgte die Illegitimation des Klägers."

Wir treten dem im Wesentlichen bei. Nur müssen wir behaupten, daß, insofern das absolvirende Urtheil auf eine in cambium gerichtete Einrede gerichtet worden, den sämmtlichen Verpflichteten durch dieses Urtheil die Einrede des rechtskräftigen Urtheils erworben wird. Steht dem Wechsel gegenüber fest, daß er die Qualität eines Wechsels nicht hat; ist somit der eigentliche Gläubiger beseitigt, ja exstirpirt; so muß ein solches Urtheil wie ein Urtheil über eine Statusfrage Allen gegenüber in rem wirken. Vergl. Urtheil des Ob.-Trib. von 22. Mai 1855 und 23. April 1847 und 31. Mai 1860 (Strieth. Bd. 17. S. 204. Entschd. Bd. 31. S. 70; Bd. 37. S. 248; Arch. f. Rechtsfälle Bd. 1. S. 76 u. 248) und Borch. Zus. § 368. A. bis G.

Es ist schließlich diejenige Einrede hervorzuheben, welche sich bald auf die Entstehung bald auf die Fortdauer der Obligation bezieht. Es ist dies

§. 192. Die Exceptio doli et simulationis.

Von der größten Bedeutung ist die inter partes durchgreifende Exceptio doli. Man hat behauptet, daß in dieser Exceptio das christlich germanische Element des Rechts wurzele und daß auf die Exceptio doli generalis das ganze Gebäude des materiellen Rechts um so fester zu errichten sei, als die Exceptio non impleti, ja die Exceptio non rite impleti contractus in der That nichts anders darstelle als die Exceptio doli generalis.

Ob diese Anschauung eine richtige, kann hier dahin gestellt sein. Uns scheint, daß die römischen Juristen das Gebiet dieser Einrede weit genug erstrecken. Ulpian sagt in der L. 2. §. 5. de doli mali et metus exc. 44. 4.

> Et generaliter sciendum est, ex omnibus in factum exceptionibus doli oriri exceptionem, quia dolo facit, quicunque id, quod quaqua exceptione elidi potest, petit; nam etsi inter initia nihil dolo malo fecit, attamen nunc petendo facit dolose, nisi si talis sit ignorantia in eo, ut dolo careat und in der L. 44. D. Mandati 17. 1.
>
> Dolus est, si quis nolit persequi, quod exigere potest, aut si quis nolit solvere, quod exegerit.

Wie dem jedoch sei: die formelle Natur des Wechselrechts widerstrebt zumal unter den unmittelbaren Partheien — der Anerkennung des materiellen Rechts durchaus nicht. Auch im Wechselrecht ist dem Dolus entgegenzutreten und zu verhüten, daß das materielle Recht auf Seiten des Klägers aufgerieben werde. Man wird daher nur billigen, wenn die Praxis mit ihrem feinen Takt dem Dolus auch im Wechselprozeß nicht günstig ist. Strieth. Bd. 28. S. 336; Bd. 33. S. 56; Entschd. Bd. 39. S. 328 und Borch. S. 206, 215, 312. Eine Art des Betruges ist die Simulation. Es kann keinem Zweifel unterliegen, daß die Einrede der Simulation, sofern sie mit der Exceptio doli identisch, zu berücksichtigen ist (Vergl. Prot. S. 168). Der Verklagte wird daher dem klagenden Indossatar mit Erfolg entgegensetzen, daß er und sein Indossant durch das nur simulirte Giro dolose bezweckt, dem Verklagten diejenigen Einreden abzuschneiden, welche diesem gegen den Indossanten zustehen. Arch. Bd. 1. S. 499; Bd. 7. S. 428, 440; Strieth. Bd. 28. S. 160; Urtheil der OAG. zu Dresden vom 16. Januar 1857; Zeitschr. für R. und Verf. Bd. 16. S. 460; Seuffert Arch. Bd. 12. S. 398.

Dagegen ist mit **Nichten** zuzugeben der dahin formulirte und von der neueren Rechtsprechung vielfach angewendete Satz:

> „Der Einwand, daß das seiner Form nach eigentliche Giro ein bloßes Prokura-Indossament sei, ist mit der Wirkung zulässig, daß sich der klagende Indossatar alle Einreden aus der Person seines Indossanten entgegensetzen lassen muß."

Zeitschr. für R. in Sachsen N. F. Bd. 16. S. 460; Arch. für WR. Bd. 7. S. 327 und 329; Annal. der Bad. Ger. von 1858 S. 230.

Wir sind vielmehr der Meinung, daß die Gründe des OAG. zu zu Rostock (Arch. Bd. 3. S. 404) unwiderleglich sind. Sie lauten:

> „Die Einrede, daß das auf den Kläger lautende Indossament simulirt sei, ist unbegründet. Denn eines Theils ist nach Art. 36. der Inhaber des Wechsels durch eine zusammenhängende, auf ihn hinuntergehende Reihe von Indossamenten als Eigenthümer des Wechsels ohne weiteres legitimirt; anderen Theils hängt die Frage, ob der Inhaber des Wechsels wirklicher Indossatar oder nur Prokurist ist, lediglich von dem Wortlaute des Indossaments ab, und das Rechtsverhältniß des Indossatars zum Wechselschuldner

wird durch etwaige Beredungen, welche bei Ausstellung des Indossaments zwischen dem Indossanten und dem Indossaten über ihr Verhältniß zu einander getroffen sein mögen, überall nicht tangirt. — Der Kläger würde daher auch dann, wenn er in Folge dieser Beredung bei der Realisirung des Wechsels nach den Instruktionen seines Indossanten zu verfahren und die beigetriebene Wechselsumme diesem in Rechnung zu bringen verpflichtet wäre, nichtsdestoweniger wirklicher Indossatar sein, und als solcher dritten Personen gegenüber durch das auf dem Wechsel befindliche Indossament legitimirt sein. Ob dem Kläger, wenn er bei Acquisition des Wechsels gewußt, daß der Betrag desselben an seinen Indossanten bereits eingezahlt sei, und das Indossament nur den Zweck gehabt hätte, dem Beklagten die Einrede der Zahlung abzuschneiden, eine exceptio doli entgegenstehen würde, kommt hier nicht in Betracht, da der Beklagte eine solche Kenntniß des Klägers nicht behauptet hat und muß ihm daher überlassen bleiben, sich dieserhalb an seinen Indossanten zu halten, dem gegenüber ihm durch die Verwerfung des Einwandes der Zahlung im gegenwärtigen Prozesse Nichts aberkannt ist."

Artikel 83.

Ist die wechselmäßige Verbindlichkeit des Ausstellers oder des Acceptanten durch Verjährung oder dadurch, daß die zur Erhaltung des Wechselrechts gesetzlich vorgeschriebenen Handlungen verabsäumt sind, erloschen, so bleiben dieselben dem Inhaber des Wechsels nur so weit, als sie sich mit dessen Schaden bereichern würden, verpflichtet.

Gegen die Indossanten, deren wechselmäßige Verbindlichkeit erloschen ist, findet ein solcher Anspruch nicht statt.

§. 193. Der präjudicirte und verjährte Wechsel.

In der Handelswelt ist das Wort „Präjudiz" synonym mit Verbindlichkeit, Garantie. Bei kaufmännischen Empfehlungen bedient man sich des Ausdruckes „ohne mein Präjudiz" um damit die Ablehnung der Bürgschaft anzudeuten. Bei dem Indossament sind die Worte gleichbedeutend mit der Formel „ohne Obligo;" Art. 14. (Vergl. Gelpcke, Präjudiz und Verjährung S. 5). Im Wechselrecht versteht man dagegen unter Präjudiz den Nachtheil, welcher dem Wechsel zugefügt wird durch die Unterlassung oder die ungehörige Vornahme des Protestes. Die Voraussetzung des Präjudizes ist daher die Nothwendigkeit des Protestes. Diese wird wiederum dadurch bedingt, daß ein seiner Form nach gültiger Wechsel vorliegt. Erk. des Ob.-Trib vom 10. Mai 1855 (Strieth. Bd. 17. S. 188). Für die Regreßpflicht bildet Wechsel und Protest eine Einheit (Vergl. S. 169). Der Grund des Präjudizes ist die trotzdem mangelnde Form der für den Regreß nothwendigen Urkunden.

Die Geltendmachung des Wechsels innerhalb der Verjährungsfrist ist die Bedingung des Wechselrechts. Wird diese Frist nicht gewahrt, so ist der Wechsel beseitigt. Es folgt, daß die Wirkung des Präjudizes und der

Verjährung eine gleichmäßige sein muß. Anders die älteren Wechselordnungen. Nach ihnen wird nur durch das Präjudiz die dem Wechsel unterliegende Forderung beseitigt, während die Verjährung auf sie, als eine civilrechtliche Forderung, nicht reagirt. (Vergl. Treitschke ad voc. „Präj." Bd. 2. S. 57—72, 616—643 und ad voc. „Verjährung" Bd. 1. S. 38—44, 388—397; Bd. 2. S. 400—409, 571—588; Thoel, Hand.-Recht Bd. 2. §§ 220. 221. und 303.); (§§. 974. 1015. 1054. 1063. 1080. 1209. II. 8. ALR.; §. 55. I. 27. AGO.) Man sollte meinen, daß der Art. 83. diese im Wesen der Sache nicht begründete Distinction für immer beseitigt hat. Die Worte des Artikels sind klar und um deswillen jeder Interpretation verschlossen.

Das Wort „nur" hat eine Bedeutung, und eine ganz entschiedene Bedeutung. Der zweite Absatz des Artikels erkennt die Parität der Verjährung und des Präjudizes an. Die Materialien lassen die Möglichkeit eines Zweifels nicht zu. Der §. 83. des Preuß. Entw. von 1846 hatte bestimmt:

> „Ist die wechselmäßige Verbindlichkeit eines Wechselverpflichteten durch Verjährung oder Versäumniß der Vorschriften des Wechsel-Rechts erloschen, so bleibt derselbe dem Eigenthümer des Wechsels, soweit als er sich mit dessen Schaden bereichern würde, in dem sonst zulässigen Prozeßverfahren verhaftet."

Bei Berathung dieses Paragraphen wurde von einem Mitgliede der Commission des Staatsraths (S. 58, 59) bemerkt:

> „Es könne wohl nicht die Absicht sein zu bestimmen, daß ein Wechsel-Schuldner nur allein in dem Falle in ordinario verpflichtet bleiben solle, wenn er sich mit dem Schaden des Eigenthümers des Wechsels bereichert habe; vielmehr scheine es in der Natur der Sache zu liegen, daß der Wechsel-Inhaber nach eingetretener Wechsel-Verjährung in ordinario immer auf das ursprüngliche, der wechselmäßigen Erklärung zu Grunde liegende Contractsverhältniß müsse zurückgehen, ohne daß es zur Begründung dieser letzteren Klage des Nachweises der Bereicherung bedürfe. Es scheine deshalb erforderlich, den § 83. zu modificiren, sofern man es nicht vorziehe, sich jeder positiven Bestimmung zu enthalten und es bei den hier zur Anwendung kommenden allgemeinen Grundsätzen zu belassen, oder auf dieselben ausdrücklich zu verweisen."
>
> „Die Majorität der Versammlung war jedoch der Meinung, daß der §. 83., welcher mit dem §. 974 des ALR und den übrigen Wechsel-Ordnungen übereinstimme, an und für sich richtig und seine Beibehaltung nothwendig sei. Der Eigenthümer eines Wechsels, so wurde bemerkt, könne auf ein früheres Contractsverhältniß nicht zurückkommen und es bleibe ihm für das Ordinarium nur die reine versio in rem. Ein durchgreifender Grund hierfür liege im Wesen des Wechsel-Verhältnisses selbst, der Wechselschuldner müsse für die Zahlung einstehen, allein nur unter der Bedingung, daß der Eigenthümer

nichts versäume. Die Ausstellung oder Weiterbegebung des Wechsels sei nun eine Art der Novation. Auf ein früheres Rechtsverhältniß könne der Eigenthümer schon deshalb nicht zurückkommen, weil ihm der Wechselschuldner mit Recht excipiren könne, daß er ihn durch seine Versäumniß um sein Recht gebracht habe, und es nicht zu ermessen ist, wie sich die Sache gestaltet haben würde, wenn der Eigenthümer seine Verbindlichkeiten rechtzeitig erfüllt hätte."

„Demgemäß soll der §. 83. beibehalten, jedoch in der dritten Zeile vor „soweit" das Wort „nur" eingeschaltet werden, um dadurch noch deutlicher auszusprechen, daß der hier vorausgesetzte Fall der einzige sei, in welchem der Eigenthümer eines verjährten Wechsels auf einen Verpflichteten zurückgehen könne."

Der §. 75. des letzten Entwurfs entspricht diesem Conclusum durchweg. In der Leipziger Conferenz Sitz. 28. S. 192. ward zu demselben bemerkt:

Gegen die Anwendung der Bestimmungen desselben auf die Indossanten erklärten sich viele Abgeordnete; zunächst äußerte sich der Braunschweigische Herr Abgeordnete dahin:

„Mit dem Prinzipe des §. 75. des Entwurfs werde man sich einverstanden erklären. Dasselbe mache der durch einzelne Gesetze unterstützten unrichtigen Ansicht ein Ende, nach welcher die Folge eines Präjudizes und der Verjährung nur in dem Verluste der strengeren Wechselprocedur erblickt, und der Anspruch des Inhabers in ordinario ohne weitere Untersuchung darüber zugelassen werde, ob derselbe der wechselrechtliche oder der aus den Verhältnissen, welche dem Wechsel zum Grunde liegen, folgende sei. Dennoch scheine die Bestimmung des Entwurfs noch einer Beschränkung zu bedürfen, nämlich derjenigen, daß der Anspruch des Wechsel-Inhabers auf die Bereicherung nicht auch gegen die Indossanten, sondern allein gegen den Aussteller zuläßig sei."

„Der Herr Minister v. Könneritz und der Herr Vicepräsident Dr. Einert traten dieser Ansicht lediglich bei. Noch weiter aber ging der Oesterreichische Herr Abgeordnete, welcher der Meinung war, daß selbst gegen den Aussteller des Wechsels und gegen den Acceptanten nach Ablauf der Verjährung gar kein Anspruch aus dem Wechsel mehr Statt finden müsse." (S. 194 a. a. O.)

Aus diesen Bemerkungen ist der Artikel 83. hervorgegangen. Es war Niemand bedenklich, daß mit der Wechselkraft die Existenz des Wechsels in seiner Totalität wie in seinen einzelnen Theilen für immer aufgehört hat. Von einer Unterscheidung zwischen präjudizirten und verjährten Wechseln ist auch dem geschärftesten Auge (vergl. Urtheil des Ob.-Ger. zu Wolfenb. vom 28. Januar 1854; Arch. Bd. 5. S. 331 ff. und Fick ebend. Bd. 6. S. 26; Bd. 7. S. 129) nicht eine Spur erfindlich. Nichtsdestoweniger bemüht man sich jetzt diese Unterscheidung einzuführen (Renaud §. 88.; Siebenhaar Arch. Bd. 1. S. 165 ff.; Erk. des AG. zu Leipzig vom Jahre 1845 ebendas. S. 357; Erk. des AGH. zu Cöln vom 30. Juni 1857;

Rhein. Arch. Bd. 53. I. S. 34), ja man geht in der Consequenz noch weiter und will auch bei präjudizirten Wechseln andere Rechte als die Bereicherungsklage gestatten. (Siebenhaar l. c.; Günther Archiv Bd. 4. S. 129 ff.; Erk. des Ob.-Trib vom 31. Oktober 1854; 12. Oktober 1857 und 7. Juni 1859; Entschd. Bd. 29. S. 192; Strieth. Bd. 14. S. 304; Bd. 32. S. 47.)

§. 194. Verhältniß des Wechselzuges zu dem ihm vorausgehenden Geschäft.

Wir halten diese Versuche für nicht berechtigt. Sie führen uns zu einer wichtigen Erörterung; zu der Frage:

Wirkt die Ausstellung des Wechsels als Novation?

In der Regel geht irgend ein Geschäft dem Wechselzug voraus. Ueber das Verhältniß dieses Geschäfts zu dem Wechsel haben sich die verschiedensten Ansichten gebildet. Es sind diese:

1) Die Ausstellung, Acceptirung oder Begebung von gezogenen, nicht von eigenen Wechseln ist Zahlung. (Einert WR. S. 51 ff., S. 465, und im Archiv für WR. Bd. 2. S. 369; Brauer WR. S. 12 ff.)

Diese Ansicht beruht auf der Theorie, daß der Wechsel das kaufmännische Papiergeld sei. Wir haben sie in der Einleitung zu widerlegen gesucht. Sie ist nicht einmal practisch. So entschiedene Anhänger die Theorie auch unter den Kaufleuten zählt, so sind sie in Geldsachen doch zu ungemüthliche Practiker, um nicht eine Einschränkung zu statuiren, welche die ganze Theorie sofort beseitigt. Sie suchen nämlich erst dann in dem Wechsel Papiergeld, wenn er eingegangen ist; sie sind aber weit entfernt von der Annahme, daß man mit nicht honorirten Wechseln seine Verbindlichkeiten nun doch durch Zahlung getilgt habe.

2) In dem Wechsel-Geschäft liegt eine privative Novation (vergl. Treitschke l. c. sub voce „Begebung" §. 5. Bd. 1. S. 153 und „Wechselcontract" §. 7. Bd. 2. S. 693; Gelpcke Präj. und Verj. S. 21; Hoffmann im Archiv für practische Rechtswissenschaft Bd. 1. S. 44; Ladenburg l. c. Bd. 7. S. 1 ff.; Archiv Bd. 1. S. 46; Bd. 5. S. 122; Unger, die rechtliche Natur der Inhaber-Papiere S. 24 ff.; die Gutachten der Handelskammer in Frankf., herausgegeben von Malsz S. 28—44; die Erkenntnisse des höchsten Ger.-Hofes zu Wien und des Hofger. in Baden Archiv Bd. 3. S. 331; Bd. 5. S. 130). Derselben Ansicht war früher auch das Berl. Ob.-Trib. in den Urtheilen vom 28. Oktober 1851 und vom 22/25. November 1856 (Strieth. Bd. 4. S. 67; Bd. 32. S. 324). Man läßt jedoch drei überaus eingreifende Ausnahmen zu. Es sind diese:

a. Nach der früheren Ansicht des Ob.-Trib. liegt privative Novation nicht vor, wenn ein eigener Wechsel über eine Schuld ausgestellt und über die letztere nicht quittirt worden ist (Erk. des Ob.-Trib. vom 1. Mai 1855 und 3. April 1856 Strieth. Bd. 17. S. 146 ff.; Entschd. Bd. 32. S. 421; Archiv Bd. 6. S. 197). „Der trockene Wechsel" — so heißt es Strieth. S. 148 — „über eine schon bestehende Schuld ist seinem Wesen nach nur ein wiederholtes, strengeren Formen nur unterworfenes Zahlungsversprechen, ein Schuldschein.“ Dieser Grund trifft nicht zu. Der trockene Wechsel ist dem Wesen nach von dem gezogenen nicht unterschieden.

b. Privative Novation ist nicht anzunehmen, wenn der gezogene Wechsel noch nicht begeben worden ist (Urtheil des Ob.-Trib. vom 8. Juni 1852; 29. Juni 1854; 1. Mai 1855; 3. April 1856 und 7. October 1857; Strieth. Bd. 5. S. 310; Bd. 13. S. 237; Bd. 23. S. 208; Archiv Bd. 7. S. 86 ff.; Entschd. Bd. 28. S. 204), und zwar um deswillen nicht, weil die Einreden aus dem ursprünglichen Geschäft noch von dem Verklagten entgegengestellt werden können. Dieser Grund beweist zu viel. Ist das einfache Geben oder Ausstellen, resp. Acceptiren eines Wechsels keine Novation, so kann sie sicher noch weniger allerst durch die einseitige Weiterbegebung entstehen. Die Novation verlangt einen Vertrag. Dieser kann aber durch eine einseitige Handlung des einen Contrahenten nicht vermittelt werden. Ueber die Natur der Obligation entscheidet die Constituirung, nicht die Weiterbegebung. Diese ist eine res inter alios acta. Von der Zulässigkeit der Einreden ist die Zulässigkeit der Novation nicht abhängig zu machen. Wird dem ersten Nehmer des Wechsels der begebene Wechsel zurückgirirt, so ist ja auch dann der Verklagte berechtigt, die aus dem ursprünglichen Geschäft entnommenen Einreden geltend zu machen.

c. Die privative Novation wird sodann geleugnet, wenn ein eigener Wechsel zugleich den Erfordernissen eines Schuldscheins entspricht (Urtheil des Ob.-Trib. vom 31. Oktober 1854; 12. Oktober 1858 und 7. Juni 1859; Entschd. Bd. 29. S. 192; Strieth. Bd. 14. S. 304; Bd. 32. S. 47; Rhein. Arch. Bd. 55. I. S. 92 und 109). Auf diese Gesetzesstelle Art. 83. und auf die Frage, wird ausgeführt: „ob eine bestehende Schuld durch Ausstellung eines Wechsels über dieselbe aufgehoben wird, und ob in Folge dessen, wenn der Wechsel verjährt oder präjudizirt ist, jedes Zurückgehen auf die frühere Verbindlichkeit ausgeschlossen ist oder nicht, kann es aber im vorliegenden Falle ebensowenig ankommen, als auf die Frage, ob einem Wechsel, namentlich einem eigenen Wechsel, an sich, nachdem er als Wechsel verjährt ist, noch die Beweiskraft eines Schuldscheins beizumessen sei, weil die Urkunde vom 20. August 1849, um deren rechtliche Wirksamkeit es sich hier handelt, nicht ein bloßer Wechsel im Sinne der Deutschen Wechsel-Ordnung, sondern gleichzeitig eine civilrechtlich verpflichtende Schuldverschreibung ist, weil sie in dem Bekenntniß über Empfang baarer Valuta, verbunden mit dem Versprechen der Rückzahlung, zugleich ein baares Darlehn, zu dessen Erstattung sich beide Aussteller „Einer für Beide und Beide für Einen“ verpflichtet, als materielle Grundlage der beigefügten Wechsel-Verpflichtung bezeichnet und darlegt.

Daß eine solche Urkunde, wenn auch als Wechsel verjährt, die Aussteller doch noch aus dem darin niedergelegten Civil-Rechtsgeschäft verpflichtet, kann keinem Zweifel unterliegen, da kein Gesetz vorschreibt, daß eine Urkunde, welche eine Wechselverpflichtung des Ausstellers ausspricht, nicht auch noch andere Willenserklärungen desselben mit Erfolge Rechtens sollte enthalten dürfen.“

Der Grund beweist zu viel. Nach ihm würde stets zulässig sein, das dem Wechsel zu Grunde liegende Geschäft zu beweisen und zum Fundamente einer selbstständigen Klage zu machen. Der Art. 83. steht dem entgegen. Eben weil ein Wechsel und kein Schuldschein vorliegt, war das Bekenntniß der Valuta weder nothwendig noch erheblich. Dasselbe Papier ist nicht zugleich als Wechsel und als Schuldschein aufzufassen. Man tritt dem Aussteller des Wechsels zu nahe, wenn man durch das im Wechsel ihm unverfängliche Bekenntniß die Existenz des Darlehns und des **Schuldscheins** begründet. (Vergl. die Conf. Prot. S. 6 ff, 10 ff., 160 ff.; Winzer im Archiv Bd. 2. S. 79 und das Erk. des OG. zu Wolfenbüttel vom 28 Januar 1854, Archiv Bd. 5. S. 331 ff.)

Wenn nun schon die Ausnahmen Verdacht gegen die Novationstheorie erregen, so scheint sie in der That der Begründung zu ermangeln.

Die Frage, ob das römische Recht mit der Annahme der Novation in Uebereinstimmung steht, kann füglich auf sich beruhen. (Vergl. L. 2.; L. 8. §. 2. D. 46. 2.; L. 71. D. 17. 2; L. 8. cod. 8. 42.; §. 3. Inst. III. 29. Gaj. III. §. 177.) Dieses Recht verlangt stets, wo nicht expressa verba, doch den klar ausgedrückten Animus novandi. Für die Feststellung Beider ist Nichts gegeben als die Existenz des der causa mangelnden Wechsels (Liebe, die Stipulation und das einfache Versprechen §. 23; Gneist, die formellen Verträge S. 149 Note 41). Entscheidend sind folgende Gründe:

a. Der Art. 82. ist mit der Novation nicht in Einklang zu bringen. Die zu novirende Obligation wird zerstört durch die Novation. Die neue Obligation wird zerstört durch das Präjudiz oder die Verjährung. Die zugelassene Bereicherungsklage hat unbedenklich ihre Wurzeln in der ersten Obligation. Diese ist durch die Novation so gründlich todt, daß es gegen die Logik des Rechts wäre, wollte man die Novation anerkennen und trotzdem die Klage aus der versio in rem zulassen.

b. Die novirende Wirkung der Stipulation ist bedingt durch die Gültigkeit der zu novirenden Obligation (L. 1. §. 1.; l. 2. Dig. 46. 2). Mit Recht. Auch die Stipulation bedurfte der causa; wo nicht, um klagbar zu werden, doch um die Exceptio der mangelnden causa zu beseitigen. Diese Causa ward bei der novirenden Stipulation aus der älteren Obligation entnommen; „deductio in stipulationem", „transfusio atque translatio in novam obligationem." Man sieht sofort, daß eine solche Entnahme dem Wesen des Wechsels ex diametro entgegen steht. Er ist in seinem rechtlichen Bestand so unabhängig von der früheren Obligation und ihrer Gültigkeit, daß er der causa so wenig bedarf, als einer vorangehenden Obligation. Sein Rechtsgrund ist lediglich und allein eine nur durch den Willen des Verpflichteten geschlossene sogenannte abstracte Obligation. (Kuntze, Excurse S. 276 ff)

c. Der Wechsel kann wohl Object eines Vertrages sein, er darf aber niemals als Vertrag selbst angesehen werden. Ist der Wechsel ein Formalakt, kein Formal-Vertrag, so kann auch von der novirenden Wirkung des Vertrages nicht die Rede sein. Diese Wirkung könnte doch immer nur im Geben und Nehmen des Wechsels liegen. Dieses Geben und Nehmen setzt nun doch einen fertigen Wechsel voraus, und ist nichts als die Tradition. In der Tradition ist jedoch das reale Moment so überwiegend, daß sie als ein Formalvertrag nicht aufgefaßt werden kann. Zur Novation kann aber nur ein solcher benutzt werden (l. 1. Dig. de novat; l. 91. §. 6. Dig. de verb. obl. 45. 1.; Gneist l. c. S. 149).

Es dürfte somit erwiesen sein, daß die Theorie von der privativen Novation zu verwerfen ist.

3) Nach Günther's Ansicht — Num cambio propter debitum, a debitore creditori dato, prior obligatio exstinguatur. — Archiv Bd. 4. S. 122 liegt in einer Wechselobligation, je nachdem eine Tratte von der Hand gegeben, resp. indossirt oder acceptirt oder nur ein eigener Wechsel ausgestellt wird, bald Novation, bald Compensation, bald ein accessorisches Verstärkungsmittel. Diese Combination erscheint nicht haltbar.

Die Annahme der Compensation beruht auf einer Fiction, welche der thatsächlichen Voraussetzung widerspricht. Der Wechselgeber (Acceptant) verkauft nicht immer und der Nehmer kauft nicht immer den Wechsel.

4) In neuester Zeit hat Hassenpflug (Ueber den Einfluß des Wechsels auf die unterliegenden Obligations-Verhältnisse) die Ansicht aufgestellt, die Ausstellung eines Wechsels wirkt auf die unterliegende causa in analoger Weise wie das constitutum debiti proprii im römischen Recht. Er geht von folgenden Sätzen aus:

a. Der Inhalt des Wechsels erklärt sich durch den Gegensatz zwischen Haben und Behalten. Der Wechsel ist causa für das augenblickliche Erhalten, nicht causa für bleibende Vermögensvermehrung. Ist also die Wechselsumme bezahlt, so hört die causa des Wechsels auf zu wirken.

b. Der Wechsel bewirkt keine Novation, weder eine Novatio privativa noch cumulativa.

c. Die Beziehung des Wechsels zu der bestehenden Schuld ist vielmehr dem römischen Constitutum analog.

d. Die ursprüngliche Schuld wird daher nur zerstört durch die Zahlung der Wechselsumme.

e. Sie bleibt dagegen bestehen, wenn die Wechselschuld durch Erlaß, Präjudiz, Verjährung, Abweisung der Wechselklage getilgt wird.

f. So lange der Wechsel besteht, kann aus dem ursprünglichen Schuldverhältniß nicht geklagt werden; es wird jedoch diese Zwischenzeit bei der Berechnung für die Klageverjährung der civilrechtlichen Klage eingerechnet.

g. Etwanige accessorische Rechte der civilrechtlichen Forderung werden durch den Wechsel, sofern er nicht durch Zahlung eingelöst worden, nicht zerstört; sie können aber erst nach der Verfallzeit des Wechsels geltend gemacht werden.

Die Prämisse erscheint jedoch nicht richtig. Für das Constitutum gilt die Regel

> Hactenus igitur constitutum valebit, si, quod constituitur, debitum sit, L. 11. Pr. D. 13. 5.

Für den Wechsel gilt die umgekehrte Regel Art. 82. (Vergl. Fick in Goldschmidts Zeitschrift Bd. 3. S. 276.

Ist nun sonach die Entstehung des Wechsels weder auf die Novatio noch auf die Compensation oder das Constitutum zurückzuführen, so ist der Wechselzug nur als Datio in solutum aufzufassen. Der Wechsel, als eine körperliche Sache, wird, wie jedes Object des Kaufs, an Zahlungsstatt gegeben und angenommen. Wird der Wechsel ausgestellt, acceptirt, mit ausgefüllten Giro oder in blanco indossirt, so geschieht dies entweder auf Grund einer bereits bewirkten oder einer erst später erfolgenden Leistung. Es geschieht als Gegen- oder Vorleistung. Ein wichtiger Unterschied existirt jedoch zwischen der gewöhnlichen Datio in solutum und dem Wechselzug. Durch sie tritt die solutio sofort ein; sie wird nur im Fall der Entwährung als nicht geleistet erachtet, §. 243. I. 16. ALR. Mit Rücksicht auf die Natur des Wechsels und den Umstand, daß erst der Zahlungstag über den wahren Werth des Wechsels entscheidet, ist aber das bei dem Wechselzug zu Grunde liegende Pactum im Mangel einer besonderen Abrede gesetzlich dahin zu fixiren:

> „Jede Verpflichtung wird getilgt, vorausgesetzt, daß das Nomen den angegebenen Werth hat, d. h. zur Zeit des Verfalls realisirt werden kann. Der Nehmer des Wechsels übernimmt dagegen die Verpflichtung, die wechselmäßigen Handlungen zu bewirken. Unterläßt er dies, so kann er auf die Verpflichtung, für welche der Wechsel an Zahlungsstatt gegeben worden, nicht zurückkommen."

Die Entwährung steht also hier der nicht bewirkten Honorirung gleich. Vergl. Fick im Archiv Bd. 7. S. 121 ff., namentlich Note 7. 11. 18., Strieth. Bd. 1. S. 187, Bd. 3. S. 86, Bd. 33. S. 306. Der Wechsel ist und bleibt trotz dessen ein so selbstständiges Nomen, daß mit seiner Beseitigung die ihm unterliegenden Verhältnisse durchaus zerstört sind. Der Art. 83. ist eine Consequenz des Art. 82. So wenig während des Wechsellaufs der Wechselschuldner der Regel nach Einreden entgegenstellen kann, die aus der vorausgegangenen Causa hergenommen sind, so wenig kann umgekehrt der Inhaber nach diesem Zeitpunkte zu der Causa seine Zuflucht nehmen. Wie nun aber im Fall des Art. 82. der Schuldner den gegen ihn verübten dolus des Klägers diesem gegenüber im weitesten Umfang und somit auch als Exceptio non rite impleti contractus entgegensetzen kann; ebenso kann der Nehmer des nicht honorirten Wechsels den ganzen Wechselzug um deswillen dem Geber gegenüber ignoriren, das Wechselgeschäft als nicht existent aufrufen und auf das ihm voranliegende Geschäft zurückgehen. Er gründet seine Klage dann auf das durch die Schuld des Gebers nicht erfüllte Pactum. Die nothwendige Consequenz ist:

> Ist der Wechsel durch die Schuld des Inhabers präjudicirt oder verjährt, so ist von einem nicht honorirten Wechsel im Sinne des Gesetzes nicht die Rede. Der Inhaber hat die Folgen seiner eigenen Handlung zu tragen; er hat durch seine Verschuldung jedes Klagerecht verloren. Anders das positive Gesetz.

§. 195. Die Klage aus der Bereicherung.

Der Art. 83. läßt eine juristisch und rationell nicht zu begründende Bereicherungsklage zu. Sie ist eine Ausnahme vom gemeinen Recht. Die dort gewährte Actio in factum hat zu ihrer Voraussetzung ein directes und unmittelbares Rechtsverhältniß zwischen dem Kläger und dem Verklagten. Sie stellt eine condictio causa data causa non secuta dar. Es soll verhütet werden, daß der Verklagte, welcher causa non secuta vom Kläger empfangen hat, und nunmehr sine causa behalten will, sich mit dem Schaden des Klägers bereichert (Arch. Bd. 9. S. 36. u. 39). Es soll Vorsorge getroffen werden, daß der Verklagte, welcher einen Theil des Vermögens des Klägers besitzt, sich dadurch sine causa zum Nachtheil des Klägers bereichert.

Die Klage des Art. 83. beruht auf ganz anderen Voraussetzungen. Sie steht dem Wechselinhaber zu, aus dessen Vermögen der Regel nach Nichts in das Vermögen des Beklagten geflossen ist. Ist die vielfach angefochtene Aufnahme des Artikels 83. dadurch gerechtfertigt, daß er, wenn schon mit dem Civilrecht durchaus nicht im Einklang, lediglich als eine Eigenthümlichkeit des Wechselrechts aufzufassen ist, so erscheint schon um deswillen die strikte Auslegung dieses Gesetzes geboten. Unstreitig ist nun, daß eine Bereicherung auf Seiten des Verklagten nicht darin gefunden werden kann, wenn derselbe nur erhalten, was ihm zukommt. (I. 13. §. 232. ALR.) Die Motive zum ersten Preuß. Entwurf (1836) S. 236 ad §. 167. heben hervor:

> „Wenn übrigens in Bezug hierauf die hiesige Kaufmannschaft noch bemerkt hat, es sei, insofern das ALR. die Verpflichtung der Einzelnen, soweit sie sich mit dem Schaden des Andern bereichern möchten, fortbestehen lasse, zu wünschen, daß der Begriff der Bereicherung hier gleich mit dahin abgegeben werde:
>
> „„Für bereichert werde derjenige geachtet, dessen Vermögen durch die Verminderung des Vermögens eines Andern erhalten, verbessert oder vermehrt worden sei““,
>
> so ist diese Begriffsbestimmung zwar allerdings im §. 232. ALR. I. 13 in der Lehre von der Uebernahme fremder Geschäfte ohne vorhergegangenen Auftrag enthalten. Dort kam es darauf an, wann die Geschäfte eines Andern für nützlich besorgt zu erachten, und dann paßt diese Bestimmung.
>
> Beim Wechselregreß kann indeß darin noch keine Bereicherung des Vormannes gefunden werden, wenn ihm durch die Verminderung des Vermögens seines Hintermannes nur sein eigenes Vermögen erhalten worden ist ꝛc.
>
> Es können hier daher nicht die Grundsätze von Uebernahme fremder Geschäfte ohne Auftrag, sondern nur die Grundsätze, welche bei der condictio indebiti in den §§. 178. u. 180. I. 16. ALR. darüber, wann eine Bereicherung als vorhanden anzusehen sei, zur Anwendung kommen ꝛc.“

Die Bereicherungsklage gehört sonach in die Klasse der Condictionen. Ihre Voraussetzung ist eine positive Vermögensvermehrung des Verklagten, bewirkt durch das Fortfallen seiner Verpflichtung zur Zahlung, vermittelt durch Präjudiz oder Verjährung.

Fraglich ist, welche Functionen hat bei dieser Klage der Wechsel auszuüben? Koch drückt ihn zum einfachen Beweismittel herab (Arch. Bd. 2. S. 32 ff. Anleitung zur Preuß. Prozeß-Praxis Bd. I. S. 789 ff.). Wäre dies richtig, so müßte der Beweis auch in anderer Weise erbracht werden dürfen; es müßte die Klage auch trotz des Verlustes des Wechsels zulässig sein. Dem steht jedoch der Art. 73. und der Art. 83. „dem Inhaber des Wechsels" entgegen.

Jacoby (Arch. Bd. 9. S. 26 ff.) steht auf der entgegengesetzten Seite. Die Klage ist nach seiner Ansicht aus dem Wechsel-Versprechen zurückgeführt auf das Maaß der Bereicherung. Letztere ist nicht der Grund, sondern der Umfang (taxatio) des noch aus dem Wechsel zu machenden Anspruchs. Der allgemeine Charakter der einmal vorhandenen Wechselerklärungen des Ausstellers und Acceptanten bleibt bestehen, mag auch ihre Verpflichtung aus dem Summenversprechen bis auf Null herabgedrückt sein. Dieser Anschauung tritt der Artikel 83. entgegen. Er geht davon aus, daß die wechselmäßige Verpflichtung als solche erloschen ist; er will verhüten, daß sich Aussteller und Acceptanten mit dem Schaden des Inhabers bereichern. Jene Deduction trifft doch auch die Indossanten. Das positive Gesetz bemerkt aber ausdrücklich, daß ihre wechselmäßige Verbindlichkeit erloschen ist. Beide Ansichten gehen sonach zu weit. Koch spricht zu Unrecht dem Wechsel alle bis zur Verjährung oder Präjudicirung innewohnenden Funktionen ab. Jacoby legt dem Wechsel zu Unrecht Funktionen bei, welche lediglich aus materiellen Verhältnissen entnommen werden. Die Annahme, daß der präjudicirte Wechsel gar nicht mehr existirt, trifft eben so wenig zu, als die unbedingte Annahme, der Wechsel wirke so weit fort, als der Beklagte reicher geworden. Fundament des Bereicherungsanspruchs ist vielmehr nach den Worten des Gesetzes der Wechsel und die unterliegende Causa. Der Wechsel begründet das formelle Recht des Klägers, weil der Kläger Besitzer desselben ist. Die unterliegende materielle Causa begründet die Verbindlichkeit des Verklagten, weil dieser sonst durch den Untergang der formellen Causa einen von ihm selbst nicht intendirten Gewinn ziehen würde. Aus diesem durch den Art. 83. positiv vorgeschriebenen Fundament der Klage ergeben sich folgende Consequenzen.

1) Die Klage setzt die Existenz eines formell richtigen Wechsels voraus (Erk. der Ob.-Trib. vom 10. Mai 1855, Strieth. Bd. 17. S. 188). Die Bereicherungsklage des Art. 83. ist daher so wenig aus einem verlorenen Wechsel als gegen den nicht acceptirenden Bezogenen zulässig. Es fehlt an der äußerlich sichtbaren formellen Causa; hier an dem Wechsel, dort an dem Accept.

2) Unter dem Inhaber des Wechsels (Art. 83.) ist nur der wechselmäßig legitimirte Inhaber zu verstehen.

3) Der noch vorhandene Wechsel muß präjudizirt oder verjährt sein. Aus welchem Grunde das Präjudiz verwirkt worden, ist dagegen gleichgültig und unerheblich, ob etwa durch vis major oder durch dolus die Levirung des Protestes vereitelt worden ist. Thoel §. 220.; Liebe, Erl. S. 277.

4) Das Cessiren der äußerlich sichtbaren formellen causa wird durch den Nachweis theilweise compensirt, daß die formelle Verbindlichkeit eine materielle Unterlage gehabt hat (vergl. Savigny, Syst. Bd. 5.

S. 526). Absicht und Zweck der Leistung wie der Gegenleistung (des Wechsels) war die Einlösung desselben. Diese ist nicht erfolgt. Die materielle causa tritt daher an die Stelle der beseitigten formellen, aber sie tritt nicht so weit ein als die ursprüngliche Leistung reicht, sondern nur in so weit, als der Verklagte sich durch den Fortfall der formellen causa bereichern würde.

5) Der Kläger muß daher den Nachweis führen, daß der Acceptant Deckung erhalten und daß der Aussteller den Wechsel gegen Empfang einer Valuta begeben, ohne dem Bezogenen Deckung zu überweisen. Der Nachweis, daß der Kläger als Wechselnehmer eine Valuta gezahlt und der Verklagte als Vormann eine solche empfangen, ist sonach nicht genügend. (Strieth. Bd. 11. S. 122; Bd. 28. S. 177; Rhein. Arch. Bd. 53. I. S. 13; Seuffert Bd. 13. S. 156; Arch. 7. S. 429; Oesterr. Ger.-Ztg. 1858 Nr. 134.)

6) Der Inhaber hat nicht zu behaupten, daß er außer dem Verluste des Wechselrechts noch einen anderen positiven Schaden erlitten. Ob er den Wechsel geschenkt, oder billig erworben, oder den Wechsel durch Erbgang, als Rimesse, oder unter welchem Titel sonst erhalten, ist für den Wechsel-Verpflichteten gleichgültig (Strieth. Bd. 28. S. 178 in fine). Der Schaden des Inhabers besteht darin, daß er die ihm nach dem formellen Wechsel gebührende Forderung durch einen nicht vorhergesehenen und beabsichtigten Umstand verloren hat. Dieser Schaden ist identisch mit der Wechselsumme, und stellt somit eine feste Größe dar, auf welche nicht die Person des Inhabers, sondern nur der von dem Verklagten zu führende Nachweis einer geringeren Bereicherung reagiren kann.

7) Der Wechsel-Inhaber braucht sich im Allgemeinen die Einreden ex persona indossantis nur in so weit gefallen zu lassen, als sie überhaupt im Wechselprozeß zulässig sind. Da aber die Klage auf der Bereicherung des Verklagten beruht, so ist dieser in seinem Gegenbeweis nicht zu beschränken und somit berechtigt, nach dieser Richtung hin auf die Verhältnisse zu den Vormännern zurückzugehen.

8) Das Fundament der Klage geht nicht aus dem Wechsel hervor. Es ist daher geboten, die Klage nicht als Wechselklage, sondern in den Formen und Fristen des ordinären Prozesses zu verhandeln.

9) Hieraus folgt, daß die Competenz des Gerichts sich nach den Bestimmungen des Gemeinen Rechts ordnet (§. 75. des letzten Pr. Entw. und Erk. des AGH. zu Cöln vom 27. Februar 1851 und 18. Mai 1854; Rhein. Arch. Bd. 47. I. S. 215; Bd. 50. I. S. 44; Thoel §. 220).

10) Der beklagte Aussteller kann nicht excipiren, daß der Wechsel nur gegen ihn, nicht aber gegen den Acceptanten präjudicirt oder verjährt sei. Die Klage ist eine selbstständige, sie gründet sich just darauf, daß in Bezug auf den Verklagten die causa eine mangelhafte geworden. Der Artikel 83. sagt daher ganz sachgemäß „des Ausstellers **oder** des Acceptanten.“ (Strieth. Bd. 28. S. 179.)

11) Die Klage aus der nützlichen Verwendung ist von der Klage des Art. 83. scharf zu unterscheiden. Die Versionsklage entsteht sofort durch

die bewirkte Verwendung; diese Klage erst durch das Präjudiz des Wechsels. Für die Frage, ob eine Bereicherung anzunehmen, ist daher lediglich der Zeitpunkt der Insinuation der Klage maßgebend, §. 222. I. 7. ALR. §. 48. I. 7. AGO. (Koch, Anleit. S. 791 ff. und Arch. für WR. Bd. 2. S. 48 ff.). Erst von diesem Moment an trägt der Verklagte den Zufall.

12) Gegen den Indossanten findet die Klage nicht statt. Diese Bestimmung ist, wie überhaupt der Artikel 83., positiven Rechts. Es kömmt daher nicht darauf an, ob die für die Beschränkung der Klage von Liebe Prot. Sitz. 28. S. 192; Fick, Arch. für WR. Bd. 7. S. 121 (vergl. dagegen Graevell l. c. I. S. 115) geltend gemachten Gründe Stich halten. Wir halten die Ausschließung gerechtfertigt, weil wir überhaupt die Klage des Art. 83. nicht billigen.

Ist nun gleich die Bereicherungsklage gegen die Indossanten ausgeschlossen, so folgt daraus doch keineswegs, daß nun auch jede in anderer Weise zu begründende Klage um des Präjudizes oder der Verjährung willen gegen den Indossanten unzulässig ist. Der Betrüger und Fälscher wird freilich gegen die Bereicherungklage in seiner Eigenschaft als Indossant gedeckt; er haftet jedoch als Betrüger. Dies ist in der Conferenz deutlich ausgesprochen Sitz. 34. S. 242; Sitz. 28. S. 192. Man hat daher um deswillen den Entwurf der Fassungs-Commission geändert und statt der Worte des §. 84.: „Gegen die Indossanten findet kein **anderweiter** Anspruch statt," im Artikel 83. gesetzt: „ein **solcher** Anspruch nicht statt."

13) Die Klage aus dem Artikel 83. ist gegen den Ehrenacceptanten nicht zulässig.

14) Die Klage verjährt innerhalb der gewöhnlichen Verjährungsfrist. Actio nata ist bei präjudizirten Wechseln mit der Verwirkung des Präjudizes; bei verjährten Wechseln mit dem Ablauf der Verjährung gegeben. Der §. 54. I. 6. ALR. ist auf die Klage nicht anwendbar und die Ansicht verwerflich, daß die Klage innerhalb der für Klagen auf Schadenersatz angeordneten Frist verjährt; Urtheil des niederösterr. Ober-Gerichts vom 24. September 1854, Arch. Bd. 8. S. 175.

XV. Ausländische Gesetzgebung.

§. 196. Entstehung der Artikel 84 bis 87.

Die Pr. Entwürfe von 1836 und 1838 haben vermieden, Bestimmungen über die Collision der Gesetze zu treffen. Die Commission des Staatsraths hat solche Bestimmungen für nothwendig erachtet. Der Entwurf von 1845 verordnet unter dem Marginal:

„Von den Erfordernissen einer Wechselverpflichtung im Allgemeinen und von auswärtig vorgenommenen Wechselgeschäften":

§. 9. Die zur Gültigkeit einer Wechselverpflichtung nothwendigen Erfordernisse werden nach den Gesetzen des Orts beurtheilt, an welchem die Wechselverpflichtung eingegangen ist.

§. 10. Eine von einem Inländer im Auslande übernommene Wechselverpflichtung, welche im Inlande zu erfüllen ist, oder durch welche sich der Inländer einem Inländer verpflichtet hat, ist jedoch auch dann gültig, wenn sie den Erfordernissen der hiesigen Gesetze entspricht.

§. 11. Hat eine als Wechsel bezeichnete Schrift als Wechsel keine Gültigkeit, weil sie den gesetzlichen Erfordernissen eines Wechsels nicht entspricht, so begründet auch eine auf dieselbe gesetzte Wechselerklärung (Indossament, Accept) keine wechselmäßige Verbindlichkeit.

§. 12. Ist aber eine Wechselerklärung im Inlande auf einen im Auslande ausgestellten Wechsel gesetzt worden, so verpflichtet dieselbe wechselmäßig, wenn der Wechsel den Erfordernissen der Gesetze des Orts der Ausstellung (§. 9.) oder denen der inländischen Gesetze (§. 15.) entspricht.

§. 13. Ist aus einer Wechselerklärung der Ort der Ausstellung nicht zu ersehen, so wird dieselbe rücksichtlich der zu ihrer Gültigkeit nothwendigen Erfordernisse nach hiesigen Gesetzen beurtheilt.

§. 14. Ueber die mit einem Wechsel an einem ausländischen Platze zur Ausübung oder Erhaltung des Wechselrechts vorzunehmenden Handlungen entscheidet das dort geltende Recht.

Der Commissionsbericht §§. 20. bis 24. hebt hervor, daß es mißlich sei, das internationale Wechselrecht durch gesetzliche Normen zu fixiren und daß, falls dies geschehen solle, eine Vorschrift in Betreff der Verjährung und der Regreßfristen nicht fehlen dürfe.

„Beim §. 14.", heißt es wörtlich, „ist die Frage zur Sprache gekommen, ob die Gesetze des Ortes, wo die Handlung vorzunehmen ist, nur über die Form oder auch über die Nothwendigkeit einer Handlung entscheiden sollen. Der Correferent will die Anwendbarkeit der ausländischen Gesetze auf die Form beschränken, weil man sonst die Vortheile der Anwendung unserer Bestimmungen bei allen im Auslande zahlbaren Wechseln, aus welchen im Inlande Regreß genommen wird, verlieren würde. Der Referent hat dagegen eine Bestimmung vorgeschlagen, wonach die fremden Gesetze in beiderlei Beziehung entscheiden sollen."

Der Entwurf von 1846 behandelt die Lehre unter der Rubrik „Auswärtige Gesetzgebung" in den §§. 84. bis 87.

Der §. 84.:

> „Die Wechselfähigkeit eines Ausländers wird nach den Gesetzen seines persönlichen Gerichtsstandes beurtheilt.
>
> Jedoch kann auch der nach diesen nicht wechselfähige Ausländer im Inlande Wechselverbindlichkeiten gültig übernehmen, sofern er nach inländischen Gesetzen wechselfähig ist"

entspricht den §§ 1. und 2. des Entwurfs von 1845.

Der §. 86. giebt den §. 14. jenes Entwurfes wieder und fügt hinzu:

„Die Verjährung eines Wechsels wird nach den Gesetzen des Ortes beurtheilt, wohin derselbe gezogen oder domcilirt ist."

Der letzte Preuß. Entwurf §§. 76. 77., von der Conferenz in den Sitzungen 22. und 34. S. 144 und 242 erörtert, ist in den Art. 85. und 86. der DWO. wörtlich aufgenommen und nur durch den Artikel 84. ergänzt worden.

Artikel 84.

Die Fähigkeit eines Ausländers, wechselmäßige Verpflichtungen zu übernehmen, wird nach den Gesetzen des Staates beurtheilt, welchem derselbe angehört. Jedoch wird ein nach den Gesetzen seines Vaterlandes nicht wechselfähiger Ausländer durch Uebernahme von Wechselverbindlichkeiten im Inlande verpflichtet, in sofern er nach den Gesetzen des Inlandes wechselfähig ist.

§. 197. Erläuterung.

Unter „Ausland" werden diejenigen Länder und Orte verstanden, in denen die Wechselordnung **nicht** Gesetzeskraft erlangt hat (vergl. Entschd. Bd. 38. S. 247). Dies ergiebt sich aus der klar zu erkennen gegebenen Absicht der Gründung eines gemeinsamen deutschen Wechsel-Gesetzes, aus der gleichmäßigen Einführung der Wechselordnung und aus der Nothwendigkeit der gleichmäßigen Regelung des Wechselverkehrs. Es ist in einzelnen Einführungsgesetzen, im §. 2. des sächsischen, im Art. 7. des bayerischen anerkannt. Es folgt:

> „Eine in Sachsen ausgestellte, den gezogenen Wechseln nach dem sächsischen Gesetze vom 7. Juni 1849 gleichgestellte Anweisung ist nicht im Auslande, sondern im Inlande ausgestellt. Sie hat daher in Preußen nicht Wechselkraft." §. 9. des Preuß. Einführ.-Ges.; Erk. des Ob.-Trib. vom 4. März 1848; Entsch. Bd. 38. S. 247; Arch. Bd. 9. S. 90.

Der Art. 84. ist erst nach hartem Kampfe als Gesetz aufgenommen worden. Das Protokoll Sitz. 22. S. 144 besagt hierüber:

> „Der sächsische Abgeordnete, Herr Georgi, aber brachte in Vorschlag, die Bestimmung aufzunehmen,
>
> > daß ein Ausländer, welcher im Inlande eine wechselmäßige Verpflichtung übernommen habe, daraus hafte, wenn er auch nur nach den Gesetzen des Inlandes wechselfähig sei.
>
> Allein von mehreren Seiten war man entschieden anderer Meinung, indem man auf den (wie angeführt wurde) allgemein anerkannten Satz des internationalen Rechts sich bezog, daß die persönliche Rechtsfähigkeit nach den Gesetzen des Wohnortes zu beurtheilen sei.
>
> Hierauf ward entgegnet: Es handle sich von einem für ganz Deutschland zu bildenden Wechselrechte, und man dürfe daher, was die einzelnen deutschen Staaten betreffe, Verschiedenheiten nicht voraussetzen. Hiervon aber auch abgesehen, sei es keineswegs eine Verletzung des materiellen Rechts, wenn ein Staat seinen

Angehörigen nicht zumuthen wolle, die Dispositionsfähigkeit einer im Inlande sich obligirenden Person nach Maßgabe des ausländischen Rechts zu prüfen, bevor sie sich mit derselben in Verträge einließen. Sofern es überhaupt der Fall sei, daß der inländische Richter angegangen werden könne, werde Letzterer nach seinen Gesetzen Recht zu sprechen haben und sein Urtheil durch Eingriff in das im Inlande befindliche Vermögen des Ausländers vollstrecken. Vorzüglich im Gebiete des Handelsrechts müsse man von diesen Grundsätzen ausgehen, wenn Deutschland nicht offenbar gegen andere Nationen, gegen Frankreich, England, Amerika &c. sich zurücksetzen wolle, wo man ohne Zweifel einen nach dortigen Gesetzen großjährigen Ausländer, der daselbst Wechsel ausgestellt habe und mit seiner Person oder seinem Vermögen sich dort betreten lasse, verurtheilen und zur Haft bringen werde, obschon er nach den Gesetzen seines Vaterlandes noch minderjährig sei, oder als Militair entweder dem Personalarrest nicht unterliege oder überhaupt nicht wechselfähig sei.

Die Frage:

Soll ein Ausländer, der im Inlande sich wechselmäßig verpflichtet hat, als wechselfähig behandelt werden, wenn er auch nur nach den Gesetzen des Inlandes wechselfähig ist?

kam hierauf zur Abstimmung und ward mit 10 Stimmen gegen 9 bejaht. Unter den Verneinenden befanden sich die Herren Abgeordneten für Oesterreich, Kurhessen, Lübeck und Bremen."

Es folgt: daß die nicht glücklich gewählte Fassung

„im Inlande verpflichtet"

ausdrücken soll, es sei die Verbindlichkeit im Inlande übernommen, es sei dort von dem Ausländer der Wechsel gezogen, acceptirt, girirt.

Artikel 85.

Die wesentlichen Erfordernisse eines im Auslande ausgestellten Wechsels, so wie jeder anderen im Auslande ausgestellten Wechselerklärung werden nach den Gesetzen des Ortes beurtheilt, an welchem die Erklärung erfolgt ist. Entsprechen jedoch die im Auslande geschehenen Wechselerklärungen den Anforderungen des inländischen Gesetzes, so kann daraus; daß sie nach ausländischen Gesetzen mangelhaft sind, kein Einwand gegen die Rechtsverbindlichkeit der später im Inlande auf den Wechsel gesetzten Erklärungen entnommen werden.

Eben so haben Wechselerklärungen, wodurch sich ein Inländer einem andern Inländer im Auslande verpflichtet, Wechselkraft, wenn sie auch nur den Anforderungen der inländischen Gesetzgebung entsprechen

§. 198. Ausländische Wechsel.

Der Wechsel unterliegt mehr als irgend ein anderer Rechtsakt der Einwirkung des fremden Rechts. Die Circulation ist seine eigentliche Aufgabe; die Vermittlung der verschiedenen Länder wird in finanzieller Beziehung durch ihn zumeist bewirkt. Der Ort der Ausstellung, der Wohnort des Bezogenen, der Wohnort des Domiciliaten, der Wohnort der sämmtlichen Indossanten; der Ort, von dem alle jene Wechselerklärungen datiren, sind Größen, mit denen zu rechnen ist. Der Ort der Entstehung und der Ort der Erfüllung der Verbindlichkeit sind oft durch die Gesetzgebung eben so getrennt als durch die Entfernung. Der in Paris auf Berlin gezogene Wechsel ist ungültig ohne das Bekenntniß der Valuta. Art. 110. Das in Paris einem Berliner gegebene Giro ist ungültig ohne das Bekenntniß der Valuta. Art. 137. Code de comm.

Die Fiction von der Kenntniß der Gesetze ist die idealste, unwahrste und nothwendigste. Man hat sie jedoch niemals bis auf die Kenntniß der fremden Gesetzgebungen ausgedehnt. Es ist dem Inländer ein Vorwurf nicht daraus zu machen, wenn er das ihm girirte pariser Accept nur mit Bezug auf die deutsche Wechsel-Ordnung prüft. Es ist vielmehr, zumal im WR., der allgemeine Grundsatz durchzuführen:

> Ein Rechtsgeschäft ist im Fall des Conflikts der Gesetze nach denjenigen Gesetzen zu beurtheilen, nach denen es am füglichsten bestehen kann.

Dies ist denn in der That der Grundsatz, welcher sich neben der Strenge der Form durch das ganze Wechselrecht zieht.

Der erste Absatz des Art. 85. stellt das Rechtsprinzip auf:

„locus regit actum."

Dieser Satz hat für das Inland zumeist nur dann Bedeutung, wenn die ausländischen Gesetze geringere Anforderungen stellen, als die Bestimmungen des Art. 4. Das Prinzip ist ein rationelles. Dem ausländischen Zieher und Giranten können die inländischen Gesetze nicht bekannt sein, mochte er immer auf das Inland ziehen. Es folgt:

> „Ist am Orte der Ausstellung das Wort „Wechsel" nicht essentiell, so ist der im Inland Verpflichtete nicht berechtigt, dem Kläger entgegenzusetzen, es fehle dem Wechsel ein wesentliches Erforderniß. Es ist ohne Einfluß, ob der Inländer oder der Ausländer als Kläger auftritt."

Urtheil des Ob.-Trib. vom 17. Juli 1858 und 10. Juli 1860; Strieth. Bd. 28. S. 361; Bd. 37. S. 339; des OAG. zu Lübeck vom 31. Januar 1856 und 31. Mai 1858; Arch. Bd. 6. S. 271; Bd. 7. S. 373.

Häufig liegt der Fall umgekehrt. Die ausländischen Gesetze stellen an die wesentlichen Erfordernisse des Wechsels, des Giro rc. strengere Anforderungen als die inländischen. Es ist richtig: wird dem Inländer eine in Paris ausgestellte Tratte, welcher das Valutenbekenntniß fehlt, durch ein nicht datirtes Giro dort indossirt, so erwirbt er gegen Vormänner und Zieher kein Wechselrecht; es ist aber eben so richtig, daß sein in Berlin auf den Wechsel gesetztes Giro wie jedes spätere Giro des Inlandes auf einen nach den Gesetzen des Inlandes durchaus gültigen Wechsel gesetzt, einem nach dessen Gesetzen gültigen Giro angereiht ist.

Es folgt:

1) Der inländische Acceptant kann nicht vorschützen, daß die von ihm acceptirte pariser Tratte nur dem Art. 4. der DWO., nicht aber dem Art. 110. des Code de commerce genüge.

2) Der ausländische Wechsel, welcher den Gesetzen des Inlandes ent-

spricht, ist für die im Inland übernommenenen Verpflichtungen dem In- und Ausländer gegenüber als ein gültiger, inländischer Wechsel zu behandeln.

3) Alle im Inlande mit diesem Wechsel bewirkten weiteren Operationen, Giro, Ehrenaccept rc. unterliegen, was Form und Materie anlangt, nunmehr den inländischen Gesetzen.

4) Wegen ausländischer Wechsel findet im Inland dieselbe Prozeßart statt, welche für inländische Wechsel vorgeschrieben ist. (Erk. des Hofgerichts zu Bruchsal vom 3. November 1857; Archiv für WR. Bd. 6. S. 345; Bd. 3. S. 78.)

5) Entsprechen die Requisite des ausländischen Wechsels und der im Ausland vorgenommenen Wechselerklärungen den Erfordernissen des inländischen Rechts, so gehört der Nachweis, daß sie den Erfordernissen des ausländischen Gesetzes genügen, nicht zur Begründung der Klage. Der inländische Richter ist bis zu dem von dem Dritten zu führenden Gegenbeweis berechtigt, diese Identität zu vermuthen. Liegt dagegen der Fall umgekehrt, so hat der Kläger zur Begründung der Klage nachzuweisen, daß der Wechsel, das Giro rc. dem ausländischen Gesetze genügt. (Vergl. die U. des OAG. zu Rostock, Lübeck und Dresden Archiv Bd. 4. S. 247; Bd. 7. S. 374; Sächs. Wochenbl. von 1849 S. 188.) Anders das Trib. zu Darmstadt Archiv Bd. 1. Heft 2. S. 64.

Noch weiter geht der dritte Absatz des Artikels. Er enthält eine berechtigte Ausnahme von dem ersten Absatz. Man muß davon ausgehen, daß ein Jeder die Gesetze des eigenen Landes kennt. Man muß Jedem zutrauen, daß er, wenn er einmal eine Wechselerklärung abgegeben, beabsichtigt hat, eine formell gültige Wechselerklärung abzugeben. Aus beiden Prämissen folgt:

> „Wechselerklärungen eines Inländers, abgegeben im Auslande, zu Gunsten eines Inländers sind gültig, wenn sie in materieller und formeller Beziehung den Gesetzen des Inlandes entsprechen."

Der nach den Gesetzen des Inlandes wechselfähige Acceptant wird somit nicht der Klage entgegensetzen dürfen, daß er nach den Gesetzen des Auslandes nicht wechselfähig sei (Entsch. des Ob.-Trib Bd. 1. S. 236; Bd. 6. S. 288; Bd. 11. S. 91; Bd. 17. S. 524; Bd. 19. S. 373).

Der nach den preußischen Gesetzen als Haussohn nicht wechselfähige Acceptant wird dagegen dem Inländer gegenüber, welchem er das Accept im Auslande gegeben, zu absolviren sein, obwohl er nach den Gesetzen des Auslandes wechselfähig ist. (Sächs. Zeitschrift von 1854 S. 348.)

Artikel 86.

Ueber die Form der mit einem Wechsel an einem ausländischen Platze zur Ausübung oder Erhaltung des Wechselrechts vorzunehmenden Handlungen entscheidet das dort geltende Recht.

§. 199. Die formellen Acte.

Während die Art. 84. und 85. die Fähigkeit der Personen und die materiellen Erfordernisse der Wechselerklärungen erörtern, behandelt der

Art. 86. die eingreifende Frage nach den zur Ausübung oder Erhaltung des Wechselrechts vorzunehmenden formellen Handlungen.

Das Wort „Form" ist ein überaus umfassendes. Es tritt sofort die bereits oben angeregte Controverse in den Vordergrund. Die innere Natur der Rechtsverhältnisse führt jedoch mit Nothwendigkeit zu dem von dem Ob.-Trib. und dem OAG. zu Lübeck ausgesprochenen Grundsatz:

„Der Art. 86. bezieht sich nicht nur auf die äußere Form, sondern auch auf die Nothwendigkeit, Zeit und Art der an dem ausländischen Platz vorzunehmenden formellen Handlungen."

Es kann auch nicht wohl anders sein. Bei allen Fragen, welche die Collision der Gesetze berühren, wird der Richter und Gesetzgeber am Sichersten gehen, wenn er die Intention der Partheien als bindende Norm erachtet. Hält man dies fest, so ist nicht zu bestreiten, daß die Intention der Verpflichteten und Berechtigten beim Wechselverkehr dahin geht: es sollen zur Ausübung und Erhaltung des Rechts gewisse Handlungen an einem gewissen Ort nach den Formen dieses Ortes vorgenommen werden, jedoch nur unter der Voraussetzung vorgenommen werden, daß sie nach den Gesetzen dieses Ortes zur Ausübung und Erhaltung des Rechts nothwendig sind. Den Widerspruch trägt es in der That in sich, wenn man andere Gesetze über die Nothwendigkeit, andere über die Zeit, Form und den Inhalt dieser Handlungen für maßgebend erachtet.

Man wird daher dem Ob.-Trib. beitreten müssen, wenn es erwägt:

„Die Vorschrift des Art. 86. ist dergestalt kategorisch, daß sie ein eventuelles Zurückgehen auf die inländischen Wechselgesetze und eine Prüfung jener im Auslande allein vorzunehmenden Handlungen nach den Gesetzen des Inlandes als unzulässig erscheinen läßt; gerade darin unterscheidet sich die Bestimmung des Art. 86. von denen der Art. 84. und 85. (Strieth. Bd. **17.** S. 263; Bd. **18.** S. 226; Arch. Bd. **6.** S. 288 und Bd. **7.** S. 374.)

Aus jenem Prinzip leiten wir folgende Folgerungen ab:

1) Die äußere Form des Protestes richtet sich nach den Gesetzen des Protestortes. Der Protest ist nichtig, wenn er diesen Gesetzen nicht entspricht, mag er immerhin den inländischen Gesetzen genügen. Entspricht der Protest den inländischen Gesetzen, so hat der Verklagte nachzuweisen, daß er nach den ausländischen Gesetzen nichtig ist. Entspricht er den inländischen Gesetzen nicht, so gehört zur Begründung der Klage der Nachweis, daß er vor dem ausländischen Gesetz gültig ist (Arch. Bd. **8.** S. 226).

2) Ersetzt die Protestnotirung am Protestort die Aufnahme des förmlichen Protestes, so ist sie genügend (Archiv Bd. **7.** S. 374; Archiv von Elvers Bd. **4.** S. 351).

3) Die Rechtzeitigkeit des Protestes richtet sich nach den Gesetzen des Protestortes (Strieth. Bd. **24.** S. 288).

4) Die Nothwendigkeit des Protestes richtet sich nach den Gesetzen des Protestortes. Ist also nach dem holländischen Recht z. B. nur nothwendig, gegen die Nothadresse Protest zu leviren, welche vom Zieher herrührt, so kann der inländische Verklagte nicht um deswillen Präjudiz vorschützen, weil gegen die anderen Nothadressen Protest nicht erhoben ist. (U. des Ob.-Trib. vom 9. Juni 1855; Strieth. Bd. **17.** S. 263.)

Das spätere Urtheil des Ob.-Trib. vom 9. Mai 1857 (Strieth. Bd. 24. S. 288) hat dagegen ohne weitere Begründung angenommen:

„Bei einem vom Inland auf das Ausland gezogenen Wechsel entscheiden Behufs des Regresses, welchen inländische Indossanten gegen Jemanden nehmen, die Gesetze des Inlandes über die Nothwendigkeit der Protestaufnahme gegen die Nothadressen."

5) Die Nothwendigkeit und Rechtzeitigkeit der Notification richtet sich nach den Gesetzen des Wohnorts des Notificanten. Ihm sind diese Gesetze bekannt. Er kann sich daher nicht beschweren, wenn er sich ihnen unterordnen muß. Dies ist denn auch von der Praxis und Gesetzgebung anerkannt worden. (U. des HA. zu Hamburg vom 19. Mai 1859; Arch. für WR. Bd. 8. S. 337.)

Anders das Urtheil des OG. zu Zürich vom 1. September 1853; Schauberg, Beitr. Bd. 18. S. 151, welches die Gesetze des Wohnortes des Regressaten für anwendbar erachtet.

6) Der inländische Indossant setzt seinem klagenden inländischen Nachmann mit Erfolg entgegen: er habe dem letzten ausländischen Inhaber, welcher nicht rechtzeitig notificirt, nach den Gesetzen des Auslandes nicht Rembours leisten müssen.

Anders das Ob.-Trib. (Strieth. Bd. 24. S. 298). Der Fall war dieser. Blum zu Memel zieht einen Wechsel auf Barclair zu London. Der Wechsel wird vielfach in Preußen und zuletzt einem englischen Hause girirt. Nach englischem Recht bewirkt die nicht binnen zwei Tagen erfolgte Notification Verlust des Regresses. Das englische Haus versäumt die Frist und wird trotz dessen von seinem Berliner Vormann remboursirt; dieser nimmt Regreß gegen seinen Vormann Morgenstern in Berlin. Der Beklagte excipirt aus dem englischen Recht. Dies soll unzulässig sein. „Es können", erwägt das Ober-Tribunal, „für die Notification nur die Gesetze des Ortes zur Richtschnur dienen, an welchem das inländische Giro des Verklagten ausgestellt sei, wodurch dem inländischen Kläger der Wechsel indossirt worden; es sei unter den Partheien mithin nur der Art. 45. maßgebend." Diese Gründe treffen nicht zu. Die Einrede des Verklagten ist: Kläger hat ohne rechtliche Nothwendigkeit gezahlt; er kann daher Regreß nicht nehmen. Diese Einrede kann nur erörtert werden durch die Lösung der Frage:

„War Kläger berechtigt, trotz der nicht rechtzeitigen Notification seinem ausländischen Nachmann Rembours zu leisten?"

Da dies nicht der Fall, so fehlt es dem Regreß an der rechtlichen Grundlage.

§. 200. Die Verjährung.

Die Wechsel-Ordnung sagt nicht, nach welchen Gesetzen die Einrede der Verjährung zu beurtheilen ist. Diese Frage wird also nach den Regeln des Civilrechts zu lösen sein. Eine constante Praxis, eine communis opinio hat sich freilich auch hier noch nicht gebildet. Die Einen halten die Gesetze des Ortes, wo die Klage anhängig gemacht worden, für maßgebend. Diesen Standpunkt nehmen die vier altländischen Senate des Ober-Tribunals ein. Die Anderen, unter ihnen der gemeinrechtliche und rheinische Senat des Ob.-Trib. Strieth Bd. 19. S. 60; das OAG. zu Lübeck Arch. Bd. 6. S. 271 ff., halten dagegen das örtliche Recht der Obligation für entscheidend In der Frage, welches eigentlich das örtliche Recht der Obligation sei, gehen die Ansichten wiederum auseinander. Die Meinungen schwanken zwischen dem Ort, wo der Vertrag geschlossen worden, wo die Erfüllung erwartet ward, wo der Schuldner zur Zeit des Contractschlusses seinen Wohnsitz hatte. Wir verweisen auf Wächter, Arch. für civilr. Praxis Bd. 25. Abh. 1. und 12. und Savigny's System Bd. 8. §. 370.

Es kann hier nicht der Ort sein, diese Fragen eingehend zu erörtern, sie sind nicht wechselrechtlicher Natur, wenngleich Brackenhoeft in seiner Abhandlung über die Collision der Wechselgesetze Arch. Bd 2. S. 129, 278 den Versuch gemacht hat, die Fragen von einem speciell wechselrechtlichen Standpunkt aus zu lösen. Er stellt als die von ihm gewonnenen Principien hin:

> Ueber die subjektiven Voraussetzungen der Haftung des Wechselverbundenen entscheidet das heimathliche Gesetz seiner Person, über das Recht des Wechselinhabers entscheidet das Gesetz der Heimath des Wechsels oder des Wechselns.

Wir sind, zumal vom Standpunkt der Praxis aus, mit Hoffmann S. 603 einverstanden, wenn er die Bestimmungen des Würtembergischen Entwurfs billigt. Dort ist verordnet:

> Art. 1000. Ebenso werden die rechtlichen Wirkungen einer im Auslande vorgenommenen Rechtshandlung nach dem Rechte des Ortes der Vornahme beurtheilt und insbesondere die Verjährung nach dem Rechte des Ortes, wo die Verpflichtung zur Zahlung eingegangen wurde
>
> Art. 1003. Der Rückgriff wegen nicht erlangter Zahlung, seine Zulässigkeit und Umfang werden durch die Gesetze des Ortes bestimmt, wo der in Anspruch zu Nehmende die Verbindlichkeit einging.

XVI. Protest.

§. 201. Die Natur des Protestes. Protestfälle.

Der Protest ist früher als eine dem Protestaten gegenüber nothwendige Rechtsverwahrung aufgefaßt worden. Die deutsche Wechselordnung sieht in ihm nur das Mittel des Regresses. Er zerfällt in den Protestact und die Protesturkunde. Der Act ist an keine bestimmte Form gebunden. Die Urkunde gilt nur als vorhanden, wenn sie der gesetzlichen Form entspricht. Der Act ist das Factum, über welches die Urkunde ein Zeugniß giebt. Weil sie aber allein und ausschließend geeignet ist, den Act als solchen in seiner Wesenheit festzustellen, so ist sie nicht als Beweismittel, sondern als Formalact aufzufassen. Man unterscheidet daher nicht zwischen dem Act und der Urkunde, sondern man sieht in Beiden eine unter dem Gesammtnamen Protest verschmolzene Einheit. Weil nun aber der Protest das alleinige Mittel, der alleinige Weg zum Regresse ist, so bilden für den Regreß Wechsel und Protest gleichsam einen ungetheilten Formalact.

Ein Mangel in den wesentlichen Erfordernissen des Wechsels beseitigt den Regreß und drückt den formgerechten Protest zu einer unnützen Förmlichkeit herab. Ein Mangel in den wesentlichen Erfordernissen des Protestes zerstört den Regreß und drückt in Betreff der Regreßpflicht den an und für sich gültigen Wechsel zu einem wesenlosen Formalact herab. Anders Wächter Arch. Bd. 7. S. 233; vergl. jedoch S. 169.

Protestfälle.

Die wechselrechtlichen Handlungen, deren Constatirung nur durch Protest möglich ist, sind diese:

1) Die Feststellung der rechtzeitig geschehenen Präsentation zur Annahme im Falle der Art. 19. und Art. 24. Abs. 2.

2) Die Feststellung des Tags der Annahme im Fall des Art. 20 Abs. 3.

3) Die Feststellung des verweigerten Accepts bei dem Regreß auf Sicherstellung; Art. 25. und 29.

4) Die Feststellung der vom Nothadressaten verweigerten Annahme; Art. 56.

5) Die Feststellung der verweigerten Auslieferung des Duplikats; Art. 69. und 72.

6) Die Feststellung der verweigerten Zahlung Seitens des Acceptanten, Domiciliaten, Bezogenen, Nothadressaten oder Ehrenacceptanten; Art. 41. 43. 60. Abs. 2, Art. 62.

7) Die Feststellung der Ehrenannahme oder Ehrenzahlung; Art. 58. und 88. Nr. 5.

Artikel 87.

Jeder Protest muß durch einen Notar oder einen Gerichtsbeamten aufgenommen werden.

Der Zuziehung von Zeugen oder eines Protokollführers bedarf es dabei nicht.

§. 202. Qualität und Regreßpflicht des protestirenden Beamten.

Es ist nicht nothwendig, daß der Gerichtsbeamte richterliche Qualität hat. Es genügt, daß er die Qualität zur Aufnahme des Protestes hat. Nach dem Rescript vom 25. Oktober 1817, Jahrbücher Bd. 10. S. 235 ad §. 1035 II. 8 ALR. sind in Preußen die hierzu deputirten Actuarien qualificirt. In der That hatte auch der Preuß. Entw. von 1836 ausdrücklich eine dahin gehende Bestimmung §. 143. aufgenommen. Im Entwurf von 1838 S. 152 wurde der Passus weggelassen und dafür bestimmt:

„Die Proteste in Wechselsachen müssen gerichtlich .... aufgenommen werden."

Hierzu bemerken die Motive (S. 48):

„Den Aktuarien zu gestatten, im Auftrage des Gerichts Proteste aufzunehmen, dagegen läßt sich nichts erinnern. Die Bestimmung hierüber gehört aber in die Gerichts-Ordnung und muß dieser vorbehalten bleiben. Ein im Auftrage des Gerichts von einem Aktuarius aufgenommener Protest ist ein gerichtlich aufgenommener, weshalb es hier ausreicht, wenn bestimmt wird, daß Proteste gerichtlich oder durch einen Notar aufgenommen werden müssen."

Vergl. Leipz. Conf. Protokolle Sitz. 23. S. 148.

Rechtsanwälte, welche nicht zugleich Notarien sind, können dagegen nicht mehr in Preußen Protest leviren. Anders §. 1035. II. 8. ALR.

Die Regreßpflicht des Beamten.

Der protestirende Beamte haftet für jedes Versehen demjenigen, auf dessen Ansuchen der Protest levirt worden. ALR. I. 3. §. 23. I. 5.; §. 283. I. 13.; §. 57. Er darf dem Kläger nicht excipiren, daß dieser bei Durchlesung des Protestes die Mängel hätte entdecken und für die Redressirung hätte sorgen müssen. Erk. des Ob.-Trib. vom 3. November 1856 (Strieth. Arch. Bd. 24. S. 35); Hoffmann S. 613. Einem Dritten gegenüber haftet er dagegen nicht. Er hat für ihn ein Mandat nicht übernommen. Die Autorität des Beamten entbindet den Dritten nicht von der Verpflichtung, den Protest zu prüfen; Erk. des Ob.-Trib. vom 27. Januar 1857 (Strieth. Bd. 24. S. 283 l. c.). Dem Mandant des Beamten ist von dem Dritten Rembours geleistet. Ihm ist somit durch das Versehen des Notars ein Schaden nicht entstanden; er kann daher Rechte gegen den Notar dem Dritten nicht cediren.

Artikel 88.

Der Protest muß enthalten:

1. eine wörtliche Abschrift des Wechsels oder der Copie und aller darauf befindlichen Indossamente und Bemerkungen;
2. den Namen oder die Firma der Personen, für welche und gegen welche der Protest erhoben wird;
3. das an die Person, gegen welche protestirt wird, gestellte Begehren, ihre Antwort oder die Bemerkung, daß sie keine gegeben habe oder nicht anzutreffen gewesen sei;
4. die Angabe des Ortes, so wie des Kalendertages, Monats und Jahres, an welchem die Aufforderung (Nr. 3) geschehen oder ohne Erfolg versucht worden ist;
5. im Falle einer Ehrenannahme oder einer Ehrenzahlung die Erwähnung, von wem, für wen und wie sie angeboten und geleistet wird;
6. die Unterschrift des Notars oder des Gerichtsbeamten, welcher den Protest aufgenommen hat, mit Beifügung des Amtssiegels.

§. 203. I. Die Abschrift des Wechsels.

Art. 88. Nr. 1.

1. Ort der Wechsel-Abschrift.

Der Artikel 88. bezeichnet die wesentlichen Erfordernisse des Protestes. Er entspricht gleichsam dem Artikel 4., welcher die wesentlichen Erfordernisse des Wechsels vorführt.

Der §. 1041. II. 8. ALR. bestimmte:

> Außer den allgemeinen Erfordernissen eines Protokolls muß ein Wechsel-Protest enthalten: 1) eine genaue Abschrift des Wechsels.

Das Ober-Tribunal hatte um deswillen im Erkenntniß vom 18. März 1843 (Entschd. Bd. 8. S. 368) die Aufnahme der Wechselabschrift im Conterte des Protestes bei Strafe der Nichtigkeit verlangt. In der Berl. Conferenz (S. 107) kam diese Frage zur Sprache. Man war jedoch darin einverstanden, daß es auf die Stelle, welche die Wechsel-Abschrift im Proteste einnehme, nicht ankommen solle. In diesem Sinne hat sich auch die Praxis ausgesprochen. Urtel des OAG. zu Dresden vom Jahre 1850 (Arch. Bd. I. S. 393), des Ob.-Trib. vom 15. März 1853 und vom 31. März 1857. a. a. O. S. 354 und Strieth. Bd. 9. S. 333; Borchard Zus. 396 und Anm. 347.

Es folgt: Ist die Legitimation des Inhabers durch nicht wechselmäßige Dokumente — Cession, Erbeslegitimations-Attest — zu führen, so bedarf es ihrer Abschrift nicht. Nur der Wechsel, nicht diese Atteste sind Gegenstand des Protestes.

2. Correctheit der Wechsel-Abschrift.

1) Der Protest soll feststellen, daß ein ganz bestimmter Wechsel protestirt worden ist. Der Originalwechsel ist der Protesturkunde nicht beizufügen; er hat anderen Zwecken zu dienen. Sein Surrogat ist die dem Protest einverleibte Abschrift des protestirten Wechsels. Diese Abschrift muß daher, eben weil sie den Wechsel vertritt, correct und vollständig sein; sie muß mit dem Original in Betreff ihres Inhaltes übereinstimmen; sie muß, wenn auch kein photographirtes Facsimile, doch die Reihenfolge des Wechsels beobachten.

2) Weil es nur Zweck der Abschrift ist, festzustellen, daß der Originalwechsel in der That protestirt worden, wird jedoch dem richterlichen Ermessen zu gestatten sein, über unbedeutende und durchaus unwesentliche Verschiedenheiten dann hinwegzugehen, wenn trotz dieser kleinen Abweichungen die Identität des protestirten Originalwechsels jedem Bedenken entrückt ist. Man wird aber hierbei stets festzuhalten haben, daß der Protest ein Formalact ist und daß der Artikel 88. abweichend vom Artikel 70. sich der Worte bedient: „eine wörtliche Abschrift." Die rigorose Anwendung des Artikels 88. wird daher gegen das strenge Recht niemals verstoßen und

namentlich da am Orte sein, wo die Copie nicht sowohl ein nicht wesentliches Wort oder einen einflußlosen Satz des Originalwechsels nicht enthält, als sie ihn geradezu anders wiedergiebt. Die Wortwidrigkeit der Abschrift macht die Identität zweifelhafter als eine simple Omission. Die Praxis des Ober-Tribunals, welche Borchardt, Zusatz 395., mit Sorgfalt zusammenstellt, beruht im Wesentlichen auf dieser Anschauung. Vergl. Entsch. Bd. **24**. S. 155; Strieth. Bd. **7**. S. 308; Bd. **9**. S. 333; **14**. S. 350; **19**. S. 1 und Bd. **31**. S. 101; Arch. für Wechselrecht Bd. **7**. S. 393; **3**. S, 226; **9**. S. 77; Arch. von Seuffert Bd. **11**. S. 431; Samml. der Lübecker Entsch. für Hamb. Rechtsfälle Bd. **2**. S. 216.

3) Der Art. 88. steht dem nicht entgegen, daß der Notar zugleich und in demselben Acte auf Anstehen desselben Inhabers gegen denselben Protestaten mehrere Wechsel protestirt. Die Berl. Conf. (Protokolle S. 109) hat dies vielmehr ausdrücklich für zuläßig erklärt. Streitig ist nur, ob in solchen Fällen bei gleichlautenden Wechseln die Copie eines Wechsels und die Bemerkung genüge, daß die anderen Wechsel mit diesem gleichlautend seien, oder ob sämmtliche protestirte Wechsel copirt werden müssen? Das Letztere ist das Richtige. Der Protest soll nur einen Bericht über Thatsachen enthalten, kein Urtheil. Der Notar überschreitet seine Competenz: er greift in das richterliche Amt über, wenn er die Erfordernisse des Protestes durch sein Urtheil ersetzt. Vergl. das Urtheil des Ob.-Trib. vom 21. September und 19. Oktober 1858 (Arch. Bd. **6**. S. 103; Bd. **7**. S. 424; Strieth. Bd. **30**. S. 11). Anders Wächter und das Erk. des Handelsgerichts zu Hamburg (Arch. Bd. 7. S. 233; Bd. **9**. S. 77).

4) Das Gesetz bedient sich der Worte „des Wechsels oder der Copie." Es bedarf aus dem eben angeführten Grunde der Abschrift beider Dokumente, wo nur aus beiden das Regreßrecht herzuleiten ist.

5) Was von der Abschrift der Wechsel gilt, ist auch für die Abschrift der Indossamente maßgebend. Es ist daher unwesentlich, wenn ein nicht unterschriebenes Indossament fortgelassen oder mit dem Bemerken bezeichnet ist: „unausgefülltes Indossament." Urtel des Ob.-Trib. vom 1. Juli 1858 (Arch. Bd. **8**. S. 393). Erheblich sind dagegen folgende Mängel:

a) Ein Indossament fehlt gänzlich. Anders das Erk. des OAG. zu Lübeck vom 31. Oktober 1849 (Arch. Bd. **3**. S. 226).

b) Ein ausgestrichenes Indossament ist im Protest als noch unversehrt dargestellt oder umgekehrt; Erk. des Ob.-Trib. vom 4. November 1858 (Strieth. Bd. **31**. S. 101; Arch. Bd. **9**. S. 98).

c) Der Name des Indossanten oder Indossatars lautet im Wechsel anders als der im Protest. Erk. des Ob.-Trib. vom 22. November 1853 (Entschd. Bd. **26**. S. 394). Eine unrichtige Abschrift des richtigen oft schwer lesbaren Namens gilt hingegen nicht immer für erheblich. Urtel des Ober-Trib. in Sachen Leffmann wider Hanau vom 26. April 1855.

d) Die Daten der copirten Giros weichen von denen des Originalwechsels ab. Urtel des Ob.-Trib. in Sachen Leffmann wider Hanau vom 26. April 1855.

e) Statt eines ausgefüllten ist ein unausgefülltes Indossament und umgekehrt copirt worden.

3. Bemerkungen.

Was für die Abschrift der Wechsel und der Giros, das ist auch maßgebend für die Abschrift der Bemerkungen. Es darf nicht fehlen:

der Domicilvermerk, Art. 4. 24. 43. 99.,
das Datum des Accepts beim Sichtwechsel, Art. 20., Art. 98. Nr. 3,
das Accept, Ehrenaccept, die Nothadresse, Art. 22. 56. 62.,
die Clausel „nicht an Ordre", Art. 9. 15. 98. Nr. 2.,
die Clausel „ohne Obligo", Art. 14. 98. Nr. 2.,
die Präsentations-Clauseln, Art. 19. 24. 31. und 98. Nr. 3. und 5.,
die Bemerkung „effectiv", Art. 37. und 98. Nr. 5.,
der Vermerk „ohne Protest", Art. 42.,
die Bezeichnung des Wechsels als Prima-, Secunda-, Tertia-Wechsel, Art. 66., „Prima ꝛc. zum Accept, Prima nicht",
die Clausel „bis hierher Copie", Art. 70. 98. Nr. 8.,
die Eigenschaft des Unterzeichners als Zeugen, Procuristen, Artikel 95. 98. Nr. 10.,
die Quittungsvermerke, Art. 39.,
die Eigenschaft des Indossaments als Procura-Indossaments, Art. 17., Erk. vom 9. November 1852, vom 15. März 1853, 17. Juli 1856 und 29. September 1857 (Strieth. Bd. 7. S. 308, Bd. 9 S. 333, Entschd. Bd. 24. S. 155, Seuffert Arch. Bd. 11. S. 431, Borchardt Zus. 395. Littera A. und B.).

Fraglich ist, ob es genügt, wenn noch lesbare aber durchstrichene Vermerke in der Weise relatirt werden: „durchstrichene Zeilen."

In der Regel ist dies nicht ausreichend. Das Ob.-Trib. ist zwar der Ansicht (Striethorst Bd. 14. S. 350),

> daß der Artikel 88. Nr. 1. nicht vorschreibt, daß zugleich die ausgestrichenen Worte, wenn sie noch leserlich sind, aufgenommen und wiedergegeben werden müssen.

Dem ist jedoch nicht beizutreten. Die Worte des Gesetzes begründen diese Unterscheidung nicht; der Begriff des Protestes — eines Formalactes — das Verhältniß der Copie zum Original, stehen ihr entgegen.

Bemerkungen, welche zu dem Wechselzug in gar keiner Beziehung stehen, z. B. Vermerke im Stempelinteresse, Firmenzeichen, Nummern, können dagegen weggelassen werden (Strieth. Bd. 7. S. 308). Sie bedrohen aber die Gültigkeit des Protestes, wenn sie, falsch wiedergegeben, zu Zweifeln über die Identität des protestirten Wechsels führen können. Urtel des Ob.-Trib. v. 26. April 1855 in Sachen Lessmann wider Hanau.

4. Der Beweis gegen den Protest.

Die Natur des Formalactes bedingt, daß ein Beweis neben dem Protest oder ein Gegenbeweis gegen denselben unzulässig ist (Erk. des Ob.-Trib. vom 1. Juli 1858 und 22. November 1853; Arch. Bd. 7. S. 393; Entschd. Bd. 26 S. 394). Da jedoch der Protest nur den Zustand des Wechsels zur Zeit des Protestactes constatiren kann und soll, so wird daraus, daß nach dem Proteste Veränderungen mit dem Wechsel oder den Giris vorgegangen, dem Kläger ein Präjudiz nicht erwachsen können. Er ist vielmehr mit dem Beweise zu hören, daß die Differenz zwischen der Protest-Copie des Wechsels und dem Wechsel erst nach Protest bewirkt worden.

Es wird dieses Beweises nicht bedürfen, wenn etwa die Giri ein späteres Datum tragen als der Protest; der Beweis wird dagegen schwierig sein, wenn die Behauptung dahin geht, ein auf dem protestirten Wechsel stehendes Giro sei zur Zeit des Protestes richtig copirt, aber demnächst auf dem Originalwechsel geändert worden. (Strieth. Bd. 9. S. 337.)

§. 204. II. Die Personen des Protestes.

Art. 88. Nr. 2.

Analog den Art. 4. Nr. 3 und 7; Art. 96. Nr. 3 und 5; Art. 12. und 21.; Art. 98. Nr. 2 verlangt das Gesetz die Anführung der Namen oder die Firmen derjenigen Personen, für welche und gegen welche der Protest erhoben wird. Sache des Notars ist nicht, die Identität der Partheien festzustellen. Es genügt, daß die Partheien als diejenigen Personen aufgeführt werden, für welche sie sich selbst ausgeben. (Prot. Sitz. 23. S. 149 und Erk. des OAG. zu Dresden Arch. Bd. 1. S. 394.) Bei einem Proteste gegen eine Firma wird jedoch sich aus dem Protest zugleich ergeben müssen, daß das Begehren an eine Person gestellt ist (Art. 88. Nr. 3). In dem angezogenen Protokolle heißt es wörtlich:

> „Was dagegen die Person betreffe, gegen welche der Notar, falls er eine solche überall vorgefunden, sich seines Auftrages entledigt habe, so könne es nicht Absicht sein, daß der Notar jedesmal den Namen derselben anführe, da er diesen nicht immer wissen und erfahren könne, dagegen aber sei es erforderlich, daß der Protest eine allgemeine Bezeichnung dieser Person enthalte, daß namentlich bemerkt werde, ob der Protestat selbst anwesend, oder ein Theilnehmer des Geschäfts, oder ein Commis, Diener, oder wer sonst auf seinen Antrag geantwortet hat." (Vergl. U. des Ob.-Trib. vom 29. Juni 1858 Arch. Bd. 7. S. 396.)

Der Protest beginnt in der Regel mit den dem Art. 88. Nr. 2. entsprechenden Worten. Diese Worte sind jedoch nicht sacramentell. Es genügt, wenn der Inhalt der Protesturkunde keinen Zweifel darüber zuläßt, für welche Personen und gegen welche der Protest levirt worden ist. (Borchardt Zus. 401. 402. 403. 404.) Man hat daher mit Recht einen gegen die Provinzialbank zu Posen levirten Protest für genügend erachtet, obwohl in demselben nur gesagt worden, daß sich der Notar auf die Bank begeben und dem anwesenden Bank-Direktor den Wechsel zur Zahlung vorgelegt, demnächst aber protestirt habe. (U. des Ob.-Trib. vom 16. November 1858 in Sachen Korytowski wider Grunwald.)

§. 205. III. Das Begehren.

Art. 88. Nr. 3.

Der Notar hat an die Person, gegen welche protestirt wird, das Begehren zu stellen. Wird diese Person nicht angetroffen, so ist dies im Protest zu vermerken. Diese Feststellung wird dadurch nicht ersetzt, daß das Begehren an Personen gestellt wird, welche in der Wohnung anwesend, mit dem Verpflichteten als Verwandte, Dienstboten, Gehilfen in Verbindung stehen. (Erk. des OAG. zu Darmstadt vom 14. September 1855; des OAG. zu Rostock; Arch. für prakt. Rechtw. Bd. 4. S. 349 und, Entschd. des OAG. zu Rostock von Buchka Bd. 1. S. 61. Ebenso Hoffmann Ausf. Erläut. S. 621.) Anders das Ob.-Trib. in den Erk. vom 9. März 1857 und 26. Juni 1858; Strieth. Bd. 24. S. 288; Bd. 30. S. 141. Das Gesetz verlangt nicht, daß in Abwesenheit des eigentlichen Protestaten an diese Personen das Begehren gestellt wird, während nach der Praxis der Notare dies und mit gutem Grunde zu geschehen pflegt. Das Begehren des Notars erstreckt sich auf die Aufforderung, diejenige Handlung zu erfüllen, wegen welcher der Protest aufzunehmen ist. Zu diesem Behufe muß mithin der Wechsel präsentirt werden. Eine wörtliche Aufnahme des Ausdrucks, in welchem das Begehren gestellt worden, wird nicht gefordert. (Leipz. Conf. Prot. a. a. O. S. 149.) Ebenso wenig der ausdrückliche Vermerk, daß der Wechsel präsentirt werden. (Erk. des Ob.-Trib. vom 5. Juli 1856; Borch. Zus. 405.) Es genügt schon, daß die Präsentation aus der Urkunde hervorgeht. Art. 41. und Protokoll a. a. O. S. 149 letzter Absatz. Die Antwort des Protestaten ist im Act zu fixiren. Nach den Gründen der Weigerung hat der Notar nicht zu forschen; die angegebenen Gründe sind dagegen aufzunehmen, zumal sie oft geeignet sind, die Regreßpflicht auszuschließen oder zu modificiren. (Vergl. §. 1041. Nr. 2. II. 8. ALR.)

Der Erfolg des Begehrens.

Wir heben folgende Fälle hervor:

1) Der Protestat bietet die Zahlung an, er weigert aber die Zahlung der Protestkosten, weil ihm vorher der Wechsel zur Zahlung nicht präsentirt worden.

2) Er weigert die Zahlung, weil der Protest nicht zur gesetzlichen Zeit, nicht an dem gesetzlichen Ort levirt werde.

3) Er weigert Zahlung oder Annahme, weil er die Prima, Secunda etc. acceptirt oder bezahlt habe. (Prot. S. 149 Art. 67.)

Der §. 144. Nr. 4. des Preuß. Entwurfs (1836) hatte für diesen Fall verordnet:

> „Wenn behauptet wird, daß ein anderes Exemplar des Wechsels bereits bezahlt sei, die Aufforderung dasselbe vorzulegen und eine genaue Abschrift desselben oder die Bemerkung, daß die Vorlegung nicht zu erlangen gewesen."

Die beiden späteren Entwürfe stimmen in den §§. 154. Nr. 3 u. 232. hiermit überein. Man hat jedoch von diesem Requisit um deswillen Abstand genommen, weil der Protestat weder immer in der Lage sei, den Wechsel herauszugeben; z. B. wenn der Domiciliat den Wechsel eingelöst und dem Bezogenen übersandt hat, noch den Willen haben wird, den eingelösten Wechsel herauszugeben. (Berl. Prot. S. 112.)

Aus der Bestimmung, daß die gegebene Antwort registrirt werden soll, folgt, daß die Weigerung jeder Antwort ebenfalls zu notiren ist. Das Gesetz geht noch weiter, es will auch die Abwesenheit des Protestaten registrirt wissen. Dies ist durchaus consequent. Der Protest stellt die legale Form der erfolglosen Präsentation dar. Erst dadurch, daß die Abwesenheit des Protestaten durch den Protest festgestellt wird, erscheint die nicht geschehene Präsentation gerechtfertigt. Ultra posse nemo obligatur.

§. 206. IV. Ort und Datum.

Art. 88. Nr. 4.

Ort der Handlung.

Bei Berathung des §. 52. des vorletzten Preuß. Entwurfs ist die Frage aufgeworfen worden, ob die Protesturkunde nicht sofort an Ort und Stelle aufgenommen und in dem Proteste nicht nur die Ortschaft, sondern auch das Local, wo der Protest aufgenommen worden, angegeben werden müsse? Das Erstere wurde verneint (Verhandl. der Commission des Staatsraths von 1847 S 27). Das Gesetz verlangt daher nur die Angabe des Orts, wo die Aufforderung **„geschehen"**, resp. „versucht" worden. Unter Ort ist dagegen das Local zu verstehen, in welchem das Begehren gestellt worden (Art. 91.). Nach der Ansicht des Ober-Tribunals soll die Angabe der Localität dann nicht erforderlich sein, wenn der Protestat die Ungehörigkeit des Ortes nicht gerügt hat. (Erk. v. 29. Juni 1858; Arch. Bd. 7. S. 396 und 399; U. vom 18. Juli 1857 und vom 14. Februar 1860; Seuffert Arch Bd. 12. S. 102; Borchard Zus. 402; Strieth. Bd. 37. S. 44.) Diese Unterscheidung ist dem Gesetz fremd und nicht gerechtfertigt. Eben weil die Protesturkunde häufig von einem anderen Orte datirt als dem des levirten Protestactes, muß aus ihr die Localität dieses Actes hervorgehen. Der Protest ist ein Formalact; er ist nichtig, wenn seine Förmlichkeiten nicht erfüllt sind. (Vergl. Hoffmann S. 623.)

Datum.

Das Gesetz verlangt nur die Angabe der Zeit, wann der Protestact geschehen, nicht aber die Angabe der Zeit, wann die Ausfertigung des Protestes erfolgt ist. Es folgt, daß die Ausfertigung des Protestes an demjenigen Tage erfolgen muß, an welchem der Protest levirt worden ist. Die Annahme des Gegentheils würde dahin führen, daß die Ausfertigung ohne jedes Datum sein müßte. Wenn nun, bemerkt das Ober-Tribunal Urtel vom 2. Mai 1854; Entscheidung Bd. 27. Seite 448 und 449: im Art. 41. zugleich erfordert wird, daß der Protest ein rechtzeitig aufgenommener sei; so kann dies nach dem Wortverständnisse nur ein solcher sein, bei welchem nicht bloß die Handlung des Protestirens rechtzeitig vorgenommen worden, sondern auch die Beurkundung der geschehenen Handlung rechtzeitig erfolgt ist. Beides zusammen macht den Protestact aus und bildet den Protest. Mit der Rechtzeitigkeit des Protestes hängt die Notification und die Wechselverjährung auf das Engste zusammen; die Lostrennung der Beurkundung von der Handlung und die Verlegung der Beurkundung in eine spätere Zeit, ohne feste Grenze, würde mit den Vorschriften über die Notification und Wechselverjährung nicht vereinbar sein, der Beurkundung selbst jede Sicherheit und Gewißheit nehmen und in den Wechselverkehr eine nicht zu beseitigende Verwirrung und Unsicherheit bringen.

Nach dem Conferenz-Protokolle vom 8. November 1847 No. XV. war bei Gelegenheit der Discussion über die Respekttage von zwei Seiten der Vorschlag gemacht worden, den Protest Mangels Zahlung an dem Tage nach Verfall zu erheben, es sollte jedoch an Plätzen, welche einen eigenen Wechselcours hätten, genügen, an diesem Tage den Protest zu notiren, und die Ausfertigung bis zu dem folgenden Tage zu verschieben. Dieser Vorschlag fand indeß keinen Eingang, vielmehr erhielt die Bejahung folgender Frage: soll auch noch an dem zweiten Tage nach dem Verfalltage Protest aufgenommen werden dürfen? die überwiegende Majorität. Diesem entsprechend ist der Art. 41. redigirt; der Hergang ergiebt eine Bestätigung dafür, daß nicht bloß die Rechtzeitigkeit des Protestirens, als Handlung, sondern zugleich auch die Rechtzeitigkeit der Beurkundung dieser Handlung Erforderniß und Vorbedingung des Wechselregresses hat sein sollen. Die Wechsel-Ordnung enthält auch nirgends eine Andeutung dafür, daß besondere Ausfertigungen des Protestes, wie bei sonstigen gerichtlichen oder notariellen Acten, zu machen seien; der Art. 90., wonach die aufgenommenen Proteste nach deren ganzem Inhalte Tag für Tag und nach Ordnung des Datums in ein besonderes Register eingetragen werden sollen, beweist dies noch nicht. Jedenfalls weisen die Worte der vorliegenden Protest-Urkunde: „Actum Berlin am 1. Februar 1854" nicht auf eine erst an diesem Tage gemachte Ausfertigung, sondern entschieden darauf hin, daß die Niederschreibung des Vorgangs an diesem Tage erfolgt ist.

Anders Wächter Arch. Bd. 7. S. 239 ff. und Biener S. 342 u. 408. Nach ihnen genügt, daß an dem Tage des Protestactes der Protest in das Register eingetragen worden ist, während die Ausfertigung zu jeder Zeit erfolgen kann.

Die Angabe der Zeit muß in derselben Weise geschehen, in welcher dies im Art. 4. Nr. 6.; Art. 96. Nr. 6. verordnet worden. Unter dem Kalendertag wird nur das Zeitverhältniß des Tages zum Monat verstanden (vergl. Arch. Bd. 1. S. 375 und Prot. S. 150 und Sitz. 34. S. 242). Das Wort soll eben nur ausdrücken, daß die Bestimmung der älteren Notariatsordnungen beseitigt werde und die Notare nicht verpflichtet sein sollten, das Jahr und den Tag auf mehrfache Weise zu bezeichnen, z. B. nach der Regierung des Fürsten, Römer-Zinszahl rc.

Der Vermerk der Zeit braucht nicht nothwendig im Anfang und im

Context der Urkunde enthalten zu sein. Es genügt auch ein am Schluß der Urkunde oberhalb der Unterschrift und dem Siegel des Notars gesetzter Vermerk des Datums (Oesterr. Ger.-Ztg. von 1857 Nr. 5. und 61).

Der Protest, dessen Ueberschrift ein anderes Datum trägt als im Context, ist jedoch nichtig. Lautet der Protest:

„Verhandelt den 14. November 1856.
Auf Anstehen ꝛc. habe ich am 24 November 1856"

so trägt der Protest den Widerspruch in sich, einen Widerspruch, der den Formalact zerstört. Vergl. Erk. des Ob.-Trib. vom 31. März 1857 (Strieth. Bd. 25. S. 31; Arch. Bd. 7. S. 200).

Eine Correctur im Datum der Protest-Urkunde bewirkt dagegen nicht nothwendig die Nichtigkeit des Protestes. Es ist vielmehr eine Beurtheilung der besonderen Umstände des Falles nachzulassen. Erk. des Ob.-Trib. vom 10. Juli 1848 (Rechtsfälle Bd. 4. S. 214).

Proteststunde.

In der Berl. Conferenz (Prot. S. 107) war festgestellt, daß nur innerhalb der Geschäftsstunden der Protest levirt werden könne. Man ging dann zu der Frage über, ob im Proteste die Stunde, in welcher der Protestact vor sich gegangen, notirt werden soll? Die Stimmen standen. Der Commissionsbericht (S. 108) entschied sich für die Angabe der Stunde. Man muß später davon abgegangen sein, denn der §. 52. des dritten Entwurfs verlangt die Angabe der Stunde nicht. Bei Berathung dieses Entwurfs wurde die Frage wieder angeregt, und jetzt verneint. Auch der letzte Entwurf § 79. verlangt daher die Angabe der Stunde nicht. Die Bestimmung des §. 80.

> Proteste dürfen nur in der Zeit von 9 bis 12 Uhr Vormittags und von 3 bis 6 Uhr Nachmittags erhoben werden

ist von der Leipz. Conferenz nicht angenommen worden (Leipz. Prot. a. a. O. S. 150).

Hiermit fiel von selbst der Antrag auf Aufnahme der Stunde im Proteste. Wenn daher manche Einführungsgesetze (von Sachsen, Frankfurt, Gotha, Bremen, Lübeck, Mecklenburg, Würtemberg, Preußen §. 4.) nach Vorgang jenes §. 80. eine bestimmte Frist für die Protesterhebung anordnen, so folgt hieraus keineswegs, daß nun auch der Protest im Widerspruch mit dem Art. 88. Nr. 4. die Angabe der Stunde enthalten müsse. Dieser Ansicht ist auch das Ob.-Trib. Erk. vom $\frac{\text{20. November}}{\text{18. Dezember}}$ 1855 und Präj. a. vom 6. November 1860 (Entschd. Bd. 31. S. 427; Strieth. Bd. 38. S. 355). Der Art. 88. Nr. 4. verlangt auch für den Protest in den Wind nicht die Angabe der Stunde. Um deswillen wird es daher selbst für diesen Act dieser Angabe nicht bedürfen, wenn schon nicht zu verkennen, daß hierdurch dem Notar die Möglichkeit gegeben, zu einer ganz ungehörigen Zeit zu protestiren.

Ist nun gleich die Angabe der Stunde nicht nothwendig, so folgt doch hieraus mit Nichten, daß der Protest, welcher bekundet, er sei zu einer in den Einführungs-Gesetzen verpönten Stunde aufgenommen, als ein gültiger erachtet werden darf. Die positive Bestimmung jener Gesetze, die Analogie des Art. 91.

an einem anderen Orte kann dies nur mit beiderseitigem Einverständnisse geschehen

steht einer solchen Folgerung entgegen.

Als Ergebniß stellt sich sonach heraus:

1) Es bedarf der Angabe der Stunde im Proteste nicht.

2) Ist sie erwähnt, so muß sie bei Nichtigkeit des Protestes innerhalb der Protestzeit fallen.

3) Die durch die Angabe einer ungehörigen Stunde bedingte Nichtigkeit wird nicht durch eine stillschweigende Genehmigung, sondern nur durch das ausdrückliche Einverständniß des Protestaten selbst gedeckt. Das Einverständniß seiner Ehefrau ꝛc. ist ohne Effekt (Urtel des Ob.-Trib. vom 9. November 1860; Strieth. Bd. 38. S. 355. Entschd. Bd. 44. S. 210. Anders Koch WR. S. 337).

4) Der Protest ist schon dann nichtig, wenn er bezeugt, daß der Notar sich „um 6 Uhr" nach der Wohnung des Protestaten begeben. Erk. des Kammergerichts vom 22. April 1854 (Arch. Bd. 4. S. 342). Der Protestact selbst muß eben in die Protestzeit fallen.

5) Erklärt der Protestat, daß die Uhr des Notars nachgehe und daß daher die Protestfrist abgelaufen sei, so ist diese Erklärung im Protest aufzunehmen. Die Uhr der nächstliegenden Kirche wird dann als maßgebende zu erachten sein. Der Fall ist, so viel uns bekannt, in zwei Disciplinaruntersuchungen zur Entscheidung gekommen. Der Protestat behauptete, es sei 6 Uhr 8 Minuten. Der Notar zog seine Uhr. Sie zeigte 6 Uhr 8 Minuten. Der Notar nahm trotz dessen, ohne der Stunde zu erwähnen, Protest auf. Er behauptete, der Protest sei tempestive aufgenommen; es entscheide die Gerichtsuhr, welche notorisch immer zehn Minuten zurückgehalten werde.

§. 207. V. Ehrenannahme und Ehrenzahlung.

Artikel 88. Nr. 5.

Mit den vorstehenden sub I. bis IV. aufgeführten Requisiten ist in der Regel (vergl. Art. 91.) der Inhalt des Protestes, soweit es sich um das Referiren von Thatsachen handelt, erschöpft. Ein Ausnahmefall tritt ein, wenn es sich um eine Intervention zur Annahme oder zur Zahlung handelt. Es muß hier durch den Protest festgestellt werden, daß die Honoranten die Wechselverbindlichkeit animo honorandi eingegangen sind oder erfüllt haben. Für sie vertritt daher der Protest gleichsam die Stelle eines Indossaments. Der Ehrenacceptant hat bereits in dem Proteste gegen den Bezogenen genügend dokumentirt, daß er interveniren wolle. Kömmt er zur Verfallzeit in die Lage, zahlen zu müssen, so ist die Bedingung, unter welcher er sich verpflichtet hat, erfüllt. Es bedarf daher keines neuen Protestes, um festzustellen, daß er als Ehrenacceptant zahlt. Anders verhält es sich mit dem Ehrenzahler, der nicht zugleich Acceptant ist. Er muß durch den Protest documentiren, in welcher Absicht er die Zahlung angeboten **oder** geleistet.

Diese in der Natur der Sache begründete Unterscheidung ist durch das Wort „**und** geleistet wird" im Art. 88. nicht scharf genug ausgedrückt. Man hat daher behauptet, der Ehrenzahler müsse in dem Protest hervorheben

1) für wen er die Zahlung angeboten,
2) für wen er sie geleistet hat.

Das Ob.-Trib. hat jedoch mit Recht angenommen, daß das Wort „und" gleichbedeutend ist mit dem Worte „oder". Urtel vom 28. Januar 1858 (Strieth. Bd. 26. S. 254; Arch. für WR. Bd. 7. S. 341).

§. 208. VI. Unterschrift des protestirenden Beamten.

Artikel 88. Nr. 6.

Während die Beobachtung der Reihenfolge der einzelnen Contenta des Art. 88. nicht wesentlich ist, bildet dagegen die Unterschrift des Notars den Schluß der Protesturkunde. Das Siegel stellt die Qualität des Beamten fest. Es bedarf somit weder der Zuziehung von Zeugen, noch der Legalisirung der Unterschrift Erk. des Ob.-Trib. vom 29. Juni 1858 (Arch. Bd. 7. S. 396).

Artikel 89.

Muß eine wechselrechtliche Leistung von mehreren Personen verlangt werden, so ist über die mehrfache Aufforderung nur Eine Protesturkunde erforderlich.

§. 209. Protest gegen Mehrere. Form.

Es war niemals controvers, daß es nur einer Protesturkunde bedarf, um festzustellen, daß auf Anstehen desselben Protestanten mehrere Wechsel gegen denselben Protestaten protestirt worden sind. §. 231. des Entw. von 1845.

Die Praxis war dagegen schwankend, ob es auch im Fall des Art. 89. nur einer Urkunde bedürfe (Gelpcke, Beiträge Hft. 2. S. 79 und 80). Durch den Art. 89. ist diese Controverse endgültig entschieden.

Die Nothwendigkeit der mehrfachen Aufforderung aus demselben Wechsel stellt sich heraus

a. bei der Nothadresse oder dem Ehrenaccept Art. 56. 58. 60. Abs. 2.,
b. bei der Intervention zur Zahlung Art. 62. 64. und 88. Nr. 5.,
c. bei dem Duplikat Art. 69. 72.

Es unterliegt jedoch keinem Zweifel, daß in allen diesen Fällen die Zulässigkeit des durch verschiedene Notare zu levirenden Protestes nicht ausgeschlossen ist. Brauer zum Art. 89.

Werden trotz des Art. 89. mehrfache Proteste aufgenommen, so ist jede Urkunde als ein gesondertes Ganzes aufzufassen und nichtig, falls sie nicht dem Art. 88. entspricht. Ist der spätere Protest die Folge des früheren, so muß der spätere Protest zugleich eine correcte Abschrift des vorangegangenen Protestes enthalten. Für den zweiten Protestaten bildet somit der Wechsel mit dem ersten Protest erst den für sein Recht nothwendigen Wechsel.

Soll dagegen in einer Urkunde gegen Mehrere protestirt werden, so ist der Protestact von der Protesturkunde zu unterscheiden. Der Notar begiebt sich mit dem Wechsel zuerst zum Acceptanten, er levirt Protest Mangels Zahlung; er begiebt sich demnächst mit dem Wechsel zu den einzelnen Nothadressaten, theilt ihnen mit, daß er bei dem Acceptanten Mangels Zahlung protestirt habe und begehrt Zahlung. Er faßt sodann in einer Urkunde die verschiedenen Protestacte zusammen und ertheilt dem Protestacten die Ausfertigung. Es genügt, daß diese Ausfertigung an demjenigen Tage ertheilt werde, an welchem der letzte Protestact gethätigt worden. Der Art. 89. faßt nämlich diese sämmtlichen Acte als eine erst mit dem letzten Acte geschlossene Einheit auf.

Artikel 90.

Die Notare und Gerichtsbeamten sind schuldig, die von ihnen aufgenommenen Proteste nach deren ganzem Inhalte Tag für Tag und nach Ordnung des Datums in ein besonderes Register einzutragen, das von Blatt zu Blatt mit fortlaufenden Zahlen versehen ist.

§. 210. Zweck dieser Bestimmung.

Der Artikel 90. ist dem Artikel 176. des Code de comm. zum Theil entnommen. Die nicht bewirkte Eintragung ist ohne Einfluß auf die Gültigkeit der Protesturkunde. Der Zweck des Artikels ist, nur den Interessenten die Einsicht in das Register zu gewähren und ihnen Abschriften und im Falle des Verlustes des Protestes neue Ausfertigungen zu verschaffen (Prot. l. c. S. 152 Abs. 2.).

In Preußen, wo die Originalien der Protestacte zurückbehalten werden, hat das Gesetz keinen Zweck. In Berlin z. B. sind daher Protestregister im Sinne des Art. 90. durch die Praxis beseitigt worden.

Bei der Berathung des Entw von 1845 wurde von v. d. Heydt beantragt, zu bestimmen, innerhalb welcher Frist der protestirende Beamte verbunden sein soll, den ausgefertigten Protest seinem Mandanten abzuliefern. Der Vorschlag wurde zwar von der Majorität der Berl. Conferenz genehmigt (Berl. Prot. S. 56 und 115). Der Bericht war jedoch der Ansicht, daß eine solche Bestimmung in das Wechsel-Recht nicht gehöre. Man muß dem beistimmen. Die Versendung und die Notification des Protestes ist an eine kurze Frist nicht gebunden. Art. 45. Der Notar, welcher nicht auf das Schleunigste die Ausfertigung liefert, verliert die Protestpraxis. Es ist dies das wirksamste Compelle für die Beschleunigung.

XVII. Ort und Zeit für die Präsentation und andere im Wechsel-Verkehre vorkommende Handlungen.

§. 211. Private und legale wechselrechtliche Handlungen.

Jede durch den Protest des Beamten constatirte wechselrechtliche Handlung setzt voraus, daß der Inhaber als Privater dieselbe Handlung ohne Erfolg vorher vorgenommen hat. Ist diese Voraussetzung nicht vorhanden, so verliert zwar der Protest nicht seinen Effect: es fallen jedoch im Fall der Zahlung die Kosten des Protestes dem Protestaten nicht zur Last. Die amtlichen Rechtshandlungen sind eben dem Prinzip nach nur eine Wiederholung der vorher zu bewirkenden nicht amtlichen. Die Art. 91--93. haben daher beide Arten von Rechtshandlungen zum Gegenstande. Es folgt, daß beide nur an denselben bestimmten Orten und Zeiten vorgenommen werden können: mögen sie nun die Präsentation zur Annahme, Zahlung, Herausgabe von Duplikaten oder die Festsetzung des Acceptationstages rc. zum Gegenstand haben. Die Gleichstellung beider Arten von Handlungen ergiebt sich denn auch klar aus den Materialien. In dem Preuß. Entwurf von 1845 waren die Bestimmungen über die nicht durch den Beamten zu bewirkenden Handlungen an verschiedenen Orten (§§. 63—65. §§. 138—141. und § 213) behandelt. Der § 230. — die Form des Protestes — hatte diese einzelnen Bestimmungen allegirt. Der spätere Entwurf (1846) hatte im §. 51. unter dem Marginale „Protest“ nur die Bestimmung bezüglich des Orts aufgenommen. Unter dem Marginale „Ort und Zeit der Präsentation, Protestation rc.“ wurde im §. 87. der Inhalt des §. 51. wiederholt, während außerdem noch Bestimmungen wegen der Zeit getroffen wurden. In der Verhandlung der Commission des Staatsraths (S. 62) wurde bemerkt, daß der §. 51. nunmehr entbehrlich sei. Aus diesen Bestimmungen sind die §§. 82--84. des letzten Preuß. Entw. entstanden. Sie bilden die Grundlage zu den Art. 91. und 92. Hieraus ergiebt sich, daß in diesen Artikeln zugleich für die nicht amtlichen und die amtlichen Handlungen Ort und Zeit fixirt ist. Es folgt:

Dem Acceptanten stehen die Einreden der ungehörigen Präsentation in demselben Umfange zu als dem Regreßpflichtigen die Einreden des nach Ort und Zeit ungehörig levirten Protestes; nur daß diese Einrede dort den Verlust des Regresses, hier nur den Verlust der Protestkosten, Zinsen rc., nach sich zieht.

Artikel 91.

Die Präsentation zur Annahme oder Zahlung, die Protesterhebung, die Abforderung eines Wechsels-Duplikats, so wie alle sonstigen bei einer bestimmten Person vorzunehmenden Akte, müssen in deren Geschäftslokal, und in Ermangelung eines solchen, in deren Wohnung vorgenommen werden. An einem anderen Orte, z. B. an der Börse, kann dies nur mit beiderseitigem Einverständnisse geschehen.

Daß das Geschäftslokal oder die Wohnung nicht zu ermitteln sei, ist erst alsdann als festgestellt anzunehmen, wenn auch eine dieserhalb bei der Polizeibehörde des Orts geschehene Nachfrage des Notars oder des Gerichtsbeamten fruchtlos geblieben ist, welches im Proteste bemerkt werden muß.

§. 212. Localität der vorzunehmenden Handlung.

Der Artikel 91. setzt den gewöhnlichen Fall voraus, daß bei der Adresse oder dem Accepte nicht ein anderer Ort als das Geschäftslokal oder die Wohnung des Bezogenen vermerkt ist. Ist dies geschehen, lautet etwa die Adresse: Herrn Moll in Berlin, zahlbar Lindenstraße ꝛc., so ist die Gültigkeit des Protestes nicht davon abhängig, daß in der wirklichen Wohnung oder dem Geschäftslokal des Acceptanten der Protest levirt worden ist. Vergl. Erk. des Ob.-Trib. vom 6. November 1856 (Seuff. Arch. Bd. 11. S. 420; Borch. Zus. 425); Erk. des Ob.-Trib. vom 21. Oktober 1856 (Strieth. Arch. Bd. 22. S. 253). Fehlt es an einer solchen, die Localität der Leistung näher bestimmenden Notiz, so ist das Geschäftslokal des Protestaten aufzusuchen. Der Notar hat also zunächst und zwar ohne Zuziehung der Polizei zu ermitteln, ob der Protestat überhaupt ein Geschäftslokal (Comtoir, Laden, Werkstatt) besitzt. Nach der Ansicht des Kammer-Gerichts soll dies nur dann nöthig sein, wenn sich aus dem Inhalt des Wechsels eine Vermuthung ergiebt für die Existenz eines Geschäftslokals. Präj. vom 14. Oktober 1857 (Borchardt Anmerkung 364).

In dieser Allgemeinheit in das Präjudiz nicht anzuerkennen. Hat der Protestat kein Geschäftslokal, so wird es der Ermittelung allerdings nicht bedürfen. Es ist dann der Einwand nicht zu fürchten, der Protest sei zu Unrecht in der Wohnung levirt. Besitzt der Protestat jedoch ein solches Local, so ist der Protest nichtig, mag der Acceptant immerhin im Wechsel als Rentner bezeichnet sein.

Hieraus folgt:

> Zur Gültigkeit des Protestes bedarf es der Angabe der Gründe, warum nicht in dem Geschäftslokal des Protestaten protestirt worden ist.

Anders das Ob.-Trib. im Urtel vom 20. März 1860; Strieth. Bd. 37, S. 127. Es erscheint jedoch, wird dort ausgeführt, nicht gerechtfertigt, davon die Gültigkeit der Proteste abhängig zu machen; denn der Art. 88 Nr. 4 stellt, ohne den Artikel 91. in Bezug zu nehmen, und ohne daß etwa im Artikel 91. auf den Art. 88. der ADWO. Bezug genommen ist, als wesentliches Erforderniß des Protestes schlechthin nur die Angabe des Ortes, nicht aber die Angabe des Grundes auf, aus welchem der Protest nicht im Geschäftslokale, sondern in der Wohnung des Protestaten erhoben worden. Hätte es in der Absicht des Gesetzgebers gelegen, die wesentlichen Erfordernisse der Protest-Urkunde so weit auszudehnen, so würde er dies ausdrücklich haben aussprechen müssen, wie es in dem zweiten Alinea des Art. 91. für den Fall geschehen ist, daß das Geschäftslokal oder die Wohnung nicht zu ermitteln ist, und so läßt sich aus dem Stillschweigen des Gesetzes entnehmen, daß die Nichtangabe jener Gründe die Gültigkeit des Protestes nicht beeinträchtigen soll.

Diese Gründe sind für zutreffend nicht zu erachten. Der Artikel 88. bestimmt nur die Form des Protestes. Von ihr ist die Frage, wo der Protest zu erheben, gar sehr unterschieden. Der Artikel 91. behandelt den Ort und die Zeit des Protestes. Er enthält eine selbstständige Bestimmung, welche aus sich und nicht aus dem Artikel 88. zu erklären ist. Das Präjudiz des Ober-Tribunals führt zu Consequenzen, welche dem Wesen des Wechselverkehrs durchaus widersprechen. Man wird nicht billigen, daß ein von einem bedeutenden Handelshaus acceptirter Wechsel nicht im Comtoir bei dem Banquier, sondern in der etwa vor den Thoren gelegenen Villa bei seiner Ehefrau zur Zahlung protestirt werde. Der Artikel 91. will dies aber aus gutem Grunde verhüten. Nach dem Präjudiz des Ober-Tribunals müßte jedoch der dort levirte Protest gültig sein.

§. 213. Erkundigung bei der Ortspolizei-Behörde.

Die Nachfrage bei der Ortspolizei-Behörde ist nur dann geboten, wenn weder das Geschäftslokal noch die Wohnung zu ermitteln war. Anders das Ober-Tribunal. Das stets festgehaltene Präjudiz Nr. 2279 besagt:

„Der Schlußsatz des Artikels 91. regelt nur den Fall, wenn die bestimmte Person an dem gedachten Orte gänzlich unbekannt und nicht aufzufinden, es auch ungewiß ist, ob dieselbe jemals ein Geschäftslokal oder eine Wohnung an diesem Orte gehabt hat. Dagegen kann diese Vorschrift auf den Fall, wenn jene bestimmte Person in ihrer bisherigen Wohnung nicht anwesend gefunden wird, und dieselbe nach der, dem Notar oder Gerichtsbeamten in dieser Wohnung von anderen Personen, auf gehaltene Nachfrage, ertheilten Auskunft, diese bisherige Wohnung aufgegeben haben soll, nicht ausgedehnt werden."

Urtel des Ob.-Trib. vom 27. März 1851 und 5. Oktober 1858 (Entsch. Bd. **20**. S. 360; Strieth. Bd. **1**. S. 340; Bd. **34**. S. 277; Arch. für WR. Bd. **8**. S. 432).

Die Gründe des Präjudizes überzeugen jedoch nicht. Die Wohnung des Artikels 91. ist diejenige, welche der Protestat zur Zeit des Protestes inne hat. Eine Wohnung ist noch nicht ermittelt, wenn sie nur als eine zu jener Zeit aufgegebene ermittelt ist. Daß sie nicht ermittelt worden, ist nur dann juristische Fiction, wenn die Nachfrage bei der Polizei fruchtlos geblieben. Diese Nachfrage darf nicht als Ausnahme behandelt werden; sie soll von der an und für sich nothwendigen Präsentation entbinden. Es ist dem Ober-Tribunal nicht zuzugeben, daß sie mit dem Schutz des strengen Wechselverkehrs nicht vereinbar ist. Die Strenge des Wechselverkehrs macht die strenge Beobachtung der Form nothwendig. Es ist nicht zu billigen, daß ein Protest in den Wind schon um deswillen aufgenommen werde, weil der Protestat seine frühere Wohnung aufgegeben hat. Die Materialien stehen einer solchen Auffassung nicht zur Seite. Der erste Preuß. Entw. (1836) hatte für die Nachfrage je nach der Natur des

Wechsels verschiedene Modalitäten angeordnet §§. 19. 55. und 105. Nur für Domicilwechsel war bestimmt, daß die Nachfrage bei der Polizei-Behörde bewirkt werden müsse. Anders der §. 64. des Entwurfs von 1838. Er lautet:

„Hat der Bezogene oder Adressat weder ein Geschäftslokal noch eine Wohnung, oder sind Geschäftslokal und Wohnung nicht zu ermitteln, und sie selbst nicht zu finden, so muß Nachfrage nach denselben bei der Polizei-Behörde des Orts erfolgen.“

Es ist nicht ersichtlich, daß die späteren Entwürfe oder die Conferenz beabsichtigt, die Nachfrage in der vom Ober-Tribunal fixirten Weise zu beschränken. Noch weiter geht das App.-Ger. in Stettin. Es nimmt an, daß die 2. alin. des Art. 91. dann nicht zutrifft, wenn der Wechsel selbst eine Wohnung oder ein Geschäftslokal des Wechselzahlers bezeichnet, mag immerhin der Zahler in diesen Lokalien nicht anzutreffen sein oder sie nicht benutzt haben. Das Ober-Tribunal bemerkt jedoch mit Recht, daß weder der Wortlaut noch die Ratio legis einer solchen einschränkenden Interpretation zur Seite stehe. Urtheil vom 20. Februar 1862 in Sachen Schultz wider Reinke.

Die Nachfrage bei der Ortspolizei-Behörde muß von dem protestirenden Beamten persönlich bewirkt werden; zumal just er im Protest den Erfolg seiner Nachfrage zu berichten hat. Es ist genügend, daß er dort bei irgend einem Polizeibeamten der Behörde, z. B. dem Sergeant, Nachfrage gehalten; es ist nicht erforderlich, daß er sich an einen höheren Beamten gewendet hat. Erk. des Ob.-Trib. vom 8. Mai 1858 (Entschd. Bd. 38. S. 231; Strieth. Bd. 34. S. 6; Arch. für WR. Bd. 9. S. 83).

Die Nachfrage muß nach dem Geschäftslokal und der Wohnung gehalten werden. Ein Protest, aus welchem sich nur ergiebt, daß die Wohnung des Protestaten nicht zu ermitteln gewesen, ist daher nichtig. Erk. des Ob.-Trib. vom 22. November 1856 (Seuff. Arch. Bd. 11. S. 433). Erst wenn die Nachfrage erfolglos geblieben, ist der Protest in den Wind zu erheben, welcher in jedem Lokal des betreffenden Ortes levirt werden kann (Bender, Grundsätze Bd. 2. S. 109).

Der Art. 91. handelt nicht von dem Wohnort und dem Lokal des Protestaten. Er umfaßt nur das Letztere (Leipz. Prot. Sitz. 23. S. 152). Der Verzicht des Art. 91. trifft daher nur den Verzicht auf das vom Gesetz angeordnete Lokal.

Der Verzicht ist nur von dem Protestaten in Person zu ertheilen. Es ist nach der richtigen Praxis des Ober-Tribunals des Verzichts bei Strafe der Nichtigkeit im Protest zu erwähnen (vergl. Strieth. Bd. 38. S. 355; Entschd. Bd. 44. S. 210. Anders Hoffmann S. 632).

Fraglich ist, ob der Verzicht des Protestaten auch den Regreßpflichtigen gegenüber von Einfluß ist. Oder mit anderen Worten: Ist der Regreß auch dann zulässig, wenn der Protest mit Genehmigung des Protestaten statt im Geschäftslokal in der Wohnung oder in einem fremden Locale aufgenommen ist?

Diese Frage ist zu bejahen. Bei Berathung des §. 83. des Preuß. Entwurfs brachte ein Mitglied der Leipz. Conf. S. 152 die Frage in Anregung, ob nicht auch an der Börse mit Genehmigung der Interessenten protestirt werden könnte. Dies wurde für unzweifelhaft gehalten und angeführt, daß bei vorhandener Genehmigung auch an anderen Orten der Protest levirt werden kann. Die Börse ist daher nicht als Ausnahme, sondern als Beispiel im Art. 91. aufgeführt.

Artikel 92.

Verfällt der Wechsel an einem Sonntage oder allgemeinen Feiertage, so ist der nächste Werktag der Zahlungstag. Auch die Herausgabe eines Wechselduplikats, die Erklärung über die Annahme, so wie jede andere Handlung, können nur an einem Werktage gefordert werden. Fällt der Zeitpunkt, in welchem die Vornahme einer der vorstehenden Handlungen spätestens gefordert werden mußte, auf einen Sonntag oder allgemeinen Feiertag, so muß diese Handlung am nächsten Werktage gefordert werden.

Dieselbe Bestimmung findet auch auf die Protesterhebung Anwendung.

§. 214. Allgemeine Feiertage.

Der Preuß. Entwurf bestimmte im §. 80:

> Proteste dürfen nur an einem Tage, welcher kein gesetzlich anerkannter christlicher Feiertag ist, erhoben werden.

In der Leipz. Conf. S. 151 sind diese Worte bemängelt worden. Es wurde bemerkt, daß außer den christlichen Feiertagen, noch andere Festtage, Constitutionsfest, der 18. October ꝛc., zu berücksichtigen seien. „In Erwägung dieser Bemerkungen" — so heißt es in den Protocollen — „war die Versammlung der Ansicht, daß der Ausdruck: „„von Staatswegen anerkannter allgemeiner Feiertag"" das Erforderliche genügend bezeichne." Die Fassungs-Commission hat sich jedoch in ihrem §. 94 des Ausdrucks

„allgemeinen Feiertag"

bedient.

Dieser Begriff ist ein schwankender und nur durch Spezial-Gesetze zu fixiren. Vergl. Brauer im Arch. Bd. 5. S. 353; Urtel des AG. von Mittelfranken vom 16. Juni 1857 und des Kammergerichts vom 4. November 1857 (Arch. Bd. 7. S. 212 und 219). Allgemeine Feiertage sind im Wesentlichen diejenigen, an welchen in Folge staatlicher Anordnung die bürgerlichen Geschäfte im Allgemeinen ruhen; sie bilden den Gegensatz zu den Werktagen, an welchen der bürgerliche Geschäftsverkehr betrieben wird.

Jüdische Feiertage fallen nicht unter das Gesetz. Vergl. die Motive des Preuß. Entw. zum §. 80. und S. 151 der Leipz. Conf.-Prot.

Hervorzuheben ist

1) Nicht die Individualität des Protestaten ist entscheidend. Auch gegen einen Juden darf an einem christlichen Feiertage nicht protestirt werden.
2) Ein an einem ausgeschlossenen Tage erhobener Protest ist unbedingt nichtig. Selbst ein Verzicht des Protestaten ist wirkungslos.

Vergl. dagegen das U. des AG. zu Dresden im Arch. Bd. 1. S. 393. Es ergiebt sich dies nicht nur aus den Worten des Gesetzes, sondern auch aus der Entstehungsgeschichte.

Der §. 88. des vorletzten Preuß. Entw. bestimmt:

„Alle vorstehend bezeichnete Handlungen (Präsentation, Aufforderung zur Annahme und Zahlung, Abforderung eines Wechsels, Protesterhebung rc. „§. 87.") dürfen nur an einem Tage, welcher kein Sonntag oder anerkannter christlicher Feiertag ist — — — vorgenommen werden.

Fällt die Zeit, zu welcher eine dieser Handlung vorgenommen werden soll, auf einen Sonntag oder gesetzlich anerkannten christlichen Feiertag, so muß die Handlung am nächstfolgenden Werktage vorgenommen werden."

Bei der Berathung dieses Paragraphen ist von der Commission des Staatsraths die Fassung des Absatz 1. dieses Paragraphen beanstandet worden, weil derselbe unter Bezugnahme auf §. 87., in welchem die Zeit für die Vornahme der Privat- und Legal-Acte bestimmt gewesen, ohne jeglichen Unterschied die Vornahme derartiger Handlungen untersagt hat („dürfen nur"). Die Verhandlungen zu diesem Paragraph (S. 62) bemerken hierzu:

„Im §. 88. ist zwischen Protesterhebung einerseits und Präsentation zur Annahme oder Zahlung, sowie den übrigen im Geschäftsverkehr vorkommenden Handlungen andrerseits (Legal- und Privatacten) zu unterscheiden. In Ansehung der Protesterhebung (dem Legalacte) ist zu bestimmen, daß sie an den im §. 88. erwähnten Tagen und Stunden erfolgen muß, und ist demnach hinsichtlich ihrer die gegenwärtige Bestimmung beizubehalten. Dagegen ist in Ansehung der Annahme, Zahlung rc. (den Privatacten) nur zu sagen, daß sie in der fraglichen Zeit nicht gefordert werden kann, so daß, wenn sie desungeachtet erfolgt, dieselbe gültig ist, wie sich dies im Grunde genommen von selbst versteht."

Mit Rücksicht auf diese Bemerkung ist für die Fassung des ersten Absatzes folgender Zusatz vorgeschlagen worden:

„Die Annahme oder Zahlung des Wechsels sowie die Herausgabe des Duplikats können an Sonntagen oder gesetzlich anerkannten christlichen Feiertagen verweigert und müssen alsdann am nächsten Werktage gefordert werden."

Der letzte Entwurf hat demnächst das Material dieses §. 88. in zwei Paragraphen wiedergegeben.

Der §. 80. bestimmt unter dem Marginal „Protest":

Proteste dürfen nur an einem Tage, welcher kein Sonn- oder gesetzlich anerkannter christlicher Feiertag ist — — erhoben werden."

Der §. 84. bestimmt unter dem Marginal

„Ort und Zeit für Präsentation rc.":

„Die Zahlung des Wechsels, die Herausgabe des Wechsel-Duplikats, die Erklärung über die Annahme sowie jede andere Erklärung können nur an einem Werktage gefordert werden. Es dürfen daher die amtlichen Acte an einem Sonntage nicht bewirkt werden."

Der Entwurf der Fassungs-Commission stimmt hiermit überein. Der §. 89. correspondirt mit dem §. 80.; der §. 94. mit dem §. 84. des Preuß. Entwurfs. Bei der Revision dieses Entwurfs wurde dagegen (Sitz. 34. S. 244 ad §. 94.) der Vorschlag angenommen, die beiden §§. 89. und 94. zu vereinigen. Auf diese Weise kam der Art. 92. zu Stande, welcher über die Zeit der vorzunehmenden Legal- und Privatacte Bestimmungen enthält. Weder aus dem Inhalt des Art. 92., noch aus den Conferenz-Protokollen ergiebt sich, daß man eine materielle Abweichung von den §§. 89. und 94. des Entwurfs der Fassungs-Commission beliebt hat. Es folgt, daß der Protest nicht an einem Sonn- oder Feiertag erhoben werden darf, während die privaten Acte am nächstfolgenden Werktage nur dann zu wiederholen sind, falls sie an den verbotenen Tagen ohne Erfolg versucht worden. „So muß diese Handlung" — sagt das Gesetz — „am nächsten Werktage gefordert werden", gleichviel aus welchem Grunde die Handlung am Sonn- oder Feiertag keinen Erfolg gehabt. Aus welchem Grunde auch immer die Verweigerung geschehen sein mag; die Handlung muß, wenn sie zur Unzeit verlangt worden, nochmals gefordert werden.

Artikel 93.

Bestehen an einem Wechselplatze allgemeine Zahltage (Cassirtage), so braucht die Zahlung eines zwischen den Zahltagen fällig gewordenen Wechsels erst am nächsten Zahltage geleistet zu werden, sofern nicht der Wechsel auf Sicht lautet.

Die im Art. 41 für die Aufnahme des Protestes Mangels Zahlung bestimmte Frist darf jedoch nicht überschritten werden.

§. 215. Zahltage und rechtliche Folgen derselben.

Einige Handelsplätze haben bestimmte Zahltage. (In Augsburg werden nur Montag und Donnerstag, früher nur Mittwoch; in Bremen nur Mittwoch und Sonnabend Wechselzahlungen geleistet.) Dr. Albers schlug vor zu bestimmen:

> „Wenn aber am Zahlungsplatze bestimmte allgemeine Zahlungs- oder Cassirtage für Wechsel-Zahlungen eingeführt sind, so ist, wenn Verfall- und Cassirtag nicht auf einen Tag zusammenfallen, der nächste Zahl- oder Cassirtag nach Verfall des Wechsels als Verfalltag anzusehen" Prot. Sitz. 13. S. 67.

Der Antrag wurde mit 11 gegen 7 Stimmen verworfen, jedoch wiederholt gestellt Sitz. 30. S. 219, und nunmehr unter der Voraussetzung angenommen, daß zwei wöchentliche Zahltage einzuführen seien.

Wechsel dieser Art sind somit in Betreff der Zahlzeit den Meßwechseln ähnlich, Art. 35. Der Cassirtag ist der fingirte Verfalltag. Die Protestfrist wird jedoch nach dem wirklichen Verfalltage berechnet. Wird am Cassirtage gezahlt, so sind Zinsen vom wirklichen Verfalltag ab nicht zu vergüten. Wird am Tage nach dem Cassirtag Protest levirt, so beginnt der Lauf der Zinsen erst von dem Cassirtag. Ein Protest, levirt vor dem Cassirtag, ist nur dann rechtzeitig levirt, wenn der Tag des Protestes den letzten Tag der Protestfrist bildet.

XVIII. Mangelhafte Unterschriften.

§. 216. Mangelhafter Wechsel, mangelhafte Unterschrift und falsche Unterschrift.

Die Artikel 94. und 95. behandeln nur die mangelhafte Unterschrift. Es giebt drei Gründe, aus denen wegen formeller Mängel eine Wechsel-Verpflichtung nicht zur Existenz gelangt. Es sind

1) Mängel in der Wechselform.

Zu der Wechselform gehört die Unterschrift des Ausstellers (Art. 4. Nr. 5.; Art. 96. Nr. 5.). Ein mit einer im Sinne des Art. 94. mangelhaften Unterzeichnung des Ausstellers behafteter Wechsel erzeugt daher gegen Niemand eine Verbindlichkeit (vergl. Kitka, Erläuter. über die Oesterr. WO. §. 63. Hoffmann S. 639).

2) Die Fälschung der Unterschrift.

Sie tangirt nicht den Wechsel als solchen, sondern den subjektiven Umfang der Verbindlichkeit. Weder der Fälscher, noch der, dessen Namen mißbraucht worden, ist wechselmäßig verbindlich. Die anderen Unterschriften haben wechselrechtliche Folgen.

3) Der Fall des Artikels 95.

Von den Mängeln an der Unterschrift des Ausstellers sind hervorzuheben:

1) Der Name ist überhaupt nicht geschrieben, sondern gedruckt. Der Wechsel gelangt für Niemand, auch nicht für den Mitunterzeichner zur Existenz.

2) Der Name ist nicht deutlich oder fehlerhaft geschrieben. Die Existenz des Wechsels wird hierdurch nicht gefährdet. Strieth. Bd. 11. S. 4.

3) Nur der Familienname ist angegeben. Der Preuß. Entwurf hatte in dem §. 85. als alin. 2. die Bestimmung:

„Dagegen ist zur Gültigkeit der Wechsel-Unterschrift unter Wechsel-Erklärungen die Beifügung des Vornamens nicht erforderlich."

In der Conferenz fand man dies bedenklich. Es könnte gefolgert werden, daß der Indossatar, welcher im Indossament mit seinem Vornamen genannt sei, auch sein weiteres Indossament mit demselben Namen nicht zu unterzeichnen brauche. Man vereinigte sich demnächst in der Ansicht, daß es jener Bestimmung nicht bedürfe, zumal bereits aus Art. 4. folge, der Vorname sei kein wesentliches Erforderniß des Wechsels (Prot. Sitz. 23. S. 153 und 154). Hieraus folgt, daß zwar an sich das Weglassen des Vornamens kein Mangel ist, daß die Wiederholung des Vornamens aber da nothwendig ist, wo der Vorname zur Legitimation wesentlich ist.

Artikel 94.

Wechselerklärungen, welche statt des Namens mit Kreuzen oder anderen Zeichen vollzogen sind, haben nur dann, wenn diese Zeichen gerichtlich oder notariell beglaubigt worden, Wechselkraft.

§. 217. Analphabeten.

Im Sinne des Civilrechts ist Analphabet, wer nicht lesen oder nur seinen Namen schreiben kann (§. 175. I. 5. ALR. Anh. §. 72. zur AGO. Präj. des Ob.-Trib. vom 11. Februar 1837 und 2. Juli 1855; Entschd. Bd. 1. S. 164; Bd. 31. S. 1). Für das Wechselrecht kömmt es nicht darauf an, ob der Zeichner Analphabet, sondern einzig und allein darauf, ob die Urkunde formell den Unterzeichner als einen Schreibunkundigen darstellt. Das Gesetz bestimmt daher nicht, in welcher Weise Analphabeten den Wechsel unterzeichnen müssen, sondern spricht nur von Wechselerklärungen, welche „mit Kreuzen oder anderen Zeichen vollzogen" sind. Die Schreibunkunde ist somit nur insofern von Bedeutung, als sie aus dem Wechsel ersichtlich ist.

Das Landrecht erkannte Wechsel-Erklärungen mit anderen als Schriftzeichen nicht an: II. 8. §. 781. Ebenso der Pr. Entw. §. 85. Die Erwägung, daß von Auswanderern häufig Wechsel-Erklärungen unterkreuzt worden, veranlaßte den Art. 94. Man stellte für die Analphabeten die frühere Observanz her (Leipz. Conf.-Prot. Sitz. 23. S. 153; Gelpcke, Beiträge Hft. II. S. 81). Die Form ist jedoch nur gewahrt, wenn

1) die Zeichen oder Kreuze sich auf dem Wechsel befinden. Ob diese Zeichen unter Beihülfe einer dritten Person vollzogen werden, ist nicht von Einfluß. Entscheidend ist nur, daß der Betheiligte mitgewirkt, daß die Zeichen als Zeichen seiner Genehmigung angesehen werden können. Erk. des Ob.-Trib. vom 22. November 1855 Entschd. Bd. 29. S. 245) und wenn

2) die Beglaubigung sich auf dem Wechsel befindet. Präj. des Kammerger. vom 26. Oktober 1853; Erk. des Ob.-Trib. vom 21. Februar 1857 und 2. November 1858, 22. März 1859; Entschd. Bd. 35. S. 132; Bd. 39. S. 248. Strieth. Arch. Bd. 32. S. 343; Arch. f. WR. Bd. 7. S. 109.

Artikel 95.

Wer eine Wechselerklärung als Bevollmächtiger eines Anderen unterzeichnet, ohne dazu Vollmacht zu haben, haftet persönlich in gleicher Weise, wie der angebliche Machtgeber gehaftet haben würde, wenn die Vollmacht ertheilt gewesen wäre.

Dasselbe gilt von Vormündern und anderen Vertretern, welche mit Ueberschreitung ihrer Befugnisse Wechselerklärungen ausstellen.

§. 218. Wechselerklärung für einen Dritten.

Eine Wechselerklärung für einen Dritten kann in dreifacher Weise abgegeben werden.

1) Der Zeichner bedient sich des Namens des Dritten ohne Auftrag und Berechtigung. Durch eine solche Unterschrift wird weder der Dritte noch der Zeichner wechselrechtlich verpflichtet.

2) Der Zeichner bedient sich des Namens des Dritten, weil er von diesem mündlich oder schriftlich Auftrag erhalten; weil er dessen Procuraträger 2c. ist.

Wird festgestellt, daß der Dritte durch diese Handlungen civilrechtlich verpflichtet werde, so ist seine Wechselhaft nicht zu bezweifeln. Es ist nicht erforderlich, daß der Zeichner seinen Namen und seine Eigenschaft als Bevollmächtigter dem Namen des Dritten hinzufügt; Art. 2. Nr. 2. Der Zeichner wird wechselrechtlich nicht verpflichtet. Vergl. Urtel des OAG. zu Rostock vom 20. November 1856; des Ob.-Trib. zu Stuttgart vom 30. Juni 1858 (Arch. f. WR. Bd. 7. S. 338), Bericht der Nürnberger Commission 42. Nr. 3; Urtel des Ob.-Trib. in Berlin vom 13. Oktober 1859 (Strieth. Bd. 34. S. 312 und Arch. Bd. 7. S. 188). Urtel des OAG. zu Lübeck vom 10. Juni 1852 (Wechs.-Jurispr. S. 30). Der §. 8. des ersten, der §. 10. des zweiten und der §. 30. des dritten Pr. Entw. hatte dagegen verordnet:

> „Wechsel, durch welche ein Machtgeber verpflichtet werden soll, müssen unter dessen Namen oder Firma mit hinzugefügter Unterschrift des Bevollmächtigten und Erwähnung seiner Eigenschaft (per procura) ausgestellt werden."

Eine ähnliche Bestimmung enthalten die Art. 44. und 48. des Handelsgesetzbuches.

Art. 44. Der Procurist hat in der Weise zu zeichnen, daß er der Firma einen die Procura andeutenden Zusatz und seinen Namen beifügt.

Art. 48. Der Handlungsbevollmächtigte hat mit einem das Vollmachtsverhältniß ausdrückenden Zusatze zu zeichnen.

Es sind dies jedoch nur Vorschriften, gegeben im Interesse der guten Ordnung, an deren Beobachtung die verpflichtende Kraft der Zeichnung nicht gebunden ist.

3) Der dritte Fall ist der im Art. 96. behandelte. Der Zeichner fügt dem Namen des Dritten den eigenen Namen und die Qualität als Bevollmächtigter hinzu, oder er zeichnet den Wechsel im eigenen Namen, indem er vermerkt, daß er als Vertreter des Dritten handle.

Er zeichnet also entweder

Schütz durch seinen Bevollmächtigten Moll, oder
Moll als Bevollmächtigter, Vormund ꝛc. des Schütz.

Der Zeichner wird nur dann wechselrechtlich verpflichtet, wenn er aus formellen oder materiellen Gründen als Bevollmächtigter in Bezug auf den Wechselzug nicht zu erachten ist, oder wenn er die Grenzen seiner Befugniß überschritten hat. Der Dritte wird nur dann verhaftet, wenn der Zeichner der Vollmacht gemäß gehandelt.

Die Art und Dauer der Haft des angeblichen Bevollmächtigten bestimmt sich nach der Stellung, welche er seinem angeblichen Mandanten zum Wechsel angewiesen hat. Er haftet als Aussteller, Indossant und Acceptant, je nachdem er den Wechsel, das Accept oder das Indossament unterschrieben hat. Der Wechsel ist ihm gegenüber zu der Zeit und unter den Bedingungen präjudizirt oder verjährt, zu welcher er an und für sich dem Mandanten gegenüber präjudizirt oder verjährt sein würde. Erk. des Ob.-Trib. vom 21. September 1858 (Strieth. Bd. 31. S. 11; Entschd. 39. S. 258; Arch. f. WR. Bd. 7. S. 424). Der Wechsel ist rechtzeitig und rechtsförmig protestirt; die Notification ist eine genügende, falls der Protest bei dem Mandant levirt, falls diesem gegenüber der Regreßfall notificirt ist. Der Wechsel ist präjudizirt, falls der Protest nur bei dem Bevollmächtigten erhoben ist. Der Wechsel ist verjährt, falls die Klage dem Bevollmächtigten erst zu einer Zeit behändigt worden, zu welcher sie dem Mandant gegenüber bereits verjährt gewesen war. Es ändert Nichts, daß der Inhaber in einem Vorprozeß gegen den Mandant um deswillen unterlegen, weil dieser den Mangel der Vollmacht vorgeschützt und diesem gegenüber somit von Verjährung nicht die Rede sein könnte. Es ist dies mit den Worten: „in gleicher Weise“ ausgedrückt. In anderer Beziehung haftet der angeblich Bevollmächtigte bald strenger, bald milder als der Machtgeber. Ist er von der Körperhaft an und für sich befreit, so ist sie gegen ihn selbst dann auszuschließen, wenn sie gegen den Mandanten zulässig ist. Ist er von der Wechselhaft nicht befreit, so ist sie gegen ihn selbst dann zulässig, wenn der Mandant von ihr befreit ist. Ist der Mandant überhaupt nicht wechselfähig, so haftet trotz dessen der Vertreter. Ist der Mandant wechselfähig, so ist der nicht wechselfähige Vertreter dem Wechselrecht nicht zu unterwerfen.

Man bezeichnet als Grund der Klage den Dolus des Zeichners. Mit Unrecht. Der Fälscher haftet trotz des Dolus nicht wechselmäßig. Bei dem angeblich Bevollmächtigten ist dagegen oft genug der Dolus nicht die Ursache der Unterschrift. Wer auf Grund einer unvollständigen, einer formell nicht genügenden Vollmacht unterzeichnet, ist im Irrthum, aber nicht in dolo. Den Grund der Haft bildet vielmehr lediglich die Unterschrift. Dieser gegenüber nimmt die Bezeichnung „als Bevollmächtiger“ oder „per procura“ die Stelle einer Exception ein. Diese Exception kann somit nur dann durchgreifen, falls sie begründet ist. Der Zeichner haftet also als Unterzeichner des Wechsels; er ist aber jedem Wechsel-Inhaber gegenüber berechtigt, den Beweis zu führen, daß er auf Grund einer materiell und formell gültigen Vollmacht gezeichnet hat. Die Beweislast regelt sich nach diesem Fundament. Die Klage des Inhabers ist durch die Unterschrift begründet und durch das Leugnen der beigefügten Qualität. Die Einrede des Verklagten ist erst durch den in den Formen des Wechselprozesses zu führenden Beweis dieser Qualität begründet (Conf. Prot. Sitz. 23. S. 154; Sitz. 25. S. 169 ad §. 95. des Pr. Entw. Cfr. auch Brauer WR. Zus. 1. zum Art. 95.). Anders ein Urtheil des niederösterr. OG. in der Gerichtshalle I. Jahrgang Nr. 2. Nach ihm gehört zur Begründung der Klage der Nachweis, daß der Zeichner ohne Vollmacht gezeichnet hat.

Dritter Abschnitt.

Von eigenen Wechseln.

§. 219. Die Rechtsgeschichte des eigenen Wechsels.

Der eigene (uneigentlicher, unförmlicher, Deposito-, Sola-) Wechsel, wird auch todter, trockener Wechsel (cambium siccum, mortuum) genannt. Man hat die letzteren Ausdrücke früher auf Tratten angewendet, wenn sie Platztratten oder solche Distanz-Wechsel waren, für welche keine Valuta gezahlt wurde (vergl. Martens Ursprung S. 43; Renaud WR. §. 43. Note 5.). Der eigene Wechsel ist mit der Tratte gleichen Alters (Martens l. c. S. 40; Biener's Abhandlung aus dem Gebiete der Rechts-Geschichte S. 118). Zwei Umstände haben jedoch schon früh seine rechtliche Stellung herabgedrückt: die Besorgniß der Privaten, weil nur von einer Person die Garantie der Einlösung geboten worden; die Mißgunst der Kirche, weil sie eine Umgehung der Wuchergesetze in diesem Wechsel erblickte. Man gestattete daher gegen ihn bald die exceptio usurrariae pravitatis, bald wurde er von der Kirche ganz verboten, so daß er in manchen Ländern außer Gebrauch gekommen, in anderen Ländern so weit herunter gekommen, daß kaum noch seine Verwandtschaft mit der Tratte wahrzunehmen war. Es war dies der Standpunkt des ALR. Hier wird der eigene Wechsel als Schuldschein mit der Wechselclausel, als eine adjectitia qualitas einer anderen materiellen Verbindlichkeit behandelt, deren causa immer aus der Urkunde selbst ersichtlich sein muß.

Auf der entgegengesetzten Seite steht die Deutsche Wechsel-Ordnung. Der eigene und der gezogene Wechsel sind nur verschiedene Formen eines und desselben Instituts (cfr. Einert med. ad jus camb. III. de indole contractus, quo cambia trassata nituntur, WR. S. 66). Sie sind ihrer Natur und ihrem Wesen nach mit einander auf das Innigste verwandt; sie sind nur in ihrer Form verschieden. Die Möglichkeit ist daher gegeben des Zusammentreffens beider Formen in einem Wechsel (vergl. Thoel §. 151. Nr. 3. und Note 1.); der Vertauschung der Form der Tratte mit der des eigenen Wechsels; des eigenen Wechsels mit der der Tratte. Der trassirt-eigene Wechsel ist seinem Inhalt nach ein eigener Wechsel in der Form der Tratte. Der domicilirt-eigene Wechsel ist seinem Inhalt nach eine Tratte in der Form des eigenen Wechsels.

Der eigene Wechsel ist wie die Tratte ein Formalact, nur daß der Aussteller zugleich die Stellung des Acceptanten einnimmt. Er muß, wie dieser, seiner Verbindlichkeit nachkommen, nicht weil er Deckung erhalten oder einer sonstigen materiellen causa wegen, sondern weil er unterschrieben hat. Es ist die Form und nur die Form, welche ihn verpflichtet. Ist diese vorhanden, so kann die Natur der Verbindlichkeit dadurch keine andere werden, daß in dem Wechsel auf eine materielle causa Bezug genommen wird. Der Wechsel bleibt trotz dessen Wechsel; er wird nicht zu einem Schuldschein mit der Wechselclausel herabgedrückt, wie Einert in seinem WR. S. 525 und in der Leipz. Conf. ausgeführt (Prot. Sitz. 23. S. 156). Die Wechsel-Ordnung hat um deswillen jegliche nicht durch die Natur der Sache gebotene Abweichung zwischen beiden Wechseln abgelehnt, während der Preuß. Entwurf §. 88. solche Abweichungen noch statuirt hatte.

Artikel 96.

Die wesentlichen Erfordernisse eines eigenen (trockenen) Wechsels sind:

1. die in den Wechsel selbst aufzunehmende Bezeichnung als Wechsel, oder, wenn der Wechsel selbst in einer fremden Sprache ausgestellt ist, ein jener Bezeichnung entsprechender Ausdruck in der fremden Sprache;
2. die Angabe der zu zahlenden Geldsumme;
3. der Name der Person oder die Firma, an welche oder an deren Ordre der Aussteller Zahlung leisten will;
4. die Bestimmung der Zeit, zu welcher gezahlt werden soll (Art. 4. Nr. 4);
5. die Unterschrift des Ausstellers mit seinem Namen oder seiner Firma;
6. die Angabe des Orts, Monatstages und Jahres der Ausstellung.

§. 220. Eigene Wechsel.

Der eigene Wechsel muß sich durch das Wort Wechsel kennzeichnen. — Schuldscheine mit der Wechselclausel sind keine Wechsel. Der Wechsel muß sich als Gläubiger giriren. Es muß mithin versprochen sein, gegen oder für den Wechsel zu zahlen (Meißner im Archiv Bd. 4. S. 401).

Artikel 97.

Der Ort der Ausstellung gilt für den eigenen Wechsel, insofern nicht ein besonderer Zahlungsort angegeben ist, als Zahlungsort und zugleich als Wohnort des Ausstellers.

§. 221. Ort der Zahlung.

Der letzte Preuß. Entwurf hatte im §. 87. Nr. 7. noch verordnet: „die Bestimmung des Orts, wo die Zahlung geschehen soll.“ Man hat dieses Erforderniß als ein Essentiale nicht erachtet, weil der Zahlungsort gewöhnlich nicht genannt würde (Leipz. Prot. Sitz. 23. S. 157). Der Art. 97. entspricht dem Art. 4. Nr. 8. der DWO. Der Ausstellungsort gilt als Zahlungs- und zugleich als Wohnort des Ausstellers, so lange nicht ein anderer Ort als Zahlungsort angegeben worden ist. Es folgt:

1) Der Ort der Ausstellung, nicht der etwa neben dem Namen des Remittenten vermerkte Ort gilt als Wohn- und Zahlungsort (Erk. des OAG. zu Rostock vom 25. November 1850; Seuff. Arch. Bd. 7. S. 115; Sammlung der Entschd. in Rostock Rechtsf. Forts. 1. S. 180).

2) Der unter oder neben der Unterschrift des Ausstellers vermerkte, von dem Orte der Ausstellung abweichende Ort gilt weder als Wohn-

noch Domicilort. Ein in Dresden ausgestellter Wechsel ist daher nicht domicilirt, wenngleich die Unterschrift lautet „Gutsbesitzer in Priesa" (Erk. des OAG. zu Dresden vom 6. März und 6. August 1856; Zeitschr. für Rechtspfl. und Verw. in Sachsen Bd. 15. S. 408; Erk. des Ob.-Trib. vom 14. October 1856; Seuffert Arch. Bd 11. S. 436 und des AG. zu Freising vom 2. März 1857; Zeitschr. für Gef. und Rechtspfl. in Bayern Bd. 4. S. 442; Borchardt Zus. 472, 473, 474).

3) Fehlt die specielle Angabe des Orts der Ausstellung, so ist ein Wechsel selbst dann nicht vorhanden, wenn in demselben vermerkt ist „zahlbar aller Orten." Fraglich ist nur, welche Bedeutung dieser Clausel in dem Falle beizulegen ist, wenn sie neben dem Zahlungs- oder Ausstellungsort sich befindet. Der erste Preuß. Entw. hatte im §. 105. bestimmt, daß bei dieser Clausel die Zahlung an jedem Aufenthaltsort des Schuldners gefordert werden könne. Dieser Auffassung trat der revidirte Entwurf von 1838 §. 12. ff. entgegen. Die Motive bemerken (S. 40):

„Bei Wechseln, welche aller Orten, wo der Schuldner anzutreffen, zahlbar sind, soll der Gläubiger die Zahlung noch außerdem an jedem Aufenthaltsorte des Schuldners fordern können. Der aus einem solchen Wechsel zur Zahlung Verpflichtete, welcher nach übernommener Verbindlichkeit seinen Wohnort verändert und am Zahlungstage genöthigt ist, eine Reise zu unternehmen, würde die Zahlung:

a. an seinem früheren Wohnorte;
b. an seinem späteren Wohnorte in Bereitschaft halten, und
c. solche auch auf seiner Reise zu leisten im Stande sein müssen.

Bei Beantwortung der Frage, wo am Zahlungstage die Zahlung zu fordern ist? interessiren nicht blos der, welcher dieselbe zu leisten hat, und der Inhaber des Wechsels, sondern auch die übrigen Wechsel-Interessenten, und hauptsächlich im Verhältniß zu diesen ist der Inhaber des Wechsels verpflichtet, die Zahlung am Zahlungstage, und da zu fordern, wo dieselbe gefordert werden muß. In dieser Beziehung kann es nur einen Zahlungsort geben und das Gesetz kann die Bestimmung des Zahlungsorts nicht in die Wahl des Inhabers setzen, ohne die Rechte der übrigen Interessenten zu verletzen. Gesetzt, der aus einem aller Orten zahlbaren Wechsel-Verpflichtete habe in dem gedachten Falle die Zahlung in seinem früheren Wohnorte in Bereitschaft gehalten, dem Inhaber des Wechsels falle es aber ein, solche von ihm an einem dritten Orte zu verlangen, wo derselbe sie zu leisten außer Stande ist, so würde der Wechsel-Regreß gegen die Vormänner eröffnet sein, obgleich das Geld an einem anderen Orte zur Zahlung bereit liegt.

Hat der Inhaber des Wechsels seiner Verbindlichkeit gegen die übrigen Interessenten genügt, und die Zahlung da gefordert, wo dieselbe zu fordern war, so kann er den, aus einem aller Orten zahlbaren Wechsel-Verpflichteten überall, wo er denselben trifft, in Anspruch nehmen."

Man hat demnächst von der Bestimmung des §. 105. Abstand genommen. Die Clausel „zahlbar aller Orten" ist jedoch nicht ohne Bedeutung.

Ihr Effekt erstreckt sich allerdings nicht auf die zur Geltendmachung des Wechsels erforderlichen Formalitäten. Diese — Präsentation und Protest — können und dürfen nur an dem im Wechsel angegebenen Zahl- oder Ausstellungsort vorgenommen werden. Nachdem sie fruchtlos versucht, ist dagegen das Forum des Verpflichteten an seinem jedesmaligen Aufenthaltsort begründet (vergl. §. 92 des Entw. von 1846; Thoel §. 305; Preuß. Ministerial-Erkärung vom 14. October 1839; Ges.-Samml. von 1839 S. 359; Leipz. Prot. Sitz. 25. S. 167; U. des Ob.-Trib. zu Stuttgart vom 6. Februar 1852; Archiv Bd. 3. S. 226; U. des Berl. Ob.-Trib. vom 23. März 1852; (Borch. Zus. 455) und vom 11. Mai 1858; Strieth. Bd. 29. S. 291 ff., S. 297; Erk. des OAG. zu Dresden vom Jahre 1855; Ackermann, Rechtsf. Bd. 7. S. 84; Erk. des Handelsgerichts zu Hamburg vom 10. Dezember 1855). Es folgt, daß ein domicilirter Wechsel diese Eigenschaft nicht verliert, wenn die Clausel sich auch neben dem Domicil-Vermerk befindet. Die Präsentation und der Protest ist wegen des Domicilvermerks an dem Ort des Domicils zu bewirken. Die Klage ist dagegen an jedem Ort anzustellen, an welchem sie dem Verpflichteten zu behändigen ist (U. des Ob.-Trib. vom 17. Juni 1851; Borch. Anm. 382b). Anders das Urtel des OAG. zu Dresden vom 7. November 1858 (Tauchnitz, Zeitschr. für Rechtspfl. und Verw. Bd. 18. S. 285). Der dem Domicil-Vermerke beigefügte Zusatz „und aller Orten" soll nach diesem Urtel dem Wechsel die Eigenschaft eines domicilirten benehmen.

Fraglich ist sodann, welchen Einfluß die Clausel auf das Forum der Mitschuldner ausübt? Gelpcke (Zeitschr. für Handelsr. Heft 2. S. 189) spricht ihr den Einfluß ab. Koch ist entgegengesetzter Ansicht (Commentar zum ALR. Bd. 3. Anm. 56. zu Art. 97.). Er geht davon aus, daß sich jeder Verpflichtete der Clausel des Ausstellers unterworfen habe. Diese Prämisse trifft nicht zu. Die Materialien sprechen für die Ansicht Gelpcke's. Der §. 90. des Preuß. Entwurfs stimmt im Wesentlichen mit dem §. 6. des Preuß. Einf.-Ges. vom 15. Februar 1850 überein. Die Conferenz lehnte ihn ab, weil er zum Wechselprozeß gehöre (Sitz. 25. S. 163). Der Oesterreichische Abgeordnete erklärte in dieser politisch überaus interessanten Sitzung:

> „Die Oesterreichische Regierung werde nie gestatten, daß Einer ihrer Unterthanen vor ein fremdes Gericht gezogen werde."

Der §. 90. ist aus dem §. 92. des Entwurfs von 1846 entnommen. Dieser lautet:

> „Wechsel-Klagen können bei dem Gerichte des Wohnorts des Beklagten, oder bei dem Gerichte des Orts, wo die Zahlung geschehen soll, oder, wenn der Schuldner sich durch eine besondere Clausel dem Gerichte, in dessen Bezirk er nach der Verfallzeit angetroffen würde, unterworfen hat, bei letzterem angestellt werden. Dem Gerichte, welches hiernach zur Entscheidung competent ist, sind auch die übrigen Wechsel-Garanten unterworfen, sofern sie der Kläger in demselben Prozesse in Anspruch nimmt."

Die Commission des Staatsrathes bemerkte jedoch:

„Im §. 92. sollen die Worte „oder wenn der Schuldner sich durch eine besondere Clausel dem Gerichte, in dessen Bezirke er nach der Verfallzeit angetroffen würde, unterworfen“ fortfallen, da es der Bestellung eines solchen Spezial-Forums neben dem gewöhnlichen Forum des Verklagten und des Zahlungsorts (Art. 420. der Rhein. Civil-Prozeß-Ordnung) nicht bedarf, und eine derartige Anordnung zu manchen Verwickelungen Anlaß geben kann.“

Wenn daher der §. 6. des Einf.-Ges. von der Competenz des Gerichts spricht, welchem

„einer der Verklagten persönlich unterworfen ist“,

so ist hierunter nicht das durch die Clausel constituirte Forum zu subsumiren.

Artikel 98.

Nachstehende, in diesem Gesetz für gezogene Wechsel gegebene Vorschriften gelten auch für eigene Wechsel:

1. die Art. 5 und 7 über die Form des Wechsels;
2. die Art. 9—17 über das Indossament;
3. die Art. 19 und 20 über die Präsentation der Wechsel auf eine Zeit nach Sicht mit der Maßgabe, daß die Präsentation dem Aussteller geschehen muß;
4. die Art. 29 über den Sicherheitsregreß mit der Maßgabe, daß derselbe im Falle der Unsicherheit des Ausstellers stattfindet;
5. die Art. 30—40 über die Zahlung und die Befugniß zur Deposition des fälligen Wechselbetrages mit der Maßgabe, daß letztere durch den Aussteller geschehen kann;
6. die Art. 41 und 42, so wie die Art. 45—55 über den Regreß Mangels Zahlung gegen die Indossanten;
7. die Art. 62—65 über die Ehrenzahlung;
8. die Art. 70—72 über die Copien;
9. die Art. 73—76 über abhanden gekommene und falsche Wechsel mit der Maßgabe, daß im Falle des Art. 73 die Zahlung durch den Aussteller erfolgen muß;
10. die Art. 78—96 über die allgemeinen Grundsätze der Wechselverjährung, die Verjährung der Regreßansprüche gegen die Indossanten, das Klagerecht des Wechselgläubigers, die ausländischen Wechselgesetze, den Protest, den Ort und die Zeit für die Präsentation und andere im Wechselverkehr vorkommende Handlungen, so wie über mangelhafte Unterschriften.

§. 222. Anwendung der bei der Tratte geltenden Grundsätze auf den eigenen Wechsel.

Der §. 91. des Preußischen Entwurfes von 1846 hatte verordnet:

„Im Uebrigen gelten die für gezogene Wechsel gegebenen Vorschriften auch für eigene Wechsel, insofern nicht die Anwendung dieser Bestimmungen durch den Umstand, daß bei den eigenen Wechseln der Aussteller und der Bezogene eine Person sind, von selbst ausgeschlossen ist.“

In den Verhandlungen des Staatsraths (S. 65) wurde concludirt, eine Enumeration der Abschnitte, sowie der einzelnen Paragraphen aus den Bestimmungen der Tratte an die Stelle dieses Paragraphen zu setzen. Ueber die einzelnen Paragraphen ist nicht näher verhandelt worden. Die Enumeration fiel lückenhaft aus (§. 89. des letzten Entwurfs). Sie ist durch die Leipziger Conferenz nicht erschöpfend vervollständigt; ein Umstand, der manche Controverse veranlaßt hat. Wir heben hervor:

Nicht-Aufnahme des Art. 6. und 8.
(Art. 98. Nr. 1.)

Aus dem Umstande, daß der Art. 6. Aufnahme nicht gefunden, ist gefolgert worden, daß eigene Wechsel an eigene Ordre unzulässig seien (cfr. Brauer in der Oesterr. Ger.-Ztg. Nr. 37. pro 1858; Arch. Bd. 8. S. 116. Wiener wechselrechtl. Abhandl. 1859 S. 177 ff., 180 ff. u. 200). Die Folgerung trifft nicht zu. Vergl. S. 46.

Indossament.
(Art. 98. Nr. 2.)

Die Bestimmungen über das Indossament finden bei dem eigenen Wechsel in demselben Umfang als bei der Tratte Anwendung. Hieraus folgt:

1) Der eigene Wechsel darf mit der Clausel „nicht an Ordre" versehen werden. Hauser (Arch. Bd. 2. S. 62 und 63) behauptet, die Clausel bewirke, daß der Grundsatz: dies interpellat pro homine, eintrete. Der Aussteller sei daher zur Deposition nicht berechtigt, der Inhaber zur Präsentation nicht verpflichtet. Die Nr. 5. des Art. 98. steht dieser Ansicht entgegen. Dort wird auf die Art. 30. bis 40. Bezug genommen und ein Unterschied zwischen Recta- und anderen Wechseln nicht gemacht.

2) Der eigene Wechsel kann nach dem Verfalltag gültig girirt werden. Erk. des OAG. zu Rostock vom 24. Mai 1853 und 29. Juli 1854 (Arch. Bd. 3. S. 403; Samml. der Entsch. in Rostock; Rechtsf. Forts. 2. S. 75). Erk. des Ob.-Trib. vom 14. Oktober 1856 (Borch. Zus. 463).

Anwendung der Art. 19. und 20. auf eigene Wechsel.
(Art. 98. Nr. 3.)

In der Leipz. Conf. ist ausdrücklich beschlossen worden, eigne Wechsel nach Sicht zuzulassen (Prot. Sitz. 24. S. 161). Hierdurch wurde die Allegation der Art. 19. und 20. geboten. Es frägt sich, welche Folgen hat in Bezug auf den Aussteller die unterlassene Präsentation? (Art. 19. Abs. 1.) Koch, WR. S. 353, und Poeschmann, im Arch. Bd. 2. S. 202 und 203, behaupten, daß auch beim eignen Wechsel das Präjudiz des Art. 19. alin. 1. eintrete; Koch, weil der Art. 98. ohne Weiteres auf Art. 19. Bezug nimmt; Poeschmann, weil durch die unterlassene Präsentation nach Ablauf der Präsentationsfrist der Wechsel ohne Verfalltag geblieben. Derselben Ansicht ist Renaud (WR. §. 45.). Anders Hoffmann S. 650. Nach ihm präjudizirt der trockene Wechsel durch die nicht rechtzeitige Präsentation zur Zahlung nicht gegen den Aussteller. Diese Ansicht ist begründet. Der Aussteller des eigenen Wechsels steht in Betreff der Zahlungspflicht dem Acceptanten gleich. Stellt er also einen Wechsel aus, worin er erklärt:

„Berlin, den 1. November 1861.
Gegen diesen meinen Wechsel zahle ich drei Tage nach Sicht."

so wird er nicht frei, wenn der Wechsel am 1. November 1863 noch nicht präsentirt worden ist. Die Art. 19. und 20. handeln nur von der Präsentation zur Annahme, sie sind daher nur analogisch anwendbar. An einem bestimmten Verfalltag fehlt es aber dem Wechsel nicht. In dieser Beziehung sind eben die Art. 19. u. 20. maßgebend.

Regreß wegen Sicherstellung.
(Art. 98. Nr. 4.)

Es frägt sich, ob der Inhaber Sicherstellung wegen Unsicherheit des Ausstellers auch dann fordern darf, wenn ein Indossant eine Nothadresse auf den Wechsel gesetzt hat? Die Frage ist zu bejahen. Der Art. 29. besagt ausdrücklich „auch von der auf dem Wechsel etwa benannten Nothadresse die **Annahme** nicht zu erhalten ist." Renaud (WR. §. 83.) ist dagegen der Ansicht, es könne der Sicherheits-Regreß eines eigenen indossirten Wechsels durch ein Ehrenaccept abgewendet werden. Dies ist nicht begründet. Der eigne Wechsel ist nicht acceptabel.

Weglassung des Art. 44.
(Art. 98. Nr. 5. u. 6.)

Ueber die Frage, ob die rechtzeitige und legale Präsentation zur Begründung der Klage gegen den Aussteller erforderlich sei, sind die Ansichten getheilt.

Die Einen verlangen die rechtzeitige Präsentation und den Protest zur Erhaltung des Anspruchs gegen den Aussteller. Verfügung des obersten Ger.-Hofes zu Wien vom 29. Oktober 1853 (Arch. Bd. 5. S. 81). Urtel des Ob.-Ger. zu Glückstadt vom 8. Februar 1850 (Arch. Bd. 1. S. 442) und Arch. von Elvers Bd. 5. S. 33. Die Anderen halten rechtzeitige Präsentation dem Aussteller gegenüber überhaupt nicht für erforderlich. Urtel des Ob.-Trib. vom 9. März 1852 und 8. Mai 1858. Strieth. Bd. 4. S. 374, Entsch. Bd. 38. S. 231; Seuffert Bd. 9. S. 433; Borch. Zus. 464.

Die erste Ansicht ist nicht begründet. Sie stützt sich auf die Weglassung des Art. 44. Es bedürfe, wird deducirt, gegen den Acceptanten weder der Präsentation noch des Protestes; es folge, daß es ihrer gegen jeden Anderen bedürfe. Die Folgerung trifft nicht zu. Sie ist nicht beabsichtigt. Ihr steht der Art. 99. entgegen. Wären die eignen Wechsel als solche bei dem Aussteller unter Präjudiz zu protestiren, so wäre nicht erfindlich, warum dies nur für eigene domicilirte Wechsel verordnet ist. Sie wird durch die Materialien widerlegt.

Der erste Preuß. Entw. (1836) hatte im §. 119. bestimmt:

> Zur Begründung des Wechselrechts gegen den Aussteller eines trockenen Wechsels und den Acceptanten eines gezogenen Wechsels bedarf es der Aufnahme eines Protestes nicht.

Die Motive S. 162 besagen:

> „Anders verhält es sich bei der Wechsel-Verpflichtung eines Ac-

ceptanten aus einer gewöhnlichen Annahme. Ein solcher Acceptant mag sich zwar an denjenigen, der den Wechsel auf ihn gezogen hat, oder für dessen Rechnung derselbe auf ihn gezogen ist, wegen der Deckung halten; ein solches Recht hat er aber nur, wenn er die Zahlung wirklich geleistet hat, und gegen die Indossanten hat er aus seinem Versprechen, die Zahlung aus dem Wechsel leisten zu wollen, nur Pflichten, nicht aber Rechte. Möchte daher auch immerhin die Zahlung von ihm nicht pünktlich am Verfalltage gefordert sein, so wird er doch stets aus jenem Versprechen bis zu dessen Erfüllung verhaftet bleiben müssen, eben so wie ein Gleiches hinsichtlich des Ausstellers eines trockenen Wechsels stattfindet, der auch nicht eher von seiner Verbindlichkeit frei erachtet werden kann, als bis er sie erfüllt hat. Gegen beide kann demnach auch zur Begründung des Wechsel-Anspruchs wider sie die Aufnahme eines Protest nicht noch weiter erforderlich sein.

Dies schreibt nun bereits das ALR. in der That vor. Wenigstens sind die desfallsigen Bestimmungen aus den §§. 1110. 1112. ff., 1204 u. 1213. zu entnehmen. Gleichwohl ist, wie die hiesige Kaufmannschaft darauf aufmerksam macht, öfters bezweifelt worden, ob die Wechselklage gegen den Acceptanten aus den Accepten zulässig sei, wenn vorher kein Protest aufgenommen worden, und es erscheint daher angemessen, jedem ferneren Zweifel durch ausdrückliche Festsetzung vorzubeugen. Daß übrigens das ALR. wirklich nur in diesem Sinne auszulegen ist, ergiebt sich daraus, daß bereits bei den Erinnerungen gegen den Entwurf des allgemeinen Gesetzbuchs die Frage aufgeworfen wurde, ob es eines Protestes zur Wechselklage gegen den Acceptanten bedürfe? und daß diese Frage bereits damals ausdrücklich verneint wurde. Und hierbei würden wir stehen bleiben, obschon das hiesige Stadtgericht es zweckmäßig finden will, wenn dem Wechsel-Inhaber zur Pflicht gemacht würde, gegen den nicht zahlenden Acceptanten den Protest wegen der Nichtzahlung aufnehmen zu lassen, damit auf solche Art dem Richter gleich bei Anbringung der Wechselklage der Beweis geführt werde, daß der Inhaber, der sich ja aus der Wohnung des Acceptanten die Bezahlung des Wechsels abholen müsse, auch wirklich dort gewesen sei, aber fruchtlos die Bezahlung begehrt habe, und damit ferner auch nicht ein solider, zur Bezahlung des Wechsels ganz bereiter Acceptant der Gefahr ausgesetzt werde, von einem bösen Wechselgläubiger durch Anstellung einer Klage auf die ihm gar nicht verweigerte Zahlung discreditirt zu werden. Denn wir können ein solches Bedenken nicht begründet finden, und glauben es sonst den Einwendungen des Acceptanten vorbehalten zu müssen, daß der gegen ihn eingeklagte Wechsel ihm vorher noch gar nicht zur Zahlung vorgelegt worden sein möchte."

Diese Motive entsprechen der Natur der Sache; sie werden nicht dadurch widerlegt, daß durch Zufall oder Versehen die Art. 44. und 24. nicht allegirt worden sind. Vergl. Poeschmann im Arch. Bd. 2. S. 206 ff.; Hauser Bd. 6. S. 52 ff.; Nürnb. Comm.-Ber. zum Art. 98.

Es folgt: Der Aussteller eines nicht indossirten eigenen Wechsels ist nicht verpflichtet, dem Remittenten die Protestkosten zu erstatten. Vergl. Erk. des Ob.-Trib. zu Stuttgart vom 3. Februar 1854 (Seuffert, Arch. Bd. 7. S. 270); Verf. des OAG. zu Rostock vom 15. Oktober 1853 (Entschd. in Rost. Rechtsf. Forts. II. S. 172); Erk. des Ob.-Trib. vom 11. Mai 1858 (Borch. l. c. Zus. 465.)

Wenn jedoch angenommen worden:

> es liege dem Kläger der Nachweis der Präsentation überhaupt nicht ob; es sei mit der Beseitigung des Protestes jede Beweisführung erlassen, Art. 42. 44.; Urtel des Trib. zu Celle vom 15. August 1856; Anw.-Ztg. Bd. 1. S. 56;

so greift diese Ansicht fehl. Nur der Nachweis der rechtzeitigen und der durch Protest festgestellten Präsentation ist erlassen; nicht der Nachweis, daß überhaupt der Wechsel zur Zahlung präsentirt worden ist.

Duplikate.

Art. 98. Nr. 8.

Die Bestimmungen über die Duplikate sind mit Recht nicht allegirt. Die Duplikate sollen möglich machen, das eine Exemplar zum Giro, das andere zum Accept zu benutzen. Dieser Grund fällt bei dem eigenen Wechsel fort. Sie sollen sodann die Sicherheit des Inhabers erhöhen, ihn gegen den Verlust des Wechsels schützen. Dieser Grund liegt auch bei dem eigenen Wechsel vor; er collidirt aber mit dem Interesse des Ausstellers, welcher durch das Ertheilen von Duplikaten sich der Gefahr doppelter Zahlung aussetzt. Der Preuß. Entw. von 1846 hatte daher im §. 91. Absatz 2. bestimmt:

„Der Wechselnehmer ist nicht befugt Duplikate (§. 66.) zu fordern."

Daß sie bei trockenen Wechseln niemals gebräuchlich gewesen, beweist am besten der kaufmännische Sprachgebrauch, welcher die trockenen Wechsel als Sola-Wechsel bezeichnet.

Artikel 99.

Eigene domicilirte Wechsel sind dem Domiciliaten, oder wenn ein solcher nicht benannt ist, dem Aussteller selbst an demjenigen Orte, wohin der Wechsel domicilirt ist, zur Zahlung zu präsentiren und, wenn die Zahlung unterbleibt, dort zu protestiren. Wird die rechtzeitige Protesterhebung beim Domiciliaten verabsäumt, so geht dadurch der wechselmäßige Anspruch gegen den Aussteller und die Indossanten verloren.

Bei nicht domicilirten eigenen Wechseln bedarf es zur Erhaltung des Wechselrechts gegen den Aussteller weder der Präsentation am Zahlungstage, noch der Erhebung eines Protestes.

§. 223. Eigene domicilirte Wechsel.

Gegen die Indossanten präjudizirt der Wechsel mit unbenannten Domiciliaten, wenn nicht der Protest am Orte des Domicils gegen den Aussteller selbst rechtzeitig aufgenommen worden.

Gegen die Indossanten präjudizirt der Wechsel mit benanntem Domiciliat, wenn nicht bei diesem der Wechsel rechtzeitig präsentirt und protestirt ist.

Gegen den Aussteller präjudizirt der Wechsel nur, wenn der benannte Domiciliat mit dem Aussteller nicht identisch und bei diesem Dritten nicht rechtzeitig präsentirt und protestirt ist. Nur in einem solchen Fall wird der Aussteller dem Indossanten gleichgestellt. Er wird durch den Verlust des Wechsel liberirt. Ihm ist der Protest zu notificiren Erk. des Ob.-Trib. vom 8. Mai 1858 (Entschd. Bd. 38. S. 231).

Ist der Verfalltag eines nach Sicht lautenden Wechsels durch ein bestimmtes Datum oder durch Protest festgestellt, so präjudizirt der Wechsel gegen den Aussteller, falls er nicht bei dem Dritt-Domiciliaten zu der durch jenes Datum fixirten Verfallzeit zur Zahlung protestirt wird. Eine später wiederholte Präsentation ist unerheblich; durch sie kann der unwiderruflich feststehende Verfalltag nicht geändert werden. Vergl. Erk. des Ob.-Trib. vom 19. Juli 1859 (Entschd. Bd. 41. S. 286; Strieth. Bd. 34. S. 221).

Artikel 100.

Der wechselmäßige Anspruch gegen den Aussteller eines eigenen Wechsels verjährt in drei Jahren vom Verfalltage des Wechsels an gerechnet.

§. 224. Verjährung.

Die Gleichartigkeit des Ausstellers und Acceptanten bedingt die für Beide gleichmäßige Verjährungsfrist.

Anhang.

Die Literatur der Allgemeinen Deutschen Wechsel-Ordnung.*)

I. Theoretische Werke.

(Liebe), Die ADW. mit Einleitung und Erläuterungen (s. g. Brockhaus'sche Erläuterungen). Leipzig 1848. — Brauer, Die ADWO. mit den Abweichungen der Oesterr. WO. 2. verm. Aufl. Erlangen 1851. — Ortloff, Die ADWO. mit vollständiger Erläuterung nach den Protokollen der zu Leipzig abgehaltenen Conferenz. Jena 1848. — Koch, Das Wechselrecht nach den Grundsätzen der ADWO. und nach seiner Anwendung in den Preuß. Ländern. Breslau 1850. — Koch, Commentar zum ALR. Bd. 3. 2. 8. Von Wechseln. — Christoph, Die ADWO. aus den Motiven erläutert. Lützen 1849. (2. Titelausgabe 1851.) — J. Berger, Die Oesterr. WO. vom 25. Januar 1850 in ihrem Unterschiede von dem früheren Oesterreich. Wechselrecht erläutert. 2. Aufl. Wien 1850. — Borchardt, Die ADWO. mit den Einführungs-Ordnungen zu derselben, und den Abweichungen der Oesterr.-WO. nebst Bemerkungen und Vergleichungen mit den fremden Gesetzgebungen 2. Aufl. Berlin 1851. — Bluntschli, ADWO. mit dem k. bayer. Einführungs-Gesetze und dem k. bayer. Gesetze über die kaufmännischen Anweisungen, Erlangen 1852 (als erstes Heft der „Gesetzgebung des Königr. Bayern seit Maximil. II. mit Erläuterungen"). — Heckert, Das preußische Wechselrecht. Mit allen ergänzenden und erläuternden Bestimmungen, Obertribunals-Beschlüssen und Präjudizien. Berlin 1853. — Kitka, Erläuterungen über die Oesterr. WO. und Wechselprozeß vom 25. Januar 1850. Wien 1854. — Rasch, die ADWO. und der Wechselprozeß in Preußen nebst allen darauf bezüglichen Gesetzen, Judikaten ꝛc. Systematisch dargestellt. Berlin 1854. — Kletke, Die Wechsel-Gesetzgebung sämmtlicher deutscher Staaten, enthaltend die ADWO. nebst den Einführungs-Gesetzen, den bezüglichen Verordnungen über den Wechselprozeß und sonstigen Erläuterungen. Berlin 1854. — Haimerl, Anleitung zum Studium des Wechselrechts mit besonderer Rücksicht auf Oesterreich. Wien 1855. — Renaud, Lehrbuch des gemeinen deutschen sowie des in der ADWO. enthaltenen Wechselrechts. Gießen 1857. 2. Aufl. — Heise's Handelsrecht. Nach dem Originalmanuscript. Frankfurt a. M. 1858. — Blaschke, Das Oesterr. WR. in vergleichender Darstellung mit den ausländischen Wechselgesetzen. 4. Aufl. Wien 1861. — Hardung, Das Wechselrecht der ADWO. Cöln 1862. — Hoffmann, Ausführliche Erläuterung der ADWO. nebst einer Einleitung in das Wechselrecht. Gießen 1859. — Borchardt und Jacobi in Weiske's Rechtslexikon. Bd. 14. (1860), S. 318—465. — Kuntze, Deutsches Wechselrecht nebst Excursen. Leipzig 1862.

---

*) Die Zusammenstellung ist mit Erlaubniß des Herrn Verfassers im Wesentlichen dem Deutschen Wechselrecht von Kuntze entnommen.

II. Praktisch-populäre Darstellungen des Wechselrechts.

Kitzinger, Wechselkunde für Kaufleute und Juristen mit Berücksichtigung der DWO. Leipzig 1849. — Courtin, ADWO. für Kaufleute und Rechtsgelehrte. 3. Aufl. Stuttgart 1849. — Schenk, Die neue ADWO. für Juristen und Nichtjuristen mit Erläuterungen. Grimma 1849. — Schwarzkopf, ADWO. mit Erläuterungen für Geschäftsleute. 3. Aufl. 1849. — Fort, Deutsches Wechselbuch oder praktischer Unterricht über die Wechselbriefe mit vorzüglicher Berücksichtigung der ADWO. und einem Abdrucke derselben. Ein Handbuch für Jedermann. Leipzig 1849. 3. Aufl. 1855. — Stubenrauch, ADWO. erläutert durch Vorträge im Gewerbeverein. Wien 1850. — Ditscheiner, Das allg. deutsche und österreich. Wechselrecht, nebst dem commerciellen Wechselgeschäfte, dem Wechselprozesse und Wechselstempel; ausführlich erklärt und durch Beispiele und Formulare erläutert. Wien 1851. — Stern, Lehre von Wechseln und dem Wechselverkehr für Rechtsgelehre, Kaufleute &c. Gießen 1853. — Arenz, Katechismus des ADWR. Mit besonderer Berücksichtigung der Abweichungen und Zusätze der Oesterr. WO., nebst einer Darstellung der Lehre von den Anweisungen und Handelsbillets, und einem Anhange, enthaltend Entscheidungen und Formulare. Leipzig 1854. — Skrivan, Wechsellehre. Prag 1856. — Karwasy, Lehrbuch des Wechselrechts, hauptsächlich für Handels- und Industrieschulen nach der ADWO. und den noch Kraft habenden Ungarischen Wechselgesetzen. 2. Aufl. Pest 1857 — Brozowsky, Die Lehre von den Wechseln und dem Wechselgeschäfte, theoretisch und praktisch nach der neueren Oesterr. WO. bearbeitet für Kaufleute, Schüler &c. Wien 1857. — Brentano, Die ADWO. sammt den Ergänzungsanträgen der Nürnberger Handels-Conferenz und den gesetzlichen Modificationen der einzelnen Staaten nebst den neueren Gesetzen über kaufmännische Anweisungen. Mit Anmerkungen und Präjudizien. 4. Aufl., Nürnberg, 1858. — Walcher, Populäre Vorträge über das Wechselrecht. Stuttgart 1858. — Blodig, Die Wechselkunde für Real- und Handelsschulen. Wien 1858. — Straß, Die ADWO. erläutert und verglichen mit den Gesetzgebungen des Auslandes nebst Darstellung des Wechselprozeßverfahrens in den verschiedenen deutschen Staaten. Praktisches Handbuch für Juristen, Handeltreibende und Geschäftsleute aller Art. Berlin 1858. — Kalessa, Handbuch des Oesterr. und deutschen Wechselrechts. Zum Gebrauch für Richter, Advokaten, Studirende und Geschäftsleute. Wien 1852. 5. Aufl. 1859 (nach eignem System). — Rheil, Wechselrecht des Oesterr. Kaiserstaats erläutert. Prag 1854. 2. Aufl. 1859. Bleibtreu, Die Lehre von den Wechseln mit Hinweisung auf die bestehenden Gesetze. Erlangen 1860. — L. Schmidt, Vollständige Wechselkunde oder Darstellung des Wechselrechts der bedeutendsten Staaten, und Berechnung aller im Wechselhandel vorkommenden Fälle. Stuttgart 1860. — R. Fischer, Corpus juris für Kaufleute. Die kaufmännische Rechtskunde mit vorzüglicher Berücksichtigung des deutschen Wechselrechts. Nebst einem Anhange, enthaltend die DWO., Formulare &c. Leipzig 1861 (als 7. Band der Spamer'schen kaufmänn. Bibliothek). — Heinisch, Die ADWO., mit Beifügung der gesetzlichen Abänderungen in den einzelnen Staaten, unter Berücksichtigung vieler Erkenntnisse hoher deutscher Gerichtshöfe. Bamberg 1861. — O. Wächter, Wechsellehre nach den deutschen und ausländischen Gesetzen für den praktischen Gebrauch des Handelsstandes. Nebst einer Wandtabelle. Stuttgart 1861 (als Theil der Brutzer'schen Bibliothek der gesammten Handelswissenschaften).

III. Sammlung von Abhandlungen und Entscheidungen.

Gelpcke, Beiträge zur Kenntniß des Handels- und Wechselrechts. Berlin

1. Heft: Der präjudicirte und verjährte Wechsel. 1848. 2. Heft: Die ADWO. 1849 (nicht fortgesetzt). — Gelpcke, Zeitschrift für Handelsrecht mit Hinblick auf die Handelsrechtspraxis in Preußen, und auf die Grundsätze des Kön. Ob.-Trib. zu Berlin in Handelssachen. Berlin. 1. 2. Heft 1852. 3. Heft 1853 (nicht fortgesetzt). — Archiv für deutsches Wechselrecht, herausgeg. von Siebenhaar und Tauchnitz. Leipzig. Von dem 6. Bd. (1857) an unter dem erweiterten Titel: Archiv für deutsches Wechselrecht und Handelsrecht. — Kletke, Zeitschrift für Handelsgesetzgebung und Entscheidungen der obersten Gerichtshöfe in Handelsrechtssachen. Nürnberg 1858. I. Jahrgang in 6 Heften (nicht fortgesetzt). — Zeitschrift für das gesammte Handelsrecht, herausg. von Goldschmidt. Erlangen. — Neues Archiv für Handelsrecht, herausg. von Voigt (Heinichen), Heineken (und Weber). 1. Bd. Hamburg 1858. — Die drei Sammlungen von Entscheidungen des OAG. zu Lübeck in Bremischen, Hamburgischen, Frankfurter Rechtssachen. Bremen (2 Bde. 1846, 1851). Hamburg (2 Bde. 1848—1854). Frankfurt (1. Bd. 1854, 4. Bd. 1860). — Rechtssprüche und Gutachten der Juristenfakultät zu Rostock. Berlin 1846. — Malß, Ausgewählte Gutachten der Handelskammer zu Frankfurt a. M. Eine Quelle des Handelsrechts. Frankfurt 1854 (Gutachten 10—13. 47. 50. 52. 54). — Borchardt, Die ADWO. mit den von den inländ. und ausländ. Deutschen Gerichtshöfen ausgesprochenen Grundsätzen des Wechselrechts nebst Bemerkungen. Berlin 1854. Fortsetzungen 1856 und 1858. Zweite verb. und bis auf die neueste Zeit fortges. Aufl. 1860. — Thoel, Ausgewählte Entscheidungsgründe des OAG. der vier freien Städte. Göttingen 1857 (über Wechselrecht S. 276—329). — Schuster, Gerichtliche Entscheidungen, erflossen in höherer und höchster Instanz über Fragen der Auslegung und Anwendung der Oesterr. WO. und der Oesterr. Bestimmungen über das Verfahren in Wechselsachen. Wien 1855. Zweite Aufl. 1858. Ergänzungsheft 1860. — Kletke, Sammlung von Präjudizien der obersten Gerichtshöfe Deutschlands in Handels-, See- und Wechselrechtsstreitigkeiten bis zu Ende d. J. 1856. Erlangen 1857. Fortsetzung 1858. — Kletke, Rechtssätze aus Erkenntnissen und Verordnungen der oberen Justiz- und Spruchbehörden des Kön. Sachsen in Wechselrechtsstreitigkeiten. Dresden 1858. — Kletke, Rechtssätze aus Erkenntnissen der oberen und obersten Gerichtshöfe Deutschlands in Wechselrechtssachen pro 1857—1859. Gesammelt und herausg. Bamberg 1861. Seuffert's Archiv; Entscheidungen des Kön. Ob.-Trib., herausg. in amtlichem Auftrag von Decker, Boswinkel und Heinsius. — Striethorst, Archiv für Rechtsfälle (Berliner Ober-Tribunal). — Sächs. Zeitschrift für Rechtspflege und Verwaltung, im Sächs. Wochenblatt für merkwürdige Rechtsfälle. — Annalen des Sächs. OAG. zu Dresden von v. Langenn, Sickel und Pöschmann. — Glaser's und Unger's Sammlung von civilrechtlichen Entscheidungen des k. k. obersten Gerichtshofes. Wien 1859. — Archiv für praktische Rechtswissenschaft von Emminghaus ꝛc. — Haimerl's Magazin für Rechts- und Staatswissenschaft. — Stubenrauch's und Glaser's Oesterreichische; Hirschmenzel's Deutsche Gerichtszeitung. — Elvers, Archiv für prakt. Rechtswissenschaft. — Zeitschrift für Gesetz und Rechtspflege in Bayern; Würtemberg (Neuffer); Braunschweig (Gotthardt und Koch). — Magazin für Hannöv. Recht; für Badische Rechtspflege. — Würtembergisches Archiv. — Archiv für Oldenburg (Becker); für Rechtspflege in Thüringen und Anhalt (Hotzel). — Schletter's Jahrbücher. — Gruchot, Beiträge ꝛc. ꝛc.

Sachregister.

A.

B.

C.

D.

E.

F.

G.

H.

J.

FSC
www.fsc.org
MIX
Papier | Fördert gute Waldnutzung
FSC® C083411

Kolibri 360 GmbH
Ferdinand-Jühlke-Straße 7
99095 Erfurt, Deutschland
produktsicherheit@kolibri360.de